12th Edition

統計學
Statistics
for Management and Economics

Gerald Keller 著

顏慧・丁淑方 譯

Cengage

Australia • Brazil • Canada • Mexico • Singapore • United Kingdom • United States

統計學 / Gerald Keller 著；顏慧, 丁淑方譯. -- 五版.
-- 臺北市：新加坡商聖智學習亞洲私人有限公司臺
灣分公司, 2023.07
　　面；　公分
譯自：Statistics for Management and Economics, 12th ed.
ISBN 978-626-96852-0-2 (平裝)

1. CST: 統計學

510　　　　　　　　　　　　　　　　111020519

統計學

© 2024年，新加坡商聖智學習亞洲私人有限公司台灣分公司著作權所有。本書所有內容，未經本公司事前書面授權，不得以任何方式（包括儲存於資料庫或任何存取系統內）作全部或局部之翻印、仿製或轉載。

© 2024 Cengage Learning Asia Pte. Ltd.

Original: Statistics for Management and Economics, 12e
　　　　By Gerald Keller
　　　　ISBN: 9780357714270
　　　　©2023 Cengage Learning
　　　　All rights reserved.

1 2 3 4 5 6 7 8 9 2 0 2 3

出 版 商	新加坡商聖智學習亞洲私人有限公司台灣分公司
	104415 臺北市中山區中山北路二段 129 號 3 樓之 1
	http://www.cengageasia.com
	電話：(02) 2581-6588　傳眞：(02) 2581-9118
原　　著	Gerald Keller
譯　　者	顏慧・丁淑方
執行編輯	吳曉芳
印務管理	吳東霖
總 經 銷	臺灣東華書局股份有限公司
	地址：100004 臺北市中正區重慶南路一段 147 號 3 樓
	http://www.tunghua.com.tw
	郵撥：00064813
	電話：(02) 2311-4027
	傳眞：(02) 2311-6615
出版日期	西元 2023 年 7 月　五版一刷

ISBN 978-626-96852-0-2

(23SRM0)

序

在商業上，與日俱增的企業運用統計技術將資料轉成資訊。對將要進入商業界的學生而言，僅僅專精於各種不同的統計方法和計算是不夠的。一門統計課程以及它採用的輔助教科書，不但要能夠提供學生一套完整的統計觀念，還必須兼顧這些觀念在實務上的應用。《統計學》旨在展示統計方法是當今管理人員和經濟學家必備的分析工具。

為實現這個目標，需要幾個我在這本書裡建立的要素。第一，我包含了以資料分析為導向的範例、練習題和案例，藉由它們將有用的統計應用展示給行銷經理、金融分析師、會計師、經濟學者、作業管理者，和其他類型的管理者。多數的範例、練習題和案例，都附有大型且真實的資料集。第二，我藉由教導學生如何選擇正確的統計方法來強化學生的統計應用能力。第三，我教導學生詮釋統計結果所必備的統計觀念。

為什麼我寫這本書

商業是複雜的，需要有效的管理才能成功。管理複雜的事務需要許多技能。有越來越多的競爭者、產品銷售地點以及員工工作據點，使得有效率的決策比以往來得更加重要。另一方面，管理者也有更多管道可以接觸到更大型與更詳細的資料，它們是潛在的資訊來源。但是，為了獲得這些潛在的資訊，管理者必須知道如何將資料轉變成資訊。這種萃取資訊的知能比以算術計算為本位的統計學更加重要。遺憾地，承襲多年以來的統計教學趨勢，大部分的統計學教科書都是以手動計算的方式來介紹一系列彼此之間互不連貫的統計方法。大家所需要的是一套完整的統計應用技術。

在 1971 年我開始教統計學時，課本大多展示如何進行統計的計算以及統計公式的推導。如此做的理由之一是相信透過手動的計算，能夠讓學生了解統計的方法和觀念。當本書的第一版在 1988 年發行的時候，最重要的目標就是讓學生能夠辨認正確的統計方法。對接下來的十個版本，我又改良我的方法，進一步地強調解析和決策判斷。我將解決統計問題的過程分為三個步驟，並在每一個適當的範例中包含此三步驟：(1) 辨認 (identify) 方法，(2) 計算 (compute) 統計，(3) 詮釋 (interpret) 結果。其中，計算的步驟可以用下列兩種方式中的任何一種完成：在計算機的輔助下用手計算，或用 Excel 讓電腦計算。對希望大量使用電腦計算的課程，手算的部分

可以被減少或完全省略。反之，對希望強調手算重要性的課程，電腦部分的解答則可以選擇性地介紹或完全跳過。這種設計是希望可以提供教師最大的教學彈性，讓教師自己決定何時要介紹電腦。

我相信我的方法提供了以下幾個優點：

- 強調辨認和詮釋可以訓練學生遇到實際問題時的統計應用技巧，無論課程是以手算或是以電腦計算為主。
- 讓學生學習到統計學是一個將資料轉換成資訊的方法。本書提供超過 1,000 個資料檔案以及相關的統計問題，訓練學生詮釋統計分析結果的能力，學生有充分的機會練習資料分析和決策判斷。
- 電腦使用的選擇讓學生能夠接觸更大型和更實際的資料分析練習題與範例。

將計算放入一個大型問題的脈絡中，讓授課老師得以專注於更重要的決策問題。例如，更著重於解析統計的結果。為了適當地詮釋統計結果，需要了解隱藏在方法後的機率與統計觀念，並且了解問題的背景與意義。教導學生觀念是我教學方法的一個關鍵面向。我以下列方法做到這點：提供 Excel 活頁簿讓學生得以執行 "what-if" 分析。學生能夠很容易地看見改變一個統計方法的元素所造成的影響，例如增加樣本大小所會造成的影響。

由於統計課程被安排在大部分課程規劃中的位置，使得致力於統計教學，並讓統計學成為在商業與經濟上一個有價值且必要的工具，更加地困難。在大部分的大學課程中，必修的統計課程出現在第一或第二年。在大部分的研究所課程中，統計課程被安排在三學期學程的第一學期，和兩年學程的第一年。會計、經濟、金融、人力資源管理、行銷和作業管理通常都在統計課之後才教。導致大部分學生無法了解統計應用的一般內容。本書中的「……上的應用」章節、小節和方塊彌補了這個缺點。對不熟悉商業的學生說明統計在商業上的應用，會先給予學生背景知識的解釋。

- 例如，為了說明圖示法，我們使用一個比較兩種不同投資報酬率的直方圖為範例。為了解釋金融分析師在直方圖中尋找的資訊，需要了解風險是由報酬率的變異量所測量。在範例之前會有一個「金融上的應用」方塊，討論如何計算與使用投資報酬率。
- 稍後當我介紹常態分配時，我使用另一個「金融上的應用」方塊說明為何報酬率的標準差可以衡量該投資的風險。
- 這些應用方塊分布在本書各章節中。

「……上的應用」之類的段落提供學生很大的學習動機，因為他們總是想知道：「我什麼時候才會用到這個方法？」

第十二版的更新

有關統計軟體，Excel 可以被用於所有的統計應用。

此版包含最新的一般社會調查 (General Social Survey, GSS) 和消費者財務調查 (Survey of Consumer Finances, SCF)，並藉以產生數以百計的新練習題。學生將有機會將真實資料轉變成資訊。教師可以使用這些真實的資料集衍生出更多新增範例和練習題。

許多範例、練習題，以及在第 11 版中使用真實資料的案例已被更新，包括棒球、籃球、足球和曲棍球等體育活動的勝利場數、薪資與出席資料；在紐約證券交易所，那斯達克 (NASDAQ) 和多倫多證券交易所上市股票的報酬率資料；以及全球暖化資料。

我建置了許多新的範例和練習題。第 12 版包括超過 100 題已解範例，超過 2,000 題練習題，以及超過 1,000 個資料集。

書籍導覽

資料驅動

解決統計問題由問題和資料開始著手。能夠依據問題目標和資料類型來選用正確方法的能力是**對企業有價值的工具**。由於商業決策是由資料所驅動,學生在修完這一門課程時將具備在商業各領域用於做有效、明智決策的必要工具。

辨認正確的方法

在三步驟(辨認—計算—詮釋)的方法中,**範例**介紹第一個關鍵步驟。每一個範例的解題方法從檢查資料型態和問題目標開始著手,然後辨認正確的方法來解決問題。

範例 13.1[1] **直接購買與透過經紀人購買的共同基金**

DATA
Xm13-01

數以百萬計的投資者購買共同基金,從數千種可能的基金中做選擇。有些基金可以直接向銀行或金融機構購買,而有些則必須透過收取服務費的經紀人購買。這產生一個問題。投資者直接購買是否能夠比透過經紀人購買做得更好。為了回答這個問題,一群研究人員從直接購買以及透過經紀人購買的共同基金中隨機抽樣年度報酬率,並且記錄了年度淨報酬率,它是扣除所有相關費用之後的投資報酬,如下所列。

直接購買					透過經紀人購買				
9.33	4.68	4.23	14.69	10.29	3.24	3.71	16.4	4.36	9.43
6.94	3.09	10.28	−2.97	4.39	−6.76	13.15	6.39	−11.07	8.31
16.17	7.26	7.1	10.37	−2.06	12.8	11.05	−1.9	9.24	−3.99
16.97	2.05	−3.09	−0.63	7.66	11.1	−3.12	9.49	−2.67	−4.44
5.94	13.07	5.6	−0.15	10.83	2.73	8.94	6.7	8.97	8.63
12.61	0.59	5.27	0.27	14.48	−0.13	2.74	0.19	1.87	7.06
3.33	13.57	8.09	4.59	4.8	18.22	4.07	12.39	−1.53	1.57
16.13	0.35	15.05	6.38	13.12	−0.8	5.6	6.54	5.23	−8.44
11.2	2.69	13.21	−0.24	−6.54	−5.75	−0.85	10.92	6.87	−5.72
1.14	18.45	1.72	10.32	−1.06	2.59	−0.28	−2.15	−1.69	6.95

[1] 資料來源:D. Bergstresser, J. Chalmers, and P. Tufano, "Assessing the Costs and Benefits of Brokers in the Mutual Fund Industry."

---

iv

書籍導覽

在第 4 章與第 12 章末所看到的**流程圖**，幫助學生培養選擇正確方法的邏輯程序，加強學習的過程，以及提供學生簡易的複習材料。

課本附錄 C 的**統計方法指南**，將所有內容彙整到一個有用的表格中，幫助學生根據問題目標和資料類型辨識要執行的方法。這裡是指南的一部分。

更多資料組集

總共有超過 1000 組資料集可以下載，以提供充分的練習。這些資料集包含真實的資料，包括股票市場投資報酬率，氣候變化的溫度異常和大氣中二氧化碳的狀況，棒球、籃球、足球和曲棍球隊的薪資、勝利場數和出席狀況等。

> **範例 13.9　包裝設計的測試行銷，第一部分**
>
> DATA Xm13-09
>
> 通用產品公司 (General Products Company) 製造與銷售各種家庭用品。由於激烈的競爭，其中一種產品──沐浴皂──的銷售情形不佳。為了改善銷售量，通用產品公司決定推出更具吸引力的包裝。這家公司的廣告代理商開發兩種新的設計。第一種設計具有幾種亮麗的顏色，與其他品牌做區別。第二種設計是淡綠色底，並僅僅印上該公司的商標。為了檢定哪一種設計比較好，行銷經理選擇兩家超市，其中一家超市，香皂被包裝在使用第一種設計的盒中，第二家超市則使用第二種設計。每一家超市的產品掃描機追蹤一週之

附錄 A 提供本書許多大型資料集的彙整統計量，這個特性提供更多彈性，可以讓學生以手算的方式解答幾乎所有的練習題。

真實資料集

本書提供最新的一般社會調查 (GSS) 和最新的消費者財務調查 (SCF) 資料集。這些資料集包含數千個觀測值和數十個選定的變數。解答數百題與這些調查相關的練習題可以鼓勵學生發掘社會中有趣的問題面向。例如，學生可以了解自營事業工作者的收入、教育程度和工作時間，並將結果與受僱於他人之工作者進行比較。他們可以看到教育對收入、資產、投資和淨資產值的影響。教師可以使用這些資料設計自己的範例和練習題。

統計計算

一旦辨認了正確的方法，課本會引導學生到答題的下一個階段，要求他們做統計計算。

計算

手動計算

由資料，我們計算下列的統計量：

$$s_1^2 = 37.49 \text{ 與 } s_2^2 = 43.34$$

檢定統計量：$F = s_1^2/s_2^2 = 37.49/43.34 = 0.86$

拒絕域：$F > F_{\alpha/2, \nu_1, \nu_2} = F_{.025, 49, 49} \approx F_{.025, 50, 50} = 1.75$

或

$$F < F_{1-\alpha/2, \nu_1, \nu_2} = F_{.975, 49, 49} = 1/F_{.025, 49, 49} \approx 1/F_{.025, 50, 50} = 1/1.75 = .57$$

因為 $F = .86$ 沒有大於 1.75 或小於 .57，我們不能拒絕虛無假設。

EXCEL 資料分析

	A	B	C
1	F-Test: Two-Sample for Variances		
2			
3		Direct	Broker
4	Mean	6.63	3.72
5	Variance	37.49	43.34
6	Observations	50	50
7	df	49	49
8	F	0.8650	
9	P(F<=f) one-tail	0.3068	
10	F Critical one-tail	0.6222	

檢定統計量的值是 $F = .8650$。Excel 輸出單尾 p-值。因為我們執行雙尾檢定，我們將這個值加倍。因此，這項檢定的 p-值是 $2 \times .3068 = .6136$。

指令說明

1. 鍵入或匯入資料到 2 個欄 (開啟 Xm13-01)。
2. 點選**資料** (Data)、**資料分析** (Data Analysis) 與 **F-檢定：兩個常態母體變異數的檢定** (F-test Two-Sample for Variances)。
3. 指定**變數 1 的範圍** (Variable 1 Range) (A1:A51) 與**變數 2 的範圍** (Variable 2 Range) (B1:B51)。鍵入一個 α 的值 (.05)。

← **手算部分**在範例的「計算」部分中是最先被說明的。

← 在 Excel 的使用說明之後，隨即附上 **Excel 逐步操作指令**。呈現在本書的操作指令與輸出，沒有必要負擔額外的軟體手冊費用。

大量使用圖形提供學生很多機會可以看到統計的各種形式。課文中除了以手算所繪之圖形外，Excel 的圖形輸出讓學生可以和自己得到的結果進行比較。

詮釋結果

在真實世界中，只知道如何生成統計訊息是不夠的，為了真正產生效用，商業人士還必須知道如何**詮釋和表達**結果。此外，學生需要一個框架來理解和運用在一**個現實環境中**的統計，可藉由實際資料的練習題、範例和個案來呈現。

範例完成辨認─計算─詮釋的最後一個組成部分，要求學生在一個商業相關決策的情境下詮釋結果。這最後一個步驟激發並說明統計是如何被應用在日常商業的情況中。

應用教學方法

每章的開章範例和解答提出如何將該章所介紹的技術和概念應用於解決現實世界引人注目問題的討論。隨著每一章的展開，這些開章範例的解答都會應用該章所介紹的方法被提出並被重新審視。

失業人數

DATA GSS2018

失業率是最重要的經濟統計數據之一，很遺憾的是，這是一個非常差的衡量標準，因為它具有誤導性。美國勞工統計局 (BLS) 將失業率定義為目前在勞動力人口中的失業人口百分比。為了成為勞動力人口，一個人必須有工作或在過去 4 週內找過工作。這樣漏掉了很多人。有些人因為超過 4 個星期沒有採取任何行動去找工作而被排除在外，因此變得灰心喪氣；有些人則是因為目前無法工作而被排除在外。然而，將這一族群排除在外，就大大地低估了失業率。

我們在第 381 頁提供解答。

一般社會調查 (GSS) 產生的資料可能可以明確地解釋這個問題。工作狀態 (WRKSTAT) 變數的回應是：1. 全職工作，2. 兼職工作，3. 暫時不工作，4. 失業，解僱 5. 退休 6. 上學，7. 家管，8. 其他。

美國有 255,200,373 名 18 歲及以上的成年人。以 95% 的信心估計美國成年人暫時不工作、失業、或被解僱的人數。

第十二版譯後記

隨著日益發展成熟的各式統計套裝軟體，統計教學模式早已默默轉型。現代統計教學強調概念陳述與實務應用；至於演算過程，除利用簡單推導(手算)加深學生對統計方法之印象外，多以電腦輔助計算。上課方式則聚焦於問題解讀、範例展示與結果詮釋，讓學生透過對商管資料的分析，逐步具體化統計概念。

從事統計教育多年，參考過的中外統計啟蒙書籍不計其數，終於在 2008 年首次接觸 Gerald Keller 原著以資料分析為導向的 *Statistics for Management and Economics*。當時授課對象是國際商業管理碩士 (International Master of Business Administration) 班學生，需選擇具代表性的範例。Keller 原文書囊括超過 1,000 筆管理實務資料集，並衍生超過 2,000 個資料驅動 (data-driven) 範例、個案及練習題，內容遍及各個商業領域。不僅提供授課老師豐富的教材資源，亦可讓學生從實作中學習如何應用統計解決實際商業問題，是一本極具特色的統計教科書。

承蒙新加坡商聖智學習亞洲私人有限公司台灣分公司的信任，讓個人有機會持續將這本優質原文書的最新內容呈現給國內的師生。Keller 原文書第十二版已於 2022 年出版，主要是大幅更新了前版的練習題，使其更貼近時事，並提供最新的「一般社會調查」(General Social Survey, GSS) 與「消費者財務調查」(Survey of Consumer Finances, SCF) 等大型真實資料集，包含數千個觀測值和數十個選定的變數，並衍生出數百題練習題，可讓學生應用統計方法探討各種有趣的社會現象，更強化了原著的特色優勢，因此譯本亦針對練習題做大幅地更新。除此之外，此版原著對 EXCEL 的導入提供了更完整的說明，譯本除了同步更新外，亦將 EXCEL 的電腦指令全面地中文化，讓老師與學生能更便利地應用電腦教學與學習。

能順利將此書翻譯完稿，要感謝的人很多。首先要感謝出版社經理的引薦，讓我有機會與新加坡商聖智學習亞洲私人有限公司台灣分公司合作，再者就是要感謝編輯小組的協助讓本書得以順利出版，編輯工作和翻譯工作一樣地辛苦。也要再次感謝五度與我合作翻譯的丁淑方老師，以她熟練的中英文讀寫能力以及全心的投入，使得本書得以如期完稿。也想謝謝我自己對導入一本優質統計教科書的堅持，讓我得以為統計教育盡一份心力。最後要特別感謝本校企業管理系前講座教授呂金河老師對前幾版譯本的審閱，以他數十年的統計教學經驗，在用字遣詞提供後學許多寶貴的意見，對本書品質的提升功不可沒。

顏慧 (Yan, Huey)

於南臺科技大學

目錄 Contents

序　i

書籍導覽　iv

第十二版譯後記　ix

Chapter 1　何謂統計學？　1

導論　002

1.1　重要的統計概念　006

1.2　統計學在商業上的應用　007

1.3　大型真實資料集　008

1.4　統計學與電腦　009

附錄1　教材下載說明　012

Chapter 2　圖表敘述法 I　13

導論　015

2.1　資料與資訊的類型　016

2.2　描述單組名目資料　022

2.3　描述兩個名目變數間的關係與比較兩組或多組名目資料　033

Chapter 3　圖表敘述法 II　41

導論　042

3.1　描述一組區間資料的圖示法　043

3.2　描述時間序列資料　056

3.3　描述兩個區間變數之間的關係　061

3.4　圖表呈現的藝術與科學　067

Chapter 4 數值敘述法　　77

導論　078
- **4.1** 中央位置量數　079
- **4.2** 變異性量數　087
- **4.3** 相對位置量數　096
- **4.4** 線性關係量數　101
- **4.5** 圖示法和數值法的比較　117
- **4.6** 資料探索的通則　120

附錄 4 敘述統計方法的複習　122

Chapter 5 資料的蒐集與抽樣　　123

導論　124
- **5.1** 蒐集資料的方法　125
- **5.2** 抽樣　128
- **5.3** 抽樣計畫　130
- **5.4** 抽樣誤差與非抽樣誤差　136

Chapter 6 機率　　139

導論　140
- **6.1** 事件機率的指派　141
- **6.2** 聯合機率、邊際機率和條件機率　146
- **6.3** 機率法則與樹狀圖　155
- **6.4** 貝氏定理　163
- **6.5** 辨識正確的方法　176

Chapter 7 隨機變數和間斷機率分配 — 179

導論　180
7.1 隨機變數與機率分配　181
7.2 雙變量分配(選讀)　191
7.3 金融上的應用：投資組合多元化與資產配置(選讀)　198
7.4 二項分配　203
7.5 卜瓦松分配(選讀)　211

Chapter 8 連續機率分配 — 219

導論　220
8.1 機率密度函數　221
8.2 常態分配　228
8.3 指數分配(選讀)　245
8.4 其他連續分配　250

Chapter 9 抽樣分配 — 265

導論　266
9.1 平均數的抽樣分配　267
9.2 比例的抽樣分配　280
9.3 由此出發談統計推論　287

Chapter 10 估計的介紹 — 289

導論　290
10.1 估計的概念　290
10.2 在母體標準差已知下估計母體平均數　294
10.3 選擇樣本大小　307

Chapter 11 假設檢定的介紹　　313

導論　314

11.1 假設檢定的概念　315

11.2 在母體標準差已知下檢定母體平均數　319

11.3 計算犯型 II 錯誤的機率　339

11.4 後續學習　349

Chapter 12 單一母體的推論　　353

導論　354

12.1 當母體標準差未知時，單一母體平均數的推論　355

12.2 單一母體變異數的推論　368

12.3 單一母體比例的推論　375

Chapter 13 比較兩個母體的推論　　389

導論　390

13.1 兩母體平均數差異的推論：獨立樣本　391

13.2 觀測和實驗資料　411

13.3 兩母體平均數差異的推論：成對樣本　415

13.4 兩母體變異數比值的推論　428

13.5 兩母體比例差異的推論　435

Chapter 14 變異數分析　　451

導論　452

14.1 單因子變異數分析　453

14.2 多重比較　470

14.3 變異數分析的實驗設計　479

14.4 隨機區集(二因子)變異數分析　481

14.5 二因子變異數分析　489

Chapter 15 卡方檢定 503

導論 504
15.1 卡方的適合度檢定 505
15.2 卡方的列聯表檢定 512
15.3 名目資料檢定的彙整 523

Chapter 16 簡單線性迴歸和相關分析 527

導論 528
16.1 模式 530
16.2 估計迴歸係數 532
16.3 誤差變數：必要條件 541
16.4 評估模式 544
16.5 使用迴歸方程式 561
16.6 迴歸診斷──I 566

Chapter 17 複迴歸分析 575

導論 576
17.1 模式與必要條件 577
17.2 估計係數與評估模式 578
17.3 迴歸診斷──II 592
17.4 迴歸診斷──III (時間序列) 596

附錄 A 資料檔的樣本統計量 A-1
附錄 B 表格 A-3
附錄 C 統計方法指南 A-31
附錄 D Excel 輸出索引和說明 A-33

Chapter 1 何謂統計學？

本章綱要

1.1 重要的統計概念
1.2 統計學在商業上的應用
1.3 大型真實資料集
1.4 統計學與電腦
附錄 1 教材下載說明

導論 Introduction

統計學 (statistics) 是一種從資料取得資訊的方法。真的就只是這樣！本書大部分內容都在努力描述管理者和統計應用者 (statistics practitioners)[1] 該如何、何時以及為何執行統計程序。你或許會問,「如果統計學僅僅只是這樣,那為什麼這本書(以及大部分其他的統計學課本)如此地厚?」這個問題的答案是,應用統計學的學生需要接觸到各種不同的資訊和資料。我們先以本章一個案例和兩個範例來展示各種不同的資訊與資料。

你可能會對第一個範例特別感興趣。

範例 3.3　商業統計學成績(見第 3 章)

一位商業課程的學生目前正要修習他的第一堂統計學必修課。這位學生有一點擔憂,因為聽說這是一門很困難的課。為了緩和自己的焦慮,這門課的教授提供一份由學期作業和期末考試組成的期末成績表。學生能夠從這份成績表獲得什麼樣的訊息?

這是一個典型的統計問題。學生有了資料(成績),接著就需要運用統計的技術去獲取他所需要的資訊。這就是**敘述統計 (descriptive statistics)** 的功能。

---

[1]「統計學家」(statistician) 一詞因為被用來描述太多不同職業類型的人,導致它已經不再具有任何的意義。例如,它同時被用來描述一個計算棒球統計資料的人,以及一個接受正統統計學教育的人。我們稱前者為統計應用者 (statistics practitioner),後者為統計學家。統計應用者是能夠適當地使用統計技術的人。統計應用者的例子如下:
1. 財務分析師以過去的投資報酬率為基礎發展各種股票的投資組合;
2. 經濟學家運用各種統計模式說明和預測如通貨膨脹率、失業率與國內生產毛額變動等變數;
3. 市場研究員調查消費者的反應,並將這些反應轉化成有用的資訊。

本書的目標是將你轉變成一個有能力的統計應用者。

「統計學家」一詞是指從事統計數學工作的個人,他們的工作涉及開發技術與概念之研究,這在未來可能有助於統計應用者。統計學家當然也是統計應用者,經常執行資料驗證的研究和諮詢的工作。如果你正在選修一門統計課,你的老師極可能也是一位統計學家。

敘述統計

敘述統計是指將資料組織、彙整與表達成方便讀取資訊的統計方法。敘述統計的型態之一是讓統計應用者以繪圖的技術來呈現資料，讓讀者更容易擷取有用的資訊。在第 2 章與第 3 章我們會介紹各種不同的繪圖方法。

另外一種敘述統計的型態是使用數值的技術來彙整資料。有一種你經常使用的數值方法是計算平均值 (average) 或算術平均數 (mean)。就像你會計算一家公司員工的平均年齡，你也可以計算去年統計學課程的平均分數。第 4 章將會介紹各種不同的數值統計量測方法，用以描述不同的資料特性。

我們使用的確切方法是根據我們所欲萃取的資訊而定。在這個範例中，我們看到至少三項重要的資訊。第一項是「典型的」成績數據，我們稱它是一個中央位置量數 (measure of central location)。平均數就是這一類型的量數。在第 4 章，我們將會介紹另外一種有用的中央位置量數──中位數 (median)。假設學生們被告知去年的平均成績是 67 分。這個資訊是否足夠減輕他們的憂慮呢？這些學生極可能會說「不」，因為他們還會想要知道大部分的分數是接近 67 或是散布在平均數之下或之上很遠之處。他們需要一個變異性量數 (measure of variability)。最簡單的此類量數是全距 (range)，其計算方式是用最大值減去最小值。假設最高的分數是 96 分，最低的分數是 24 分，則全距等於 72 分。令人遺憾的是，因為全距僅根據兩個成績，故能夠提供的訊息很少。我們需要其他的量數，這些量數將會在第 4 章中介紹。此外，這些學生必須判定更多與成績相關的資訊。特別是他們必須知道這些分數是如何分布在 24 分和 96 分之間。獲得此類資訊最好的方法是使用一種圖形技術，稱為直方圖 (histogram)，將會在第 3 章中介紹。

本章案例　百事可樂與一所大學的專售合約

最近幾年，許多大學院校與各類的私營公司簽訂專售合約。這些合約綁定大學必須在校園內專售這些公司的產品。許多此類合約涉及食品與飲料公司。

一所擁有約 50,000 人註冊的大型大學，提供百事可樂一份專售合約，授予百事可樂於明年在校園內所有設施專售其產品的權利，並保留其未來幾年的專賣選擇權。這所大學將收取校園內營收的 35%，以及每年 $200,000 的額外總數做為回報。百事可樂有 2 週的時間做出回應。

百事公司的管理部門很快地檢閱現有的資料。軟性飲料 (不含酒精飲料) 以 12 盎司罐裝做為測量的依據。百事公司目前在這所大學每年營運 40 週的期間內，每一週平均銷售 22,000 罐飲料。每一罐飲料平均賣 $1.00，每一罐包括人工的成本是

$.30。百事公司不確定其市場占有率，但是懷疑它比 50% 低很多。一份快速的分析資料顯示，如果公司目前的市場占有率是 25%，那麼，根據專售合約，百事可樂平均每週將銷售 88,000 (22,000 是 88,000 的 25%) 罐，或是每年 3,520,000 罐。總收入的計算方式如下所列 [2]：

$$總收入 = 3,520,000 \times \$1.00 / 罐 = \$3,520,000$$

這個數字必須乘上 65%，因為這所大學將會獲得總收入的 35%。因此，

扣除大學抽取的 35% 之後的總收入
$$= 65\% \times \$3,520,000 = \$2,288,000$$

再減去每一罐的總成本 $.30 (或是 $1,056,000)，以及每年付給該大學的 $200,000，所得到的淨利：

$$淨利 = \$2,288,000 - \$1,056,000 - \$200,000 = \$1,032,000$$

百事可樂目前每年獲利：

$$40 \text{ 週} \times 22,000 \text{ 罐} / \text{週} \times \$.70 = \$616,000$$

如果目前的市場占有率是 25%，從合約中獲得的潛在利潤是

$$\$1,032,000 - \$616,000 = \$416,000$$

該分析唯一的問題是百事公司無法知道這所大學每週飲料的銷售數量。可口可樂公司不太可能會提供它的銷售資訊給百事公司，其產品線與百事公司的產品線實質上幾乎共同占有整個市場。

百事公司選派一位剛畢業的大學生對這所大學學生的飲料消費做調查，以提供這項缺失的資訊。於是，這位學生規劃了一項調查，要求 500 名學生追蹤他們未來 7 天購買軟性飲料的數量。這個調查的回應儲存在 C12-01 檔案中，可供下載。

推論統計

在本章案例中我們想要獲得專售合約的年度利潤估計值。資料是樣本中 500 名學生在 7 天內消費軟性飲料的罐數。我們可以使用敘述統計方法對這份資料取得更

---

[2] 我們已經建立了一個 Excel 試算表來為此案例計算。附錄 1 說明如何從網站下載這份試算表以及數以百計的資料集。

充分的了解。在此案例中，我們對這 500 名學生所報告的內容並不太感興趣，真正想知道的是校園中全部 50,000 名學生消費軟性飲料的平均數。為了達到這個目的，我們需要另一個統計學的支脈——**推論統計 (inferential statistics)**。

推論統計是一系列根據樣本資料對母體特性做出結論或推論的方法。這個案例中的母體是該所大學的 50,000 名學生。關心的特點是這個母體消費軟性飲料的數量。訪談母體中每一位學生的成本是令人望之卻步且非常耗時的。統計技術可以免除不必要的努力。替代的方法是，我們可以抽取一組比母體數量小很多的學生當做樣本 (樣本數是 500)，並且根據這個樣本的資料推論全校 50,000 名學生所消費的軟性飲料數量。由此我們就可以估計百事可樂的年度利潤。

範例 12.5　選舉日投票處出口民意調查 (見第 12 章)

當舉辦一場政治職位選舉時，各電視網會取消日常性節目，轉而報導選舉新聞。計票時，立即報導結果。但是，對於總統或參議員等重要的職位，電視網會積極競爭，看哪一家能夠搶先預測出競選的贏家。這可以透過**投票處出口民意調查 (exit polls)** 來執行。其中，隨機選取離開投票處選民的樣本，詢問他們的票投給了誰。根據資料，計算出支持候選人的選民樣本比例。應用統計方法來決定是否有足夠的證據去推論領先的候選人將會累積足夠的票數以贏得選舉。假設記錄了 2000 年佛羅里達州的出口民意調查結果。雖然有多位候選人參選總統，但出口民意調查員只記錄兩位最有希望勝選的候選人票數：共和黨布希 (George W. Bush) 以及民主黨高爾 (Albert Gore)。這項調查結果 (投票給布希或高爾的 765 人) 儲存在 Xm12-05 檔案中。電視網分析師想要知道他們是否能夠推論布希會在佛羅里達州勝出。

範例 12.5 描述了統計推論的常見應用。電視網想要推論的母體是大約 500 萬名投票給布希或高爾的佛羅里達州人。樣本是民調公司從投票給兩個主要政黨候選人的選民中隨機選出的 765 人。我們想要知道的母體特性是投票給布希的選民占全部佛州選民的比例。特別地，我們想要知道是否有超過 50% 的選民投票給布希 (僅計算那些投票給共和黨或民主黨候選人的選民)。必須說明的是，我們無法百分之百確定預測的結果，因為我們不會去詢問全部 500 萬名選民他們實際票投給誰。這是統計應用者甚至統計學的學生都必須要了解的事實。樣本只是母體的一小部分，因此只有特定百分比的機會能夠導向正確的推論。你將會發現統計應用者可以控制這個百分比，並且通常將它設定在 90% 和 99% 之間。

順道提及的是，在 2000 年 11 月的美國大選之夜，電視網都犯了一個嚴重的錯誤。採用出口民意調查和前屆的選舉結果，四家電視網全都在晚上 8 點左右推斷高爾將會贏下佛羅里達州。在晚上 10 點後不久，隨著大部分實際的選票被計算出來，電視網逆轉宣布布希將會贏下佛羅里達州。凌晨 2 點又宣布另外一項裁決：因選舉結果太接近而無法判定勝負。在未來，這個經驗很可能會被統計學教師用來當做教材，教導學生該如何避免*不當地*使用統計方法。

值得注意的是，很可能與你的認知相反，資料並不一定是數字。在範例 3.3 中的成績以及在本章案例中的每週消費軟性飲料數量，當然，它們皆是數字；然而，在範例 12.5 中的投票選擇則不是數字。在第 2 章，我們將會探討你在統計應用中會遇到的各種不同的資料類型以及該如何處理這些資料。

1.1 重要的統計概念

統計推論問題涉及三個重要的概念：母體、樣本與統計推論。我們現在將對每一項概念做進一步的討論。

1.1a 母體

母體 (population) 是指一位統計應用者感興趣的所有研究對象組成的群體。這個群體通常是非常地大，並且在實務上還可能會是無限地大。在統計學的語言裡，*母體*不一定是指一群人。例如，母體或許是指一家大型工廠所製造的滾球軸承。在本章案例中，令人感興趣的母體是由校園裡 50,000 名學生所組成。在範例 12.5 中，母體則是由投票給布希或高爾的佛羅里達州選民所組成。

母體的敘述統計量數稱之為**參數 (parameter)**。在本章案例中，感興趣的參數是大學裡所有學生每週消費的平均軟性飲料罐數。範例 12.5 中的參數是佛羅里達州 500 萬名選民中將選票投給布希的比例。在大部分推論統計的應用中，參數代表我們所需要的資訊。

1.1b 樣本

樣本 (sample) 是從研究母體中抽取出的一組資料。樣本的敘述統計量數稱之為**統計量 (statistic)**。我們使用統計量來推論參數。在本章案例中，要計算的統計量是樣本 500 名學生上週消費軟性飲料的平均罐數。我們可以使用樣本平均數去推論母

體平均數的值，它也是本章案例所感興趣參數的值。在範例 12.5 中，我們計算 765 名佛羅里達州選民樣本中投票給布希的比例。然後可以使用這個樣本統計量對所有 500 萬張選票的母體做推論；也就是，我們甚至在實際計票之前就能夠預測選舉的結果。

1.1c 統計推論

統計推論 (statistical inference) 是根據樣本資料對母體做估計、預測或決策的處理過程。因為母體幾乎都是非常龐大，要調查母體裡的每一個成員是既不切實際又昂貴的。相對地，從感興趣的母體中抽取樣本，並根據樣本提供的資訊來推論或估計母體，將會更容易且更加便宜。然而，這樣的結論與估計並不會永遠都是正確的。基於這個原因，我們對統計推論建立一種可信程度的量測。常用的兩種測量方法是**信賴水準 (confidence level)** 與**顯著水準 (significance level)**。信賴水準是指一個估計過程將會正確的次數比例。例如，在本章案例中，我們將產生一個具 95% 信賴水準的估計值，用以推論 50,000 名學生每週消費軟性飲料的平均罐數。換句話說，基於這種統計推論形式的估計，將有 95% 的情況是正確的。當推論統計的目的是要對某個母體下結論時，顯著水準測量結論是錯誤的頻率。例如，假設在範例 12.5 中的分析，我們得出「超過 50% 的選民會投票給布希，因此他將會在佛羅里達州勝出」的結論。一個 5% 顯著水準的意思是，引導我們得出布希勝選結論的樣本有 5% 的機率是錯的。

1.2 統計學在商業上的應用

統計課程的一項重要功能是證明統計分析在商業與經濟的各個層面著實扮演著非常重要的角色。我們想藉由範例、練習題與案例來說明。但是，我們假想第一次上統計課程的學生，大部分還沒有上過其他管理課程的科目。然而，為了要充分了解統計學是如何應用在管理課程的科目上，學習這些科目的相關內容是必要的。在本書中，我們介紹統計學在會計學、經濟學、財政學、人力資源管理、行銷學，與作業管理上的應用。我們提供簡短的背景說明，其後伴隨著範例與練習題。例如，在第 4.1 節，我們討論幾何平均數在金融上的應用，以及為何它取代算術平均數被用來衡量成長率或改變率。又例如，在 6.4 節的一個次小節中說明統計學在醫學檢驗上的應用 (對醫療保險業是有用的)。

1.3 大型真實資料集

本書作者認為學生必須藉著統計實作來學習統計學。為了大學畢業後之生計，我們期望畢業生能接觸大型的真實資料，此類資料必須經過整理後方可獲得做決策所需的資訊。本書囊括兩個來源的資料：一般社會調查 (General Social Survey, GSS) 和消費者財務調查 (Survey of Consumer Finance, SCF)。在整本書裡，分配與這兩類調查相關的範例、練習題以及案例。

1.3a 一般社會調查

自 1972 年起，一般社會調查 (GSS) 一直在追蹤美國人對各種議題的態度。除了美國人口普查之外，關於美國社會的議題，GSS 是最為廣泛使用的資料來源。這些調查每兩年進行一次，包含數百個變數和數千個觀察結果。最近 10 次調查的資料分別儲存於 GSS2000、GSS2002、GSS2004、GSS2006、GSS2008、GSS2010、GSS2012、GSS2014、GSS2016 與 GSS2018 檔案中。樣本數分別是 2,817、2,765、2,812、4,510、2,023、2,044、1,974、2,538、2,868 與 2,348。我們下載我們認為只有商業和經濟學學生感興趣的變數。我們已經移除「拒答」、「不知道」等遺漏值代碼，並且以空格取代之。

所有變數與其定義的清單可以從線上附錄中取得。

1.3b 消費者財務調查

消費者財務調查 (SCF) 每三年舉辦一次，提供有關美國家戶的詳細財務資訊。這項研究是美國聯邦準備理事會 (Federal Reserve Board) 與財政部 (Department of the Treasury) 聯合贊助。自 1992 年起，這些資料是由芝加哥大學的全國民意研究中心 (National Opinion Research Center, NORC) 所蒐集。最近 5 次調查的資料儲存於 SCF2007、SCF2010、SCF2013、SCF2016 以及 SCF2019 資料夾。樣本數分別是 4,417、6,482、6,015、6,248 以及 5,777。正如我們在一般社會調查所做的那樣，我們只下載原始調查中的一小部分變數。因為樣本很龐大而且有些變數的範圍太寬，以至於彙整和描述資料時產生問題。為了解決這些問題，我們根據被抽樣家庭的淨值之百分位數 (percentiles) 建立子樣本。下列是子樣本的清單。

最低 (L20)：20%
低中階層 (Lower Middle Class, LMC)：20%–40%

中等階層 (Middle Class, MC)：40%–60%

上中階層 (Upper Middle Class, UMC)：60%–80%

上層階級 (Upper Class, UC)：80%–90%

富裕 (Wealthy, W)：90%–95%

非常富有 (Super Rich, SR)：95%–99%

巨富 (T1)：前 1%

所有的變數與其定義的完整清單可以從線上附錄中取得。

1.4 統計學與電腦

幾乎在所有的統計應用上，統計應用者都必須處理大量的資料。例如，本章案例 (百事可樂) 就涉及 500 個觀測值。為了估計年度利潤，統計應用者必須對資料進行計算；雖然這些計算不需要任何複雜的數學技能，但是單就計算的量而言，使得統計方法這個層面既耗時又繁瑣。幸虧，許多商業販售的電腦程式可以用來執行這些運算。我們選擇使用 Microsoft Excel，是因為相信現在幾乎所有的大學畢業生都使用它，未來也會使用它。

1.4a　Excel

Excel 可以利用以下幾種方法執行統計程序。

1. **統計函數 (Statistical)**，包括機率和其他函數 f_x：我們利用這些 Excel 內建函數建立第 2 章的圖形化技術，在第 4 章與第 15 章計算統計量，以及在第 7 章與第 8 章中計算機率。

2. **資料分析工具箱 (Analysis ToolPak)**：每一版的 Excel 皆會提供這組程序，這些技術可以透過點擊一下資料 (Data) 和資料分析 (Data Analysis) 而啟動。它的缺點之一是它無法完整提供本書所介紹的統計技術。資料分析 (Data Analysis) 中未包含的方法將由 Excel 試算表與自己動手做 Excel (Do It Yourself Excel) 執行。

3. **試算表 (Spreadsheets)**：我們使用統計函數建立第 10-16 章中計算統計推論方法的試算表，這些可以從教材網站下載。此外，這些試算表可以被用來執行 what-if 分析。使用試算表的原理會在 1.4d 中說明。

4. **自己動手做 (Do It Yourself)**：我們提供如何使用 Excel 執行其餘推論方法的逐步說明。

1.4b 檔案名稱與符號

許多範例、練習題,與案例會用到大型資料集。這些資料集的檔案名稱會被標示在習題編號的旁邊;與範例相關的資料集以 Xm 表示。以第 2 章來說明,範例 2.2 的資料儲存在 Chapter 2 資料夾的 Xm02-02 檔案中;練習題與案例的資料則分別以字首 Xr 與 C 儲存檔案。字首為 GSS 和 SCF 分別表示來自一般社會調查與消費者財務調查的資料。

在許多統計的實務應用中,額外的資料也會被蒐集。例如,在範例 12.5 中,民意調查員經常記錄選民的性別,並且詢問其他的資訊,包括種族、宗教信仰、教育水準和所得。在後面章節裡,我們將會再返回這些檔案,並且使用其他的統計方法來萃取所需的資訊,那些包含額外資料的檔案,它的檔名上標會有一個加號。

1.4c 我們的方法

我們偏好的方法是盡量減少手算的時間,而是專注於選擇適當處理問題的方法,以及詮釋由電腦執行計算後的結果。藉由這種方式,我們希望能讓統計學和你課程表中其他的科目一樣,是一門既有趣又實用的課程。

1.4d Excel 試算表

為主修數學或統計學學生所編寫的統計課本與本書有著相當大的差異。這並不奇怪,因為那些課程是以數學定理證明和推導過程為特色。當教材內容以那種方式編製,支持統計推論的基礎概念會被呈現且相對地比較容易理解。然而,本書是為商業和經濟統計的應用課程而編製,因此,我們不直接著眼於統計學的數學原理。但是,誠如先前所指出的,統計應用者最重要的功能之一是適當地詮釋統計的結果,無論它是透過手算或是電腦計算所產生的結果。而為了正確地詮釋統計結果,學生仍然需要了解各種統計的原理。

為了幫助學生了解基礎理論,我們提供 Excel 試算表,讓讀者能夠執行 what-if 分析。藉著改變輸入值,學生可以親眼看見統計是如何運作的。[what-if 這個名詞是來自如果 (if) 我改變這個值,統計量將發生什麼 (what) 變化?]

練 習 題

1.1 使用你自己的語言，定義下列每一項統計詞彙，並各給予一個範例：
a. 母體
b. 樣本
c. 參數
d. 統計量
e. 統計推論

1.2 簡短地說明敘述統計與推論統計的差別。

1.3 一位正在競選市長的政治人物，對 25,000 名註冊選民進行一項民調。在接受訪問的 200 名註冊選民中，有 48% 表明他們計劃將票投給他。
a. 感興趣的母體為何？
b. 樣本為何？
c. 數值 48% 是參數或統計量？請解釋之。

1.4 一個電腦晶片的製造商宣稱，其產品中的瑕疵品少於 10%。當我們從大量的製程中抽取出 1,000 個晶片，發現有 7.5% 是瑕疵品。
a. 感興趣的母體為何？
b. 樣本為何？
c. 參數為何？
d. 統計量為何？
e. 數值 10% 指的是參數或統計量？
f. 數值 7.5% 是參數或統計量？
g. 簡短地解釋統計量如何能被用來推論參數進而檢定本題的宣稱。

1.5 假設你相信，一般而言，與其他科系的畢業生相較之下，在你主修科系內畢業的學生，於畢業時可以獲得較高的薪資。描述一個統計實驗，它能夠幫助你檢定你的信念。

1.6 有一枚硬幣呈現在你的面前，它的主人說它是公正的 (fair)，指的是當它被投擲大量的次數之後，將會產生相同次數的正面與反面。
a. 敘述一項實驗以檢定此一宣稱。
b. 在你的實驗中，母體為何？
c. 樣本為何？
d. 參數為何？
e. 統計量為何？
f. 簡要地描述統計推論該如何被應用於檢定這項宣稱。

1.7 假設在練習題 1.6 你決定投擲此硬幣 100 次。
a. 如果你得到 95 次正面，你可能會做什麼結論？
b. 如果你得到 55 次正面，你可能會做什麼結論？
c. 如果你投擲一枚完全公正的硬幣 100 次，你是否相信將永遠會得到恰好 50 次的正面？如果你回答「不相信」，你認為什麼是可能的數值？如果你回答「相信」，假設投擲該硬幣 2 次，你將會得到幾次正面？試著投擲一枚硬幣 2 次，並且重複這項實驗 10 次，並報告這些實驗的結果。

1.8 Xr01-08 一個擁有龐大計程車隊的業主正在試算下一年度的營運成本。其中一項主要的成本是購買燃料。為了估計購買燃料的成本，業者必須知道明年計程車將行駛的總距離、每加侖燃料的成本，以及計程車的燃料哩程數。業者已經獲得前面兩項數據（估計距離與每加侖燃料的成本）。然而，因為昂貴的汽油成本，業者最近改用丙烷做為燃料。他已

經測量和記錄 50 輛計程車的丙烷哩程數 (Mileage，哩數 / 加侖)。

a. 感興趣的母體為何？
b. 業者所需的參數為何？
c. 樣本為何？
d. 統計量為何？
e. 簡短地說明統計將如何產生業者所需的資訊。

附錄 1　教材下載說明

下載連結

https://www.cengageresource.com/9786269685202-resource/

補充學生學習資源：

- 學生學習資源包括 Excel 資料集 (Excel Data Files)、Excel 活頁簿 (Excel Workbooks)、一般社會調查 (General Social Survey)、消費者財務調查 (Survey of Consumer Finances) 檔案和線上附錄 (Online Appendixes)。

Chapter 2 圖表敘述法 I

本章綱要

2.1　資料和資訊的類型

2.2　描述單組名目資料

2.3　描述兩個名目變數間的關係與比較兩組或多組名目資料

美國男性選民和女性選民的政黨背景是否有所不同？

DATA GSS2018

在第 1 章中，我們介紹了美國一般社會調查 (GSS)，此項調查每 2 年進行一次，目的是追蹤美國人的經驗、行為，與態度。每次調查都被詢問的一個問題是「一般而言，你認為你自己是共和黨、民主黨、獨立黨、無黨派，或其他政黨？」，回應如下所列：

我們將在第 38 頁提供答案。

0. 深民主黨
1. 淺民主黨
2. 獨立黨──親民主黨
3. 獨立黨
4. 獨立黨──親共和黨
5. 淺共和黨
6. 深共和黨
7. 其他政黨

受訪者的性別也被辨識：1 = 男性，和 2 = 女性。這些資料被儲存在 GSS2018 檔案裡。請注意，檔案中的有些變數是本範例不需要用到的。性別 (SEX) 變數儲存於欄位 B，而政黨 (PARTYID) 變數則儲存於欄位 AG 中。在此列出部分資料。

編號	性別	政黨
62467	1	5
62468	2	2
62469	1	4
⋮	⋮	⋮
64812	2	3
64813	1	4
64814	2	3

判斷美國男性選民和女性選民的政黨背景是否有所不同，請見第 38 頁的解答。

導論 *Introduction*

在第 1 章中，我們指出統計學的兩個基本領域：敘述統計與推論統計。本章與下一章的目的是要介紹屬於敘述統計範疇內的主要方法。本章我們介紹統計學的圖示法和表格法，讓企業主管可以透過圖表的視覺化方式彙整資料，進而產生做決策的有用資訊。另一種類型的敘述統計方法──數值方法，會在第 4 章中介紹。

企業主管通常有權接觸到大量潛在有用的資料。但是資料必須先透過組織與彙整，才能夠被用來支持一項決策。例如，考慮一位有權存取簽帳金融卡資料庫的主管可能面臨的問題。該資料庫是顧客在申請簽帳金融卡時所提供的個人資料。這份資料包括持卡人的年齡、性別、住所與所得。此外，每一次簽帳金融卡被使用後，資料庫就會增加一筆消費歷史紀錄，包括消費時間、價格與產品品牌。使用適當的統計方法，企業主管能夠斷定哪些市場區段正在購買該公司的商品。可藉此開發特定的行銷活動，包括電話行銷。敘述統計與推論統計方法都可能被運用在此項分析中。

敘述統計涉及安排、彙總與呈現一組資料，以產生有用的資訊。它的方法是使用圖表與數值敘述量數（如平均數）來彙總與呈現資料，讓主管能夠根據衍生的資訊來制定決策。雖然敘述統計方法相當簡單，但不可低估它的重要性。大多數管理、商業與經濟領域的學生將來在工作崗位上準備書面與口頭報告時，會有很多機會需要有效地運用這些圖表與數值敘述方法。根據華頓 (Wharton) 商學院的研究，當高階主管將圖形應用於口頭報告時，他們取得共識的速度可以提升 25%。

在第 1 章中，我們介紹過母體與樣本之間的差異。回想一下，母體是在研究範圍之內所有觀測值所組成的集合，而樣本則是母體的一個子集合。在本章以及第 3 章與第 4 章介紹的敘述方法可以同時應用於構成母體的一組資料，也適用於構成樣本的一組資料。

在前言與第 1 章中，我們曾經指出成為統計應用者所受的關鍵教育不僅包括了解如何繪製圖表與計算統計量（手算或電腦計算），並且要知道何時該使用我們所介紹的每一種方法。決定使用正確方法的兩個最重要的因素是 (1) 資料的類型和 (2) 所需的資訊。兩者討論如下。

2.1 資料與資訊的類型

統計的目的是從資料中萃取資訊。資料與資訊有數種不同的類型。我們需要定義一些名詞以助於說明這項重要的概念。

變數 (variable) 是指一個母體或樣本的某些特性。例如，統計學考試的成績是統計學考試的一個特性，它想必是本書讀者所關心的一個特性。並非所有的學生都得到相同的分數。分數會因學生而異，因此稱之為變數。股票的價格是另一個變數。大部分股票的價格每天都會變動。我們通常使用大寫的英文字母如 X、Y 和 Z 來表達變數的名稱。

變數的**值 (values)** 是變數可能的觀測值。統計學考試分數的數值是介於 0 到 100 之間的整數 (假設考試的滿分是 100)。股票價格的數值通常是以元和分 (有時用比分更小的單位) 衡量的實際數字。其價值範圍從 0 到數百美元。

資料 (data)[1] 是觀測到的變數值。例如，假設我們觀察 10 個學生期中考的成績，得到如下的資料：

67　　74　　71　　83　　93　　55　　48　　82　　68　　62

我們將會從這些資料擷取所需要的資訊。附帶一提，data 是 datum 的複數。一位學生的分數是一個 datum。

大多數的人認為資料就是數字的集合。但是，資料的型態有三種：區間、名目與順序資料[2]。

區間 (interval) 資料是實際的數字，諸如身高、體重、所得和距離之類。我們也稱此類型的資料是**量性的 (quantitative)** 或**數值的 (numerical)**。

名目 (nominal) 資料的值是類別。例如，對婚姻狀態問題的回答會產生名目資料。這個變數的值有單身、已婚、離婚和喪偶。要注意的是，這些值並不是數字，而是描述類別的文字。通常我們記錄名目資料的方法是任意地指派一個數字給各個類別。例如，我們使用下列的編碼 (codes) 來記錄婚姻狀態：

---

[1] 很遺憾，「資料」(data) 一詞，就像「統計學家」(statistician) 一詞，有許多不同的意義。例如，字典將資料定義為事實、資訊或統計量。就電腦語言而言，資料也許是指任何的資訊，就如本教科書，或是你寫的的論文。如此的定義讓我們難以說明「統計學」(statistics) 是將「資料」(data) 轉換為「資訊」(information) 的一種方法。在本書中，我們很謹慎地區分這三個名詞。

[2] 實際上資料的型態有四種，第四種是比率 (ratio) 資料。但是，就統計的目的而言，比率資料和區間資料之間並無區別。因此，我們將這兩種資料合而為一。

單身 = 1，已婚 = 2，離婚 = 3，喪偶 = 4

然而，任何其他數字化系統都是有效的，只要每一個類別都被指定一個不同的數字。以下是另一個編碼系統，它和前述的系統一樣有效。

單身 = 7，已婚 = 4，離婚 = 13，喪偶 = 1

名目資料也被稱為是**質性的 (qualitative)** 或**類別的 (categorical)**。

第三種資料的類型是順序。**順序 (ordinal)** 資料看起來像名目資料，但不同的是，順序資料值的排序是有意義的。例如，大多數的學院或大學在課程完成後，學生會被要求為該課程填寫考評。它的變數就是對課程各方面的評比，包括對教授的評比在內。假設在一所特定的學院，其評比值是

不好，普通，良好，非常好，優秀

名目資料與順序資料之間的差別是，後者資料值的排序表示評價的高低。因此，當指定編碼給不同的值時，我們應該保持值的順序。例如，我們可以記錄學生的考評為

不好 = 1，普通 = 2，良好 = 3，非常好 = 4，優秀 = 5

因為我們對選擇編碼的唯一限制是必須保持資料值的順序，我們可以使用任何一組有順序的編碼。例如，我們也可以指定下列的編碼：

不好 = 6，普通 = 18，良好 = 23，非常好 = 45，優秀 = 88

使用任何可以保留資料順序的編碼，將會產生完全相同的結果。因此，重要的不是數值的大小，而是它們的順序。

學生通常難以分辨順序資料與區間資料。它們之間的關鍵差別是區間資料值之間的間隔或差距是一致且有意義的(這是為何此類型資料被稱為區間的理由)。例如，85 分與 80 分之間的差距，和 75 分與 70 分之間的差距同樣是 5 分。也就是說，我們可以計算變數值之間的差距並詮釋其結果。

因為代表順序資料的編碼，除了表達順序外，是任意指定的，我們無法計算與詮釋它們之間的差距。例如，使用一組 1-2-3-4-5 的編碼系統來表示不好、普通、良好、非常好與優秀，我們注意到優秀與非常好之間的差距，和良好與普通之間的差距是相同的。使用 6-18-23-45-88 的編碼時，優秀與非常好之間的差距是 43，而良好與普通之間的差距是 5。因為兩種編碼系統都是有效的，所以我們不能使用其中任何一種系統來計算以及解釋差距。

這裡有另外一個例子，假設你得到下列在 NASDAQ 交易最活躍的股票清單，按數字降序排列 (愈活躍的數字愈小)：

順序	最活躍的股票
1	Microsoft
2	Cisco Systems
3	Dell Computer
4	Tesla
5	Oracle

這個資訊是否能夠讓你推斷微軟 (Microsoft) 與思科 (Cisco Systems) 之間股票交易量的差距和戴爾電腦 (Dell Computer) 與特斯拉 (Tesla) 之間股票交易量的差距是相同的呢？答案是「否定的」，因為我們僅有的資訊是股票交易數量的順序而已，是順序資料，並不是交易量本身，後者才是區間資料。也就是說，1 與 2 之間的差距不一定等同於 3 與 4 之間的差距。

2.1a　各種類型資料的計算

區間資料　幾乎所有的計算都適用於區間資料。我們通常以計算平均數來描述一組區間資料。例如，第 16 頁中所列出 10 個分數的平均值是 70.3。你會發現，我們將介紹其他幾個重要的統計量數。

名目資料　因為名目資料的編碼是任意指定的，所以我們無法對這些編碼執行任何的計算。為了解原因，請思考一項詢問民眾婚姻狀態的調查，假設前 10 位接受調查的人給出以下的回應：

單身，已婚，已婚，已婚，喪偶
單身，已婚，已婚，單身，離婚

使用編碼：

單身 = 1，已婚 = 2，離婚 = 3，喪偶 = 4

我們所記錄的回應是：

1　2　2　2　4　1　2　2　1　3

這些編碼的平均值是 2.0。難道它的意思是民眾的平均婚姻狀態是已婚？假設現在又訪談 4 個人。其中 3 位是喪偶，1 位是離婚。得到的資料是：

1　2　2　2　4　1　2　2　1　3　4　4　4　3

這 14 個編碼的平均是 2.5。難道它的意思是民眾的平均婚姻狀態是已婚，但是離婚到一半？這兩個問題的答案都絕對是「否定的」。此例說明了名目資料的一個基本事實：根據儲存此類資料的編碼所做的計算是毫無意義的。我們對名目資料所能做的只有計算每個類別發生的次數或百分比。因此，我們可以計算每一種婚姻狀態類型發生的次數，並用以描述這 14 個觀察值，如下表所示：

類型	編碼	人數
單身	1	3
已婚	2	5
離婚	3	2
喪偶	4	4

本章剩下的部分僅介紹名目資料的處理。在第 3 章中，我們再介紹描述區間資料的圖表法。

順序資料　順序資料最重要的一點是值的順序。因此，唯一被許可的計算是涉及排序的處理過程。例如，我們可以按順序排列所有的資料，並選擇位於中間的編碼。這個敘述性量數稱為中位數 (median)，將在第 4 章討論。

2.1b　資料的階層

資料的型態可以依照被允許執行的運算來排序。我們將區間資料型態放在最上位，因為幾乎所有的計算都是被允許的。名目資料型態則被放在最下位，因為除了可以決定事件發生的次數之外，任何其他計算都是不允許的。(我們可以對編碼的發生次數進行計算，但是，這與對編碼本身進行計算是不同的。) 位於區間資料與名目資料之間的類型是順序資料，容許的計算是對資料進行排序的計算。

高階資料型態可以當做低階資料使用。例如，在大學院校裡，我們可將課程的分數 (區間的) 轉換成字母成績 (順序的)。有一些研究所的課程只是標明及格或不及格。此種情況，更進一步將區間資料轉換成名目資料。值得注意的是，當我們將高階的資料轉換為低階的資料，我們將損失資訊。例如，一門會計課考試的分數 89 比字母成績 B 提供更多關於該生成績表現的訊息，文字成績 B 可能是指分數介於 80 與 90 之間。因此，除非有必要，否則我們不隨便轉換資料。我們稍後將會再討論此一問題。

另一點值得注意的是，我們無法將類型較低階的資料當做較高階的資料來使用。

資料類型的定義與層級整理如下。

> **資料類型**
>
> **區間**
> 資料值是實際的數字。
> 所有的運算皆有效。
> 資料可以被視為順序或名目資料來處理。
>
> **順序**
> 資料值必須呈現資料的順序。
> 基於排序過程的計算是有效的。
> 資料可以被當成名目資料但不可以被當成區間資料來處理。
>
> **名目**
> 資料值是代表類別的任意數字。
> 唯有基於發生次數或百分比的計算才是有效的。
> 資料不能被當成順序資料或區間資料來處理。

2.1c 區間、順序與名目變數

變數的觀測值組成我們的資料，因此變數將被賦予和資料相同的類型名稱。例如，區間資料是一個區間變數的觀測值。

2.1d 問題的目的與資訊

在介紹不同資料類型的同時，我們已經介紹了第一個決定使用哪一種統計程序的關鍵因素。第二個決定因素是我們想要從資料中產生的資訊型態。在 11.4 節中介紹問題的目的 (problem objectives) 時，我們將會更詳細地討論不同類型的資訊。而在本書的這個部分 (第 2 至 5 章)，我們將問題的目的局限在使用統計方法來描述一組資料、比較兩組或更多組資料，以及描述兩個變數之間的關係。在 2.2 節我們介紹用以描述一組名目資料的圖示與表格方法。2.3 節說明如何描述兩個名目變數之間的關係，以及比較兩組或更多組名目資料。

練 習 題

2.1 對下列每一個範例的資料，決定其類型。
 a. Amazon.com 股票的每週收盤價。
 b. La Quinta 汽車旅館最高空房率的月份。
 c. 麥當勞 (McDonald's) 的顧客樣本所點購軟性飲料的大小 (小、中或大)。
 d. 過去 5 年美國每月進口豐田汽車的數量。

e. 一門統計課學生在期末考所得到的分數，滿分是 100 分。

2.2 大學就業輔導公室定期對畢業 1 年後的畢業生進行調查，並要求提供以下訊息。對每個問題，確定其資料的類型。
a. 你的職業是什麼？
b. 你的所得是多少？
c. 你取得什麼學位？
d. 你的就學貸款金額是多少？
e. 你如何評價教學質量？(優秀、非常好、良好、普通、差)

2.3 一家購物中心的購物者樣本被問及以下問題。請辨識每項問題會產生的資料類型。
a. 你幾歲？
b. 你花了多少錢？
c. 你的婚姻狀態如何？
d. 評價停車位的可取得性：優秀、良好、普通或差？
e. 你進了多少家商店？

2.4 學期末，大學院校的學生通常會填寫有關他們課程的問卷調查。假設在一所大學裡，學生被問到以下的問題：
a. 給課程評價（高度相關，相關，不相關）。
b. 給教授評價（非常有效，有效，不太有效，沒有效）。
c. 你的期中考成績為何(A, B, C, D, F)？
確定每一個問題的資料類型。

在許多調查中，受訪者被要求報告年齡、所得和教育等變數。受訪者通常不願意提供實際數量（例如所得）。調查人員發現，提供區間列表會使受訪者比較可能願意提供該項訊息。練習題 2.5 到 2.7 顯示兩種記錄變數的方法。簡要描述為什麼第二個變數列出的訊息少於第一個變數列出的訊息。

2.5 a. 成人受訪者的年齡
b. 年齡類別
  1. $21 < x \leq 40$
  2. $41 < x \leq 60$
  3. 大於 60

2.6 a. 所得
b. 所得類別
  1. $x \leq \$25,000$
  2. $\$25,000 < x \leq \$50,000$
  3. $\$50,000 < x \leq \$75,000$
  4. 大於 $75,000

2.7 a. 教育年資
b. 教育類別
  1. 高中肄業
  2. 高中畢業
  3. 大學肄業
  4. 大學畢業

2.8 Xr02-20 在 WLU(一所著名的加拿大大學)，假設某教師的考試滿分為 100 分，然後必須使用以下轉換方式將分數轉換為字母成績。

A: 80–100
B: 70–79.9
C: 60–69.9
D: 50–59.9
F: 小於 50

學生 X 在每門課程上的分數分別為 81、83、81、71、72、74、63、61、51、35。

學生 Y 的分數是 98、96、99、79、78、79、68、69、57、49。

a. 計算每位學生的平均分數。
b. 將各個分數轉換為字母成績並計算平均成績積點 (GPA)，其中 $A = 4, B = 3, C = 2, D = 1$，與 $F = 0$。
c. 將每位學生 10 個分數的平均值轉換

為字母成績。你觀察到什麼？

2.9 **Xr02-21** 參考練習題 2.8。另一對學生得到以下成績。

學生 P：94、91、88、77、75、74、66、65、54、52

學生 Q：93、91、88、75、75、73、67、66、55、51

a. 計算每位學生的平均分數和平均成績積點。
b. 將這對學生的平均分數和平均成績積點與練習題 2.8 中的學生進行比較
c. 討論練習題 2.8 和 2.9 結果之間的差異。

2.2 描述單組名目資料

正如我們在 2.1 節中所討論的，唯一能夠對名目資料進行的運算是計算變數每一個值所出現的次數或是計算其出現的百分比。我們以一個表格來彙整資料，呈現變數的類別與計數，稱為**次數分配 (frequency distribution)**。一個**相對次數分配 (relative frequency distribution)** 則是列出變數的類別以及它們發生的比例。我們可以使用圖示法來呈現資料的狀況。有兩種圖示法可以使用：長條圖 (bar chart) 與圓形圖 (pie chart)。

範例 2.1　一般社會調查中的工作狀況

DATA GSS2018

官方失業率的一個主要問題是，它排除那些想要找工作卻放棄找工作的人。為了追蹤在各類工作狀況的美國人數量，GSS 詢問「在上週你是全職工作、兼職、上學、家管、或是什麼？」回覆如下：

1. 全職工作
2. 兼職工作
3. 暫時沒有上班
4. 失業，資遣
5. 退休
6. 上學
7. 家管
8. 其他

回應分別使用編碼 1, 2, 3, 4, 5, 6, 7 和 8 記錄。前 150 個觀測值在此列出。變數名稱為 WRKSTAT，並且儲存在 X 欄。對這些資料建構一個次數以及相對次數分配，並透過製作一個長條圖或圓形圖，以圖示的方式彙整資料。

3	1	1	5	1	1	2	1	1	2	1	7	2	1	7
5	2	6	5	5	1	1	7	1	7	5	5	2	1	6
1	5	1	7	3	6	5	1	2	1	3	1	2	1	1
1	1	1	1	7	1	5	1	1	2	1	1	1	1	1
5	7	2	2	2	1	5	1	1	5	1	5	1	6	4
5	2	5	1	2	7	1	1	3	3	3	8	2	1	1
1	4	1	2	7	4	5	7	1	7	2	2	1	1	6
1	7	7	1	5	1	1	7	1	7	7	1	1	1	1
1	1	7	1	5	2	7	5	3	1	1	7	7	1	1
1	1	2	2	1	7	7	1	2	5	2	1	7	2	5

解答

瀏覽這組資料，你知道任何有關這 150 位美國人的反應嗎？除非你有特殊的技能，否則你可能對這些資料的了解非常有限。如果我們列出所有 2,348 個觀測值，你將更不容易發現任何有關資料的有用資訊。為了萃取有用的資訊，統計或圖形技術的應用是必要的。要選擇適合的方法，我們必須先辨識資料的類型。這個範例的資料是名目的，因為它的數字代表的是類別。名目資料唯一被允許的計算是算出每一個類別發生的次數。因此，我們計算 1, 2, 3, 4, 5, 6, 7 和 8 分別出現的次數。列出的各類別與其相對應的計數構成了次數分配。相對次數分配的產生則是將次數轉換為比例。表 2.1 中結合了次數與相對次數分配。

有兩個人拒絕回答，總共有 2,346 個觀測值。

如第 1 章中所承諾，這裡列出如何產生次數與相對次數分配的 Excel 指令與輸出，特別是如何得到表 2.1 呈現的結果。

表 2.1　範例 2.1 的次數與相對次數分配

工作狀況	編碼	次數	相對次數 (%)
全職工作	1	1,134	48.34
兼職工作	2	259	11.04
暫時沒有上班	3	53	2.26
失業，資遣	4	84	3.58
退休	5	445	18.97
上學	6	81	3.45
家管	7	242	10.32
其他	8	48	2.05
總數		2,346	100

EXCEL

指令說明

（本範例所使用的特定指令以粗體字標示。）

1. 鍵入或匯入資料到一個或一個以上的欄位。(開啟 GSS2018。)
2. 啟用任何一個空的儲存格並且鍵入

= **COUNTIF** ([Input range], [Criteria])

輸入範圍 (input range) 是包含資料的儲存格。在此範例中的範圍 (range) 是 X1:X2349。準則 (criteria) 是你要計算次數的編碼：(1)(2)(3)(4)(5)(6)(7)(8)。例如，計算類別 1（「全職工作」）出現的次數，鍵入

= **COUNTIF** (X1:X2349, 1)

則次數會出現在啟用的空儲存格裡。變更準則可以產生其他 7 個類別的發生次數。我們複製 WRKSTAT 變數到新試算表的 A 欄中即可產生下列的結果。在 B 欄的第 1 列到第 8 列中，我們鍵入編碼 1 到 8，並且採用 COUNTIF 函數以取得次數。C 欄計算相對次數。

詮釋

只有 48.34% 的受訪者是全職工作者，18.97% 已退休，11.04% 是兼職工作者，10.32% 是家管，以及剩下的 11.34% 則是其他四類工作狀況之一。

長條圖與圓形圖

資料中包含的資訊可以用表格彙整得很好。但是，圖示法通常比表格中的數字更能夠快速地吸引讀者的注意。有兩種圖示法可以用來呈現表格的結果：長條圖通常用於呈現次數；圓形圖則用於表示相對次數。長條圖是以畫出代表每一種類別的長方形所製成。長方形的高度代表次數。基底則是任意指定的。圖 2.1 呈現範例 2.1 的手繪長條圖。

圖 2.1　範例 2.1 的長條圖

EXCEL

下列是用 Excel 繪製的長條圖與圓形圖。

指令說明

1. 建立次數分配後，選取 (反白) 次數的欄位。
2. 繪製長條圖，請點選**插入 (Insert)**、**直條圖 (Column)**，與第一個**平面直條圖 (2-D Column)**。可以修改這個圖表，我們刪除**格線 (Gridlines)**、**圖例 (Legend)**，並點選**資料標籤 (Data Labels)** 以建立標題。
3. 繪製圓形圖，請點選**圓形圖 (Pie)** 和**圖表工具 (Chart Tools)** 以編輯圖形。

> **應用一般社會調查 (GSS) 與消費者財務調查 (SCF) 資料**
>
> 本書分布數百個使用一般社會調查 (GSS) 和消費者財務調查 (SCF) 數據的練習題。以下是有關如何使用這些資料的一些提示。
>
> 1. 下載全部的資料集之後，建議你將它們儲存在你的電腦裡。不要更改這些檔案。
> 2. 使用某一欄或多欄資料之前，建議你複製此欄 (或多欄) 到一頁新的試算表。例如，在 GSS2018 檔案中，我們需要使用 X 欄 (WRKSTAT)。複製整個 X 欄資料到另外一頁試算表的 A 欄中，然後在新的試算表執行任何圖形或數值的方法。
> 3. 要取得任何一欄資料中的子集資料，請使用資料 (DATA) 和排序 (SORT) 指令。假設我們對那些完成研究所學位 (DEGREE: 4 = graduate) 的受訪者的工作狀況感興趣。執行下列的流程：
>   複製 T 欄 (DEGREE) 到一頁新試算表的 A 欄。
>   複製 X 欄 (WRKSTAT) 到 B 欄。
>   選取 A 和 B 這兩欄。
>   點擊**資料 (DATA)** 和**排序 (SORT)**。
>   指定以 A 欄進行**排序 (Sort by)** (或使用變數名稱)。
>   向下捲動 A 欄直到有包含 4 的列 (rows)。
>   使用 B 欄中的資料進行統計分析。

2.2a　圓形圖與長條圖的其他應用

圓形圖與長條圖被廣泛地使用在報紙、雜誌與商業和政府的報告中。如此受歡迎的原因之一是它們能夠吸引讀者的目光與興趣，而這是數字和表格所無法達到的。或許沒有人能比《今日美國》(*USA Today*) 更了解這一點，該報通常在首頁以及內頁附上彩色的圖表。圓形圖與長條圖經常被用來簡單地呈現與類別對應的數字。使用長條圖或圓形圖的唯一理由是增強讀者掌握資料本質的能力。例如，它能讓讀者更快速地辨認各個類別的相對大小，就像做預算的分類帳一樣。類似地，財務人員可能使用圓形圖呈現公司各部門的營收，或者大學生可能使用圓形圖顯示每日活動的時間分配 (例如，吃飯 10%、睡覺 30% 及研讀統計學 60%)。

經濟學上的應用　總體經濟學

總體經濟學是經濟學的一個主要分支，用以處理整體經濟的行為。總體經濟學發展數學模式用來預測像是國內生產毛額、失業率與通貨膨脹等變數。政府與企業使用這些模式來幫助制定因應策略。例如，中央銀行試圖以降低或調高利率來控制通貨膨脹。為了達到此目的，經濟學家必須了解各種不同變數的影響，包括能源的供應與需求。

經濟學上的應用　能源經濟學

有一個變數對每一個國家的實質經濟都有重大的影響，那就是能源。1973 年的石油危機，當時石油的價格於短時間內漲了 4 倍，一般被視為是對美國國家經濟造成最重大的金融打擊之一。事實上，經濟學家通常提到兩段不同的經濟時期：1973 年石油危機之前與之後。很遺憾，這個世界將面臨更多經濟的衝擊。有兩個主要的原因。第一是耗盡無法再生的能源並且導致其價格的上揚。第二是燃燒石油所製造的二氧化碳可能造成全球暖化。一位經濟學家預估地球暖化的成本將會以兆元為計算單位。統計學所扮演的一個重要角色在於判斷地球的溫度是否一直在上升，如果是的話，二氧化碳是否是肇因。在本章中，你將會遇到與能源議題有關的其他範例和練習題。

範例 2.2　2019 年美國的能源消耗

表 2.2 列出 2019 年美國使用各種來源的總能源消耗量 (本書出版時之最新資料)。為了便於查看細節，表中以千兆英熱單位 (BTUs) 表示熱能的測量值。使用一個適當的圖示法描述這些數字。

表 2.2　2019 年美國能源消耗量

能源來源	千兆英熱單位
不可再生的能源	
煤炭	11.31
天然氣	32.10
核子	8.862
石油	36.87
可再生能源	
生物燃料	4.985
地熱	0.2093
水力發電	2.492
太陽能	1.043
風能	2.732
總計	100.6

資料來源：美國能源訊息署 (U.S. Energy Information Administration)

解答

我們感興趣的是描述每種來源的能源占總能源消耗量之比例。因此，適用的方法是圓形圖。下一步是決定繪製圓形圖的切片比例和大小。

EXCEL 圓形圖

- 太陽能 1.04%
- 水力發電 2.48%
- 風能 2.72%
- 地熱 0.21%
- 生物燃料 4.96%
- 煤炭 11.24%
- 天然氣 31.91%
- 核子 8.81%
- 石油 36.65%

詮釋

美國嚴重依賴三種化石燃料。煤、天然氣和石油占美國能源消耗量的80%。可再生能源約占11%，其中大約一半是生物燃料(木材、垃圾和農作物廢料)，四分之一是水力發電(主要來自水壩)。風能和太陽能僅占美國能源消耗量的4%。要查看自1960、1980年和2000年以來各類占比如何變化，請參閱練習題2.19。

範例 2.3　啤酒消費量(前20名的國家)

表 2.3 列出人均啤酒消費量在全世界前20名的國家(以公升/年為單位)。

表 2.3　啤酒消費量，前20名的國家

國家	個人平均啤酒消費量(公升/年)
澳洲	109.9
奧地利	108.3
比利時	93.0
克羅埃西亞	81.2
捷克共和國	156.9
丹麥	89.9
愛沙尼亞	104.0
芬蘭	85.0
德國	115.8
匈牙利	75.3
愛爾蘭	131.3
立陶宛	89.0
盧森堡	84.5
荷蘭	79.0
紐西蘭	77.0
羅馬尼亞	90.0
斯洛維尼亞	84.1
西班牙	83.8
英國	99.0
美國	81.6

資料來源：www.beerinfo.com。

解答

在此範例中，我們主要是對數字感興趣。在此沒有必要呈現比例。以下是 Excel 版本的長條圖。

EXCEL 長條圖

國家	數值
澳洲	107
奧地利	106
比利時	91
克羅埃西亞	80
捷克共和國	153
丹麥	88
愛沙尼亞	101
芬蘭	83
德國	113
匈牙利	74
愛爾蘭	128
立陶宛	87
盧森堡	83
荷蘭	78
紐西蘭	75
羅馬尼亞	88
斯洛維尼亞	82
西班牙	82
英國	97
美國	80

詮釋

捷克共和國、愛爾蘭與德國高居前幾名。美國和英國的排名遠低於這些國家，且加拿大未列入前 20 名。

2.2b 描述順序資料

順序資料並沒有特定的圖示法。因此，當我們要描述一組順序資料時，我們將資料視為名目資料，並且使用本節描述的方法。唯一的準則是，長條圖中的長條應該要按照編碼數值以遞增(或遞減)的順序排列。在圓形圖中，圓形切片通常是以順時鐘方向按遞增或遞減排列。

練習題

2.10 **Xr02-23** 全世界的石油何時枯竭？一種判斷的方法是確定世界各國石油的儲存量，下表顯示已知石油儲存量前 15 名的國家。

a. 使用長條圖描述這些數字，說明你的發現。

b. 為什麼長條圖比圓形圖是更適合？
c. 需要哪些其他數字才能使圓形圖成為更好的選擇？

國家	石油儲存量（百萬桶）
巴西	12,999
加拿大	167,896
中國	25,620
伊朗	155,600
伊拉克	145,019
哈薩克斯坦	30,000
科威特	101,500
利比亞	48,363
奈及利亞	36,972
卡達	25,244
俄羅斯	80,000
沙烏地阿拉伯	267,026
阿拉伯聯合大公國	97,800
美國	47,053
委內瑞拉	302,809

2.11 Xr02-24 下表列出 2016 年夏季奧運會贏得獎牌數量前 15 名的國家。
a. 使用長條圖彙整這些數字。
b. 圓形圖會是更好的圖示法嗎？
c. 為了使圓形圖成為一個更好的方法，還需要哪些其他的數字？

國家	獎牌數量	國家	獎牌數量
澳大利亞	29	義大利	28
亞塞拜然	18	日本	41
巴西	19	荷蘭	19
加拿大	22	紐西蘭	18
中國	70	俄羅斯	56
法國	42	南韓	21
德國	42	美國	121
英國	67		

2.12 Xr02-26 以下是世界上天然氣儲量最多的國家。使用圖示法來彙整和呈現這些數字。

國家	天然氣儲量（立方公尺）
阿爾及利亞	93,499,998,208
澳洲	105,200,001,024
加拿大	159,099,994,112
中國	145,899,995,136
伊朗	214,499,999,744

國家	天然氣儲量（立方公尺）
挪威	123,900,002,304
卡達	166,400,000,000
俄羅斯	665,600,000,000
沙烏地阿拉伯	109,299,998,720
美國	772,799,987,712

2.13 Xr02-27 下表列出前 20 個石油消費國的每日平均石油消耗量。使用圖示法呈現此項訊息。

國家	石油消耗量（千桶／每日）
澳洲	1,080
巴西	3,003
加拿大	2,374
中國	10,480
法國	1,713
德國	2,435
印度	3,660
印尼	1,718
伊朗	1,885
義大利	1,260
日本	4,557
墨西哥	2,090
俄羅斯聯邦	3,493
沙烏地阿拉伯	2,961
新加坡	1,240
南韓	2,328
西班牙	1,208
泰國	1,171
英國	1,502
美國	18,961

2.14 Xr02-29 下表列出用電量前 20 名的國家（以十億千瓦時為單位）。繪製圖形以幫助對數字的說明。

國家	用電量（十億千瓦時）
澳洲	223
巴西	480
加拿大	533
中國	4,882
法國	453
德國	534
印度	903
伊朗	207
義大利	294
日本	935
南韓	487
墨西哥	232
俄羅斯聯邦	878
沙烏地阿拉伯	247

國家	用電量 (十億千瓦時)
南非	212
西班牙	235
台灣	226
土耳其	195
英國	319
美國	3,868

2.15 Xr02-30 以下是世界上人口最多的 15 個國家的名單。使用長條圖顯示這些數字。

國家	人口
孟加拉	166,368,149
巴西	210,867,954
中國	1,415,045,928
埃及	99,375,741
衣索匹亞	107,534,882
印度	1,354,051,854
印尼	266,794,980
日本	127,185,332
墨西哥	130,759,074
奈及利亞	195,875,237
巴基斯坦	200,813,818
菲律賓	106,512,074
俄羅斯	143,964,709
美國	326,766,748
越南	96,491,146

2.16 世界各國總人口數為 7,632,819,325。使用練習題 2.15 中的人口數字和這個數字來繪製一個圓形圖。

2.17 Xr02-32 以下是世界上核能消耗量排名前 15 名國家的名單。使用圖示法來顯示這些數字。

國家	核能消耗量 (百萬噸石油等量)
比利時	9.5
加拿大	21.9
中國	56.2
捷克共和國	6.4
法國	90.1
德國	17.2
印度	8.5
日本	6.6
俄羅斯	46.0
南韓	33.6
西班牙	13.1
瑞典	14.9
烏克蘭	19.4

國家	核能消耗量 (百萬噸石油等量)
英國	15.9
美國	191.7

2.18 Xr02-33 一個普遍被接受用來描述一個國家經濟規模的數字是國內生產毛額 (GDP)，它衡量一個國家在給定期間內所生產的最終商品和服務的貨幣價值。下面列出 2020 年 GDP 最高 10 個國家的年度 GDP(十億美元)。

a. 應該使用長條圖還是圓形圖？請解釋之。

b. 使用適當的圖示法來呈現這些資料。

國家	GDP (十億美元)
巴西	1,893.01
加拿大	1,812.46
中國	15,269.94
法國	2,771.62
德國	3,982.24
印度	3,202.18
意大利	2,013.67
日本	5,413.05
英國	2,716.53
美國	22,321.76

2.19 Xr02-34 接續範例 2.2，下表是美國於 1960、1980 和 2000 年，各種來源之能源消耗量 (千兆英熱單位)。使用適當的圖示法呈現這些數據。

能源來源	1960	1980	2000
不可再生能源			
煤炭	9.838	15.42	22.58
天然氣	12.39	20.24	23.84
核子	0.0006	2.739	7.862
石油	19.87	34.16	38.15
可再生能源			
生物燃料	1.320	2.476	3.008
地熱	0.00036	0.0527	0.1644
水力發電	1.608	2.900	2.811
太陽能	0	0	0.0635
風能	0	0	0.0571
總計	47.76	77.99	98.54

資料來源：美國能源訊息署 (U.S. Energy Information Administration)

市調中心：皮尤研究中心、蓋洛普組織和算盤數據公司

許多民意調查組織為政黨、政府機構和私營公司進行市場調查研究。美國最著名的兩家是皮尤研究中心 (Pew Research Center) 和蓋洛普組織 (The Gallup Organization)。在加拿大，算盤數據公司 (Abacus Data) 為公共和私營企業進行調查和研究。這三個組織都進行了無黨派的民意調查，這些民意調查發表在報紙上，並在電視新聞廣播中討論。我們將在本書中使用他們的一些結果來製作練習題，分析這些資料集將產生與原始研究相同的結果。

在接下來的練習題中，我們指定了日期、調查的母體、問題和回應的編碼。對於每個練習題，使用圖形技術來彙整和顯示資料。

2.20 Xr02-44+ 皮尤研究中心
日期：2020 年 3 月
母體：美國成年人
問題：最常獲取政治和選舉新聞的方式是什麼？

回應
1. 有線電視
2. 地方電視
3. 網路電視
4. 新聞網站 /app
5. 平面媒體
6. 收音機
7. 社群媒體

2.21 Xr02-50+ 蓋洛普組織
日期：2018 年 7 月
母體：美國成年人
問題：你認為適度飲酒 (每天 1 或 2 杯酒精飲料) 是：(1) 對你的健康有益、(2) 沒有影響 (3) 有害健康？

2.22 Xr02-59+ 算盤數據公司
日期：2017 年 2 月
母體：加拿大成年人
問題：如果發生重大新聞事件，你最有可能首先在哪裡聽到？

1. 電視
2. 收音機
3. 口口相傳
4. 新聞網站
5. 推特
6. 即時新聞通知
7. 新聞應用程式
8. 臉書

2.3 描述兩個名目變數間的關係與比較兩組或多組名目資料

在 2.2 節，我們提出使用圖形與表格方法來彙總一組名目資料。應用於單一資料集的方法稱為**單變量 (univariate)** 方法。在許多情況下我們希望能夠描述變數之

間的關係；在此種情況下則需要使用**雙變量 (bivariate)** 方法。**交叉分類表 (cross-classification table)**，又稱為**交叉表 (cross-tabulation table)**，可用於描述兩個名目變數之間的關係。在 2.2 節中曾經介紹過的長條圖，經過一點變化，即可用圖形方式描述這種關係。相同的方法也可用於比較兩組或多組名目資料。

2.3a 描述兩個名目變數間關係的表格方法

對於描述兩個名目變數之間的關係，我們必須記得只能夠計算各數值的發生次數。第一步，我們需要產生一個交叉分類表，列出兩個變數每一種數值組合的發生次數。

範例 2.4　　報紙讀者之調查

DATA
Xm02-04

在北美的一個主要城市中，有四家相互競爭的報紙：《環球郵報》(Globe and Mail, G&M)、《郵報》(Post)、《星報》(Star)，與《太陽報》(Sun)。為了幫助廣告活動的設計，報社的廣告部經理需要知道哪些報紙市場的區隔是該報的讀者。所以，執行一項報紙讀者與職業關係之分析調查。樣本中的每一位報紙讀者都被要求回答他們閱讀哪一家的報紙：《環球郵報》(1)、《郵報》(2)、《星報》(3)、《太陽報》(4)，並且指出他們是否為藍領工作者 (1)、白領工作者 (2) 或專業人士 (3)。這裡列出部分的資料。

讀者	職業	報紙
1	2	2
2	1	4
3	2	1
⋮	⋮	⋮
352	3	2
353	1	3
354	2	3

判斷兩個名目變數是否有關聯。

解答

計算 12 種組合中每一組出現的次數，產生了表 2.4。

表 2.4　範例 2.4 的次數交叉分類表

職業	報紙 《環球郵報》	《郵報》	《星報》	《太陽報》	總數
藍領	27	18	38	37	120
白領	29	43	21	15	108
專業人士	33	51	22	20	126
總數	89	112	81	72	354

如果職業與報紙相關,則不同職業所閱讀的報紙會有差異。一種簡單的方法是將每一列 (或行) 的次數轉換成每一列 (或行) 的相對次數。也就是,計算每一列 (或行) 的總數,並將每個次數除以該列 (或行) 的加總,如表 2.5 中所示。由於四捨五入所產生的誤差,總數可能不等於 1。

表 2.5　範例 2.4 的列相對次數交叉分類表

職業	報紙 《環球郵報》	《郵報》	《星報》	《太陽報》	總數
藍領	.23	.15	.32	.31	1.00
白領	.27	.40	.19	.14	1.00
專業人士	.26	.40	.17	.16	1.00
總數	.25	.32	.23	.20	1.00

EXCEL

Excel 中有數種方法可用以產生交叉分類表。我們將以兩種方式來使用和描述樞紐分析表:(1) 建立一個計數的交叉分類表;以及 (2) 產生一個顯示列相對次數的表。

	A	B	C	D	E	F
1	Count of Reader	Column Labels				
2	Row Labels	1	2	3	4	Grand Total
3	1	27	18	38	37	120
4	2	29	43	21	15	108
5	3	33	51	22	20	126
6	Grand Total	89	112	81	72	354

	A	B	C	D	E	F
1	Count of Reader	Column Labels				
2	Row Labels	1	2	3	4	Grand Total
3	1	0.23	0.15	0.32	0.31	1.00
4	2	0.27	0.40	0.19	0.14	1.00
5	3	0.26	0.40	0.17	0.16	1.00
6	Grand Total	0.25	0.32	0.23	0.20	1.00

指令說明

就像我們在 Xm02-04 中所做的一樣，資料必須被儲存在 (至少) 三個欄位 (column)。將游標移到資料範圍的某個位置。

1. 點選**插入 (Insert)** 與**樞紐分析表 (PivotTable)**。
2. 確認**表格 / 範圍 (Table/Range)** 是正確的。點擊**確認 (OK)**。
3. 在 **樞紐表區域 (Pivot Table Fields)** 中勾選**讀者 (Reader)** 並按滑鼠右鍵選取**新增至值 (Add to Values)**。
4. 勾選 Occupation (職業)，按滑鼠右鍵選取**新增至列標籤 (Add to Row Labels)**。
5. 勾選 Newspaper (報紙)，按滑鼠右鍵選取**新增至欄標籤 (Add to Column Labels)**。
6. 將游標放置在表格中，按滑鼠右鍵選取**摘要值方式 (Summarize Values by)** 並點選**計數 (Count)** 函數。
7. 要轉換成列 (row) 百分比，則按滑鼠右鍵點擊任何一個數字，點選**值的顯示方式 (Show Values As)** 並點選**列總和的百分比 (% of Rows Total)**。

詮釋

注意到在第 2 列與第 3 列中的相對次數是相似的，而第 1 列與第 2 列和第 3 列之間則有很大的差異。這告訴我們藍領工作者傾向於與白領工作者和專業人士閱讀不同的報紙，而白領工作者與專業人士在報紙的選擇上則比較相似。

圖示兩個名目變數間的關係

我們選擇畫三個長條圖，每一個用來說明一種職業的四種報紙閱讀人數。我們將使用 Excel 來達成此目的。手繪的圖形會一模一樣。

EXCEL

　　有幾種可以用圖形顯示兩個名目變數之間關係的方法。我們選擇用二維的長條圖來描述三種職業類型的讀報人數分配。使用樞紐分析表的輸出結果可以建立次數或列比例 (正如我們所做) 之此類圖形。

指令說明

　　全選交叉分類表，點選**插入 (Insert)**、**直條圖 (Column)**，與第一個**立體直條圖 (3-D Column)**，你可以從任何已完成的交叉分類表中執行相同的操作。

註釋

　　如果這兩個變數是無關的，各個長條圖呈現的趨勢應該大致相同。如果存在著某種關係，那麼某些長條圖將會不同於其他的長條圖。

　　這些圖表告訴我們與表格相同的訊息。職業 2 和 3 (白領工作者與專業人士) 的長條圖形狀非常地相似。兩者的長條圖形狀與職業 1 (藍領工作者) 的則是非常不同。

2.3b　比較兩組或多組名目資料

　　我們能用不同的方式來詮釋長條圖的交叉分類表結果。在範例 2.4 中，我們可以將三種職業定義成三個不同的母體。如果次數分配之間 (或長條圖之間) 存在差異，我們則可以推斷三種母體之間存在差異。或者，我們可以將四種報紙的讀者視為四個不同的母體。如果次數分配或長條圖之間存在差異，則我們可以結論四個母體之間存在差異。

美國男性選民和女性選民的政黨背景是否有所不同：解答

DATA GSS2018 使用上面介紹的方法，我們製作了 EXCEL 長條圖。

EXCEL

詮釋

由於類別記錄的方式，長條圖表示(從左至右的依序)深民主黨，淺民主黨、獨立黨—親民主黨、獨立黨、獨立黨—親共和黨、淺共和黨、深共和黨，其他政黨，以及空白(無回覆)。

有一些相似之處，也有一些差異之處。對於男性和女性，最常見的政黨傾向都是獨立黨，其次是深民主黨與淺民主黨。和男性相較之下，女性比男性更傾向於將自己歸類為民主黨；而男性則比女性更傾向於支持共和黨。

2.3c 資料格式

有幾種方法可以儲存本節中用以產生表格、長條圖或圓形圖的資料。

1. 資料分為兩欄 (column)。第一欄表示第一個名目變數的類別，第二欄儲存第二個的類別。每列 (row) 表示兩個變數的一個觀察值。每列中的觀察數必須

相同，Excel 可以根據這些資料產生交叉分類表 (使用 Excel 樞紐表，必須有第三個變數表示觀察值)。這是範例 2.4 中資料的儲存方式。

2. 資料儲存在兩欄或多欄中，每欄表示相同變數來自不同樣本或母體的觀察值。例如，變數可能是申請 MBA 學程的大學學位類型，我們可能希望比較 5 所大學。要產生交叉分類表，我們必須計算每欄中每個類別 (大學學位類型) 的觀察次數。

3. 呈現各類別組合計數 (counts) 的交叉分類表可能已經建立。

練 習 題

以下練習題應用皮尤研究中心、蓋洛普組織和算盤數據公司的數據。

2.23 Xr02-44+ 請參閱練習題 2.20。對每位受訪者提出的另一個問題是：「你是否看到過似乎完全虛構的 COVID-19 相關新聞和訊息？」

　　1. 很多

　　2. 一些

　　3. 很少或沒有

用圖示法判斷此問題的答案在 7 個不同新聞來源之間是否有差異。

2.24 Xr02-50+ 練習題 2.21 執行一項蓋洛普調查，其中詢問美國成年人是否認為適度飲酒有益。調查還詢問受訪者是否飲酒 [回答：是 (1)，否 (2)]。製作一張圖表，描述兩組受訪者對酒精益處的回應是否有所差異。

2.25 Xr02-59+ 在練習題 2.22 中，詢問加拿大人他們從哪裡收到新聞。受訪者被要求報告他們的年齡類別：18-29 (1)、30-44 (2)、45-59 (3) 和 60 歲及 60 以上 (4)。使用圖示法呈現四個年齡類別之間接收新聞管道的差異。

本章摘要

　　敘述性統計方法是用來彙整資料集，讓我們能夠擷取相關的資訊。在本章中我們介紹了呈現名目資料的圖表法。

　　長條圖、圓形圖，以及次數分配和相對次數分配被用以彙整單組的名目資料。因為受限於資料類型，我們只能呈現每一個類別的次數或比例。

　　為了描述兩個名目變數之間的關係，我們繪製交叉分類表和長條圖。

一般社會調查練習

DATA GSS2018 下列練習題是根據 2018 年的一般社會調查 (GSS)。

2.26 使用圓形圖描述為政府工作或在私營部門工作的受訪者比例 (WRKGOVT：1 = 政府，2 = 私營)。這個結果讓你驚訝嗎？請解釋之。

2.27 以圖形法描述受訪者的最高完成學位 (DEGREE：0 = 高中肄業，1 = 高中畢業，2 = 完成專科學位，3 = 完成學士學位，4 = 完成研究所學位)。簡要描述你的發現。

2.28 自營事業受訪者 (WRKSLF：1 = 自僱人士，2 = 為他人工作) 的政治觀點 (POLVIEWS3：1 = 自由派，2 = 中庸，3 = 保守派) 為何？使用圖形技術來描述兩變數之間的關係。

2.29 黨派 (PARTYID3：1 = 民主黨，2 = 獨立黨，3 = 共和黨) 如何影響美國人對「是否要獲得警察許可才能購買槍枝」的看法 (GUNLAW：1 = 贊成，2 = 反對)？繪製可回答問題的圖表。

2.30 為政府工作的受訪者 (WRKGOVT：1 = 政府，2 = 私營) 的教育程度 (DEGREE：0 = 高中肄業，1 = 高中畢業，2 = 完成專科學位，3 = 完成學士學位，4 = 完成研究所學位) 是否不同於在私營部門工作的人？使用圖形技術來提供答案。

2.31 美國女性是否比男性更崇尚自由 (SEX：1 = 男性，2 = 女性；POLVIEWS3：1 = 自由派，2 = 中庸，3 = 保守派)？應用圖形技術來決定答案。

Chapter 3 圖表敘述法 II

本章綱要

3.1 描述一組區間資料的圖示法

3.2 描述時間序列資料

3.3 描述兩個區間變數之間的關係

3.4 圖表呈現的藝術與科學

一加侖汽油的價格和一桶石油的價格有什麼關係？

DATA
Xm03-00

在過去的 30 年，汽油價格持續上揚。在 1991 年，美國無鉛普通汽油的平均零售價是每加侖 $1.20 (1 加侖等於 3.79 公升。)。在接下來的 17 年，平均價格上升至 $4.00 以上。然後在 2016 年初，價格又急遽下降至不到 $1.6。雖然低價格受到所有汽車駕駛的歡迎，但快速改變的價格讓駕駛人有些困惑。當價格上升時，我們知道有幾個原因。首先，石油是一種有限的資源；在世界上終將耗盡。在 2019 年，全世界每天消耗超過 1 億桶—每年超過 360 億桶。目前已證明世界石油總儲存量是 1,779,685,000,000 桶。以當今的消耗水準，世界儲存的石油將在 49 年內耗盡。[然而，需要注意的是，2016 年證實石油儲存量是 1,563,350,000,000 (1 兆 5,633.5 億) 桶，以及 2012 年證實的石油儲存量是 1 兆 4,815 億桶，這說明新發現的石油正與日漸增加的使用量相抵銷。] 其次，中國與印度的工業正在快速成長，對石油的需求量不斷增加。第三，過去 20 年裡，颶風已經威脅墨西哥灣的石油鑽井平台。在 1995 年，石油價格 (西德州中級原油) 每桶低於 $20 (1 桶等於 42 加侖)。2008 年，價格上升至 $130 以上，且於 2016 年初，價格在 $30 至 $40 之間波動。為了幫助了解汽油 / 石油的價格關係，我們確定了 1991 年至 2020 年之間汽油的每月平均價格與每桶西德州中級原油價格。使用圖示法描述兩者之間的關係。見第 65 頁的解答。

你將在第 65 頁找到我們的答案。

導論 Introduction

在第 2 章中，我們介紹用以彙整和呈現名目資料的圖示法。在本章，我們對區間資料做同樣的處理。3.1 節介紹描述一組區間資料的方法，3.2 節介紹時間序列和用於呈現時間序列資料的方法，以及 3.3 節說明用來描述兩個區間變數之間關係的方法。3.4 節我們以討論如何適當地使用圖示法做為本章的結束。

3.1 描述一組區間資料的圖示法

在本節中我們將介紹直方圖，它是一種用以彙整區間資料的有效圖示法。你將會看到直方圖也有助於說明機率的一些重要性質 (見第 8 章)。

範例 3.1　複式橋牌玩家的年齡分析

DATA
Xm03-01

橋牌的遊戲遍及世界各地。有兩種版本，一種是盤式橋牌，通常是私人的遊戲，並且經常有賭金。第二種版本是更受歡迎的複式橋牌，它普及於世界各地的俱樂部與錦標賽中。美國合約橋牌聯盟 (ACBL) 是營運複式橋牌的一個組織。任何參加過俱樂部比賽的人都會注意到大多數的玩家都是老年人。ACBL 關心玩家平均年齡遞增，及年輕玩家相對稀少的問題。為了有助於決定是否應該致力於鼓勵年輕的橋牌玩家加入 ACBL，隨機抽選了 200 名 ACBL 的會員做為樣本，詢問每一位的年齡，結果顯示於此。從這些資料中能萃取出什麼資訊？

73	77	62	35	33	63	68	31	20	93
53	73	94	75	72	66	64	55	60	73
66	68	64	83	62	38	24	25	58	58
82	72	83	26	82	54	68	49	73	27
54	57	24	30	70	75	96	54	52	40
53	30	28	28	32	23	85	69	35	49
78	28	69	61	33	19	64	41	54	54
33	71	62	52	44	65	60	67	50	30
35	30	25	36	30	44	39	28	60	80
40	59	63	37	76	37	32	90	51	62
65	74	81	38	53	25	51	52	56	53
74	28	65	24	60	30	53	49	45	50
55	55	91	22	31	38	16	71	60	36
82	52	26	18	63	27	27	57	46	90
74	75	35	70	69	33	60	82	56	82
76	61	52	71	69	49	61	60	31	60
57	36	83	36	79	42	65	38	72	51
63	37	25	54	65	71	78	76	46	32
65	95	63	48	52	66	45	16	67	22
33	54	99	31	76	42	74	65	27	17

解答

大略地瀏覽這 200 個觀測值，能得到的資訊非常有限。如果你更仔細地檢視這些資料，你可能發現這個樣本中最年輕的橋牌玩家是 16 歲，年紀最大是 99

歲。為了獲得有用的資訊，我們必須知道年齡在 16 和 99 之間的分布情況。是否年紀大的玩家多，年輕的玩家少？他們的年齡是相似的或是差異很大？為了幫助回答這些問題和其他類似的問題，我們將建構一個次數分配，藉此繪製一個直方圖。在前一章中，藉由計算名目變數每個類別出現的次數來建立次數分配。對於區間資料的次數分配，我們則計算分別落在一系列區間內的觀測值次數，這些區間稱為**類組 (classes)**，它們涵蓋了觀測值完整的數值範圍。我們稍後會討論如何決定類組的組數以及區間的上限 (upper limits) 與下限 (lower limits)。對於此例，我們選定了九個類組，以這樣一種方式定義，每一個觀測值只落在一個且唯一的一個類組。這些類組的定義如下：

類組
年齡大於 10 且小於或等於 20
年齡大於 20 但小於或等於 30
年齡大於 30 但小於或等於 40
年齡大於 40 但小於或等於 50
年齡大於 50 但小於或等於 60
年齡大於 60 但小於或等於 70
年齡大於 70 但小於或等於 80
年齡大於 80 但小於或等於 90
年齡大於 90 但小於或等於 100

請注意，區間不要重疊，所以對於指定任何一個觀測值到哪一個區間不會產生不確定的情況。此外，因為最小的數字是 16 且最大的數字是 99，因此每一個觀測值都會被指定到一個類組。最後，區間是等寬的，雖然這並非必要，但它會讓閱讀與詮釋圖表的工作更為容易一些。為了以手算方式建立次數分配，我們計算落在每一個區間內觀測值的次數。表 3.1 呈現本例的次數分配。

表 3.1　ACBL 會員年齡的次數分配

組限	次數
10-20	6
20-30	27
30-40	30
40-50	16
50-60	40
60-70	36
70-80	27
80-90	12
90-100	6
總計	200

圖表敘述法 II 3

雖然次數分配提供有關這些數字如何分配的資訊，但以繪製圖形的方式可使這些資訊更容易被了解與傳遞。這種圖形稱為**直方圖 (histogram)**。一個直方圖的建立是繪出一系列的長方形，其底部為各個區間，其高度代表次數。圖 3.1 呈現一個手繪的直方圖。

圖 3.1 範例 3.1 的直方圖

EXCEL 資料分析

指令說明

1. 鍵入或匯入資料到某欄。(開啟 Xm03-01。) 在另一欄中鍵入各類組區間的上限。Excel 稱它們為長條 (bins)。[你可以給第一列任何名稱；我們鍵入"Ages"（年齡）。]
2. 點選**資料 (Data)**、**資料分析 (Data Analysis)** 與**直方圖 (Histogram)**。
3. 指定**輸入範圍 (Input Range)** (A1:A201) 與**組界範圍 (Bin Range)** (B1:B10)。點選**圖表輸出 (Chart Output)**。如果第一列包括名稱則點選**標記 (Labels)**。
4. 若要移除長條間隔 (gaps)，將游標放在其中一個長方形的上面，並且按滑鼠右鍵一下。點選 (用滑鼠左鍵) **資料數列格式 (Format Data Series)...**。移動游標到**類別間距 (Gap Width)** 並且使用滑鼠器 (slider) 將數字由 150 改成 0。

045

請注意，除第一類組外，Excel 計算每一類組中大於下限且小於或等於上限的觀測值個數。請注意，水平軸上的數字代表每一個類組的上限，雖然它們看起來像是位於中央。

詮釋

直方圖讓我們清楚地看見年齡分布的情形。如預期，大約 40% 的樣本是大於 60 歲的。大約六分之一會員是十幾歲和二十幾歲的，似乎有很多年輕玩家。然而，在 40 至 60 歲之間，玩家的年齡有個意想不到的差距，尤其是在 40 至 50 歲的範圍。這個族群的人可能有工作，並且沒有太多時間玩橋牌，因為大部分俱樂部的比賽在晚上 7:00 開始，並且於晚上 10:00 之後結束。或許安排較短賽局可能會吸引上班族成為 ACBL 的會員。

3.1a 決定類組區間的組數

我們選擇的類組區間個數完全決定於資料集內觀測值的個數。我們的觀測值愈多，需要用來繪製一個直方圖的類組個數就愈大。表 3.2 提供選擇類組數的準則。在範例 3.1 中，我們有 200 個觀測值。這個表告訴我們使用 7、8、9 或 10 個類組。

表 3.2 近似的直方圖類組數

觀測值的個數	類組數
小於 50	5–7
50-200	7–9
200-500	9–10
500-1,000	10–11
1,000-5,000	11–13
5,000-50,000	13–17
大於 50,000	17–20

另一種取代表 3.2 準則的方法是使用史特基公式 (Sturges's formula)，它建議類組區間的組數可以用以下的公式來決定：

$$\text{類組區間數} = 1 + 3.3 \log(n)$$

例如，如果 $n = 50$，史特基公式可得：

$$類組區間數 = 1 + 3.3 \log (50) = 1 + 3.3 (1.7) = 6.6$$

我們將它四捨五入成 7。

類組區間的寬度　我們用最大觀測值減去最小觀測值,再將結果除以類組數,即可決定類組大概的寬度。因此,

$$類組寬度 = \frac{最大觀測值 - 最小觀測值}{類組數}$$

在範例 3.1,我們計算

$$類組寬度 = \frac{99-16}{9} = 9.22$$

我們通常將結果四捨五入到某一個方便的數值。然後定義類組組限,首先選定第一類組的下組限,由此其他的組限也得以被決定。我們唯一應用的條件是第一個類組區間必須包含最小的觀測值。在範例 3.1 中,我們將類組寬度進位成 10,並且設定第一個類組的下限為 10。因此,第一個類組被定義為「數字大於或等於 10 但是小於或等於 20」的區間。表 3.2 與史特基公式都只是準則而已。選擇類組數時更重要的是要讓類組的結果容易詮釋。例如,假設我們記錄了 100 個學生在某課程中一次考試的成績,最高分是 94,最低分是 48。表 3.2 建議我們使用 7、8 或 9 個類組,而史特基公式計算近似的類組數為

$$類組區間的組數 = 1 + 3.3 \log (100) = 1 + 3.3(2) = 7.6$$

我們將其四捨五入成 8。因此,

$$類組寬度 = \frac{94-48}{8} = 5.75$$

我們將其四捨五入到 6。然後我們可以產生一個直方圖,其類組的上限是 50, 56, 62, ..., 98。因為四捨五入以及我們定義組限的方式,類組數是 9。然而,產生一個較容易詮釋的直方圖是使用組寬為 5 的類組。也就是,各組的上限是 50, 55, 60, ..., 95。在此情況下,類組的組數將是 10。

例外指南　在某些情況下,我們提供的準則可能無法產生有用的結果。當某些類組區間的範圍很寬,且含有非常大量的觀測值,就會出現這樣的例子。這可能導致直

方圖的中間會有一些空的或幾乎空的類組。一種解決方法是建立不等寬度的類組區間。遺憾的是，這會產生較難詮釋的直方圖。另外一種解決方案是讓最後一個區間為「大於前一個區間的上限」。見練習題 3.21 以了解為何 (why) 與如何 (how) 會發生這樣的問題。

3.1b 直方圖的形狀

繪製直方圖的目的，就像所有統計方法的目的一樣，是為了取得資訊。一旦我們有了資訊，經常需要對其他人說明我們所得知的訊息。我們基於下列的特性來描述直方圖的形狀。

對稱性　一個直方圖若被稱為是**對稱的 (symmetric)**，我們從直方圖的正中央向下畫一條垂直線，兩邊的形狀和大小剛好是相同的。圖 3.2 描繪了三個對稱的直方圖。

圖 3.2　三個對稱的直方圖

偏度　一個偏斜的直方圖是指一個有向右方或向左方延伸長尾的直方圖。前者稱為**正偏 (positively skewed)**，後者稱為**負偏 (negatively skewed)**。圖 3.3 呈現兩個例子。一家大公司員工的收入傾向於正偏，因為相對低薪資的員工占多數，而高薪的高階主管占少數。學生用在考試上的時間通常是負偏，因為只有少數的學生提早交卷；大多數的學生喜歡重複檢查並且在測驗時間快要結束時才交卷。

圖 3.3　正偏與負偏的直方圖

眾數類組的個數　誠如我們將在第 4 章中所討論，眾數 (mode) 是發生次數最多

的觀測值。**眾數組 (modal class)** 是一個含有最多觀測值的類組。一個**單峰直方圖 (unimodal histogram)** 具有一個高峰。圖 3.4 中的直方圖是單峰的。**雙峰直方圖 (bimodal histogram)** 則具有兩個高峰，兩峰的高度不一定要相等。雙峰直方圖通常是指資料呈現出兩個不同的分布。(見範例 3.4。) 圖 3.5 描繪雙峰直方圖。

圖 3.4　單峰直方圖

圖 3.5　雙峰直方圖

鐘形　一種特殊類型的對稱單峰直方圖是呈鐘形的。在第 8 章我們會介紹為什麼這種類型的直方圖是重要的。圖 3.6 展示一個鐘形的直方圖。

圖 3.6　鐘形直方圖

現在我們知道要尋找什麼特性了，讓我們研究一些直方圖的例子，並且看看我們能夠發現什麼。

金融上的應用　股票與債券的評價

對如何評價股票和債券等金融資產有一些基本的了解，對良好的財務管理是很重要的。了解估價的基礎知識對資本預算與資本結構的決策是必要的。此外，了解股票與債券等投資的基礎估價知識是目前日益受到重視的投資管理學 (investment management) 領域之核心。

財務經理必須熟悉資本市場的主要特性，例如，股票與債券等長期投資金融資產的交易特性。

一個運作良好的資本市場會提供經理各種不同風險水準金融證券所需的適當價格與投資報酬率等有用資訊。統計方法可以用來分析資本市場並彙整其特性，如股票或債券報酬率分配的形狀。

Jacobs Stock Photography/Photodisc/Getty Images

金融上的應用　投資報酬率

投資報酬率的計算是用收益（或損失）除以投資額得到的。例如，一項 $100 的投資在 1 年後值 $106，具有 6% 的報酬率。一項 $100 的投資損失 $20，則有 −20% 的報酬率。對許多的投資而言，包括個別股票與股票投資組合（各種股票的組合），其報酬率是一個變數。換言之，投資者事先不會知道其報酬率將會是多少。它有可能是正數，這種情況下投資者賺到錢；或負數，投資者則虧損金錢。

投資者在兩個目標之間拉扯。第一是投資報酬率最大化。第二個目標是降低風險。如果我們為一個特定投資的報酬率畫直方圖，則直方圖的中心位置可以給我們一些關於該項投資可能期待的報酬率資訊。直方圖的離散或變異則提供我們關於風險的指標。如果只有少許的變異，投資者能夠很有信心地預測他的報酬率將會是多少。如果變異相當大，報酬率變得比較無法預測，因而更具風險。而風險極小化是投資者與財務分析師的主要目標。

Klaus Vedfelt/DigitalVision/Getty Images

範例 3.2　比較兩種投資的報酬率

DATA Xm03-02

假設你面臨一項投資決策，你有一筆小額財富，那是暑期工作所得扣除明年預計花費之後的餘額。一位朋友建議兩種投資，為了幫助做出決定，你可以獲得每種投資的一些報酬率。你想知道你對投資報酬的期待，以及一些其他類型的資訊，例如，報酬率是否散布在一個大範圍（使得投資具高風險），或是緊密地聚集在一起（表示風險相對地低）。這些資料是否告訴你

可能做得極好，而幾乎不會有巨大的損失？或告訴你是否可能會賠錢（負的報酬率）？

兩種投資的報酬率如下所列。請畫出每一組報酬率的直方圖並報告你的發現。你將會選擇哪一種投資，為什麼？

投資 A 的報酬率				投資 B 的報酬率			
30.00	6.93	13.77	−8.55	30.33	−34.75	30.31	24.3
−2.13	−13.24	22.42	−5.29	−30.37	54.19	6.06	−10.01
4.30	−18.95	34.40	−7.04	−5.61	44.00	14.73	35.24
25.00	9.43	49.87	−12.11	29.00	−20.23	36.13	40.7
12.89	1.21	22.92	12.89	−26.01	4.16	1.53	22.18
−20.24	31.76	20.95	63.00	0.46	10.03	17.61	3.24
1.20	11.07	43.71	−19.27	2.07	10.51	1.2	25.1
−2.59	8.47	−12.83	−9.22	29.44	39.04	9.94	−24.24
33.00	36.08	0.52	−17.00	11	24.76	−33.39	−38.47
14.26	−21.95	61.00	17.30	−25.93	15.28	58.67	13.44
−15.83	10.33	−11.96	52.00	8.29	34.21	0.25	68.00
0.63	12.68	1.94		61.00	52.00	5.23	
38.00	13.09	28.45		−20.44	−32.17	66	

解答

我們對兩種投資畫出其報酬率的直方圖。

EXCEL 資料分析

投資 A 報酬率的直方圖

投資 B 報酬率的直方圖

詮釋

比較這兩個直方圖，我們可以擷取出下列的資訊：

1. 投資 A 報酬率直方圖的中心略低於投資 B。
2. 投資 A 報酬率的分散程度遠小於投資 B。
3. 兩個直方圖都呈現輕微地正偏（右偏）。

這些發現建議投資 A 是比較好的。雖然投資 A 的報酬率有一點低於投資 B

的，但是 B 比較大的散布狀況則無法吸引大部分的投資者。兩種投資都有可能獲得相對大的報酬率。

對直方圖的詮釋在某種程度是主觀的。其他觀圖者可能不會認同我們的結論。在此種情況下，數值方法能夠提供大部分圖表所缺乏的詳細與精確性。在第 4 章中，我們會再做一次這個範例以說明數值方法與圖示方法之間的比較。

範例 3.3　商業統計學成績

DATA
Xm03-03+

一位商業課程的學生目前正要修習他的第一堂統計學必修課。這位學生有一點擔憂，因為聽說這是一門很困難的課。為了緩和自己的焦慮，這位學生詢問教授這門課程去年的成績。這位教授答應了學生的要求並提供給他一份包含學期作業與期末考的最後總成績資料。根據下列的分數，畫一個直方圖並且描述其結果：

65	81	72	59
71	53	85	66
66	70	72	71
79	76	77	68
65	73	64	72
82	73	77	75
80	85	89	74
86	83	87	77
67	80	78	69
64	67	79	60
62	78	59	92
74	68	63	69
67	67	84	69
72	62	74	73
68	83	74	65

解答

EXCEL 資料分析

詮釋

這是一個單峰的直方圖且幾乎對稱。沒有 50 以下的成績,且絕大多數的成績皆介於 60 和 90 之間。眾數組是 70 到 80 分之間,且分配的中心是 75 分。

■ 範例 3.4　數理統計學成績

假設範例 3.3 中的這位學生得到一份去年數理統計課的分數列表。這門課強調定理的推導與證明。使用附上的資料畫一個直方圖並且將其與範例 3.3 所得到的圖相比較。這個直方圖告訴你什麼訊息?

77	67	53	54
74	82	75	44
75	55	76	54
75	73	59	60
67	92	82	50
72	75	82	52
81	75	70	47
76	52	71	46
79	72	75	50
73	78	74	51
59	83	53	44
83	81	49	52
77	73	56	53
74	72	61	56
78	71	61	53

解答

EXCEL 資料分析

> **詮釋**
>
> 這是一個雙峰的直方圖。當中較大的眾數組是由 70 幾分的成績所組成。比較小的眾數組包含 50 幾分的分數。似乎很少有 60 幾分的成績。這個直方圖顯示共有兩組類型的學生。因為這門課強調數學，我們可能下結論說課堂中表現差的學生之數理能力比表現好的學生來得弱。在此範例與範例 3.3 中的直方圖建議這兩門統計課彼此之間的差異很大，並且具有完全不同的成績分配。

練 習 題

3.1 如果觀測值個數是 125，一個直方圖應該包含多少個類組？

3.2 對 1,500 個觀測值，判斷一個直方圖所需的類組數。

3.3 由 300 個觀測值所組成的資料集，其值的範圍介在 147 和 241 之間。
 a. 在直方圖中，適當的類組數為何？
 b. 你建議什麼樣的類組區間？

3.4 一位統計實作人員將對 40 個介於 5.2 到 6.1 之間的觀測值繪製一個直方圖。
 a. 適當的類組區間數為何？
 b. 定義你將使用的類組上限。

3.5 Xr03-05 一位優步 (Uber) 司機追蹤過去 28 天他所接到的電話，資料列出如下，請建立一個直方圖。

10	10	7	7	3	8	11
8	10	7	7	7	5	4
9	7	8	4	17	13	9
7	12	8	10	4	7	5

3.6 Xr03-06 有一些小聯盟的球員從來沒有進入大聯盟，一位統計應用者記錄了 32 位球員，並確認他們無法實現進入大聯盟參賽而退休的年齡。為這些資料繪製一個直方圖。

23	31	31	30	29	28	32	33
29	27	35	32	41	28	30	35
26	25	32	26	30	32	32	28
30	29	24	25	32	35	27	22

3.7 Xr03-07 TPC(高爾夫球員錦標賽俱樂部) 的第 17 個洞是個島嶼果嶺，即使是職業選手發球時也會將球擊入周邊的池塘。一位統計應用者記錄了 30 天內業餘選手將球擊入池塘的高爾夫球數量。為這些資料繪製一個直方圖。

81	94	82	79	70	76	70	85	102	91
71	69	95	57	85	85	84	87	67	71
115	102	70	63	81	81	76	99	87	93

3.8 Xr03-08 下列是一個 30 位電話推銷員的每週銷售量樣本。為這些資料繪製一個直方圖並且加以描述之。

14	12	9	17	8	3	10	20	19	15
8	21	3	9	18	17	15	17	7	10
6	4	25	5	16	19	5	14	10	8

3.9 Xr03-09 在一組裝生產線，50 件組裝樣本完成關鍵組裝任務的時間 (以秒計) 被測量與記錄。資料列出如下。請繪製一個直方圖描述這些資料。

30.3	34.5	31.1	30.9	33.7
31.9	33.1	31.1	30.0	32.7

34.4	30.1	34.6	31.6	32.4
32.8	31.0	30.2	30.2	32.8
31.1	30.7	33.1	34.4	31.0
32.2	30.9	32.1	34.2	30.7
30.7	30.7	30.6	30.2	33.4
36.8	30.2	31.5	30.1	35.7
30.5	30.6	30.2	31.4	30.7
30.6	37.9	30.3	34.1	30.4

a. 繪製一個直方圖彙整這些資料。
b. 描述直方圖的形狀。

下列練習題需要使用電腦與統計軟體。

3.11 Xr03-15 一家銀行記錄過去 200 天每天在開門營業第一個小時內進入的客戶人數。繪製直方圖並描述其形狀。

3.10 Xr03-10 在一家大型百貨公司所做的個人調查中，詢問 60 個將要離開的人，在這次的購物行程中他們曾經進入幾家商店。回答的資料如下：

3	2	4	3	3	9
2	4	3	6	2	2
8	7	6	4	5	1
5	2	3	1	1	7
3	4	1	1	4	8
0	2	5	4	4	4
6	2	2	5	3	8
4	3	1	6	9	1
4	4	1	0	4	6
5	5	5	1	4	3

3.12 Xr03-18 記錄了 150 名新生嬰兒的身長 (以吋為單位)。使用你認為適合描述這些資料的任何圖示法。你從圖中得知什麼訊息？

3.13 Xr03-22 Amazon.com 記錄了 100 天的每日書籍發貨數量。繪製直方圖並描述你的發現。

3.14 Xr03-26 一份高中生的隨機樣本，詢問他們每天花在手機上的時間。繪製直方圖並簡要描述你的發現。

一般社會調查練習

GSS2018 下列練習題是根據 2018 年的一般社會調查 (GSS)。

3.15 繪製一個受教育年限 (EDUC) 的直方圖。
   a. 直方圖是對稱的還是偏斜的？如果是偏斜的，是正偏還是負偏？
   b. 它的眾數組為何？這告訴你關於此變數的什麼訊息？
   c. 還有其他的高峰嗎？若有，它們位在哪裡？

3.16 繪製受訪者所得 (RINCOME) 的直方圖。直方圖是否是正偏的？解釋它代表什麼意思。

3.17 製作每週工作小時數 (HRS1) 的直方圖。
   a. 直方圖是對稱的還是偏斜的？如果對稱，它是鐘形的嗎？解釋這告訴你關於此變數什麼訊息。
   b. 它的眾數組為何？這是你所預期的嗎？請解釋之。

3.18 繪製受訪者生第一個孩子時年齡 (AGEKDBRN) 的直方圖。描述直方圖的形狀。它是對稱的還是偏斜的？是單峰嗎？如果對稱且單峰，它是鐘形的嗎？

消費者財務調查練習

SCF2019:MC 下列練習是根據 2019 年消費者財務調查 (SCF) 的中產階級子樣本（淨資產介於 $120,185 和 $450,000 之間）。

3.19 雜貨店與餐廳競爭取得許多中產階級家戶的食品預算。繪製每年在家用餐 (FOODHOME) 和在外用餐 (FOODAWAY) 總花費的直方圖。描述兩個直方圖之間的差異和相似之處。

3.20 中產家庭的生活過得好嗎？要了解更多有關此問題的資訊，請繪製家庭工資和薪資所得 (WAGEINC) 的直方圖。圖是對稱的還是偏斜的？這告訴你關於此變數的什麼訊息？

SCF2019:ALL 下列練習是根據 2019 年完整的消費者財務調查 (SCF) 樣本。

3.21 其中一個問題要求受訪者報告 2019 年家戶所持有的資產總值 (ASSET)。請注意，它的範圍非常大，最小值是 0 美元，最大值是 1,967,199,000 美元。

a. 根據表 3.2 所建議的類組區間數繪製直方圖；也就是使用 17-20 個類組區間。你遇到了什麼問題？

b. 嘗試使用以下的類組區間繪製直方圖：10,000, 20,000, ..., 200,000。你遇到什麼問題？

c. 使用以下的類組區間繪製直方圖：100,000, 200,000, ..., 2,000,000。

d. 簡要說明於 (a)、(b) 與 (c) 中所繪製的直方圖，哪一個最好。

3.2 描述時間序列資料

除了按類型對資料進行分類外，我們也可以根據觀測值是否是在同一個時間被測量，或者是在一連續時間點被測量來對資料分類。前者稱為**橫斷面資料 (cross-sectional data)**，而後者則是**時間序列資料 (time-series data)**。

在 3.1 節中所描述的方法適用於橫斷面資料。範例 3.1 的所有資料可能都是在同一天內確定的。範例 3.2 到 3.4 也是同樣的情況。

另外一個範例，試想一位不動產顧問，他認為房屋的售價是房屋大小、屋齡與地皮大小的一個函數。為了估計此函數的具體公式，記錄了 100 間房屋的價格、大小、年齡和地皮大小。這些資料是橫斷面資料，因為它們都是在同一個時間點的觀測值。這位不動產顧問同時也執行另一個專案以預測明年美國東北部每個月的新屋開工情況。為此，顧問蒐集了該地區過去 5 年每月的新屋開工狀況。這 60 個數值（新屋開工數量）代表時間序列資料，因為它們是取自於不同時間點的觀測值。

注意，原始資料有可能是區間資料或是名目資料。上述的實例皆是處理區間資

料。時間序列也可能列出一個名目變數在多個時間點的次數與相對次數。例如，品牌偏好調查要求消費者指出他們最喜愛的品牌。這些是名目資料。如果我們每一個月重複同樣的調查並且持續數年，則每個月偏好某家公司產品的消費者比例就構成了一個時間序列。

3.2a 線圖

時間序列資料通常以**線圖 (line chart)** 來描述，它是變數值隨著時間點變化而繪製的線圖。它的建立是將變數的值畫在垂直軸上，而將不同的時間點畫在水平軸上。

本章的開章範例提到了汽油價格與石油價格之間關係的議題。我們將在 3.3 節介紹用以回答這個問題所需的方法。討論汽油價格時，我們注意到過去 30 年價格波動劇烈。出現的問題是汽油在最高點有多昂貴 (在 2008 年)，而在 2020 年又變得多便宜。

範例 3.5　汽油的價格

DATA
Xm03-05

我們記錄了自 1991 年以來汽油的每月平均零售價 (普通無鉛汽油，以美元 / 加侖計)。此處顯示最前 4 個月和最後 4 個月之汽油價格。畫一個線圖以描述這些資料，並且簡要地說明其結果。

年	月	每加侖的價格(分)
1991	1	1.180
1991	2	1.094
1991	3	1.040
1991	4	1.076
⋮	⋮	⋮
2020	9	2.095
2020	10	2.091
2020	11	2.093
2020	12	2.225

解答

EXCEL 線圖

（汽油的平均價格對月份之折線圖，縱軸範圍 0.000～4.500，橫軸為月 1～351）

指令說明

1. 鍵入或匯入資料到某欄。(開啟 Xm03-05。)
2. 標示選取該資料的欄位。點選**插入 (Insert)**、**折線圖 (Line)** 與第一個**平面折線圖 (2-D Line)**。你可以藉由標示選取所有你想要畫圖的資料欄位，繪製兩個或更多個線圖 (對兩個或更多個變數)。

詮釋

2008 年 (大約第 200 個月) 汽油價格從 $1.00 左右上揚至 $4.00 以上，然後在 2009 年 3 月 (在房地產崩盤結束時) 急劇下跌，然後再次上揚，之後跌至 $2.00 左右。

經濟學上的應用　測量通貨膨脹：消費者物價指數

通貨膨脹 (inflation) 是商品或服務價格的上升。大多數國家對通貨膨脹的測量是使用消費者物價指數 (CPI)。在美國消費者物價指數是對一籃 (basket) 約 300 種 (其他國家的種類數量也很相似) 的商品與服務，包括食品、住房、衣服、交通、健康和娛樂等多種項目。該籃子是依據「典型的」或「平均的」中等收入家庭而定義的，項目內容和它們的權重 (weights) 會被定期修正 (在美國是每 10 年，在加拿大是每 7 年)。在此籃子中，每個項目的價格是以月為計算基準，而 CPI 是根據這些項目的價格計算得到的。以下是計算的方法。首先設定一段時間當做基準期。在美國是以 1982 到 1984 年當做基準期。假設在這段期間內籃子的商品與服務價格是 $1,000。因此，基準費用是 $1,000 且 CPI 被設為 100。假設下個月 (1985 年 1

月)價格上揚至 $1,010，則 1985 年 1 月的 CPI 以下列的方法計算：

$$\text{CPI}(1985 \text{ 年 } 1 \text{ 月}) = \frac{1,010}{1,000} \times 100 = 101$$

如果下一個月價格增加到 $1,050，則 CPI 是：

$$\text{CPI}(1985 \text{ 年 } 2 \text{ 月}) = \frac{1,050}{1,000} \times 100 = 105$$

即使 CPI 從未真正地被官方當做測量通貨膨脹的標準，一般大眾漸漸地都以這種方法來詮釋通膨。養老金計畫的支付、老年的社會福利，以及一些勞工合約都自動與 CPI 鏈結，並且自動根據通貨膨脹程度訂定指標(如此聲稱)。姑且不論它的瑕疵，CPI 被使用在許多應用上。一項藉由消除通貨膨脹影響來調整價格的應用，從而可以追蹤一個時間序列價格的「真正」改變。

範例 3.5 的圖顯示的是測量的實際價格，就是所謂的現值 (current) 美元。為了消除通貨膨脹的影響，我們將每月價格 (monthly prices) 除以當月的 CPI 再乘上 100。這種價格則是以 1982 到 1984 年的定值 (constant) 美元測量。這種方式比較容易讓我們看出感興趣商品或服務的價格變化。我們建立兩組資料，來幫助你依據 1982-1984 年定值美元計算的價格。檔案 Ch03:\\U.S. CPI Annual 與檔案 Ch03:\\U.S. CPI Monthly 列出 CPI 的值，其中基準期 1982 到 1984 的年度 CPI 值與月 CPI 值分別被設定為 100。

範例 3.6 依據 1982-1984 年定值美元計算的汽油價錢

DATA Xm03-06

對範例 3.5 中的油價移除通貨膨脹作用，以判斷汽油價格在 2008 年有多高，以及它之後又變得多低。

解答

下列是 1991 前 4 個月的平均每月汽油價格、CPI，與調整後的價格。

年	月	汽油價格	CPI	調整後汽油價格
1991	1	1.18	134.7	0.876
1991	2	1.094	134.8	0.812
1991	3	1.04	134.8	0.772
1991	4	1.076	135.1	0.796

EXCEL 線圖

詮釋

使用 1982 到 1984 年的定值美元，我們可以看出汽油 1 加侖的平均價格在 2008 年 (約第 200 個月) 的年中達到最高點。從那之後急遽下降，然後上下波動。到 2020 年，調整後的價格比 1991 年 1 月的低。

練習題

3.22 Xr03-38 一個城市最近安裝了一個闖紅燈攝影機來捕捉闖紅燈的司機。以下是過去 2 年的每月總數。使用圖形方法來顯示這些數字。描述你所得到的訊息。

闖紅燈違規數：

14　8　12　9　11　12　10　12　8　13　11　8
6　7　5　5　4　4　2　6　4　3　5　4

3.23 Xr03-39 以下是新聘用的二手車銷售員過去 2 年的月銷售額紀錄。使用圖形方法來顯示這些數字並描述你的發現。

銷售額：

2　0　3　1　3　5　2　7　5　6　12　15
10　18　21　25　24　25　23　28　21　25　23　27

3.24 Xr03-40 下面列出了 2020 年和 2021 年之間蒙特婁在繁忙十字路口的每月事故次數。繪製一個折線圖並描述你得到什麼訊息。

2020　14　11　9　5　3　2　6　8　5　6　5　13
2021　15　12　13　7　4　4　7　4　5　3　4　12

下列練習題需要使用電腦與統計軟體

3.25 Xr03-42 加拿大和美國在冬季奧運表現得多好？我們記錄兩個國家每次贏得的獎牌總數。繪製一張圖來描述這兩個時間序列。簡要描述你的發現。

3.26 Xr03-44 記錄了 1993 到 2018 年的暴力犯罪數量和財產犯罪數量 (入門盜竊、偷竊和汽車盜竊) (以千計) (可用的最新數據)。

a. 繪製暴力犯罪的折線圖
b. 繪製財產犯罪的折線圖。
c. 簡要描述結果。

3.3 描述兩個區間變數之間的關係

統計應用者經常需要知道兩個區間變數是如何相關的。例如，金融分析師需要了解股票個股的報酬率是如何相關於整體市場的報酬率。行銷經理需了解銷售和廣告之間的關係。經濟學家發展統計方法以描述失業率與通貨膨脹等變數之間的關係。這種方法稱為**散布圖 (scatter diagram)**。

為了畫散布圖，我們需要兩個變數的資料。在應用上，一個變數在某種程度上依賴另一個變數，我們標示它為**依變數 (dependent variable)** Y，另一個稱為**獨立變數 (independent variable)** 則標示為 X。例如，一個人的收入在一定程度上取決於受教育的年數。於是，我們將收入視為依變數並且標示為 Y，而將教育年數視為獨立變數並且標示為 X。對其他沒有明顯相依關係的情況，我們則任意標示這些變數。

範例 3.7　分析房屋售價與房屋大小間的關係

DATA
Xm03-07

一位房地產經紀人想知道房屋的售價與房屋大小的相關程度。為了獲得這項資訊，以最近售出 12 間房屋為樣本，記錄其售價 (以 $1,000 為單位) 和面積 (以平方呎為單位)。資料列在附表中。使用圖示法說明房屋大小和售價之間的關係。

房屋大小 (平方呎)	售價($1,000)
2,354	315
1,807	229
2,637	355
2,024	261
2,241	234
1,489	216
3,377	308
2,825	306
2,302	289
2,068	204
2,715	265
1,833	195

解答

使用剛剛提出的準則，我們標示房屋的售價為 Y (依變數) 以及房屋大小為 X (獨立變數)。圖 3.7 呈現本例的散布圖。

圖 3.7 範例 3.7 的散布圖

(散布圖：X軸為房屋大小 0–4,000，Y軸為售價 0–400)

EXCEL 散布圖

(Excel 散布圖：X軸為房屋大小 0–4000，Y軸為售價 0–400)

指令

1. 鍵入或匯入資料到兩個相鄰的欄。儲存變數 X 在第一欄，變數 Y 在下一欄中。(開啟 Xm03-07。)
2. 點選**插入 (Insert)** 和**散布圖 (Scatter)**。

詮釋

　　散布圖顯示，一般而言，房屋愈大其售價愈高。然而，仍有其他變數可以決定售價。更進一步的分析可以顯示其他的變數為何。

3.3a　散布圖的型態

　　如同在直方圖中的案例，我們經常需要以語言來描述這兩個變數是如何相關的。兩個最重要的特性是線性關係的強度與方向。

3.3b 線性

為了決定線性關係的強度，我們畫一條穿過資料點的線，使它可以呈現出各點之間的關係。如果大多數的點落在直線的附近，則我們說有**線性關係 (linear relationship)** 存在。如果大多數的點呈現隨機的散布，僅僅隱約地看似一條線，則線性關係不存在，或頂多存在著一個微弱的線性關係。圖 3.8 描繪幾個不同線性程度的散布圖。

以手繪製直線時，我們盡可能讓直線通過資料的中間。可惜的是，不同的人對同一組資料繪製直線將得到不同的結果。幸好，統計學家已發展出一種客觀的方法來畫這一條直線。這個方法稱為**最小平方法 (least squares method)**，將會在第 4 章中說明，並且應用於第 16 和 17 章之中。

圖 3.8　描繪線性程度的散布圖

(a) 強度的線性關係

(b) 中度的線性關係

(c) 微弱的線性關係

注意有可能會有其他型態的關係，例如二次相關或指數相關。

3.3c 方向

一般而言,如果一個變數的值增加,另一個變數的值也隨之增加時,我們說其間存在著**正向的線性關係 (positive linear relationship)**。當兩個變數傾向於朝反方向移動時,我們則稱它們之間的關聯性為**負向的線性關係 (negative linear relationship)**。(正向與負向的用語將會在第 4 章中解釋。)請看圖 3.9 的散布圖範例,它說明一個正向的線性關係、一個負向的線性關係、無關係,與一個非線性關係。

圖 3.9 描述方向的散布圖

(a) 正向的線性關係

(b) 負向的線性關係

(c) 無關係

(d) 非線性關係

3.3d 詮釋一個強烈的線性關係

當我們解說一個散布圖的結果時，了解以下這個概念是很重要的：兩個變數線性相關並不一定表示兩個變數具有因果關係。實際上，我們從未論斷一個變數導致另一個變數。我們可以用更有說服力的話表達這個概念，即：

相關性並不代表因果關係。

現在我們知道要用什麼來回答本章的開章範例。

一加侖汽油的價格和一桶石油的價格有什麼關係：解答

為了了解汽油價格波動的問題，我們需要判斷汽油和原油價格之間的關係，適用的統計方法是散布圖。

我們標示汽油的價格為 Y（依變數），石油的價格為 X（獨立變數）。

EXCEL 散布圖

詮釋

此散布圖透露這兩種價格具強度的線性關係。當油價低於 $80 時，兩者之間的相關程度比油價超過 $80 時強。

練習題

3.27 Xr03-76 在一所大學，微積分是統計學課程的修課條件，抽取了 15 名學生作為樣本。記錄每位學生的微積分和統計分數。資料如下：

微積分 65 58 93 68 74 81 58 85 88 75 63 79 80 54 72
統計學 74 72 84 71 68 85 63 73 79 65 62 71 74 68 73

a. 繪製資料的散布圖
b. 散布圖告訴你什麼微積分和統計學分數之間的關係？

3.28 Xr03-77 涉及事故的汽車修理費，是保險費居高不下的主因。在一項實驗中，有 10 輛汽車開去撞擊牆面。分別以介於每小時 2 到 20 哩 (mph) 不同的速度進行實驗。下面列出估計的維修費用。繪製一個適當的圖形來分析這兩個變數之間的關係。這圖表告訴你什麼訊息？

速度	2	4	6	8	10	12	14	16	18	20
維修費用	88	124	358	519	699	816	905	1,521	1,888	2,201

3.29 Xr03-78 眾所周知，數學家在 30 歲之前工作表現最優良。但是隨著年齡的增長，他們會發生什麼變化？一位統計學家隨機抽取了幾位年齡超過 40 歲的數學教授，並確定他們的年齡和他們在過去 5 年中發表於頂級期刊的出版數量。繪製散布圖並報告研究生產力隨著數學家年齡增長的情況。

年齡	48	71	73	41	66	57	50	42	47	59
出版物	12	4	8	22	7	14	16	8	10	13

3.30 Xr03-79 一位統計學教授提出一項推論，在測驗和考試時先交試卷的學生成績表現優於那些比他們後交試卷的學生。為判斷這項見解是否屬實，教授以 12 位學生為樣本，記錄他們期中考所花的時間（以分鐘計）（限時 90 分鐘）及其後來的成績分數。繪製一個散布圖並用以描述這位教授的理論。

時間	90	73	86	85	80	87	90	78	84	71	72	88
分數	68	65	58	94	76	91	62	81	75	83	85	74

一般社會調查練習

GSS2018 下列練習題是根據 2018 年的一般社會調查 (GSS)。

3.31 閱讀本書的學生應該對教育和收入之間是否有關特別感興趣。繪製 EDUC 和 RINCOME 的散布圖，看看這兩個變數是否相關。

3.32 一位受過教育的人是否傾向於和其他受過教育的人結婚？繪製 EDUC 與 SPEDUC 散布圖。你可以從圖中得到什麼結論？

3.33 受教育程度越高的人其子女是否也會有較高的教育程度？透過繪製教育年限 (EDUC) 與其父親教育年限 (PAEDUC) 的散布圖來回答這個問題。

3.34 可以合理地假設，如果某人工作時間更長，那應該會帶來更高的收入。繪製 HRS1 和 RINCOME 的散布圖，看看假設是否正確。圖表顯示的關係是正向的嗎？關係有多強？

3.35 為了獲得更多的教育，人們往往需要延遲生活的其他面向。繪製一個教育年限 (EDUC) 與受訪者生第一個孩子時年齡 (AGEKDBRN) 的散布圖。描述關係的方向和強度。

消費者財務調查練習

SCF2019:W 下列練習題是根據 2019 年消費者財務調查 (SCF) 的富裕類別。

3.36 家庭總負債 (DEBT) 是否受到家庭收入 (INCOME) 的影響？在富人類別中，我們預期隨著收入的增加，債務會減少。繪製適當的圖表以確定資料是否支持這項預期。描述圖表告訴你什麼訊息。

3.37 富裕的美國人會買昂貴的汽車嗎？特別是在這個淨資產類別中，車輛的總價值 (VEHIC) 是否取決於家庭收入 (INCOME)。繪製一個散布圖來回答這個問題。描述你的發現。

3.38 收入是否會影響富裕的美國人在餐館吃飯的次數和消費的金額？製作一個散布圖，顯示在外用餐的年度支出 (FOODAWAY) 和家庭收入 (INCOME) 的關係。描述關係的方向和強度。

3.4 圖表呈現的藝術與科學

在本章與第 2 章中，我們介紹了一些圖形方法。強調如何以手繪以及如何以電腦指令繪製它們。在本節中，我們討論如何有效地使用這些圖示法。我們介紹一個**圖形的優質性 (graphical excellence)** 概念，它是一個術語，用以形容一個資訊豐富、簡潔以及能清楚地將資訊傳達給讀者的方法。此外，我們討論一個同樣重要的概念：圖形的誠信和它的敵人——**圖形的欺瞞性 (graphical deception)**。

3.4a 圖形的優質性

當統計的圖形具下列的特質，則此圖形可稱為優質圖形。

1. **統計圖形能夠簡潔地，並清楚且連貫地呈現大筆的資料。**圖示法的建立是為了彙整與描述大型的資料集。小型資料集很容易用表格來彙整。若僅有一個或兩個數字則以簡要文字說明即可。

2. **讀者能夠明確地了解統計實作人員想要傳達的思想與概念。**圖形是設計用來說明那些文字無法說明的訊息。一個優質的統計圖能夠取代數千個文字的敘述，而讀者仍然能夠明確地了解其意涵。

3. **統計圖形能夠鼓勵讀者比較兩個或兩個以上的變數。** 僅呈現一個變數的圖形能提供的資訊非常少。通常統計圖最適合用來說明兩個或多個變數之間的關係，或是用以解說觀測的結果是如何以及為什麼發生。
4. **統計圖引導讀者關注資料的內容而不是圖形的外觀。** 圖表的形式應該有助於說明資料的內容。如果形式取代了內容，則圖表就沒有發揮它的功能。
5. **並無扭曲資料所顯示的訊息。** 你不能以主觀想法來製作統計圖。一位有知識的統計圖讀者能夠很輕易地察覺扭曲與蓄意欺騙的圖表。透過本章稍後描述的圖形欺瞞性，我們將努力地使你成為一位知識淵博的讀者。

耶魯大學的統計學教授 Edward Tufte，針對優質的統計圖做如下的彙總：

1. 優質圖形是以良好的設計方式呈現感興趣的資料——是一種實質的、統計的與設計的資料呈現方式。
2. 優質圖形是在最少的筆墨空間下，以最短的時間傳達最多的統計理念給讀者。
3. 優質圖形幾乎都是多變量的。
4. 優質圖形必須傳達資料的真相。

一張由法國土木工程師查爾斯‧約瑟夫‧米納德 (Charles Joseph Minard) 所繪製的圖被譽為是有史以來最好的圖表。它描述一個重要的歷史事件，1812 年拿破崙 (Napoleon Bonaparte) 入侵俄國。

當拿破崙於 1812 年 6 月 21 日跨越涅門河 (Niemen River) 侵入俄國時，他的「大軍」中有 422,000 名士兵。沿途的各種小衝突產生了一系列的損失。例如，越過邊界後不久，一場戰鬥導致 22,000 名法國士兵死亡。這種情況一路延續到莫斯科，小規模的戰鬥一直在進行。當拿破崙最終在 9 月抵達莫斯科時，只剩下 100,000 名士兵。俄羅斯人縱火焚燒莫斯科，寧願摧毀這座城市，也不願讓它落入敵人手中。拿破崙別無選擇，只能撤退。等他回到涅門河時，他的軍隊只有 10,000 人。

為什麼此圖表這麼有名？這是因為它簡要而清晰地描述了軍隊發生的事情以及原因。圖 3.10 列出了米納德 (Minard) 圖表的特徵。

這個圖表顯示了 5 個特性，使圖表易於查看發生了什麼事件、事件發生的時間以及損失的原因。

> **圖 3.10　米納德圖表中描述的統計資料**
>
> 1. 這是涅門河和莫斯科之間的城市、城鎮和河流的地圖。
> 2. 這是前進與撤退的旅程路線。
> 3. 這是每個時間點軍隊規模的時間序列。隨著「大軍」遭受損失，軍隊的規模的縮小用寬帶越來越窄來說明。
> 4. 這是一個顯示日期紀錄的日曆，以便讀者可以看出軍隊在哪裡以及每個時間點剩下的士兵數。
> 5. 這是最重要統計量溫度的時間序列，顯示 10 月到 12 月撤退時的溫度。許多士兵死於那個嚴寒的秋天。

3.4b　圖形的欺瞞性

圖形與圖表已被普遍地使用於新聞、雜誌、商業與經濟報告以及研討會中，主要是因為電腦與軟體的普及，導致儲存、檢索與彙整大量原始資料的能力增加。因此，能夠精確地評估圖示法所呈現的資訊將會比以往更為重要。歸根結底，圖示法僅僅創造視覺的印象，它很容易被曲解。事實上，扭曲的圖表是容易且屢見不鮮的。加拿大會計師協會在研究數百份主要公司的年度報表之後，發現有 8% 包含至少一個用來掩飾不良結果的誤導圖表，所以認為有必要為財務圖表的製作設定準則。雖然本節的標題提及欺瞞，但對於一個沒有經驗的人來說，很有可能因為無心而製造出扭曲印象的圖表。無論如何，你都應該要注意任何可能的圖形欺瞞方法。本節將會示範一些例子。

首先要留意的是任何一個軸上沒有顯示刻度的圖表。圖 3.11 是一個公司銷售額的線圖，它可能代表 5 年以來 100% 或 1% 的成長率，結果取決於垂直軸的尺度而定。對於這一類的圖，最好的方式的就是忽略它們。

> **圖 3.11　沒有刻度的圖表**

第二種須避免的陷阱是被圖表的標題所影響。你對利率變動的印象可能會因你閱讀報紙所刊載的標題 (a) 或標題 (b) 而有所不同，見圖 3.12。

圖 3.12　不同標題的圖示

(a) 利率終於開始下降　　(b) 上週利率上升的趨勢暫時緩解

如果報告僅呈現數值大小的改變，而不是百分比的改變，則觀點經常會被扭曲。價格 $2 的股票下滑 $1，相對的比 $100 的股票下滑 $1 更令人沮喪。在 1986 年 1 月 9 日，北美全部的報紙顯示類似圖 3.13 的圖示，並且報導稱，由道瓊工業指數 (DJIA) 衡量的股票市場，遭遇前所未有單日最大的跌幅。當日爆跌 39 點，甚至超過黑色星期二——1929 年 10 月 28 日的跌幅。當時的跌幅確實是很大，但是許多報紙的報導卻沒有提到 1986 年的道瓊工業指數遠高於 1929 年的水準。此種狀況比較客觀的看法是透過 1986 年 1 月 8 日的損失是下跌 2.5%，而 1929 年的下跌是 12.8%。有趣的是，我們注意到在這歷史性下跌的 2 個月之內股價上漲了 12%，並且在 1 年之後上漲了 40%。道瓊指數單日之內百分比最大跌幅是 24.4% (1914 年 12 月 12 日)。

現在我們將焦點轉移到一些更巧妙製作扭曲印象的圖表方法。考慮一下圖 3.14 的圖示，描述某公司過去一年季銷售額的成長，從 1 億美元到 1.1 億美元。透過延伸縱軸可以使這 10% 季銷售額的成長看起來更具戲劇性的效果——這種方法涉及變更縱軸上的比例，使得給定的金額呈現出比以前更大的高度。因為圖的斜率在視覺上 (但不是數值上的) 更陡峭，導致銷售額的成長顯得更大。刻度的延伸可以藉由在縱軸上使用中斷線來達成，如圖 3.15(a)，或是截斷縱軸，如圖 3.15(b)，使得縱軸的刻度從比零大的點開始。也可以藉著縮短水平軸的方式以製造斜率看起來更陡峭的效果，在這種情況下，橫軸上各點的距離會移得更近。

延伸橫軸剛好獲得相反的效果，也就是，將各點散布在橫軸上以增加它們之間的距離，如此一來斜率和趨勢會變得比較平緩。在圖 3.16(a) 呈現某公司的利潤，從一季到下一季的利潤，無論向上還是向下兩種起伏都呈現很大的波動。但是，藉

圖 3.13 顯示道瓊工業指數 (DJIA) 跌幅的圖示

圖 3.14 顯示季銷售額成長的圖示 1

圖 3.15 顯示季銷售額成長的圖示 2

(a) 含中斷線的縱軸　　(b) 被截短的縱軸

著延長橫軸的技巧，這家公司可傳遞季與季之間的利潤是合理穩定的印象，如圖 3.16(b) 所示。

圖 3.16 顯示相當大的波動或相對穩定的圖示

(a) 被壓縮的橫軸　　(b) 被延伸的橫軸

　　藉著在長條圖上延伸或壓縮橫軸或縱軸，我們可以建立類似的錯覺效果。另一種在長條圖上建立扭曲印象的普遍方法，就是在建立長條圖時讓它的寬度與高度成比例。圖 3.17(a) 中的長條圖正確地描述加拿大家庭在三個特定年份每週平均花費在食物的金額。這個圖正確地使用等寬的長條，使得每一長條的高度與面積都與其所表示的花費成比例。在圖 3.17(b) 中誇大了食物費用成長的狀況，其中每一長條的寬度隨著高度一起增加。快速瞄過此長條圖時，讀者可能會留下錯誤的印象，即食物費用在 10 年間增加了 4 倍，因為 1995 年的長條大小是 1985 年的 4 倍。

圖 3.17 正確和扭曲的長條圖

(a) 正確的長條圖　　(b) 增加長條寬度以製造誤導

　　你要特別注意尺寸的變形，特別是象形圖 (pictograms)，它以實體物件 (如錢袋、人物或動物) 取代長條以增強視覺上的吸引力。圖 3.18 呈現象形圖的誤用──代表降雪量的雪人不僅增寬也增高。圖 3.19 呈現適當使用的象形圖，它有效地使用可口可樂瓶子的圖像。

圖表敘述法 II **3**

圖 3.18　象形圖的誤用

Metro 降雪量持續攀升

去年冬天的降雪量比前一個冬天多 50% 以上，且是 4 年前冬天降雪量的 2 倍多。

1988–89	1991–92	1992–93
79.8 cm	95.2 cm	163.6 cm

圖 3.19　正確的象形圖

股東從他們的錢中獲得更多

可口可樂的股東權益報酬率，以百分比表示。

'85	'87	'91	'92
9.7%	15.3%	22.1%	29.5%

　　上述使用圖形製造扭曲印象的例子尚未詳盡列舉，但它們包括一些常用的方法。這些範例應該說明圖示法被用來產生視覺印象，並且可能獲得一個扭曲誤導的印象，除非你很謹慎地檢視這些圖表。如果你集中注意力於圖表中的數值，則比較不會被圖的表象所誤導。一開始就要小心地檢視橫軸與縱軸上的刻度，對於那些軸上沒有附上標示的圖形，則應該完全地忽視。

073

練習題

3.39 Xr03-101 為了確定汽車的保險費，公司必須了解會影響駕駛員發生意外的變數。駕駛員的年齡可能高居變數的首位。下表列出美國境內駕駛員數量、致命意外的件數，以及每個年齡群組發生事故的總數。

  a. 計算每個年齡組的肇事率（每名駕駛員）和致命肇事率（每 1,000 名駕駛員）。

  b. 以圖形方式描述駕駛員年齡、肇事率和致命肇事率（每 1,000 名駕駛員）之間的關係。

  c. 簡要描述你得到什麼訊息。

年齡群組	駕駛人數（以 1,000 計）	事故件數（以 1,000 計）	致命意外事件數
20 以下	9,508	3,543	6,118
20–24	16,768	2,901	5,907
25–34	33,734	7,061	10,288
35–44	41,040	6,665	10,309
45–54	38,711	5,136	8,274
55–64	25,609	2,775	5,322
65–74	15,812	1,498	2,793
74 以上	12,118	1,121	3,689

3.40 Xr03-102 在佛羅里達州的 1 年中，共有 365,474 名駕駛人發生車禍。附表按年齡群組，以及駕駛人是否受傷或死亡的數字進行細分。（實計上有 371,877 件事故，但有 6,413 件並未記錄駕駛人的年齡。）

  a. 計算各年齡組的受傷率（每 100 件事故）和死亡率（每件事故）。

  b. 以圖形描述駕駛人的年齡、受傷率（每 100 件事故），以及死亡率之間的關係。

  c. 簡要描述你從這些圖中得到的訊息。

年齡群組	事故件數（以 1,000 計）	駕駛人受傷（以 1,000 計）	駕駛人死亡
20 或 20 以下	52,313	21,762	217
21–24	38,449	16,016	185
25–34	78,703	31,503	324
35–44	76,152	30,542	389
45–54	54,699	22,638	260
55–64	31,985	13,210	167
65–74	18,896	7,892	133
75–84	11,526	5,106	138
85 或 85 以上	2,751	1,223	65

3.41 Xr03-103 我們記錄了 1966/67 到 2015/16 年每年大學畢業生的學術評估測試 (SAT) 的平均考試成績。這裡顯示了一些分數。

	關鍵閱讀分數			數學分數		
年	整體	男性	女性	整體	男性	女性
1966/67	543	540	545	516	535	495
1967/68	543	541	543	516	533	497
2014/15	495	497	493	511	527	496
2015/16	494	495	493	508	524	494

為以下的每一題問題繪製圖形。

  a. 你想要顯示全體學生的語言和數學測驗分數，在過去幾年並沒有太大的變化。

  b. 與 (a) 小題正好相反的問題。

  c. 你想要聲明性別之間沒有差異。

  d. 你想「證明」性別之間存在差異。

3.42 Xr03-104 下表列出過去 12 個月在某一州每月的失業率。

月	1	2	3	4	5	6	7	8	9	10	11	12
比率	7.5	7.6	7.5	7.3	7.2	7.1	7.0	6.7	6.4	6.5	6.3	6.0

  a. 以 6.0% 做為縱軸的最低點，為這些資料繪製長條圖。

  b. 以 0.0% 做為縱軸的最低點，為這些資料繪製長條圖。

  c. 討論這兩個圖示給人的印象。

  d. 你會使用哪個圖示？請解釋之。

本章摘要

直方圖是用於描述單一的區間資料集。統計應用者檢視直方圖的各種形狀特徵。包括對稱性、眾數的個數,以及圖形是否近似於鐘形。我們描述時間序列資料和橫斷面資料之間的差異。時間序列是以線圖呈現。為了分析兩個區間變數的關係,我們繪製散布圖,以尋找線性關係的方向和強度。

Chapter 4 數值敘述法

本章綱要

4.1　中央位置量數

4.2　變異性量數

4.3　相對位置量數

4.4　線性關係量數

4.5　圖示法和數值法的比較

4.6　資料探索的通則

附錄 4　敘述統計方法的複習

大聯盟棒球賽多贏一場的成本

DATA
Xm04-00

在自由球員的年代，職業運動球隊必須相互爭奪最佳職業選手的服務。一般認為，球隊薪資在前四分之一者才有贏得冠軍的機會。因此聯盟致力於建立薪資上限或某種等值形式以達到球隊之間的均勢。為了研究這個問題，我們蒐集 2019 年棒球賽季資料。記錄大聯盟每一支球隊的贏球場數與球隊薪資。

我們將在第 113 頁提供答案。

為了做出明確的決策，我們需知道獲勝次數與球隊薪資之間是如何相關。在說明統計方法之後，我們會再回到此問題並提出解答。

導論 Introduction

在第 2、3 章中，我們說明數種描述資料的統計圖示法。在本章中我們介紹幾種數值敘述方法，讓統計應用者能夠更精確地描述一個樣本或母體的各種特性。這些方法對統計推論的發展是很重要的。

誠如我們在第 2 章所指出，算術運算只能應用於區間資料。必然地，這裡所介紹的大部分數值方法只能用於描述區間資料。然而，有些方法可以用於順序資料，而且其中的一個方法能被使用於名目資料。

當我們介紹直方圖時，曾經說明有幾項要尋找的資訊。首先是資料的中央位置。在 4.1 節中，我們會說明**中央位置量數 (measures of central location)**。我們在直方圖中另一個尋找的重要特性是資料的分散程度。這種分散程度透過變異性量數可以被更精確地測量，這些內容我們會在 4.2 節中說明。4.3 節則介紹相對位置量數。

在 3.3 節中，我們曾介紹散布圖，那是用來分析兩個區間變數間關係的圖示方法。與散布圖相對應的數值則稱為線性關係量數 (measures of linear relationship)，將於 4.4 節中說明。

在第 4.5 節中我們比較圖示法與數值方法所提供的資訊。最後，我們以提供如何探索資料以及獲取資訊的準則來完成本章的學習內容。

樣本統計量或母體參數

回想在第 1 章中曾經介紹的術語：母體、樣本、參數與統計量。參數是關於一個母體的敘述性測量值，而統計量是關於一個樣本的敘述性測量值。在本章，我們會介紹許多的敘述性測量值。對於每一個敘述性測量值，我們會說明如何計算母體參數和樣本統計量。然而，在大部分實際的應用中，母體是非常龐大的。描述各種參數運算的公式是不切實際且很少被使用的。在此提出這些公式主要是教導學生它的概念與它的符號。在第 7 章，我們將介紹描述母體的機率分配。通常，我們在本書中所示範的小型資料集多為樣本。

4.1 中央位置量數

4.1a 算術平均數

我們使用三種不同的量數來描述一組資料的中央位置。第一種是眾所皆知的算術平均數 (arithmetic mean)，我們就簡稱它為**平均數 (mean)**。學生們或許比較熟悉它的另一個名稱──平均值 (average)。平均數的計算是加總全部的觀測值，然後再除以觀測值的個數。我們標示樣本中的觀測值為 $x_1, x_2, \cdots, x_n$，其中 x_1 是第一個觀測值，x_2 是第二個觀測值，依此類推至 x_n，在此，n 是樣本大小。因此，樣本平均數以 $\bar{x}$ 表示。母體中觀測值的個數以 N 標示，且母體的平均數以 μ (希臘字母 mu) 表示。

> **平均數**
>
> 母體平均數 (population mean)：$\mu = \dfrac{\sum\limits_{i=1}^{N} x_i}{N}$
>
> 樣本平均數 (sample mean)：$\bar{x} = \dfrac{\sum\limits_{i=1}^{n} x_i}{n}$

範例 4.1　花費在網際網路的平均時間

要求 10 位成人的樣本報告他們上個月花費在網際網路的小時數。回答的結果如下所列。以手算樣本平均數。

0　7　12　5　33　14　8　0　9　22

解答

使用我們的符號，有 $x_1 = 0$, $x_2 = 7,..., x_{10} = 22$，而且 $n = 10$。則樣本的平均數是：

$$\bar{x} = \frac{\sum_{i=1}^{n} x_i}{n} = \frac{0+7+12+5+33+14+8+0+9+22}{10} = \frac{110}{10} = 11.0$$

範例 4.2　ACBL 會員的平均年齡

DATA Xm03-01

參考範例 3.1。求出 ACBL 會員樣本的平均年齡。

解答

計算平均數，我們加總全部的觀測值，再將總和除以樣本大小。因此，

$$\bar{x} = \frac{\sum_{i=1}^{n} x_i}{n} = \frac{73+53+66+\cdots+17}{200} = \frac{10,753}{200} = 53.765$$

EXCEL 函數

有數種方法可以操作 Excel 來計算平均數。如果我們只是簡單地想計算平均數而不要有其他的統計量，我們可以使用 AVERAGE 函數。

指令說明

鍵入或匯入資料到一欄或多欄中。(開啟 Xm03-01。) 鍵入下列指令到任何一個空白的儲存格

= AVERAGE ([輸入範圍])

對範例 4.2，我們會在任何一個空白儲存格中鍵入

= AVERAGE (A1:A201)

這個被啟用的空白儲存格會儲存的平均數是 53.765。

4.1b 中位數

第二種最常用的中央位置量數是中位數 (median)。

> **中位數**
>
> **中位數 (median)** 的計算方法是將全部的觀測值按順序排列 (遞增或遞減)。落在中央位置的觀測值就是中位數。計算樣本與母體的中位數方法是一樣的。當觀測值的個數是偶數時，將位於中央的兩個觀測值加以平均即可得到中位數。

範例 4.3　花費在網際網路時間的中位數

求出在範例 4.1 中資料的中位數。

解答

當以遞增的順序排列時，資料顯示如下：

0　0　5　7　8　9　12　14　22　33

中位數是第 5 和第 6 個觀測值 (中央兩個數值)，分別是 8 和 9 的平均值，因此，中位數是 8.5。

範例 4.4　ACBL 會員樣本的年齡中位數

DATA Xm03-01　求出在範例 3.1 中 200 個觀測值的中位數。

解答

因為有偶數個觀測值，中位數是中間兩個數值的平均。當所有的觀測值依照順序排列時，第 100 和第 101 個觀測值分別是 54 和 55，因此，

$$中位數 = \frac{54 + 55}{2} = 54.5$$

> **EXCEL 函數**
>
> 以 MEDIAN 函數計算中位數。對於範例 4.4，我們在一個空白的儲存格中鍵入
>
> = MEDIAN(A1:A201)
>
> 得到的結果是 54.5。

> **詮釋**
>
> 有一半的觀測值是低於 54.5，且有一半的觀測值是高於 54.5。

4.1c 眾數

我們在此要介紹的第三種也是最後一種中央位置量數是眾數 (mode)。

眾數

眾數 (mode) 被定義為出現最多次的觀測值。統計量和參數的計算方式相同。

對母體和大型的樣本而言，最好是報告**眾數組 (modal class)**，它在第 2 章中已經被定義過。使用眾數為中央位置量數時，會產生一些問題。第一，在一個小樣本中，它可能不是一個非常好的量數。第二，此量數可能不具唯一性。

▎範例 4.5　花費在網際網路時間的眾數

求出在範例 4.1 中資料的眾數。

解答

除了 0 以外，全部的觀測值都只出現一次。這裡有兩個 0。因此，眾數是 0。誠如你所看到的，這是一個不良的中央位置量數。它一點也不接近資料的中央。將此與平均數 11.0 和中位數 8.5 相比較，你就可以了解在這個範例中，平均數以及中位數是比較好的量數。

▎範例 4.6　ACBL 玩家的年齡眾數

DATA
Xm03-01

計算範例 3.1 的眾數。

解答

出現頻率最高的觀測值是 60，它出現了 8 次。

> **EXCEL 函數**
>
> 以 MODE 函數計算眾數。注意，如果有一個以上的眾數，Excel 只列印出最小的那一個，並不會指出還有其他的眾數。

Excel 列印出全部的中央位置量數以及其他的統計量 Excel 可以產生中央位置量數，加上數個我們將會在稍後小節中介紹的其他量數。

EXCEL 資料分析

範例 4.2、4.4 與 4.6 的 Excel 輸出結果

	A	B
1	Ages	
2		
3	Mean	53.765
4	Standard Error	1.40
5	Median	54.5
6	Mode	60
7	Standard Deviation	19.76
8	Sample Variance	390.52
9	Kurtosis	−0.8851
10	Skewness	0.0025
11	Range	83
12	Minimum	16
13	Maximum	99
14	Sum	10753
15	Count	200

指令說明

1. 鍵入或匯入資料到一欄內。（開啟 Xm03-01。）
2. 點選**資料 (Data)**、**資料分析 (Data Analysis)** 與**敘述統計 (Descriptive Statistics)**。
3. 指定**輸入範圍 (Input Range)**(A2:A201)，並且點選**摘要統計 (Summary Statistics)**。

4.1d 平均數、中位數、眾數：哪一個最好？

要從三種量數中選擇時，我們應該使用哪一個？當我們需要選擇中央位置量數時，必須考慮幾個因素。平均數通常是我們的首選。但是，在某些情況下選中位數又會比較好。眾數很少是中央位置量數的最佳方法。中位數所具有的一項優點是它不像平均數那樣對極端值敏感。為了說明，考慮範例 4.1 中的資料。平均數是 11.0，且中位數是 8.5。現在假設受訪者回覆 33 小時實際上是 133 小時（顯然是沉迷於網際網路）。則平均數變成

$$\bar{x} = \frac{\sum_{i=1}^{n} x_i}{n} = \frac{0 + 7 + 12 + 5 + 133 + 14 + 8 + 0 + 22}{10} = \frac{210}{10} = 21.0$$

樣本的 10 個觀測值中只有 2 個超過這個數值，使得這個統計量成為一個不良的中央位置量數。中位數則保持相同的數值。當存有相對少量的極端觀測值（不是非常小

就是非常大，但非兩者並存)，中位數通常可以更好地衡量資料的中央位置。為了了解中位數勝過平均數的另一個優點，假設你和你的同學們寫了一份統計測驗，並且老師正在發還評過分的考卷。哪一項資訊對你是最重要的？答案當然是你的分數。什麼資訊對你是次重要的？答案是相對於班上同學的表現，你考得有多好。大部分的學生會詢問老師班上的平均。這是要求一個錯誤的統計量。你們要的應該是中位數，因為它將班上的分數分成兩半。這個資訊讓你能夠清楚你的分數落在班上的哪一半。中位數能夠提供這種資訊；而平均數卻不能。不過，平均數在這種情況也是有用的。如果這門課程有好幾個不同的班，則每一個班的平均數可以用來比較哪一班考得最好(或最差)。

4.1e 順序與名目資料的中央位置量數

當資料是區間的，我們可以使用這三種中央位置量數的任何一種。然而，對順序和名目資料而言，計算平均數是無效的。因為中位數的計算是始於將資料依順序排列，這種統計量適用於順序資料。眾數取決於計算每一個觀測值出現的次數，則適用於名目資料。但是，名目資料沒有「中央」，所以我們無法以那種方式來詮釋名目資料的眾數。計算名目資料的眾數通常是無意義的。

金融上的應用　幾何平均數

算術平均數是一個最普遍且最有用的中央位置量數。我們注意到某些情況下，中位數會是一個比較好的中央位置量數。但是，又有另一種情況下，平均數和中位數都不是最好的量數。當變數是一個成長率或變化率，像是一項投資在經過一段時間後的價值，我們會需要另一種量數。透過下列範例的說明，這個概念將會變得更明朗。

假設你有一個 $1,000 的 2 年期投資，並且在第 1 年成長 100% 達到 $2,000。但是在第 2 年這個投資遭受了 50% 的損失，又從 $2,000 回到 $1,000。第 1 年與第 2 年的報酬率分別是 $R_1 = 100\%$ 和 $R_2 = -50\%$。算術平均數(與中位數)的計算是

$$\bar{R} = \frac{R_1 + R_2}{2} = \frac{100 + (-50)}{2} = 25\%$$

但是這個數字會使人誤解。因為從開始到結束，這 2 年期投資的價值並沒有改變，「平均」的複合報酬率是 0%。誠如你將會看到的，這就是**幾何平均數**的值。

令 R_i 表示在期間 i ($i = 1, 2,..., n$) 的投資報酬率(以小數表示)。報酬率 $R_1, R_2,..., R_n$ 的**幾何平均數 (geometric mean)** R_g 定義為

$$(1 + R_g)^n = (1 + R_1)(1 + R_2) \cdots (1 + R_n)$$

為了要解出 R_g，我們導出下列的公式：

$$R_g = \sqrt[n]{(1 + R_1)(1 + R_2) \cdots (1 + R_n)} - 1$$

對上述的投資範例，幾何平均數是

$$R_g = \sqrt[n]{(1 + R_1)(1 + R_2) \cdots (1 + R_n)} - 1$$
$$= \sqrt[2]{(1 + 1)(1 + [-.50])} - 1 = 1 - 1 = 0$$

因此幾何平均數是 0%。這是唯一的「平均」報酬率，讓我們能夠在投資結束時，從投資的最初價值，計算出投資的最終價值。於是，使用報酬率 = 0% 的複利公式，我們算出

$$\text{最終的投資價值} = 1,000(1 + R_g)^2$$
$$= 1,000(1 + 0)^2 = 1,000$$

要了解這是如何運作的，假設你 3 年前投資了 $1,000，年報酬率為

年	1	2	3
年報酬率	60%	40%	−20%

1 年之後的收益是 1,000(.60) = 600。因此，1 年之後的投資價值為 1,000 + 600 = $1,600。第 2 年產生的報酬率是 40%。第 2 年的收益是 1,600(.40) = 640。第 2 年之後的投資價值為 1,600 + 640 = $2,240。第 3 年虧損 20%。第 3 年的損失為 2,240(.20) = 448。在第 3 年末的投資價值為 2,240 − 448 = $1,792。我們可以藉著將每年的值相乘來產生相同的結果。

$$1,000(1 + .60)(1 + .40)[1 + (-.20)] = 1,792$$

或者我們可以計算幾何平均數，它是 0.2146。現在，我們假設每年的報酬率為 21.46%，而不是這三個值，則每年之後的值是

第 1 年：1,000(1.2146) = 1,214.6
第 2 年：1,214.6(1.2146) = 1,475.3
第 3 年：1,475.3(1.2146) = 1,792

或者更簡單地說

第 3 年的年末價值 = $1,000(1.2146^3)$
　　　　　　　　　 = 1,792

每當我們想要找出一個變數對時間的「平均」成長率或變化率時，都可以使用幾何平均數。然而，如果你想要估計未來任何單一期間的平均報酬率，則 n 期報酬率（或成長率）的算術平均數是適用的平均數。也就是，在上述的第一個範例中，假如我們想要估計第 3 年的報酬率，我們將會使用前 2 年報酬率的算術平均數，它會是 25%。

EXCEL 函數

指令說明

1. 鍵入或匯入 $1 + R_i$ 的值到某一欄。
2. 除了使用 **GEOMEAN** 取代 **AVERAGE** 之外，遵循產生平均數的指令（第 80 頁）。
3. 從產生的數字減去 1，可得幾何平均數。

練習題

4.1 記錄一個 15 名成年人的樣本中去年因感冒和流感而生病的天數。資料是

| 5 | 7 | 0 | 3 | 15 | 6 | 5 | 9 |
| 3 | 8 | 10 | 5 | 2 | 0 | 12 | |

計算這些資料的平均數、中位數和眾數。

4.2 有一個 12 位慢跑者的隨機樣本，被要求追蹤和報告他們上週跑步的哩數。他們的回應是

| 5.5 | 7.2 | 1.6 | 22.0 | 8.7 | 2.8 |
| 5.3 | 3.4 | 12.5 | 18.6 | 8.3 | 6.6 |

a. 計算測量中央位置的三種統計量。
b. 簡要說明每一種統計量告訴你什麼訊息。

4.3 統計學課的期中考試時間限制為一個小時。但是，與大多數統計考試一樣，這門考試非常地簡單。為了評估考試的容易程度，教授記錄了 9 名學生樣本提交試卷的時間。時間（四捨五入到最接近的分鐘）是

33　29　45　60　42　19　52　38　36

a. 計算這些時間的平均數、中位數和眾數。
b. 從在 (a) 小題中計算的三個統計量中你學到什麼？

下列是幾何平均數的練習題。

4.4 計算下列報酬率的幾何平均數。
　　a. .25, –.10, .50, .40
　　b. .50, .30, –.50, –.25
　　c. .30, .50, .10, .20

4.5 計算下列報酬率的算術平均數和幾何平均數。
　　a. .20, .60, 0
　　b. .50, –.40, –.20

4.6 你在 4 年前做了一項 $1,000 的投資，1 年後其價值是 $1,200，2 年之後是 $1,200，三年之後是 $1,500，現在是 $2,000。

a. 計算每一年的報酬率。
b. 計算報酬率的平均數與中位數。
c. 計算幾何平均數。
d. 討論平均數、中位數或幾何平均數哪一個是投資表現的最佳量測。

4.7 假設 6 年前你以 $12 購買一檔股票，每一年年底的股票價格如下所列：

| 年 | 1 | 2 | 3 | 4 | 5 | 6 |
| 價格 | 10 | 14 | 15 | 22 | 30 | 25 |

a. 計算每一年的報酬率。
b. 計算報酬率的平均數和中位數。
c. 計算報酬率的幾何平均數。
d. 解釋為何幾何平均數是用以描述過去 6 年期間股票價格變動的最佳統計量。

4.8 投資 $1,000 產生下列年報酬率

| 年 | 1 | 2 | 3 |
| 年報酬率 | .10 | .50 | –.30 |

a. 第 1 年之後的投資價值是多少？第 2 年之後？第 3 年之後？
b. 計算幾何平均數和算術平均數。
c. 如果每年的報酬等於幾何平均數，則計算每年之後的投資價值。
d. 重複 (c)，假設報酬等於算術平均數。
e. 簡要說明為什麼幾何平均數比算術平均數更能量測「平均」報酬。

以下練習題需要電腦和軟體。

4.9 Xr04-15 記錄 300 名應屆企業管理學士學位畢業生的起薪。計算平均值和中位

數。解釋每個統計量的含義。

4.10 Xr04-20 針對一個 COVID-19 檢測為陽性的成年人隨機樣本，記錄其年齡。
  a. 計算這些資料的平均數和中位數
  b. 這些統計資料的相對位置告訴你關於這個樣本的什麼訊息？

下列是幾何平均數的練習題。

4.11 Xr04-23 一項 18 年前投資之年度投資報酬率被記錄下來。
  a. 計算算術平均數和幾何平均數。
  b. 投資者應該使用算術平均數還是幾何平均數來衡量投資表現有多好？
  c. 投資者應該使用算術平均數還是幾何平均數來預測下一年的報酬率？

4.12 Xr04-26 一位投資者購買了價值 $100,000 的股票。每月的報酬被記錄下來。
  a. 計算每個月的投資價值。
  b. 計算每月報酬的幾何平均數。
  c. 假設每個月的報酬等於幾何平均數，計算每個月的投資價值。

4.2 變異性量數

在 4.1 節中介紹的統計量是用以提供資料中央位置的資訊。然而，如同我們在第 2 章中已經討論過的，統計應用者對資料其他的特性也感興趣。此類的特性之一是資料的分散程度 (spread) 或變異性 (variability)。在本節中，我們會介紹 4 種**變異性量數 (measures of variability)**。我們從最簡單的開始。

4.2a 全距

全距

$$\text{全距} = \text{最大的觀測值} - \text{最小的觀測值}$$

全距 (range) 的優點是它的簡單性。缺點也是它的簡單性。因為全距僅用兩個觀測值計算，它沒有提供我們任何其他觀測值的訊息。考慮下列兩組資料：

  第一組：4   4   4   4   4   50
  第二組：4   8   15   24   39   50

兩組的全距都是 46。兩組資料全然不同，但是它們卻有相同的全距。為了測量變異性，我們需要涵蓋所有資料的統計量，而不是只有兩個觀測值而已。

4.2b 變異數

變異數 (variance) 以及與它有關的量數——**標準差 (standard deviation)**，可以

說是最重要的統計量。它們用來測量變異性，但是你將會發現，它們幾乎在所有的統計推論程序中都扮演著重要的角色。

> **變異數**
>
> 母體變異數 (population variance)：$\sigma^2 = \dfrac{\sum_{i=1}^{N}(x_i - \mu)^2}{N}$
>
> 樣本變異數 (sample variance)[1]：$s^2 = \dfrac{\sum_{i=1}^{n}(x_i - \bar{x})^2}{n-1}$
>
> 母體變異數以 σ^2 (希臘字母 *sigma* 平方) 來表示。

檢視樣本變異數的公式 s^2。在計算 s^2 時，分母是除以 $n-1$ 而不是除以 n，[1] 看起來似乎不合邏輯。然而，我們這麼做的原因如下。在實務上，母體參數通常是未知的。統計推論的目的之一是透過統計量估計參數。例如，我們用樣本平均數 $\bar{x}$ 來估計母體平均數 μ。雖然看起來不怎麼合邏輯，但是由 $\sum(x_i - \bar{x})^2$ 除以 $n-1$ 所產生的統計量是一個比除以 n 更好的估計量。在 10.1 節中我們將會更詳細地討論這個問題。

為了計算樣本變異數 s^2，我們先計算樣本平均數 $\bar{x}$。緊接著，我們計算每一個觀測值和平均數之間的差異 [又稱**離差** (deviation)]。我們將所有的離差平方且加總。最後，我們再將這個離差平方的總和除以 $n-1$。

我們以簡單的範例說明。假設我們有 5 位學生上星期花在研讀統計學的時數，如下所列：

    8   4   9   11   3

平均數是

$$\bar{x} = \frac{8+4+9+11+3}{5} = \frac{35}{5} = 7$$

我們確定每一個觀測值到平均數的離差。表 4.1 顯示離差的平方與離差平方的總和。

---

[1] 從技術上而言，樣本變異數是用離差平方的總和除以 n 來計算。用離差平方的總和除以 $n-1$ 所得到的統計量稱為平均數修正的樣本變異數 (sample variance corrected for the mean)。因為這個統計量被廣泛地使用，我們將簡稱它為樣本變異數 (sample variance)。

表 4.1　樣本變異數的計算

x_i	$(x_i - \bar{x})$	$(x_i - \bar{x})^2$
8	$(8 - 7) = 1$	$(1)^2 = 1$
4	$(4 - 7) = -3$	$(-3)^2 = 9$
9	$(9 - 7) = 2$	$(2)^2 = 4$
11	$(11 - 7) = 4$	$(4)^2 = 16$
3	$(3 - 7) = -4$	$(-4)^2 = 16$
	$\sum_{i=1}^{5}(x_i - \bar{x}) = 0$	$\sum_{i=1}^{5}(x_i - \bar{x})^2 = 46$

樣本變異數是

$$s^2 = \frac{\sum_{i=1}^{n}(x_i - \bar{x})^2}{n - 1} = \frac{46}{5 - 1} = 11.5$$

這個統計量的計算引發一些問題。為什麼我們在平均之前要先將離差平方？如果你檢視這些離差，將會發現有些離差是正數，有些是負數。當你將它們相加，總和會是 0。因為正離差的總和將永遠等於負離差的總和，這是永不會改變的事實。因此，我們將離差加以平方以避免「正負相抵的效果」。

是否可以不加以平方就能夠避免正負相抵的效果？我們可以將這些離差取絕對 (absolute) 值再加以平均。事實上，這種統計量已經被發明。它被稱為**平均絕對離差 (mean absolute deviation)** 或 MAD。然而，這種統計量的用途有限，並且很少被計算。

什麼是變異數測量的單位？因為我們將離差平方，所以我們也平方了它的單位。在本範例中，單位是小時 (學習)。因此，樣本變異數是 11.5 小時^2。

範例 4.7　暑期工作

由 6 位學生所組成的樣本，下列是他們申請暑期工作的數量。找出這些資料的平均數和變異數。

17　15　23　7　9　13

解答

6 個觀測值的平均數是

$$\bar{x} = \frac{17+15+23+7+9+13}{6} = \frac{84}{6} = 14 \text{ 個工作}$$

樣本的變異數是

$$s^2 = \frac{\sum_{i=1}^{n}(x_i - \bar{x})^2}{n-1}$$

$$= \frac{(17-14)^2 + (15-14)^2 + (23-14)^2 + (7-14)^2 + (9-14)^2 + (13-14)^2}{6-1}$$

$$= \frac{9+1+81+49+25+1}{5} = \frac{166}{5} = 33.2 \text{ 個 (工作)}^2$$

變異數簡易算法（選讀） 計算大型資料集是相當耗時的，下列樣本變異數的簡易計算方法或許能減輕這種負擔。

樣本變異數簡易算法

$$s^2 = \frac{1}{n-1}\left[\sum_{i=1}^{n}x_i^2 - \frac{\left(\sum_{i=1}^{n}x_i\right)^2}{n}\right]$$

我們再一次運算範例 4.7 以茲說明。

$$\sum_{i=1}^{n}x_i^2 = 17^2 + 15^2 + 23^2 + 7^2 + 9^2 + 13^2 = 1{,}342$$

$$\sum_{i=1}^{n}x_i = 17 + 15 + 23 + 7 + 9 + 13 = 84$$

$$\left(\sum_{i=1}^{n}x_i\right)^2 = 84^2 = 7{,}056$$

$$s^2 = \frac{1}{n-1}\left[\sum_{i=1}^{n}x_i^2 - \frac{\left(\sum_{i=1}^{n}x_i\right)^2}{n}\right] = \frac{1}{6-1}\left[1{,}342 - \frac{7{,}056}{6}\right] = 33.2 \text{ 個 (工作)}^2$$

請注意我們得到一模一樣的答案。

> **EXCEL 函數**
>
> 指令說明
>
> 　　除了鍵入 VAR 取代 AVERAGE 之外，按照執行計算平均數的指令 (第 80 頁)，就可以算出變異數。

4.2c　詮釋變異數

　　在範例 4.7 中我們計算的變異數為 33.2 個平方工作數 (jobs^2)。這項統計量告訴我們什麼訊息呢？可惜地，這項變異數只提供我們關於資料變異量很粗淺的概念。但是，當我們比較兩組或兩組以上同類型的資料時，這個統計量是有用的。如果第一組資料的變異數大於第二組資料的變異數，則我們詮釋，第一組的觀測值呈現的變異量比第二組觀測值的變異量來得大。

　　變異數詮釋的問題是由計算方式造成。因為我們平方了觀測值到平均數的離差，導致變異數的單位會是原本觀測值單位的平方。也就是，在範例 4.7 中，資料的單位是工作數，而變異數的單位是平方工作數。這造成詮釋上的問題。我們以計算另外一個相關的變異性量數來解決這個困難。

4.2d　標準差

> **標準差**
>
> $$母體標準差：\sigma = \sqrt{\sigma^2}$$
> $$樣本標準差：s = \sqrt{s^2}$$

標準差 (standard deviation) 僅是變異數的正平方根。因此，範例 4.7 的標準差是

$$s = \sqrt{s^2} = \sqrt{33.2} = 5.76 \text{ 個工作}$$

要注意的是標準差的單位就是原來資料的單位。

範例 4.8　比較兩種高爾夫球桿的一致性

DATA Xm04-08

一致性是一位優秀高爾夫球員的標誌。高爾夫球設備製造商不斷地尋找改進他們產品的方法。假設最近新發明的設計是想改良其使用者的一致性。為了測試，一位高爾夫球員被要求使用 7 號鐵桿打 150 球，其中 75 球以現有的 7 號鐵桿發球，另外 75 球則使用新發明的 7 號鐵桿。擊球的距離被測量與記錄。哪一種 7 號鐵桿更具一致性？

解答

為了測量一致性，我們必須計算標準差。(我們也能夠計算變異數，但誠如剛才所指出的，標準差比較容易詮釋。) 我們可以使用 Excel 列印樣本標準差，或是可以要求 Excel 計算所有的敘述性統計量。我們建議後者，因為我們通常需要多種統計量。這裡顯示兩種 7 號鐵桿統計量的輸出。

EXCEL 資料分析

	A	B	C	D	E
1	Current			Innovation	
2					
3	Mean	150.55		Mean	150.15
4	Standard Error	0.67		Standard Error	0.36
5	Median	151		Median	150
6	Mode	150		Mode	149
7	Standard Deviation	5.79		Standard Deviation	3.09
8	Sample Variance	33.55		Sample Variance	9.56
9	Kurtosis	0.13		Kurtosis	−0.89
10	Skewness	−0.43		Skewness	0.18
11	Range	28		Range	12
12	Minimum	134		Minimum	144
13	Maximum	162		Maximum	156
14	Sum	11291		Sum	11261
15	Count	75		Count	75

詮釋

現有的 7 號鐵桿打擊距離的標準差是 5.79 碼，然而新發明的 7 號鐵桿打擊距離的標準差是 3.09 碼。根據這個樣本，改良過的球桿比較穩定。因為兩組的平均距離相似，顯示新球桿確實比較優良。

詮釋標準差　知道平均數與標準差可以讓統計應用者取得一些有用的資訊。資訊則依直方圖的形狀而定。如果直方圖是鐘形的 (bell shaped)，我們可以使用**經驗法則 (Empirical Rule)**。

> **經驗法則**
>
> 1. 大約有 68% 的觀測值落在離平均數一個標準差之內。
> 2. 大約有 95% 的觀測值落在離平均數二個標準差之內。
> 3. 大約有 99.7% 的觀測值落在離平均數三個標準差之內。

■ 範例 4.9　使用經驗法則詮釋標準差

對投資報酬率分析之後，統計應用者發現直方圖是鐘形的，平均數與標準差分別是 10% 與 8%。你能說出報酬率的分布狀況嗎？

> **解答**
>
> 因為直方圖是鐘形的，所以我們可以應用經驗法則：
>
> 1. 大約有 68% 的報酬率落在 2% (平均數減 1 個標準差 = 10 − 8) 與 18% (平均數加 1 個標準差 = 10 + 8) 之間。
> 2. 大約有 95% 的報酬率落在 − 6% [平均數減 2 個標準差 = 10 − 2(8)] 與 26% [平均數加 2 個標準差 = 10 + 2(8)] 之間。
> 3. 大約有 99.7% 的報酬率落在 −14% [平均數減 3 個標準差 = 10 − 3(8)] 與 34% [平均數加 3 個標準差 = 10 + 3(8)] 之間。

標準差更一般化的詮釋是源自柴比雪夫定理，它可應用於所有形狀的直方圖。

> **柴比雪夫定理**
>
> 任何樣本或母體中的觀測值落在平均數左右 k 個標準差之內的比例至少是
>
> $$1 - \frac{1}{k^2} \text{ 其中 } k > 1$$

當 $k = 2$，**柴比雪夫定理 (Chebysheff's Theorem)** 主張至少有四分之三 (75%) 的觀測值落在離平均數 2 個標準差之內。若 $k = 3$，柴比雪夫定理主張至少有九分之八 (88.9%) 的觀測值落在離平均數 3 個標準差之內。

必須注意的是經驗法則提供近似的比例，而柴比雪夫定理僅提供比例區間的下限。

範例 4.10　使用柴比雪夫定理詮釋標準差

一家連鎖電腦商店員工的年薪產生一個正偏(**右偏**)的直方圖。平均數與標準差分別是 $28,000 和 $3,000。你如何說明關於這家連鎖店的薪資？

解答

因為直方圖不是鐘形的，我們不能使用經驗法則。取而代之，我們必須使用柴比雪夫定理。

以平均數加和減 2 個與 3 個標準差所產生的區間如下：

1. 至少 75% 的薪水落在 $22,000 [平均數減 2 個標準差 = 28,000－2(3,000)] 與 $34,000 [平均數加 2 個標準差 = 28,000＋2(3,000)] 之間。
2. 至少 88.9% 的薪水落在 $19,000 [平均數減 3 個標準差 = 28,000－3(3,000)] 與 $37,000 [平均數加 3 個標準差 = 28,000＋3(3,000)] 之間。

4.2e　變異係數

一個數值為 10 的標準差，應該是表示大量變異性的大數值呢，或是表示少量變異性的小數值呢？答案某種程度取決於資料集中觀測值的大小而定。如果觀測值的單位是以百萬計，標準差 10 可能被認為是一個小的數值。另一方面，如果觀測值的大小是小於 50 的，標準差 10 將會被視為一個大的數值。這個邏輯的背後導引出另一個變異性的量數——**變異係數** (coefficient of variation)。

變異係數

一組觀測值的**變異係數 (coefficient of variation)** 是觀測值的標準差除以它們的平均數：

$$母體變異係數：CV = \frac{\sigma}{\mu}$$

$$樣本變異係數：cv = \frac{s}{\bar{x}}$$

4.2f　順序資料和名目資料的變異性量數

本節中介紹的變異性量數只能用於區間資料。下一節將會著重於可以描述順序資料的變異性量數。名目資料則沒有變異性量數。

4.2g 從群組資料取得近似的平均數與變異數

本章中所介紹的統計方法是用來計算資料的敘述統計量。但是，在某些情況下，統計應用者無法取得原始資料，但是取而代之的有次數分配。此種情況最常出現在資料是由政府組織所提供時。在線上附錄的 Approximating Means and Variances for Grouped Data (群組資料的近似平均數與變異數) 中，我們提供用來計算群組資料的近似樣本平均數和變異數之公式。

練習題

4.13 計算下列樣本的變異數與標準差。

    6   7   4   3   6   8   8

4.14 計算下列樣本的變異數和標準差。

    9   3   7   4   1   7   5   4

4.15 a. 計算下列樣本的平均數。
    b. 計算每個值與平均數之間的離差。計算離差的總和。
    c. 將每個離差平方並加總這些值。
    d. 計算樣本變異數

    14   20   15   10   11

4.16 a. 計算下列樣本的平均數。
    b. 對每個值，計算它與平均數之間的離差。計算離差的總和。
    c. 計算離差的絕對值並將這些數字相加。
    d. 計算 MAD。

    15   19   16   20   11   15

4.17 如果樣本有非常大的離差，哪個變異性量數會比較大，樣本標準差還是 MAD？請解釋之。

4.18 有一組資料，它的直方圖是鐘形的，平均數與標準差分別是 50 與 4。大約有多少比例的觀測值
    a. 是介於 46 和 54 之間？
    b. 是介於 42 和 58 之間？
    c. 是介於 38 和 62 之間？

4.19 參考練習題 4.18，大約有多少比例的觀測值
    a. 是少於 46？
    b. 是少於 58？
    c. 是大於 54？

4.20 有一組資料，它的直方圖是極端的偏斜，平均數與標準差分別是 70 與 12。觀測值的最小比例
    a. 是介於 46 和 94 之間？
    b. 是介於 34 和 106 之間？

下列練習題需要使用電腦和軟體。

4.21 Xr04-43 許多交通專家認為，造成事故最重要的因素不是汽車的平均速度，而是變異量。假設在一段發生了許多事故的高速公路上取得 200 輛汽車樣本的速度，也在一段很少發生事故的高速公路上取得 300 輛汽車樣本的速度。計算兩個樣本的平均數和標準差，並簡要描述你學到什麼。

4.22 Xr04-45 變異數通常被用於衡量生產

線產品的品質。假設取得一綑長度為 100 公分的鋼條樣本。每條鋼條的長度被測量，並記錄其結果。計算平均數和標準差，並簡要描述這些統計量告訴你什麼訊息。

4.23 Xr04-48 在飛行旅行中航班延誤是旅行者生活的現實事實。假設記錄了 125 個航班樣本的延遲到達時間 (以分鐘為單位)。提前到達者以負數表示，準時到達者用零表示。計算時間的平均數和標準差。假設分布近似鐘形，請描述平均數和標準差告訴你什麼訊息。

4.24 Xr04-50 一個隨機抽樣的屋主樣本被要求報告他們去年繳納的財產稅金額。計算平均數和標準差，假設金額是高度正偏，請描述這兩種統計量告訴你什麼訊息。(資料來源：改編自勞工統計局。)

4.25 Xr04-56 一位顧問記錄了一年內在第一個小時內進入兩家銀行分行的客戶數量。請計算每個分行的平均數和標準差，並報告你的發現。

4.3 相對位置量數

相對位置量數被用來提供有關特定觀測值相對於整體資料的位置資訊。我們已經說明一個相對位置量數的方法，即中位數，它也是一個中央位置量數。回想之前曾經提過，中位數將資料分成兩半，可讓統計應用者判斷每一個觀測值落在資料集的哪一半。我們即將要介紹的統計量將為你提供更詳細的資訊。

> **百分位數**
>
> 第 P 個**百分位數 (percentile)** 是指一個值有 P% 的資料值小於它，並有 (100 − P)% 的資料值大於它。

SAT (Scholastic Achievement Test) 和 GMAT (Graduate Management Admission Test)，以及其他各種入學測驗的分數和百分位數，都會公布給參加測試的學生。例如，假設你的 SAT 分數是位於第 60 個百分位數 (60th percentile)，意思是有 60% 的他人成績是低於你的，並且有 40% 的成績是高於你的。現在你明白了相對於 SAT 成績的母體，你的程度確實位在哪裡。

對於第 25、第 50 與第 75 個百分位數 (the 25th, the 50th, the 75th percentiles) 我們有特殊的名稱。因為這三個統計量將一組資料分成四個等分。這些相對位置量數又被稱為**四分位數 (quartiles)**。第一個 (first) 或下四分位數 (lower quartile) 被標示為 Q_1，它是等於第 25 個百分位數。第二個四分位數 (second quartile) Q_2 是等於第 50 個百分位數，它也是中位數。第三 (third) 或上四分位數 (upper quartile) Q_3 是等於第 75 個百分位數。偶爾地，許多人會混淆四分位數與四分之一 (quarter) 兩個詞

彙。一個常犯的錯誤是敘述某人是在一個群組的下四分位數，當他們真正的意思是指某人是在一個群組的下四分之一。

除了四分位數，我們也能夠將百分位數轉換成五分位數與十分位數。五分位數 (quintiles) 將資料分成五個等分，十分位數 (deciles) 將資料分成十個等分。

4.3a 找百分位數的位置

下列公式讓我們找出任何百分位數的近似位置。

一個百分位數的位置

$$L_P = (n+1)\frac{P}{100}$$

其中 L_P 是第 P 個百分位數 (the Pth percentile) 的位置。

範例 4.11　平均上網時間的百分位數

計算範例 4.1 資料的第 25、第 50 與第 75 個百分位數 (第一、第二與第三個四分位數)。

解答

將資料由小到大的遞增順序排列，我們得到

0　　0　　5　　7　　8　　9　　12　　14　　22　　33

第 25 個百分位數的位置是

$$L_{25} = (n+1)\frac{25}{100} = (11)(.25) = 2.75$$

第 25 個百分位數是位於第 2 個 (它的值是 0) 和第 3 個 (它的值是 5) 觀測值之間距離四分之三的地方。距離的四分之三是

$$(.75)(5-0) = 3.75$$

因為第二個觀測值是 0，所以第 25 個百分位數是 0 + 3.75 = 3.75。為了找出第 50 個百分位數的位置，我們以 $P = 50$ 代入公式中並得到

$$L_{50} = (n+1)\frac{50}{100} = (11)(.50) = 5.5$$

它的意思是第 50 個百分位數是位於第 5 個和第 6 個觀測值的中間。第 5 和第 6 個觀測值分別是 8 和 9。第 50 個百分位數是 8.5。這就是在範例 4.3 中所計算的中位數。

第 75 個百分位數的位置是

$$L_{75} = (n+1)\frac{75}{100} = (11)(.75) = 8.25$$

因此，它是位於第 8 和第 9 個觀測值 (它們的值分別是 14 和 22) 之間距離四分之一的地方。此距離的四分之一是

$$(.25)(22 - 14) = 2$$

也就是第 75 個百分位數是

$$14 + 2 = 16$$

範例 4.12　ACBL 會員年齡的四分位數

DATA Xm03-01

計算範例 3.1 的四分位數。

解答

EXCEL 函數

最簡單方法是使用 Excel 產生四分位數的 QUARTILE 函數。

指令說明

鍵入或匯入資料到一列或多列中。(開啟 Xm03-01。) 在任何空白儲存格中鍵入

= QUARTILE ([輸入範圍], [Q])

指定 Q 為以下內容

0 = 最小值，1 = 第一個四分位數，2 = 第二個四分位數 (中位數)，

3 = 第三個四分位數，4 = 最大值

這些是 Q = 1、2、3 的輸出。

36, 54.5, 69

第一個四分位數是 36，第二個四分位數是 54.5，第三個四分位數是 69。

範例 4.13　ACBL 會員年齡的百分位數

DATA Xm03-01

計算範例 3.1 的第 5、第 10、第 90 和第 95 個百分位數。

解答

EXCEL 函數

我們將使用 PERCENTILE 函數。

指令說明

將資料鍵入或匯入到一列或多列中。(打開 Xm03-01。) 在任何空白儲存格中鍵入

= PERCENTILE ([輸入範圍], [P])

其中 P 是百分位數，介於 0 和 1 之間。(為 P 鍵入 0 和 1 分別產生最小值和最大值。) 以下是 P = .05、.10、.90、.95 的輸出：

24, 27, 78.1, 83

第 5、第 10、第 90 和第 95 個百分位數分別為 24、27、78.1 和 83。

EXCEL 資料分析

另一種產生四分位數的方法是使用敘述統計，在 83 頁我們有說明。當我們分別為**第 K 個最小值 (Kth Smallest)** 和**第 K 個最大值 (Kth Largest)** 鍵入最接近 $n/4$ (其中 n 是觀測值個數) 的整數時，將列印出第一個和第三個四分位數。

4.3b　四分位距

四分位數可以被用來產生另一個變異性量數——**四分位距 (interquartile range)**，其定義如下。

四分位距

$$\text{四分位距} = Q_3 - Q_1$$

四分位距測量中間 50% 的觀測值散布的情形。一個大的四分位距值表示第一與第三個四分位數之間相去甚遠，指的是一個高變異程度。範例 3.1 的四分位數範圍為

$$四分位距 = Q_3 - Q_1 = 69 - 36 = 33$$

4.3c 順序資料的相對位置和變異性量數

因為相對位置的測量值是以排序資料的方式計算而得，所以這些統計量適用於順序資料和區間資料。此外，因為四分位距是透過計算上、下四分位數之間的差距而得之，它也能夠被用來測量順序資料的變異性。

練習題

4.26 求出下列資料的第一、第二和第三個四分位數。

2　4　6　8　10　12　14　16　18　20

4.27 求出下列資料的第三和第八個十分位數（第 30 和第 80 個百分位數）。

26　23　29　31　24
22　15　31　30　20

4.28 求出下列資料的第一和第二個五分位數（第 20 和第 40 個百分位數）。

52　61　88　43　64
71　39　73　51　60

4.29 計算下列資料的第一、第二和第三個四分位數。

10.5　14.7　15.3　17.7　15.9　12.2　10.0
14.1　13.9　18.5　13.9　15.1　14.7

4.30 計算隨附資料的第三個和第六個十分位數。

7　18　12　17　29　18　4　27　30　2
4　10　21　5　8

4.31 參考練習題 4.29。求出四分位距。

4.32 參考練習題 4.30。求出四分位距。

4.33 找出以下樣本的四分位距。

9　28　15　21　12　22　29
20　23　31　11　19　24　16　13

以下練習題需要使用電腦和軟體。

4.34 Xr04-72 一所大學的就業諮詢中心想了解更多有關大學畢業生起薪的資訊。他們要求每位畢業生報告他們收到的最高薪資和他們的學位。對於每類學位，分別找出起薪的四分位數並描述它們提供你什麼有關四組畢業生的訊息。

4.35 Xr04-75 對許多餐廳而言，顧客逗留在咖啡和甜點上的時間對利潤會產生負面的影響。為了更了解這個變數，研究者觀察了 200 個餐廳客群的樣本，並記錄了顧客在餐廳停留的時間。

a. 計算這些資料的四分位數。

b. 這些統計量告訴你什麼有關耗時在這家餐廳的訊息？

4.36 Xr04-77 隨機抽取一個住戶樣本。每戶都被問及去年他們在外食（餐館、快餐等）所花費的錢，計算四分位數並描述你從中得到的訊息。（資料來源：改編自勞工統計局。）

4.4 線性關係量數

在第 3 章中,我們曾經介紹過散布圖,它是用來描述兩個區間變數間關係的圖示法。當時我們指出我們對線性關係的方向與強度特別地感興趣。現在我們說明三種提供這些資訊的線性關係量數 (measures of linear relationship):共變異數 (covariance)、相關係數 (coefficient of correlation),以及判定係數 (coefficient of determination)。稍後,在本節後面我們將討論另外一種有關的數值方法——最小平方線 (least squares line)。

4.4a 共變異數

誠如我們在第 3 章中所做的,我們標示一個變數為 X,另一個變數為 Y。

> **共變異數**
>
> 母體共變異數:$\sigma_{xy} = \dfrac{\sum\limits_{i=1}^{N}(x_i - \mu_x)(y_i - \mu_y)}{N}$
>
> 樣本共變異數:$s_{xy} = \dfrac{\sum\limits_{i=1}^{n}(x_i - \bar{x})(y_i - \bar{y})}{n-1}$

計算樣本**共變異數 (covariance)** 公式的分母是 $n-1$,而不是比較合邏輯的 n,這與計算樣本變異數 (第 88 頁) 時除以 $n-1$ 的理由相同。如果你計畫徒手計算樣本共變異數,這裡是一個簡易的計算公式。

> **樣本共變異數的簡易計算公式**
>
> $$s_{xy} = \dfrac{1}{n-1}\left[\sum\limits_{i=1}^{n}x_i y_i - \dfrac{\sum\limits_{i=1}^{n}x_i \sum\limits_{i=1}^{n}y_i}{n}\right]$$

為了示範說明共變異數如何測量線性關係,請檢視下列三組資料。

第一組

x_i	y_i	$(x_i - \bar{x})$	$(y_i - \bar{y})$	$(x_i - \bar{x})(y_i - \bar{y})$
2	13	−3	−7	21
6	20	1	0	0
7	27	2	7	14
$\bar{x} = 5$	$\bar{y} = 20$			$s_{xy} = 35/2 = 17.5$

第二組

x_i	y_i	$(x_i - \bar{x})$	$(y_i - \bar{y})$	$(x_i - \bar{x})(y_i - \bar{y})$
2	27	−3	7	−21
6	20	1	0	0
7	13	2	−7	−14
$\bar{x} = 5$	$\bar{y} = 20$			$s_{xy} = -35/2 = -17.5$

第三組

x_i	y_i	$(x_i - \bar{x})$	$(y_i - \bar{y})$	$(x_i - \bar{x})(y_i - \bar{y})$
2	20	−3	0	0
6	27	1	7	7
7	13	2	−7	−14
$\bar{x} = 5$	$\bar{y} = 20$			$s_{xy} = -7/2 = -3.5$

注意在三組資料中 x 的值都是相同的，且 y 的值也都一樣。唯一的差異是 y 值的順序有所不同。

在第一組資料，當 x 值增加時，y 值也增加。當 x 值大於它的平均數時，y 值至少與它的平均數一樣大。因此，$(x_i - \bar{x})$ 與 $(y_i - \bar{y})$ 有相同的正負號或 0。兩者的乘積也是正的或 0。因此，共變異數是一個正的數值。通常，當兩個變數朝相同的方向移動 (同時遞增或同時遞減)，共變異數將是一個大的正數。

如果你檢視第二組資料，你將發現當 x 值增加時，y 值減少。當 x 值大於它的平均數時，y 值是小於或等於它的平均數。結果當 $(x_i - \bar{x})$ 是正的時，$(y_i - \bar{y})$ 則是負的或 0。兩者的乘積是負的或 0。所以共變異數是一個負的數值。一般而言，當兩個變數朝反方向移動，共變異數將是一個大的負數。

在第三組資料中，當 x 值增加時，y 值沒有朝任何特定的方向移動。$(x_i - \bar{x})$ 與 $(y_i - \bar{y})$ 的乘積，一個是 0，一個是正的，以及一個是負的。因此，共變異數是一個小的數值。通常，當 x 和 y 沒有特殊型態的關係，共變異數將是一個小的數值 (一個小的正數或一個小的負數)。

我們想要萃取出兩種資訊。第一種是共變異數的正負符號，它告訴我們線性關係的本質 (方向)。第二種是共變異數的數值大小，它描述線性關係的強度。遺憾地，共變異數的數值大小可能很難判斷。例如，如果有人告訴你兩個變數之間的

共變異數是 500，這是否表示存在著強烈的線性關係？答案是如果沒有額外的統計量，結果是無法判斷的。幸運的是，我們可以建立另外一種統計量以改進共變異數所提供的資訊。

4.4b 相關係數

相關係數 (coefficient of correlation) 被定義為將共變異數除以兩個變數標準差的統計量。

相關係數

$$母體相關係數：\rho = \frac{\sigma_{xy}}{\sigma_x \sigma_y}$$

$$樣本相關係數：r = \frac{s_{xy}}{s_x s_y}$$

母體參數的符號以希臘字母 *rho* 標示。

相關係數勝過共變異數的優點是前者的數值有下限與上限，分別是 −1 和 +1。也就是，

$$-1 \leq r \leq +1 \quad 和 \quad -1 \leq \rho \leq +1$$

當相關係數等於 −1，存在一個完全的負線性關係，且散布圖呈現一條直線。當相關係數等於 +1，存在一完全的正線性關係。當相關係數等於 0，則線性關係不存在。所有其他相關係數的數值都以這三個數值的關係來判斷。相關係數的缺點是除了 −1、0 與 +1 之外，我們無法詮釋相關性。例如，假設我們計算相關係數是等於 −.4。這告訴我們什麼訊息？它告訴我們兩件事。減號告訴我們線性關係是負的，並且因為 .4 是比較接近 0 而不是 1，我們判斷此線性關係是微弱的。在許多應用上，我們需要有比「線性關係是微弱的」更好一點的詮釋。幸好，有另外一種線性關係強度的量數，它會提供我們更多的資訊。它就是判定係數 (coefficient of determination)，在本章的稍後我們會介紹判定係數。

範例 4.14　計算相關係數

計算第 102 頁中三組資料的相關係數。

解答

因為我們已經計算過共變異數，我們只需要計算 X 和 Y 的標準差。

$$\bar{x} = \frac{2 + 6 + 7}{3} = 5.0$$

$$\bar{y} = \frac{13 + 20 + 27}{3} = 20.0$$

$$s_x^2 = \frac{(2-5)^2 + (6-5)^2 + (7-5)^2}{3-1} = \frac{9+1+4}{2} = 7.0$$

$$s_y^2 = \frac{(13-20)^2 + (20-20)^2 + (27-20)^2}{3-1} = \frac{49+0+49}{2} = 49.0$$

標準差是

$$s_x = \sqrt{7.0} = 2.65$$
$$s_y = \sqrt{49.0} = 7.00$$

相關係數是

第一組：$r = \dfrac{s_{xy}}{s_x s_y} = \dfrac{17.5}{(2.65)(7.0)} = .943$

第二組：$r = \dfrac{s_{xy}}{s_x s_y} = \dfrac{-17.5}{(2.65)(7.0)} = -.943$

第三組：$r = \dfrac{s_{xy}}{s_x s_y} = \dfrac{-3.5}{(2.65)(7.0)} = -.189$

現在比較容易看出 X 和 Y 之間的線性關係強度。

4.4c　散布圖、共變異數與相關係數的比較

　　散布圖以圖形化方式描繪變數間的關係；共變異數與相關係數則以數值化方式描述線性關係。圖 4.1、圖 4.2 與圖 4.3 繪出三種散布圖。為了示範如何比較圖示法與數值法，我們計算每一種圖的共變異數與相關係數。(資料儲存在檔案 Fig04-01、Fig04-02 和 Fig04-03。)就如你所看到的，圖 4.1 描繪兩個變數間存在一個強烈的正線性關係。共變異數是 36.87，且相關係數是 .9641。在圖 4.2 中的變數則產生一個相對強烈的負線性關係；共變異數與相關係數分別是 −34.18 和 −.8791。圖 4.3 中資料的共變異數與相關係數分別是 2.07 和 .1206。在此圖中沒有呈現明顯的線性關係。

圖 4.1 強烈的正線性關係

圖 4.2 強烈的負線性關係

圖 4.3 無線性關係

4.4d 最小平方法

  當我們在 3.3 節中介紹散布圖時，曾經指出我們感興趣的是線性關係的強度與方向。兩者藉由畫一條通過資料的直線，能夠更容易地被判斷。然而，如果不同的人畫一條通過相同資料的直線，很可能每個人所畫的直線都會與其他人畫的不太相

同。此外，我們經常需要知道這條直線的方程式。因此，我們必須用一種客觀的方法來產生一條直線。事實上，這種方法已經被發展出來了；它被稱為**最小平方法 (least squares method)**。

最小平方法產生一條穿過各點的直線，使得各點和直線之間的離差平方和為最小。下列的方程式用以表示這條線：

$$\hat{y} = b_0 + b_1 x$$

其中 b_0 是 y-軸的截距（在直線與 y-軸的交會處），b_1 是斜率 [定義為上升 / 平移 (rise/run)]，$\hat{y}$（y hat）是由直線所導出的 y 值。係數 b_0 和 b_1 可以使用微積分導出，使得我們最小化這個離差平方和：

$$\sum_{i=1}^{n}(y_i - \hat{y}_i)^2$$

最小平方線係數

$$b_1 = \frac{s_{xy}}{s_x^2}$$
$$b_0 = \bar{y} - b_1 \bar{x}$$

會計上的應用　損益平衡點分析

損益平衡點分析 (breakeven analysis) 是一項非常重要的商業工具，在你的學習過程中，很有可能會反覆遇到這類問題。它可以用來判斷需要多少的銷售量才能夠讓你的公司開始賺取利潤。

當行銷經理試圖為公司的產品與服務決定適當的價格時，損益平衡點分析是特別有幫助的。

一個公司的利潤是可以簡易地計算如下

利潤 =（每單位價格 - 每單位變動成本）×（銷售數量）- 固定成本

損益平衡點是在利潤為 0 時的銷售數量。

因此，損益平衡點被計算成

銷售數量 = 固定成本 /（價格 - 變動成本）

行銷經理可以使用此公式來協助決定會產生利潤的價格。但是，這麼做需要具備固定成本與變動成本的知識。例如，假設一家麵包店只賣長條吐司。這種麵包的售價是 $1.20，其變動成本是 $0.40，而每年的固定成本是 $10,000。其損益平衡點是

銷售數量 = 10,000/(1.20 - 0.40)

= 12,500

這家麵包店每一年必須銷售 12,500 條吐司才能賺取利潤。

在下一個應用方塊中我們將討論固定成本與變動成本。

會計上的應用　固定成本與變動成本

固定成本是無論是否有生產任何單位產品數量都必須付出的成本。在一特定的期間或是在生產產量的某個範圍內，這些成本是「固定的」。變動成本則是直接隨著生產產品數量的不同而改變的成本。以先前的麵包店為例，其固定成本將包括房租、商店的維護、付給員工的薪水、廣告費、電話費，和任何其他與烘烤吐司數量無關的費用。而變動成本主要是原料的成本，它與所烤的吐司數量有關係。

有些費用是混合的。以麵包店為例，電費就是這一類的成本。電提供照明的需求，它被考慮為一項固定成本，但是對烤箱和其他設備而言，它則是變動成本。

有許多方法可以將混合成本分離，使之成為固定成本與變動成本。我們以公式表示某些項目的總成本為

$$y = b_0 + b_1 x$$

其中 y = 總混合成本，b_0 = 固定成本，b_1 = 變動成本，以及 x = 單位生產量。

範例 4.15　估計固定成本與變動成本

DATA Xm04-15

一位工具與鑄模製造商經營一家製造特殊工具的小店。他考慮要擴張生意的規模，必須知道更多關於成本的資訊。其中一項成本是電費，他必須使用電來操作機器以及燈光。(有些工作需要啟用極強的亮光為他的工作照明。) 他記錄每天的電費，以及他當天製造工具的數量。這些資料被列出如下。判斷電費的固定成本與變動成本。

日	1	2	3	4	5	6	7	8	9	10
工具數量	7	3	2	5	8	11	5	15	3	6
電費	23.80	11.89	15.98	26.11	31.79	39.93	12.27	40.06	21.38	18.65

解答

依變數是每日的電費，而獨立變數是製造工具的數量。為了計算最小平方線的係數以及其他的統計量 (計算如下)，我們需要加總 X、Y、XY、X^2 和 Y^2。

日	X	Y	XY	X²	Y²
1	7	23.80	166.60	49	566.44
2	3	11.89	35.67	9	141.37
3	2	15.98	31.96	4	255.36
4	5	26.11	130.55	25	681.73
5	8	31.79	254.32	64	1,010.60
6	11	39.93	439.23	121	1,594.40
7	5	12.27	61.35	25	150.55
8	15	40.06	600.90	225	1,604.80
9	3	21.38	64.14	9	457.10
10	6	18.65	111.90	36	347.82
總和	65	241.86	1,896.62	567	6,810.20

共變異數：

$$s_{xy} = \frac{1}{n-1}\left[\sum_{i=1}^{n} x_i y_i - \frac{\sum_{i=1}^{n} x_i \sum_{i=1}^{n} y_i}{n}\right]$$

$$= \frac{1}{10-1}\left[1,896.62 - \frac{(65)(241.86)}{10}\right] = 36.06$$

X 的變異數：

$$s_x^2 = \frac{1}{n-1}\left[\sum_{i=1}^{n} x_i^2 - \frac{\left(\sum_{i=1}^{n} x_i\right)^2}{n}\right] = \frac{1}{10-1}\left[567 - \frac{(65)^2}{10}\right] = 16.06$$

樣本平均數：

$$\bar{x} = \frac{\sum x_i}{n} = \frac{65}{10} = 6.5$$

$$\bar{y} = \frac{\sum y_i}{n} = \frac{241.86}{10} = 24.19$$

最小平方線的係數是

斜率：

$$b_1 = \frac{s_{xy}}{s_x^2} = \frac{36.06}{16.06} = 2.25$$

y-軸截距：
$$b_0 = \bar{y} - b_1\bar{x} = 24.19 - (2.25)(6.5) = 9.57$$

最小平方線是
$$\hat{y} = 9.57 + 2.25x$$

EXCEL 散布圖

(散布圖：x 軸為工具數量，y 軸為電費成本，趨勢線方程式 y = 2.2459x + 9.5878)

指令說明

1. 鍵入或匯入資料到兩欄，其中第一欄儲存 X 的數值，且第二欄儲存 Y 的數值。(開啟 Xm04-15。) 標示選取包含變數的所有欄位。遵循指令說明畫一個散布圖 (第 62 頁)。

2. 點選 + 號，點選**趨勢線 (Trendline)** 與箭頭。點選**其他選項 (More Options)** 和**圖表上顯示公式 (Display Equation on chart)**。

詮釋

　　斜率被定義為上升／平移 (rise/run)，它的意思是 x (平移) 每增加一個單位，y (上升) 改變的量。運用一般的口語來說明，斜率測量依變數的邊際 (marginal) 改變率。邊際改變率是指增加一個單位的獨立變數所造成的影響。在此範例中斜率是 2.25，它在此範例中的意思是，每增加一個單位的工具數量，則電費成本的邊際增加量為 \$2.25。因此，估計的變動成本是每一個工具 \$2.25。

　　y-軸截距是 9.57。也就是，這條線在 y-軸的 9.57 處通過。簡單地說，這就是當 $x = 0$ 時的 $\hat{y}$ 值。但是，當 $x = 0$ 時，我們並沒有生產任何工具，所以估計的電費固定成本是每一天 \$9.57。

　　因為這些成本是以直線來估計，我們通常需要知道直線與資料的擬合程度。

範例 4.16　測量線性關係的強度

DATA Xm04-15　計算範例 4.15 的相關係數。

解答

為了計算相關係數，我們需要計算共變異數與兩個變數的標準差。共變異數與 X 的變異數在範例 4.15 中已被計算。共變異數是

$$s_{xy} = 36.06$$

以及 X 的變異數是

$$s_x^2 = 16.06$$

X 的標準差是

$$s_x = \sqrt{s_x^2} = \sqrt{16.06} = 4.01$$

我們需要的是 Y 的標準差。

$$s_y^2 = \frac{1}{n-1}\left[\sum_{i=1}^{n} y_i^2 - \frac{\left(\sum_{i=1}^{n} y_i\right)^2}{n}\right] = \frac{1}{10-1}\left[6{,}810.20 - \frac{(241.86)^2}{10}\right] = 106.73$$

$$s_y = \sqrt{s_y^2} = \sqrt{106.73} = 10.33$$

相關係數是

$$r = \frac{s_{xy}}{s_x s_y} = \frac{36.06}{(4.01)(10.33)} = .8705$$

EXCEL 函數與資料分析

如同在本章中介紹的其他統計量，有一種以上的方法可以用來計算相關係數與共變異數。這裡有兩種方法的指令說明。

指令說明

1. 鍵入或匯入資料到兩個欄位。(開啟 Xm04-15。) 鍵入下列指令到任何一個空白的儲存格。

   = **CORREL** ([第一個變數輸入範圍], [第二個變數輸入範圍])

在此範例，我們將輸入

= **CORREL** (B1:B11, C1:C11)

為了計算共變異數，以 **COVAR** 取代 **CORREL**。

另外一種方法也是很有用的，如果你有兩個以上的變數，並且要計算每一對 (pair) 變數的相關係數或共變異數，方法是產生相關係數矩陣 (correlation matrix) 與變異數—共變異數矩陣 (variance-covariance matrix)。我們首先練習產生相關矩陣。

	A	B	C
1		Number of tools	Electrical costs
2	Number of tools	1	
3	Electrical costs	0.8711	1

指令說明

1. 鍵入或匯入資料到兩個相鄰的欄。(開啟 Xm04-15。)
2. 點選**資料 (Data)**、**資料分析 (Data Analysis)** 與**相關係數 (Correlation)**。
3. 指定**輸入範圍 (Input Range)**(B1:C11)。

工具數量和電費成本間的相關係數是 .8711 (與徒手運算所得到的值有一點差異)。(矩陣中對角線上的兩個 1 是工具數量與工具數量之間的相關係數，以及電費成本與電費成本之間的相關係數，此結果是顯而易見的。)

附帶地，母體參數 ρ (希臘字母 *rho*) 與樣本統計量 r 的公式產生完全相同的值。

下列呈現的是變異數—共變異數矩陣。

	A	B	C
1		Number of tools	Electrical costs
2	Number of tools	14.45	
3	Electrical costs	32.45	96.06

指令說明

1. 鍵入或匯入資料到兩個相鄰的欄。(開啟 Xm04-15。)
2. 點選**資料 (Data)**、**資料分析 (Data Analysis)** 與**共變異數 (Covariance)**。
3. 指定**輸入範圍 (Input Range)**(B1:C11)。

遺憾的是，Excel 是計算母體的參數。也就是說，工具數量的變異數是 $\sigma_x^2 = 14.45$、電費成本的變異數 $\sigma_y^2 = 96.06$，以及共變異數 $\sigma_{xy} = 32.45$。你可以將這些母體參數轉換成樣本統計量，只要將每一個參數乘以 $n/(n-1)$ 即可。

	D	E	F
1		Number of tools	Electrical costs
2	Number of tools	16.06	
3	Electrical costs	36.06	106.73

> **詮釋**
>
> 相關係數是 .8711，它告訴我們工具數量與電費成本之間存在著正線性關係。此相關係數告訴我們它們的線性關係是相當強烈的，因此固定成本與變動成本的估計值應該是很好的。

4.4e 判定係數

當我們介紹相關係數時 (第 103 頁)，曾經指出除了 −1、0 和 +1 之外我們無法明確地詮釋它的意義。我們判斷相關係數只能夠以其最接近 −1、0 和 +1 的關係來看。幸運的是，我們有另一種能夠被明確詮釋的量數。它就是判定係數，其計算的方法是將相關係數平方。因為這個原因，我們將它標示為 R^2。

判定係數測量依變數中的變異量可以被獨立變數的變異量所解釋的比例。例如，如果相關係數是 −1 或 +1，散布圖將呈現所有點都排列在一直線上的情況。此時，判定係數是 1，我們詮釋的意義是依變數 Y 中 100% 的變異量都可以被獨立變數 X 的變異量所解釋。如果相關係數是 0，則兩個變數之間的線性關係不存在，$R^2 = 0$，則沒有一點 Y 的變異量能夠被 X 的變異量所解釋。在範例 4.16 中，被計算得到的相關係數是 $r = .8711$。因此，其判定係數是

$$r^2 = (.8711)^2 = .7588$$

這告訴我們在電費成本中 75.88% 的變異量是可以被工具數量所解釋的。剩餘的 24.12% 則是無法被解釋的部分。

> **EXCEL**
>
> 你可以使用 Excel 計算相關係數，然後將運算結果加以平方。另一種方法是，使用 Excel 畫最小平方線。畫完之後，點選**趨勢線 (Trendline)**、**其他選項 (More Options)** 和**圖表上顯示 R 平方值 (Display R-squared value on chart)**。

在統計學中解說變異量的概念是十分重要的。我們在第 13、14、16 和 17 章中會重複地回到這個概念。在第 16 章中會說明為什麼我們以這種方法詮釋判定係數。

大聯盟棒球賽多贏一場的成本：解答

為了計算多贏一場球賽的成本，我們必須描述兩個變數間的關係。為了達到目的，我們使用最小平方法產生一條通過資料的直線。因為我們相信一支棒球隊能贏的比賽場數在某種程度上是決定於球隊的薪資，我們標示「勝利場數」為依變數，以及「薪資金額」為獨立變數。

EXCEL 散布圖

$y = 0.1385x + 62.679$
$R^2 = 0.16338$

你可以看到 Excel 輸出的最小平方線和判定係數的結果。

詮釋

最小平方線是

$$\hat{y} = 62.679 + .1385x$$

斜率是 .1385，它是每增加一個單位的薪資，勝利場數的邊際改變率。因為薪資是以百萬美元來衡量，我們估計每增加 $100 萬的薪資金額，勝利場數平均會增加 .1385 場。因此，為了多贏一場比賽，平均需要驚人的 $7,220,217 (100 萬 /.1385 計算得到) 額外支出。除了分析最小平方線，我們應該判定線性關係的強度。此例的判定係數是 .1634，其意義是球隊薪資金額的變異量可以解釋球隊勝利場數 16.34% 的變異量。這個結果告訴我們一件事，也就是在 2019

年的球季，球隊薪資和球隊的勝利場數之間實際上僅有微弱的正線性關係。這解釋了為什麼有些球隊給付大筆的薪資但只贏少數的球賽 (例如，舊金山巨人隊支付 1.99 億美元薪資，贏 77 場球賽)；然而，有些球隊給付小筆的薪資卻贏了很多場的球賽 (例如，坦帕灣光芒隊支付 5,300 萬美元薪資，贏 96 場球賽)。

下列是 2006、2009、2012、2015、與 2018 年季賽的結果

2006 年球季：

$\hat{y} = 68.31 + .163x$；多贏一場的成本 = \$6,134,969；判定係數 = 28.27%

2009 年球季：

$\hat{y} = 65.76 + .1725x$；多贏一場的成本 = \$5,797,101；判定係數 = 25.12%

2012 年球季：

$\hat{y} = 74.77 + .0636x$；多贏一場的成本 = \$15,723,270；判定係數 = 3.85%

2015 年球季：

$\hat{y} = 75.04 + .0474x$；多贏一場的成本 = \$21,097,705；判定係數 = 4.18%

2018 年球季：

$\hat{y} = 70.38 + .0803x$；多贏一場的成本 = \$12,453,300；判定係數 = 5.52%

4.4f　詮釋相關性

因為它的重要性，我們在第 3 章中曾經提醒你正確詮釋兩個區間變數之間關係的概念，也就是說，假如兩個變數是線性關係的，這並不表示 X 是造成 Y 的原因。也有可能是另一個變數造成 X 和 Y，或是 Y 造成 X。請記住：

線性相關並不代表因果關係

在接下來的小節，我們將展示數個有關虛假相關 (spurious correlation) 的優質範例，虛假相關被用來標示某些相關係數很大但實際上卻無合理線性關係的案例。

4.4g 虛假相關

這裡有三個範例。

範例 1

變數 X：美國每年儲存以百萬磅計的鈾數量 (1996-2008 年)

變數 Y：美國每年授予的數學博士學位數量

X　　66.1　65.9　65.8　58.3　54.8　55.6　53.5　45.6　57.7　64.7　77.5　81.2　81.9

Y　　1,122　1,123　1,177　1,083　1,050　1,010　919　993　1,076　1,205　1,325　1,393　1,399

相關係數：.9523

範例 2

變數 X：美國每年每人平均的人造奶油消費量 (2000-2008 年)

變數 Y：緬因州的離婚率 (每 1,000 人)

X　　7.0　6.5　5.3　5.2　4.0　4.6　4.5　4.2　4.7

Y　　4.7　4.6　4.4　4.3　4.1　4.2　4.2　4.2　4.1

相關係數：.9926

範例 3

變數 X：美國每年的原油進口總量 (以十億桶計) (2000-2009 年)

變數 Y：每人平均的雞肉消費量 (磅)

X　　3.311　3.405　3.336　3.521　3.674　3.670　3.685　3.656　3.571　3.307

Y　　54.2　54.0　56.8　57.5　59.3　60.5　60.9　59.9　58.7　56.0

相關係數：.8999

如你所見，所有三個範例中的相關係數都大到足以推斷出每對變數之間存在線性關係。然而，常識告訴我們，這樣的關係實際上並不存在。以下是如何避免存在虛假相關時做出相關存在的結論。

第一步是從兩個變數之間關係的理論開始。例如，認為汽油價格和石油價格之間存在線性關係是合乎邏輯的。對兩個變數的值進行分析之後，一個較大的相關係數將證實我們的信念。

練習題

4.37 給定以下的統計量，求出資料之相關係數。

$s_{xy} = 50$　$s_x = 20$　$s_y = 6$

4.38 一位統計應用者計算出兩個變數之間的共變異數為 –13,576。這個統計資料是否表明兩個變數之間存在很強的負線性相關？請解釋之。

4.39 請參考練習題 4.38，兩個變數的兩個樣本標準差分別是 105 和 155。練習題 4.38 中計算的共變異數和這兩個標準差告訴你什麼有關兩個變數之間的關係？

4.40 兩個變數之間的共變異數被計算得到為 1.35。我們能否做出結論，這兩個變數之間存在微弱的正線性關係？請解釋之。

4.41 請參考練習題 4.40，兩個樣本標準差分別被計算得到為 1.05 和 1.31。練習題 4.40 中計算的共變異數和這兩個標準差告訴你什麼有關兩個變數之間的關係？請解釋之。

4.42 Xr04-84 一位零售商想估計每月固定和變動的銷售費用。總銷售費用（以 $1,000 為單位）以及總銷售額（以 $1,000 為單位）被記錄下來並且列出如下。

總銷售額	銷售費用
20	14
40	16
60	18
50	17
50	18
55	18
60	18
70	20

a. 計算共變異數、相關係數和判定係數並且描述這些統計量告訴你什麼訊息。

b. 求出最小平方線並且用它產生零售商想要的估計值。

4.43 Xr04-85 學生獲得的分數是否與其研讀該科目的時間相關？為了調查這項神秘的可能性，一名學生隨機選取上學期註冊會計課 10 位學生的樣本。他們被要求報告課程分數以及用於研讀會計科目的時間。資料如下所列：

研讀時間	40	42	37	47	25	44	41	48	35	28
分數	77	63	79	86	51	78	83	90	65	47

a. 計算共變異數。

b. 計算相關係數。

c. 計算判定係數。

d. 決定最小平方線。

e. 這些被計算出來的統計量告訴你什麼有關分數和研讀時間之間的關係？

以下練習題需要使用電腦和軟體。

4.44 Xr04-92 一家製造公司使用精密的機器和設備批量生產其產品。總經理想調查直接勞工成本與每批生產單位數量之間的關係。記錄了最後 30 批的資料。請決定固定和變動的勞工成本。

4.45 Xr04-93 一家製造商記錄了 52 週中每一週的電費和機器時間的總小時數。估算固定和變動的電力成本。

4.46 Xr04-96 為了確定車齡與年度維修成本之間的關係，隨機抽取車主之樣本，並記錄這兩種變數。計算統計資料以確定維修成本是否隨著汽車老化而增加，平均而言，維修費用是多少。

4.5 圖示法和數值法的比較

誠如我們先前提過,圖示法對於快速產生資料的概念是很有幫助的。例如,當你檢視一組區間資料的直方圖時,你可以知道一些關於資料位置、分布與形狀的資訊。數值方法提供大約相同的資訊。我們有中央位置量數、變異性量數、相對位置量數,它們可以提供直方圖所提供的資訊。散布圖以圖形化的方式描述兩個區間資料的關係。但是以數值化的方式測量共變異數、相關係數、判定係數,以及最小平方線也提供相同的功能。那麼,我們為什麼需要學習兩種類型的方法呢?答案是它們分別提供不同的資訊。我們再次練習第 3 章中用以介紹圖示法的 4 個範例,來解說圖示法與數值法之間的差異。

範例 3.2　比較兩種投資的報酬率

在範例 3.2 中,我們想判斷哪一種投資顯得比較好。如曾在「金融上的應用:投資報酬率」(第 50 頁)所討論的,我們依據預期的報酬率和風險來判斷投資的好壞。我們繪製直方圖並試圖解說這些圖。這些直方圖的中央提供了有關期望的報酬率,而直方圖的散布狀況則測量風險的大小。但是,直方圖不夠清楚。所幸我們可以使用數值測量法。平均數和中位數可提供我們預期報酬率的相關資訊,變異數或標準差告訴我們與每一種投資相關的風險。

以下是 Excel 產生的敘述性統計

範例 3.2 的 Excel 輸出結果

	A	B	C	D	E
1	Return A			Return B	
2					
3	Mean	10.95		Mean	12.76
4	Standard Error	3.10		Standard Error	3.97
5	Median	9.88		Median	10.76
6	Mode	12.89		Mode	#N/A
7	Standard Deviation	21.89		Standard Deviation	28.05
8	Sample Variance	479.35		Sample Variance	786.62
9	Kurtosis	−0.32		Kurtosis	−0.62
10	Skewness	0.54		Skewness	0.01
11	Range	84.95		Range	106.47
12	Minimum	−21.95		Minimum	−38.47
13	Maximum	63		Maximum	68
14	Sum	547.27		Sum	638.01
15	Count	50		Count	50

我們可以看出投資 B 有比較大的平均數與中位數,但是投資 A 有比較小的變異數與標準差。如果一位投資者對低風險投資感興趣,他或她將會選擇投資 A。如果你再次檢視範例 3.2 的直方圖 (第 51 頁),你將會了解數值法所提供的精確度 (平均數、中位數與標準差) 能夠比直方圖提供更有用的資訊。

範例 3.3 與 3.4　商業統計學成績；數理統計學成績

在這些範例中我們想了解兩種統計課程成績的差異。下列是敘述統計。(我們合併兩種輸出到一頁試算表中。)

範例 3.3 與 3.4 的 Excel 輸出結果

	A	B	C	D	E
1	*Marks (Example 3.3)*			*Marks (Example 3.4)*	
2					
3	Mean	72.67		Mean	66.40
4	Standard Error	1.07		Standard Error	1.610
5	Median	72		Median	71.5
6	Mode	67		Mode	75
7	Standard Deviation	8.29		Standard Deviation	12.470
8	Sample Variance	68.77		Sample Variance	155.498
9	Kurtosis	−0.36		Kurtosis	−1.241
10	Skewness	0.16		Skewness	−0.217
11	Range	39		Range	48
12	Minimum	53		Minimum	44
13	Maximum	92		Maximum	92
14	Sum	4360		Sum	3984
15	Count	60		Count	60
16	Largest(15)	79		Largest(15)	76
17	Smallest(15)	67		Smallest(15)	53

這些統計量告訴我們商業統計課成績(範例 3.3)的平均數與中位數高於數理統計課成績的(範例 3.4)。同時，我們也發現數理統計課成績的直方圖是雙峰的，我們的解釋是這類課程凸顯了學生之間因數學能力不同而造成的差異性。至於商業統計課成績所呈現的單峰直方圖告訴我們這類課程並無上述的差異性。

第 3 章開章範例

在此範例中，我們想要知道汽油和石油的價格是否相關。散布圖確實顯示了一個強烈的正線性關係。我們可以藉著計算相關係數與繪製最小平方線來改善這個資訊的品質。

第 3 章開章範例的 Excel 輸出結果：相關係數

	A	B	C
1		*Price of Oil*	*Price of Gasoline*
2	Price of Oil	1	
3	Price of Gasoline	0.9677	1

此項相關係數似乎確認了我們從散布圖得知的訊息。也就是，在兩個變數之間存在強烈的正線性關係。

第 3 章開章範例的 Excel 輸出結果：最小平方線

$y = 0.0282x + 0.6483$
$R^2 = 0.9364$

斜率係數告訴我們當每一桶石油的價格增加 \$1，則 1 加侖的汽油價格平均增加 2.82 分。但是，因為每一桶石油有 42 加侖，我們預期每一桶石油增加 \$1 會造成每一加侖的汽油增加 2.4 分[2]（以 \$1.00/42 計算）。很明顯的，石油公司每一加侖額外增加 0.5 分的話，的確占了一些小便宜。判定係數是 .9364，意指有 93.64% 的汽油價格的變異量可以被石油價格的變異量所解釋。

練 習 題

4.47 Xr03-76 計算練習題 3.27 的判定係數，這個統計資料告訴你什麼微積分和統計學分數之散布圖沒有告訴你的資訊？

4.48 Xr03-79 參考練習題 3.30。
a. 計算判定係數和最小平方線。
b. 簡述什麼是最小平方線係數和判定係數可以提供而非完成測驗時間和成績的散布圖可以告訴你的資訊。

4.49 Xm03-07 參考範例 3.7。
a. 計算房屋大小與價格的最小平方線係數。
b. 解釋這些係數。
c. 這些統計資料是否比散布圖更有用？請解釋之。

---

[2] 這是一種簡單的計算方法。事實上，一桶石油還可以製造其他各種有利潤的產品。

4.6 資料探索的通則

應用圖示法與數值法的目的是為了描述與彙整資料。統計學家通常會先應用圖示法，因為我們需要資料的分布型態。資料的分布型態幫助回答下列問題：

1. 分配的中央位置大約在何處？
2. 觀測值彼此是否很接近，或是它們非常地分散？
3. 分配是呈現單峰、雙峰或是多峰？如果有多於一個以上的眾數，則頂峰與峽谷位於何處？
4. 分配是否對稱？若不是，它是否為一偏態分配？如果對稱，它是否為一鐘形分配？

直方圖可提供大部分的答案。我們通常可以從分配的形狀對資料的本質做一些推論。例如，我們可以觀察其散布的情形來評估各種投資的相對風險。我們可以檢視期末考成績的分配是雙峰或是偏態來改進課程的教學方法。

分配的形狀也可以提供應該使用哪種數值方法的通則。正如在本章中我們所提示的，對高度偏態資料的中央位置，或許更適合使用中位數來測量。或許我們也會選用四分位距以取代標準差去描述偏態資料散布的狀況。

當我們對資料的結構有所了解，我們可以做額外的分析。例如，我們通常想要了解一個變數，或數個變數是如何影響其他的變數。散布圖、共變異數、相關係數與判定係數是偵測變數之間關係的有用方法。在本書稍後會介紹一些方法以幫助你去發現這些關聯性的本質。

本章摘要

本章延續我們對敘述統計的討論，它是彙整與呈現包含在一組資料中重要資訊的方法。在建立次數分配以獲得一組資料分配的一般概念之後，我們可以使用數值量數來描述區間資料的中央位置與變異性。三種常用的中央位置量數是平均數、中位數和眾數。僅僅根據它們是無法適當地描述資料，因為這些量數無法說明資料變異的程度。關於區間資料變異性的資訊是由全距、變異數與標準差等這一類的數值量數來傳遞。

對於特殊案例，其中樣本測量值呈現一個鐘形分布，經驗法則提供觀測值落在離平均數 1、2 或 3 個標準差範圍內的百分比。柴比雪夫定理可應用於所有的資料集，無論

其直方圖的形狀如何。

　　本章曾提過的相對位置量數是百分位數與四分位數。兩個區間變數之間的線性關係則以共變異數、相關係數、判定係數與最小平方線來測量。

一般社會調查練習

DATA GSS2018　下列練習題是根據 2018 年的一般社會調查 (GSS)。

4.50 計算受訪者年收入 (RINCOME) 的平均數、標準差和四分位數。簡要描述統計資料告訴你什麼有關年收入的資訊。

4.51 練習題 3.31 分析了受教育年限 (EDUC) 與年收入 (RINCOME) 之間的關係，我們查看散布圖以了解關係的方向和強度。計算最小平方線、相關係數和判定係數。描述這些統計量告訴你什麼散布圖無法告訴你的訊息。

4.52 計算教育年限 (EDUC) 的平均數、標準差和四分位數。簡要描述這些統計量告訴我們什麼有關這個變數的訊息。

附錄 4　敘述統計方法的複習

下圖是第 2 章、第 3 章與第 4 章介紹過敘述統計方法的流程圖,當你需要使用敘述統計處理任何問題時,它可以幫助你選擇最適合的方法。

流程圖:圖示法與數值法

```
                          問題目的?
描述一組資料 ──────────────┴────────────── 描述兩個變數間的關係
         │                                         │
      資料型態?                                  資料型態?
    ┌────┼────┐                          ┌────────┼────────┐
   區間  順序  名目                        區間     順序      名目
    │    │    │                           │        │         │
   圖示  圖示  圖示                       圖示     圖示       圖示
    │    │    │                           │        │         │
  直方圖 視為名目 長條圖                   散布圖   視為名目  列聯表的
  線圖*      圓形圖                         │                  長條圖
         │    │                           數值的
        數值的 數值的                    共變異數
         │    眾數                       相關係數
      敘述性量數?                         判定係數
    ┌────┼────┐                         最小平方線
   中央位置 變異性 相對位置
    │      │      │
   中位數 四分位距 百分位數
                   四分位數
數值的
   │
敘述性量數?
┌────┼────┐
中央位置 變異性 相對位置
  │      │       │
 平均數  全距   百分位數
 中位數 變異數  四分位數
 眾數   標準差
 幾何平均數† 變異係數
         四分位距
```

* 時間序列資料
† 成長率

122

Chapter 5 資料的蒐集與抽樣

本章綱要

5.1 蒐集資料的方法
5.2 抽樣
5.3 抽樣計畫
5.4 抽樣誤差與非抽樣誤差

Rich Lindie/Shutterstock.com

抽樣與人口普查

在美國每 10 年舉行一次的人口普查提供了一項很重要的功能。它是決定每一州將會有多少國會代表以及多少選舉團票數 (electoral college votes) 的依據。商業界經常使用人口普查推論出的資訊來幫助制定產品，廣告與廠房地點等決策。

我們將在第 135 頁提供答案。

人口普查的問題之一是低估，當有些人沒有被包括在調查之中就會出現這種情況。例如，在 1990 年的人口普查報告說，有 12.05% 的成人是非洲裔的美國人；而真正的數值卻是 12.41%。為了處理低估的問題，美國人口普查局調整從普查所得到的數字。這項調整是根據另外一種調查。此項機制稱為精確性與概括性評估 (Accuracy and Coverage Evaluation)。使用本章所描述的抽樣方法，人口普查局能夠調整美國的次級族群人數。例如，人口普查局可能發現拉丁美洲族群的人數被低估，或是住在加州的人口沒有被精確地計算。

稍後，在本章我們會討論如何執行抽樣與如何調整。

導論 Introduction

在第 1 章中，我們簡要地介紹過統計推論的概念——從樣本推論母體資訊的過程。因為母體的資訊通常可以用各種參數來描述，一般統計方法大多是處理從樣本統計量推論母體參數的過程。(回顧一下，參數是衡量母體的測量值，而統計量是衡量樣本的測量值。)

在統計學教科書中，我們可以假設母體的參數是已知的。然而在實際生活中，因為母體大多非常龐大，所以要計算參數在實質上幾乎是不可能的。因此，大多數的母體參數不僅僅是未知的，也是不可得知的。激發統計推論這項主題的原因是，我們經常需要運用參數數值的資訊來做決策。例如，我們必須知道北美洲成年人每年平均的治裝費用，以決定是否要擴展一條衣服的產品線。因為這個母體的規模將近 2 億人，要確定其治裝的平均費用是不可能的。但是，如果我們願意接受低於

> 100% 的精確度，我們可以使用統計推論取得一個估計值。與其調查全部的母體，我們選取一組樣本的人口，了解這一群人每年的治裝費用，並且計算他們的樣本平均數。雖然樣本平均數會等於母體平均數的機率是非常低的，我們預期它們會很接近。對許多決策而言，我們必須知道它們相近的程度。我們將這部分的討論延後到第 10 與 11 章。在本章中我們將探討抽樣的基本概念與方法。首先，讓我們看看蒐集資料的各種來源。

5.1 蒐集資料的方法

本書主要說明將資料轉換為資訊的問題。問題是：資料從哪裡來？答案是有很多方法可以用來產生資料。在我們繼續探討這些方法之前，我們提醒你在 2.1 節中曾經介紹的資料定義。資料是變數的觀測值。也就是，首先我們定義一個或多個我們感興趣的變數，然後著手蒐集這些變數的觀測值。

5.1a 直接觀察

直接觀察是取得資料最簡單的方法。當以這種方式蒐集資料，它們被稱為是**觀測性的 (observational)**。例如，假設一位製藥公司的研究人員想要判斷阿斯匹靈是否真的可以減少心臟病的發作次數。蒐集觀測性資料可能是透過選擇一組男性和女性的樣本，並且詢問他們是否在過去 2 年中定期服用阿斯匹靈。每一位會被問及在同一段時間內是否曾經遭遇過心臟病發作。心臟病發作的比例將會被用來做比較，並且將使用在第 13 章中介紹的一種統計方法來決定阿斯匹靈是否可以有效降低心臟病的發作。然而這種蒐集資料的方法有許多缺點。其中最關鍵的是這種方法很難產生有用的資訊。例如，如果統計應用者的結論是服用阿斯匹靈的人心臟病發作次數較少，我們能否因此下結論說阿斯匹靈是有效的呢？有可能服用阿斯匹靈的人傾向於比較有健康意識，而有健康意識的人傾向於比較少的心臟病發作。直接觀察的優點之一是這種方法相對地比較便宜。

5.1b　實驗

一種比較昂貴但是比較好的方法是透過實驗產生資料。以這種方法產生的資料稱為**實驗性的 (experimental)**。在阿斯匹靈的範例中，統計應用者可以隨機選擇男性和女性。樣本將會被分成兩組，一組定期服用阿斯匹靈，另外一組則不服用。兩年之後，統計應用者將計算在每一組中有心臟病發作的比例，並且再次用統計方法來判斷阿斯匹靈是否有效。如果我們發現阿斯匹靈組心臟病發作比較少，我們可能更有信心地下結論說定期服用阿斯匹靈是一個健康的決策。

5.1c　調查

蒐集資料最熟悉的方法之一是**調查 (survey)**，它向人們徵求資訊，例如受訪者的收入、家庭人數，以及對各種議題的意見。例如，每一次政治選舉所伴隨的民意調查是我們所熟悉的一種調查方法。蓋洛普民意測驗 (Gallup Poll) 與哈瑞斯調查 (Harris Survey) 是兩種非常有名的大眾意見調查機制，它們的調查結果通常會被媒體採用和報導。但是大多數的調查是為私用而執行的。私用調查經常被市場研究人員用來決定消費者與選民的偏好與態度。調查結果可以被用於各種目的，從協助廣告活動決定目標市場到幫助候選人修改競選活動的政策。例如，試想某家電視網聘僱一家市場研究公司為其提供豪華汽車車主的概況，包括他們觀看電視節目的內容與時段。這家電視網可以使用這些資訊為凱迪拉克的廣告開發一套適合的廣告時間，包括所需的成本在內，並將這套廣告企劃呈現給通用汽車公司。許多研讀本書的學生將來有一天可能是行銷經理，也將倚賴這類的市場研究資料來定其成敗。

調查的一項重要問題是**回收率 (response rate)**。回收率是指被選出的受訪者中，完成調查的人數比例。誠如我們在下一節中討論的，低回收率會破壞任何來自統計分析所得出結論的效度。統計應用者必須確定資料是可信的。

個人訪談　許多研究人員認為調查民眾最好的方法是透過個人訪談，訪談員藉著詢問事先準備好的問題向受訪者徵詢資訊。個人訪談的優點是它比其他各種蒐集資料的方法具有更高的回收率。此外，可能會有比較少因誤解題意而產生的錯誤回答，因為訪談員在詢問時能夠澄清被誤解的題意。但是訪談員也要小心不要解說得太多，以預防受訪者答題時產生置入性的偏見。為了避免導致這類偏見，以及獲得個人訪談的潛在利益，訪談員必須接受良好的訪談技巧訓練，並被充分告知研究的目的。個人訪談的主要缺點是昂貴，尤其是當訪談涉及到旅行的花費。

電話訪談　電話訪談一般是比較不昂貴的，但是較不具親和力且有較低的回收率。除非是感興趣的議題，否則大多數的人拒絕回應電話訪談。電話推銷員試圖推銷產品，加劇了這個問題。此外，許多人沒有固定電話，而是使用手機，因此很難將其納入調查。

自填式問卷調查　第三種常用的蒐集資料方法是自填式問卷調查，通常將問卷郵寄給樣本受訪者。這是一種成本較低的調查方式，因此，當被調查的人數相當龐大時，這是一種具吸引力的方法。但是，自填式問卷通常有較低的回收率，並且由於受訪者對一些題意的誤解，相對地會有較多的不正確回應。

問卷設計　無論問卷是自填式回答或是由訪談員親自面談所完成，問卷都必須被妥善設計。適當的問卷設計需結合知識、經驗、時間與金錢。以下列出部分問卷設計的基本要點。

1. 首先，問卷必須盡可能地簡短以鼓勵受訪者完成填寫。大多數的人不願意花時間填寫問卷。
2. 問題本身也應該使用簡短、簡單與清晰的文字陳述，讓受訪者能夠快速、正確與意義明確地完成問卷。甚至對眾所熟悉的名詞，如「失業」和「家庭」都必須小心定義，因為都有數種不同的解讀方式。
3. 問卷通常以簡單的人口統計問題為開端，以協助受訪者快速地進入自在的填寫狀況。
4. 二分法的問題(只有「是」與「否」兩種可能回應的問題，以及選擇題)因為具簡單性而被廣泛應用，但是它們也有一些缺點。例如，一位受訪者對「是」或「否」的選擇可能取決於問題中沒有被說明的特定假設。至於選擇題的情況，受訪者可能覺得所提供的選項都不適合。
5. 開放式問題提供受訪者充分表達意見的機會，但是非常耗時，並且增加製作資料表與分析的困難度。
6. 避免使用引導性的問題，例如，「難道你不同意這次統計學的考試太難了嗎？」這類的問題傾向於引導受訪者回答某特定的答案。
7. 時間允許的話，先對少數人進行預試可以有效幫助發掘問卷的潛在問題，如模稜兩可的文字敘述。
8. 最後，準備問卷時，思考你要如何將回應的答案製成表格與進行分析。首先，決定你是想取得一個區間變數或是一個名目變數的資料值。然後，考慮

哪些統計方法——敘述或推論——是你想應用於所蒐集的資料,並且要注意使用這些統計方法所需具備的條件。思考這些問題將有助於設計有效的問卷以確保蒐集到你所需要的資料。

無論使用何種方法蒐集主要的資料,我們需要知道一些有關抽樣的概念,此為下一節的主題。

練習題

5.1 簡要描述觀測性資料和實驗性資料之間的不同。

5.2 一家軟性飲料(不含酒精的飲料)製造商一直供應瓶裝可樂給雜貨店,以及供應罐裝可樂給小型便利商店。這家公司分析可樂飲料的銷售情形以決定顧客比較喜歡哪一種型態的包裝。
 a. 這是觀察研究或是實驗研究?請解釋你的答案。
 b. 簡要地描述一種更好的方法以判斷是否供應瓶裝或是罐裝可樂給商店,使得未來的銷售資料將更有助於評估顧客對包裝型態的偏好。

5.3 a. 簡要地描述你將如何設計一項研究來探討吸菸與肺癌之間的關係。
 b. 你在 (a) 小題的研究是觀測性或實驗性的?請解釋之。

5.4 a. 列出三種民意調查的方法。
 b. 對 (a) 小題所列出的每一種方法說明其重要優點和缺點。

5.5 列出設計問卷時的五項重要考量因素。

5.2 抽樣

檢視樣本以取代母體的主要動機是成本考量。統計推論允許我們根據一個比母體小很多的樣本得出有關母體參數的結論。例如,電視公司的執行長想要知道某一電視節目觀眾收視的比例。因為在某一特定的晚間,全美國可能有 1 億人口在看電視,要判斷在一時段觀看特定節目的真正人口比例是不切實際且相當昂貴的。尼爾森 (Nielsen) 調查公司藉著觀察 5,000 位電視觀眾的樣本所觀看的節目,提供所需資訊的近似值。根據尼爾森樣本中的家庭,可以計算出觀看某一特定節目的家庭比例。這個樣本比例被用來當作是所有家庭觀看此節目比例的一個**估計值 (estimate)**。

從品質管理的領域中我們可以得到抽樣的另一個示範。為了確保製造過程被適當地執行,製程經理需要知道製造的產品中有多少比例是不良品。如果品管人員必

須以銷毀產品的方式來判斷它是否為不良品，那麼除了抽樣之外沒有其他的方法：對產品母體做完整的檢驗會破壞製程的產出。

我們知道電視觀眾或不良品的樣本比例是不可能剛好等於我們想要估計的母體比例。然而，如果**目標母體 (target population)**（我們想推論的母體）與**抽樣母體 (sampled population)**（實際取樣的母體）是相同的，則樣本統計量可以和所估計的參數相當接近。在實務上，目標母體和抽樣母體可能不相同。統計學最有名的失敗案例說明了這個現象。

《文學文摘》(*Literary Digest*) 是在 1920 年代與 1930 年代的流行雜誌，它曾經正確地預測數次總統選舉的結果。在 1936 年，《文學文摘》預測共和黨候選人蘭登 (Alfred Landon) 將會以 3 比 2 的差距打敗民主黨的羅斯福 (Franklin D. Roosevelt)。但是在選舉中，羅斯福以壓倒性的大勝打敗蘭登，獲得 62% 選民的支持。這項錯誤的根源是抽樣的程序，有兩個明顯的錯誤。[1] 首先，《文學文摘》發送 1,000 萬張樣本選票給潛在選民。但是，這些人的名字大部分是從《文學文摘》訂閱者的名單與電話簿選出。當時訂閱雜誌與擁有電話的人傾向於比一般人富裕，如同今天的情況，較富裕的民眾傾向於投給共和黨。此外，只有回收 230 萬的選票，導致一個自選樣本。

自選樣本 (self-selected samples) 幾乎大部分是偏差的，因為這些參與的個人比其他母體的成員對調查的議題更感興趣。在現今，你經常可以發現類似的調查，由廣播電台或電視台要求民眾打電話對其感興趣的議題發表意見。再一次地，只有那些關心該話題且有足夠耐心打電話給電台的聽眾才會被包括在樣本中。因此，抽樣母體是由對議題感興趣的民眾所組成。然而目標母體是由廣播電台所有的收聽民眾所組成。因此，得自這類調查的結論通常是錯誤的。

這種現象的一個代表性範例發生在 1984 年 ABC 電視台的「夜線」(Nightline) 節目。該節目的觀眾可撥打 900 的電話號碼（花費：50 分）並且回應聯合國是否應該持續被設置在美國的問題。超過 186,000 位民眾打電話，其中 67% 的人回應「否」。同時，一項（更科學的）市場研究調查 500 位民眾則顯示其中有 72% 的受訪者希望聯合國仍留在美國。一般而言，因為被估計的參數其真實的數值是永遠無法得知的，這些調查給人一種提供有用資訊的假象。事實上，這類調查的結果可能不會比 1936 年《文學文摘》或「夜線」節目的調查結果更準確。統計學家使用兩個

---

[1] 許多統計學家將《文學文摘》統計大失敗歸咎於錯誤的成因。想要知道實際發生的情況，請參閱 Maurice C. Bryson, "The Literary Digest Poll: Making of a Statistical Myth," *American Statistician* 30(4) (November 1976): 184-185。

名詞來描述這些民意調查：自選民意調查 (self-selected opinion poll, SLOP) 與 *Oyvey*（源於猶太人的悼詞，意謂因悲傷或懷疑而沮喪的驚嘆），兩者皆表達統計學家對這類資料蒐集過程的輕蔑。

練習題

5.6 對下列每一項抽樣計畫，說明目標母體與抽樣母體不相同的原因。
   a. 為了判斷那些經常在特定百貨公司購物的消費者之意見和態度，一位調查員站在百貨公司內其中一家大型商店的門外，隨機選取民眾參與調查。
   b. 一間圖書館想要估計館內書籍受損的比例。圖書館員決定在每一個書架抽選一本書做為樣本，方法是從距離每一個書架左邊 12 吋的距離位置上，抽出該位置的書。
   c. 政治民調人員在一個下午拜訪 200 家住戶，詢問當時屋內合格的選民要將票投給誰。

5.7 a. 說明為什麼《文學文摘》 1936 年的民意調查變得聲名狼藉。
   b. 造成該次民意調查這麼大錯誤的原因為何？

5.8 a. 何謂自選樣本？
   b. 舉一個最近調查的例子，它涉及自選樣本。
   c. 為什麼自選樣本是不可取的？

5.9 報紙要求讀者透過電子郵件回應「是」或「否」的調查已經漸漸成為一種常態。然後他們會在第二天的報紙中刊登回應「是」和「否」的百分比。討論為什麼我們應該忽視這些統計量。

5.10 假設你的統計學教授發了一份關於課程的問卷，其中一題詢問「你是否願意將這門課推薦給朋友？」這位教授是否可以使用這份問卷的結果去推論所有統計課程的事宜？請解釋之。

5.3 抽樣計畫

在本節中我們的目的是介紹三種不同的抽樣計畫：簡單隨機抽樣、分層隨機抽樣與集群抽樣。我們從最基本的設計開始介紹。

5.3a 簡單隨機抽樣

簡單隨機樣本

一個**簡單隨機樣本 (simple random sample)** 是以下列方法抽出的樣本，即每一個相同大小 (具有相同觀測值個數) 的樣本都有均等的機會被抽出。

一種執行簡單隨機抽樣的方法是指派一個數字給母體中的每一個元素,將這些數字分別寫在個別的紙條上,將它們投入帽子裡,再從帽子裡抽選出所需的紙條數量(樣本大小 n)。就像抽獎的過程一樣,將所有的票根投入搖獎的轉輪中,再從中抽出得獎人。

有時候母體的元素已經被編號。例如,事實上所有的成人都有社會安全碼(在美國)或社會保險碼(在加拿大);大型企業的員工會有員工號碼;許多人有駕照號碼、醫療保險碼、學生證號碼等等。在這種情況下,選擇哪一種抽樣程序僅僅是決定如何從這些號碼中抽選樣本的問題而已。

在有些情況下,現有的編碼型態存有內在的瑕疵使得它不適合做為樣本的來源。例如,並非每一個人都有電話號碼,因此,電話簿上並沒有列出一特定地區全部的民眾。許多家庭有兩位(或更多位)成人,但是只有一位被列在電話簿上。

似乎世界上每個人都有一部手機,其中許多人沒有固定電話(家用電話),所以他們沒有出現在任何名單上。有些人沒有電話,有些人未登記其電話號碼,而有些人擁有一支以上的電話;這些差異表示母體中的每一個元素被選取的機率並不相等。

當每一個母體的元素都被指定了一個獨一無二的編號後,樣本號碼即可被隨機地選取。我們可以使用 Excel 來執行這項功能。

範例 5.1　所得稅退稅的隨機樣本

一位政府的稅務稽核員負責 1,000 件申請退稅的案件。電腦用於檢查每一件退稅的算數計算。但是,為了判斷退稅申請是否如實填寫,這位稽核員必須檢查每一筆輸入的資料並確認其正確度。因為平均需要一小時來完成一件退稅的審核,而她只有一週可完成這份工作,這位稽核員決定隨機選取 40 件退稅來檢查。所有的退稅被編號成 1 到 1,000。使用電腦隨機數字產生器以幫助這位稽核員選擇樣本。

解答

我們從 1 到 1,000 之中產生 50 個數字,雖然只需要 40 個編號。我們如此做是因為有可能有一些號碼會重複產生。我們將使用前 40 個不同的隨機數字來抽選樣本。下列數字是由 Excel 所產生的。在此提供 Excel 的指令說明。[注意,第 24 與第 36 個數字(從每一行連續往下數)是相同的——467。]

電腦產生的隨機數字

383	246	372	952	75
101	46	356	54	199
597	33	911	706	65
900	165	467	817	359
885	220	427	973	488
959	18	304	467	512
15	286	976	301	374
408	344	807	751	986
864	554	992	352	41
139	358	257	776	231

EXCEL 資料分析

指令說明

1. 點選**資料 (Data)**、**資料分析 (Data Analysis)** 與**亂數產生器 (Random Number Generation)**。
2. 指定**變數個數 (Number of Variables)**(1) 與**亂數個數 (Number of Random Numbers)**(50)。
3. 選擇**均等分配 (Uniform Distribution)**。
4. 指定均勻分配的範圍**參數 (Parameters)** (0 與 1)。
5. 點選**確定 (OK)**。A 欄將會填滿 50 個數字,其範圍在 0 與 1 之間。
6. 將 A 欄乘以 1,000,並將相乘的結果儲存於 B 欄中。
7. 在儲存格 C1 中按滑鼠左鍵一下,並點選插入函數 f_x、**數學與三角函數 (Math & Trig)**、**ROUNDUP** 與**確定 (OK)**。
8. 指定第一個數字要四捨五入 (B1)。
9. 鍵入 **Num digits** (小數點位數)(0)。點選**確定 (OK)**。
10. 滑鼠移至 C1 右下角,出現＋字時,按住左鍵下拉至 C50,完成 C 欄。

前 5 個步驟指示 Excel 產生 50 個介在 0 與 1 之間的均勻分配隨機數,並儲存在 A 欄中。從步驟 6 到 10 將這些隨機數轉換為介於 1 到 1,000 之間的整數。每一件退稅案具有相同被抽選的機率 (1/1,000 = .001)。因此,在母體中的每一位成員都有均等的機率被包含在樣本中。

詮釋

這位稽核員將編號為 383、101、597、……、352、776 與 75 (前 40 個獨一無二的號碼) 的退稅案。這些退稅案將會被審核以確定它是否具有欺詐狀況。如

果目的只是審核這 40 件退稅案,則不必使用到統計程序。但是,如果目的是估計所有 1,000 件退稅申請案中不誠實的比例,則稽核員應該使用本書稍後介紹的一個推論方法。

5.3b 分層隨機抽樣

在對母體做推論時,我們試圖從一個樣本中盡可能地擷取資訊。基本的抽樣計畫——簡單隨機抽樣——通常以低成本達到此一目標。然而,仍有其他的方法可以用來增加有關母體的資訊。一個此類的程序是分層隨機抽樣。

分層隨機樣本

一個**分層隨機樣本 (stratified random sample)** 的取得是將母體區分成互斥的群組,或層 (strata),然後從每一層中抽取簡單隨機樣本。

下列是幾個用以將母體分層的準則 (criteria) 範例。

1. 性別
    - 男性
    - 女性
2. 年齡
    - 20 歲以下
    - 20-30 歲
    - 31-40 歲
    - 41-50 歲
    - 51-60 歲
    - 60 歲以上
3. 職業
    - 專業人員
    - 白領階級
    - 藍領階級
    - 其他
4. 家庭收入
    - $25,000 以下
    - $25,000-$39,999
    - $40,000-$60,000
    - $60,000 以上

舉例說明，假設執行一項民意調查以確定多少民眾支持增稅。一個分層隨機樣本可以從前述四個收入群組中的每一組各選取一個民眾的隨機樣本而取得。我們通常以能夠取得特殊類型資料的方式來分層。在這個例子中，我們想知道不同收入類組的人是否會對增稅政策的提案有不同的意見，因為增稅對不同的收入階層會有不同的影響。當調查與分層之間沒有特殊關聯時，我們則避開做分層。例如，試圖判斷在不同宗教分層內的民眾是否對增稅有不同的意見是沒有多大的意義的。

分層的一個優點是除了獲得母體整體的資訊外，我們也可以在每一層中做推論或對層與層做比較。例如，我們可以估計最低收入群組支持增稅的比例，或是可以比較最高與最低收入群組以判斷他們對增稅的支持是否有差異。

任何的分層都必須在層與層之間是互斥的條件下來執行：母體的每一個成員只能被指派到一個分層。母體以這種方式被分層後，我們可以使用簡單隨機抽樣來產生完整的樣本。例如，我們可以根據四個收入群組占母體的比例，從每一個群組抽取隨機樣本。因此，如果四個群組在母體中的相對次數是如下所列，我們將會採用相同的比例對樣本分層。如果總共要抽取一個 1,000 位民眾的樣本，我們將從第 1 層隨機選取 250 位，第 2 層選取 400 位，第 3 層選取 300 位，以及第 4 層選取 50 位。

分層	收入類組 ($)	母體比例 (%)
1	少於 25,000	25
2	25,000-39,999	40
3	40,000-60,000	30
4	60,000 以上	5

然而，使用這種方法的缺點是如果我們想要對最後一個分層做推論，50 位民眾的樣本可能因為太小而無法產生有用的資訊。在這種情況下，我們通常會對最小的分層增加樣本數以確保樣本資料能夠提供我們所需的資訊。因此在試圖對整個母體做推論之前，我們必須做一個調整。然而所需用到的程序則超越本書的範圍。我們建議任何一位計劃做這類調查的人，要諮詢統計學專家或透過參考書籍了解相關的主題。更好的是，選修更多的統計課程讓你自己成為一位專業的統計學家。

5.3c 集群抽樣

集群樣本

集群樣本 (cluster sample) 是多元素群組或集群之簡單隨機樣本。

當發展一份完整的母體成員名單是困難或耗費成本的情況下 (要產生一個簡單

隨機樣本是困難與昂貴的)，集群抽樣特別有用。當母體元素廣泛地分散在各地時，集群抽樣也很有用。例如，假設我們想要估計一個大城市中家庭的平均年收入。為了使用簡單隨機抽樣，我們將需要這個城市所有家庭的完整清冊來做抽樣。為了使用分層隨機抽樣，我們不但需要家庭清冊，還需要依據某些變數(如戶長的年齡)將每一戶家庭做分類以便發展分層。一種比較不昂貴的方法是讓城市中的每一塊街區 (city block) 代表一個集群。然後即可以集群為單位隨機選取樣本，並詢問這些集群中的每戶家庭以確定年收入的資料。透過減少調查員蒐集資料時所需覆蓋的距離，集群抽樣可以降低調查的成本。

但是集群抽樣也會增加抽樣誤差(見 5.4 節)，因為屬於同一類集群的家庭可能在各方面都很相似，包括家庭收入。我們可以利用執行集群抽樣所省下來的錢，來選擇比簡單隨機樣本更大的樣本，以抵銷集群抽樣所增加的誤差。

5.3d 樣本大小

無論你選用哪一種類型的抽樣計畫，仍然必須決定要使用的樣本大小。在第 10 章與第 12 章中將會詳細地說明該如何決定適當的樣本大小。在此之前，我們可以依靠直覺，直覺告訴我們樣本量愈大，我們期望估計值會愈精準。

抽樣與人口普查：解答

為了調整低估的問題，人口普查局執行集群抽樣。這些集群是地理上的街區 (geographic blocks)。以 2000 年的人口普查而言，普查局隨機抽取 11,800 個街區，共包括 314,000 個家庭單位。每個單位被密集地重複造訪以確認所有的居民都被計算在內。由這次調查的結果，人口普查局估計第一次普查時各次級族群所遺漏的人數。次級族群是依據包括性別、種族與年齡等各種變數而定義的。因為決定各州人口數的重要性，必須對各州的總人數做調整。例如，比較普查與抽樣的結果，普查局判斷德州的低估率是 1.7087%。官方的人口普查得到德州的人口數是 20,851,820。取這個總數的 1.7087%，得到 356,295 的調整量。使用這種方法將德州的人口數改變為 21,208,115。

必須注意到這種程序是有爭議的。這種方法的爭議之處是次級族群的定義方式。改變定義會改變低估的結果，使得這個統計方法受到政治活動的支配。

練習題

5.11 某位統計從業者要進行一項調查，詢問民眾有關在社區中建置一間新購物商場的意見。根據最新的人口普查，該社區有 500 戶住家。統計學家對每一戶住家做編號 (從 1 到 500)，並且想從中隨機抽選 25 戶參與這項研究。使用 Excel 產生樣本。

5.12 一位安全專家想要確定在他所居住的州汽車輪胎磨損的比例。該州的汽車牌照包含 6 位數字。使用 Excel 產生 20 輛汽車的樣本以做檢查。

5.13 一所大型大學其校園裡有 60,000 位學生。學生會會長想要對學生進行一項調查，以確定學生對增加學生活動費的意見。校長想要獲得所有學生的訊息，但是也想要比較商學院、人文學院、科學學院與研究所之間學生的想法。描述一個可以實踐這些目標的抽樣計畫。

5.14 一家電話行銷公司記錄曾經購買該公司一項或更多項產品的家庭。這些數字以百萬計。這家公司想要對購買者進行一項調查，以了解他們對打電話時間的態度。公司的總裁想要了解所有購買者的看法，並且也想比較美國西部、南部、北部與東部民眾的態度。描述一種適合的抽樣計畫。

5.15 一家有四個部門的大型工廠，其業務經理想要估計每個月因為事故而造成的人員工時損失。描述一種抽樣計畫，適合用來估算全廠的損失，以及比較各部門的損失。

5.16 一位統計應用者想要估計他所居住城市的兒童平均年齡，描述一種適合他研究目的之抽樣計畫。

5.4 抽樣誤差與非抽樣誤差

當我們從母體中取出一個觀測值的樣本時，可能發生兩種主要的誤差：抽樣誤差與非抽樣誤差。任何檢視抽樣調查與研究結果的人，以及執行調查與應用各種統計方法的統計應用者，都應該了解這些誤差的來源。

5.4a 抽樣誤差

抽樣誤差 (sampling error) 是指因樣本觀測值的隨機性造成樣本與母體之間的差異。抽樣誤差是我們僅依據 (從母體中抽選出的) 樣本觀測值描述母體時，我們所預期的誤差。

舉例說明，假設我們想要確定北美藍領勞工的平均年收入。為了決定此一參數，我們必須詢問北美的每一位藍領勞工他們的收入，然後計算所有回應的平均

數。因為這個母體的規模是數百萬人，這項任務既昂貴且不切實。若我們願意接受低於 100% 的精確度，我們可以使用統計推論來估計母體的平均收入 μ。我們記錄一組勞工樣本的收入，並且得到樣本的平均收入 $\bar{x}$。此一樣本平均數是對所想要母體平均數的一個估計值。但是，樣本平均數的值會因為機運 (chance) 而偏離母體平均數的值，因為樣本平均數的值取決於被抽中的樣本收入。在真實母體平均數值 (未知) 與其估計值 (樣本平均數) 之間的差異即是抽樣誤差。這項偏差可能會因為運氣不好而偏大，特別是當不具代表性的樣本被選中時。唯一可以降低這類誤差期望大小的方法是使用較大的樣本數。

給定一個固定的樣本數，我們可以做到最好的情況是陳述抽樣誤差會小於某特定數值的機率 (我們將在第 10 章中討論)。現今隨著調查結果而提供這樣的一個說明是很普遍的。例如，一項民意調查指出，根據樣本的結果，在即將來臨的市長選舉，現任市長候選人擁有 54% 的合格選民支持，這項敘述可能伴隨著下面的註解：「在 20 次抽樣中會有 19 次，真正的支持率會落在 54% 的上下 3 個百分點之內。」這項陳述的意思是我們估計候選人真正的支持率是介於 51% 與 57% 之間，並且就長期而言，這種估計程序會有 95% 的正確性。

5.4b 非抽樣誤差

非抽樣誤差比抽樣誤差的問題更嚴重，因為取用較大的樣本不會降低非抽樣誤差發生的大小或機率。甚至人口普查也會包含非抽樣誤差。**非抽樣誤差 (nonsampling error)** 是由於取得資料時發生的錯誤，或是因為樣本觀測值被不適當地選取。

1. 取得資料時的誤差。這類的誤差來自於不正確回應的紀錄。而不正確的回應可能來自於錯誤的設備所造成的錯誤測量、轉換原始資料時所犯的錯誤、由於名詞誤解而導致紀錄的不正確資料，或對於涉及性行為或可能逃稅等敏感問題所做的不正確回應。

2. 無回應誤差。**無回應誤差 (nonresponse error)** 是指當無法從樣本成員取得某些調查回應而產生的誤差 [或**偏差 (bias)**]。發生這種情況時，蒐集的樣本觀測值可能不能代表目標母體，因而造成偏差的結果 (見 5.2 節的討論)。無回應發生的理由有好幾種。調查員或許無法聯絡上樣本名單上的某些人，或被選為樣本的對象因為某些理由而拒絕回應。在任何一種情況下，調查的回應便無法從樣本的對象取得，進而產生偏差。無回應的問題在使用自填式問卷

時會比使用訪談方式時更加嚴重,因為訪談者可以試圖以回訪追蹤的方式降低無回應的比率。如先前所提過的,《文學文摘》預測之徹底失敗主要是由於過高的無回應比率,導致一個偏差的自選樣本。

3. 取樣偏差。**取樣偏差 (selection bias)** 發生於某些目標母體的成員可能無法被選入樣本的抽樣計畫。連同無回應誤差,取樣偏差在《文學文摘》民意調查中亦扮演著造成民調嚴重錯誤的角色,那些沒有電話或沒有訂閱《文學文摘》的選民被排除在樣本之外。

練習題

5.17 a. 解釋抽樣誤差與非抽樣誤差之間的差異。
b. (a) 小題中的哪一類型的誤差比較嚴重?為什麼?

5.18 簡要地說明非抽樣誤差的三種類型。

5.19 一個樣本是否有可能產生比普查更好的結果?請解釋之。

本章摘要

因為大部分的母體都非常龐大,調查每一個母體成員以確定參數的值是非常耗費成本與不切實際的。作為一種務實的替代方法,我們從母體中抽出樣本,並且使用樣本統計量推論有關母體的參數。然而,我們必須小心確認抽樣母體與目標母體是相同的。

我們可以從數個不同的抽樣計畫中選擇,包括簡單隨機抽樣、分層隨機抽樣與集群抽樣。無論選用何種抽樣計畫,重要的是必須認識到抽樣誤差以及非抽樣誤差將會發生,並且了解這些誤差的來源。

Chapter 6 機率

本章綱要

6.1 事件機率的指派
6.2 聯合機率、邊際機率和條件機率
6.3 機率法則與樹狀圖
6.4 貝氏定理
6.5 辨識正確的方法

退稅審核

政府審計員例行地檢查退稅申請以確定是否有計算上的錯誤。他們也試圖偵察欺騙性的退稅申請。不誠實的納稅人用數種方法來逃避繳納所得稅。其中一種方法就是不申報各種所得的來源。而審計員有幾種檢測的方法，包括支出的模式。另一種逃稅的形式是虛構不實的扣除額。分析過數千名自營事業納稅人的退稅申請後，一位審計員判斷 45% 欺詐性退稅申請包括兩項可疑的扣除額，28% 包括一項可疑的扣除額，其餘為無可疑的扣除額。在誠實的退稅申請中有 11% 含兩項扣除額，18% 有一項扣除額，以及 71% 無扣除額。這位審計員相信在自營事業的退稅申請中有 5% 具有顯著的欺騙行為。這位審計員剛收到一份自營事業的退稅申請表，其中包含一項可疑的扣除額。這份退稅申請表具有顯著欺詐內容的機率為何？

我們將在第 167 頁提供答案。

導論 Introduction

在第 2、3、4 章中，我們介紹過圖形化與數值化的描述方法。雖然這些方法本身非常有用，但是我們對發展統計推論特別感興趣。如同我們在第 1 章中指出統計推論是一個從樣本獲得母體資訊的過程。而推論的一個關鍵成分是機率 (probability)，因為它提供母體與樣本之間的連結。

在本章與下兩章中，我們主要的目的是發展以機率為基礎的工具，做為統計推論的基礎。然而，機率在決策上也扮演一個重要的角色。

6.1 事件機率的指派

為了介紹機率,我們必須先定義一個隨機實驗。

> **隨機實驗**
>
> **隨機實驗 (random experiment)** 是一個動作或程序,它導致數種可能實驗結果中的一種。

這裡有六個隨機實驗的範例和它們可能的實驗結果。

範例 1. 實驗:擲一枚銅板。
結果:正面和反面。

範例 2. 實驗:記錄一門統計學考試的分數 (滿分為 100 分)。
結果:介於 0 和 100 分之間的數字。

範例 3. 實驗:記錄一門統計學考試的成績等級。
結果:A、B、C、D 和 F。

範例 4. 實驗:記錄學生對一門課的評價。
結果:很差、普通、好、很好和極佳。

範例 5. 實驗:測量組裝一部電腦的時間。
結果:一個最小可能值是 0 秒但無法預定上限的秒數。

範例 6. 實驗:記錄一位選民在近期的選舉中投票支持的政黨。
結果:政黨 A、政黨 B、……

指派機率的第一個步驟是列出所有可能的實驗結果。所列出的結果必須是**周延的 (exhaustive)**,意思是所有可能的實驗結果都必須被涵蓋。此外,結果必須是**互斥的 (mutually exclusive)**,意思是不能同時發生兩個結果。

為了說明周延實驗結果的概念,考慮擲一顆骰子所列出的可能結果:

1   2   3   4   5

這個列表是不周延的,因為我們忽略了實驗結果 6。

透過列出範例 2 的實驗結果,能夠看出互斥性的概念:

0–50   50–60   60–70   70–80   80–100

如果這些區間包含上下限,那麼這些結果不是互斥的,因為任何一個學生都可能出

現兩種結果。例如，若一個學生得到 70 分的成績，第三和第四的實驗結果會同時發生。

請注意，我們能夠製造出一個以上周延和互斥實驗結果的列表。例如，這裡列出範例 3 的另一個實驗結果：

通過和失敗

一個周延和互斥實驗結果的列表被稱為一個樣本空間，以 S 表示之。可能的實驗結果是以 $O_1, O_2, \ldots, O_k$ 表示。

樣本空間

一個隨機實驗的**樣本空間 (sample space)** 是所有可能實驗結果的列表。這些實驗結果必須是周延的和互斥的。

使用集合符號，我們將樣本空間和它的實驗結果表示成

$$S = \{O_1, O_2, \ldots, O_k\}$$

一旦定義好一個樣本空間，即可開始指派機率給實驗結果的任務。指派機率給實驗結果的方法有三種。然而無論如何，機率的指派必須要遵守兩個準則，如下列方格所述。

機率的要求

給定一個樣本空間 $S = \{O_1, O_2, \ldots, O_k\}$，指派機率給實驗結果必須滿足兩個要求。

1. 任何實驗結果的機率必須介於 0 和 1 之間。也就是，

$$0 \leq P(O_i) \leq 1 \quad \text{對每一個 } i$$

[**注意**：$P(O_i)$ 用來表示第 i 個實驗結果發生的機率。]

2. 所有樣本空間中實驗結果的機率總和必須為 1。也就是，

$$\sum_{i=1}^{k} P(O_i) = 1$$

機率 6

6.1a 指派機率的三個方法

古典方法 (classical approach) 是數學家用來決定與機會遊戲 (games of chance) 相關的機率問題。例如，對投擲一枚公正的銅板，古典方法指派得到正面和反面實驗結果的機率彼此相等。因為機率總和必須為 1，得到正面的機率和得到反面的機率皆為 50%。同樣地，投擲一顆公正骰子的六種可能結果具有相等的機率，每一種結果被指派的機率為 1/6。在一些實驗中，有必要開發數學方法來計算實驗結果的數量。例如，決定中大樂透的機率，我們需要計算共有幾種可能的數字組合。有關如何對事件的結果計數，請詳見線上附錄 Counting Formulas (計數公式)。

相對次數方法 (relative frequency approach) 是以一個事件在長時期下發生的相對次數來定義機率。例如，假設我們知道修此門統計課的最近 1,000 名學生中，有 200 人得到成績 A。A 的相對次數是 200/1,000 或 20%。這個數字表示在這個課程中得到成績 A 的機率估計值。它只是一個估計值，因為相對次數方法將機率定義為「長期」的相對次數。1,000 個學生並不構成長期的概念。觀察愈多學生的成績，就會得到愈好的估計值。理論上，我們必須要觀察無限多個成績來決定精確的機率。

當古典方法並不是很適用且也沒有實驗結果的歷史資料時，我們別無選擇，只能採用**主觀方法 (subjective approach)**。在主觀方法上，我們以對一個事件發生的信賴程度來定義機率。這裡是來自投資領域的一個非常好的範例。一位投資者想要知道一支特定股票升值的機率。使用主觀法，這位投資者將會分析數個與這支股票以及一般股票市場相關聯的因素，並且使用經驗和判斷力，指派機率給感興趣的實驗結果。

6.1b 事件的定義

樣本空間中的任一單一實驗結果被稱為一個簡單事件 (simple event)。所有其他事件都是由樣本空間中的簡單事件所組成。

事件

一個**事件 (event)** 是樣本空間中一個或多個簡單事件的集合。

在範例 2 中，我們可以定義，得到成績 A 的事件為介於 80 到 100 分 (含端點) 之間的成績集合。使用集合的符號來表達，我們有

$$A = \{80, 81, 82, \ldots, 99, 100\}$$

類似地，
$$F = \{0, 1, 2, \ldots, 48, 49\}$$

6.1c 事件的機率

我們能夠定義任何事件的機率。

一個事件的機率

一個事件的機率是構成該事件所有簡單事件的機率之和。

例如，假設在範例 3，我們採用相對次數方法指派機率給簡單事件如下：

$$P(A) = .20$$
$$P(B) = .30$$
$$P(C) = .25$$
$$P(D) = .15$$
$$P(F) = .10$$

則通過該課程的事件機率為

$$P(通過該課程) = P(A) + P(B) + P(C) + P(D) = .20 + .30 + .25 + .15 = .90$$

6.1d 機率的詮釋

無論使用哪一種機率指派的方法，我們皆使用無限多次實驗的相對次數方法解析機率。例如，一位投資者可能用主觀方法決定一支股票將會在下個月增值的機率為 65%。但是，我們解析 65% 這個數字的意義是，如果我們有無限多支與該投資者有著相同經濟和市場特徵的股票，其中 65% 的價格將會在下一個月上漲。類似地，我們能夠決定投擲一顆公正骰子得到 5 點的機率是 1/6。我們可能已經使用古典方法去決定這個機率。但是，我們解析這個數字為投擲一顆公正骰子無限多次之後所觀察到 5 點的次數比例。

就如同氣象預測家或科學家的機率敘述一樣，相對次數方法對解析機率是很有用的。你將會發現這是我們在統計推論中用以連結母體與樣本的方法。

練習題

6.1 一位體育解說員表示，他認為紐約洋基隊今年贏得世界大賽的機率為 25%。
  a. 使用哪一種方法指派該機率？
  b. 你如何詮釋這項機率？

6.2 有個測驗包含一項有五個可能答案的選擇題，其中只有一個答案是正確的。一位學生計劃要去猜答案，因為他完全不知道這個問題的答案。
  a. 為每一個問題產生樣本空間。
  b. 在你產生的樣本空間中，指派機率給簡單事件。
  c. 你是使用哪一種方法回答 (b) 小題？
  d. 詮釋 (b) 小題中你所指派的機率。

6.3 投擲一個公正骰子的樣本空間是
$$S = \{1, 2, 3, 4, 5, 6\}$$
如果這個骰子是公正的，每個簡單事件具有相同的機率，求以下事件的機率。
  a. 一個偶數。
  b. 一個小於或等於 4 的數值。
  c. 一個大於或等於 5 的數值。

6.4 一家電腦商店的經理記錄每日銷售電腦的數量，根據這些訊息，經理製作了下列每日銷售數量的清單。

售出的電腦數量	機率
0	.08
1	.17
2	.26
3	.21
4	.18
5	.10

  a. 如果我們將實驗定義為觀察明天售出的電腦數量，請確定樣本空間。
  b. 使用集合符號定義銷售超過三台電腦的事件。
  c. 售出五台電腦的機率是多少？
  d. 售出兩台、三台或四台電腦的機率是多少？
  e. 售出六台電腦的機率是多少？

6.5 三位承包商（稱他們為承包商 1、2 和 3）投標建造一座新橋的專案，樣本空間為何？

6.6 參考練習題 6.5，假設你認為承包商 1 得標的可能性是承包商 3 的 2 倍，承包商 2 得標的可能性是承包商 3 的 3 倍，那麼每個承包商得標的機率是多少？

6.7 有 6,200 萬美國人在家中說英語以外的語言。語言有西班牙語、中文、他加祿語（菲律賓語）、越南語、法語、韓語和其他語言等。假設隨機選擇其中一個人，使用集合符號列出樣本空間。

6.8 參考練習題 6.7，下面列出了在家中說非英語的美國人數量（以百萬計）。

在家使用的語言	數以百萬計的美國人
西班牙語	38.4
中文	3.0
他加祿語	1.6
越南語	1.4
法語	1.3
韓語	1.1
其他	15.2

資料來源：移民研究中心

如果隨機選擇一個人，求下列事件的機率。
  a. 這個人會說西班牙語。
  b. 這個人講西班牙語以外的語言。
  c. 這個人會說越南語或法語。
  d. 這個人會說其中一種英語以外的語言。

6.2 聯合機率、邊際機率和條件機率

在前一節中，我們敘述如何產生樣本空間和指派機率給樣本空間中的簡單事件。雖然這種決定機率的方法很有用，但我們還需發展更有深度的方法。在本節中，我們討論如何從相關事件的機率去計算比較複雜事件的機率。這裡是一個過程的範例。

投擲一顆骰子的樣本空間是

$$S = \{1, 2, 3, 4, 5, 6\}$$

假如這顆骰子是公正的，則每一個簡單事件的機率是 1/6。在大部分的客廳遊戲和賭場中，玩家投擲兩顆骰子。為了決定遊戲和投注策略，玩家需要計算兩顆骰子得到不同點數和的機率。例如，擲兩顆骰子得到點數和為 3 的機率是 2/36。這個機率是由計算簡單事件的各種組合所推導出的。有許多不同的組合型態。其中最重要的型態之一是兩個事件的交集 (intersection)。

6.2a 交集

> **事件 A 和事件 B 的交集**
>
> 事件 A 和事件 B 的**交集 (intersection)** 是 A 和 B 同時發生的事件。它被表達成
>
> $$A \text{ 且 } B$$
>
> 交集的機率被稱為**聯合機率 (joint probability)**。

例如，擲兩顆骰子得到點數和為 3 的一種可能是第一顆骰子擲 1 且第二顆骰擲 2，這是兩個簡單事件的交集。順便提及的是要計算得到點數和為 3 的機率，我們需要合併上述的交集與另一個交集，也就是，第一顆骰子擲 2 且第二顆骰子擲 1。此種型態的合併被稱為兩事件的聯集 (union)，本節稍後會說明。這裡是另一個範例。

機率 6

金融上的應用　共同基金

共同基金是一群分享類似目標的人所進行的共同投資。在大部分的個案中,由受過財務和統計教育的專業經理人管理這些基金。經理根據特定的投資理念買賣股票和債券。例如,有些基金專注於其他上市的共同基金公司。有些共同基金專注於網際網路股票,其他的則買生技公司的股票。令人驚訝的是,大部分共同基金的表現並不優於市場。也就是,共同基金淨資產(net asset value, NAV)的增值通常是小於其整體股票指數在股票市場的增值。造成的原因是管理花費率(management expense ratio, MER),它是衡量共同基金付給經理人的管理成本,包括經理人的薪水和紅利。大多數基金的 MER 範圍從 0.5% 到 4% 以上。基金最終的成功取決於基金經理人的技能和知識。這引發了另一個問題:哪些經理人做得最好?

範例 6.1　共同基金經理人成功的決定因素,第一部分[1]

為何有些共同基金的經理人比其他人成功?一個可能的因素是這類經理人是在哪裡取得其 MBA 學位的。假設有位潛在投資者,研究基金經理人在操作共同基金的表現與哪一所大學授予經理人的 MBA 學位之間的關係。分析之後,得到表 6.1,一個聯合機率表。分析這些聯合機率並解釋這些結果。

表 6.1　聯合機率

	共同基金的表現超越市場的表現	共同基金的表現沒有超越市場的表現
排名前 20 的 MBA 學程	.11	.29
非排名前 20 的 MBA 學程	.06	.54

表 6.1 告訴我們一個共同基金優於市場的表現和它的經理人是畢業於前 20 名的 MBA 學程的聯合機率是 .11。也就是,有 11% 的共同基金表現優於市場且它們的經理人是畢業於前 20 名的 MBA 學程。其他三個聯合機率的定義是相似

---

[1] 這個範例是改編自 Judith Chevalier 與 Glenn Ellison, "Are Some Mutual Fund Managers Better than Others? Cross-Sectional Patterns in Behavior and Performance," 第 5852 號工作報告,國家經濟研究局。

的。也就是：

共同基金優於市場的表現且它的經理人不是畢業於前 20 名 MBA 學程的聯合機率是 .06。

共同基金不優於市場的表現且它的經理人是畢業於前 20 名 MBA 學程的聯合機率是 .29。

共同基金不優於市場的表現且它的經理人不是畢業於前 20 名 MBA 學程的聯合機率是 .54。

為了讓我們的工作簡單一點，我們將用符號來表示事件。令

A_1 = 基金經理人是畢業於前 20 名的 MBA 學程
A_2 = 基金經理人不是畢業於前 20 名的 MBA 學程
B_1 = 共同基金優於市場的表現
B_2 = 共同基金不優於市場的表現

因此，

$$P(A_1 \text{ 且 } B_1) = .11$$
$$P(A_2 \text{ 且 } B_1) = .06$$
$$P(A_1 \text{ 且 } B_2) = .29$$
$$P(A_2 \text{ 且 } B_2) = .54$$

6.2b 邊際機率

在表 6.1 中的聯合機率容許我們去計算各種不同的機率。**邊際機率 (marginal probability)** 是透過計算列總和或行總和所得到的數值，因為它們的計算值被寫在表格的邊際上，因此而命名。

橫向加總第一列的機率得到

$$P(A_1 \text{且} B_1) + P(A_1 \text{且} B_2) = .11 + .29 = .40$$

請注意，兩個交集都是陳述經理人是畢業於前 20 名 MBA 學程 (以 A_1 表示)。因此，當隨機抽取一個共同基金，它的經理人是畢業於前 20 名 MBA 學程的機率為 .40。表示為相對次數，有 40% 共同基金的經理人是畢業於前 20 名的 MBA 學程。

橫向加總第二列的機率：

$$P(A_2 \text{且} B_1) + P(A_2 \text{且} B_2) = .06 + .54 = .60$$

這個機率告訴我們有 60% 共同基金的經理人不是畢業於前 20 名的 MBA 學程 (以 A_2 表示)。要注意的是一個共同基金經理人是畢業於前 20 名 MBA 學程的機率與該經理人不是畢業於前 20 名 MBA 學程的機率會加總成 1。

縱向加總各行得到了列的邊際機率。

行 1：$P(A_1 \text{ 且 } B_1) + P(A_2 \text{ 且 } B_1) = .11 + .06 = .17$

行 2：$P(A_1 \text{ 且 } B_2) + P(A_2 \text{ 且 } B_2) = .29 + .54 = .83$

這些邊際機率告訴我們有 17% 共同基金的表現優於市場，以及 83% 共同基金的表現不優於市場。

表 6.2 列出所有聯合和邊際機率。

表 6.2　聯合和邊際機率

	共同基金的表現優於市場的表現	共同基金的表現不優於市場的表現	合計
排名前 20 的 MBA 學程	$P(A_1 \text{ 且 } B_1) = .11$	$P(A_1 \text{ 且 } B_2) = .29$	$P(A_1) = .40$
非排名前 20 的 MBA 學程	$P(A_2 \text{ 且 } B_1) = .06$	$P(A_2 \text{ 且 } B_2) = .54$	$P(A_2) = .60$
合計	$P(B_1) = .17$	$P(B_2) = .83$	1.00

6.2c　條件機率

我們經常需要知道兩個事件是如何相關聯的。具體地說，我們想要了解在已知另一個相關事件發生的條件之下，某事件發生的機率。例如，我們當然想要知道一個畢業於前 20 名 MBA 學程經理人所管理的共同基金，它的表現將會超越市場表現的機率。如此的機率將會給我們資訊去決定應該將我們的資金投資在哪裡。這個機率被稱為**條件機率 (conditional probability)**，因為我們想要知道在給定 (given) 經理人是來自於前 20 名 MBA 學程的條件之下，一個共同基金將會表現超越市場的機率。此欲求的條件機率可被表達成

$$P(B_1 | A_1)$$

其中，「|」表示「給定」的意思。這裡要解釋我們如何計算這個條件機率。

一個經理人畢業於前 20 名 MBA 學程的邊際機率是 .40，它是由兩個聯合機率所組成。它們是 (1) 共同基金超越市場表現和經理人畢業於前 20 名 MBA 學程的機

率 [$P(A_1$ 且 $B_1)$] 以及 (2) 共同基金沒有超越市場表現和經理人畢業於前 20 名 MBA 學程 [$P(A_1$ 且 $B_2)$] 的機率。它們的聯合機率分別是 .11 和 .29。我們能夠以下面的方式來詮釋這些數字。平均而言，對每 100 支共同基金，有 40 支將會被畢業於前 20 名 MBA 學程的人管理。在這 40 個經理人中，平均有 11 個所管理的共同基金會超越市場的表現。因此，欲求的條件機率是 11/40 = .275。注意到這個比率等同於特定聯合機率和邊際機率的比率 .11/.40。所有的條件機率都能夠循此法計算。

條件機率

在給定事件 B 發生的條件下，事件 A 發生的機率是

$$P(A|B) = \frac{P(A \text{ 且 } B)}{P(B)}$$

在給定事件 A 發生的條件下，事件 B 發生的機率是

$$P(B|A) = \frac{P(A \text{ 且 } B)}{P(A)}$$

範例 6.2　共同基金經理人成功的決定因素，第二部分

假如在範例 6.1 中我們隨機選擇一個共同基金並且發現它不優於市場的表現。則它的經理人是畢業於前 20 名 MBA 學程的機率為何？

解答

我們希望求一個條件機率。條件是所選擇的基金不優於市場的表現 (事件 B_2)，而所求的機率是該基金是被一個畢業於前 20 名 MBA 學程的經理人所管理 (事件 A_1)。也就是我們想要計算下列的機率：

$$P(A_1|B_2)$$

運用條件機率的公式，我們得到

$$P(A_1|B_2) = \frac{P(A_1 \text{ 且 } B_2)}{P(B_2)} = \frac{.29}{.83} = .349$$

因此，沒有優於市場表現的共同基金中有 34.9% 是被畢業於前 20 名 MBA 學程的經理人所管理。

機率 6

條件機率的計算引起了一個問題，兩個事件——共同基金優於市場的表現和經理人是畢業於前 20 名 MBA 學程——是否相關？這是我們接下來要探討的主題。

6.2d 獨立

計算條件機率的目的之一是判斷兩個事件是否相關。具體地說，我們希望知道是否它們是**獨立事件 (independent events)**。

> **獨立事件**
>
> 兩事件 A 和 B 被稱為是獨立，如果
>
> $$P(A|B) = P(A)$$
>
> 或
>
> $$P(B|A) = P(B)$$

從另一個角度來看，假如一個事件發生的機率不會被另外一個事件的發生與否所影響，則兩個事件是獨立的。

▍範例 6.3　共同基金經理人成功的決定因素，第三部分

判定是否經理人是畢業於前 20 名 MBA 學程的事件與共同基金優於市場表現的事件是兩個獨立的事件。

解答

我們希望判定 A_1 和 B_1 是否獨立。為此，我們必須計算給定 B_1 之條件下 A_1 的機率。即

$$P(A_1|B_1) = \frac{P(A_1 \text{ 且 } B_1)}{P(B_1)} = \frac{.11}{.17} = .647$$

一位經理人是畢業於前 20 名 MBA 學程的邊際機率是

$$P(A_1) = .40$$

因為兩個機率並不相等，我們結論說兩個事件是相依的。

順便提及，我們也能夠藉由計算 $P(B_1|A_1) = .275$ 並且觀察它並不等於 $P(B_1) = .17$ 而得到相同的結論。

請注意，在這個問題中還有三個其他事件的組合。它們是 $(A_1 \text{ 且 } B_2)$、$(A_2 \text{ 且}$

B_1)、(A_2 且 B_2) [忽略掉互斥的組合 (A_1 且 A_2) 和 (B_1 且 B_2)，它們是相依的]。在每一個組合中，兩個事件皆是相依的。對此類只有四種組合的問題，假如有一種組合是相依的，則所有四種組合都將是相依的。同樣地，假如有一個組合是獨立的，則所有四種組合都將是獨立的。這個法則並不適用於其他的情形。

6.2e 聯集

另一個事件，它是合併其他事件所得到的，稱為聯集。

事件 A 和事件 B 的聯集

事件 A 和事件 B 的**聯集 (union)** 是指事件 A 發生，或事件 B 發生，或兩者皆發生的事件。它可以被表達成

$$A \text{ 或 } B$$

範例 6.4　共同基金經理人成功的決定因素，第四部分

判定一個隨機選取的共同基金優於市場的表現或經理人是畢業於前 20 名 MBA 學程的機率。

解答

我們想要計算兩個事件聯集的機率

$$P(A_1 \text{ 或 } B_1)$$

A_1 或 B_1 的聯集包含三個事件。也就是，此聯集的發生是指下列任何一個聯合機率的發生：

1. 共同基金優於市場的表現且經理人是畢業於前 20 名 MBA 學程
2. 共同基金優於市場的表現且經理人不是畢業於前 20 名 MBA 學程
3. 共同基金不優於市場的表現且經理人是畢業於前 20 名 MBA 學程

它們的機率是

$$P(A_1 \text{ 且 } B_1) = .11$$
$$P(A_2 \text{ 且 } B_1) = .06$$
$$P(A_1 \text{ 且 } B_2) = .29$$

因此，聯集的機率，即共同基金優於市場的表現或經理人是畢業於前 20 名 MBA

學程的機率，是上述三個機率的總和。即

$$P(A_1 \text{ 或 } B_1) = P(A_1 \text{ 且 } B_1) + P(A_2 \text{ 且 } B_1) + P(A_1 \text{ 且 } B_2) = .11 + .06 + .29 = .46$$

注意還有其他的方法可以計算此一機率。在表 6.1 中的四個聯合機率，只有一個不屬於該聯集的機率，它是共同基金不優於市場的表現且經理人不是畢業於前 20 名 MBA 學程的機率。這個機率是

$$P(A_2 \text{ 且 } B_2) = .54$$

它是該聯集不會發生的機率。因此，該聯集的機率是

$$P(A_1 \text{ 或 } B_1) = 1 - P(A_2 \text{ 且 } B_2) = 1 - .54 = .46$$

因此，我們知道有 46% 的共同基金不是優於市場的表現就是被畢業於前 20 名 MBA 學程的經理人管理，要不然就是兩種特性皆有。

練 習 題

6.9 從下列的聯合機率表中計算邊際機率。

	A_1	A_2
B_1	.4	.3
B_2	.2	.1

6.10 參考練習題 6.9。
   a. 計算 $P(A_1|B_1)$。
   b. 計算 $P(A_2|B_1)$。
   c. 你的 (a) 和 (b) 小題答案的總和是否為 1？這是巧合嗎？請解釋之。

6.11 參考練習題 6.9。
   a. 計算 $P(A_1|B_2)$。
   b. 計算 $P(B_2|A_1)$。
   c. 你是否預期 (a) 和 (b) 小題的答案是倒數？換句話說，你是否預期 $P(A_1|B_2) = 1/P(B_2|A_1)$？為什麼這是不可能的（除非兩個機率都是 1）？

6.12 在練習題 6.9 的事件是否獨立？請解釋之。

6.13 參考練習題 6.9，計算下列問題。
   a. $P(A_1 \text{ 或 } B_1)$。
   b. $P(A_1 \text{ 或 } B_2)$。
   c. $P(A_1 \text{ 或 } A_2)$。

6.14 假設給你下列聯合機率，這些事件是獨立的嗎？請解釋之。

	A_1	A_2
B_1	.20	.60
B_2	.05	.15

6.15 確定下列聯合機率的事件是否是獨立的？

	A_1	A_2
B_1	.20	.15
B_2	.60	.05

6.16 職場歧視是違法的，有歧視的公司往往被起訴。一所大學的女教師投訴有關最近一輪從助理教授升等到副教授的事件。分析性別和升等之間的關係，產生了下列的聯合機率。

	升等	未能升等
女性	.03	.12
男性	.17	.68

   a. 女性助理教授升等的比率是多少？

b. 男性助理教授升等的比率是多少？

c. 投訴這所大學有性別偏見是否合理？

6.17 北美醫療費用的增加速度比通貨膨脹快，隨著嬰兒潮世代很快就需要用到醫療保險，所以各國迫切地想要找出降低成本和需求的方法。下表列出 60 到 65 歲之間男性抽菸與肺病相關的聯合機率。

	他是位吸菸者	他是位非吸菸者
他患有肺病	.12	.03
他沒有患肺病	.19	.66

隨機選取一位 60 到 65 歲之間的男性，下列事件發生的機率為何？

a. 他是位吸菸者。

b. 他沒有患肺病。

c. 給定他是位吸菸者，他患有肺病。

d. 給定他是位非吸菸者，他患有肺病。

6.18 參考練習題 6.17。對介於 60 到 65 歲之間的男性，吸菸和肺病是否相關？請解釋之。

6.19 在大學應用統計學課程的教學方法正在改變。從歷史上看，大多數課程都強調手動計算，替代方法是使用電腦和軟體套件來執行計算。對某應用統計學課程做調查，分析教師的教育背景主要是數學（或統計學）還是其他領域。該分析的結果列於隨附的聯合機率表。

教師的教育背景	強調手動計算	強調電腦和軟體
數學或統計學	.23	.36
其他	.11	.30

a. 一位隨機選擇的應用統計學課程講師，其受過統計學教育且強調手動計算的機率是多少？

b. 應用統計學課程中使用電腦和軟體套件的比例是多少？

c. 講師的教育背景和課程教學方式是否獨立？

6.20 一家連鎖餐廳定期調查其客戶。調查詢問顧客是否會再光顧，並請其評價食物的品質等問題。匯總數十萬份問卷產生了下列這張聯合機率表。

等級	顧客會再光顧	顧客不再光顧
不佳	.02	.10
普通	.08	.09
良好	.35	.14
優良	.20	.02

a. 有多大比例的顧客表示他們會再光顧並將餐廳的食物評價為良好？

b. 那些表示他們會再光顧的顧客中，有多少比例的顧客評價餐廳的食物為良好？

c. 那些評價餐廳食物為良好的顧客中，有多少比例的顧客表示他們會再光顧？

d. 討論你對 (a)、(b) 和 (c) 小題答案的差異。

6.21 對解僱或裁員的員工做分析，以他們離職時的年齡和原因製作下列聯合機率表。

	年齡類別			
失去工作原因	20-24	25-54	55-64	65 和 65 以上
工廠或公司關閉或遷移	.015	.320	.089	.029
工作不足	.014	.180	.034	.011
取消職位或輪班	.006	.214	.071	.016

資料來源：*Statistical Abstract of the United States*.

a. 一位 25 到 54 歲被裁員或解僱的員工，是因為工作不足的機率為何？

b. 被裁員或解僱的員工中，年齡是 65 和 65 歲以上的機率為何？

c. 一位因為工廠或公司關閉而被裁員

或解僱的員工，其年齡是 65 或 65 歲以上的機率為何？

6.22 金融機構所使用的信用評分卡，幫助決定貸款給誰。根據一家銀行分析的紀錄，產生如下的機率。

貸款表現	評分 低於 400	400 或更高
全額償還	.19	.64
拖欠	.13	.04

a. 全額償還貸款的機率為何？
b. 給定評分低於 400 分的貸款，全額償還的機率為何？
c. 給定評分為 400 分或更高的貸款，全額償還的機率為何？
d. 評分是否和全額償還貸款互相獨立？請解釋之。

6.23 在一個大城市，失業和教育的分析顯示了下列的聯合機率。

教育	就業	失業
無大學學位	.45	.07
大學學位	.34	.03
研究生學位	.11	0

a. 一位沒有大學學位的人，其失業的機率為何？
b. 一位就業者，其擁有研究生學位的機率為何？
c. 擁有大學學位的人口比例為何？

6.24 下表列出了與性別和吸菸相關的聯合機率

性別	從不吸煙	前吸煙者	現吸煙者
男性	.23	.05	.20
女性	.29	.16	.07

a. 找出男性是現吸煙者的機率。
b. 計算前吸煙者是女性的機率。

6.3 機率法則與樹狀圖

在 6.2 節中，我們介紹交集和聯集，而且解釋該如何計算兩個事件交集與聯集的機率。在本節中，我們要呈現其他決定機率的方法。我們將介紹三個法則，幫助我們從比較簡單的事件去計算更複雜事件的機率。

6.3a 餘集法則

事件 A 的**餘集 (complement)** 是事件 A 不發生的事件。事件 A 的餘集以 A^c 表達。在此定義的**餘集法則 (complement rule)** 是在一個事件的機率和其餘集的機率總和必須為 1 的事實下推導出的。

餘集法則

對任何事件 A，

$$P(A^c) = 1 - P(A)$$

我們將在介紹完下一個法則之後再示範如何應用此法則。

6.3b 乘法法則

乘法法則 (multiplication rule) 是用以計算兩個事件的聯合機率。它是立基於前一節所介紹的條件機率公式。也就是，從下列的公式

$$P(A|B) = \frac{P(A \text{ 且 } B)}{P(B)}$$

我們簡單地將兩邊同乘以 $P(B)$ 即可導出乘法法則。

乘法法則

任何兩個事件 A 和 B 的聯合機率是

$$P(A \text{ 且 } B) = P(B)P(A|B)$$

或者是另一種表達方式，

$$P(A \text{ 且 } B) = P(A)P(B|A)$$

假如 A 和 B 是獨立事件，則 $P(A|B) = P(A)$ 且 $P(B|A) = P(B)$。由此可見，兩獨立事件的聯合機率只是兩個事件機率的乘積。我們可以將此現象視為乘法法則的一個特殊形式。

獨立事件的乘法法則

任何兩獨立事件 A 和 B 的聯合機率是

$$P(A \text{ 且 } B) = P(A)P(B)$$

範例 6.5 [2] 以抽出不放回的方式抽選 2 位學生

一門研究所的統計課程有 7 位男學生和 3 位女學生。授課教授希望隨機抽選 2 位學生以幫助她進行一項研究方案。抽到的 2 位學生皆是女性的機率為何？

解答

令 A 表示第一位抽出學生為女性的事件，而 B 表示第二位抽出學生也為女性的事件。我們想要 A 和 B 的聯合機率。故，我們應用乘法法則：

$$P(A \text{ 且 } B) = P(A)P(B|A)$$

---

[2] 此例也可用超幾何分配求解。超幾何分配在線上附錄 Hypergeometric Distribution (超幾何分配) 中描述。

因為這個 10 人的班上共有 3 位女學生，第一位抽出的學生是女性的機率為

$$P(A) = 3/10$$

在抽出 1 位學生之後，班上只剩下 9 位學生，其中 2 位是女生。因此

$$P(B|A) = 2/9$$

則要求的聯合機率為

$$P(A 且 B) = P(A)P(B|A) = \left(\frac{3}{10}\right)\left(\frac{2}{9}\right) = \frac{6}{90} = .067$$

範例 6.6　以抽出放回的方式抽選 2 位學生

參考範例 6.5。教這門課的教授患了流感，將缺席接下來的 2 堂課。來代課的教授將替他教課 2 次。代課老師的風格是隨時會隨機抽出 1 位學生，並要求那位學生回答問題。抽到的 2 位學生皆是女性的機率為何？

解答

題目的型態與範例 6.5 的相同：我們希望計算抽出 2 位女學生的機率。但是，實驗略有不同。現在，一位相同的學生有可能在代課老師的 2 堂課中都被抽到。因此 A 和 B 兩事件是獨立的，而我們可應用獨立事件的乘法法則：

$$P(A 且 B) = P(A)P(B)$$

現在，在 2 堂課中的任何一堂課抽中 1 位女學生的機率是相同的，也就是

$$P(A) = 3/10 \text{ 且 } P(B) = 3/10$$

因此，

$$P(A 且 B) = P(A)P(B) = \left(\frac{3}{10}\right)\left(\frac{3}{10}\right) = \frac{9}{100} = .09$$

6.3c 加法法則

加法法則 (addition rule) 幫助我們計算兩個事件聯集的機率。

> **加法法則**
>
> 事件 A，或事件 B，或兩事件都發生的機率是
> $$P(A \text{ 或 } B) = P(A) + P(B) - P(A \text{ 且 } B)$$

假如你像大部分的學生一樣，你會疑惑為何我們要從 A 和 B 的機率總和中減去它們的聯合機率。要了解此必要性，檢視表 6.2（在第 149 頁），並將它重複呈現在表 6.3 中。

表 6.3　聯合和邊際機率

	B_1	B_2	合計
A_1	$P(A_1 \text{ 且 } B_1) = .11$	$P(A_1 \text{ 且 } B_2) = .29$	$P(A_1) = .40$
A_2	$P(A_2 \text{ 且 } B_1) = .06$	$P(A_2 \text{ 且 } B_2) = .54$	$P(A_2) = .60$
合計	$P(B_1) = .17$	$P(B_2) = .83$	1.00

此表格彙整了邊際機率是如何計算的。例如，A_1 的邊際機率和 B_1 的邊際機率之計算如下

$$P(A_1) = P(A_1 \text{ 且 } B_1) + P(A_1 \text{ 且 } B_2) = .11 + .29 = .40$$
$$P(B_1) = P(A_1 \text{ 且 } B_1) + P(A_2 \text{ 且 } B_1) = .11 + .06 = .17$$

假如我們現在要藉由加總它們的機率來計算 A_1 和 B_1 聯集的機率，我們得到

$$P(A_1) + P(B_1) = .11 + .29 + .11 + .06$$

注意到我們重複計算了 A_1 和 B_1 的聯合機率（它是 .11）。為了校正重複計算的問題，我們從 A_1 和 B_1 的機率總和中減去它們的聯合機率。因此，

$$P(A_1 \text{ 或 } B_1) = P(A_1) + P(B_1) - P(A_1 \text{ 且 } B_1)$$
$$= [.11 + .29] + [.11 + .06] - .11$$
$$= .40 + .17 - .11 = .46$$

這是 A_1 和 B_1 聯集的機率，我們在範例 6.4（在第 152 頁）中已計算過。

如同乘法法則，加法法則也有一個特殊形式的公式。當兩事件是互斥時（指兩事件不會同時發生），它們的聯合機率是 0。

互斥事件的加法法則

兩互斥事件 A 和 B 聯集的機率是
$$P(A \text{ 或 } B) = P(A) + P(B)$$

範例 6.7　加法法則的應用

在一個大城市，有 2 家發行報紙——《太陽報》 (*Sun*) 和《郵報》 (*Post*)。其流通部門指出該城市有 22% 的家庭訂閱《太陽報》和 35% 訂閱《郵報》。一項調查顯示有 6% 的家庭同時訂閱兩種報紙。有多少比例的家庭訂閱至少一種報紙？

解答

我們可以將這個問題表達成，隨機抽取城市中的一個家庭，則該家庭訂閱《太陽報》，或《郵報》，或兩種報紙都訂的機率為何？另外一種詢問方式是，隨機抽取一個家庭，其訂閱至少一種報紙的機率為何？現在很清楚，我們想要計算聯集的機率，而且我們必須應用加法法則。令 A = 抽出的家庭訂閱《太陽報》和 B = 抽出的家庭訂閱《郵報》。我們做以下的計算：

$$P(A \text{ 或 } B) = P(A) + P(B) - P(A \text{ 且 } B) = .22 + .35 - .06 = .51$$

隨機抽取的一個家庭，其至少訂閱其中一種報紙的機率是 .51。以相對次數來表達，該城市有 51% 的家庭至少訂閱其中一種報紙。

6.3d　機率樹狀圖

一個有效且簡單應用機率法則的方法是機率樹狀圖，其中一個實驗的事件用線條來表示。生成的圖形呈現樹的形狀，也因此得到樹狀圖的名稱。我們將用幾個範例來介紹樹狀圖的使用，包括前面 2 個我們單獨用來解說機率法則的範例。

在範例 6.5 中，我們希望求出抽到 2 位女學生的機率，其中 2 位學生必須是不同的人。圖 6.1 樹狀圖描述了這個實驗。請注意，前兩個分枝代表第一次選取會抽到女學生和男學生的兩種可能。第二組分枝代表第二次抽取的機率。第一次抽中女學生和男學生的機率分別是 3/10 和 7/10。第二組分枝的機率是以第一次選取結果為依據的條件機率。

我們把相連結分枝上的機率相乘以計算聯合機率。因此，抽到兩位女學生的機

率是 $P(F 且 F) = (3/10)(2/9) = 6/90$。其他的聯合機率也是以類似的方式計算。

圖 6.1 範例 6.5 的機率樹狀圖

第一次抽取	第二次抽取		聯合機率
$F\ \frac{3}{10}$	$F|F\ \frac{2}{9}$	F 且 F:	$\left(\frac{3}{10}\right)\left(\frac{2}{9}\right) = \frac{6}{90}$
	$M|F\ \frac{7}{9}$	F 且 M:	$\left(\frac{3}{10}\right)\left(\frac{7}{9}\right) = \frac{21}{90}$
$M\ \frac{7}{10}$	$F|M\ \frac{3}{9}$	M 且 F:	$\left(\frac{7}{10}\right)\left(\frac{3}{9}\right) = \frac{21}{90}$
	$M|M\ \frac{6}{9}$	M 且 M:	$\left(\frac{7}{10}\right)\left(\frac{6}{9}\right) = \frac{42}{90}$

在範例 6.6 中的實驗很類似於範例 6.5 的實驗。然而，第一次被抽到的學生可被放回到學生的抽樣母體中，而且有被再選取的資格。因此，在第二組分枝上的機率維持與第一組分枝上的機率相同，這個修改過後的樹狀圖呈現在圖 6.2 中。

圖 6.2 範例 6.6 的機率樹狀圖

第一次抽取	第二次抽取		聯合機率
$F\ \frac{3}{10}$	$F\ \frac{3}{10}$	F 且 F:	$\left(\frac{3}{10}\right)\left(\frac{3}{10}\right) = \frac{9}{100}$
	$M\ \frac{7}{10}$	F 且 M:	$\left(\frac{3}{10}\right)\left(\frac{7}{10}\right) = \frac{21}{100}$
$M\ \frac{7}{10}$	$F\ \frac{3}{10}$	M 且 F:	$\left(\frac{7}{10}\right)\left(\frac{3}{10}\right) = \frac{21}{100}$
	$M\ \frac{7}{10}$	M 且 M:	$\left(\frac{7}{10}\right)\left(\frac{7}{10}\right) = \frac{49}{100}$

使用機率樹狀圖來求解此類型問題的優點是避免使用者進行錯誤的計算。一旦畫出了樹狀圖且標明分枝上的機率，實際上唯一允許的計算是將相連結分枝上的機率相乘而已。有一個方便的方法可以檢查這些計算，樹枝末端各項聯合機率的總和必須是 1。

互斥事件特殊形式之加法法則可被應用於聯合機率。在這兩個機率樹狀圖中，我們可以計算抽中 1 位女學生和 1 位男學生的機率，只要簡單地加總特定的聯合機率。對範例 6.5 的樹狀圖，我們有

$$P(F 且 M) + P(M 且 F) = 21/90 + 21/90 = 42/90$$

在範例 6.6 中的樹狀圖，我們得到

$$P(F 且 M) + P(M 且 F) = 21/100 + 21/100 = 42/100$$

範例 6.8　通過律師資格考試的機率

從法學院畢業的學生仍然必須通過律師資格考試才能夠成為律師。假如在特定的司法管轄區，首次應試者的通過率是 72%。第一次考試失敗的候選人當中，有 88% 通過了第二次考試。求一位隨機選取的法學院畢業生成為律師的機率。假設每位候選人不能參加兩次以上的考試。

解答

圖 6.3 的機率樹狀圖可用於描述這個實驗。請注意，我們使用餘集法則來判定每一次考試失敗的機率。

圖 6.3　範例 6.8 的機率樹狀圖

```
第一次考試        第二次考試              聯合機率

通過 .72                      通過              .72

           通過 | 失敗 .88    失敗且通過   (.28)(.88) = .2464
失敗 .28
           失敗 | 失敗 .12    失敗且失敗   (.28)(.12) = .0336
```

我們應用乘法法則來計算 P(失敗且通過)，算出的結果是 .2464。接著應用互斥事件的加法法則計算通過第一次或第二次考試的機率：

$$P(\text{通過 [在第一次考試]}) + P(\text{失敗 [在第一次考試] 且} \\ \text{通過 [在第二次考試]}) = .72 + .2464 = .9664$$

因此，有 96.64% 的申請人可以通過第一次或第二次考試而成為正式的律師。

練習題

6.25 給定下列的機率，計算所有的聯合機率。

$P(A) = .9$　　$P(A^C) = .1$
$P(B|A) = .4$　　$P(B|A^C) = .7$

6.26 根據下列提供的機率，確定所有事件的聯合機率。

$P(A) = .8$　　$P(A^C) = .2$
$P(B|A) = .4$　　$P(B|A^C) = .7$

6.27 繪製一個機率樹狀圖，並根據下列機率計算所有事件的聯合機率。

$P(A) = .5$　　$P(A^C) = .5$
$P(B|A) = .4$　　$P(B|A^C) = .7$

6.28 給定下列機率，繪製一個樹狀圖並計算聯合機率。
$P(A) = .8$　　$P(A^C) = .2$
$P(B|A) = .3$　　$P(B|A^C) = .3$

6.29 給定下列的機率，求出 $P(A 且 B)$ 的聯合機率。
$P(A) = .7$　　$P(B|A) = .3$

6.30 大約有 10% 的民眾是左撇子。如果隨機抽選 2 個人，下列事件的機率為何？
a. 2 個人都是右撇子。
b. 2 個人都是左撇子。
c. 一個是右撇子，且另一個是左撇子。
d. 至少有 1 個是右撇子。

6.31 參考練習題 6.30。假設隨機選取 3 個人。
a. 繪製一個機率樹狀圖以說明這項實驗。
b. 如果我們使用 RRR 符號來描述選取了 3 個右撇子，剩餘 7 個事件的描述為何？(使用 L 代表左撇子。)
c. 有多少事件會產生無右撇子、1 個右撇子、2 個右撇子和 3 個右撇子？
d. 無右撇子、1 個右撇子、2 個右撇子和 3 個右撇子的機率是多少？

6.32 假設有 100 個學生上你的會計課，其中 10 位是左撇子。隨機抽選 2 個學生。
a. 繪製一個機率樹狀圖並且在每個分枝標示機率。
下列事件的機率為何？
b. 2 個學生都是右撇子。
c. 2 個學生都是左撇子。
d. 一個是右撇子，並且另一個是左撇子。
e. 至少有 1 個是右撇子。

6.33 參考練習題 6.32。假設隨機選取 3 個人。
a. 畫一個機率樹狀圖，並且在每個分枝標示機率。
b. 無右撇子、1 個右撇子、2 個右撇子和 3 個右撇子的機率各是多少？

6.34 一家航空公司對兩個獨立的聯邦政府國防合約提交了投標書。公司總裁認為，贏得第一份合約的機率為 40%。如果他們贏得第一份合約，則贏得第二份合約的機率為 70%。但是，如果他們失去第一份合約，總裁認為贏得第二份合約的機率會降低到 50%。
a. 他們贏得 2 份合約的機率是多少？
b. 他們失去 2 份合約的機率是多少？
c. 他們只贏得 1 份合約的機率是多少？

6.35 一家注塑公司的營運經理承認，有 10% 的輪班，經理會忘記關閉注塑機器，這會導致機器過熱，從而在上午運作期間產生有缺陷成型品的機率從 2% 增加到 20%。上午產出的模具有多少比例是有缺陷的？

6.36 尼克爾斯連鎖餐廳定期進行客戶調查。受訪者被要求評估食品的品質、服務和價格。回應是

優良　良好　普通

接受調查的客戶也被問及是否會再返回。分析這些回應後，一位機率專家確定有 87% 的客戶說他們會再返回。在那些如此表示的客戶中，有 57% 的人評分餐廳為優良，36% 的人評分餐廳為良好，其餘的人評分餐廳為普通。那些說不再返回的顧客中，相對

的評分為 14%、32% 和 54%。顧客對餐廳的評分是良好的機率為何？

6.37 一位投資客認為，當道瓊工業平均指數 (DJIA) 上揚的那一天，那斯達克 (NASDAQ) 也上揚的機率為 77%。如果投資客認為，DJIA 明天將上揚的機率是 60%，NASDAQ 也將隨之上揚的機率是多少？

6.38 從美國人口普查中我們了解到，在美國，85 歲以上的人口中有 65% 是女性。人口普查還告訴我們，85 歲以上的女性中有 53% 獨居，85 歲以上的男性中有 30% 獨居。計算一個 85 歲以上的美國人獨居的機率。

6.39 一位金融分析師估計，未來 12 個月經濟衰退的機率為 25%，如果經濟衰退，分析師持有的共同基金增值的機率為 20%。如果沒有衰退，共同基金增值的機率是 75%。找出共同基金增值的機率。

6.40 有多少 40 歲以下的美國人有學生貸款的債務？皮尤研究中心透過詢問受訪者是否有學貸以及他們的職業為何以試圖回答此問題。得到下列的機率。

職業	比例 (%)	有學貸 (%)
管理的 / 專業的	32	45
技術、銷售或服務	15	39
其他	53	27

計算隨機抽選 1 位受訪者，其有學貸的機率。

6.41 在飲酒的成年人中，22% 在 18 到 29 歲之間，33% 在 30 到 49 歲之間，25% 在 50 到 64 歲之間，20% 在 65 歲及以上。對飲酒的成年人進行的調查產生了下列的機率表，包含各年齡層飲酒的成年人喜歡啤酒的機率。

	P (喜歡啤酒)
18-29	0.45
30-49	0.47
50-64	0.42
65+	0.29

找出隨機抽選的飲酒者不喜歡啤酒的機率。

6.42 在擁有購物車的雜貨店購物者中，55% 使用現金支付，30% 使用簽帳金融卡支付，15% 使用支票支付。在沒有購物車的購物者中，70% 使用現金支付，20% 使用簽帳金融卡支付，10% 使用支票支付。已知 80% 的雜貨店購物者使用購物車。購物者使用現金支付的機率是多少？

6.4 貝氏定理

條件機率經常用來衡量兩個事件之間的關係。對於許多你已經看過的範例和練習題，條件機率是在給定一個可能影響某事件發生的原因已經發生的條件下，測量該事件發生的機率。在範例 6.2 中，我們在給定共同基金經理人是畢業於前 20 名 MBA 學程 (可能的原因) 之條件下，計算一支共同基金會優於市場表現 (影響結果) 的機率。然而，在有些情況下，我們看到一個特別事件的發生，我們想要計算其中一個可能造成事件發生原因的機率，則**貝氏定理 (Bayes's Law)** 是我們要使用的方法。

範例 6.9　MBA 申請人是否應該參加準備課程？

管理學院研究生入學測驗 (Graduate Management Admission Test, GMAT) 是所有 MBA 學程申請人必須要參加的考試。各種準備課程被設計用來幫助大家增進 GMAT 的分數，其範圍介於 200 到 800 之間。根據一項對 MBA 學生的調查顯示，GMAT 成績在 650 分以上的人當中，有 52% 曾經參加準備課程，然而 GMAT 在成績低於 650 分的人當中，僅有 23% 曾經參加準備課程。一位 MBA 申請人已經確定，他的 GMAT 成績需要高於 650 分才能進入某一 MBA 學程，但是他覺得會得到如此高成績的機率非常地低——10%。他考慮參加一項準備課程，需花費 $500。只有在他達到 650 分 (或以上) 的機率加倍的情況之下，他才願意參加這樣的課程。這位申請人應該怎麼做呢？

解答

解答這個問題最簡單的方法是繪製一個樹狀圖。下列是要使用的符號表達法：

$$A = \text{GMAT 成績在 650 分或以上}$$
$$A^C = \text{GMAT 成績低於 650 分}$$
$$B = \text{有參加準備課程}$$
$$B^C = \text{沒有參加準備課程}$$

得到 650 分或以上的機率是

$$P(A) = .10$$

餘集法則告訴我們

$$P(A^C) = 1 - .10 = .90$$

條件機率是

$$P(B|A) = .52$$

和

$$P(B|A^C) = .23$$

再應用餘集法則，我們得到下列的條件機率

$$P(B^C|A) = 1 - .52 = .48$$

和

$$P(B^C|A^C) = 1 - .23 = .77$$

我們想要在給定他有參加準備課程的條件之下，計算他 GMAT 分數會達到 650 分或以上的機率。也就是，我們需要計算

$$P(A|B)$$

根據條件機率的定義 (第 150 頁)，我們得到

$$P(A|B) = \frac{P(A \text{ 且 } B)}{P(B)}$$

分子和分母都是未知的。機率樹狀圖 (圖 6.4) 將提供我們計算所需的機率。

圖 6.4　範例 6.9 的機率樹狀圖

GMAT	準備課程	聯合機率
A .10	$B\|A$ .52	A 且 B: (.10)(.52) = .052
	$B^C\|A$ .48	A 且 B^C: (.10)(.48) = .048
A^C .90	$B\|A^C$ .23	A^C 且 B: (.90)(.23) = .207
	$B^C\|A^C$ .77	A^C 且 B^C: (.90)(.77) = .693

正如你所看到的，

$$P(A \text{ 且 } B) = (.10)(.52) = .052$$
$$P(A^C \text{ 且 } B) = (.90)(.23) = .207$$

和

$$P(B) = P(A \text{ 且 } B) + P(A^C \text{ 且 } B) = .052 + .207 = .259$$

因此，

$$P(A|B) = \frac{P(A \text{ 且 } B)}{P(B)} = \frac{.052}{.259} = .201$$

當有參加準備課程時，GMAT 成績得到 650 分或更高分的機率加倍了。

在十八世紀間，貝氏 (Thomas Bayes) 率先採用條件機率的計算，如同在範例 6.9 中所顯示的。所以，它被稱為貝氏定理。

機率 $P(A)$ 和 $P(A^C)$ 被稱為**事前機率 (prior probability)**，因為它們是在決定是否參加準備課程事前被決定的。條件機率被稱為**概似機率 (likelihood probability)**，其原因超出本書的數學難度。最後，條件機率 $P(A|B)$ 和類似的條件機率 $P(A^C|B)$、$P(A|B^C)$ 和 $P(A^C|B^C)$ 被稱為**事後機率 (posterior probability)** 或**更新機率 (revised**

probability)，因為它們是在知道是否參加準備課程之後被更新的事前機率。

你可能會疑惑為何我們不直接求 $P(A|B)$。也就是說，為何不調查有參加準備課程的人並且直接問他們是否得到一個 650 分或更高的成績？答案是運用概似機率和使用貝氏定理可以容許個人去設定他們自己的事前機率，並可以更新這些機率。例如，另一個 MBA 申請人可能評估她得到 650 分或以上成績的機率是 .40。代入這個新的事前機率得到以下的機率：

$$P(A 且 B) = (.40)(.52) = .208$$
$$P(A^C 且 B) = (.60)(.23) = .138$$
$$P(B) = P(A 且 B) + P(A^C 且 B) = .208 + .138 = .346$$
$$P(A|B) = \frac{P(A 且 B)}{P(B)} = \frac{.208}{.346} = .601$$

參加準備課程後，她達到 650 分或以上 GMAT 成績的機率增加了 50%（從 .40 到 .601）。

6.4a 貝氏定理的公式（選讀）

貝氏定理可以被表達成一個公式，提供給喜歡代數方法勝過機率樹狀圖的人來使用。我們將使用下面的符號來解說。事件 B 是給定的事件，且事件

$$A_1, A_2, \ldots, A_k$$

是事前機率已知的事件。也就是，

$$P(A_1), P(A_2), \ldots, P(A_k)$$

是事前機率。

概似機率是

$$P(B|A_1), P(B|A_2), \ldots, P(B|A_k)$$

而

$$P(A_1|B), P(A_2|B), \ldots, P(A_k|B)$$

是事後機率，也是我們想要計算的機率。

貝氏定理的公式

$$P(A_i|B) = \frac{P(A_i)P(B|A_i)}{P(A_1)P(B|A_1) + P(A_2)P(B|A_2) + \cdots + P(A_k)P(B|A_k)}$$

為了展示此公式的使用,我們將重做範例 6.9。我們從定義事件開始。

$A_1 =$ GMAT 成績在 650 分或以上

$A_2 =$ GMAT 成績低於 650 分

$B =$ 有參加準備課程

機率是

$$P(A_1) = .10$$

由餘集法則可得

$$P(A_2) = 1 - .10 = .90$$

條件機率是

$$P(B|A_1) = .52$$

和

$$P(B|A_2) = .23$$

將事前機率和概似機率代入貝氏定理的公式,可導出下面的答案:

$$P(A_1|B) = \frac{P(A_1)P(B|A_1)}{P(A_1)P(B|A_1) + P(A_2)P(B|A_2)} = \frac{(.10)(.52)}{(.10)(.52) + (.90)(.23)}$$

$$= \frac{.052}{.052 + .207} = \frac{.052}{.259} = .201$$

正如你所看到的,由貝氏定理計算產生的結果與機率樹狀圖的結果相同。

退稅審核:解答

我們需要更新這份退稅申請含有顯著欺詐內容之事前機率。在圖 6.5 顯示的樹狀圖中有詳細的計算。

$F =$ 退稅申請有欺詐行為

$F^C =$ 退稅申請是誠實的

$E_0 =$ 退稅申請不含支出扣除額

E_1 = 退稅申請包含一項支出扣除額
E_2 = 退稅申請包含兩項支出扣除額

$P(E_1) = P(F \text{ 且 } E_1) + P(F^C \text{ 且 } E_1) = .0140 + .1710 = .1850$
$P(F|E_1) = P(F \text{ 且 } E_1)/P(E_1) = .0140/.1850 = .0757$

這份退稅申請有欺騙行為的機率是 .0757。

圖 6.5　退稅審核範例的機率樹狀圖

退稅	支出扣除額	聯合機率
F .05	$E_0|F$ .27	$F \text{ 且 } E_0$: (.05)(.27) = .0135
	$E_1|F$ .28	$F \text{ 且 } E_1$: (.05)(.28) = .0140
	$E_2|F$ .45	$F \text{ 且 } E_2$: (.05)(.45) = .0225
F^C .95	$E_0|F^C$ .71	$F^C \text{ 且 } E_0$: (.95)(.71) = .6745
	$E_1|F^C$ .18	$F^C \text{ 且 } E_1$: (.95)(.18) = .1710
	$E_2|F^C$ .11	$F^C \text{ 且 } E_2$: (.95)(.11) = .1045

6.4b　在藥物和醫療保險上的應用 (選讀)

醫師們會例行地對他們的病患進行醫學檢測，稱為篩檢 (screenings)。篩檢是對某一個特定年齡和性別的群組執行測試，無論他們的症狀是如何。例如，50 幾歲的男性會被建議做一種 PSA 檢測以判斷他們是否罹患前列腺癌。女性則要做一種 Pap 檢測以判斷她們是否罹患子宮頸癌。令人遺憾的是，很少的檢測是 100% 正確的。大部分會產生假陽性和假陰性的結果。**假陽性 (false-positive)** 的結果是指某人並沒有罹患該疾病，但是檢測結果卻呈現陽性。**假陰性 (false-negative)** 的結果是指某人確實罹患疾病，但是檢測結果卻呈現陰性。每一個錯誤的後果都是嚴重和代價高昂的。假陰性的檢測導致無法檢測出病患的疾病，因此拖延了治療的時間。假陽性檢測會導致病患的憂慮和恐懼。通常病患會被要求做更進一步的檢查，如切片等。這些不必要的追蹤程序可能帶來醫療風險。

假陽性檢測結果會導致財務的不良影響。例如，追蹤檢查的花費通常比篩檢的費用貴很多。醫療保險公司以及政府基金計畫都會被假陽性的檢測結果誤導和影響。整體的問題就是醫師和病患們無法適當地解釋檢驗的結果。一項正確的分析能

機率 6

夠同時挽救生命和金錢。

貝氏定理是我們要用來決定篩檢正確機率的方法。先應用餘集法則於假陽性和假陰性結果的比率，以得到檢測結果正確的條件機率。事前機率通常是由觀察患有該疾病人口的整體比例而得之。對某些狀況，事前機率可能已經根據遺傳或人口統計變數 (如年齡或種族等) 被調整過了。貝氏定理可以讓我們在獲知檢測結果是陽性或陰性之後調整更新事前機率。

範例 6.10 是基於實際的假陽性和假陰性比率。但是請注意，不同來源的資訊提供的機率不盡相同。這些差異可能是定義陽性和陰性結果的方法不同或是檢測人員執行檢測的方式不同所導致。受到範例和練習題中描述的疾病所影響的學生應該向他們的醫師尋求澄清。

■ 範例 6.10　罹患前列腺癌的機率

前列腺癌是目前最普遍的男性癌症。一生當中會患前列腺癌的機率是 16%。(這個數字可能還會更高，因為有許多前列腺癌未被發現。) 許多醫師會特別對超過 50 歲的男性定期進行 PSA 檢測。PSA 是一種僅由前列腺癌產生的蛋白質，因此很容易被發現。一般而言男性的 PSA 標準值是介於 0 到 4 毫克 / 毫升 (mg/ml) 之間。高於 4 的數值可能被認為是過高並且被視為是潛在罹癌的指標。但是，PSA 標準值會隨著年齡的增長而升高，就算沒有罹癌的男性也是這樣。研究顯示這項檢測並不是非常地精確。實際上，給定一個男性沒有罹癌的條件下，他會有一個高 PSA 標準值 (假陽性) 的機率是 .135。假如一位男性已經罹癌了，他得到一個正常 PSA 標準值 (假陰性) 的機率幾乎是 .300。(這個數字可能會隨著年齡和高 PSA 標準值的定義而改變。) 假如一位醫生斷定 PSA 值是過高的結論，病患則進行切片檢查。除了擔憂和健康需求之外，財務成本也是一項考量。血液檢測的費用很低 (約 $50)。然而，切片檢查的費用就非常高了 (約 $1,000)。一個假陽性的 PSA 檢測結果將會導致一項不必要的切片檢查。由於 PSA 檢測不太準確，一些私人和公共醫療計畫並不予以給付。假如你是一家醫療保險公司的經理，必須為那些應該定期接受前列腺癌篩檢的人制定方針。一項對前列腺癌發病率和年齡的分析產生了下表的機率。(40 歲以下男性患前列腺癌的機率是 .0001，或是小到可以將它視為 0。)

年齡	罹患前列腺癌的機率
40-49	.010
50-59	.022
60-69	.046
70 及以上	.079

假設每一個年齡類組的男性對 PSA 檢測得到陽性反應，計算他們實際罹患前列腺癌的機率，以及沒有罹患前列腺癌的機率。進行成本效益分析以判定每偵測到一個癌症所需付出的成本。

解答

如同我們在範例 6.9 以及在開章範例中所做，我們將繪製一個機率樹狀圖（圖 6.6）。使用的符號是

$$C = 罹患前列腺癌$$
$$C^C = 沒有罹患前列腺癌$$
$$PT = 陽性檢測結果$$
$$NT = 陰性檢測結果$$

我們從一個介於 40 到 50 歲的男性開始算起，得到下列的機率：

事前機率

$$P(C) = .010$$
$$P(C^C) = 1 - .010 = .990$$

概似機率

假陰性： $P(NT|C) = .300$
正確陽性： $P(PT|C) = 1 - .300 = .700$
假陽性： $P(PT|C^C) = .135$
正確陰性：$P(NT|C^C) = 1 - .135 = .865$

圖 6.6 範例 6.10 的機率樹狀圖

罹癌	PSA 檢測	聯合機率
C .010	$PT\|C$ .700	C 且 PT: (.010)(.700) = .0070
	$NT\|C$ .300	C 且 NT: (.010)(.300) = .0030
C^C .990	$PT\|C^C$ .135	C^C 且 PT: (.990)(.135) = .1337
	$NT\|C^C$ .865	C^C 且 NT: (.990)(.865) = .8564

由樹狀圖你可以判定得到陽性檢測結果的機率。它是

$$P(PT) = P(C \text{ 且 } PT) + P(C^C \text{ 且 } PT) = .0070 + .1337 = .1407$$

我們現在能夠計算一個得到陽性檢測結果的男性確實罹癌的機率：

$$P(C|PT) = \frac{P(C \text{ 且 } PT)}{P(PT)} = \frac{.0070}{.1407} = .0498$$

而他並沒有罹癌的機率是

$$P(C^C|PT) = 1 - P(C|PT) = 1 - .0498 = .9502$$

我們可以對每一個年齡類組重複執行這個程序。這裡是全部的結果。

給定一個陽性 PSA 檢測結果的機率

年齡	罹患前列腺癌	沒有罹患前列腺癌
40-49	.0498	.9502
50-59	.1045	.8955
60-69	.2000	.8000
70 及以上	.3078	.6922

下表列出每一個年齡類組得到陽性 PSA 檢測結果的比例 [$P(PT)$]。

年齡	陽性檢測結果的比例	每百萬人進行切片檢查人數	偵測到的癌症數	每偵測到一個癌症所需的切片檢查數
40-49	.1407	140,700	.0498(140,700) = 7,007	20.10
50-59	.1474	147,400	.1045(147,400) = 15,403	9.57
60-69	.1610	161,000	.2000(161,000) = 32,200	5.00
和 70 以上	.1796	179,600	.3078(179,600) = 55,281	3.25

如果我們假設每一次切片檢查的成本是 $1,000，則每偵測到癌症所需付出的成本對 40 到 49 歲類組是 $20,100，對 50 到 59 歲類組是 $9,570，對 60 到 69 歲類組是 $5,000，以及超過 70 歲類組是 $3,250。

我們已經建立了一個 Excel 試算表以幫助你進行範例 6.10 的計算。打開 **Excel Workbooks** 資料夾，並選取 **Medical screening**。你可以改變當中的三個儲存格。在儲存格 B5，輸入一個新的罹癌事前機率。它的餘集機率將會被計算於儲存格 B15。在儲存格 D6 和 D15，分別鍵入新的假陰性和假陽性比率。Excel 將會完成其他的計算。我們將利用這個試算表來展示一些醫學檢驗上的專有名詞。

專有名詞 我們將以 40 到 49 歲類組所計算的機率來解說。

假陰性的比率是 .300。它的餘集之概似機率是 $P(PT|C)$，稱為**敏感性** (sensitivity)。它等於 $1 - .300 = .700$。在所有患前列腺癌的男性當中，這是會得到陽

性檢測結果的比例。

假陽性比率 (.135) 的餘集機率是 $P(NT|C^c)$，稱為特異性 (specificity)。這個概似機率是 $1 - .135 = .865$。

事後機率即是給定一個陽性的檢測結果，而病患確實罹癌的機率 $[P(C|PT) = .0498]$，被稱為陽性預測值 (positive predictive value)。運用貝氏定理，我們可以計算其他三個事後機率。

給定一個陽性的檢測結果，而該病患卻沒有罹癌的事後機率是

$$P(C^c|PT) = .9502$$

給定一個陰性的檢測結果，而該病患卻罹癌的事後機率是

$$P(C|NT) = .0035$$

給定一個陰性的檢測結果，而該病患也確實沒有罹癌的事後機率是

$$P(C^c|NT) = .9965$$

最後這個更新機率被稱為陰性預測值 (negative predictive value)。

6.4c　機率觀念的了解

假如你回顧一下先前的計算，你將會發現事前機率與檢測結果相關聯的機率 (概似機率) 對決定事後機率是一樣的重要。下表顯示事前機率和修正後之機率。

年齡	罹患前列腺癌的事前機率	給定一個陽性 PSA 檢測結果的事後機率
40-49	.010	.0498
50-59	.022	.1045
60-69	.046	.2000
70 及以上	.079	.3078

如你所見，假如事前機率是偏低的，除非篩檢測試是非常的精確，否則其修正後機率也會是偏低的。

為了看出不同概似機率的影響，假設 PSA 檢測是一個完美的預測工具。也就是，假陽性和假陰性的比率是 0。圖 6.7 呈現了此狀況的機率樹狀圖。

圖 6.7 範例 6.10 完美檢測的機率樹狀圖

罹癌	PSA 檢測	聯合機率
C .010	$PT\|C$ 1	C 且 PT: (.010)(1) = .010
	$NT\|C$ 0	C 且 NT: (.010)(0) = 0
C^C .990	$PT\|C^C$ 0	C^C 且 PT: (.990)(0) = 0
	$NT\|C^C$ 1	C^C 且 NT: (.990)(1) = .990

我們發現

$$P(PT) = P(C \text{ 且 } PT) + P(C^C \text{ 且 } PT) = .01 + 0 = .01$$

$$P(C|PT) = \frac{P(C \text{ 且 } PT)}{P(PT)} = \frac{.01}{.01} = 1.00$$

現在我們計算當檢測結果是陰性時的罹癌機率。

$$P(NT) = P(C \text{ 且 } NT) + P(C^C \text{ 且 } NT) = 0 + .99 = .99$$

$$P(C|NT) = \frac{P(C \text{ 且 } NT)}{P(NT)} = \frac{0}{.99} = 0$$

因此，假如 PSA 檢測是一個完美的預測工具，一位檢測結果是陽性的男性，正如我們所預期的，罹患前列腺癌的機率會是 1.0。而當檢測結果是陰性時，其罹癌的機率會是 0。

現在假設 PSA 檢測永遠都是錯的。也就是，假陽性和假陰性的比率是 100%。圖 6.8 呈現了此狀況的機率樹狀圖。

圖 6.8 範例 6.10 檢測永遠錯誤的機率樹狀圖

罹癌	PSA 檢測	聯合機率
C .010	$PT\|C$ 0	C 且 PT: (.010)(0) = 0
	$NT\|C$ 1	C 且 NT: (.010)(1) = .010
C^C .990	$PT\|C^C$ 1	C^C 且 PT: (.990)(1) = .990
	$NT\|C^C$ 0	C^C 且 NT: (.990)(0) = 0

$$P(PT) = P(C \text{ 且 } PT) + P(C^C \text{ 且 } PT) = 0 + .99 = .99$$

$$P(C|PT) = \frac{P(C \text{ 且 } PT)}{P(PT)} = \frac{0}{.99} = 0$$

和

$$P(NT) = P(C \text{ 且 } NT) + P(C^C \text{ 且 } NT) = .01 + 0 = .01$$

$$P(C|NT) = \frac{P(C \text{ 且 } NT)}{P(NT)} = \frac{.01}{.01} = 1.00$$

注意我們有另一個完美的預測工具，只是它的預測是顛倒的。給定一個陽性的結果，罹癌的機率是 0，但當檢測結果是陰性時，罹癌的機率變成 1.00。

最後我們考慮兩組概似機率是相同的狀況。圖 6.9 顯示一個 40 到 50 歲男性檢測陽性反應的機率是 .3 和陰性反應的機率是 .7 的機率樹狀圖。

圖 6.9　範例 6.10 相同概似機率的機率樹狀圖

罹癌	PSA 檢測	聯合機率
C .010	$PT\|C$ .3	C 且 PT: (.010)(.3) = .003
	$NT\|C$ .7	C 且 NT: (.010)(.7) = .007
C^C .990	$PT\|C^C$ .3	C^C 且 PT: (.990)(.3) = .297
	$NT\|C^C$ .7	C^C 且 NT: (.990)(.7) = .693

$$P(PT) = P(C \text{ 且 } PT) + P(C^C \text{ 且 } PT) = .003 + .297 = .300$$

$$P(C|PT) = \frac{P(C \text{ 且 } PT)}{P(PT)} = \frac{.003}{.300} = .01$$

和

$$P(NT) = P(C \text{ 且 } NT) + P(C^C \text{ 且 } NT) = .007 + .693 = .700$$

$$P(C|NT) = \frac{P(C \text{ 且 } NT)}{P(NT)} = \frac{.007}{.700} = .01$$

如你所見，事後機率和事前機率是相同的。也就是，PSA 檢測並沒有改變事前機率。明顯地，該檢測是無用的。

我們能夠使用任何假陽性和假陰性的機率值，包括 .5。假設我們當時是用 .5，則執行 PSA 檢測就好像投擲一枚公正的銅板。一面可以被解釋成陽性，另一面解釋成陰性。我們可以很清楚地看到，該檢測是沒有預測能力的。

練習題提供了其他幾種篩檢測試的機率。

練習題

6.43 根據練習題 6.25，決定 $P(A|B)$。

6.44 參考練習題 6.26，計算下列機率。
a. $P(A|B)$
b. $P(A^C|B)$
c. $P(A|B^C)$
d. $P(A^C|B^C)$

6.45 根據範例 6.9。一位 MBA 申請人相信沒有參加準備課程而 GMAT 成績在 650 分以上的機率是 .95。若此位候選人有參加準備課程，他能夠達到那個水準的機率為何？

6.46 參考練習題 6.35。營運經理從上午的運作中隨機選取一個模具並發現它有缺陷。營運經理前一天晚上忘記關閉機器的機率是多少？

6.47 你最喜歡的棒球隊進入了最後的季後賽。你已經給定它贏得冠軍的機率為 60%。過去的紀錄顯示，當球隊贏得冠軍時，他們贏得系列賽第一場比賽的機率為 70%。當他們輸掉系列賽時，他們有 25% 的機率贏得第一場比賽。第一場比賽結束；你的團隊輸了。它贏得系列賽的機率是多少？

6.48 不健康的牙齦可能表示一顆不健康的心臟。研究員發現 85% 心臟病發作的人患有牙周病、牙齦紅腫。健康的人只有 29% 的機率患有牙周病。假設一個社區的居民很少有心臟病發作的情況，發生的機率只有 10%。如果某人患有牙周病，此人心臟病發作的機率為何？

6.49 參考練習題 6.48。如果一個社區有 40% 的人會心臟病發作，那麼牙周病患者心臟病發作的機率是多少？

6.50 參考練習題 6.40。40 歲以下的美國人有學生貸款債務，職業是管理的/專業人才的機率是多少？

6.51 人們從哪裡得到他們的新聞？這些機率是透過這個問題的回答以及關於年齡的問題所產生的。在這個母體中，18% 的人口介於 18 到 29 歲之間，27% 的人口介於 30 到 44 歲之間，26% 的人口介於 45 到 59 歲之間，29% 的人口介於 60 歲及以上。

	電視	臉書	其他
18–29	.12	.43	.45
30–44	.20	.30	.50
45–59	.33	.13	.54
60+	.50	.05	.45

這個母體中你遇到從電視上獲取新聞的人，這個人在 30 到 44 歲之間的機率是多少？

以下練習題根據 6.4b 和 6.4c 小節。

6.52 移植手術已經漸趨普遍，一種常見的手術是腎臟移植。移植程序最危險的層面是身體可能排斥新器官。幾種新藥物可用於這種情況，並且越早使用藥物管理，避免排斥反應的機率就越高。《新英格蘭醫學雜誌》最近報導一種新的尿液檢測的發展，以檢測身體開始排斥移植腎臟的預警訊號。然而，就像大多數其他的檢測一樣，這種新的檢測並不完美。對一位腎臟會產生排斥的人進行檢測，大約五分之一會呈現陰性 (即，這項檢測是錯誤的)。對一位腎臟不會產生排斥的人進行檢測，8% 會呈現陽性的檢測結果 (即，另一個不正確的結果)。醫生知道大約有 35% 的腎臟移植，身體會

試圖拒絕這個器官。假設進行檢測並且呈現陽性反應(表示排斥的早期預警)。身體試圖拒絕這顆腎臟的機率是多少？

6.53 快速檢驗(Rapid Test)被用來判斷某人是否有HIV(造成AIDS的病毒)。假陽性與假陰性發生的機率分別是.027和.080。一位醫師剛收到一份快速檢驗報告，病患檢測的結果呈現陽性。在收到此報告之前，這位醫生將這位病患歸類在低危險群(基於好幾種變數來定義)，其為HIV帶原的機率只有0.5%。這位病患實際有HIV的機率為何？

6.54 在上一題中敏感性、特異性、陽性預測值與陰性預測值分別為何？

6.5 辨識正確的方法

誠如我們先前所提到的，本書強調辨識和使用正確的統計方法。在第2章和第4章中，我們呈現如何辨識彙整資料的統計方法。雖然提供嚴格辨識機率方法的法則是困難的，我們依然能夠提供一些一般性的原則。

在本書的範例和練習題中(以及在大部分其他的初等統計課本中)，關鍵點在於聯合機率是給定的或是需要被計算的。

6.5a 聯合機率是給定的

在6.2節中，我們探討聯合機率是給定下的機率問題。在這些問題中，我們能夠加總列或行的聯合機率以計算邊際機率。我們能夠使用聯合和邊際機率去計算條件機率，其有公式可以使用。這讓我們能夠判斷表格中列和行所描述的事件之間是否是獨立的或是相依的。

我們能夠應用加法法則去計算2個事件中至少有1個發生的機率。

6.5b 聯合機率是需要被計算的

前一節介紹了3個機率法則和機率樹狀圖。我們需要應用一些或所有這些法則去計算一個或多個需要的聯合機率。我們應用乘法法則(藉由公式或透過樹狀圖)來計算交集的機率。在一些問題中，我們對加總這些聯合機率感興趣。對此，我們實際上是應用互斥事件的加法法則。我們也經常使用餘集法則。此外，我們也能夠運用貝氏定理來計算新的條件機率。

機率 6

本章摘要

指派機率的第一個步驟是列出所有周延與互斥的實驗結果。第二個步驟是用古典、相對次數，或主觀方法指派機率給實驗結果。許多不同的方法可以用來計算其他事件的機率。這些方法包括機率法則與樹狀圖。

這些法則中的一個重要應用是貝氏定理，它讓我們可以從其他形式的機率計算條件機率。

Chapter 7 隨機變數和間斷機率分配

本章綱要

7.1 隨機變數與機率分配

7.2 雙變量分配 (選讀)

7.3 金融上的應用：投資組合多元化與資產配置 (選讀)

7.4 二項分配

7.5 卜瓦松分配 (選讀)

最大化報酬與最小化風險的投資

DATA
Xm07-00

一位財金教授有 $100,000 要投資股票市場。這位教授有興趣發展一個由紐約證券交易所 (NYSE)、多倫多證券交易所 (TSE) 和那斯達克 (NASDAQ) 的股票所組成的投資組合。所選擇的股票是在 NYSE 上市的家得寶 (Home Depot, HD) 和耐吉 (Nike, NKE)，在 TSE 上市的加拿大國家鐵路 (CNR) 以及在 NASDAQ 上市的智遊網 (Expedia, EXPE)。教授希望在最大化報酬的同時能夠最小化風險。記錄了所有四檔股票在 48 個月期間 (2016 年 1 月到 2019 年 12 月) 的月度報酬。經過一番考慮，這位教授縮小其投資選擇至下列三種。你會推薦哪一種？

我們在 7.3 節中介紹必要的工具後，將會提供答案。

1. 每股投資 $25,000。
2. 家得寶：$10,000；耐吉：$20,000；加拿大國家鐵路：$30,000；智遊網：$40,000。
3. 家得寶：$10,000；耐吉：$10,000；加拿大國家鐵路：$50,000；智遊網：$30,000。

導論 Introduction

在本章，我們延伸第 6 章中介紹的機率概念與方法。我們提出隨機變數以及機率分配，它們是統計推論發展的重要元素。

這裡可以讓你一覽奇妙的統計推論世界。假設你投擲一枚銅板 100 次，並且計算出現正面的次數。目的是為了確定我們是否能透過計算次數而推論該銅板是不公正的。當我們觀察到很多次的正面 (如 90 次) 或很少次的正面 (如 15 次)，就可以合理地相信它是一個不公正銅板的統計指標。但是，我們應該在哪裡設定界線？在 75 次或 65 次或 55 次？如果無法知道一枚公正銅板出現正面的機率，則我們無法從投擲 100 次銅板的樣本做出任何結論。

在本章中介紹的機率概念與方法讓我們可以計算所想要的機率。首先，我們介紹隨機變數與機率分配。

隨機變數和間斷機率分配 7

7.1 隨機變數與機率分配

考慮一個實驗，我們投擲 2 枚公正的銅板，並觀察它們的結果。事件可以表示如下

第一枚銅板是正面，且第二枚銅板是正面
第一枚銅板是正面，且第二枚銅板是反面
第一枚銅板是反面，且第二枚銅板是正面
第一枚銅板是反面，且第二枚銅板是反面

但是，我們可以使用一種不同的方式列出這些事件。我們可以計算正面的次數 (或者，如果我們想計算反面的次數也可以) 而不是透過描述每一枚銅板的投擲結果來定義這些事件。因此，這些事件現在是

2 個正面
1 個正面
1 個正面
0 個正面

出現正面的次數稱為**隨機變數 (random variable)**。我們通常標示隨機變數為 X，並且對 X 的每一個數值之機率感興趣。在這個示範說明中，X 的值是 0、1 與 2。

這裡有另外一個例子。許多的室內遊戲，以及賭場中的擲骰子遊戲，玩家一次投擲 2 顆骰子。一種列出各事件的方法是描述第一顆骰子的點數與第二顆骰子的點數，如下：

1, 1	1, 2	1, 3	1, 4	1, 5	1, 6
2, 1	2, 2	2, 3	2, 4	2, 5	2, 6
3, 1	3, 2	3, 3	3, 4	3, 5	3, 6
4, 1	4, 2	4, 3	4, 4	4, 5	4, 6
5, 1	5, 2	5, 3	5, 4	5, 5	5, 6
6, 1	6, 2	6, 3	6, 4	6, 5	6, 6

但是，幾乎在所有的賭博遊戲中，玩家主要是對點數的總和感興趣。基於此因，我們可以列出兩顆骰子的點數和，以取代個別出現的點數。

2	3	4	5	6	7
3	4	5	6	7	8
4	5	6	7	8	9
5	6	7	8	9	10
6	7	8	9	10	11
7	8	9	10	11	12

如果我們定義隨機變數 X 是兩顆骰子的點數和，則 X 可以等於 2, 3, 4, 5, 6, 7, 8, 9, 10, 11 與 12。

> **隨機變數**
>
> 一個**隨機變數 (random variable)** 是一個函數或法則，它指派一個數值給每一個可能的實驗結果。

有些實驗得到的結果原本就是數值。例如，當我們觀察投資報酬率，或是組裝一部電腦所需的時間，這種實驗產生的事件就是數值。簡而言之，一個隨機變數的值是一個數值事件。

隨機變數的類型有兩種——間斷的與連續的。一個**間斷隨機變數 (discrete random variable)** 的值是可計數的 (countable)。例如，如果我們定義 X 是在投擲 10 次銅板的實驗中所觀察到出現正面的次數，X 的值是 0, 1, 2,..., 10。變數 X 共有 11 種可能的數值。很明顯地，我們計算了數值的個數，因此，X 是間斷的。

一個**連續隨機變數 (continuous random variable)** 的值是不可計數的 (uncountable)。一個很好 (連續隨機變數) 的例子是完成一項工作所需的時間。例如，令 $X =$ 在一所大學寫完某一次統計學考試的時間，其時間限制是 3 小時，並且在考試前 30 分鐘之內不能離開。X 的最小值是 30 分鐘。如果試著計算 X 可能值的個數，我們必須能夠辨認下一個數值。它是 30.1 分鐘？30.01 分鐘？還是 30.001 分鐘？這些沒有一個是 X 的第二個可能數值，因為在大於 30 和小於 30.001 之間還存有其他的數值。很清楚的，我們無法辨認 X 的第二個，或第三個，或是其他第幾個的數值 (除了最大值 180 分鐘之外)。因此，我們無法計算這些數值的個數，所以 X 是連續的。

一個**機率分配 (probability distribution)** 是一個表格、公式或圖形，用來描述隨機變數的數值以及與這些數值相關聯的機率。我們在本章的剩餘部分說明間斷機率分配，並且在第 8 章介紹連續機率分配。

誠如我們先前提到的，一個大寫的字母將用來表示隨機變數的**名稱** (name)，通常以 X 表示。它的小寫字母將用以表示此隨機變數的數值。因此，我們表示隨機變數 X 將會等於 x 的機率為

$$P(X=x)$$

或簡寫成

$$P(x)$$

7.1a 間斷機率分配

一個間斷隨機變數數值的機率可以藉由如樹狀圖等機率工具或是透過應用某一種機率的定義而得到。但是,在下列方塊中說明的兩個基本條件是必要的。

> **間斷隨機變數分配的必要條件**
>
> 1. 對所有可能的 x 值而言,$0 \leq P(x) \leq 1$
> 2. $\sum_{\text{所有} x} P(x) = 1$
>
> 其中,隨機變數的值可以假設為 x,而 $P(x)$ 是隨機變數等於 x 的機率。

這些必要條件等同於第 6 章所提出的機率法則。考慮下列的範例,用以示範說明。

▌範例 7.1　每戶人數的機率分配

美國人口普查包含各式各樣的資訊,目的是提供有關該國居民不同生活面向的資訊。其中一個問題是要求這些住戶報告家中的居住人數。下列是彙整的資料表。定義隨機變數為每戶的人數,展示其機率分配。(來源:美國人口普查)

人數	戶數(百萬)
1	35.2
2	43.5
3	19.5
4	16.2
5	7.3
6	2.8
7 個或更多	1.6
總計	126.1

解答

X 的每一個數值之機率,即每戶家庭的人數,發生的機率是以相對次數來計算。我們將每一個 X 值對應的次數除以家戶總數,產生下列的機率分配。

x	P(X)
1	35.2/126.1 = .279
2	43.5/126.1 = .345
3	19.5/126.1 = .155
4	16.2/126.1 = .128
5	7.3/126.1 = .058
6	2.8/126.1 = .022
7 個或更多	1.6/126.1 = .013
總計	1.000

如你所見，兩個必要條件皆被滿足。每一個機率值皆介於 0 和 1 之間，而且總和是 1。

我們詮釋機率的方法與第 6 章是相同的。例如，假設我們隨機選取一戶家庭，其擁有 3 個人的機率是

$$P(3) = .155$$

我們也可以應用加法法則在互斥事件上。(X 值是互斥的；一戶家庭可以擁有 1, 2, 3, 4, 5, 6, 或 7 或更多個人。) 一戶隨機選取的家庭擁有 4 人或更多人的機率是

$$P(X \geq 4) = P(4) + P(5) + P(6) + P(7\ 或更多)$$
$$= .128 + .058 + .022 + .013 = .221$$

在範例 7.1 中，我們使用整個母體普查的資訊來計算機率。下一個範例解說如何使用第 6 章介紹的方法來發展機率分配。

範例 7.2　銷售數量的機率分配

一位共同基金的銷售人員安排了明天要打電話給 3 個人。基於過去的經驗，這位銷售人員知道每一次通話有 20% 的機會可以銷售成功。判斷這位銷售人員可能成交件數 (銷售數量) 的機率分配。

解答

我們可以使用 6.3 節中介紹的機率法則與樹狀圖。圖 7.1 呈現這個範例的機率樹狀圖。令 X = 銷售數量。

7 隨機變數和間斷機率分配

圖 7.1 範例 7.2 的機率樹狀圖

第一通電話	第二通電話	第三通電話	事件	x	機率
S .2	S .2	S .2	SSS	3	.008
		S^c .8	SSS^c	2	.032
	S^c .8	S .2	SS^cS	2	.032
		S^c .8	SS^cS^c	1	.128
S^c .8	S .2	S .2	S^cSS	2	.032
		S^c .8	S^cSS^c	1	.128
	S^c .8	S .2	S^cS^cS	1	.128
		S^c .8	$S^cS^cS^c$	0	.512

這個機率樹狀圖顯示 8 種可能產生的結果及其機率。我們看到有一個結果顯示沒有銷售成功，它的機率是 $P(0)=.512$。有 3 個結果顯示售出一檔基金，每一種結果的機率是 .128，所以我們將這些機率相加。因此，

$$P(1) = .128 + .128 + .128 = 3(.128) = .384$$

以相似的方法計算售出兩檔基金的機率：

$$P(2) = 3(.032) = .096$$

只有一個結果售出三檔基金，其機率：

$$P(3) = .008$$

X 的機率分配列在表 7.1 中。

表 7.1 範例 7.2 銷售數量的機率分配

x	P(x)
0	.512
1	.384
2	.096
3	.008

7.1b　機率分配與母體

機率分配的重要性在於它們可用以表達母體。在範例 7.1 中的機率分配提供我們有關母體中每一戶家庭居住人數的資訊。在範例 7.2 中的母體是銷售人員在 3 通電話中的成功銷售次數。如同我們先前提過的，統計推論是處理有關母體的推論。

7.1c　描述母體 / 機率分配

在第 4 章中，我們曾經說明如何計算一個母體的平均數、變異數與標準差。我們所提供的公式是基於知道母體中每一個元素的隨機變數數值。例如，假設我們想要知道全北美洲藍領勞工的年薪平均數與變異數，我們會記錄每一個人的收入並使用第 4 章所介紹的公式：

$$\mu = \frac{\sum_{i=1}^{N} X_i}{N}$$

$$\sigma^2 = \frac{\sum_{i=1}^{N}(X_i - \mu)^2}{N}$$

其中 X_1 是第一位藍領勞工的收入，X_2 是第二位藍領勞工的收入，以此類推。N 很有可能等於數百萬。誠如你所了解的，因為母體是如此的龐大，這些公式在實務應用上是很少被使用的。我們不太可能記錄全北美洲藍領勞工這個母體的收入。但是，機率分配通常用來代表母體。與其記錄母體中的每一個觀測值，我們列出隨機變數的可能數值以及它們相對應的機率，就如在範例 7.1 中我們導出每戶家庭居住人數的機率分配，以及在範例 7.2 中共同基金銷售人員在 3 通電話中成功交易次數的機率分配一樣。上述公式可以用來計算母體的平均數與變異數。

母體平均數是它所有數值的加權平均數。權重就是各個機率。這個參數又被稱為是 X 的**期望值 (expected value)**，並且以 $E(X)$ 表示之。

母體平均數

$$E(X) = \mu = \sum_{\text{所有} x} x P(x)$$

母體變異數的計算方法是類似的。它是各個數值與平均數差異平方的加權平均數。

母體變異數

$$V(X) = \sigma^2 = \sum_{\text{所有}x}(x-\mu)^2 P(x)$$

有一個計算母體變異數的簡易公式。此公式的計算結果不是近似值；它會產生與上面公式相同的數值。

母體變異數的簡易計算公式

$$V(X) = \sigma^2 = \sum_{\text{所有}x} x^2 P(x) - \mu^2$$

標準差的定義與第 4 章中的定義是相同的。

母體標準差

$$\sigma = \sqrt{\sigma^2}$$

範例 7.3　描述每戶人數的母體

求出範例 7.1 中每一戶家庭人數的母體平均數、變異數與標準差。

解答

對這個範例，我們假設最後一個類組是指家中恰好有 7 個人。則 X 的平均數是

$$\begin{aligned}E(X) = \mu &= \sum_{\text{所有}x} xP(x) = 1P(1) + 2P(2) + 3P(3) + 4P(4) + 5P(5) + 6P(6) + 7P(7)\\ &= 1(.279) + 2(.345) + 3(.155) + 4(.128) + 5(.058) + 6(.022) + 7(.013)\\ &= 2.46\end{aligned}$$

請注意，此隨機變數的值只能是整數，但是平均數是 2.46。

X 的變異數是

$$\begin{aligned}V(x) = \sigma^2 &= \sum_{\text{所有}x}(x-\mu)^2 P(x)\\ &= (1-2.46)^2(.279) + (2-2.46)^2(.345) + (3-2.46)^2(.155)\\ &\quad + (4-2.46)^2(.128) + (5-2.46)^2(.058) + (6-2.46)^2(.022)\\ &\quad + (7-2.46)^2(.013)\\ &= 1.93\end{aligned}$$

標準差是

$$\sigma = \sqrt{\sigma^2} \sqrt{1.93} = 1.39$$

這些參數告訴我們每一戶家庭人數的平均數與標準差分別是 2.46 以及 1.39。

7.1d 期望值與變異數法則

你將會發現，我們建立的新變數經常會是其他隨機變數的函數。下列兩個方塊中所給的公式讓我們可以快速決定這些新變數的期望值與變異數。這裡所使用的符號，X 是隨機變數，c 則是常數。

期望值法則

1. $E(c) = c$
2. $E(X+c) = E(X) + c$
3. $E(cX) = cE(X)$

變異數法則

1. $V(c) = 0$
2. $V(X+c) = V(X)$
3. $V(cX) = c^2 V(X)$

範例 7.4　描述每月利潤的母體

一家電腦商店每月銷售額的平均數是 $25,000，標準差是 $4,000。利潤的計算是將銷售額乘以 30%，再減去固定成本 $6,000。求出每月利潤的平均數與標準差。

解答

我們可以用下列的方程式描述利潤與銷售額之間的關係：

$$利潤 = .30\,(銷售額) - 6{,}000$$

期望利潤或平均利潤是

$$E(利潤) = E[.30\,(銷售額) - 6{,}000]$$

應用第二條期望值法則，我們得到

$$E(\text{利潤}) = E[.30(\text{銷售額})] - 6{,}000$$

應用第三條法則，得到

$$E(\text{利潤}) = .30E(\text{銷售額}) - 6{,}000 = .30(25{,}000) - 6{,}000 = 1{,}500$$

因此，每月的平均利潤是 $1,500。

變異數是

$$V(\text{利潤}) = V[.30(\text{銷售額}) - 6{,}000]$$

第二條變異數法則的描述是

$$V(\text{利潤}) = V[.30(\text{銷售額})]$$

並且應用第三條法則產生

$$V(\text{利潤}) = (.30)^2 V(\text{銷售額}) = .09(4{,}000)^2 = 1{,}440{,}000$$

因此，每月利潤的標準差是

$$\sigma_{\text{利潤}} = \sqrt{1{,}440{,}000} = \$1{,}200$$

練 習 題

7.1 在繁忙的高速公路上發生交通事故的數量是一個隨機變數。
a. 這個隨機變數的可能數值為何？
b. 這些數值是可數的嗎？請解釋之。
c. 這些數值的個數是有限的嗎？請解釋之。
d. 這項隨機變數是間斷的或是連續的？請解釋之。

7.2 一部汽車油箱可行駛的距離是一個隨機變數。
a. 這個隨機變數的可能數值為何？
b. 這些數值是可數的嗎？請解釋之。
c. 這些數值的個數是有限的嗎？請解釋之。
d. 這項隨機變數是間斷的或是連續的？請解釋之。

7.3 一項包含 100 題選擇題的統計考試，其分數是一個隨機變數。
a. 這個隨機變數的可能數值為何？
b. 這些數值是可數的嗎？請解釋之。
c. 這些數值的個數是有限的嗎？請解釋之。
d. 這項隨機變數是間斷的還是連續的？請解釋之。

7.4 使用歷史紀錄，一家工廠的人事經理確定了隨機變數 X 的機率分配，X 是每天缺勤的員工人數。其為：

X	0	1	2	3	4	5	6	7
$P(x)$	.005	.025	.310	.340	.220	.080	.019	.001

a. 計算下列機率
   $P(2 \leq X \leq 5)$
   $P(X > 5)$

$P(X < 4)$

b. 計算母體的平均數。

c. 計算母體的標準差。

7.5 在許多大學，二年級商科的學生必須在一學期選 10 門課，導致可以得到成績 A 的課程數量是一個間斷的隨機變數。假設每一個隨機變數的值有相同的機率，請決定這項機率分配。

7.6 一家網路藥局的廣告說，它會在 3 到 6 天內送達跨縣市購買的產品。這家公司的經理希望其廣告能夠更精確，因此，記錄了送貨給顧客所需的天數。根據資料，建立了下列的機率分配。

天數	0	1	2	3	4	5	6	7	8
機率	0	0	.01	.04	.28	.42	.21	.02	.02

a. 如廣告所說，在 3 到 6 天期限內送達的機率為何？

b. 貨運遲到的機率為何？

c. 貨運早到的機率為何？

7.7 投擲兩枚公正的銅板，使用機率樹狀圖計算下列事件的機率。

a. 第一枚銅板出現正面，第二枚銅板出現正面。

b. 第一枚銅板出現正面，第二枚銅板出現反面。

c. 第一枚銅板出現反面，第二枚銅板出現正面。

d. 第一枚銅板出現反面，第二枚銅板出現反面。

7.8 參考練習題 7.7。求出下列的機率。

a. 沒有正面。

b. 一個正面。

c. 兩個正面。

d. 至少一個正面。

7.9 繪製一個機率樹狀圖以描述投擲三枚公正銅板的實驗。

7.10 參考練習題 7.9。求出下列的機率。

a. 兩個正面。

b. 一個正面。

c. 至少一個正面。

d. 至少兩個正面。

7.11 我們給予下列的機率分配。

x	0	1	2	3
P(x)	.4	.3	.2	.1

a. 計算平均數、變異數和標準差。

b. 假設，對於每個 X 的值，$Y = 3X + 2$，決定 Y 的值。Y 的機率分配為何？

c. 利用 (b) 小題的機率分配，計算 Y 的平均數、變異數和標準差。

d. 利用期望值法則和變異數法則，從 X 的平均數、變異數和標準差計算 Y 的平均數、變異數和標準差。比較你的 (c) 和 (d) 小題的答案，它們是相同的嗎 (四捨五入的誤差除外)？

7.12 在觀看了一些兒童在電子遊樂場玩遊戲後，一位統計應用者估計了下列 X 的機率分配，X 是每次去遊樂場玩的遊戲數量。

x	1	2	3	4	5	6	7
P(x)	.05	.15	.15	.25	.20	.10	.10

a. 一個兒童玩超過 4 項遊戲的機率為何？

b. 一個兒童玩至少 2 項遊戲的機率為何？

7.13 參考練習題 7.12，確定玩遊戲數量的平均數與變異數。

7.14 參考練習題 7.12。假設每場遊戲花費玩家 25 美分。使用期望值法則和變異數法則來確定遊樂場收入的期望值與變異數。

7.15 參考練習題 7.12。

a. 確定遊樂場從每位兒童所獲得收入之機率分配。
b. 使用機率分配來計算遊樂場收入的平均數與變異數。
c. 將 (b) 小題的答案與練習題 7.14 的答案進行比較。它們是否相同 (四捨五入的誤差除外) ?

7.16 一家購物中心估計其顧客實際進入商店的數量之機率分配，如下表所列：

x	0	1	2	3	4	5	6
P(x)	.04	.19	.22	.28	.12	.09	.06

求出顧客進入商店數量之平均數與標準差。

7.17 參考練習題 7.16。假設，平均而言，顧客在他們進入的每家商店停留 10 分鐘。求出顧客花費在商店中的總時間之平均數與標準差。

7.18 在市區的停車場停車時，駕駛按小時數或部分小時數付費。所估計的汽車停放小時數之機率分配如下。

x	1	2	3	4	5	6	7	8
P(x)	.24	.18	.13	.10	.07	.04	.04	.20

計算停車場汽車停放小時數之平均數與標準差。

7.19 參考練習題 7.18。停車費為每小時 $2.50。計算每輛汽車產生的收入之平均數與標準差。

7.20 讓你選擇現金 $500 或一個面值 $100 的金幣。然而，金幣的價值取決於黃金的含量。你被告知金幣的價值是 $400 的機率為 40%，價值 $900 的機率為 30%，而價值等於其面值的機率為 30%。根據你對期望價值的決定，你應該選擇這枚金幣嗎？

7.21 花 1 美元買了一張彩票，其中有五個獎項。獎金和一位遊戲者贏得獎金的機率都在這裡列出。計算收益的期望值。

獎金 ($)	1 百萬	200,000	50,000	10,000	1,000
機率	1/1 千萬	1/1 百萬	1/500,000	1/50,000	1/10,000

7.22 一家昂貴的餐廳對餐桌上的人數進行分析，並從中得到機率分配。

x	1	2	3	4	5	6	7	8
P(x)	.03	.32	.05	.28	.04	.15	.03	.10

如果隨機選擇一張餐桌，計算下列事件的機率。
a. 餐桌人數超過 4 人
b. 餐桌人數少於 5 人
c. 餐桌人數有 4 到 6 人 (含)

7.23 參考練習題 7.22。計算母體的平均數、變異數與標準差。

7.2 雙變量分配 (選讀)

到目前為止，我們處理了單一 (single) 變數的分配。但是，在有些情況下我們必須知道兩個變數之間的關係。回顧在第 3 章中我們曾經以繪製散布圖，以及在第 4 章中以計算共變異數與相關係數的統計方式探討過這個問題。在本節中，我們提出**雙變量分配 (bivariate distribution)**，它提供兩個變數組合的機率。附帶地，當我們需要區分雙變量分配和單一變數的分配時，我們會將後者稱為單變量 (univariate) 分配。

兩個變數的聯合機率，假設變數的值分別為 x 和 y，以符號 $P(x, y)$ 表示。X 和 Y 的雙變量(或聯合)機率分配是一個表格或公式，它列出所有成對 x 和 y 數值的聯合機率。與單變量分配的情況一樣，聯合機率必須滿足兩個必要的條件。

間斷雙變量分配的必要條件

1. 對所有成對的 (x, y) 數值而言，$0 \leq P(x, y) \leq 1$
2. $\sum_{\text{所有}x} \sum_{\text{所有}y} P(x, y) = 1$

範例 7.5　房屋銷售數量的雙變量分配

Xavier 和 Yvette 是房地產經紀人。令 X 代表 Xavier 將在一個月內售出的房屋數量，令 Y 代表 Yvette 將在一個月內售出的房屋數量。他們過去一個月銷售業績的分析具有下列的聯合機率。

雙變量機率分配

		X		
		0	1	2
	0	.12	.42	.06
Y	1	.21	.06	.03
	2	.07	.02	.01

我們詮釋這些聯合機率的方式與第 6 章的方式相同。例如，在一個月內 Xavier 售出 0 棟房屋且 Yvette 售出 1 棟房屋的機率是 $P(0, 1) = .21$。

7.2a　邊際機率

如同我們在第 6 章的做法一樣，我們藉著橫向加總列的數字，與縱向加總行的數字以計算邊際機率。

範例 7.5 中 X 的邊際機率分配

$$P(X = 0) = P(0, 0) + P(0, 1) + P(0, 2) = .12 + .21 + .07 = .4$$
$$P(X = 1) = P(1, 0) + P(1, 1) + P(1, 2) = .42 + .06 + .02 = .5$$
$$P(X = 2) = P(2, 0) + P(2, 1) + P(2, 2) = .06 + .03 + .01 = .1$$

X 的邊際機率分配是

x	P(x)
0	.4
1	.5
2	.1

範例 7.5 中 Y 的邊際機率分配

$$P(Y=0) = P(0,0) + P(1,0) + P(2,0) = .12 + .42 + .06 = .6$$
$$P(Y=1) = P(0,1) + P(1,1) + P(2,1) = .21 + .06 + .03 = .3$$
$$P(Y=2) = P(0,2) + P(1,2) + P(2,2) = .07 + .02 + .01 = .1$$

Y 的邊際機率分配是

y	P(y)
0	.6
1	.3
2	.1

請注意，兩項邊際機率分配皆符合必要的條件；它們的機率都在 0 與 1 之間，並且它們的加總皆是 1。

7.2b 描述雙變量分配

誠如我們對單變量分配的做法，我們通常以計算每一個變數的平均數、變異數與標準差來描述雙變量分配。我們利用邊際機率來執行這些計算。

範例 7.5 中 X 的期望值、變異數與標準差

$$E(X) = \mu_X = \sum xP(x) = 0(.4) + 1(.5) + 2(.1) = .7$$
$$V(X) = \sigma_X^2 = \sum (x - \mu_X)^2 P(x) = (0-.7)^2(.4) + (1-.7)^2(.5) + (2-.7)^2(.1) = .41$$
$$\sigma_X = \sqrt{\sigma_X^2} = \sqrt{.41} = .64$$

範例 7.5 中 Y 的期望值、變異數與標準差

$$E(Y) = \mu_Y = \sum yP(y) = 0(.6) + 1(.3) + 2(.1) = .5$$
$$V(Y) = \sigma_Y^2 = \sum (y - \mu_Y)^2 P(y) = (0-.5)^2(.6) + (1-.5)^2(.3) + (2-.5)^2(.1) = .45$$
$$\sigma_Y = \sqrt{\sigma_Y^2} = \sqrt{.45} = .67$$

我們可以並且需要計算另外兩個參數。兩者皆用以處理兩個變數之間的關係。它們是共變異數與相關係數。回顧在第 4 章中曾經介紹過這兩個參數，其公式是立基於我們已知母體中 N 個觀測值中每一個的假設。在本章中，我們從雙變量分配計算共變異數與相關係數之類的參數。

共變異數

兩個間斷變數的共變異數被定義成

$$\text{COV}(X, Y) = \sigma_{xy} = \sum_{\text{所有}x} \sum_{\text{所有}y} (x - \mu_X)(y - \mu_Y)P(x, y)$$

請注意,我們分別將 X 與 Y 變數與其平均數的離差相乘,再乘上它們的聯合機率。

這個計算可以被簡化成下列的簡易計算公式。

共變異數的簡易計算公式

$$\text{COV}(X, Y) = \sigma_{xy} = \sum_{\text{所有}x} \sum_{\text{所有}y} xyP(x, y) - \mu_X \mu_Y$$

相關係數的計算方法與第 4 章的方法是相同的。

相關係數

$$\rho = \frac{\sigma_{xy}}{\sigma_x \sigma_y}$$

範例 7.6　描述雙變量分配

計算範例 7.5 中兩位經紀人銷售房屋數量的共變異數與相關係數。

解答

我們從計算共變異數開始。

$$\begin{aligned}\sigma_{xy} &= \sum_{\text{所有}x} \sum_{\text{所有}y} (x - \mu_X)(y - \mu_Y)P(x, y) \\ &= (0 - .7)(0 - .5)(.12) + (1 - .7)(0 - .5)(.42) + (2 - .7)(0 - .5)(.06) \\ &\quad + (0 - .7)(1 - .5)(.21) + (1 - .7)(1 - .5)(.06) + (2 - .7)(1 - .5)(.03) \\ &\quad + (0 - .7)(2 - .5)(.07) + (1 - .7)(2 - .5)(.02) + (2 - .7)(2 - .5)(.01) \\ &= -.15\end{aligned}$$

如同我們用簡易方法計算變異數一樣,現在我們將使用簡易方法再次計算共變異數:

$$\sum_{\text{所有}x}\sum_{\text{所有}y}xyP(x,y) = (0)(0)(.12) + (1)(0)(.42) + (2)(0)(.06)$$
$$+ (0)(1)(.21) + (1)(1)(.06) + (2)(1)(.03)$$
$$+ (0)(2)(.07) + (1)(2)(.02) + (2)(2)(.01)$$
$$= .2$$

使用之前所計算之期望值,我們得到

$$\sigma_{xy} = \sum_{\text{所有}x}\sum_{\text{所有}y}xyP(x,y) - \mu_X\mu_Y = .2 - (.7)(.5) = -.15$$

我們計算了上述的標準差。因此,相關係數是

$$\rho = \frac{\sigma_{xy}}{\sigma_x\sigma_y} = \frac{-.15}{(.64)(.67)} = -.35$$

兩個變數之間存在一個弱的負相關:Xavier 將在一個月內售出的房屋數量 (X),與 Yvette 將在一個月內售出的房屋數量 (Y)。

7.2c 兩個變數的加總

雙變量分配讓我們能夠發展兩個變數的任何組合之機率分配,我們特別感興趣的是兩個變數的加總。這一類型分配的分析衍生出一項統計在金融上的重要應用,對此我們將在下一節中說明。

為了示範如何從雙變量分配發展出兩個變數加總的機率分配,我們再回到範例 7.5。X 和 Y 兩個變數的加總是每個月售出房屋的總數。$X+Y$ 可能的數值是 0, 1, 2, 3 和 4。例如,$X+Y=2$ 的機率是將所有成對 X 值與 Y 值總和等於 2 的聯合機率加總。

$$P(X+Y=2) = P(0,2) + P(1,1) + P(2,0) = .07 + .06 + .06 = .19$$

我們以類似的方式計算其他 $X+Y$ 數值的機率,產生下列的機率分配表。

範例 7.5 中 $X+Y$ 的機率分配

$x+y$	0	1	2	3	4
$P(x+y)$	.12	.63	.19	.05	.01

我們可以使用一般的方法計算 $X+Y$ 的期望值、變異數與標準差。

$$E(X+Y) = 0(.12) + 1(.63) + 2(.19) + 3(.05) + 4(.01) = 1.2$$
$$V(X+Y) = \sigma^2_{X+Y} = (0-1.2)^2(.12) + (1-1.2)^2(.63) + (2-1.2)^2(.19)$$
$$+ (3-1.2)^2(.05) + (4-1.2)^2(.01)$$
$$= .56$$

$$\sigma_{X+Y} = \sqrt{.56} = .75$$

我們也可以導出一些法則讓我們能夠更方便地計算兩變數加總的期望值與變異數。

> **兩變數加總的期望值法則與變異數法則**
>
> **1.** $E(X+Y) = E(X) + E(Y)$
> **2.** $V(X+Y) = V(X) + V(Y) + 2\text{COV}(X,Y)$
>
> 如果 X 與 Y 是獨立的，則 $\text{COV}(X,Y) = 0$，因此 $V(X+Y) = V(X) + V(Y)$。

範例 7.7　描述房屋銷售總數的母體

使用兩個變數加總的期望值與變異數法則計算範例 7.5 中每個月房屋銷售總數的平均數與變異數。

解答

使用法則 1，我們計算 $X+Y$ 的期望值：
$$E(X+Y) = E(X) + E(Y) = .7 + .5 = 1.2$$

它的值與我們直接從 $X+Y$ 的機率分配產生的結果是相同的。我們應用法則 2 計算變異數：
$$V(X+Y) = V(X) + V(Y) + 2\text{COV}(X,Y) = .41 + .45 + 2(-.15) = .56$$

這個值與我們從 $X+Y$ 的機率分配所得到的值是相同的。

我們將會遇到幾個應用，其中我們需要兩個變數加總的期望值法則與變異數法則。此外，我們將展示營運管理中的一個重要應用，其中我們需要使用兩個以上變數總和之期望值與變異數的計算公式。

練 習 題

7.24 這裡描述了 X 和 Y 的雙變量分配。

	x	
y	**1**	**2**
1	.28	.42
2	.12	.18

a. 求出 X 的邊際機率分配。
b. 求出 Y 的邊際機率分配。
c. 計算 X 的平均數與變異數。
d. 計算 Y 的平均數與變異數。

7.25 根據練習題 7.24。計算共變異數與相關係數。

7.26 根據練習題 7.24。使用兩個變數加總的期望值法則與變異數法則計算 $X+Y$ 的平均數與變異數。

7.27 根據練習題 7.24。
 a. 決定 $X+Y$ 的分配。
 b. 決定 $X+Y$ 的平均數與變異數。
 c. 你在 (b) 小題的答案是否等於練習題 7.24 的答案？

7.28 X 與 Y 的聯合機率分配展示如下。

		x	
y	1	2	3
1	.42	.12	.06
2	.28	.08	.04

 a. 求出 X 和 Y 的邊際機率。
 b. 計算 X 和 Y 之間的共變異數和相關係數。
 c. 建立 $X+Y$ 的機率分配。

7.29 X 和 Y 的分配被描述如下。如果 X 和 Y 是互相獨立，決定 X 和 Y 的聯合機率分配。

x	0	1	2
p(x)	.6	.3	.1

y	1	2
p(y)	.7	.3

7.30 在分析了幾個月的銷售資料後，一家電器商店的老闆對每天售出的冰箱和爐具的數量產生了下列的聯合機率分配。

		冰箱	
爐具	0	1	2
0	.08	.14	.12
1	.09	.17	.13
2	.05	.18	.04

 a. 求每天售出冰箱數量的邊際機率分配。
 b. 求每天售出爐具數量的邊際機率分配。
 c. 計算每天售出冰箱數量的平均數與變異數。
 d. 計算每天售出爐灶數量的平均數與變異數。
 e. 計算共變異數與相關係數。

7.31 參考練習題 7.30，求出下列條件機率。
 a. $P(1$ 個冰箱 $|0$ 個爐具$)$。
 b. $P(0$ 個爐具 $|1$ 個冰箱$)$。
 c. $P(2$ 個冰箱 $|2$ 個爐具$)$。

7.32 在觀看了幾個賽季的足球比賽後，一位統計學家得出了下列的分數之雙變量分配。

		主隊		
客隊	0	1	2	3
0	.14	.11	.09	.10
1	.12	.10	.05	.02
2	.09	.07	.04	.01
3	.03	.02	.01	0

 a. 主隊獲勝的機率是多少？
 b. 平局的機率是多少？
 c. 客隊獲勝的機率是多少？

7.33 參考練習題 7.32。
 a. 確定主隊得分的機率分配。
 b. 計算主隊得分的平均數、變異數與標準差。

7.34 參考練習題 7.32。
 a. 確定客隊得分的機率分配。
 b. 計算客隊得分的平均數、變異數與標準差。

7.35 參考練習題 7.32。
 a. 確定兩隊總分的機率分配。
 b. 計算兩隊總分的平均數、變異數與標準差。
 c. 計算兩個變數的共變異數與相關係數。

7.3 金融上的應用:投資組合多元化與資產配置(選讀)

根據前一節的內容,在本節中我們介紹一項在金融上的重要應用。

在範例 3.2(第 50 頁) 中,我們描述我們在投資報酬直方圖中觀察的重點,來評估與投資相關的風險。大多數投資者傾向於規避風險,這意味著他們偏好低風險的投資。金融分析師降低與股票市場相關風險的方法之一是透過**多元化 (diversification)** 的方式。這種策略是 Harry Markowitz 在 1952 年首先以數學的方式導出。他的模型已為現代投資組合理論 (modern portfolio theory, MPT) 的發展鋪好了道路,這也是共同基金的基礎概念 (見 147 頁)。

為了說明投資組合多元化的基本概念,試想一位投資者想出一種投資組合,只包括兩檔股票,投資 $4,000 於第一檔股票,投資 $6,000 於第二檔股票。假設一年後的結果如下所列。(我們在之前曾經定義過投資報酬率。見第 50 頁,金融上的應用:投資報酬率。)

一年期的結果

股票	期初投資 ($)	一年後的投資價值 ($)	投資報酬率 ($)
1	4,000	5,000	$R_1 = .25\ (25\%)$
2	6,000	5,400	$R_2 = -.10\ (-10\%)$
合計	10,000	10,400	$R_p = .04\ (4\%)$

另外一種計算投資組合報酬率 R_p 的方法是計算個別股票報酬率 R_1 和 R_2 的加權平均值,其中權重 w_1 和 w_2 是原始 $10,000 分別投資在股票 1 和股票 2 的比例。在這項說明中,$w_1 = .4$ 且 $w_2 = .6$。(請注意,因為這兩檔股票組成整個投資組合,所以 w_1 和 w_2 的加總必須為 1。) 這兩檔股票報酬率的加權平均是

$$R_p = w_1 R_1 + w_2 R_2 = (.4)(.25) + (.6)(-.10) = .04$$

這是投資組合報酬率的計算方式。但是,在進行初始投資時,投資者並不知道報酬率將會是多少。事實上,報酬率是隨機變數。我們對決定投資組合報酬率的期望值與變異數感興趣。方塊中的公式是從前兩節介紹的期望值與變異數法則推演而得。

兩檔股票投資組合的平均數與變異數

$$E(R_p) = w_1 E(R_1) + w_2 E(R_2)$$
$$V(R_p) = w_1^2 V(R_1) + w_2^2 V(R_2) + 2w_1 w_2 \text{COV}(R_1, R_2)$$
$$= w_1^2 \sigma_1^2 + w_2^2 \sigma_2^2 + 2w_1 w_2 \rho \sigma_1 \sigma_2$$

其中 w_1 和 w_2 是投資 1 和投資 2 的比例或權重，$E(R_1)$ 與 $E(R_2)$ 是它們的期望值，σ_1 與 σ_2 是它們的標準差，$\text{COV}(R_1, R_2)$ 是共變異數，而 ρ 是相關係數。

[回顧 $\rho = \dfrac{\text{COV}(R_1, R_2)}{\sigma_1 \sigma_2}$，也就是 $\text{COV}(R_1, R_2) = \rho \sigma_1 \sigma_2$。]

■ 範例 7.8　描述投資組合報酬率的母體

一位投資者決定將 25% 的股份投入麥當勞 (McDonald's) 的股票，以及將 75% 的股份投入思科系統公司 (Cisco Systems) 的股票，從而形成一個投資組合。這位投資者假設期望的報酬率分別是 8% 與 15%，並且標準差分別是 12% 與 22%。

a. 求出投資組合的期望報酬率。

b. 計算這項投資組合報酬率的標準差，假設：
　i.　這兩檔股票的報酬率是完全的正相關。
　ii.　其相關係數是 .5。
　iii.　這兩檔股票的報酬率是不相關的。

解答

a. 這兩檔股票報酬率的期望值是
$$E(R_1) = .08 \text{ 和 } E(R_2) = .15$$

權重是 $w_1 = .25$ 以及 $w_2 = .75$。

因此，投資組合的期望報酬率是
$$E(R_p) = w_1 E(R_1) + w_2 E(R_2) = .25(.08) + .75(.15) = .1325$$

b. 標準差是
$$\sigma_1 = .12 \text{ 和 } \sigma_2 = .22$$

因此，投資組合報酬率的變異數是
$$V(R_p) = w_1^2 \sigma_1^2 + w_2^2 \sigma_2^2 + 2w_1 w_2 \rho \sigma_1 \sigma_2$$
$$= (.25^2)(.12^2) + (.75^2)(.22^2) + 2(.25)(.75)\rho(.12)(.22)$$
$$= .0281 + .0099\rho$$

當 $\rho = 1$，

$$V(R_p) = .0281 + .0099(1) = .0380$$

$$標準差 = \sqrt{V(R_p)} = \sqrt{.0380} = .1949$$

當 $\rho = .5$，

$$V(R_p) = .0281 + .0099(.5) = .0331$$

$$標準差 = \sqrt{V(R_p)} = \sqrt{.0331} = .1819$$

當 $\rho = 0$，

$$V(R_p) = .0281 + .0099(0) = .0281$$

$$標準差 = \sqrt{V(R_p)} = \sqrt{.0281} = .1676$$

請注意，當相關係數降低，投資組合報酬率的變異數與標準差也降低。

7.3a 投資組合多元化的實務應用

在本節中介紹的公式需要知道我們所感興趣投資的期望值、變異數與共變異數(或是相關係數)。產生的問題是：我們如何決定這些參數？(附帶一提的是，這個問題在金融教科書中很少被重視！)最常見的處理過程是從歷史性的資料估計參數，即使用樣本統計量。

7.3b 兩檔以上股票的投資組合

我們可以將描述兩檔股票投資組合報酬率的平均數與變異數公式延伸應用到任何檔數股票的投資組合。

k 檔股票投資組合的平均數與變異數

$$E(R_p) = \sum_{i=1}^{k} w_i E(R_i)$$

$$V(R_p) = \sum_{i=1}^{k} w_i^2 \rho_i^2 + 2 \sum_{i=1}^{k} \sum_{j=i+1}^{k} w_i w_j \text{COV}(R_i, R_j)$$

其中 R_i 是第 i 檔股票的報酬率，w_i 是投資組合中投資於股票 i 的比例，k 是投資組合中股票的檔數。

當 k 大於 2 的時候，計算可能會是冗長沉悶以及耗時的。例如，當 $k=3$，我們

7 隨機變數和間斷機率分配

需要知道 3 個權重、3 個期望值、3 個變異數與 3 個共變異數。當 $k=4$，將會有 4 個期望值、4 個變異數與 6 個共變異數。[必要的共變異數個數通常是 $k(k-1)/2$。為了協助你，我們建立了 Excel 工作表以執行當 $k=2$、3 或 4 時的計算。為了示範，我們將回到本章導論中所敘述的問題。

最大化報酬率與最小化風險的投資：解答

由於計算的繁複，我們將使用 Excel 解答這一個問題。從檔案我們計算每一檔股票報酬率的平均數。

Excel 平均數

	A	B	C	D
50	0.01575	0.01203	0.01257	0.00530

接下來，我們計算變異數一共變異數矩陣。(這些指令與第 4 章的描述是相同的——只要將你想要包含在投資組合中的所有投資報酬率的欄位包括在內即可。)

變異數一共變異數矩陣

	G	H	I	J	K
1		HD	NKE	CNR	EXPE
2	HD	0.00257			
3	NKE	0.00144	0.00356		
4	CNR	0.00074	0.00004	0.00178	
5	EXPE	0.00149	0.00059	0.00057	0.00566

請注意，報酬率的變異數列在對角線上。因此，例如，耐吉 (NKE) 的 48 個月報酬率的變異數是 .00356。共變異數呈現在對角線下方。例如，家得寶 (HD) 與耐吉 (NKE) 報酬率之間的共變異數是 .00144。

利用在此描述的指令，平均數以及變異數一共變異數矩陣可以被複製到試算表上。輸入權重的數值即可得到下列的結果。

Excel 工作表：投資組合多元化——計畫 1

	A	B	C	D	E	F	G
1	Portfolio of 4 Stocks						
2			HD	NKE	CNR	EXPE	
3	Variance-Covariance Matrix	HD	0.002569				
4		NKE	0.001444	0.003556			
5		CNR	0.000738	0.000037	0.001785		
6		EXPE	0.001490	0.000591	0.000571	0.005661	
7							
8	Expected Returns		0.015751	0.012032	0.012569	0.005297	
9							
10	Weights		0.250000	0.250000	0.250000	0.250000	1.000000
11							
12	Portfolio Return						
13	Expected Value	0.0114					
14	Variance	0.0015					
15	Standard Deviation	0.0382					

投資組合的預期報酬率為 0.0114，變異數為 0.0015。

指令說明

1. 開啟包含報酬率的檔案。這個範例要開啟檔案 **Ch7:\Xm07-00**。
2. 計算在投資組合中各股票報酬欄位的平均數。
3. 使用第 4 章 (第 110-111 頁) 中描述的指令，計算變異數─共變異數矩陣。
4. **開啟 Portfolio Diversification (投資組合多樣化)** 活頁簿 (workbook)。點選 **4 Stocks (四檔股票)** 工作表 (worksheet) 索引標籤。不要改變任何粗體字的儲存格。也不要儲存任何工作表。
5. 複製平均數至 C8 到 F8。[使用 **複製 (Copy)**、**選擇性貼上 (Paste special)**，點選**值與數字格式 (Values and number formats)**。]
6. 複製變異數─共變異數矩陣 (包括列與欄的標示) 至 B、C、D、E 與 F 欄。
7. 輸入權重至儲存格 C10 到 F10。

投資組合的平均數、變異數與標準差將會被印出。使用類似的指令計算 2 檔股票以及 3 檔股票的投資組合。

計畫 2 的結果是

	A	B
12	Portfolio Return	
13	Expected Value	0.0099
14	Variance	0.0017
15	Standard Deviation	0.0411

計畫 3 的結果是

	A	B
12	Portfolio Return	
13	Expected Value	0.0107
14	Variance	0.0014
15	Standard Deviation	0.0377

計畫 1 有最大的期望值與第二小的變異數；計畫 2 有最小的期望值與最大的變異數；計畫 3 有第二大的期望值與最小的變異數。大多數投資者都很保守，可能會選擇計畫 3，因為它的風險較低。其他比較大膽的投資者可能選擇計畫 1，利用它期望值最高之優勢。

在此範例中，我們示範了如何從任何權重組合的投資報酬樣本來計算期望報酬、變異數與標準差。(我們用三組權重來示範計算的過程。) 另外，對一個給定的期望值來決定「最理想的」權重使其風險最小化，或是對一個給定的標準差來決定「最理想的」權重使其期望報酬最大化是有可能做到的。對金融分析師或投資顧

7 隨機變數和間斷機率分配

問而言，這是一項非常重要的職能。這類解答可以使用一種稱為線性規劃 (linear programming) 的管理科學技術，是一門在大部分的商管學院都會教的科目。

練 習 題

7.36 當投資組合的相關係數降低時，請試著描述投資組合報酬率的期望值與標準差會如何變化。

7.37 一個由 2 檔股票構成的投資組合。下面列出每一檔股票的投資組合比例、期望值與標準差。

股票	1	2
投資組合的比例	.30	.70
平均數	.12	.25
標準差	.02	.15

對下列的每一個相關係數，計算投資組合的期望值與標準差。

a. $\rho = .5$
b. $\rho = .2$
c. $\rho = 0$

7.38 一位投資者得到有關 2 檔股票報酬率的資訊如下。

股票	1	2
平均數	.09	.13
標準差	.15	.21

a. 如果目標是最大化報酬率，應該選擇哪一檔股票？
b. 如果目標是最小化風險，應該選擇哪一檔股票？

7.39 根據練習題 7.38。計算由 60% 股票 1 與 40% 股票 2 所組成投資組合的期望值和標準差。相關係數是 .4。

7.40 參考練習題 7.38。計算 30% 的股票 1 與 70% 的股票 2 組成的投資組合的期值與標準差。

7.4 二項分配

截至目前為止，我們已經介紹了一般性的機率分配，接著介紹幾種特殊的機率分配。在本節中，我們說明**二項分配** (binomial distribution)。

二項分配是二項實驗的結果，二項實驗具有下列的性質。

二項實驗

1. **二項實驗 (binomial experiment)** 是由固定次數的試驗所組成。我們用 n 表示試驗的次數。
2. 每一次的試驗只有兩種可能的結果。我們標示其中一種結果為成功 (success)，另一種結果為失敗 (failure)。
3. 成功的機率是 p。失敗的機率是 $1 - p$。
4. 這些試驗是獨立的，其意義是每次試驗的結果不會影響其他任何次試驗的結果。

如果滿足 2、3 與 4 之屬性，則我們說每一次試驗是一個**伯努利過程 (Bernoulli process)**。再加上屬性 1(被滿足)則產生了二項實驗。一個二項實驗的隨機變數被定義為在 n 次試驗中成功的次數。它被稱為**二項隨機變數 (binomial random variable)**。這裡有一些二項實驗的範例。

1. 投擲一枚銅板 10 次。每一次試驗的結果可能為正面與反面。所謂的**成功**與**失敗**是任意定義的。我們可以給任何一種結果標示為成功。但是，一般而言，我們會稱任何我們比較關心的結果為成功。例如，如果我們押注的是正面，我們會將正面標記為成功。如果此一銅板是公正的，出現正面的機率是 50%。因此，$p = .5$。最後，我們可以看到這些試驗之間是獨立的，因為投擲一次銅板的結果不可能影響其他投擲的結果。

2. 從一副洗好的牌組中抽出 5 張牌。我們可以標示任何一張我們想要的牌為成功。例如，我們想知道抽中 5 張梅花的機率，標示抽中一張梅花為成功。在第一次抽取時，抽到一張梅花的機率是 13/52 = .25。但是，如果我們抽第二張牌時，沒有放回第一張牌並且洗牌的情況下，則試驗之間就不是獨立的[1]。為了說明為什麼，假設第一次抽中的是一張梅花，如果我們以不放回第一張的方式再抽第二張。抽到第二張梅花的機率是 12/51，它不等於 .25。在這個實驗中，試驗之間是不獨立的。因此，這不是一個二項實驗。但是，如果我們在抽第二張牌之前先將第一張牌放回並且洗牌，則它就是一個二項實驗。請注意，在大部分的牌局中，我們的牌並不放回，所以不是二項實驗。

3. 在即將來臨的選舉中，一項政治民調詢問 1,500 位選民他們會把選票投給誰。在美國大部分的選舉中，只有共和黨與民主黨所提名的兩位候選人，因此，每一次試驗我們有兩種結果。這些試驗之間是獨立的，因為一位選民的選擇不會影響其他選民的選擇。在加拿大以及其他議會體系政府的國家，通常有數位候選人參與競選。但是，我們可以將投票給最喜歡的候選人(或是付錢執行民調的政黨)標示為成功，其他的候選人則標示為失敗。

你將會發現，第三個範例是一種非常普遍的統計推論應用。p 的真正數值是未知的，統計應用者的工作就是估計它的數值。藉著了解使用 p 的機率分配，我們將能夠發展估計 p 的統計工具。

---

[1] 線上附錄中有超幾何分配的內容，附錄的名稱是 Hypergeometric Distribution (超幾何分配)，可用來計算此種狀況下的機率。

7.4a 二項隨機變數

二項隨機變數是在一個含 n 次試驗的實驗中成功的次數。它可以是數值 0, 1, 2,..., n。因此，此類隨機變數是間斷的。為了要進行分析，我們必須要能夠計算每一個數值發生的機率。

使用一個機率樹狀圖，我們可以畫出一系列的分枝，如圖 7.2 所示。各階段表示 n 次試驗中每一次的結果。每一個階段都有兩個分枝用以表示成功與失敗。為了計算 n 次試驗中有 X 次成功的機率，我們要注意到，對序列中的每一個成功，我們必須乘以 p。並且，如果有 X 次成功，則一定有 $n - X$ 次失敗。對序列中的每一個失敗，我們必須乘以 $1 - p$。因此，每一個表示 x 次成功與 $n - x$ 次失敗的分枝序列，其發生的機率是

$$p^x(1-p)^{n-x}$$

有許多序列的分枝都會產生 x 次成功與 $n - x$ 次失敗。例如，在兩次試驗中，有兩種方法會恰好產生一次成功與一次失敗的結果——SF 和 FS。為了計算有幾個分枝序列會產生 x 次成功與 $n - x$ 次失敗，我們使用組合的公式

$$C_x^n = \frac{n!}{x!(n-x)!}$$

其中 $n! = n(n-1)(n-2)\cdots(2)(1)$。例如，$3! = 3(2)(1) = 6$。附帶說明 $0! = 1$，雖然它看起來可能不合乎邏輯。

將機率分配的兩個部分合在一起，則產生下列公式。

圖 7.2　二項實驗的機率樹狀圖

二項機率分配 (binomial probability distribution)

在一個具有 n 次試驗並且成功機率等於 p 的二項實驗，x 次成功的機率是

$$P(x) = \frac{n!}{x!(n-x)!} p^x (1-p)^{n-x} \text{ 對 } x = 0, 1, 2, \ldots, n$$

範例 7.9　派特‧史達德與統計測驗

派特‧史達德 (Pat Statsdud) 是一位修統計課的學生。不妙的是，派特不是一位好學生。派特在上課之前不讀教科書，不做作業，並且經常缺課。派特想靠運氣通過下次的測驗。這項測驗有 10 題選擇題。每一題有 5 種可能的答案，其中只有一個答案是正確的。派特計劃要猜每一題的答案。

a. 派特沒有猜中任何正確答案的機率為何？
b. 派特答對 2 題的機率為何？

解答

這個實驗包括 10 次相同的試驗。每一次試驗有 2 種可能的結果，並且成功被定義為得到一個正確的答案。因為派特企圖用猜的，成功的機率是 1/5 或是 .2。最後，這些試驗之間是獨立的，因為任何一題的結果不會影響任何其他問題的結果。這四個屬性告訴我們此實驗為一個 $n=10$ 與 $p=.2$ 的二項實驗。

a. 由下列公式

$$P(x) = \frac{n!}{x!(n-x)!} p^x (1-p)^{n-x}$$

我們透過令 $n=10$、$p=.2$ 以及 $x=0$，可以計算不成功 (全猜錯) 的機率。因此，

$$P(0) = \frac{10!}{0!(10-0)!}(.2)^0(1-.2)^{10-0}$$

公式組合的部分是 $\frac{10!}{0!10!}$，它等於 1。這是得到 0 題正確與 10 題不正確的方法的數量。明顯地，只有一種方法可以產生 $X=0$。並且因為 $(.2)^0=1$，

$$P(X=0) = 1(1)(.8)^{10} = .1074$$

b. 答對 2 題的機率可以用類似的方法計算，將 $n=10$、$p=.2$ 以及 $x=2$ 代入

公式即可：

$$P(x) = \frac{n!}{x!(n-x)!}p^x(1-p)^{n-x}$$

$$P(0) = \frac{10!}{2!(10-2)!}(.2)^2(1-.2)^{10-2}$$

$$= \frac{(10)(9)(8)(7)(6)(5)(4)(3)(2)(1)}{(2)(1)(8)(7)(6)(5)(4)(3)(2)(1)}(.04)(.1678)$$

$$= 45(.006712)$$

$$= .3020$$

在計算中，我們發現有 45 種方法可以準確地得到 2 題正確以及 8 題不正確的答案，並且每一方式發生的機率都是 .006712。將兩個數字相乘則可得到答對 2 題的機率 .3020。

7.4b 累積機率

二項分配的公式讓我們能夠決定 X 等於個別數值的機率。例如，在範例 7.9 中，感興趣的數值是 0 與 2。在許多情況下我們想要找出隨機變數是小於或等於某一個數值的機率。也就是說，我們想要決定 $P(X \leq x)$，其中 x 即是該數值。這樣的機率被稱為**累積機率 (cumulative probability)**。

範例 7.10　派特將無法通過測驗嗎？

找出派特無法通過測驗的機率。若分數低於 50%，將被視為不通過。

解答

在這個測驗中，答對低於 5 題是不通過的成績。因為成績必須是整數，答對 4 題或少於 4 題則為一個不通過的成績。我們希望求出 $P(X \leq 4)$。所以，

$$P(X \leq 4) = P(0) + P(1) + P(2) + P(3) + P(4)$$

從範例 7.9 中，我們得知 $P(0) = .1074$ 以及 $P(2) = .3020$。使用二項公式，我們得到 $P(1) = .2684$、$P(3) = .2013$，以及 $P(4) = .0881$。因此，

$$P(X \leq 4) = .1074 + .2684 + .3020 + .2013 + .0881 = .9672$$

以猜每一題答案的方式作答，派特有 96.72% 的機率無法通過測驗。

7.4c 二項機率表

有另外一種方法可決定二項機率。在附錄 B 中的表 1 提供選擇不同 n 與 p 數值的累積二項機率。我們可以使用這個附表回答範例 7.10 中的問題，其中我們欲求的機率為 $P(X \leq 4)$。根據表 1，求出 $n=10$，以及在那個表中找出 $p=.20$ 的行。欄位中的數字是分別是在 $x=0, 1, 2,..., 10$ 時的 $P(X \leq x)$ 數值，如表 7.2 所示。

表 7.2　$n=10$ 與 $p=.2$ 的累積二項機率

x	$P(X \leq x)$
0	.1074
1	.3758
2	.6778
3	.8791
4	.9672
5	.9936
6	.9991
7	.9999
8	1.000
9	1.000
10	1.000

第一個累積機率是 $P(X \leq 0)$，即 $P(0)=.1074$。在範例 7.10 中我們需要的機率是 $P(X \leq 4)=.9672$，這個值與我們用手計算得到的數值是相同的。

我們可以使用附表和餘集法則決定 $P(X \geq x)$ 這類型機率。例如，為了找出派特可以通過測驗的機率，我們得到

$$P(X \leq 4) + P(X \geq 5) = 1$$

因此，

$$P(X \geq 5) = 1 - P(X \leq 4) = 1 - .9672 = .0328$$

使用表 1 找出二項機率 $P(X \geq x)$

$$P(X \geq x) = 1 - P(X \leq [x-1])$$

這個附表對於決定 X 等於一個單一數值的機率也是有用的。例如，為了求出派特可以答對 2 題的機率，我們注意到下列方程式

$$P(X \leq 2) = P(0) + P(1) + P(2)$$

並且
$$P(X \leq 1) = P(0) + P(1)$$

這兩項累積機率之間的差異是 $p(2)$。因此
$$P(2) = P(X \leq 2) - P(X \leq 1) = .6778 - .3758 = .3020$$

使用表 1 找出二項機率 $P(X=x)$

$$P(x) = P(X \leq x) - P(X \leq [x-1])$$

EXCEL 函數

指令說明

在任何空白的儲存格中鍵入下列的式子。

$$=\mathbf{BINOMDIST}([x], [n], [p], [\text{True}], \text{or } [\text{False}])$$

鍵入 "True" 計算一個累積機率，以及鍵入 "False" 計算 X 等於一個單一數值的機率。對範例 7.9(a)，鍵入

$$=\mathbf{BINOMDIST}(0, 10, .2, \text{False})$$

對範例 7.10，輸入

$$=\mathbf{BINOMDIST}(4, 10, .2, \text{True})$$

7.4d 二項分配的平均數與變異數

統計學家已經對二項隨機變數導出了平均數、變異數與標準差的一般公式。它們是

$$\mu = np$$
$$\sigma^2 = np(1-p)$$
$$\sigma = \sqrt{np(1-p)}$$

■ 範例 7.11　派特・史達德已經被複製了！

假設一位教授有一班學生全都像派特一樣（一場惡夢！），則平均成績為何？標準差為何？

> **解答**
>
> 一個全部都像派特・史達德的班級，其平均成績(平均答對題數)是
> $$\mu = np = 10(.2) = 2$$
> 標準差是
> $$\sigma = \sqrt{np(1-p)} = \sqrt{10(.2)(1-.2)} = 1.26$$

練習題

7.41 已知有一個 $n=10$ 與 $p=.3$ 的二項隨機變數，使用公式找出下列的機率。
 a. $P(X=3)$
 b. $P(X=5)$
 c. $P(X=8)$

7.42 使用附錄 B 的表 1，重做練習題 7.41。

7.43 使用 Excel 軟體，重做練習題 7.41。

7.44 已知一個 $n=6$ 與 $p=.2$ 的二項隨機變數，使用公式找出下列的機率。
 a. $P(X=2)$
 b. $P(X=3)$
 c. $P(X=5)$

7.45 使用附錄 B 的表 1，重做練習題 7.44。

7.46 使用 Excel 軟體，重做練習題 7.44。

7.47 假設 X 是具有 $n=25$ 和 $p=.7$ 的二項隨機變數。使用附錄 B 的表 1 找出下列的機率。
 a. $P(X=18)$。
 b. $P(X=15)$。
 c. $P(X \leq 20)$。
 d. $P(X \geq 16)$。

7.48 使用 Excel 軟體，重做練習題 7.47。

7.49 具領導品牌的洗碗機清潔劑擁有 30% 的市場占有率。選取 25 位洗碗機清潔劑的顧客為樣本。

 a. 有 10 個或更少的顧客選擇領導品牌的機率為何？
 b. 有 11 個或更多的顧客選擇領導品牌的機率為何？
 c. 有剛好 10 個顧客選擇領導品牌的機率為何？

7.50 一位主修會計的學生正在嘗試決定申請求職公司的數量。這位學生期望收到來自 70% 公司的工作機會。學生決定只申請 4 家公司。請確定工作機會數量之機率分配，即計算 0、1、2、3 和 4 每個值的機率。

7.51 根據皮尤研究中心 (Pew Research Center) 的一項調查，有學生貸款的畢業生當中有 30% 會拖欠貸款 (逾期 90 天或更長時間)。假設對 10 名此類畢業生進行一項調查。
 a. 有 3 名學生拖欠的機率是多少？
 b. 有 3 名或更多人拖欠的機率是多少？

7.52 在大聯盟棒球工作的一名統計應用者確定打擊者因滾地球而出局的機率是 .75。在一場有 20 個滾地球的球賽中，求出這些打擊者全部出局的機率。

下列的練習題需要使用電腦解題。

7.53 Power and Associates 對新車主進行調查並提出各種問題。他們在最近的一份報告中指出，60% 的購車者使用網路資料進行研究和價格比較。請找出在 10 位新車購買者的隨機樣本中，有 6 位或更多位使用網際網路協助做出購車決定的機率。

7.54 練習題 7.52 中的統計應用者還確定，如果打擊手擊中平飛球，則出局的機率為 23%。確定以下機率。
 a. 在有 10 個平飛球的球賽中，至少有 5 球出局。
 b. 在有 25 個平飛球的球賽中，有 5 球或更少的出局。

7.55 一位金融分析師報告說，35 到 45 歲的女性中有 7% 是自營業者。對 250 名 35 到 45 歲的女性進行調查。計算超過 10% 的人是自營業者的機率。

7.56 一位環保主義者聲稱，20% 的人會參加有關氣候變化的抗議活動。你安排了一項調查，其中向人們詢問這項議題。如果樣本量為 400 且環保主義者的聲稱是正確的，請計算少於 15% 的人參加抗議的機率。

7.57 一個社區團體抱怨說，在學校附近的十字路口，有一半的汽車在沒有完全停止的情況下通過停車號誌 (stop sign)。一位統計應用者計劃觀察 200 輛汽車的隨機樣本。如果社區團體是正確的，那麼 40% 到 60% 的汽車通過停車號誌沒有完全停止的機率是多少？

7.58 一個學校董事會聲稱該校的 10 年級學生中有 80% 通過該州的閱讀理解力測試。審核員隨機選擇 100 名 10 年級的學生，並確定每位學生是否通過了測試。如果聲明屬實，那麼少於 75% 的樣本通過測試的機率是多少？

7.59 當在拉斯維加斯賭場使用 2 顆公平骰子時，點數和等於 7 的機率為 1/6。在接下來的 100 次投擲中，出現 7 的機率不到 12% 的機率為何？

7.5 卜瓦松分配 (選讀)

另外一種有用的間斷機率分配是**卜瓦松分配 (Poisson distribution)**，它是以其法國創造者命名。就像二項隨機變數一樣，**卜瓦松隨機變數 (Poisson random variable)** 是事件發生的次數，對此我們將繼續稱之為**成功**的次數。這兩種隨機變數之間的差異是二項隨機變數為一組試驗的成功次數，而卜瓦松隨機變數是在一段時間區間內或在一特殊空間區域內試驗成功的次數。下列是卜瓦松隨機變數的一些範例。

1. 1 小時之內到達汽車維修站的車輛數。(時間的區間是 1 小時。)
2. 1 匹布的瑕疵數量。(特定的區域是 1 匹布料。)
3. 某一段高速公路在一天之內發生事故的數量。[區間同時被定義為時間 (1 天) 與空間 (特定的高速公路路段)。]

卜瓦松實驗被描述於下列的方塊中。

卜瓦松實驗

一項**卜瓦松實驗 (Poisson experiment)** 具有下列性質：
1. 在任何一個區間內發生的成功次數與發生在任何一個其他區間內的成功次數是獨立的。
2. 對於所有相等大小的區間，一個區間內成功之機率是相同的。
3. 在一個區間內成功的機率與區間的大小成正比。
4. 當區間變得很小的時候，在這個區間內成功一次以上的機率趨近於 0。

卜瓦松隨機變數

卜瓦松隨機變數 (Poisson random variable) 是在一個卜瓦松實驗中發生在一段時間或是在一個空間區域內成功的次數。

有數種方法可以導出一個卜瓦松隨機變數的機率分配。但是，全部都超出本書的數學程度。我們僅提供公式以及示範說明如何使用它。

卜瓦松機率分配

在一給定區間內，一個卜瓦松隨機變數等於數值 x 的機率是

$$P(x) = \frac{e^{-\mu}\mu^x}{x!} \quad \text{對} \quad x = 0, 1, 2, \ldots$$

其中 μ 是在這個時間或區域內成功的平均次數，而 e 是自然對數的底（近似於 2.71828）。附帶地，一個卜瓦松隨機變數的變異數等於它的平均數。也就是，$\sigma^2 = \mu$。

■ 範例 7.12　教科書印刷錯誤次數的機率

一位統計學教師觀察到，新版教科書的印刷錯誤次數因書而異，而且錯誤次數呈卜瓦松分配，平均每 100 頁有 1.5 個錯誤。教師隨機選取一本新書的 100 頁。沒有印刷錯誤的機率是多少？

解答

我們要計算一個具有平均數是 1.5 的卜瓦松隨機變數等於 0 的機率。使用公式：

$$P(x) = \frac{e^{-\mu}\mu^x}{x!}$$

並且將 $x=0$ 與 $\mu=1.5$ 代入公式，我們得到

$$P(0) = \frac{e^{-1.5}1.5^0}{0!} = \frac{(2.71828)^{-1.5}(1)}{1} = .2231$$

選出的 100 頁中沒有印刷錯誤的機率是 .2231。

注意，在範例 7.12 中我們想要在給定 100 頁中平均有 1.5 次印刷錯誤的情況下，找出在 100 頁中 0 次印刷錯誤的機率。下一個範例說明在區間或區域不一致的狀況下，我們如何計算事件的機率。

範例 7.13　在 400 頁中印刷錯誤次數的機率

參考範例 7.12。假設這位教師剛收到一本新的統計書籍。他注意到這本書共有 400 頁。

a. 書中沒有印刷錯誤的機率為何？

b. 有 5 個或少於 5 個錯誤的機率為何？

解答

我們感興趣的特定區域是 400 頁。為了計算與這個區域相關的卜瓦松機率，我們必須先算出每 400 頁印刷錯誤的平均次數。因為平均數被指定為每 100 頁有 1.5 個錯誤，我們將這個數值乘以 4 以轉換成 400 頁的平均次數。因此，每 400 頁印刷錯誤的平均次數是 $\mu=6$。

a. 書中沒有印刷錯誤的機率

$$P(0) = \frac{e^{-6}6^0}{0!} = \frac{(2.71828)^{-6}(1)}{1} = .002479$$

b. 我們想要計算一個平均數是 6 的卜瓦松隨機變數等於 5 或少於 5 的機率。

也就是，我們想要計算：

$$P(X \leq 5) = P(0) + P(1) + P(2) + P(3) + P(4) + P(5)$$

為了產生這項機率，我們需要計算在加總式子中的六個機率：

$P(0) = .002479$

$$P(1) = \frac{e^{-\mu}\mu^x}{x!} = \frac{e^{-6}6^1}{1!} = \frac{(2.71828)^{-6}(6)}{1} = .01487$$

$$P(2) = \frac{e^{-\mu}\mu^x}{x!} = \frac{e^{-6}6^2}{2!} = \frac{(2.71828)^{-6}(36)}{2} = .04462$$

$$P(3) = \frac{e^{-\mu}\mu^x}{x!} = \frac{e^{-6}6^3}{3!} = \frac{(2.71828)^{-6}(216)}{6} = .08924$$

$$P(4) = \frac{e^{-\mu}\mu^x}{x!} = \frac{e^{-6}6^4}{4!} = \frac{(2.71828)^{-6}(1296)}{24} = .1339$$

$$P(5) = \frac{e^{-\mu}\mu^x}{x!} = \frac{e^{-6}6^5}{5!} = \frac{(2.71828)^{-6}(7776)}{120} = .1606$$

因此，

$$P(X \leq 5) = .002479 + .01487 + .04462 + .08924 + .1339 + .1606$$
$$= .4457$$

在這本新書中發現 5 個或少於 5 個印刷錯誤的機率是 .4457。

7.5a 卜瓦松機率表

　　與二項分配一樣，提供一個表格將更易於計算 x 數值之個別的、累積的，以及相關的卜瓦松機率。

　　在附錄 B 的表 2 提供一些選擇 μ 值的累積卜瓦松機率。這個表格讓我們很容易找出類似於範例 7.13 的 (b) 小題中之累積機率 $P(X \leq 5)$。

　　在表 2 中找到 $\mu = 6$ 以進行運算。欄位中的數字是 $P(X \leq x)$ 在 $x = 0, 1, 2,..., 18$ 時的數值，如表 7.3 所示。

　　理論上，一個卜瓦松隨機變數的值沒有上限。這個表格提供累積機率一直到加總是 1.0000 為止 (精確度到小數點後四位)。

　　第一個累積機率是 $P(X \leq 0)$，它是 $P(0) = .0025$。在範例 7.13 的 (b) 小題中，我們需要的機率是 $P(X \leq 5) = .4457$，它與我們徒手計算的值是相同的。

　　如同附錄 B 中表 1 的二項機率一樣，表 2 可以用來決定 $P(X \geq x)$ 這類型的機率。例如，找出範例 7.13 中有 6 個或更多印刷錯誤的機率，我們知道 $P(X \leq 5) + P(X \geq 6) = 1$。因此，

$$P(X \geq 6) = 1 - P(X \leq 5) = 1 - .4457 = .5543$$

表 7.3 $\mu=6$ 的累積卜瓦松機率

x	$P(X \leq x)$
0	.0025
1	.0174
2	.0620
3	.1512
4	.2851
5	.4457
6	.6063
7	.7440
8	.8472
9	.9161
10	.9574
11	.9799
12	.9912
13	.9964
14	.9986
15	.9995
16	.9998
17	.9999
18	1.0000

使用附錄 B 的表 2 找出卜瓦松機率 $P(X \geq x)$

$$P(X \geq x) = 1 - P(X \leq [x-1])$$

我們也可以使用這個表來決定 X 等於一個單一數值的機率。例如，找出書中剛好有 10 個印刷錯誤的機率，我們知道

$$P(X \leq 10) = P(0) + P(1) + \cdots + P(9) + P(10)$$

並且

$$P(X \leq 9) = P(0) + P(1) + \cdots + P(9)$$

這兩項累積機率之間的差異是 $P(10)$。因此，

$$P(10) = P(X \leq 10) - P(X \leq 9) = .9574 - .9161 = .0413$$

使用附錄 B 的表 2 找出卜瓦松機率 $P(X=x)$

$$P(x) = P(X \leq x) - P(X \leq [x-1])$$

EXCEL 函數

指令說明

鍵入下列到任何空白的儲存格：

$= \text{POISSON}([x], [\mu], [\text{True}] \text{ or } [\text{False}])$

我們計算範例 7.12 的機率，鍵入：

$= \text{POISSON}(0, 1.5, \text{False})$

計算範例 7.13 的機率，鍵入：

$= \text{POISSON}(5, 6, \text{True})$

練習題

7.60 已知一個 $\mu=2$ 的卜瓦松隨機變數，使用公式找出下列機率。
a. $P(X=0)$
b. $P(X=3)$
c. $P(X=5)$

7.61 假設 X 是 $\mu=.5$ 的卜瓦松隨機變數，請使用該公式確定下列機率。
a. $P(X=0)$
b. $P(X=1)$
c. $P(X=2)$

7.62 在繁忙的十字路口發生事故的次數呈卜瓦松分配，平均每週 3.5 起。求下列事件的機率。
a. 在 1 週內無事故
b. 在 1 週內發生 5 起或更多起事故
c. 今天發生了 1 起事故

7.63 個人網站被點擊是很少發生的。這種情況是隨機且獨立地發生，平均每週發生 5 次。
a. 該網站在一週內被點擊 10 次或更多次的機率為何？
b. 決定該網站在 2 週內被點擊 20 次或更多次的機率為何？

7.64 北美大城市發生的銀行搶劫案次數呈卜瓦松分配，平均每天 1.8 起。求出下列事件的機率。
a. 在一天之內有 3 次或更多次銀行搶劫案。
b. 在 5 天的期間內發生 10 到 15（包括）次的銀行搶劫案。

7.65 地毯上的瑕疵通常以每 200 平方呎的比率隨機且獨立地發生。8 呎乘 10 呎

的地毯沒有瑕疵的機率是多少？

7.66 練習題 7.16 中的隨機變數是顧客在購物中心進入商店的數量。假設隨機變數是卜瓦松分配，平均數為 4。
   a. 商場顧客進入 5 家或更多家商店的機率是多少？
   b. 計算顧客進入 3 家或更少家商店的機率。
   c. 計算顧客恰好進入 4 家商店的機率。

7.67 在對高爾夫球選手進行調查後，統計學家得出結論，一輪中遺失球的數量是卜瓦松分配，平均數為 2。求下列事件的機率。
   a. 一名高爾夫球選手沒有遺失球
   b. 一名高爾夫球選手遺失 4 個或更多個高爾夫球
   c. 一名高爾夫球選手遺失 2 個或更少個高爾夫球

作業管理上的應用 等待線

每一個人對等待線都很熟悉。我們在銀行、雜貨店與速食餐廳的等待線排隊。在工廠也有等待線，例如，載貨卡車等待裝貨與卸貨，以及在組裝線的工作站等待新的零件。管理科學家發展出許多數學模式讓經理人員決定等待線的作業特性。一些操作特性是：

系統中沒有單位在等待的機率
在等待線上等待的平均單位數
一個單位在等待線上等待的平均時間
一個抵達的單位必須等待服務的機率

卜瓦松機率分配被廣泛地使用在等待線（也稱為排隊）模式。許多模式假設到達的單位數是服從一個具有特定 μ 值的卜瓦松分配。練習題 7.68~7.70 需要計算抵達個數的機率。

7.68 在連接密西根州底特律和安大略省溫莎的大使橋上通過的卡車數量是卜瓦松分配，平均每分鐘 1.5 輛。
   a. 在任何 1 分鐘內 2 輛或 2 輛以上貨卡跨越大使橋的機率為何？
   b. 在接下來 4 分鐘內少於 4 輛貨卡跨越大使橋的機率為何？

7.69 到達特定加油站加油的汽車服從平均每小時 5 輛車的卜瓦松分配。
   a. 確定在接下來的 1 小時內只有 1 輛車到達的機率。
   b. 計算在接下來的 3 小時內有超過 20 輛汽車到達的機率。

7.70 自動銀行機器的使用人數服從卜瓦松分配。每 5 分鐘的平均使用者人數是 1.5 人。求下列事件的機率：
   a. 在接下來的 5 分鐘內沒有使用者。
   b. 在接下來的 15 分鐘內有 5 位或更少位的使用者。
   c. 在接下來的 10 分鐘內有 3 位或更多位的使用者。

本章摘要

有兩類隨機變數：一個間斷隨機變數的值是可以計數的；一個連續隨機變數的值是不可計數的。在本章中我們討論間斷隨機變數與它們的機率分配。我們定義一個由間斷機率分配所表達母體的期望值、變異數與標準差。在本章中也介紹雙變量間斷分配，在金融上它是一個重要應用的基礎。最後，提出兩個最重要的間斷分配──二項分配與卜瓦松分配。

Chapter 8 連續機率分配

本章綱要

8.1 機率密度函數

8.2 常態分配

8.3 指數分配 (選讀)

8.4 其他連續分配

進入 EMBA 學程的最低 GMAT 分數

一所大學剛剛批准一個新的行政商業管理碩士 (Executive MBA, EMBA) 學程。新所長認為要維持商學院的榮譽形象，新學程必須被認為是具有高水準的。因此，評議委員會決定的入學要求條件之一是申請人的管理類研究生入學測驗 (Graduate Management Admission Test, GMAT) 分數必須在前 1%。這位所長知道 GMAT 分數服從一個平均數為 490 以及標準差為 61 的常態分配。主任唯一不知道的是申請獲准入學的 GMAT 最低分應該設為多少。

見第 239 頁。

介紹過常態分配後，我們將再回到這個問題並且提供解答。

導論 Introduction

本章以介紹連續隨機變數與其分配來完成我們對機率的說明。在第 7 章中，我們介紹間斷機率分配，它是用來計算間斷隨機變數的機率。在 7.4 節中，我們曾介紹二項分配，它讓我們決定隨機變數等於一個特定數值 (成功的次數) 的機率。以這種方式，我們連結了由機率分配代表的母體與一個名目資料的樣本。在本章中，我們介紹連續機率分配，它用來計算與區間變數相關的機率。藉此，我們發展區間資料母體與樣本之間的連結。

8.1 節介紹機率密度函數並且以均勻密度函數示範如何計算機率。在 8.2 節，我們專注於常態分配，它是最重要的分配之一，因為它在發展統計推論中扮演著重要的角色。8.3 節介紹指數分配，它在各種管理科學應用中被證實為一種有用的分配。最後，在 8.4 節我們介紹三種額外的連續分配。它們將用於整本書的統計推論中。

8.1 機率密度函數

　　一個連續隨機變數的數值是被假設為不可計數的。因為這類的隨機變數與間斷變數有很大的差異，我們需以全然不同的方式處理它。首先，我們無法列出所有可能的數值，因為它們有無限多個。第二，由於存在無限多個數值，每一個個別數值的機率實際上為 0。正因為如此，我們僅可以決定一個範圍內數值的機率。為了說明如何執行，請思考我們為 ACBL 會員 (範例 3.1) 所建立的直方圖，描繪於圖 8.1 中。

圖 8.1　範例 3.1 的直方圖

　　我們發現，例如，在 10 到 20 區間內的相對次數是 6/200。使用相對次數的機率指派方法，我們估計一個隨機選取的 ACBL 會員將落在 10 到 20 歲之間的機率是 6/200 = .030。我們可以用類似的方法估計直方圖中其他區間的機率。

區間	相對次數
$10 \leq X \leq 20$	6/200
$20 < X \leq 30$	27/200
$30 < X \leq 40$	30/200
$40 < X \leq 50$	16/200
$50 < X \leq 60$	40/200
$60 < X \leq 70$	36/200
$70 < X \leq 80$	27/200
$80 < X \leq 90$	12/200
$90 < X \leq 100$	6/200
總計	200/200 = 1

請注意，這些機率的加總等於 1。緊接著，我們要沿著垂直軸設定數值，讓所有長條形的**面積** (area) 加起來等於 1。執行的方法是將每一個相對次數除以其區間的寬度，在此為 10。最後的結果是每一個區間長條形的**面積**會等於隨機變數落在該區間

的機率。

要確定一個區間的機率，而這個區間是所建之直方圖以外的區間，我們應該用相同的方法。例如，ACBL 會員的年齡在 25 到 45 歲之間的機率等於介於 25 與 45 之間的面積，如圖 8.2 所示。

圖 8.2　ACBL 會員將會落在 25 到 45 歲之間的估計概率

每一條有陰影的長條形面積用下列的方式計算與加總：

區間	矩形的高	底乘高
$25 < X \leq 30$	$27/(200 \times 10) = .0135$	$(30 - 25) \times .0135 = .0675$
$30 < X \leq 40$	$30/(200 \times 10) = .015$	$(40 - 30) \times .015 = .150$
$40 < X \leq 45$	$16/(200 \times 10) = .008$	$(45 - 40) \times .008 = .040$
		總計 $= .2575$

我們估計一份隨機選取的 ACBL 會員落在 25 和 45 歲之間的機率是 .2575。

如果直方圖是由很多很多的小區間繪製而成，我們可以平滑化這些長條的邊緣以產生一條平滑的曲線，如圖 8.3 所示。在許多情況下，有可能決定一個近似這條曲線的函數 $f(x)$。這項函數稱為**機率密度函數 (probability density function)**。它的必要條件敘述於下列的方格中。

機率密度函數的必要條件

下列的必要條件應用之範圍是 $a \leq x \leq b$ 的機率密度函數 $f(x)$。

1. 對所有介於 a 與 b 之間的 x 而言，$f(x) \geq 0$。
2. 在 $f(x)$ 曲線之下介於 a 與 b 之間的總面積是 1.0。

圖 8.3 範例 3.1 的密度函數

微積分的積分[1]通常可以用來計算在一條曲線之下的面積。幸運的是，我們處理的連續機率分配不需要用到這種數學工具。這些分配的機率計算，不是很簡單就是太複雜。讓我們從最簡單的連續分配開始著手。

8.1a 均勻分配

為了說明我們如何找出機率密度函數曲線下的面積，考慮**均勻機率分配** (uniform probability distribution)，又稱為**矩形機率分配** (rectangular probability distribution)。

均勻機率密度函數

均勻分配是以下列函數來描述

$$f(x) = \frac{1}{b-a}，其中 a \leq x \leq b$$

此項函數被繪製成圖 8.4。由此你可以了解為什麼這個分配被稱為**矩形的** (rectangular) 分配。

---

[1] 線上附錄的 Continuous Probability Distributions: Calculus Approach（連續機率分配的微積分方法）示範如何使用積分計算連續隨機變數的機率與參數。

圖 8.4 均勻分配

要計算任何區間的機率，只需找出曲線之下的面積。例如，要找出 X 落在 x_1 與 x_2 之間的機率，就要確定底是 x_2-x_1 且高是 $1/(b-a)$ 的矩形面積。圖 8.5 繪出我們想要找的面積。就如你看到的，它是一個矩形，其面積是以底乘高而取得。

圖 8.5 $P(x_1 < X < x_2)$

因此，

$$P(x_1 < X < x_2) = 底 \times 高 = (x_2 - x_1) \times \frac{1}{b-a}$$

範例 8.1　汽油銷售的均勻分配

加油站每日汽油的銷售量服從一個最少 2,000 加侖與最多 5,000 加侖均勻分配。

a. 求每日銷售量介於 2,500 到 3,000 加侖的機率。
b. 加油站至少銷售 4,000 加侖的機率為何？
c. 加油站剛好銷售 2,500 加侖的機率為何？

解答

機率密度函數是

$$f(x) = \frac{1}{5,000 - 2,000} = \frac{1}{3,000} \quad 2,000 \le x \le 5,000$$

a. X 落在 2,500 到 3,000 的機率是在曲線下 2,500 到 3,000 之間的面積，如圖 8.6(a) 所示。一個矩形的面積是底乘以高。因此，

$$P(2,500 \le X \le 3,000) = (3,000 - 2,500) \times \left(\frac{1}{3,000}\right) = .1667$$

b. $P(X \ge 4,000) = (5,000 - 4,000) \times \left(\frac{1}{3,000}\right) = .3333$ [見圖 8.6(b)。]

c. $P(X = 2,500) = 0$

因為 X 的值是不可計數的且有無限多個，每一個個別數值的機率是 0。此外，如同你在圖 8.6(c) 中所看到的，一條直線的面積是 0。

因為一個連續隨機變數等於任何個別數值的機率是 0，在 $P(2,500 \le X \le 3,000)$ 與 $P(2,500 < X < 3000)$ 之間沒有差異。當然，對間斷隨機變數我們就不能這樣說了。

8.1b 使用連續分配近似間斷分配

在我們的間斷與連續隨機變數定義中，我們以變數可能數值的個數為可數或不可數來區別它們之間的差異。但是，在實務上，當變數的個數雖是可數的但卻非常龐大時，我們經常使用連續分配來近似間斷分配。例如，週薪的可能數值是可數的。週薪數值以元表示為 0、.01、.02、……。雖然這些數值沒有設定上限，我們可以容易地辨認 (計數) 所有可能的數值。因此，週薪是一個間斷的隨機變數。然而，因為它可以假設如此大量的數值，我們偏好應用一個連續機率分配來決定這類變數的機率。在下一節中，我們介紹常態分配，它常被用來描述可以假設大量數值的間斷隨機變數。

圖 8.6 範例 8.1 的密度函數

(a) $P(2,500 < X < 3,000)$

(b) $P(4,000 < X < 5,000)$

(c) $P(X = 2,500)$

練 習 題

8.1 根據範例 3.2。由投資 A 的報酬率直方圖估計下列機率。
a. $P(X > 45)$
b. $P(10 < X < 40)$
c. $P(X < 25)$
d. $P(35 < X < 65)$

8.2 參考範例 3.3。從直方圖上的標示估計下列的機率。
a. $P(55 < X < 80)$
b. $P(X > 65)$
c. $P(X < 85)$
d. $P(75 < X < 85)$

8.3 一個均勻分配隨機變數，分布在 100 到 150 之間
a. 繪製一個密度函數。
b. 求出 $P(X > 110)$。
c. 求出 $P(120 < X < 135)$。
d. 求出 $P(X < 122)$。

8.4 學生完成統計測驗所花的時間是介於 30 到 60 分鐘之間的均勻分配。隨機選取一位學生，求出下列事件的機率。

a. 學生需要多於 55 分鐘的時間以完成測驗。

b. 學生完成測驗的時間介於 30 到 40 分鐘之間。

c. 學生完成測驗的時間剛好是 37.23 分鐘。

8.5 參考練習題 8.4。教授想要獎勵 (加分) 那些花最短時間完成測驗的四分之一的學生。他應該使用什麼完成時間做為加分獎勵的臨界值？

8.6 根據練習題 8.4。教授想要追蹤 (並且幫助) 那些花最長完成時間的前 10% 的學生。他應該使用什麼完成時間為標準？

8.7 一家煉鋼廠每週產量是一個介於 110 到 175 公噸的均勻分配隨機變數。

a. 計算下週煉鋼廠的產量將多於 150 公噸的機率。

b. 計算下週煉鋼廠的產量將介於 120 到 160 公噸之間的機率。

8.8 根據練習題 8.7。作業經理將產量在最低 20% 的任何一週，標示為「糟糕的一週」。應該使用多少公噸來定義糟糕的一週？

8.9 下列函數是隨機變數 X 的密度函數：

$$f(x) = \frac{x-1}{8} \quad 1 < x < 5$$

a. 繪製密度函數。

b. 求出 X 介於 2 和 4 之間的機率。

c. X 小於 3 的機率是多少？

8.10 下列的密度函數描述隨機變數 X。

$$f(x) = \begin{cases} \dfrac{x}{25} & 0 < x < 5 \\ \dfrac{10-x}{25} & 5 < x < 10 \end{cases}$$

a. 繪製密度函數。

b. 求出 X 落在 1 和 3 之間的機率。

c. X 落在 4 和 8 之間的機率為何？

d. 計算 X 小於 7 的機率。

e. 求出 X 大於 3 的機率。

8.11 下列的密度函數描述隨機變數 X。

$$\begin{aligned} f(x) &= .10 & 0 < x < 2 \\ &= .20 & 2 < x < 5 \\ &= .15 & 5 < x < 6 \\ &= .05 & 6 < x < 7 \end{aligned}$$

a. 繪製密度函數。

b. 計算 X 小於 5.5 的機率。

c. 計算 X 大於 3.5 的機率。

d. X 落在 1 和 6.5 之間的機率為何？

8.12 下列的密度函數描述隨機變數 X。

$$\begin{aligned} f(x) &= .40 - .10x & 0 < x < 4 \\ &= .10x - .40 & 4 < x < 6 \end{aligned}$$

a. 繪製密度函數。

b. X 小於 2 的機率為何？

c. 求出 X 大於 5 的機率。

d. 求出 X 落在 2.5 和 5.5 之間的機率為何？

8.2 常態分配

常態分配 (normal distribution) 是所有機率分配中最重要的分配,因為它在統計推論中扮演著關鍵的角色。

常態密度函數

一個**常態隨機變數** (normal random variable) 的機率密度函數是

$$f(x) = \frac{1}{\sigma\sqrt{2\pi}} e^{-\frac{1}{2}\left(\frac{x-\mu}{\sigma}\right)^2} \quad -\infty < x < \infty$$

其中 $e = 2.71828...$ 和 $\pi = 3.14159...$

圖 8.7 繪出一個常態分配。請注意,此曲線對稱於它的平均數,而且其隨機變數的範圍是在 $-\infty$ 與 $+\infty$ 之間。

圖 8.7　常態分配

常態分配被兩個參數所描述,平均數 μ 與標準差 σ。在圖 8.8 中,我們示範改變 μ 值的效果。很明顯地,μ 增加時曲線平移到右邊,而 μ 減少時曲線平移到左邊。

圖 8.9 描述 σ 的效果。大的 σ 值曲線會變寬,而小的 σ 值曲線會變窄。

圖 8.8 變異數相同但平均數不同的常態分配

圖 8.9 平均數相同但變異數不同的常態分配

8.2a 計算常態機率

為了計算一個常態隨機變數落在任何區間的機率，我們必須計算在區間內曲線下的面積。可惜的是，常態分配的函數不像均勻分配一般的簡單，使得我們無法使用簡單的數學或甚至積分計算。取而代之的是，我們將使用機率表格，類似附錄 B 中表 1 與表 2 的機率表，它們分別用於計算二項機率與卜瓦松機率。回想一下，為了從表 1 決定二項機率時，我們需要選擇 n 和 p 值所對應的機率。類似地，為了找出卜瓦松機率，對每個選擇包含在表 2 中的 μ 值，我們需要找到其所對應的機率。這顯示我們將需要為每一組選定的 μ 與 σ 數值準備一個常態機率表。幸運的是，這是不必要的。取而代之的是，我們透過標準化隨機變數的方式將所需表格的數量減少至 1 個。一個隨機變數標準化的方式是將該隨機變數減去它的平均數後再除以它的標準差。當變數是常態時，被轉換的變數稱為一個**標準常態隨機變數 (standard normal random variable)**，並且以 Z 標示之。也就是，

$$Z = \frac{X - \mu}{\sigma}$$

對 X 機率的描述將透過這項公式轉換為對 Z 的描述。為了說明我們如何處理，請思考下列的範例。

範例 8.2　汽油銷售的常態分配

假設另外一間加油站對普通汽油的每日需求量呈現常態分配，平均數為 1,000 加侖且標準差為 100 加侖。加油站經理剛開店營業並注意到恰有 1,100 加侖的普通汽油庫存。下一趟的運送安排在今天稍晚接近打烊的時候。這位經理想知道有足夠的普通汽油來滿足今天需求的機率。

解答

如果需求少於供應，則手邊的汽油量將足夠滿足需求。我們將普通汽油的需求量標示為 X，我們想要算出機率：

$$P(X \leq 1,100)$$

注意，因為 X 是一個連續隨機變數，我們也可以將這項機率表示為：

$$P(X < 1,100)$$

因為 $X = 1,100$ 的面積是 0。

圖 8.10 描述一個平均數為 1,000 和標準差為 100 的常態曲線，以及我們想要求算的面積。

圖 8.10　$P(X < 1,100)$

第一步是將 X 標準化。但是，如果我們對 X 執行任何運算，則必須對 1,100 執行相同的運算。因此，

$$P(X < 1,100) = P\left(\frac{X - \mu}{\sigma} < \frac{1,100 - 1,000}{100}\right) = P(Z < 1.00)$$

圖 8.11 描述已經被轉換過的情形。注意變數 X 被轉換成 Z，並且 1,100 被

轉換成 1.00。然而，面積沒有被改變。也就是說，我們想要計算 $P(X<1,100)$ 的機率與 $P(Z<1.00)$ 是相同的。

圖 8.11 $P(Z<1.00)$

Z 的值指定相對應 X 值的位置。$Z=1$ 對應到比平均數高一個標準差位置的 X 值。還要注意 Z 的平均數，其值為 0，對應到 X 的平均數。

如果我們知道一個常態分配隨機變數的平均數與標準差，我們可以隨時將 X 的機率敘述轉換為 Z 的機率敘述。因此，我們只需要一個表，即附錄 B 中表 3 的標準常態機率表，於此它被複製為表 8.1。

表 8.1 常態機率 (附錄 B 的表 3)

Z	0.00	0.01	0.02	0.03	0.04	0.05	0.06	0.07	0.08	0.09
−3.0	0.0013	0.0013	0.0013	0.0012	0.0012	0.0011	0.0011	0.0011	0.0010	0.0010
−2.9	0.0019	0.0018	0.0018	0.0017	0.0016	0.0016	0.0015	0.0015	0.0014	0.0014
−2.8	0.0026	0.0025	0.0024	0.0023	0.0023	0.0022	0.0021	0.0021	0.0020	0.0019
−2.7	0.0035	0.0034	0.0033	0.0032	0.0031	0.0030	0.0029	0.0028	0.0027	0.0026
−2.6	0.0047	0.0045	0.0044	0.0043	0.0041	0.0040	0.0039	0.0038	0.0037	0.0036
−2.5	0.0062	0.0060	0.0059	0.0057	0.0055	0.0054	0.0052	0.0051	0.0049	0.0048
−2.4	0.0082	0.0080	0.0078	0.0075	0.0073	0.0071	0.0069	0.0068	0.0066	0.0064
−2.3	0.0107	0.0104	0.0102	0.0099	0.0096	0.0094	0.0091	0.0089	0.0087	0.0084
−2.2	0.0139	0.0136	0.0132	0.0129	0.0125	0.0122	0.0119	0.0116	0.0113	0.0110
−2.1	0.0179	0.0174	0.0170	0.0166	0.0162	0.0158	0.0154	0.0150	0.0146	0.0143
−2.0	0.0228	0.0222	0.0217	0.0212	0.0207	0.0202	0.0197	0.0192	0.0188	0.0183
−1.9	0.0287	0.0281	0.0274	0.0268	0.0262	0.0256	0.0250	0.0244	0.0239	0.0233
−1.8	0.0359	0.0351	0.0344	0.0336	0.0329	0.0322	0.0314	0.0307	0.0301	0.0294
−1.7	0.0446	0.0436	0.0427	0.0418	0.0409	0.0401	0.0392	0.0384	0.0375	0.0367
−1.6	0.0548	0.0537	0.0526	0.0516	0.0505	0.0495	0.0485	0.0475	0.0465	0.0455

表 8.1 （續）

Z	0.00	0.01	0.02	0.03	0.04	0.05	0.06	0.07	0.08	0.09
−1.5	0.0668	0.0655	0.0643	0.0630	0.0618	0.0606	0.0594	0.0582	0.0571	0.0559
−1.4	0.0808	0.0793	0.0778	0.0764	0.0749	0.0735	0.0721	0.0708	0.0694	0.0681
−1.3	0.0968	0.0951	0.0934	0.0918	0.0901	0.0885	0.0869	0.0853	0.0838	0.0823
−1.2	0.1151	0.1131	0.1112	0.1093	0.1075	0.1056	0.1038	0.1020	0.1003	0.0985
−1.1	0.1357	0.1335	0.1314	0.1292	0.1271	0.1251	0.1230	0.1210	0.1190	0.1170
−1.0	0.1587	0.1562	0.1539	0.1515	0.1492	0.1469	0.1446	0.1423	0.1401	0.1379
−0.9	0.1841	0.1814	0.1788	0.1762	0.1736	0.1711	0.1685	0.1660	0.1635	0.1611
−0.8	0.2119	0.2090	0.2061	0.2033	0.2005	0.1977	0.1949	0.1922	0.1894	0.1867
−0.7	0.2420	0.2389	0.2358	0.2327	0.2296	0.2266	0.2236	0.2206	0.2177	0.2148
−0.6	0.2743	0.2709	0.2676	0.2643	0.2611	0.2578	0.2546	0.2514	0.2483	0.2451
−0.5	0.3085	0.3050	0.3015	0.2981	0.2946	0.2912	0.2877	0.2843	0.2810	0.2776
−0.4	0.3446	0.3409	0.3372	0.3336	0.3300	0.3264	0.3228	0.3192	0.3156	0.3121
−0.3	0.3821	0.3783	0.3745	0.3707	0.3669	0.3632	0.3594	0.3557	0.3520	0.3483
−0.2	0.4207	0.4168	0.4129	0.4090	0.4052	0.4013	0.3974	0.3936	0.3897	0.3859
−0.1	0.4602	0.4562	0.4522	0.4483	0.4443	0.4404	0.4364	0.4325	0.4286	0.4247
−0.0	0.5000	0.4960	0.4920	0.4880	0.4840	0.4801	0.4761	0.4721	0.4681	0.4641
0.0	0.5000	0.5040	0.5080	0.5120	0.5160	0.5199	0.5239	0.5279	0.5319	0.5359
0.1	0.5398	0.5438	0.5478	0.5517	0.5557	0.5596	0.5636	0.5675	0.5714	0.5753
0.2	0.5793	0.5832	0.5871	0.5910	0.5948	0.5987	0.6026	0.6064	0.6103	0.6141
0.3	0.6179	0.6217	0.6255	0.6293	0.6331	0.6368	0.6406	0.6443	0.6480	0.6517
0.4	0.6554	0.6591	0.6628	0.6664	0.6700	0.6736	0.6772	0.6808	0.6844	0.6879
0.5	0.6915	0.6950	0.6985	0.7019	0.7054	0.7088	0.7123	0.7157	0.7190	0.7224
0.6	0.7257	0.7291	0.7324	0.7357	0.7389	0.7422	0.7454	0.7486	0.7517	0.7549
0.7	0.7580	0.7611	0.7642	0.7673	0.7704	0.7734	0.7764	0.7794	0.7823	0.7852
0.8	0.7881	0.7910	0.7939	0.7967	0.7995	0.8023	0.8051	0.8078	0.8106	0.8133
0.9	0.8159	0.8186	0.8212	0.8238	0.8264	0.8289	0.8315	0.8340	0.8365	0.8389
1.0	0.8413	0.8438	0.8461	0.8485	0.8508	0.8531	0.8554	0.8577	0.8599	0.8621
1.1	0.8643	0.8665	0.8686	0.8708	0.8729	0.8749	0.8770	0.8790	0.8810	0.8830
1.2	0.8849	0.8869	0.8888	0.8907	0.8925	0.8944	0.8962	0.8980	0.8997	0.9015
1.3	0.9032	0.9049	0.9066	0.9082	0.9099	0.9115	0.9131	0.9147	0.9162	0.9177
1.4	0.9192	0.9207	0.9222	0.9236	0.9251	0.9265	0.9279	0.9292	0.9306	0.9319
1.5	0.9332	0.9345	0.9357	0.9370	0.9382	0.9394	0.9406	0.9418	0.9429	0.9441
1.6	0.9452	0.9463	0.9474	0.9484	0.9495	0.9505	0.9515	0.9525	0.9535	0.9545
1.7	0.9554	0.9564	0.9573	0.9582	0.9591	0.9599	0.9608	0.9616	0.9625	0.9633
1.8	0.9641	0.9649	0.9656	0.9664	0.9671	0.9678	0.9686	0.9693	0.9699	0.9706
1.9	0.9713	0.9719	0.9726	0.9732	0.9738	0.9744	0.9750	0.9756	0.9761	0.9767
2.0	0.9772	0.9778	0.9783	0.9788	0.9793	0.9798	0.9803	0.9808	0.9812	0.9817
2.1	0.9821	0.9826	0.9830	0.9834	0.9838	0.9842	0.9846	0.9850	0.9854	0.9857
2.2	0.9861	0.9864	0.9868	0.9871	0.9875	0.9878	0.9881	0.9884	0.9887	0.9890

表 8.1 （續）

Z	0.00	0.01	0.02	0.03	0.04	0.05	0.06	0.07	0.08	0.09
2.3	0.9893	0.9896	0.9898	0.9901	0.9904	0.9906	0.9909	0.9911	0.9913	0.9916
2.4	0.9918	0.9920	0.9922	0.9925	0.9927	0.9929	0.9931	0.9932	0.9934	0.9936
2.5	0.9938	0.9940	0.9941	0.9943	0.9945	0.9946	0.9948	0.9949	0.9951	0.9952
2.6	0.9953	0.9955	0.9956	0.9957	0.9959	0.9960	0.9961	0.9962	0.9963	0.9964
2.7	0.9965	0.9966	0.9967	0.9968	0.9969	0.9970	0.9971	0.9972	0.9973	0.9974
2.8	0.9974	0.9975	0.9976	0.9977	0.9977	0.9978	0.9979	0.9979	0.9980	0.9981
2.9	0.9981	0.9982	0.9982	0.9983	0.9984	0.9984	0.9985	0.9985	0.9986	0.9986
3.0	0.9987	0.9987	0.9987	0.9988	0.9988	0.9989	0.9989	0.9989	0.9990	0.9990

這個資料表與我們曾經在二項分配與卜瓦松分配中使用的表很相似。也就是，這個表列出累積機率：

$$P(Z<z)$$

z 值的範圍是在 −3.09 到 +3.09 之間。

為了使用這個表，我們只要找出 z 的值以及讀取它的機率。例如，機率 $P(Z<2.00)$ 是透過在左邊的邊緣找到 2.0，以及在最上一列標頭為 0.00 的下方找到 0.9772。$P(Z<2.01)$ 的機率是在同一橫向的列，但在標頭為 0.01 的下方，它的值是 0.9778。

回到範例 8.2，在表 8.1 中找到我們要求的機率，先在左邊的邊緣找到 1.0。機率是在 1.0 的右邊與標頭為 0.00 的下方，數值是 .8413。見圖 8.12。

圖 8.12 $P(Z<1.00)$

z	.00	.01	.02
0.8	.7881	.7910	.7939
0.9	.8159	.8186	.8212
1.0	.8413	.8438	.8461
1.1	.8643	.8665	.8686
1.2	.8849	.8869	.8888

如同附錄 B 的表 1 與表 2 的情況，我們也可以確定標準常態隨機變數是大於某些 z 值的機率。例如，我們可以找到 Z 大於 1.80 的機率，方法是藉由決定 Z 小於 1.80 的機率並且再用 1 減掉這個數值。根據餘集法則，我們得到

$$P(Z > 1.80) = 1 - P(Z < 1.80) = 1 - .9641 = .0359$$

見圖 8.13。

圖 8.13 $P(Z > 1.80)$

z	.00	.01	.02
1.6	.9452	.9463	.9474
1.7	.9554	.9564	.9573
1.8	.9641	.9649	.9656
1.9	.9713	.9719	.9726
2.0	.9772	.9778	.9783

我們也可以很輕易地確定落在兩個 z 值之間的標準常態隨機變數的機率。例如，我們找出下列機率：

$$P(-0.71 < Z < 0.92)$$

藉著找出兩個累積機率並計算它們之間的差異。也就是，

$$P(Z < -0.71) = .2389$$

和

$$P(Z < 0.92) = .8212$$

因此，

$$P(-0.71 < Z < 0.92) = P(Z < 0.92) - P(Z < -0.71) = .8212 - .2389 = .5823$$

圖 8.14 描繪這項計算內容。

注意，在這個表中最大的 z 值是 3.09，並且 $P(Z < 3.09) = .9990$。這意思也就是

$$P(Z > 3.09) = 1 - .9990 = .0010$$

然而，由於這個表沒有列出超過 3.09 的值，我們以 0 近似任何超過 3.10 的面積。也就是說，

$$P(Z > 3.10) = P(Z < -3.10) \approx 0$$

圖 8.14 $P(-0.71 < Z < 0.92)$

z	.00	.01	.02
-0.8	.2119	.2090	.2061
-0.7	.2420	.2389	.2358
-0.6	.2743	.2709	.2676
-0.5	.3085	.3050	.3015
-0.4	.3446	.3409	.3372
-0.3	.3821	.3783	.3745
-0.2	.4207	.4168	.4129
-0.1	.4602	.4562	.4522
-0.0	.5000	.4960	.4920
0.0	.5000	.5040	.5080
0.1	.5398	.5438	.5478
0.2	.5793	.5832	.5871
0.3	.6179	.6217	.6255
0.4	.6554	.6591	.6628
0.5	.6915	.6950	.6985
0.6	.7257	.7291	.7324
0.7	.7580	.7611	.7642
0.8	.7881	.7910	.7939
0.9	.8159	.8186	.8212
1.0	.8413	.8438	.8461

回想一下，附錄 B 的表 1 與表 2，我們可以使用表找到 X 等於 (equal) 某個 x 值的機率，但是我們無法對常態表做相同的事。請記住，常態隨機變數是連續的，連續隨機變數等於任何單一數值的機率是 0。

金融上的應用　測量風險

在先前的章節中，我們曾經討論過數種機率與統計在金融上的應用，希望評估或者是降低投資風險。在範例 3.2 中，我們曾繪製直方圖以衡量兩種投資報酬率的分布情形。在第 4 章中我們重做此一範例，其中計算標準差與變異數做為風險的數值評估。在 7.3 節我們發展了一項在金融上的重要應用，其中我們強調降低投資組合報酬率的變異數。但是，我們並沒有說明為什麼風險是以變異數和標準差測量。下列的範例用來彌補這個缺失。

範例 8.3　一個負投資報酬率的機率

考慮一個投資，它的報酬率是具有平均數 10% 與標準差 5% 的常態分配。
a. 計算賠錢的機率。
b. 求出當標準差等於 10% 的賠錢機率。

解答

a. 當報酬率是負的時候，這項投資會賠錢。因此，我們希望計算

$$P(X<0)$$

第一步是將機率中描述的 X 與 0 標準化：

$$P(X<0) = P\left(\frac{X-\mu}{\sigma} < \frac{0-10}{5}\right) = P(Z<-2.00) = .0228$$

因此，賠錢的機率是 .0228。

b. 如果我們將標準差增加到 10%，遭受賠錢的機率成為

$$P(X<0) = P\left(\frac{X-\mu}{\sigma} < \frac{0-10}{10}\right) = P(Z<-1.00) = .1587$$

誠如你所見，增加標準差會增加虧損的機率。請注意，增加標準差也將會增加報酬率超過某一相對較大的金額之機率。但是，因為投資者傾向於規避風險，當討論增大標準差的作用時，我們強調負報酬率增加的機率。

8.2b　找出 Z 的數值

有一類型的問題需要我們在一給定的機率下決定 Z 的數值。我們使用符號 Z_A 表示在標準常態曲線下右邊面積為 A 所對應的 z 值。也就是，Z_A 是標準常態隨機變數的一個數值，使得

$$P(Z>Z_A) = A$$

圖 8.15 描繪這個符號。

為了找出任何 A 值所對應的 Z_A，我們需要反向使用標準常態分配表。如你在範例 8.2 中所見到的，為了找出 Z 所對應的機率，我們必須從表中找出 z 值並且決定與它相對應的機率。為了反向使用這個表，我們必須先指定一個機率，然後決定與它相對應的 z 值。我們將以找出 $Z_{.025}$ 來示範說明。圖 8.16 描繪標準常態曲線與 $Z_{.025}$。

由於標準常態表的格式，我們首先確定小於 $Z_{.025}$ 之面積，其為 $1-.025=.9750$（注意，我們以四個小數點位數來表示這項機率，讓你更容易了解該如何運算）。現在我們在表中機率的部分尋找 .9750。當找出它的位置，我們看到與它相對應的 z 值是 1.96。

因此，$Z_{.025}=1.96$，它的意義是 $P(Z>1.96)=.025$。

圖 8.15 $P(Z>Z_A)=A$

圖 8.16 $Z_{.025}$

z	.00	.01	.02	.03	.04	.05	.06	.07	.08	.09
1.0	.8413	.8438	.8461	.8485	.8508	.8531	.8554	.8577	.8599	.8621
1.1	.8643	.8665	.8686	.8708	.8729	.8749	.8770	.8790	.8810	.8830
1.2	.8849	.8869	.8888	.8907	.8925	.8944	.8962	.8980	.8997	.9015
1.3	.9032	.9049	.9066	.9082	.9099	.9115	.9131	.9147	.9162	.9177
1.4	.9192	.9207	.9222	.9236	.9251	.9265	.9279	.9292	.9306	.9319
1.5	.9332	.9345	.9357	.9370	.9382	.9394	.9406	.9418	.9429	.9441
1.6	.9452	.9463	.9474	.9484	.9495	.9505	.9515	.9525	.9535	.9545
1.7	.9554	.9564	.9573	.9582	.9591	.9599	.9608	.9616	.9625	.9633
1.8	.9641	.9649	.9656	.9664	.9671	.9678	.9686	.9693	.9699	.9706
1.9	.9713	.9719	.9726	.9732	.9738	.9744	.9750	.9756	.9761	.9767
2.0	.9772	.9778	.9783	.9788	.9793	.9798	.9803	.9808	.9812	.9817
2.1	.9821	.9826	.9830	.9834	.9838	.9842	.9846	.9850	.9854	.9857
2.2	.9861	.9864	.9868	.9871	.9875	.9878	.9881	.9884	.9887	.9890
2.3	.9893	.9896	.9898	.9901	.9904	.9906	.9909	.9911	.9913	.9916
2.4	.9918	.9920	.9922	.9925	.9927	.9929	.9931	.9932	.9934	.9936
2.5	.9938	.9940	.9941	.9943	.9945	.9946	.9948	.9949	.9951	.9952
2.6	.9953	.9955	.9956	.9957	.9959	.9960	.9961	.9962	.9963	.9964
2.7	.9965	.9966	.9967	.9968	.9969	.9970	.9971	.9972	.9973	.9974
2.8	.9974	.9975	.9976	.9977	.9977	.9978	.9979	.9979	.9980	.9981
2.9	.9981	.9982	.9982	.9983	.9984	.9984	.9985	.9985	.9986	.9986
3.0	.9987	.9987	.9987	.9988	.9988	.9989	.9989	.9989	.9990	.9990

範例 8.4　　找出 $Z_{.05}$

找出一個標準常態隨機變數的值，使得此隨機變數大於它的機率是 5%。

解答

我們希望決定 $Z_{.05}$。圖 8.17 描繪這個常態曲線與 $Z_{.05}$。如果 .05 是在尾端的面積，那麼小於 $Z_{.05}$ 的機率一定是 $1 - .05 = .9500$。為了找出 $Z_{.05}$，我們在表中尋找機率 .9500。雖然沒有找到此一機率，但是找到兩個接近的數值：.9495 與 .9505。與這兩個機率相對應的 Z-值分別是 1.64 與 1.65。其平均值被視為是 $Z_{.05}$ 的數值。因此，$Z_{.05} = 1.645$。

圖 8.17　$Z_{.05}$

z	.00	.01	.02	.03	.04	.05	.06	.07	.08	.09
1.0	.8413	.8438	.8461	.8485	.8508	.8531	.8554	.8577	.8599	.8621
1.1	.8643	.8665	.8686	.8708	.8729	.8749	.8770	.8790	.8810	.8830
1.2	.8849	.8869	.8888	.8907	.8925	.8944	.8962	.8980	.8997	.9015
1.3	.9032	.9049	.9066	.9082	.9099	.9115	.9131	.9147	.9162	.9177
1.4	.9192	.9207	.9222	.9236	.9251	.9265	.9279	.9292	.9306	.9319
1.5	.9332	.9345	.9357	.9370	.9382	.9394	.9406	.9418	.9429	.9441
1.6	.9452	.9463	.9474	.9484	.9495	.9505	.9515	.9525	.9535	.9545
1.7	.9554	.9564	.9573	.9582	.9591	.9599	.9608	.9616	.9625	.9633
1.8	.9641	.9649	.9656	.9664	.9671	.9678	.9686	.9693	.9699	.9706
1.9	.9713	.9719	.9726	.9732	.9738	.9744	.9750	.9756	.9761	.9767
2.0	.9772	.9778	.9783	.9788	.9793	.9798	.9803	.9808	.9812	.9817
2.1	.9821	.9826	.9830	.9834	.9838	.9842	.9846	.9850	.9854	.9857
2.2	.9861	.9864	.9868	.9871	.9875	.9878	.9881	.9884	.9887	.9890
2.3	.9893	.9896	.9898	.9901	.9904	.9906	.9909	.9911	.9913	.9916
2.4	.9918	.9920	.9922	.9925	.9927	.9929	.9931	.9932	.9934	.9936
2.5	.9938	.9940	.9941	.9943	.9945	.9946	.9948	.9949	.9951	.9952
2.6	.9953	.9955	.9956	.9957	.9959	.9960	.9961	.9962	.9963	.9964
2.7	.9965	.9966	.9967	.9968	.9969	.9970	.9971	.9972	.9973	.9974
2.8	.9974	.9975	.9976	.9977	.9977	.9978	.9979	.9979	.9980	.9981
2.9	.9981	.9982	.9982	.9983	.9984	.9984	.9985	.9985	.9986	.9986
3.0	.9987	.9987	.9987	.9988	.9988	.9989	.9989	.9989	.9990	.9990

範例 8.5　找出 $-Z_{.05}$

找出一個標準常態隨機變數的值，使得此隨機變數小於它的機率是 5%。

解答

因為標準常態曲線對稱於 0，我們想要找出 $-Z_{.05}$。在範例 8.4 中我們找出 $Z_{.05} = 1.645$。因此，$-Z_{.05} = -1.645$。見圖 8.18。

圖 8.18　$-Z_{.05}$

進入 EMBA 學程的最低 GMAT 分數：解答

圖 8.19 描繪 GMAT 分數的分配。我們已經標示進入新的 EMBA 學程所需的最低分數 $X_{.01}$，使得

$$P(X > X_{.01}) = .01$$

圖 8.19　最低的 GMAT 分數

z	.00	.01	.02	.03	.04
1.0	.8413	.8438	.8461	.8485	.8508
1.1	.8643	.8665	.8686	.8708	.8729
1.2	.8849	.8869	.8888	.8907	.8925
1.3	.9032	.9049	.9066	.9082	.9099
1.4	.9192	.9207	.9222	.9236	.9251
1.5	.9332	.9345	.9357	.9370	.9382
1.6	.9452	.9463	.9474	.9484	.9495
1.7	.9554	.9564	.9573	.9582	.9591
1.8	.9641	.9649	.9656	.9664	.9671
1.9	.9713	.9719	.9726	.9732	.9738
2.0	.9772	.9778	.9783	.9788	.9793
2.1	.9821	.9826	.9830	.9834	.9838
2.2	.9861	.9864	.9868	.9871	.9875
2.3	.9893	.9896	.9898	.9901	.9904
2.4	.9918	.9920	.9922	.9925	.9927
2.5	.9938	.9940	.9941	.9943	.9945
2.6	.9953	.9955	.9956	.9957	.9959
2.7	.9965	.9966	.9967	.9968	.9969
2.8	.9974	.9975	.9976	.9977	.9977
2.9	.9981	.9982	.9982	.9983	.9984
3.0	.9987	.9987	.9987	.9988	.9988

在常態曲線之上,我們描繪標準常態曲線與 $Z_{.01}$。我們可以使用在範例 8.4 的方法來決定 $Z_{.01}$ 的數值。在標準常態表中,我們找到 $1 - .01 = .9900$(在表中最接近的數值是 .9901)以及 Z 值是 2.33。因此,$X_{.01}$ 的標準化數值是 $Z_{.01} = 2.33$。為了找出 $X_{.01}$,我們必須反標準化 (unstandardized) $Z_{.01}$。也就是解下列等式中的 $X_{.01}$

$$Z_{.01} = \frac{X_{.01} - \mu}{\sigma}$$

代入 $Z_{.01}=2.33$,$\mu=490$ 與 $\sigma=61$,我們找出

$$2.33 = \frac{X_{.01} - 490}{61}$$

解計算式,我們得到

$$X_{.01} = 2.33(61) + 490 = 632.13$$

進位後 (GMAT 的分數是整數),我們求出得以進入 EMBA 學程的最低 GMAT 分數是 633 分。

8.2c　Z_A 與百分位數

在第 4 章中,我們曾經介紹過百分位數,它是相對位置的量數。Z_A 的值是標準常態隨機變數的第 $100(1-A)$ 個百分位數。例如,$Z_{.05}=1.645$,它的意思是 1.645 是第 95 個百分位數:有 95% Z 的數值小於它並且有 5% 大於它。我們以類似的方式解說 Z_A 的其他數值。

EXCEL 函數

指令說明

我們可以使用 Excel 計算 X 與 Z 的機率與數值。為了計算累積常態機率 $P(X<x)$,鍵入(在任何儲存格中)

= **NORMDIST**($[X]$, $[\mu]$, $[\sigma]$, True)

(鍵入 "True" 產生一累積機率。鍵入 "False" 將產生常態密度函數的數值,這是一個不具有太大意義的數值。)

如果你對 μ 鍵入 0，對 σ 鍵入 1，你將會得到標準常態機率。另一種方法是鍵入

以 **NORMSDIST** 取代 NORMDIST，並且輸入 z 的值。

在範例 8.2 中，我們得到 $P(X<1,100)=P(Z<1.00)=.8413$。為了說明 Excel 如何計算此一機率，我們鍵入

$=$**NORMDIST**(1100, 1000, 100, True)

或是

$=$**NORMSDIST**(1.00)

為了計算 Z_A 的數值，鍵入

$=$**NORMSINV**([1−A])

在範例 8.4 中，我們將會鍵入

$=$**NORMSINV**(.95)

並且產生 1.6449。我們算出 $Z_{.05}=1.645$。

給定機率 $P(X>x)=A$，計算 x 的值，輸入

$=$**NORMINV**(1−A, μ, σ)

鍵入下列指令即可解本章開章範例

$=$**NORMINV**(.99, 490, 61)

它產生 632。

作業管理上的應用　　存貨管理

每個組織都會保留一些存貨，它被定義為各種項目的庫存。例如，雜貨店對其販售的商品幾乎都會有存貨。當商品的總數量降至一個特定的水準，經理會安排運入更多的商品。一家汽車維修廠持有大量替換零件的存貨。一所學校持有一些常用物品的庫存，包括粉筆、筆、信封、資料夾以及文件夾。有些成本是與存貨有關的。

這些包括資金成本、損失(失竊與淘汰品)、倉儲空間，還有維護與保存紀錄等。管理科學家發展許多模型以幫助決定最佳存貨水準，它可

以平衡存貨成本與短缺成本以及大量小額訂單的成本。這些模型中有些是決定型的 (deterministic)——也就是,他們假設對貨品的需求是固定的常數。然而,在大多數的實際情況中需求是一個隨機變數。一個常用的機率模型假設在前置時間的需求是一個服從常態分配的隨機變數。前置時間 (lead time) 的定義是在下訂單與貨到之間的這段時間。

訂購的數量通常是企圖將總成本最小化的方式來計算,包括訂購成本與維護庫存成本。(這個主題在大多數管理科學的課程中都會討論。)另一項關鍵決定涉及再次訂購點 (reorder point, ROP),也就是對供應商下訂單的存貨標準。如果再次訂購點太低,公司會有缺貨情況,造成銷售上的損失與潛在顧客的流失,他們將會移向競爭者。如果再次訂購點太高,公司會負擔過多的存貨,而需要金錢來購買與倉儲。有些公司的存貨會演變成走後門的產業亂象或過時的狀況。因此,管理人員建立一個安全存貨 (safety stock),指的是為了減少公司缺貨情形發生所保留的額外存貨量。他們設定一個服務水準 (service level),它是公司不會發生缺貨情形的機率,以找出其安全存貨。用來決定再次訂購點的方法將在範例 8.6 中說明。

範例 8.6　　決定再次訂購點

春季期間,一家大型的家庭裝修店 (home-improvement store) 對電扇的需求相當旺盛。這家商店使用電腦系統追蹤存貨,以隨時知道電扇的存貨量有多少。公司的策略是當庫存水準降到 150 台的再次訂購點,則訂購 250 台的電扇進貨。但是,這個策略造成經常性的缺貨,導致銷售上的損失,因為前置時間與需求量都是具有高度變化的變數。經理想要減少缺貨的情況,使得僅有 5% 的訂單其到貨時間會在存貨量降到 0 之後(造成缺貨)。此項策略被表達成一個 95% 的服務水準。根據之前幾期的經驗,公司決定了前置時間的需求量是一個服從平均數 200 與標準差 50 的常態分配。求出再次訂購點。

解答

再次訂購點是一個設定的庫存量,使得在前置時間的需求量大於此一數量的機率是 5%。圖 8.20 描繪前置時間的需求量與再次訂購點。誠如我們在本章開章範例的解答中所做,我們先找到標準常態值,使其所對應的右邊的面積為 .05。再次訂購點的標準化數值即為 $Z_{.05} = 1.645$。然後為了找到再次訂購點 (ROP),我們必須反標準化 $Z_{.05}$。

$$Z_{.05} = \frac{\text{ROP} - \mu}{\sigma}$$

$$1.645 = \frac{\text{ROP} - 200}{50}$$

$$\text{ROP} = 50(1.645) + 200 = 282.25$$

我們將此數值進位得到 283。策略是當存貨數量剩 283 台電扇時,即訂購一批新的電扇。

圖 8.20 前置時間的需求量分配

練 習 題

練習題 8.13 到 8.25 中,求出所列的機率。

8.13 $P(Z<1.61)$

8.14 $P(Z<-1.39)$

8.15 $P(Z<-2.16)$

8.16 $P(-1.30<Z<.70)$

8.17 $P(Z>-1.24)$

8.18 $P(Z<2.23)$

8.19 $P(Z>1.87)$

8.20 $P(Z<2.57)$

8.21 $P(1.04<Z<2.03)$

8.22 $P(-0.71<Z<-0.33)$

8.23 $P(Z>3.09)$

8.24 $P(Z>0)$

8.25 $P(Z>4.0)$

8.26 求出 $z_{.03}$

8.27 求出 $z_{.065}$

8.28 求出 $z_{.28}$

8.29 X 是一個具有平均數 250 與標準差 40 的常態分配。什麼樣的 X 臨界值會僅有前 15% 的 X 值超過它?

8.30 X 是一個具有平均數 1,000 與標準差 250 的常態分配。X 介於 800 與 1,100 之間的機率為何?

8.31 廣告標榜可持續使用 5,000 小時的電燈泡,其壽命是一個具有平均數 5,100 小時以及標準差 200 小時的常態分配。一個此類電燈泡的壽命超過廣告數字的機率為何?

8.32 參考練習題 8.31。如果我們想確保 98% 的燈泡的壽命比廣告宣稱的數字更長,那麼應該以什麼數字宣傳?

8.33 SAT 分數呈常態分配,平均數為

1,000，標準差為 300。求四分位數。

8.34 特斯拉 Model S 85D 是一款電動汽車，製造商聲稱充一次電可行駛 270 哩。但是，實際距離取決於許多因素，包括速度以及汽車是在城市還是在高速公路上行駛。假設距離是一個常態分配的隨機變數，平均數為 200 哩，標準差為 20 哩。該款車的擁有者試圖以充一次電的電力往返一個附近的城市。如果總距離是 210 哩，汽車在沒有用完電力的情況下達成任務的機率是多少？

8.35 經濟學家經常利用五分位數 (即第 20、第 40、第 60 和第 80 百分位數)，特別是討論收入時。假設在一大城市的家庭收入是具有平均數 $50,000 以及標準差 $10,000 的常態分配。一位經濟學家希望確定五分位數。不幸的是，他以前沒有通過他的統計課。請幫助他找到五分位數。

8.36 2 歲兒童的身高是具有平均數為 32 吋與標準差為 1.5 吋的常態分配。小兒科醫生例行性地測量學步兒童的身高以判斷他們是否有任何問題。當一個兒童的身高在最高或最低的 5% 時可能是有問題。決定可能有問題的 2 歲兒童的身高。

8.37 參考練習題 8.36。求出這些事件的機率。
a. 一個 2 歲兒童的身高是超過 36 吋。
b. 一個 2 歲兒童的身高是低於 34 吋。
c. 一個 2 歲兒童的身高是介於 30 吋到 33 吋之間。

8.38 大學院校學生每晚平均睡眠時間是 7.2 小時，標準差是 40 分鐘。如果睡眠量是常態分配，大學院校學生睡眠超過 8 小時的機率為何？

8.39 參考練習題 8.38。求出僅有 25% 的大學生會超過的睡眠時數。

8.40 在大城市中，家庭每年花在外出用餐上的金額呈常態分配。平均值和標準差分別為 2,200 美元和 700 美元。計算一個家庭外食花費少於 2,500 美元的機率。

8.41 一門統計課的最終成績呈常態分配，平均值為 70 分以及 10 分的標準差。這位教授必須將所有的分數標記為字母等級。她決定要 10% 的 A，30% 的 B，40% 的 C，15% 的 D，和 5% 的 F。決定每個字母等級的臨界值。

8.42 Mensa 是一組織，其成員的 IQ 高居母體人口的前 2%。已知 IQ 是具有平均數 100 以及標準差 16 的常態分配。求出成為 Mensa 會員所需的最低 IQ。

8.43 從一家位於加油站的 ATM 每日提款的平均數為 $50,000，標準差為 $8,000。ATM 的操作員在一天開始時存入 $64,000 現金。自動提款機發生現金不足的機率是多少？

8.44 一位電腦產品零售商銷售各種與電腦相關的產品。其最暢銷的產品之一是惠普 (HP) 雷射印表機。每週平均需求量為 200 部。從製造商下新訂單直到到貨的這段前置作業時間是 1 週。如果印表機的需求量是不變的，零售商將再訂貨以確保有 200 部印表機的庫存。然而，需求量是隨機變數。前幾個星期的分析顯示，每週需求量的標準差為 30 部。這位零售商希望在任何一星期的缺貨機率不超過 6%。當他向製造商再訂貨時，他應該庫存多少部惠普雷射印表機？

8.45 一家麵包店每天烘烤有名的大理石裸麥麵包。一份統計調查顯示顧客每天的需求量是具有平均數 850 與標準差 90 的常態分配。如果麵包店希望任何一天缺貨的機率是不會超過 30%，則麵包店應該烘烤多少條麵包？

8.46 根據練習題 8.45。任何無法在當天賣出的大理石裸麥麵包都會降成半價出售，麵包店每天應該烘烤多少條麵包使得賣不完麵包的天數比例不會超過 60%？

8.47 大多數餐廳建議小費應超過 18%。事實上，小費是一個常態分配的隨機變數，平均數為 15%，標準差為 2%。確定僅前 1% 超過的小費金額。

8.48 統計期中考試的分數是具有平均數 72 與標準差 9 的常態分配。Pat Statsdud 計劃做充分的準備工作，以使得期中考試分數優於全班的 25%。Pat 的期中成績目標應該為何？

8.49 銀行客戶支票帳戶的每月餘額之分布服從常態分配，平均餘額為 $1,200，標準差為 $250。如果銀行要針對月餘額前 15% 的客戶投放廣告，這些客戶的最低月餘額是多少？

8.50 足月新生兒的身長呈常態分配，平均數為 50 公分，標準差為 2 公分。如果足月新生兒的身長低於 20%，醫師會表示擔憂。確定醫生應該關注的身長臨界值。

8.3 指數分配（選讀）

另一個重要的連續分配是**指數分配 (exponential distribution)**。

指數機率密度函數

一個隨機變數 X 呈指數分配，如果它的機率密度函數是

$$f(x) = \lambda e^{-\lambda x}, \quad x \geq 0$$

其中 $e = 2.71828\ldots$ 且 λ 是分配的參數。

統計學家已經證明出一個指數隨機變數的平均數與標準差彼此相等：

$$\mu = \sigma = 1/\lambda$$

回顧常態分配是一個具有兩個參數的分配。當 μ 與 σ 兩個參數的數值是已知時，此項分配可以完全地被指定。相反地，指數分配是一個僅有一個參數的分配。當參數 λ 的數值是已知時，此項分配可以完全地被指定。圖 8.21 描繪三個指數分配，對應於三個不同的參數 λ 值。注意，對於任何一個指數密度函數 $f(x)$，當 x 趨近於 0 時，$f(0) = \lambda$，而當 x 趨近於 ∞ 時，$f(x)$ 趨近於 0。

圖 8.21　指數分配

指數密度函數比常態函數容易運算；因此，我們可以對任何數值範圍的機率推導計算公式。使用積分計算，我們可以決定下列的機率敘述。

與指數隨機變數相關的機率

如果 X 是一個指數隨機變數，

$$P(X > x) = e^{-\lambda x}$$
$$P(X < x) = 1 - e^{-\lambda x}$$
$$P(x_1 < X < x_2) = P(X < x_2) - P(X < x_1) = e^{-\lambda x_1} - e^{-\lambda x_2}$$

$e^{-\lambda x}$ 的值可以使用計算機計算而得。

範例 8.7　鹼性電池的壽命

一個鹼性電池的壽命(以小時測量)是一個具有 $\lambda = .05$ 的指數分配。

a. 電池壽命的平均數與標準差為何？
b. 電池壽命介於 10 到 15 小時的機率為何？
c. 電池壽命超過 20 小時的機率為何？

解答

a. 平均數與標準差都等於 $1/\lambda$。因此，

$$\mu = \sigma = 1/\lambda = 1/.05 = 20 \text{ 小時}$$

b. 令 X 表示一個電池的壽命。要求的機率是

$$\begin{aligned}
P(10 < X < 15) &= e^{-.05(10)} - e^{-.05(15)} \\
&= e^{-.5} - e^{-.75} \\
&= .6065 - .4724 \\
&= .1341
\end{aligned}$$

c. $P(X > 20) = e^{-.05(20)}$
$= e^{-1}$
$= .3679$

圖 8.22 描繪這些機率。

圖 8.22 範例 8.7 的機率

(b) $P(10 < X < 15)$

(c) $P(X > 20)$

EXCEL 函數

指令說明

鍵入 (在任何一個儲存格中)

$$=\text{EXPONDIST}([X], [\lambda], \text{True})$$

為了產生範例 8.7(c) 的答案，我們將找出 $P(X<20)$，並且用 1 減去該數值。

為了求出 $P(X<20)$，鍵入

$$=\text{EXPONDIST}(20, .05, \text{True})$$

它輸出 .6321，因此 $P(X>20)=1-.6321=.3679$，這個值與我們用手算的結果是相同的。

> **作業管理上的應用** 等待線

在 7.5 節中,我們敘述等待線模型,並且描述如何運用卜瓦松分配來計算每一個時段到達人數的機率。為了計算等待線的運作特性,管理科學家經常假設完成一個服務的時間是呈指數分配。在這個應用中的參數 λ 是服務率,它被定義為每一個時段完成服務的平均單位數。例如,如果服務時間為一個具 λ=5/小時的指數分配,它告訴我們服務率是每一小時 5 個單位或是每 60 分鐘 5 次。回想一個指數分配的平均數是 $\mu = 1/\lambda$。在本例中,其服務設備平均每 12 分鐘可以完成一次服務。計算如下

$$\mu = \frac{1}{\lambda} = \frac{1}{5/\text{小時}} = \frac{1}{5/60\text{分鐘}} = \frac{60\text{分鐘}}{5} = 12 \text{ 分鐘}$$

我們可以使用此項分配描述各種不同的機率敘述。

範例 8.8 超市的結帳櫃檯

在一家超市的收銀檯完成結帳的過程是根據一個具有每小時 6 次服務率的指數分配。一位顧客抵達收銀檯,求出下列事件的機率。

a. 這項服務在少於 5 分鐘內完成。
b. 這位顧客在到達後超過 10 分鐘才離開結帳櫃檯。
c. 這項服務在 5 到 8 分鐘內完成。

解答

解決這個問題的一種方法是轉換服務率,讓時段為 1 分鐘。(另一種方法是,我們可以轉換問題中的機率敘述,讓時段以小時的分數來表達。)令服務率 $= \lambda = .1/$ 分鐘。

a. $P(X < 5) = 1 - e^{-\lambda x} = 1 - e^{-.1(5)} = 1 - e^{-.5} = 1 - .6065 = .3935$
b. $P(X > 10) = e^{-\lambda x} = e^{-.1(10)} = e^{-1} = .3679$
c. $P(5 < X < 8) = e^{-.1(5)} - e^{-.1(8)} = e^{-.5} - e^{-.8} = .6065 - .4493 = .1572$

練習題

8.51 X 是一個具有 $\lambda=3$ 的指數隨機變數。藉由描點和連接當 $x=0, .5, 1, 1.5$ 和 2 時對應 $f(x)$ 的各點,繪出 X 的分配圖形。

8.52 X 是一個具有 $\lambda=.5$ 的指數隨機變數。求出下列的機率。
a. $P(X>1)$
b. $P(X>.4)$
c. $P(X<.5)$
d. $P(X<2)$

8.53 加拿大和美國互為最大貿易夥伴。這兩國之間擁有世界最大的雙邊貿易,這使得連接安大略省溫莎市和密西根州底特律市的大使橋非常繁忙。加拿大與美國之間的自由貿易協定和北美自由貿易協定 (NAFTA) 進一步增加了貿易。開進底特律和溫莎的卡車有時排了幾哩的路。當卡車到達大使橋,每部車必須由海關人員進行檢查。假設檢查時間服從每小時服務率為 10 部車的指數分配,一部卡車需要檢查超過 15 分鐘的機率為何?

8.54 一家希望增加其客戶群的銀行宣稱它擁有最快的服務,並且幾乎所有客戶都在不到 10 分鐘的時間內得到服務。一位管理科學家研究了服務時間並得出結論,服務時間呈指數分配,平均數為 5 分鐘。判斷銀行宣稱「幾乎所有」客戶都在不到 10 分鐘內得到服務的意義。

8.55 加油站經理觀察到,司機為汽車加油和支付所需的時間變化很大。事實上,時間呈指數分配,平均數為 7.5 分鐘。一部汽車能夠在 5 分鐘內完成交易的機率是多少?

8.56 高速公路上發生事故的時間呈指數分配,平均數為 5 分鐘。剛剛發生了一起事故。在 8 分鐘內會發生下一次事故的機率是多少?

作業管理上的應用　決定服務速率

在某些情況下,λ 的值可以透過管理來控制。例如,在超級市場中,經理可以僱用一名工作人員幫顧客裝袋來提高收銀檯的服務水準。我們可以指定一個 x 值與它的機率來計算 λ。為了說明,假設目前的服務速率是每小時 8 個顧客,即 $\lambda=8$ 且指數分配的平均數是 $1/\lambda=1/8=.125$ 小時或 7.5 分鐘。經理希望結帳時間超過 15 分鐘的機率 (一小時的 .25) 小於 5%。以 $\lambda=8$,結帳時間大於 .25 個小時的機率是

$$P(X>.25)=e^{-\lambda x}=e^{-8(.25)}=e^{-2}=.1350$$

經理認為太大。

給定 x 且 X 大於 x 的機率,解 λ 的值,求下列方程式中的 λ

$$P(X>x)=e^{-\lambda x}$$

因此,

$$\ln[P(X>x)]=-\lambda x$$

或

$$\lambda = \frac{-\ln[P(X > x)]}{x}$$

其中 ln 是自然對數(對數使用 e 做基底)
以 x=.25 且機率=5%，我們發現

$$\lambda = \frac{-\ln[P(X > x)]}{x} = \frac{-\ln(.05)}{.25} = 12$$

經理可藉著將服務速率提高到每小時服務 12 人，來降低結算時間會超過 15 分鐘的機率至 .05。

8.57 參考練習題 8.53。為了改善卡車花在等待的時間，兩個國家都需要改善海關承辦人服務的水準。假設政府決定檢查卡車的時間超過 30 分鐘的機率應小於 1%。找出實現這個目標的服務速率。

8.58 一位 Jeffy Lube 汽車維修廠的經理關心該廠的技師換油和過濾器所花的時間。目前完成操作的平均時間是 18 分鐘。雖然他沒有記錄他的員工花超過 30 分鐘完成一部車的次數，但他知道這個機率很高。有幾種方法可以減少平均時間。請決定可讓工作時間超過 30 分鐘的機率減少至 10% 所需的平均時間。

8.4 其他連續分配

在本節中，我們介紹另外三種連續分配，它們被廣泛使用於統計推論。

8.4a 學生 t 分配

學生 t 分配在 1908 年首先被 William S. Gosset 導出。[Gosset 以筆名「學生」(Student) 發表他的發現，並且使用字母 t 代表隨機變數，因此**學生 t 分配 (Student t distribution)** 又被稱為學生的 t 分配 (Student's t distribution)。] 它在統計推論中時常被使用，我們將在第 12、13、14、16 與 17 章中介紹它的應用。

學生 t 密度函數

學生 t 分配的密度函數如下：

$$f(t) = \frac{\Gamma[(\nu + 1)/2]}{\sqrt{\nu \pi}\,\Gamma(\nu/2)} \left[1 + \frac{t^2}{\nu}\right]^{-(\nu+1)/2}$$

其中 ν(希臘字母 nu) 是學生 t 分配的參數，ν 被稱為**自由度 (degrees of freedom)**，$\pi=3.14159$，Γ 是 gamma 函數，它的定義在此是不需要的。

一個學生 t 隨機變數的平均數與變異數是

$$E(t)=0$$

以及

$$V(t) = \frac{\nu}{\nu - 2} \quad 對 \quad \nu > 2$$

圖 8.23 描繪學生 t 分配。如你所見，這個分配與標準常態分配是類似的。兩者都對稱於 0。(兩隨機變數的平均數皆為 0。) 我們描述學生 t 分配為山形 (mound shaped)，而常態分配是鐘形 (bell shaped)。

圖 8.23　學生 t 分配

圖 8.24 同時呈現一個學生 t 分配與標準常態分配。前者比後者分散得更寬。[一個標準常態隨機變數的變異數是 1，而一個學生 t 隨機變數的變異數是 $\nu/(\nu - 2)$，對於所有的 ν，其值大於 1。]

圖 8.24　學生 t 分配與常態分配

圖 8.25 描繪數個不同自由度的學生 t 分配。注意，對於比較大的自由度，學生 t 分配的離散度比較小。例如，當 $\nu = 10$，$V(t) = 1.25$；當 $\nu = 50$，$V(t) = 1.042$；並且當 $\nu = 200$，$V(t) = 1.010$。當 ν 越大，學生 t 分配越接近標準常態分配。

圖 8.25 $\nu=2$、10 與 30 的學生 t 分配與常態分配

學生 t 機率　對於每一個 ν 的數值 (自由度數值)，存在不同的學生 t 分配。如果我們想要以手算學生 t 隨機變數的機率，就如同對常態隨機變數所做的一樣，對每一個 ν 值我們需要一個不同的表，這是不切實際的做法。取而代之的是，我們可以使用微軟的 Excel。稍後在本節中將會提供指令的說明。

決定學生 t 的數值　在本書稍後你將會發現，學生 t 分配被廣泛地應用於統計推論。對於推論方法，我們經常需要找出隨機變數的值。為了決定常態隨機變數的值，我們反向使用附錄 B 的表 3。至於找出學生 t 隨機變數的數值是相對比較容易的。附錄 B 的表 4 (在此被複製為表 8.2) 列出 $t_{A,\nu}$ 的數值，它們是具有自由度 ν 且滿足下列關係式的學生 t 隨機變數的數值

$$P(t > t_{A,\nu}) = A$$

圖 8.26 描繪這項公式。

圖 8.26　右尾面積是 A 的學生 t 分配數值 t_A

觀察 $t_{A,\nu}$ 所提供的自由度範圍是從 1 到 200 以及 ∞。閱讀這個表，只要簡單地辨認自由度並在表上找到該數值，或者如果該自由度沒有被列出則找出最接近它的數值。然後找到你所想要的 t_A 值的欄位。例如，我們想要找自由度為 10 的 t 值，使得在學生 t 曲線下右方的面積是 .05，我們在第一欄中找出 10 的位置，並且橫跨這一列直到找到在標題 $t_{.05}$ 下方的數字。從表 8.3，我們得到

$$t_{.05,10} = 1.812$$

表 8.2 t 的臨界值

ν	$t_{.100}$	$t_{.050}$	$t_{.025}$	$t_{.010}$	$t_{.005}$	ν	$t_{.100}$	$t_{.050}$	$t_{.025}$	$t_{.010}$	$t_{.005}$
1	3.078	6.314	12.71	31.82	63.66	29	1.311	1.699	2.045	2.462	2.756
2	1.886	2.920	4.303	6.965	9.925	30	1.310	1.697	2.042	2.457	2.750
3	1.638	2.353	3.182	4.541	5.841	35	1.306	1.690	2.030	2.438	2.724
4	1.533	2.132	2.776	3.747	4.604	40	1.303	1.684	2.021	2.423	2.704
5	1.476	2.015	2.571	3.365	4.032	45	1.301	1.679	2.014	2.412	2.690
6	1.440	1.943	2.447	3.143	3.707	50	1.299	1.676	2.009	2.403	2.678
7	1.415	1.895	2.365	2.998	3.499	55	1.297	1.673	2.004	2.396	2.668
8	1.397	1.860	2.306	2.896	3.355	60	1.296	1.671	2.000	2.390	2.660
9	1.383	1.833	2.262	2.821	3.250	65	1.295	1.669	1.997	2.385	2.654
10	1.372	1.812	2.228	2.764	3.169	70	1.294	1.667	1.994	2.381	2.648
11	1.363	1.796	2.201	2.718	3.106	75	1.293	1.665	1.992	2.377	2.643
12	1.356	1.782	2.179	2.681	3.055	80	1.292	1.664	1.990	2.374	2.639
13	1.350	1.771	2.160	2.650	3.012	85	1.292	1.663	1.988	2.371	2.635
14	1.345	1.761	2.145	2.624	2.977	90	1.291	1.662	1.987	2.368	2.632
15	1.341	1.753	2.131	2.602	2.947	95	1.291	1.661	1.985	2.366	2.629
16	1.337	1.746	2.120	2.583	2.921	100	1.290	1.660	1.984	2.364	2.626
17	1.333	1.740	2.110	2.567	2.898	110	1.289	1.659	1.982	2.361	2.621
18	1.330	1.734	2.101	2.552	2.878	120	1.289	1.658	1.980	2.358	2.617
19	1.328	1.729	2.093	2.539	2.861	130	1.288	1.657	1.978	2.355	2.614
20	1.325	1.725	2.086	2.528	2.845	140	1.288	1.656	1.977	2.353	2.611
21	1.323	1.721	2.080	2.518	2.831	150	1.287	1.655	1.976	2.351	2.609
22	1.321	1.717	2.074	2.508	2.819	160	1.287	1.654	1.975	2.350	2.607
23	1.319	1.714	2.069	2.500	2.807	170	1.287	1.654	1.974	2.348	2.605
24	1.318	1.711	2.064	2.492	2.797	180	1.286	1.653	1.973	2.347	2.603
25	1.316	1.708	2.060	2.485	2.787	190	1.286	1.653	1.973	2.346	2.602
26	1.315	1.706	2.056	2.479	2.779	200	1.286	1.653	1.972	2.345	2.601
27	1.314	1.703	2.052	2.473	2.771	∞	1.282	1.645	1.960	2.326	2.576
28	1.313	1.701	2.048	2.467	2.763						

如果自由度的數值沒有被列出，找出最接近它的數值。例如，假設我們想要找出 $t_{.025,32}$。因為自由度 32 並沒有被列出來，我們找出最接近自由度的數值，其為 30，並且使用 $t_{.025,30} = 2.042$ 為一個近似值。

因為學生 t 分配是對稱於 0 的分配，在它左邊面積為 A 的 t 值是 $-t_{A,\nu}$。例如，要找自由度為 10，並且使得在它左邊的面積為 .05 的 t 值是

$$-t_{.05,10} = -1.812$$

請注意，在學生 t 表的最後一列。自由度的數值是無限大，並且 t 值與 z 值是相同的 (除了小數位數之外)。例如，

$$t_{.10,\infty} = 1.282$$
$$t_{.05,\infty} = 1.645$$

表 8.3 找出 $t_{.05,10}$

自由度	$t_{.10}$	$t_{.05}$	$t_{.025}$	$t_{.01}$	$t_{.005}$
1	3.078	6.314	12.706	31.821	63.657
2	1.886	2.920	4.303	6.965	9.925
3	1.638	2.353	3.182	4.541	5.841
4	1.533	2.132	2.776	3.747	4.604
5	1.476	2.015	2.571	3.365	4.032
6	1.440	1.943	2.447	3.143	3.707
7	1.415	1.895	2.365	2.998	3.499
8	1.397	1.860	2.306	2.896	3.355
9	1.383	1.833	2.262	2.821	3.250
10	1.372	1.812	2.228	2.764	3.169
11	1.363	1.796	2.201	2.718	3.106
12	1.356	1.782	2.179	2.681	3.055

$$t_{.025,\infty} = 1.960$$
$$t_{.01,\infty} = 2.326$$
$$t_{.005,\infty} = 2.576$$

在之前的小節中,我們顯示(或顯示我們如何決定)

$$z_{.10} = 1.28$$
$$z_{.05} = 1.645$$
$$z_{.025} = 1.96$$
$$z_{.01} = 2.23$$
$$z_{.005} = 2.575$$

EXCEL 函數

為了計算學生 t 機率,鍵入

$$=\textbf{TDIST}([x], [\nu], [\text{Tails}])$$

其中 x 必須是正數,ν 是自由度的數值,以及 "Tails" 是 1 或是 2。在 "Tails" 鍵入 1 會產生 x 右邊的面積。在 "Tails" 鍵入 2 將會產生 x 右邊的面積加上 $-x$ 左邊的面積。例如,

$$=\textbf{TDIST}(2, 50, 1) = .02547$$

以及

$$=\text{TDIST}(2, 50, 2)=.05095$$

為了決定 t_A，鍵入

$$=\text{TINV}([2A], [\nu])$$

例如，為了找出 $t_{.05, 200}$，輸入

$$=\text{TINV}(.10, 200)$$

產生 1.6525。

卡方分配　接下來要呈現另一種非常有用隨機變數之密度函數。

卡方密度函數

卡方密度函數是

$$f(\chi^2) = \frac{1}{\Gamma(\nu/2)} \frac{1}{2^{\nu/2}}(\chi^2)^{(\nu/2)-1} e^{-\chi^2/2} \quad \chi^2 > 0$$

參數 ν 是自由度的數值，它就像學生 t 分配的自由度一樣會影響曲線的形狀。

圖 8.27 描繪一個**卡方分配 (chi-squared distribution)**。誠如你所見，它是一個右偏的分配，範圍在 0 到 ∞ 之間。如學生 t 分配一樣，它的形狀依自由度的數值大小而改變。增加自由度的影響如圖 8.28 所示。

圖 8.27　卡方分配

圖 8.28 $\nu=1$、5 與 10 的卡方分配

一個卡方隨機變數的平均數與變異數是

$$E(\chi^2)=\nu$$

以及

$$V(\chi^2)=2\nu$$

決定卡方值 在自由度為 ν 的卡方曲線之下，右邊面積為 A 所對應的卡方值被表示為 $\chi^2_{A,\nu}$。我們不能使用 $-\chi^2_{A,\nu}$ 代表一個左邊面積為 A 的點 (如同我們對標準常態值與學生 t 值所做)，因為 χ^2 永遠大於 0。為了表示左尾的臨界值，我們注意到如果一個點左邊的面積是 A，則此點右邊的面積一定是 $1-A$。因為在卡方曲線之下的總面積 (與所有的連續分配一樣) 必須等於 1。因此，以 $\chi^2_{1-A,\nu}$ 符號代表一個左邊面積為 A 的點。見圖 8.29。

圖 8.29 χ^2_A 與 χ^2_{1-A}

附錄 B 的表 5 (在此被複製為表 8.4) 列出自由度等於 1 到 30, 40, 50, 60, 70, 80, 90 與 100 的卡方分配臨界值。例如，要找出在自由度為 8 的卡方分配上的一個點，其右邊的面積為 .05，我們在左欄位中找出自由度 8 的位置，並且在上方找到 $\chi^2_{.050}$。列與欄的交叉點就是我們尋找的數值，如表 8.5 所示。也就是，

表 8.4 χ^2 的臨界值

ν	$\chi^2_{.995}$	$\chi^2_{.990}$	$\chi^2_{.975}$	$\chi^2_{.950}$	$\chi^2_{.900}$	$\chi^2_{.100}$	$\chi^2_{.050}$	$\chi^2_{.025}$	$\chi^2_{.010}$	$\chi^2_{.005}$
1	0.000039	0.000157	0.000982	0.00393	0.0158	2.71	3.84	5.02	6.63	7.88
2	0.0100	0.0201	0.0506	0.103	0.211	4.61	5.99	7.38	9.21	10.6
3	0.072	0.115	0.216	0.352	0.584	6.25	7.81	9.35	11.3	12.8
4	0.207	0.297	0.484	0.711	1.06	7.78	9.49	11.1	13.3	14.9
5	0.412	0.554	0.831	1.15	1.61	9.24	11.1	12.8	15.1	16.7
6	0.676	0.872	1.24	1.64	2.20	10.6	12.6	14.4	16.8	18.5
7	0.989	1.24	1.69	2.17	2.83	12.0	14.1	16.0	18.5	20.3
8	1.34	1.65	2.18	2.73	3.49	13.4	15.5	17.5	20.1	22.0
9	1.73	2.09	2.70	3.33	4.17	14.7	16.9	19.0	21.7	23.6
10	2.16	2.56	3.25	3.94	4.87	16.0	18.3	20.5	23.2	25.2
11	2.60	3.05	3.82	4.57	5.58	17.3	19.7	21.9	24.7	26.8
12	3.07	3.57	4.40	5.23	6.30	18.5	21.0	23.3	26.2	28.3
13	3.57	4.11	5.01	5.89	7.04	19.8	22.4	24.7	27.7	29.8
14	4.07	4.66	5.63	6.57	7.79	21.1	23.7	26.1	29.1	31.3
15	4.60	5.23	6.26	7.26	8.55	22.3	25.0	27.5	30.6	32.8
16	5.14	5.81	6.91	7.96	9.31	23.5	26.3	28.8	32.0	34.3
17	5.70	6.41	7.56	8.67	10.09	24.8	27.6	30.2	33.4	35.7
18	6.26	7.01	8.23	9.39	10.86	26.0	28.9	31.5	34.8	37.2
19	6.84	7.63	8.91	10.12	11.65	27.2	30.1	32.9	36.2	38.6
20	7.43	8.26	9.59	10.85	12.44	28.4	31.4	34.2	37.6	40.0
21	8.03	8.90	10.28	11.59	13.24	29.6	32.7	35.5	38.9	41.4
22	8.64	9.54	10.98	12.34	14.04	30.8	33.9	36.8	40.3	42.8
23	9.26	10.20	11.69	13.09	14.85	32.0	35.2	38.1	41.6	44.2
24	9.89	10.86	12.40	13.85	15.66	33.2	36.4	39.4	43.0	45.6
25	10.52	11.52	13.12	14.61	16.47	34.4	37.7	40.6	44.3	46.9
26	11.16	12.20	13.84	15.38	17.29	35.6	38.9	41.9	45.6	48.3
27	11.81	12.88	14.57	16.15	18.11	36.7	40.1	43.2	47.0	49.6
28	12.46	13.56	15.31	16.93	18.94	37.9	41.3	44.5	48.3	51.0
29	13.12	14.26	16.05	17.71	19.77	39.1	42.6	45.7	49.6	52.3
30	13.79	14.95	16.79	18.49	20.60	40.3	43.8	47.0	50.9	53.7
40	20.71	22.16	24.43	26.51	29.05	51.8	55.8	59.3	63.7	66.8
50	27.99	29.71	32.36	34.76	37.69	63.2	67.5	71.4	76.2	79.5
60	35.53	37.48	40.48	43.19	46.46	74.4	79.1	83.3	88.4	92.0
70	43.28	45.44	48.76	51.74	55.33	85.5	90.5	95.0	100	104
80	51.17	53.54	57.15	60.39	64.28	96.6	102	107	112	116
90	59.20	61.75	65.65	69.13	73.29	108	113	118	124	128
100	67.33	70.06	74.22	77.93	82.36	118	124	130	136	140

表 8.5　$\chi^2_{.05,8}$ 與 $\chi^2_{.950,8}$ 的臨界值

自由度	$\chi^2_{.995}$	$\chi^2_{.990}$	$\chi^2_{.975}$	$\chi^2_{.950}$	$\chi^2_{.900}$	$\chi^2_{.100}$	$\chi^2_{.050}$	$\chi^2_{.025}$	$\chi^2_{.010}$	$\chi^2_{.005}$
1	0.000039	0.000157	0.000982	0.00393	0.0158	2.71	3.84	5.02	6.63	7.88
2	0.0100	0.0201	0.0506	0.103	0.211	4.61	5.99	7.38	9.21	10.6
3	0.072	0.115	0.216	0.352	0.584	6.25	7.81	9.35	11.3	12.8
4	0.207	0.297	0.484	0.711	1.06	7.78	9.49	11.1	13.3	14.9
5	0.412	0.554	0.831	1.15	1.61	9.24	11.1	12.8	15.1	16.7
6	0.676	0.872	1.24	1.64	2.20	10.6	12.6	14.4	16.8	18.5
7	0.989	1.24	1.69	2.17	2.83	12.0	14.1	16.0	18.5	20.3
8	1.34	1.65	2.18	2.73	3.49	13.4	15.5	17.5	20.1	22.0
9	1.73	2.09	2.70	3.33	4.17	14.7	16.9	19.0	21.7	23.6
10	2.16	2.56	3.25	3.94	4.87	16.0	18.3	20.5	23.2	25.2
11	2.60	3.05	3.82	4.57	5.58	17.3	19.7	21.9	24.7	26.8

$$\chi^2_{.050,8} = 15.5$$

要找出相同分配中的另一個點，其左邊的面積為 .05，即找出其右邊面積為 .95 的點。在上方的列中找到 $\chi^2_{.950}$，以及在左邊欄位往下找到自由度 8（如表 8.5 所示）。你應該可以看到

$$\chi^2_{.950,8} = 2.73$$

對於自由度大於 100 的數值，卡方分配能夠被一個具有 $\mu = \nu$ 與 $\sigma = \sqrt{2\nu}$ 的常態分配所近似。

EXCEL 函數

為了計算 $P(\chi^2 > x)$，在任何一個儲存格中鍵入

$$=\text{CHIDIST}([x], [\nu])$$

例如，=**CHIDIST**(6.25, 3) = .100。

為了決定 $\chi_{A,\nu}$，鍵入

$$=\text{CHIINV}([A], [\nu])$$

例如，=**CHIINV**(.10, 3) = 6.25。

8.4b　*F* 分配

F 分配 (***F* distribution**) 的密度函數如下所列。

F 密度函數

$$f(F) = \frac{\Gamma\left(\dfrac{\nu_1 + \nu_2}{2}\right)}{\Gamma\left(\dfrac{\nu_1}{2}\right)\Gamma\left(\dfrac{\nu_2}{2}\right)} \left(\dfrac{\nu_1}{\nu_2}\right)^{\frac{\nu_1}{2}} \dfrac{F^{\frac{\nu_1-2}{2}}}{\left(1 + \dfrac{\nu_1 F}{\nu_2}\right)^{\frac{\nu_1+\nu_2}{2}}} \quad F > 0$$

其中 F 的範圍從 0 到 ∞，並且 ν_1 與 ν_2 是分配的參數被稱為自由度。我們稱 ν_1 為分子自由度 (numerator degrees of freedom)，稱 ν_2 為分母自由度 (denominator degrees of freedom)，其理由在第 13 章中會有比較清楚的說明。

F 隨機變數的平均數與變異數是

$$E(F) = \frac{\nu_2}{\nu_2 - 2} \quad \nu_2 > 2$$

以及

$$V(F) = \frac{2\nu_2^2(\nu_1 + \nu_2 - 2)}{\nu_1(\nu_2 - 2)^2(\nu_2 - 4)} \quad \nu_2 > 4$$

請注意，平均數僅僅依賴分母的自由度，並且對於大的 ν_2 值，F 分配的平均數會趨近於 1。圖 8.30 描述被繪製成圖的密度函數。如你所見，F 分配是一個右偏的分配。它實際的形狀則依兩個自由度的數值而改變。

圖 8.30　*F* 分配

決定 *F* 的數值　我們定義 F_{A,ν_1,ν_2} 為在自由度 ν_1 與 ν_2 的 F 分配曲線下右邊面積為 A 所對應的 F 值。也就是，

$$P(F > F_{A,\nu_1,\nu_2}) = A$$

因為 F 隨機變數就像卡方隨機變數一樣只能等於正的數值,我們定義 F_{1-A,ν_1,ν_2} 為在自由度 ν_1 與 ν_2 的 F 分配曲線下左邊面積為 A 所對應的 F 值。圖 8.31 描述這個符號。附錄 B 的表 6 提供當 A 等於 .05、.025、.01 與 .005 時的數值。表 6 的一部分被複製在表 8.6 中。

圖 8.31 F_{1-A} 與 F_A

表 8.6 當 $A = .05$ 時 F_A 的臨界值

ν_2 \ ν_1	1	2	3	4	5	6	7	8	9	10
1	161	199	216	225	230	234	237	239	241	242
2	18.5	19.0	19.2	19.2	19.3	19.3	19.4	19.4	19.4	19.4
3	10.1	9.55	9.28	9.12	9.01	8.94	8.89	8.85	8.81	8.79
4	7.71	6.94	6.59	6.39	6.26	6.16	6.09	6.04	6.00	5.96
5	6.61	5.79	5.41	5.19	5.05	4.95	4.88	4.82	4.77	4.74
6	5.99	5.14	4.76	4.53	4.39	4.28	4.21	4.15	4.10	4.06
7	5.59	4.74	4.35	4.12	3.97	3.87	3.79	3.73	3.68	3.64
8	5.32	4.46	4.07	3.84	3.69	3.58	3.50	3.44	3.39	3.35
9	5.12	4.26	3.86	3.63	3.48	3.37	3.29	3.23	3.18	3.14
10	4.96	4.10	3.71	3.48	3.33	3.22	3.14	3.07	3.02	2.98
11	4.84	3.98	3.59	3.36	3.20	3.09	3.01	2.95	2.90	2.85
12	4.75	3.89	3.49	3.26	3.11	3.00	2.91	2.85	2.80	2.75
13	4.67	3.81	3.41	3.18	3.03	2.92	2.83	2.77	2.71	2.67
14	4.60	3.74	3.34	3.11	2.96	2.85	2.76	2.70	2.65	2.60
15	4.54	3.68	3.29	3.06	2.90	2.79	2.71	2.64	2.59	2.54
16	4.49	3.63	3.24	3.01	2.85	2.74	2.66	2.59	2.54	2.49
17	4.45	3.59	3.20	2.96	2.81	2.70	2.61	2.55	2.49	2.45
18	4.41	3.55	3.16	2.93	2.77	2.66	2.58	2.51	2.46	2.41
19	4.38	3.52	3.13	2.90	2.74	2.63	2.54	2.48	2.42	2.38

表 8.6 （續）

ν_2	1	2	3	4	5	6	7	8	9	10
					ν_1					
20	4.35	3.49	3.10	2.87	2.71	2.60	2.51	2.45	2.39	2.35
22	4.30	3.44	3.05	2.82	2.66	2.55	2.46	2.40	2.34	2.30
24	4.26	3.40	3.01	2.78	2.62	2.51	2.42	2.36	2.30	2.25
26	4.23	3.37	2.98	2.74	2.59	2.47	2.39	2.32	2.27	2.22
28	4.20	3.34	2.95	2.71	2.56	2.45	2.36	2.29	2.24	2.19
30	4.17	3.32	2.92	2.69	2.53	2.42	2.33	2.27	2.21	2.16
35	4.12	3.27	2.87	2.64	2.49	2.37	2.29	2.22	2.16	2.11
40	4.08	3.23	2.84	2.61	2.45	2.34	2.25	2.18	2.12	2.08
45	4.06	3.20	2.81	2.58	2.42	2.31	2.22	2.15	2.10	2.05
50	4.03	3.18	2.79	2.56	2.40	2.29	2.20	2.13	2.07	2.03
60	4.00	3.15	2.76	2.53	2.37	2.25	2.17	2.10	2.04	1.99
70	3.98	3.13	2.74	2.50	2.35	2.23	2.14	2.07	2.02	1.97
80	3.96	3.11	2.72	2.49	2.33	2.21	2.13	2.06	2.00	1.95
90	3.95	3.10	2.71	2.47	2.32	2.20	2.11	2.04	1.99	1.94
100	3.94	3.09	2.70	2.46	2.31	2.19	2.10	2.03	1.97	1.93
120	3.92	3.07	2.68	2.45	2.29	2.18	2.09	2.02	1.96	1.91
140	3.91	3.06	2.67	2.44	2.28	2.16	2.08	2.01	1.95	1.90
160	3.90	3.05	2.66	2.43	2.27	2.16	2.07	2.00	1.94	1.89
180	3.89	3.05	2.65	2.42	2.26	2.15	2.06	1.99	1.93	1.88
200	3.89	3.04	2.65	2.42	2.26	2.14	2.06	1.98	1.93	1.88
∞	3.84	3.00	2.61	2.37	2.21	2.10	2.01	1.94	1.88	1.83

F_{1-A,ν_1,ν_2} 的值未被提供。因為我們可以從 F_{A,ν_1,ν_2} 決定 F_{1-A,ν_1,ν_2}，所以我們不需要它們。也就是，統計學家可以證明

$$F_{1-A,\nu_1,\nu_2} = \frac{1}{F_{A,\nu_2,\nu_1}}$$

為了決定任何一個臨界值，在表 6 中找出橫跨上方的分子自由度 ν_1，以及在左邊欄位下的分母自由度 ν_2。在列與欄的交叉點就是我們尋找的數值。為了示範說明，假設我們想要找 $F_{.05,5,7}$。表 8.7 顯示這個點如何被找到。橫跨表的上方找出分子自由度 5，以及在左邊欄位下找到分母自由度 7。其交叉點是 3.97。因此，$F_{.05,5,7}=3.97$。

表 8.7　$F_{.05,5,7}$

ν_2 \ ν_1	1	2	3	4	5	6	7	8	9
1	161	199	216	225	230	234	237	239	241
2	18.5	19.0	19.2	19.2	19.3	19.3	19.4	19.4	19.4
3	10.1	9.55	9.28	9.12	9.01	8.94	8.89	8.85	8.81
4	7.71	6.94	6.59	6.39	6.26	6.16	6.09	6.04	6.00
5	6.61	5.79	5.41	5.19	5.05	4.95	4.88	4.82	4.77
6	5.99	5.14	4.76	4.53	4.39	4.28	4.21	4.15	4.1
7	5.59	4.74	4.35	4.12	3.97	3.87	3.79	3.73	3.68
8	5.32	4.46	4.07	3.84	3.69	3.58	3.5	3.44	3.39
9	5.12	4.26	3.86	3.63	3.48	3.37	3.29	3.23	3.18
10	4.96	4.10	3.71	3.48	3.33	3.22	3.14	3.07	3.02

上方橫向為分子自由度，左邊欄位為分母自由度。

請注意，自由度出現的順序是重要的。為了找出 $F_{.05,7,5}$（分子自由度 =7 與分母自由度 =5），我們在上方橫向的位置找到 7，並且在左邊欄位下找到 5。其交叉點是 $F_{.05,7,5}=4.88$。

假設我們想要決定具有 $\nu_1=4$ 與 $\nu_2=8$ 的 F 分配中的一個點，且此點右邊的面積是 .95。因此，

$$F_{.95,4,8}=\frac{1}{F_{.05,8,4}}=\frac{1}{6.04}=.166$$

EXCEL 函數

為了產生機率 $P(F>x)$，鍵入

$$=\mathbf{FDIST}([x],[\nu_1],[\nu_2])$$

例如，$=\mathbf{FDIST}(3.97, 5, 7)=.05$。

要決定 F_{A,ν_1,ν_2}，鍵入

$$=\mathbf{FINV}([A],[\nu_1],[\nu_2])$$

例如，$=\mathbf{FINV}(.05, 5, 7)=3.97$。

練習題

以下部分練習題需要使用電腦和軟體。

8.59 使用 t 表（附錄表 4）找出下列的 t 值。
  a. $t_{.10,15}$　b. $t_{.10,23}$　c. $t_{.025,83}$　d. $t_{.05,195}$

8.60 使用電腦找出下列的 t 值。
  a. $t_{.05,143}$　b. $t_{.01,12}$　c. $t_{.025,\infty}$　d. $t_{.05,100}$

8.61 使用電腦找出下列的機率。
  a. $P(t_{64} > 2.12)$　c. $P(t_{159} > 1.33)$
  b. $P(t_{27} > 1.90)$　d. $P(t_{550} > 1.85)$

8.62 使用電腦找出下列的機率。
  a. $P(t_{141} > .94)$　c. $P(t_{1000} > 1.96)$
  b. $P(t_{421} > 2.00)$　d. $P(t_{82} > 1.96)$

8.63 使用 χ^2 表（附錄表 5）找出下列的 χ^2 值。
  a. $\chi^2_{.10,5}$　b. $\chi^2_{.01,100}$　c. $\chi^2_{.95,18}$　d. $\chi^2_{.99,60}$

8.64 使用電腦找出下列 χ^2 的值。
  a. $\chi^2_{.99,55}$　b. $\chi^2_{.05,800}$　c. $\chi^2_{.99,43}$　d. $\chi^2_{.10,233}$

8.65 使用電腦找出下列的機率。
  a. $P(\chi^2_{73} > 80)$
  b. $P(\chi^2_{200} > 125)$
  c. $P(\chi^2_{88} > 60)$
  d. $P(\chi^2_{1000} > 450)$

8.66 使用電腦找出下列的機率。
  a. $P(\chi^2_{250} > 250)$　c. $P(\chi^2_{600} > 500)$
  b. $P(\chi^2_{36} > 25)$　d. $P(\chi^2_{120} > 100)$

8.67 使用 F 表（附錄表 6）找出下列的 F 值。
  a. $F_{.05,3,7}$　c. $F_{.025,5,20}$
  b. $F_{.05,7,3}$　d. $F_{.01,12,60}$

8.68 使用電腦計算下列的 F 值。
  a. $F_{.01,100,150}$　c. $F_{.01,16,33}$
  b. $F_{.05,25,125}$　d. $F_{.05,300,800}$

8.69 使用電腦找出下列的機率。
  a. $P(F_{7,20} > 2.5)$　c. $P(F_{34,62} > 1.8)$
  b. $P(F_{18,63} > 1.4)$　d. $P(F_{200,400} > 1.1)$

8.70 使用電腦找出下列的機率。
  a. $P(F_{600,800} > 1.1)$
  b. $P(F_{35,100} > 1.3)$
  c. $P(F_{66,148} > 2.1)$
  d. $P(F_{17,37} > 2.8)$

本章摘要

本章處理連續隨機變數與它們的分配。因為一個連續隨機變數可以假設無限多個數值，所以隨機變數等於任何單一數值的機率是 0。因此，我們強調計算一個數值範圍的機率問題。我們曾經指出任何區間的機率是密度函數曲線下區間的面積。

我們介紹統計學中最重要的分配，以及示範如何計算常態隨機變數落在任何區間的機率。此外，我們示範如何反向使用常態分配表，以找出在某一機率下一個常態隨機變數的值。接下來，我們介紹了指數分配，它在許多管理科學應用上是一種特別有用的分配。最後，我們提出另外三種連續隨機變數與它們的機率密度函數。學生 t 分配、卡方分配與 F 分配將會被廣泛地使用在統計推論中。

Chapter 9 抽樣分配

本章綱要

9.1 平均數的抽樣分配

9.2 比例的抽樣分配

9.3 由此出發談統計推論

商學院畢業生的薪資

專業學院的院長和其教職員時常監測他們學程的畢業生在就業市場的薪資狀況。有關工作類別以及其薪資的訊息可提供關於課程成功與否的有用資訊。

在一所大型大學的廣告中，商學院院長宣稱其學院的畢業生在畢業一年之後的平均週薪是 $800 且標準差是 $100。一位剛修完一門統計課的商學院二年級學生，想要檢視此與平均數相關的宣稱是否正確。他調查了 25 位一年前畢業的學生，確定了他們的週薪，並計算樣本平均數是 $750。為了解釋這個結果，學生必須計算當母體平均數是 $800 且標準差是 $100 時，從 25 位畢業生的樣本得到樣本平均數等於或小於 $750 的機率。計算這個機率之後，應該作出什麼結論？

見第 275 頁。

導論 Introduction

本章介紹的抽樣分配 (sampling distribution) 是統計推論中的基礎要素。我們提醒你統計推論是將資料轉換成資訊的過程。以下是我們迄今為止討論的過程的部分：

1. 用參數描述母體。
2. 參數幾乎都是未知的。
3. 我們從母體中抽取隨機樣本以獲得所需的資料。
4. 我們從資料中計算一個或更多個統計量。

例如，為了估計母體的平均數，我們計算樣本平均數。雖然樣本平均數和母體平均數完全相同的機會非常小，但是我們預期它們會十分接近。然而，為了統計推論的目的，我們需要能夠測量它們接近的程度。抽樣分配提供這項功能。它在這個過程中扮演著重要的角色，因為它所提供的「接近度」量測是統計推論的關鍵。

9 抽樣分配

9.1 平均數的抽樣分配

顧名思義，一個**抽樣分配 (sampling distribution)** 是透過抽樣所產生。有兩種方法可用以產生抽樣分配。第一種方法是從一個母體中實際抽取出大小相同的樣本，計算感興趣的統計量，然後利用敘述統計方法對抽樣分配有更多的了解。第二種方法則是根據機率法則與期望值和變異數法則以推導出抽樣分配。我們將以推導兩顆骰子平均點數的抽樣分配來示範說明後一種方法。

9.1a 兩顆骰子平均點數的抽樣分配

母體是藉由投擲一顆公正的骰子無限多次所建立，隨機變數 X 是指任何一次投擲骰子所出現的點數。隨機變數 X 的機率分配如下：

x	1	2	3	4	5	6
$P(x)$	1/6	1/6	1/6	1/6	1/6	1/6

因為我們可以投擲這顆骰子無限多次 (或至少想像這麼做)，所以母體是無窮大的。根據 7.1 節中提出的期望值與變異數的定義，我們計算母體的平均數、變異數與標準差。

母體平均數：

$$\mu = \sum xP(x)$$
$$= 1(1/6) + 2(1/6) + 3(1/6) + 4(1/6) + 5(1/6) + 6(1/6)$$
$$= 3.5$$

母體變異數：

$$\sigma^2 = \sum (x - \mu)^2 P(x)$$
$$= (1-3.5)^2(1/6) + (2-3.5)^2(1/6) + (3-3.5)^2(1/6) + (4-3.5)^2(1/6)$$
$$+ (5-3.5)^2(1/6) + (6-3.5)^2(1/6)$$
$$= 2.92$$

母體標準差：

$$\sigma = \sqrt{\sigma^2} = \sqrt{2.92} = 1.71$$

抽樣分配是從母體抽取大小為 2 的樣本所產生。換句話說，我們投擲兩顆骰子，圖 9.1 描繪我們計算每一個樣本平均數的過程。由於樣本平均數的數值依樣本

的不同而隨機變化，我們可以視 $\bar{X}$ 為一個由抽樣所產生的新的隨機變數。表 9.1 列出所有可能的樣本及其對應的 $\bar{x}$ 值。

圖 9.1 從母體中抽取大小為 2 的樣本

母體
無限多個
1's, 2's, ..., 6's
參數：$\mu = 3.5$
$\sigma^2 = 2.92$

1, 1 $\bar{x} = 1.0$
1, 2 $\bar{x} = 1.5$
⋮
6, 6 $\bar{x} = 6.0$

表 9.1 所有大小為 2 的樣本與其平均數

樣本	$\bar{X}$	樣本	$\bar{X}$	樣本	$\bar{X}$
1, 1	1.0	3, 1	2.0	5, 1	3.0
1, 2	1.5	3, 2	2.5	5, 2	3.5
1, 3	2.0	3, 3	3.0	5, 3	4.0
1, 4	2.5	3, 4	3.5	5, 4	4.5
1, 5	3.0	3, 5	4.0	5, 5	5.0
1, 6	3.5	3, 6	4.5	5, 6	5.5
2, 1	1.5	4, 1	2.5	6, 1	3.5
2, 2	2.0	4, 2	3.0	6, 2	4.0
2, 3	2.5	4, 3	3.5	6, 3	4.5
2, 4	3.0	4, 4	4.0	6, 4	5.0
2, 5	3.5	4, 5	4.5	6, 5	5.5
2, 6	4.0	4, 6	5.0	6, 6	6.0

大小為 2 之樣本一共有 36 種不同的可能；因為每一個樣本被抽出的可能性相等，任何一個樣本被抽選的機率是 1/36。但是，$\bar{x}$ 只能假設有 11 種不同的可能數值：1.0, 1.5, 2.0, ..., 6.0，某些特定數值比其他數值出現的頻率更多。$\bar{x}=1.0$ 的值只出現一次，所以它的機率是 1/36。$\bar{x}=1.5$ 的值能夠以兩種方式出現，(1, 2) 和 (2, 1)，每一種都具有相同的機率 1/36。因此，$P(\bar{x}=1.5)=2/36$。$\bar{x}$ 其他數值的機率則以相同的方式決定，並將**樣本平均數的抽樣分配 (sampling distribution of the sample mean)** 結果顯示在表 9.2 中。

表 9.2 $\overline{X}$ 的抽樣分配

$\overline{X}$	$P(\overline{X})$
1.0	1/36
1.5	2/36
2.0	3/36
2.5	4/36
3.0	5/36
3.5	6/36
4.0	5/36
4.5	4/36
5.0	3/36
5.5	2/36
6.0	1/36

$\overline{X}$ 抽樣分配最令人感興趣的地方是它與 X 分配不同之處，如圖 9.2 所示。

圖 9.2 X 與 $\overline{X}$ 的分配

(a) X 的分配　　**(b)** $\overline{X}$ 的抽樣分配

我們也可以計算抽樣分配的平均數、變異數和標準差。再次使用期望值與變異數的定義，我們決定下列抽樣分配的參數。

$\overline{X}$ 抽樣分配的平均數：

$$\mu_{\overline{x}} = \sum \overline{x} P(\overline{x})$$
$$= 1.0(1/36) + 1.5(2/36) + \cdots + 6.0(1/36)$$
$$= 3.5$$

請注意，$\overline{X}$ 抽樣分配的平均數是等於先前計算投擲一顆骰子母體的平均數。

$\overline{X}$ 抽樣分配的變異數：

$$\sigma_{\overline{x}}^2 = \sum (\overline{x} - \mu_{\overline{x}})^2 P(\overline{x})$$
$$= (1.0 - 3.5)^2(1/36) + (1.5 - 3.5)^2(2/36) + \cdots + (6.0 - 3.5)^2(1/36)$$
$$= 1.46$$

$\overline{X}$ 抽樣分配的變異數剛好是投擲一顆骰子母體變異數的一半 (先前計算的是 $\sigma^2 = 2.92$)，這並非巧合。

$\overline{X}$ 抽樣分配的標準差：

$$\sigma_{\bar{x}} = \sqrt{\sigma_{\bar{x}}^2} = \sqrt{1.46} = 1.21$$

重要的是能夠辨別 $\overline{X}$ 的分配與 X 的分配是不同的，如在圖 9.2 中所描繪的。然而，這兩個隨機變數是相關聯的。它們的平均數是相同的 ($\mu_{\bar{x}} = \mu = 3.5$)，而且它們的變異數是相關聯的 ($\sigma_{\bar{x}}^2 = \sigma^2/2$)。

不要迷失在術語與符號中。請記住，μ 與 σ^2 是母體 X 的參數。為了產生 $\overline{X}$ 的抽樣分配，我們從母體中重複抽出大小為 $n = 2$ 的樣本，並且計算每一個樣本的 $\bar{x}$。因此，我們視 $\overline{X}$ 為一個全新的隨機變數，它擁有自己的分配、平均數與變異數。其平均數以符號 $\mu_{\bar{x}}$ 表示，且變異數以符號 $\sigma_{\bar{x}}^2$ 表示。

如果我們現在對一個相同的母體執行重複抽樣的程序，但是使用其他的 n 值，我們會產生稍微不同的 $\overline{X}$ 抽樣分配。圖 9.3 顯示 $\overline{X}$ 的抽樣分配，其中 $n = 5$、10 和 25。

對於 n 的每一個數值，$\overline{X}$ 抽樣分配的平均數皆等於抽樣母體的平均數。也就是，

$$\mu_{\bar{x}} = \mu = 3.5$$

樣本平均數抽樣分配的變異數是母體變異數除以樣本大小：

$$\sigma_{\bar{x}}^2 = \frac{\sigma^2}{n}$$

此抽樣分配的標準差被稱為**平均數的標準誤 (standard error of the mean)**。也就是，

$$\sigma_{\bar{x}} = \frac{\sigma}{\sqrt{n}}$$

誠如你所見，對任何大小的樣本抽樣，$\overline{X}$ 抽樣分配的變異數皆是小於母體的變異數。因此，一個隨機選取的 $\overline{X}$ 值 (例如，投擲一顆骰子 5 次，觀察所得到的平均點數) 似乎比隨機抽選的 X 值 (投擲骰子 1 次，觀察所得到的點數) 更可能接近平均數 3.5。的確，這是你能預期到的，因為在投擲骰子 5 次之中，你可能得到一些 5 點和 6 點，與一些 1 點和 2 點，它們往往會在平均的過程中相互抵銷，並產生一個合理接近 3.5 的樣本平均數。隨著投擲骰子的次數增加，樣本平均數接近 3.5 的機率也

會增加。因此，我們在圖 9.3 中觀察到，當 n 增加時，$\overline{X}$ 的抽樣分配變得更窄 (或更集中於平均數)。

圖 9.3　對 $n = 5$、10 和 25 的 $\overline{X}$ 抽樣分配

另外一件事也會因為 n 的變大而發生，就是 $\bar{x}$ 的抽樣分配會逐漸趨近於鐘形。這種現象被彙整成**中央極限定理 (central limit theorem)** 中。

> **中央極限定理**
>
> 由任何母體隨機抽取的樣本，其平均數的抽樣分配，在樣本大小足夠大時會趨近於常態。樣本越大，$\bar{X}$ 的抽樣分配將會越近似常態分配。

中央極限定理中提到的近似值的精確度取決於母體的機率分配以及樣本的大小。如果母體是常態的，則對所有的 n 值，$\bar{X}$ 是皆呈常態分配。如果母體為非常態的，則僅對於較大的 n 值，$\bar{X}$ 才會近似常態分配。在許多實務的狀況下，樣本大小 30 可能足以讓我們使用常態分配作為 $\bar{X}$ 抽樣分配的近似值。但是，如果母體是極端的非常態 (例如，雙峰分配以及高度偏態的分配)，即使對於中等大的 n 值，抽樣分配仍將是非常態的。

任何母體樣本平均數的抽樣分配　我們可以將我們既有的發現延伸到所有無限大的母體。統計學家已經證實抽樣分配的平均數永遠等於母體的平均數，而且對無限大母體而言，標準誤等於 $\sigma/\sqrt{n}$。[在線上附錄 Using the Laws of Expected Value and Variance to Derive the Parameters of Sampling Distributions (使用期望值和變異數法則推導抽樣分配的參數) 中，我們描述如何以數學證明 $\mu_{\bar{x}} = \mu$ 和 $\sigma_{\bar{x}}^2 = \sigma^2/n$。] 但是，如果母體是有限的，則標準誤是

$$\sigma_{\bar{x}} = \frac{\sigma}{\sqrt{n}} \sqrt{\frac{N-n}{N-1}}$$

其中 N 是母體大小且 $\sqrt{\frac{N-n}{N-1}}$ 被稱為**有限母體校正因子 (finite population correction factor)** [在線上附錄 Hypergeometric Distribution (超幾何分配) 中提供校正因子的來源]。分析顯示 (見練習題 9.19 與 9.20) 如果母體大小相對於樣本是夠大的，則有限母體校正因子會接近於 1，可以忽略它。根據慣例，我們將任何至少比樣本大 20 倍的母體視為大母體。在實務中，大多數應用所涉及的母體都符合大母體的條件。因為如果母體是小母體，就可能調查母體中的每一個成員，以精確地計算母體的參數。根據上述的理由，有限母體校正因子通常被省略掉。

我們現在可以彙總我們所知道關於大母體樣本平均數的抽樣分配 (sampling distribution of the sample mean)。

樣本平均數的抽樣分配

1. $\mu_{\bar{x}} = \mu$
2. $\sigma_{\bar{x}}^2 = \sigma^2/n$ 和 $\sigma_{\bar{x}} = \sigma/\sqrt{n}$
3. 如果 X 是常態，則 $\overline{X}$ 是常態。如果 X 為非常態，則 $\overline{X}$ 在樣本是「足夠大」的情況下，近似於常態分配。「足夠大」的定義取決於 X 的非常態性的程度。

9.1b 以經驗法則建立抽樣分配

在先前的分析中，我們以理論的方式建立平均數的抽樣分配。我們列出所有可能大小為 2 的樣本以及它們的機率。(它們全部都有均等的機率 1/36。) 從這個分配，我們導出了抽樣分配。我們也能夠藉由實際地重複投擲 2 顆公正的骰子，計算每個樣本的樣本平均數，計算每一個 $\overline{X}$ 值發生的次數，並計算相對次數以估計理論機率。如果我們投擲 2 顆骰子的次數夠多，相對次數與理論機率 (先前計算過的) 將會相似。你可以親自試試看。投擲 2 顆骰子 500 次，計算 2 顆骰子的平均點數，計數每一個樣本平均數出現的次數，並且繪製此抽樣分配的直方圖。顯然，這種方法是不實用的，因為投擲骰子的次數必須夠多才能使相對次數合理地接近理論機率。但是，我們能夠用 Excel 模擬多次投擲 2 顆骰子的實驗。實際上，Excel 可以從許多不同的母體產生樣本，讓我們能夠很容易地建立許多不同類型的抽樣分配，請見練習題 9.1 到 9.6。

範例 9.1　一個 32 盎司瓶子的容量

一間裝瓶工廠的營運經理觀察到，每一個 32 盎司瓶裝汽水的含量實際上是一個具有平均數 32.2 盎司以及標準差 .3 盎司的常態分配隨機變數。

a. 如果有一位顧客購買 1 瓶汽水，這瓶的容量會超過 32 盎司的機率為何？
b. 如果有一位顧客購買一盒 4 瓶裝的汽水，這 4 瓶的平均容量會大於 32 盎司的機率為何？

解答

a. 因為隨機變數是一個瓶中汽水的含量，我們想要找出 $P(X > 32)$，其中 X 是服從常態分配，$\mu = 32.2$ 且 $\sigma = .3$。因此，

$$P(X > 32) = P\left(\frac{X-\mu}{\sigma} > \frac{32-32.2}{.3}\right)$$
$$= P(Z > -.67)$$
$$= 1 - P(Z < -.67)$$
$$= 1 - .2514 = .7486$$

b. 現在我們要找出四個瓶子的平均填充量超過 32 盎司的機率。也就是，我們要找出 $P(\overline{X} > 32)$。根據我們先前的分析以及中央極限定理，我們知道：

1. $\overline{X}$ 服從常態分配。
2. $\mu_{\overline{x}} = \mu = 32.2$
3. $\sigma_{\overline{x}} = \sigma/\sqrt{n} = .3/\sqrt{4} = .15$

因此，

$$P(\overline{X} > 32) = P\left(\frac{\overline{X}-\mu_{\overline{x}}}{\sigma_{\overline{x}}} > \frac{32-32.2}{.15}\right) = P(Z > -1.33)$$
$$= 1 - P(Z < -1.33) = 1 - .0918 = .9082$$

圖 9.4 說明本範例所使用的分配。

圖 9.4 X 的分配與 $\overline{X}$ 的抽樣分配

在範例 9.1(b) 中，我們從假設 μ 和 σ 為已知。然後，使用抽樣分配，我們對 $\overline{X}$ 進行機率陳述。遺憾的是，μ 和 σ 的值通常是未知的，因此像範例 9.1 這類的分析通常是不可行的。然而，我們可以使用樣本平均數及其抽樣分配對一個未知的 μ 值做推論。

商學院畢業生的薪資：解答

我們想要找出樣本平均數少於 $750 的機率。因此，我們尋找

$$P(\bar{X} < 750)$$

X 的分配，也就是週薪的分配，很可能是正偏的，但又不足以讓 $\bar{X}$ 的分配為非常態。因此，我們可以假設 $\bar{X}$ 是常態的，具有平均數 $\mu_{\bar{X}} = \mu = 800$ 且標準差 $\sigma_{\bar{X}} = \sigma/\sqrt{n} = 100/\sqrt{25} = 20$。因此，

$$P(\bar{X} < 750) = P\left(\frac{\bar{X} - \mu_{\bar{X}}}{\sigma_{\bar{X}}} < \frac{750 - 800}{20}\right) = P(Z < -2.5) = .0062$$

圖 9.5 說明此分配。

圖 9.5 $P(\bar{X} < 750)$

當母體平均數是 $800 時，觀察到一個樣本的平均數低於 $750 的機率是極低的。因為這件事不太可能發生，我們將結論這位院長的宣稱是不合理的。

9.1c 使用抽樣分配進行推論

我們在本章的開章範例的結論中說明抽樣分配如何能被使用來推論母體的參數。第一種推論的形式是估計，我們將在下一章詳細地介紹。為了準備這項重要的工作，我們將提出另一種與抽樣分配有關的機率表示方法。

回顧在 8.2 節中曾經介紹的符號 (見第 236 頁)。我們將 z_A 定義為在標準常態曲線下 z_A 右邊面積等於 A 所對應的 Z 值。我們也顯示 $z_{.025} = 1.96$。因為標準常態分配對稱於 0，在 -1.96 左邊的面積也是 .025。介於 -1.96 和 1.96 之間的面積是 .95。圖 9.6 說明這個符號。我們能夠以代數的方式表達為

$$P(-1.96 < Z < 1.96) = .95$$

圖 9.6 $P(-1.96 < Z < 1.96) = .95$

在本節中，我們建立了

$$Z = \frac{\overline{X} - \mu}{\sigma/\sqrt{n}}$$

為標準常態分配。將 Z 的形式代入先前的機率陳述之中，我們得到

$$P\left(-1.96 < \frac{\overline{X} - \mu}{\sigma/\sqrt{n}} < 1.96\right) = .95$$

使用一點簡單的代數處理 (三個項目都乘以 $\sigma/\sqrt{n}$，並且加上 μ)，我們得到

$$P\left(\mu - 1.96 \frac{\sigma}{\sqrt{n}} < \overline{X} < \mu + 1.96 \frac{\sigma}{\sqrt{n}}\right) = .95$$

回到本章開章範例，其中 $\mu = 800$，$\sigma = 100$，且 $n = 25$，我們計算

$$P\left(800 - 1.96 \frac{100}{\sqrt{25}} < \overline{X} < 800 + 1.96 \frac{100}{\sqrt{25}}\right) = .95$$

因此，我們可以說

$$P(760.8 < \overline{X} < 839.2) = .95$$

這告訴我們，有 95% 的機率，一個樣本平均數會落在 760.8 和 839.2 之間。因為計算的樣本平均數是 $750，我們得出的結論是院長的宣稱是不被樣本統計量所支持的。

將機率從 .95 更改成 .90 改變了機率的描述為

$$P\left(\mu - 1.645 \frac{\sigma}{\sqrt{n}} < \overline{X} < \mu + 1.645 \frac{\sigma}{\sqrt{n}}\right) = .90$$

我們也可以產生這個描述的一般式：

$$P\left(\mu - z_{\alpha/2}\frac{\sigma}{\sqrt{n}} < \overline{X} < \mu + z_{\alpha/2}\frac{\sigma}{\sqrt{n}}\right) = 1 - \alpha$$

在此公式中 α (希臘字母 alpha) 是 $\overline{X}$ 不落在區間內的機率。要應用此一公式，我們只需代入 μ、σ、n 和 α。例如，代入 $\mu = 800$，$\sigma = 100$，$n = 25$ 與 $\alpha = .01$，我們可以得到

$$P\left(\mu - z_{.005}\frac{\sigma}{\sqrt{n}} < \overline{X} < \mu + z_{.005}\frac{\sigma}{\sqrt{n}}\right) = 1 - .01$$

$$P\left(800 - 2.575\frac{100}{\sqrt{25}} < \overline{X} < 800 + 2.575\frac{100}{\sqrt{25}}\right) = .99$$

$$P(748.5 < \overline{X} < 851.5) = .99$$

其為 $\overline{X}$ 的另外一個機率描述。在 10.2 節中，我們將會使用一個類似的機率描述以推導出第一個統計推論方法。

9.1d 利用電腦模擬實驗建立抽樣分配

我們可以使用 Excel 來近似理論的抽樣分配。我們將以投擲 2 顆骰子之平均數的抽樣分配開始。

1. 設定投擲 1 顆骰子的分配。在 A 欄 (Column A) 儲存數值 1，2，3，4，5，6，在 B1 儲存格輸入

$$= 1/6$$

(不要輸入 .1667 或任何其他 1/6 的表達法，因為機率加總不會等於 1，將導致在執行第 4 步驟時，Excel 會發出一個錯誤的警告。) 拖曳以填滿 B2 到 B6 儲存格。

2. 點擊**資料 (Data)**、**資料分析 (Data Analysis)** 和**亂數產生器 (Random Number Generation)**。

3. 在**變數個數 (Number of Variables)** 輸入 2，並在**亂數個數 (Number of Random Numbers)** 鍵入 10000。

4. 點選**離散 (Discrete)** 分配，然後在**參數 (Parameters)** 的框中輸入 A1:B6 以指定**值與機率輸入範圍 (Value and Probability Input Range)**。

5. 選擇**新工作表 (New Worksheet Ply)** 並點擊**確定 (OK)**。新工作表的 A 欄和 B 欄將會填滿隨機變數。

6. 在 C 欄的第一列 (C1 儲存格)，輸入

= AVERAGE (A1:B1)

7. 向下拖曳，以填滿 C 欄其他的儲存格。現在 C 欄將包含樣本平均數的值。

重要的是要了解，以這種方式建立的抽樣分配只是理論抽樣分配的近似值。因此，樣本平均數的直方圖看起來與圖 9.2 不完全相同，而樣本平均數的平均值和標準差將分別僅接近理論值的 3.5 和 1.21。當然，如果我們將骰子的模擬數量增加到 (例如 100 萬)，近似的分配將會更佳。

練 習 題

練習題 9.1 到 9.6 是基於 9.1d 小節中描述的模擬。

9.1 使用組界 1.0，1.5，2.0，…，6.0 繪製樣本平均數的直方圖。它呈現鐘形嗎？請解釋之。

9.2 計算儲存在 C 欄中樣本平均數的平均數與標準差，這些是模擬抽樣分配的平均值和標準差，他們是否接近理論值的 3.5 和 1.21？

9.3 使用樣本大小 $n=10$ 重做這項模擬。使用組界 1.0, 2.0, ..., 6.0 繪製直方圖，以這個直方圖與你在練習題 9.1 建立的做比較。說明這兩個直方圖的差異之處。

9.4 參考練習題 9.3。計算模擬抽樣分配的平均數與標準差。將它們和 $\mu_{\bar{x}}$ 與 $\sigma_{\bar{x}}$ 的理論值做比較：

$$\mu_{\bar{x}} = \mu = 3.5$$
$$\sigma_{\bar{x}} = \frac{\sigma}{\sqrt{n}} = \frac{1.71}{\sqrt{10}} = .54$$

9.5 重複先前的模擬但做以下的改變。在步驟 3，指定**變數個數 (Number of Variables)** 為 1 以及**隨機變數個數 (Number of Random Variables)** 指定為 10,000。在步驟 4，改變分配為**常態 (Normal)** 並輸入**參數平均數 (Parameters Mean)** 100 和**標準差 (Standard deviation)** 20。計算這些數字的平均數和標準差，並繪製一個直方圖。描述你的結果。

9.6 參考練習題 9.5。從平均數為 100、標準差為 20 且大小樣本為 9 的常態母體建立平均數的抽樣分配。計算這些數字的平均數和標準差，並繪製一個直方圖。將本題的結果與練習題 9.5 之結果進行比較。

9.7 令 X 代表投擲 1 顆公正骰子的結果。決定下列的機率。

a. $P(X=1)$
b. $P(X=6)$

9.8 令 $\bar{X}$ 代表投擲 2 顆公正骰子的平均數。使用列在表 9.2 的機率以決定下列的機率。

a. $P(\bar{X}=1)$
b. $P(\bar{X}=6)$

9.9 一項實驗包括投擲 5 顆公正的骰子。找出以下的機率。(決定正確的機率，就

如我們之前在表 9.1 和表 9.2 的 2 顆骰子一樣。)

a. $P(\overline{X}=1)$
b. $P(\overline{X}=6)$

9.10 參考練習題 9.7 到 9.9，有關 X 與 $\overline{X}$ 變異數，它們的機率告訴你什麼訊息？

9.11 一個平均數為 40 和標準差為 12 的常態分配母體。如果從這個母體中抽出大小為 100 的樣本，則中央極限定理告訴我們什麼有關平均數的抽樣分配？

9.12 參考練習題 9.11。假設此母體並非常態分配。這將會改變你的答案嗎？請解釋之。

9.13 從一個具有 $\mu=1,000$ 與 $\sigma=200$ 的常態母體中，抽取出一個 $n=16$ 觀察值的樣本。求出下列的機率。

a. $P(\overline{X}>1,050)$
b. $P(\overline{X}<960)$
c. $P(\overline{X}>1,100)$

9.14 當 $n=25$，重做練習題 9.13。

9.15 當 $n=100$，重做練習題 9.13。

9.16 給定一個常態母體，其平均數是 50 且其標準差是 5。

a. 對大小為 4 的隨機樣本，找出其平均數落在 49 與 52 之間的機率。
b. 對大小為 16 的隨機樣本，找出其平均數落在 49 與 52 之間的機率。
c. 對大小為 25 的隨機樣本，找出其平均數落在 49 與 52 之間的機率。

9.17 以標準差為 10，重做練習題 9.16。

9.18 以標準差為 20，重做練習題 9.16。

9.19 a. 當一個母體大小為 $N=1,000$ 且樣本大小為 $n=100$，計算其有限母體校正因子。

b. 當 $N=3,000$，重做 (a) 小題。

c. 當 $N=5,000$，重做 (a) 小題。

d 你學到什麼與有限母體校正因子有關的訊息當 N 相對於 n 是很大的？

9.20 a. 假設一個具有 $N=10,000$ 個成員的母體，標準差為 500。當樣本大小是 1,000 時，決定其平均數抽樣分配的標準誤。

b. 當 $n=500$，重做 (a) 小題。
c. 當 $n=100$，重做 (a) 小題。

9.21 北美女性的身高呈常態分配，平均數為 64 吋，且標準差為 2 吋。

a. 隨機抽選出 1 名女性，其身高超過 66 吋的機率是多少？
b. 隨機抽取 4 名女性樣本。樣本的平均高度大於 66 吋的機率是多少？
c. 隨機抽取 100 名女性樣本。樣本的平均高度大於 66 吋的機率是多少？

9.22 參考練習題 9.21。如果女性身高的母體不是常態分配，如果有的話，你能回答哪幾個問題？請解釋之。

9.23 大學生每月消費比薩的數量是常態分配，平均數為 10 和標準差為 3。

a. 大學生每月消費超過 12 個比薩的比例為何？
b. 對 25 位大學生的隨機樣本，總消費超過 275 個比薩的機率為何？(提示：這 25 位大學生消費比薩的平均數是多少？)

9.24 一門統計課期中考的分數為一具有平均數 78 分與標準差 6 分的常態分配。

a. 這個班級有多少比例的人期中考成績低於 75 分？
b. 對一個 50 人的班級，其平均期中考成績低於 75 分的機率為何？

9.25 每小時進入超市的顧客人數是常態分配，平均值為 600 以及標準差為 200。

這家超市每天營業 16 個小時。在一天內進入超市的顧客總人數大於 10,000 的機率為何？(提示：先計算平均每小時所需的顧客人數，使得一天 16 小時的人數會超過 10,000。)

9.26 某一辦公大樓的電梯內有一標示說明「最大負載量 1,140 公斤或 16 個人。」一位統計學教授好奇 16 個人的體重會超過 1,140 公斤的機率為何？討論這位教授需要做什麼事 (除了執行計算的技能之外) 以滿足他的好奇心？

9.27 參考練習題 9.26。假設教授發現使用電梯的人之體重呈常態分配，平均數為 75 公斤，標準差為 10 公斤。計算教授尋求的機率。

9.28 在一棟大型商業大樓中的一家餐廳提供咖啡給大樓的住戶。這家餐廳了解一天內所有住戶每人消費的平均咖啡杯數是 2 杯，標準差是 .6 杯。一位承租大樓的新住戶打算僱用 125 位新員工。這些新員工每天將消費超過 240 杯咖啡的機率為何？

9.29 某工廠工人的每日生產量呈常態分配，平均數為 70 個單位，標準差為 20 個單位。在 1 週 (5 個工作日) 內，生產的單位數量大於 400 的機率是多少？

9.30 每天早上第一堂課前，你會在咖啡店排隊買杯咖啡。你觀察到等待時間呈常態分配，平均數為 3.8 分鐘，標準差為 1 分鐘。你計算出你在秋季學期間排隊喝咖啡的天數是 64 天。你平均等待時間超過 4 分鐘的機率是多少？

9.2 比例的抽樣分配

在 7.4 節中，我們曾經介紹參數為 p 的二項分配，它是任何一次試驗成功的機率。為了計算二項機率，我們假設 p 為已知。但是，在實際的情況下，p 是未知的，需要統計實作人員從樣本中估計它的數值。母體成功比例的估計值是樣本比例。也就是，我們計算在一個樣本中成功的次數並計算

$$\hat{P} = \frac{X}{n}$$

($\hat{P}$ 的讀法是 p hat) 其中 X 是成功的次數，而 n 是樣本大小。當我們抽取大小為 n 的樣本時，實際上我們正在進行二項實驗，也因此 X 會服從二項分配。所以，任何 $\hat{P}$ 數值的機率可以從它的 X 值被計算出來。例如，假設我們有一個 $n=10$ 與 $p=.4$ 的二項實驗。為了找出樣本比例 $\hat{P}$ 是小於或等於 .50 的機率，我們求出 X 是小於或等於 5 的機率 (因為 5/10 = .50)。從附錄 B 的表 1 中，我們找到 $n=10$ 與 $p=.4$

$$P(\hat{P} \leq .50) = P(X \leq 5) = .8338$$

我們可用類似的方式計算與其他 $\hat{P}$ 數值有關的機率。

離散分配,如二項分配,並不容易用在推論所需的各種計算。而推論是我們需要抽樣分配的理由。幸運的是,我們可以使用常態分配來近似二項分配。

以下說明如何與為何常態分配可以被用來近似二項分配。對此不感興趣的讀者可以直接跳到第 285 頁,那裡我們呈現一個近似的**樣本比例抽樣分配 (sampling distribution of a sample proportion)**。

9.2a 常態近似二項分配 (選讀)

回想在第 8 章我們是如何介紹連續機率分配。我們以轉換直方圖的方式發展密度函數,使得矩形的總面積等於 1。我們可以對二項分配做相同的運算。為了說明,令 X 為一具有 $n=20$ 與 $p=.5$ 的二項隨機變數。我們可以輕易地確定 X 每一個數值的機率,其中 $X=0, 1, 2, ..., 19, 20$。繪製一個表示 x 值的矩形,使得它的面積等於其機率。我們藉由令矩形的高度等於機率值且矩形的底等於 1 達此目的。因此,對每一個 x 的矩形,其底部是 $x-.5$ 到 $x+.5$ 的區間。圖 9.7 描繪此圖形。如你所見,表示 $x=10$ 的矩形是一個底部為 9.5 到 10.5 區間且高度為 $P(X=10)=.1762$ 的矩形。

如果我們現在將這些矩形的邊緣平滑化,會產生一個鐘形的曲線,如圖 9.8 中所示。因此,為了使用常態近似,我們需要找出常態 (normal) 曲線下方介於 9.5 與 10.5 之間的面積。

為了找出常態機率,我們首先以減去平均數且除以標準差的方式將 x 標準化。μ 與 σ 數值近似值是從二項分配導出。在 7.4 節中我們指出

$$\mu = np$$

且

$$\sigma = \sqrt{np(1-p)}$$

對 $n=20$ 與 $p=.5$,我們有

$$\mu = np = 20(.5) = 10$$

且

$$\sigma = \sqrt{np(1-p)} = \sqrt{20(.5)(1-.5)} = 2.24$$

為了使用常態分配來計算 $P(X=10)$,我們需要求出常態曲線下方介於 9.5 與 10.5 之間的面積。也就是

圖 9.7 $n = 20$ 與 $p = .5$ 的二項分配

圖 9.8 $n = 20$ 與 $p = .5$ 的二項分配和常態近似

$$P(X = 10) \approx P(9.5 < Y < 10.5)$$

其中 Y 是近似二項隨機變數 X 的常態隨機變數。我們標準化 Y，並且使用附錄 B 的表 3 找出

$$P(9.5 < Y < 10.5) = P\left(\frac{9.5-10}{2.24} < \frac{Y-\mu}{\sigma} < \frac{10.5-10}{2.24}\right)$$
$$= P(-.22 < Z < .22) = (Z < .22) - P(Z < -.22)$$
$$= .5871 - .4129 = .1742$$

X 等於 10 的實際機率是

$$P(X=10) = .1762$$

如同你所見，這近似值是相當好的。

請注意，為了畫一個二項分配 (其為離散分配)，必須畫出數個矩形，它們的底是由 X 的數值加和減 .5 所構成。這裡的 .5 被稱為 **連續性校正因子 (continuity correction factor)**。

至於 X 任何其他數值的近似將以相同的方式處理。一般而言，二項分配的機率 $P(X=x)$ 是以常態曲線下方介於 $x-.5$ 與 $x+.5$ 之間的面積所近似。為了找出二項機率 $P(X \le x)$，我們計算常態曲線下方在 $x+.5$ 左邊的面積。對於相同的二項隨機變數，其值是小於或等於 8 的機率是 $P(X \le 8) = .2517$。其常態近似是

$$P(X \le 8) \approx P(Y < 8.5) = P\left(\frac{Y-\mu}{\sigma} < \frac{8.5-10}{2.24}\right) = P(Z < -.67) = .2514$$

我們可以找出常態曲線下方在 $x-.5$ 右邊的面積來決定二項機率 $P(X \ge x)$。為了說明，二項隨機變數 (具有 $n=20$ 和 $p=.5$) 大於或等於 14 的機率是 $P(X \ge 14) = .0577$。其常態近似是

$$P(X \ge 14) \approx P(Y > 13.5) = P\left(\frac{Y-\mu}{\sigma} > \frac{13.5-10}{2.24}\right) = P(Z > 1.56) = .0594$$

9.2b 忽略連續性校正因子

當計算 X 個別數值的機率時，如同我們之前計算 X 等於 10 的機率一樣，必須使用校正因子。因為如果不這麼做，我們只能找到一條線的面積，其值為 0。當計算 X 為某一範圍數值的機率時，我們可以忽略這個校正因子。但是，忽略校正因子將會降低近似的精確度。例如，如果我們像之前的運算一樣來近似 $P(X \le 8)$，但是不考慮校正因子，我們得到

$$P(X \le 8) \approx P(Y < 8) = P\left(\frac{Y-\mu}{\sigma} < \frac{8-10}{2.24}\right) = P(Z < -.89) = .1867$$

當 x 的值是在分配的尾端區域時，介於實際的累積二項機率與它的常態近似值之間的誤差絕對值是很小的。例如，一個具有 $n=20$ 與 $p=.5$ 的二項隨機變數是小於或等於 3 的機率為

$$P(X \leq 3) = .0013$$

具有校正因子的常態近似值是

$$P(X \leq 3) \approx P(Y < 3.5) = P\left(\frac{Y-\mu}{\sigma} < \frac{3.5-10}{2.24}\right) = P(Z < -2.90) = .0019$$

不具有校正因子的常態近似值是 (使用 Excel)

$$P(X \leq 3) \approx P(Y < 3) = P\left(\frac{Y-\mu}{\sigma} < \frac{3-10}{2.24}\right) = P(Z < -3.13) = .0009$$

對於比較大的 n 值，即使 X 靠近分配的中心，有與沒有校正因子的常態近似值之間差異是很小的。例如，一個具有 $n=1,000$ 與 $p=.3$ 的二項隨機變數是小於或等於 260 的機率為

$$P(X \leq 260) = .0029 \text{ (使用 Excel)}$$

具有校正因子的常態近似值是

$$P(X \leq 260) \approx P(Y < 260.5) = P\left(\frac{Y-\mu}{\sigma} < \frac{260.5-300}{14.49}\right) = P(Z < -2.73) = .0032$$

不具有校正因子的常態近似值是

$$P(X \leq 260) \approx P(Y < 260) = P\left(\frac{Y-\mu}{\sigma} < \frac{260-300}{14.49}\right) = P(Z < -2.76) = .0029$$

如同我們曾經指出的，由於統計推論的需要，二項分配的常態近似是必要的。你將會發現，統計推論一般皆涉及大的 n 值，而且通常對抽樣分配的尾部區域感興趣。校正因子是一種臨時性的工具，它讓我們能夠說服你二項分配可以被常態分配近似。現在開始我們將使用二項分配的常態近似來近似一個樣本比例的抽樣分配，而在此類應用中校正因子將被忽略。

9.2c 樣本比例的近似抽樣分配

使用期望值與變異數法則 [見線上附錄 Using the Laws of Expected Value and Variance to Derive the Parameters of Sampling Distributions (使用期望值和變異數

法則推導抽樣分配的參數)]，我們能夠得到 $\hat{P}$ 的平均數、變異數與標準差。我們將彙整目前所學到的內容。

樣本比例的抽樣分配

1. 在 np 和 $n(1-p)$ 是大於或等於 5 之條件下，$\hat{P}$ 近似常態分配。
2. 期望值：$E(\hat{P}) = p$
3. 變異數：$V(\hat{P}) = \sigma_{\hat{p}}^2 = \dfrac{p(1-p)}{n}$
4. 標準差：$\sigma_{\hat{p}} = \sqrt{p(1-p)/n}$ *

[$\hat{P}$ 的標準差被稱為**比例的標準誤 (standard error of the proportion)**。]

上述第一點所需的樣本大小只是理論，因為在實務上需要更大的樣本才能得到有用的常態近似。

範例 9.2　政治民調

在上次的選舉，一位州代表獲得 52% 的選票。在選後的一年，該代表進行了一項調查，隨機抽取 300 人作為樣本，詢問他們在下次選舉中將如何投票。如果我們假設這位代表受歡迎的程度沒有改變，則此樣本中會有一半以上的民眾投票給他的機率為何？

解答

將會投票給這位代表的受訪者人數是一個具有 $n = 300$ 與 $p = .52$ 的二項隨機變數。我們想要決定樣本比例大於 50% 的機率。也就是說，我們要找出 $P(\hat{P} > .50)$。

我們現在知道樣本比例 $\hat{P}$ 是服從近似的常態分配，具有平均數 $p = .52$ 與標準差 $= \sqrt{p(1-p)/n} = \sqrt{(.52)(.48)/300} = .0288$。

因此，我們計算

$$P(\hat{P} > .50) = P\left(\dfrac{\hat{P} - p}{\sqrt{p(1-p)/n}} > \dfrac{.50 - .52}{.0288}\right)$$
$$= P(Z > -.69) = 1 - P(Z < -.69) = 1 - .2451 = .7549$$

---

* 與平均數的標準誤（第 270 頁）一樣，當從無限大的母體中抽樣時，比例的標準誤為 $\sqrt{p(1-p)/n}$。當母體是有限的時，比例的標準誤必須包括有限母體校正因子；當母體相對於樣本大小是夠大時，校正因子可以被省略，這在實務上很常見。

如果我們假設支持度維持在 52%，則在 300 位民眾的樣本中，超過半數會投票給此位代表的機率是 .7549。

練習題

使用不具連續性校正因子的常態近似求出下列練習題的機率。

9.31 a. 在 $n=300$ 和 $p=.5$ 的二項式實驗中，找出 $\hat{P}$ 大於 60% 的機率。
b. 以 $p=.55$，重做 (a) 小題。
c. 以 $p=.6$，重做 (a) 小題。

9.32 a. 一個二項分配實驗，任何一次成功的機率為 25%。求出 500 個樣本中成功的比例小於 22% 的機率。
b. 以 $n=800$，重做 (a) 小題。
c. 以 $p=1,000$，重做 (a) 小題。

9.33 如果 $p=.80$，在一個大小是 100 的樣本中，決定樣本比例會小於 .75 的機率。

9.34 進行 $p=.4$ 的二項式實驗，找出在 60 個樣本中成功的比例超過 .35 的機率。

9.35 一個生產導彈系統的電子零件組裝線，歷年產生 2% 不良率。抽取一個有 800 個零件的隨機樣本。不良率大於 4% 的機率為何？假設隨機樣本中的不良率是 4%，它建議什麼有關組裝線上的不良率？

9.36 a. 阿斯匹靈製造商宣稱，僅服用 2 顆阿斯匹靈即可緩解頭痛的比例為 53%。在 400 名頭痛患者的隨機樣本中，少於 50% 的人獲得緩解的機率是多少？如果 50% 的樣本實際獲得紓緩，關於製造商的宣稱，這意味著什麼？

b. 用一個大小為 1,000 的樣本，重做 (a) 小題。

9.37 一間家用電器製造商的廣告宣稱，其所有產品中有 3% 需要在第一年進行電話諮詢服務。一家消費者保護協會希望透過調查 400 戶最近購買了該公司一種電器的家庭來檢查這項宣稱。超過 5% 的人在第一年內需要打服務電話的機率是多少？如果在 400 戶家庭的隨機樣本中 5% 的家庭報告至少有打一次服務電話，你會如何評價該廣告的誠實度？

9.38 一間大學書店宣稱 50% 的顧客對服務和價格感到滿意。
a. 如果這個宣稱是正確的，那麼在 600 個隨機樣本中，少於 45% 的客戶是滿意的機率是多少？
b. 假設在 600 名顧客的隨機樣本中，有 270 名顧客對書店表示滿意。這告訴你什麼有關書店的宣稱？

9.39 一位心理學家認為，80% 的男性駕駛者迷路時會繼續行駛，希望能找到他們所尋找的地點，而不是問路。為了檢驗這個想法，他隨機選取 350 位男性駕駛者為樣本，並詢問他們每一位，當迷路時他們會怎麼處理。如果上述想法是真的，決定樣本中不到 75% 的人表示他們會繼續行駛的機率。

9.40 一會計學教授宣稱，不超過四分之一的商學院大學生將主修會計。在 1,200 位商科學生的隨機樣本中，有 336 位或更多學生主修會計的機率為何？

9.41 請參閱練習題 9.40。對 1,200 名商管學院大學部學生的隨機抽樣調查顯示，有 336 名學生計劃主修會計。關於教授的宣稱，這告訴你什麼訊息？

9.42 在 2014 年，美國約有 13% 的非成年人沒有健康保險。假設抽選了 400 個這樣個體的隨機樣本。15% 以上沒有健康保險的機率是多少？

9.3 由此出發談統計推論

抽樣分配的主要功能是統計推論。要了解抽樣分配如何對推論方法的發展有所貢獻，必須簡要地回顧我們是如何到達目前的這個階段。

在第 7 章與第 8 章中，我們介紹機率分配，它讓我們對隨機變數的數值進行機率的描述。這項計算的先決條件是要知道分配與分配的參數。在範例 7.9 中，我們需要知道派特・史達德 (Pat Statsdud) 猜到正確答案的機率是 20% ($p=.2$) 以及在 10 題 (測驗) 中正確答案的題數 (成功的次數) 是一個二項隨機變數。然後我們可以計算任何成功次數的機率。在範例 8.3 中，我們需要知道投資的報酬率服從常態分配，平均數為 10%，標準差為 5%。這三點資訊讓我們能夠計算隨機變數各種數值的機率。

圖 9.9 以符號表示機率分配的使用。簡而言之，對母體與其參數的了解讓我們能夠使用機率分配來對母體中的個別成員進行機率描述。箭頭的方向表示資料流動的方向。

圖 9.9　機率分配

母體和其參數 ── 機率分配 ⟶ 個別成員

在本章中，我們發展了抽樣分配，基於對參數的認知和一些關於分配的資訊，讓我們得以對一個樣本統計量做出機率的描述。在範例 9.1(b) 中，了解母體平均數與標準差，並且假設母體不是極端的非常態，讓我們能夠計算一個樣本平均數的機率。圖 9.10 描述抽樣分配的應用。

圖 9.10　抽樣分配

母體和其參數 ──抽樣分配──→ 統計量

請注意，在機率分配與抽樣分配兩種應用中，我們必須知道相關參數的數值，這是一個相當難辦到的事情。在實務上，由於參數代表極大母體的敘述性量數，參數幾乎全都是未知的。統計推論解決了這個問題。解決的方法是將圖 9.10 中的知識流動方向反轉過來，即使用統計量反向去推出母體參數。在圖 9.11 中，我們顯示統計推論的特性。從第 10 章開始，我們將假設大部分的母體參數是未知的。統計實作人員從母體中抽樣並且計算所需的統計量。統計量的抽樣分配讓我們能夠得出有關參數的推論。

圖 9.11　推論中的抽樣分配

統計量 ──抽樣分配──→ 參數

你或許會感到訝異，概括而言，這是本書在後續章節中要做的所有工作。那麼，為什麼我們需要另外的 8 個章節？它們是必要的，因為在一個介紹性的統計課程中，有更多的參數和抽樣分配組合用來定義我們所要呈現的推論過程。但是，它們的運作方式都相同。如果你了解一個程序是如何被導出的，那你將可能了解所有其他的。我們在下兩章的任務是確認你能夠了解第一種推論方法。你的任務也一樣。

本章摘要

一個統計量的抽樣分配是從一個母體中重複抽樣所建立。在本章中，我們介紹平均數與比例的抽樣分配。我們描述這些分配在理論上與經驗上是如何被建立。

Chapter 10 估計的介紹

本章綱要

10.1 估計的概念

10.2 在母體標準差已知下估計母體平均數

10.3 選擇樣本大小

決定估計樹木平均直徑的樣本大小

一家木材公司獲得含有數千棵樹的廣大土地開採權。

木材公司需估計在開採土地上所能收穫的木材量，以決定他們是否能夠獲取利潤。因此，他們必須估計這些樹的平均直徑。既定的決策是參數估計的準確度必須在 1 吋之內，且有 90% 的信心。一位熟悉該土地範圍的林務員推測這些樹的直徑服從具有標準差 6 吋的常態分配。使用第 309 頁的公式，他決定應該抽樣 98 棵樹。在取樣 98 棵樹之後，這位林務員計算的樣本平均數是 25 吋。假設在他完成抽樣與計算之後，他發現實際的標準差是 12 吋。對此結果，他會滿意嗎？

見第 309 頁解答。

導論 Introduction

討論過敘述統計（第 4 章）、機率分配（第 7 與第 8 章），以及抽樣分配（第 9 章）之後，我們準備好處理統計推論。正如我們在第 1 章中的解釋，統計推論 (statistical inference) 是我們從樣本獲取資訊並得出有關母體結論的過程。有兩種通用的程序用來對母體做推論：估計 (estimation) 與假設檢定 (hypothesis testing)。在本章中，我們介紹估計的概念與基礎，並且以簡單的範例示範它們。在第 11 章中，我們描述假設檢定的基本原理。因為我們在本書其餘的章節大多會應用到估計與假設檢定的概念，所以理解第 10 章與第 11 章對於你成為一位統計應用者是很重要的。

10.1 估計的概念

顧名思義，估計的目的是以樣本統計量為基礎，決定一個母體參數的近似值。例如，使用樣本平均數來估計母體平均數。我們稱樣本平均數為母體平均數的估計量 (estimator)。一旦計算出樣本平均數，它的值稱為估計值 (estimate)。在本章中，

我們會介紹使用樣本資料來估計母體平均數的統計過程。在本書的其餘部分，我們對其他參數也使用此處所介紹的觀念與方法。

10.1a 點估計量與區間估計量

我們可以透過兩種方法使用樣本資料來估計母體參數。首先，我們可以計算估計量的值，並將該值視為參數的估計值。這樣的估計量稱為點估計量 (point estimator)。

點估計量

一個**點估計量 (point estimator)** 透過使用單一數值或點來估計母體的未知參數，以對母體進行推論。

使用點估計量有三個缺點。第一，實質上可以確定該估計值是錯誤的。(一個連續隨機變數將等於一特定值的機率是 0。也就是，將完全等於 μ 的機率是 0。) 第二，我們通常需要知道估計量與參數接近的程度。第三，在對母體做推論時，直覺上可以合理的預期大樣本會產生更準確的結果，因為它包含的資訊比小樣本多。但是，點估計量沒有能力反映較大樣本的影響。因此，我們使用第二種估計母體參數的方法——區間估計量 (interval estimator)。

區間估計量

一個**區間估計量 (interval estimator)** 透過使用區間來估計母體未知參數的值，以對母體進行推論。

正如你將看到的，區間估計量會受樣本大小的影響；因為它具有此一特性，所以我們在本文中將主要處理區間估計量。

為了說明點估計量與區間估計量之差別，假設一位統計學教授想要估計其商學院二年級學生的暑期平均收入。隨機選出 25 位學生，計算的樣本平均週薪是 $400。這個點估計值是樣本平均數。換句話說，教授估計所有二年級商學院學生暑期的平均週薪是 $400。使用隨後描述的方法，教授可能會估計學生暑期的平均週薪是介於 $380 與 $420 之間。

數種估計的應用發生在真實世界中。例如，電視網的主管想要知道電視觀眾收看其電視網的比例；經濟學家想要知道大學畢業生的平均收入；一位醫學研究員想要估計使用新藥物治療心臟病患者的康復率。在每一個案例中，想要確切地達到這

些目的，統計應用者將必須檢驗母體中的每一個成員，然後計算感興趣的參數。例如，電視網的主管必須詢問該國中每一個人，他們看什麼節目，以決定觀看其電視網節目的民眾的比例。因為有數以百萬計的電視觀眾，這項任務既不切實際又昂貴得令人望而卻步。另一種替代方法是，從母體中選取一個隨機樣本，計算樣本比例，且使用它為母體比例的估計量。利用樣本比例估計母體比例似乎合乎邏輯。然而，選擇被用來當作估計量的樣本統計量則依統計量的特質而定。自然地，我們想要使用具有高品質且能合乎我們目的統計量。

一個理想的估計量特質是不偏性 (unbiasedness)。

> **不偏估計量**
>
> 一個母體參數的**不偏估計量 (unbiased estimator)** 是一個期望值會等於參數的估計量。

其意義為，如果你抽取無限多個樣本，並且計算每一個樣本的估計量值，這些估計量的平均值將等於參數。也就是說，平均而言，樣本統計量等於參數。

我們知道，樣本平均數 $\overline{X}$ 是母體平均數 μ 的不偏估計量。在 9.1 節介紹 $\overline{X}$ 的抽樣分配時，我們敘述 $E(\overline{X})=\mu$。我們也知道樣本比例是母體比例的不偏估計量，因為 $E(\hat{P})=p$。

回顧在第 4 章中，我們定義樣本變異數為

$$s^2 = \sum \frac{(x_i - \overline{x})^2}{n-1}$$

當時，我們除以 $n-1$ 而不是除以 n 似乎很奇怪。選擇的理由是要使得 $E(s^2)=\sigma^2$，所以這個定義使得樣本變異數會是母體變異數的不偏估計量。(這個陳述的證明需要大約一頁代數操作，比我們在這裡提出的要多。) 如果我們在分母中使用 n 定義樣本變異數，則得到的統計量將是母體變異數的一個偏的估計量，它的期望值小於參數。

得知一個估計量是不偏的，只能保證它的期望值等於參數；它並沒有告訴我們估計量與參數接近的程度。另一個理想的估計量特質是，隨著樣本大小增加時，樣本統計量應該更接近母體參數。這項特質稱為一致性 (consistency)。

> **一致性**
>
> 一個不偏估計量被稱為是**一致的 (consistent)**，假如隨著樣本大小的增加，估計量與參數間的差異會隨之變小。

我們用以量測接近程度的測量值是變異數(或標準差)。因此，$\overline{X}$ 是 μ 的一個一致性估計量，因為 $\overline{X}$ 的變異數是 σ^2/n。這表示當 n 增大，$\overline{X}$ 的變異數會減小。因此，樣本平均數落在 μ 鄰近之處的比例也會增加。

圖 10.1 描繪了 $\overline{X}$ 的兩種抽樣分配。一個抽樣分配的樣本大小為 25，另一個樣本大小為 100。前者較後者分散。

圖 10.1 $\overline{X}$ 的抽樣分配，$n = 25$ 及 $n = 100$

類似地，$\hat{P}$ 是 p 的一致性估計量，因為 $\hat{P}$ 是不偏的，並且 $\hat{P}$ 的變異數是 $p(1-p)/n$，它會隨著 n 的增大而減小。

第三種理想的特質是相對有效性(relative efficiency)，它比較一個參數的兩個不偏估計量。

相對有效性

如果一個參數有兩個不偏估計量，變異數比較小的那一個被稱為是具有**相對有效性 (relative efficiency)**。

我們已經了解樣本平均數是母體平均數的不偏估計量，並且其變異數是 σ^2/n。樣本中位數是母體平均數的另一個估計量。統計學家已經證明樣本中位數是一個不偏估計量，但是其變異數大於樣本平均數的變異數(當母體是常態時)。因此，當估計母體平均數時，樣本平均數相對於樣本中位數是更有效的。

在本書其餘的章節中，我們將會介紹一些不同母體參數的統計推論。在每一個案例中，我們都將選一個不偏的且一致的樣本統計量。當有超過一個以上的統計量時，我們將會選取一個相對有效的統計量做為估計量。

10.1b 發展對統計觀念的了解

在本節中，我們敘述三個理想的估計量特質：不偏性、一致性與相對有效性。

對統計學的了解就是你必須知道每一個參數都會有許多潛在的估計量，但是我們在本書中選用的估計量是因為它們具有這三個特質。

練 習 題

10.1 點估計量與區間估計量有何不同？

10.2 定義不偏性。

10.3 繪製一個不偏估計量的抽樣分配。

10.4 繪製一個偏估計量的抽樣分配。

10.5 定義一致性。

10.6 繪製一個圖呈現當樣本量增加時，一致性估計量的抽樣分配會發生什麼變化。

10.7 定義相對有效性。

10.8 繪製一個圖呈現兩個不偏估計量的抽樣分配，其中一個是相對有效的。

10.2 在母體標準差已知下估計母體平均數

我們現在描述如何從抽樣分配中產生一個區間估計量。我們選擇用一個不切實際的範例來示範估計。但是，這個不利的條件被範例的簡單性抵銷了。當你對估計了解更多時，你將能夠把這種方法應用到更實際的情況中。

假設我們有一個平均數為 μ 與標準差為 σ 的母體。母體平均數假設為未知，我們的任務是估計它的數值。正如我們剛才所討論的，估計的過程需要統計應用者抽取一個大小為 n 的隨機樣本，並且計算樣本平均數 $\bar{x}$。

在 9.1 節中所提到的中央極限定理描述，如果 X 服從常態分配，則 $\bar{X}$ 亦服從常態分配，或者如果 X 為非常態但 n 足夠大，則 $\bar{X}$ 近似常態分配。意思是指下列變數

$$Z = \frac{\bar{X} - \mu}{\sigma/\sqrt{n}}$$

服從標準常態分配（或近似標準常態分配）。在 9.1 節中（第 277 頁）我們曾發展下列與平均數的抽樣分配相關的機率敘述：

$$P\left(\mu - Z_{\alpha/2}\frac{\sigma}{\sqrt{n}} < \bar{X} < \mu + Z_{\alpha/2}\frac{\sigma}{\sqrt{n}}\right) = 1 - \alpha$$

它得自

$$P\left(-Z_{\alpha/2} < \frac{\bar{X} - \mu}{\sigma/\sqrt{n}} < Z_{\alpha/2}\right) = 1 - \alpha$$

使用類似的代數運算，我們可以用稍微不同的形式表達這個機率：

$$P\left(\bar{X} - Z_{\alpha/2}\frac{\sigma}{\sqrt{n}} < \mu < \bar{X} + Z_{\alpha/2}\frac{\sigma}{\sqrt{n}}\right) = 1 - \alpha$$

請注意，在這個式子中，母體平均數是位於區間的中心，它是透過樣本平均數加上或減去 $Z_{\alpha/2}$ 個標準誤而產生的。重要的是你要了解，這只是樣本平均數的另一種機率敘述形式。這個等式告訴我們，從該母體重複地抽樣，$\bar{X}$ 值的區間

$$\bar{X} - Z_{\alpha/2}\frac{\sigma}{\sqrt{n}},\ \bar{X} + Z_{\alpha/2}\frac{\sigma}{\sqrt{n}}$$

會包含母體平均數 μ 的機率等於 $1-\alpha$。這機率描述形式對我們是非常有用的，因為它是 μ 的**信賴區間估計量 (confidence interval estimator of μ)**。

μ 的信賴區間估計量 [1]

$$\bar{x} - z_{\alpha/2}\frac{\sigma}{\sqrt{n}},\ \bar{x} + z_{\alpha/2}\frac{\sigma}{\sqrt{n}}$$

機率 $1-\alpha$ 被稱為**信賴水準 (confidence level)**。

$\bar{x} - z_{\alpha/2}\dfrac{\sigma}{\sqrt{n}}$ 被稱為**信賴下限 (lower confidence limit, LCL)**。

$\bar{x} + z_{\alpha/2}\dfrac{\sigma}{\sqrt{n}}$ 被稱為**信賴上限 (upper confidence limit, UCL)**。

我們通常表示信賴區間估計量為

$$\bar{x} \pm z_{\alpha/2}\frac{\sigma}{\sqrt{n}}$$

其中減號定義信賴下限且加號定義信賴上限。

為了應用這個公式，我們指定信賴水準 $1-\alpha$，由此我們決定 α、$\alpha/2$、$z_{\alpha/2}$（從附錄 B 中的表 3）。因為信賴水準是區間涵蓋實際值 μ 的機率，所以我們一般設定接近 1（通常在 .90 與 .99 之間）。

在表 10.1 中，我們列出四種經常使用的信賴水準以及與它相關的 $z_{\alpha/2}$ 值。例如，如果信賴水準是 $1-\alpha=.95$，$\alpha=.05$，$\alpha/2=.025$，以及 $z_{\alpha/2}=z_{.025}=1.96$。得到

---

[1] 從第 7 章開始，我們已經照慣例以一個大寫字母（通常是 X）代表隨機變數，而一個小寫字母（通常是 x）代表變數的一個數值。但是，在統計推論中使用的公式，變數與其數值間的區分變得模糊。因此，除了當我們想要做機率描述時，否則不再繼續使用傳統的符號表示，而簡單地使用小寫字母。

的信賴區間估計量則被稱為 μ 的 **95% 信賴區間估計量 (95% confidence interval estimator of μ)**。

表 10.1　四種常用的信賴水準與 $z_{\alpha/2}$

$1-\alpha$	α	$\alpha/2$	$z_{\alpha/2}$
.90	.10	.05	$z_{.05} = 1.645$
.95	.05	.025	$z_{.025} = 1.96$
.98	.02	.01	$z_{.01} = 2.33$
.99	.01	.005	$z_{.005} = 2.575$

10.2a　辨認—計算—詮釋系統

下列的範例說明如何應用統計方法。它也說明了我們將如何解決本書其餘章節中的問題。在本書中我們倡導與使用的解答過程，與統計應用者在真實世界所使用的技巧大致是相同的。處理過程被分為三個階段。簡而言之，這些階段是：(1) 計算之前，我們執行的工作；(2) 計算；與 (3) 計算之後，我們執行的工作。此方法稱為**辨認—計算—詮釋系統 (Identify-Compute-Interpret System)** 或簡稱 ICI。

第一階段：我們確定要採用適當的統計方法。當然，對於此範例你將輕易地辨識出適當的方法，因為此時你只知道一種方法，即母體平均數的信賴區間估計。不要低估這個階段的重要性。

第二階段：接下來，我們計算統計量。在可行的情況下，我們將進行以計算機為輔的手動運算過程。手工算術通常可以深入了解統計技術的工作原理。然而，在某些時候，算術變得很繁瑣乏味，因我們打算使用電腦輔助。我們選擇使用 Microsoft Excel。Excel 的四個組件在第 1 章中進行了描述。它們是：

1. **統計 (Statistical)** 函數。
2. **分析工具箱 (Analysis ToolPak)**：通過單擊**資料 (Data)** 和**資料分析 (Data Analysis)** 取得這些分析工具。
3. **試算表 (Spreadsheets)** 這些是原著作者建立的，可以從教材網站下載。
4. **自己動手做 (Do It Yourself)**：我們提供有關如何使用 Excel 執行其餘推論方法的分步說明。

估計的介紹 10

第三階段：最後，我們詮釋結果。為了能夠適當地詮釋統計結果，我們必須了解統計推論的基本原理。

作業管理上的應用　存貨管理

作業經理使用存貨模型以決定使總成本最小化的庫存水準。在 8.2 節中，我們曾經展示如何應用機率模型來制定庫存標準的決策 (參見第 241 頁)。該模型的一項要素是前置時間的平均需求量。回想一下，前置時間是指介於下訂單到交貨之間的間隔時間。前置時間的需求量是一個隨機變數，且通常假設它服從常態分配。有許多方法可用以決定前置時間的平均需求量，但是最簡單的方法是從一個樣本估計該數值。

Comstock/Getty Images

範例 10.1　GK 電腦公司

DATA
Xm 10-01

GK 電腦公司製造其專屬電腦並且直接運送給透過網路下訂單的顧客。它的競爭主力是價格與運送速度。為了達到速度的目標，GK 製造 5 種最暢銷的電腦並將其運送到全國各處的倉庫。通常只花一天的時間就可以將存放在倉庫中的電腦運送到顧客的手中。這項策略需要高的庫存標準，而高庫存標準會增加大量的成本。為了降低成本，作業經理想要使用一個存貨模型。前置時間的需求量服從常態分配，經理需要確定前置時間的平均需求量，以計算最佳的存貨標準。他抽取了 25 段前置時間的樣本，並記錄每一次的需求量。這些資料如下所列。經理想要對前置時間的平均需求量進行 95% 的信賴區間估計。根據長久以來的經驗，這位經理知道標準差是 75 台電腦。

前置時間的需求量

235	374	309	499	253
421	361	514	462	369
394	439	348	344	330
261	374	302	466	535
386	316	296	332	334

解答

辨識方法

為了決定最佳的存貨標準，這位經理必須知道前置時間的平均需求量。因

此，估計的參數是 μ。到目前為止，我們只描述了一個估計量。因此，我們試圖使用的信賴區間估計量是

$$\bar{x} \pm z_{\alpha/2} \frac{\sigma}{\sqrt{n}}$$

下一個步驟是執行運算。如同之前所討論過的，我們將以兩種方式執行運算：手算與使用 Excel。

計算

手算

我們需要 4 個數值以建立 μ 的信賴區間估計值。它們是

$$\bar{x}, z_{\alpha/2}, \sigma, n$$

使用計算機，我們得到總和 $\sum x_i = 9{,}254$。由此，我們發現

$$\bar{x} = \frac{\sum x_i}{n} = \frac{9{,}254}{25} = 370.16$$

信賴水準設定在 95%；因此，$1-\alpha = .95$，$\alpha = 1 - .95 = .05$，以及 $\alpha/2 = .025$。從附錄 B 的表 3 或表 10.1 中，我們得到

$$z_{\alpha/2} = z_{.025} = 1.96$$

母體的標準差是 $\sigma = 75$，且樣本大小為 25。代入 $\bar{x}$、$z_{\alpha/2}$、σ 與 n 到這個信賴區間估計量，我們得到

$$\bar{x} \pm z_{\alpha/2} \frac{\sigma}{\sqrt{n}} = 370.16 \pm z_{.025} \frac{75}{\sqrt{25}} = 370.16 \pm 1.96 \frac{75}{\sqrt{25}}$$

$$= 370.16 \pm 29.40$$

信賴下限與信賴上限分別是 LCL = 340.76 與 UCL = 399.56。

EXCEL 活頁簿

	A	B	C	D	E
1	z-Estimate of a Mean				
2					
3	Sample mean	370.16	Confidence Interval Estimate		
4	Population standard deviation	75	370.16	±	29.40
5	Sample size	25	Lower confidence limit		340.76
6	Confidence level	0.95	Upper confidence limit		399.56

指令說明

1. 鍵入或匯入資料到某欄。(**開啟 Xm10-01**。) 使用任何一個空白的儲存格，計算樣本平均數 (=AVERAGE(A1:A26))
2. 開啟 **Estimators 活頁簿 (Estimators Workbook)** 並點擊下方 **z-Estimate_Mean** 試算表標籤，在儲存格 B3 中輸入或複製樣本平均數的值。如果你使用**複製 (Copy)**，則使用**選擇性貼上 (Paste Special)** 與**值 (Value)**。在 B4 到 B6 儲存格，分別輸入 σ 的值 (75)、n 的值 (25)，以及信賴水準的值 (.95)。

詮釋

這位作業經理估計前置時間的平均需求量介於 340.76 與 399.56 之間。這個估計值可作為發展存貨政策的輸入。在第 8.2 節討論的模式中，假設前置時間的平均需求量為一特定值，以計算再次訂購點。在這個範例中，使用信賴區間估計量允許經理同時使用信賴下限和信賴上限來確定最佳庫存標準的下限和上限。

10.2b 詮釋信賴區間估計值

有些人錯誤地詮釋範例 10.1 的信賴區間估計值為：有 95% 的機率母體平均數會落在 340.76 與 399.56 之間。這項詮釋是不正確的，因為它暗示著母體平均數是一個變數，從而我們可以對它做機率的描述。事實上，母體平均數是一個固定但未知的數值。因此，我們不能詮釋 μ 的信賴區間估計值為 μ 的一個機率描述。為了適當地解說信賴區間估計值，我們必須記住信賴區間估計量是由樣本平均數的抽樣分配所導出。在 9.1 節中，我們使用抽樣分配對樣本平均數做機率的描述。雖然公式已經改變，信賴區間估計量也是樣本平均數的一個機率描述。它說明有 $1-\alpha$ 的機率，樣本平均數將會等於一個數值，使得 $\bar{x} - z_{\alpha/2}\sigma/\sqrt{n}$ 到 $\bar{x} + z_{\alpha/2}\sigma/\sqrt{n}$ 的區間會包含母體平均數。一旦樣本平均數被計算出來，該區間成為母體平均數的區間估計值的下限與上限。

舉例而言，假設我們想要從投擲一顆公正骰子的結果，估計其分配的平均值。因為我們知道它的分配，我們也知道 $\mu=3.5$ 和 $\sigma=1.71$。假設現在我們只知道 $\sigma=1.71$，而 μ 是未知的，而且我們想要估計它的值。為了估計 μ，我們選取樣本大小 $n=100$（我們投擲骰子 100 次）並且計算 $\bar{x}$。μ 的信賴區估計量是

$$\bar{x} \pm z_{\alpha/2}\frac{\sigma}{\sqrt{n}}$$

90% 的信賴區間估計量是

$$\bar{x} + z_{\alpha/2}\frac{\sigma}{\sqrt{n}} = \bar{x} \pm 1.645\frac{1.71}{\sqrt{100}} = \bar{x} \pm .281$$

這個符號的意思是，如果我們從母體中重複選取大小為 100 的樣本，90% 的 $\bar{x}$ 值將使得區間 $\bar{x}-.281$ 與 $\bar{x}+.281$ 包含 μ，而 10% 的 $\bar{x}$ 值將產生不包含 μ 的區間。現在，想像我們抽出 40 個樣本，每個樣本包含 100 個觀測值。$\bar{x}$ 的值與所得到 μ 的信賴區間估計值呈現在表 10.2 中。注意，並不是所有的區間都包含參數的真實數值。樣本 5、16、22 與 34 所產生的 值，其導出的區間不包含 μ。

學生通常對這種情況的反應是問，樣本 5、16、22 與 34 出了什麼問題？答案是其實沒有什麼。統計學不能保證 100% 的確定性。事實上，在此說明中，我們期望 90% 的區間包含 μ 以及 10% 不包含 μ。由於我們產生 40 個區間，我們期望 4.0 (40 的 10%) 個區間將不包含 $\mu=3.5$。[2] 有一個重要概念必須要了解，就算統計應用者正確地進行實驗，仍有一特定比例 (在此範例為 10%) 的實驗將會隨機產生不正確的估計值。

我們可以改善與區間估計值相關的信賴水準。如果我們令信賴水準 $1-\alpha$ 等於 .95，則 95% 信賴區間估計量是

$$\bar{x} \pm z_{\alpha/2}\frac{\sigma}{\sqrt{n}} = \bar{x} \pm 1.96\frac{1.71}{\sqrt{100}} = \bar{x} \pm .335$$

因為這個區間比較寬，它更可能包含 μ 的值。如果你重做表 10.2，這次使用 95% 的信賴區間估計量，只有樣本 16、22 和 34 會產生不包括 μ 的區間。(請注意，我們預計 5% 的區間不包含 μ，而我們實際觀察到 $3/40=7.5\%$。) 99% 信賴區間估計量為

---

[2] 在此示範中，剛好有 10% 的樣本平均數產生不包含 μ 的區間估計值，但是這種情況並非永遠會發生。切記，以長期而言，我們期望會有 10% 的樣本平均數會導致不包含 μ 的區間。這組 40 個樣本的平均數並不構成「長期」。

表 10.2　μ 的 90% 信賴區間估計值

樣本	$\bar{x}$	LCL = $\bar{x}$ − .281	UCL = $\bar{x}$ + .281	區間是否包括 $\mu = 3.5$?
1	3.550	3.269	3.831	是
2	3.610	3.329	3.891	是
3	3.470	3.189	3.751	是
4	3.480	3.199	3.761	是
5	3.800	3.519	4.081	否
6	3.370	3.089	3.651	是
7	3.480	3.199	3.761	是
8	3.520	3.239	3.801	是
9	3.740	3.459	4.021	是
10	3.510	3.229	3.791	是
11	3.230	2.949	3.511	是
12	3.450	3.169	3.731	是
13	3.570	3.289	3.851	是
14	3.770	3.489	4.051	是
15	3.310	3.029	3.591	是
16	3.100	2.819	3.381	否
17	3.500	3.219	3.781	是
18	3.550	3.269	3.831	是
19	3.650	3.369	3.931	是
20	3.280	2.999	3.561	是
21	3.400	3.119	3.681	是
22	3.880	3.599	4.161	否
23	3.760	3.479	4.041	是
24	3.400	3.119	3.681	是
25	3.340	3.059	3.621	是
26	3.650	3.369	3.931	是
27	3.450	3.169	3.731	是
28	3.470	3.189	3.751	是
29	3.580	3.299	3.861	是
30	3.360	3.079	3.641	是
31	3.710	3.429	3.991	是
32	3.510	3.229	3.791	是
33	3.420	3.139	3.701	是
34	3.110	2.829	3.391	否
35	3.290	3.009	3.571	是
36	3.640	3.359	3.921	是
37	3.390	3.109	3.671	是
38	3.750	3.469	4.031	是
39	3.260	2.979	3.541	是
40	3.540	3.259	3.821	是

$$\bar{x} \pm z_{\alpha/2}\frac{\sigma}{\sqrt{n}} = \bar{x} \pm 2.575\frac{1.71}{\sqrt{100}} = \bar{x} \pm .440$$

將這個區間估計值應用於表 10.2 中列出的樣本平均數，將導致所有 40 個區間估計值都包含母體平均數 $\mu=3.5$。(我們期望 1% 的區間不包括 μ；我們觀察到 0/40 = 0%。)

在實務上，只有一個樣本會被抽選，並且只有一個 $\bar{x}$ 的值會被計算出來。所得到的區間有可能會正確地包含參數，或是不正確地不包含它。可惜的是，統計應用者並不知道所得的區間是否正確；他們只知道，長期而言，他們偶爾會不正確地估計參數。統計應用者接受這種情況為生活的現實。

我們彙整範例 10.1 中的計算如下。我們估計前置時間的平均需求量介於 340.76 與 399.56 之間，這類估計量有 95% 的次數會正確。因此，這個信賴水準適用於我們的估計過程，而不適用於任何一個個別的區間。附帶一提，媒體通常指稱 95% 的數據是「20 次中的 19 次」，它強調信賴水準的長期觀點。

10.2c 資訊與區間的寬度

就像所有其他的統計方法一樣，區間估計被設計來將資料轉換為資訊。然而，過寬的區間提供的資訊很少。例如，假設一項統計研究的結果，我們以 95% 的信心估計一位會計師的平均起薪介於 $15,000 與 $100,000 之間。這個區間太寬了，以致於可從資料中獲取的資訊是很少的。但是，假設區間估計值是 $52,000 到 $55,000。這個區間窄了很多，可為會計系學生提供有關平均起薪更精確的訊息。

信賴區間估計值的寬度是母體標準差、信賴水準與樣本大小的函數。考慮範例 10.1，其中假定 σ 為 75。區間估計值為 370.16±29.40。如果 σ 等於 150，則 95% 的信賴區間估計值將成為

$$\bar{x} \pm z_{\alpha/2}\frac{\sigma}{\sqrt{n}} = 370.16 \pm z_{.025}\frac{150}{\sqrt{25}} = 370.16 \pm 1.96\frac{150}{\sqrt{25}} = 370.16 \pm 58.80$$

因此，將母體標準差放大 2 倍具有讓信賴區間估計值寬度亦放大 2 倍的效果。這個結果是非常合邏輯的。如果在隨機變數中存有大量的變異(測量出一個大的標準差)，則越難精確地估計母體平均數。這種困難被轉化為更寬的區間。

雖然我們無法控制 σ 的數值，但我們有能力選擇其他兩個要素的數值。在範例 10.1 中，我們選了 95% 的信賴水準。如果我們選擇以 90% 取代，區間估計值將會成為：

$$\bar{x} \pm z_{\alpha/2} \frac{\sigma}{\sqrt{n}} = 370.16 \pm z_{.05} \frac{75}{\sqrt{25}} = 370.16 \pm 1.645 \frac{75}{\sqrt{25}} = 370.16 \pm 24.68$$

一個 99% 的信賴水準導致區間估計值：

$$\bar{x} \pm z_{\alpha/2} \frac{\sigma}{\sqrt{n}} = 370.16 \pm z_{.005} \frac{75}{\sqrt{25}} = 370.16 \pm 2.575 \frac{75}{\sqrt{25}} = 370.16 \pm 38.63$$

如你所見，減小信賴水準會縮小區間；增大信賴水準則會加寬區間。但是，通常我們會想要一個大的信賴水準，因為它意味著長期而言有更大比例的信賴區間估計值會是正確的。區間寬度與信賴水準之間存在直接的關係。這是因為為了要對估計值更具信心，我們需要加寬區間。(一個比喻是，為了更容易捕捉蝴蝶，我們需要更大的捕蝶網。)增加信心度與產生較寬信賴區間估計值之間的取捨必須由統計應用者決定。然而，作為基本規則，95% 的信心被認為是「標準的」。

第三個要素是樣本大小。如果以樣本大小 100 取代原來的 25，信賴區間估計值將變成

$$\bar{x} \pm z_{\alpha/2} \frac{\sigma}{\sqrt{n}} = 370.16 \pm z_{.025} \frac{75}{\sqrt{100}} = 370.16 \pm 1.96 \frac{75}{\sqrt{100}} = 370.16 \pm 14.70$$

將樣本大小增加 4 倍會使區間的寬度縮減一半。一個比較大的樣本提供更多潛在的資訊。資訊量的增加會反映在一個比較窄的區間中。但是，另外還有一種取捨：增加樣本大小會增加抽樣成本。我們將在 10.3 節介紹樣本大小的選擇時討論這些議題。

10.2d　μ 的信賴區間估計量的電腦模擬

該模擬類似於第 9.1d 小節 (第 277 頁) 中描述的電腦模擬。我們將模擬從平均數 $\mu=5$ 和標準差 $\sigma=1$ 的常態母體中抽取 1,000 個樣本且樣本大小 $n=9$。此模擬將產生母體平均數的 95% 信賴區間估計值。

1. 點擊**資料 (Data)**、**資料分析 (Data Analysis)** 和**亂數產生器 (Random Number Generation)**。
2. 在**變數個數 (Number of Variables)** 輸入 9，並在**亂數個數 (Number of Random Numbers)** 鍵入 1000。
3. 在**分配 (Distribution)** 框中點選**常態分配 (Normal)**，然後**參數 (Parameters)** 之**平均數 (Mean)** 輸入 5，**標準差 (Standard Deviation)** 輸入 1。

4. 選擇**新工作表 (New Worksheet Ply)** 並點擊**確定 (OK)**。新工作表的 A 到 I 欄將填入隨機亂數。
5. 在儲存格 J1 中，輸入

$$=\text{AVERAGE (A1:I1)}$$

6. 向下拖曳，以填滿 J 欄其他的儲存格。現在 J 欄將包含樣本平均數的值。
7. 在儲存格 K1 中，計算 95% 信賴區間估計值的下限。

$$\bar{x} - z_{\alpha/2}\frac{\sigma}{\sqrt{n}} = \bar{x} - 1.96\frac{1}{\sqrt{9}} = \bar{x} - .6533$$

向下拖曳，以填滿 K 欄其他的儲存格，它將包含 1,000 個樣本平均數的下限。

8. 在儲存格 L1 中，計算 95% 信賴區間估計值的上限。

$$\bar{x} + z_{\alpha/2}\frac{\sigma}{\sqrt{n}} = \bar{x} + 1.96\frac{1}{\sqrt{9}} = \bar{x} + .6533$$

並向下拖曳，以填滿 L 欄其他的儲存格。

9. 有些區間將包含母體平均數 μ 的值，即 5，有些則不包含。要指示 Excel 確定儲存格 M1 中哪些區間包含 μ，請輸入

$$=\text{AND(K1} <= 5, \text{L1} >= 5)$$

這告訴 Excel 如果下限 (K1) 小於或等於 5 且上限大於或等於 5 (即區間包含母體平均數 5 的值)；文字 TRUE 將出現在儲存格 M1 中。向下拖曳，以填滿 M 欄。

10. 有幾種方法可以計算不包括母體平均數 5 的區間個數。這是其中一種，在儲存格 N1 中，輸入

$$=\text{IF(M1} = \text{TRUE,0,1)}$$

並向下拖曳，以填滿 N 欄。在區間包含母體平均數的每一列中 (其 M 欄顯示 TRUE)，將出現值 0。如果區間不包含母體平均數，則會出現 1。對第 N 欄加總，你將得到「錯誤」的 95% 信賴區間估計值的總數。

電腦模擬練習

10.9 進行上述模擬。不包含平均值 $\mu=5$ 的區間比例是多少？你期待有多少？

10.10 使用 90% 信賴區間估量，重複練習題 10.9。

10.11 使用 99% 的信賴水準，重複練習題 10.9。

10.12 如果樣本大小從 9 變為 100，重做練習題 10.9 到 10.11，你的答案會有很大的變化嗎？請解釋之。

練習題

發展對統計觀念的了解

練習題 10.13 到 10.19 是 "what-if" 分析，被設計來決定當信賴水準、樣本大小與標準差改變時，區間估計值會有什麼變化。這些問題可以用手算，或使用 Estimators 活頁簿中的 z-Estimate_Mean 試算表解決問題。

10.13 a. 一位統計應用者從一個標準差為 25 的母體抽選一個含 50 個觀測值的隨機樣本，並計算得到樣本平均數 100。以 90% 的信心估計母體平均數的信賴區間。
b. 使用 95% 的信賴水準，重做 (a) 小題。
c. 使用 99% 的信賴水準，重做 (a) 小題。
d. 描述增加信賴水準對信賴區間估計值所造成的影響。

10.14 a. 一個含 25 個觀測值的隨機樣本，它來自一個標準差為 50 的常態母體，計算得到的樣本平均數為 200。以 95% 的信心估計母體平均數的信賴區間。
b. 將母體標準差改為 25，重做 (a) 小題。
c. 將母體標準差改為 10，重做 (a) 小題。
d. 描述當標準差減少時，信賴區間估計值有何改變。

10.15 a. 一個大小為 25 的隨機樣本，從一個標準差為 5 的常態母體抽出。得到的樣本平均數是 80。決定母體平均數的 95% 信賴區間估計值。
b. 以 100 為樣本大小，重做 (a) 小題。
c. 以 400 為樣本大小，重做 (a) 小題。
d. 描述當樣本大小增加時，信賴區間估計值有何改變。

10.16 a. 給定下列的資訊，決定母體平均數的 98% 信賴區間估計值：
$$\bar{x}=500 \quad \sigma=12 \quad n=50$$
b. 使用 95% 的信賴水準，重做 (a) 小題。
c. 使用 90% 的信賴水準，重做 (a) 小題。
d. 回顧 (a) 至 (c) 小題並且討論減小信賴水準對信賴區間估計值的影響。

10.17 a. 一位統計應用者從標準差為 25 的母體隨機抽樣 100 個觀測值，且發現樣本平均數為 50。以 95% 的信

心估計母體平均數。

b. 將標準差改為 50，重做 (a) 小題。

c. 將標準差改為 100，重做 (a) 小題。

d. 描述標準差增加時，對信賴區間估計值的影響。

10.18 a. 從一個 25 個觀測值的樣本，產生的平均數為 300。樣本是從標準差為 15 的母體中隨機抽取的。以 99% 的信心估計母體平均數。

b. 將母體標準差改為 30，重做 (a) 小題。

c. 將母體標準差改為 60，重做 (a) 小題。

d. 描述當標準差增加時，信賴區間估計值有何改變。

10.19 a. 一位統計應用者從標準差為 5 的母體隨機抽樣 100 個觀測值，且發現等於 10。以 90% 的信心估計母體平均數的信賴區間。

b. 以樣本大小 25，重做 (a) 小題。

c. 以樣本大小 10，重做 (a) 小題。

d. 描述當樣本大小減少時，信賴區間估計值有何改變。

應用題

下列的練習題可以手算或使用電腦輔助回答。所有資料檔的檔案名稱皆有標示。

10.20 Xr10-25 下面的數值代表統計測驗 9 個分數（由 10 個分數抽出）的隨機樣本。分數是標準差為 2 的常態分配，以 90% 的信心估計母體平均數的信賴區間。

7　9　7　5　4　8　3　10　9

10.21 Xr10-26 下列觀測值是在一個酒吧中 8 個男子隨機樣本的年齡。已知這些年齡服從標準差為 10 的常態分配。決定母體平均數的 95% 信賴區間估計值。請詮釋區間估計值。

52　68　22　35　30　56　39　48

10.22 Xr10-27 醫生每一年打多少場高爾夫球（有打高爾夫球者）？對 12 位醫生做調查，顯示下列的數值。

3　41　17　1　33　37　18　15　17　12　29　51

以 95% 的信心估計醫生每一年打高爾夫球場數平均值的信賴區間。假設場數是標準差為 12 的常態分配。

10.23 Xr10-29 二手車銷售員每年賣出的汽車數量是標準差為 15 的常態分配。隨機選取 15 位銷售員的樣本，每人售出汽車的數量列在這裡。求出母體平均數的 95% 信賴區間估計值。請詮釋區間估計值。

79　43　58　66　101　63　79　33　58
71　60　101　74　55　88

10.24 Xr10-30 眾所周知，汽車換油所需的時間呈常態分配，標準差為 5 分鐘。此處記錄並列出了 10 次換油隨機樣本所需的時間。計算母體平均數的 99% 信賴區間估計值。

11　10　16　15　18　12　25　20　18　24

10.25 Xr10-31 假設青少年每週花在兼職工作的時數是標準差為 40 分鐘的常態分配。隨機選取 15 個青少年的樣本，每個人報告花在兼職工作的時間（以分鐘為單位），資料皆列於此。決定母體平均數的 95% 信賴區間估計值。

180　130　150　165　90　130　120　60
200　180　80　240　210　150　125

10.26 Xr10-32 戒菸的少數負面副作用之一是體重增加。假設在戒菸後的 12 個月內體重的增加呈常態分配，標準差為 6 磅。為了估計平均體重增加，

抽取了 13 名戒菸者的隨機樣本；他們增加的重量記錄在這裡列出。決定所有戒菸者 12 個月平均體重增加的 90% 信賴區間估計值。

16　23　8　2　14　22　18　11　10
19　5　8　15

10.3 選擇樣本大小

如我們在前一節所討論的，如果區間估計值太寬，它能提供的資訊很少。在範例 10.1 中，該區間估計值是 340.76 到 399.56。如果這位經理使用這個估計值當成存貨模式的輸入資料，他需要更高的精確度。幸好，統計應用者能夠藉由決定必要的樣本大小來控制區間的寬度以產生較窄的區間。

要了解如何與為何我們能夠決定樣本大小，我們討論估計誤差。

10.3a 估計誤差

在第 5 章中，我們指出抽樣誤差是樣本與母體之間的差異，它的存在僅僅是因為那些觀測值恰好被選取為樣本。到目前為止我們已經討論過估計，我們可以將抽樣誤差定義為一個估計量和參數之間的差異。我們也可以定義這種差異為**估計誤差 (error of estimation)**。在本章中，這種差異可以被表達為 $\overline{X}$ 和 μ 之間的差異。在我們對 μ 的信賴區間估計量進行推導時 (見 295 頁)，曾表達下列的機率：

$$P\left(-Z_{\alpha/2} < \frac{\overline{X} - \mu}{\sigma/\sqrt{n}} < Z_{\alpha/2}\right) = 1 - \alpha$$

它也可以被表達為

$$P\left(-Z_{\alpha/2}\frac{\sigma}{\sqrt{n}} < \overline{X} - \mu < +Z_{\alpha/2}\frac{\sigma}{\sqrt{n}}\right) = 1 - \alpha$$

這告訴我們 $\overline{X}$ 與 μ 之間的差異落在 $-Z_{\alpha/2}\sigma/\sqrt{n}$ 與 $+Z_{\alpha/2}\sigma/\sqrt{n}$ 之間的機率為 $1-\alpha$。另外一種表達方法，我們有 $1-\alpha$ 的機率，

$$|\overline{X} - \mu| < Z_{\alpha/2}\frac{\sigma}{\sqrt{n}}$$

換句話說，估計誤差小於 $Z_{\alpha/2}\sigma/\sqrt{n}$。我們詮釋其意義為 $Z_{\alpha/2}\sigma/\sqrt{n}$ 是我們可容忍的最大估計誤差。我們以 B 標示它，用以表示**估計誤差的界限 (bound on the error of estimation)**。也就是，

$$B = Z_{\alpha/2}\frac{\sigma}{\sqrt{n}}$$

10.3b　決定樣本大小

我們可以對公式中的 n 求解,如果母體標準差 σ,信賴水準 $1-\alpha$,以及估計誤差的界限 B 皆為已知。要對 n 求解,我們產生下列的公式。

估計一個平均數的樣本大小

$$n = \left(\frac{z_{\alpha/2}\sigma}{B}\right)^2$$

因為了說明這一點,於範例 10.1 中,假設在蒐集資料之前,這位經理決定他必須將前置時間平均需求量的估計值控制在離母體平均數的 16 個單位之內,此為估計誤差的界限。我們也有 $1-\alpha = .95$ 與 $\sigma = 75$。計算出

$$n = \left(\frac{z_{\alpha/2}\sigma}{B}\right)^2 = \left(\frac{(1.96)(75)}{16}\right)^2 = 84.41$$

因為 n 必須是個整數,而且我們希望估計誤差的界限**不超過** (no more than) 16,所以任何非整數的值都必須無條件進位。因此,將 n 進位之後的數值是 85,它的意義是,要有 95% 的信心去說我們的估計誤差將不會大過 16,我們需要隨機抽樣 85 個前置時間。

在本章中,我們假設母體標準差為已知。在實務上,這種情況很少發生。(在第 12 章中,我們將介紹一個比較實際的母體平均數之信賴區間估計量。)為了計算樣本大小,經常需要「瞎猜」σ 的數值。也就是說,我們必須利用我們對該變數的常識,給定某些數值給 σ。

遺憾的是,我們的猜測可能不會太精確。然而,在猜測 σ 的數值時,我們偏好猜測比較高的值(會需要較大樣本的猜測)。猜錯的結果則顯示在開章範例的解決方案中。

決定估計樹木平均直徑的樣本大小：解答

在抽樣之前，這位林務員決定的樣本大小如下。

估計誤差的界限是 $B=1$。信賴水準是 90% ($1-\alpha=.90$)。因此，$\alpha=.10$ 且 $\alpha/2=.05$。接著可得到 $z_{\alpha/2}=1.645$。母體標準差被假設為 $\sigma=6$。因此，

$$n = \left(\frac{z_{\alpha/2}\sigma}{B}\right)^2 = \left(\frac{1.645 \times 6}{1}\right)^2 = 97.42$$

它進位之後是 98 棵樹。

但是，抽樣之後，林務員發現 $\sigma=12$。90% 信賴區間估計值為

$$\bar{x} \pm z_{\alpha/2}\frac{\sigma}{\sqrt{n}} = 25 \pm z_{.05}\frac{12}{\sqrt{98}} = 25 \pm 1.645\frac{12}{\sqrt{98}} = 25 \pm 2$$

如你所見，估計誤差的界限是 2 而不是 1。區間是原來計畫的 2 倍寬。因此得到的估計值將不會滿足所需要的精確度。

如果標準偏差小於我們原先假設的值會如何呢？如果當我們決定樣本大小時，發現標準差比我們原先的假設值來得小，則信賴區間估計量將會更窄，因此更精確。假設在抽取 98 棵樹的樣本後 (再次假設 $\sigma=6$)，該林務員發現 $\sigma=3$。則信賴區間估計值為

$$\bar{x} \pm z_{\alpha/2}\frac{\sigma}{\sqrt{n}} = 25 \pm 1.645\frac{3}{\sqrt{98}} = 25 \pm 0.5$$

這比林務員所希望的區間寬度更窄。雖然這表示他會抽取比所需更多的樹木，然而，但與獲得更有價值的資訊相比，這項額外的成本相對是比較低的。

練 習 題

發展對統計觀念的了解

10.27 a. 假定母體標準差為 50，請決定估計母體平均數誤差在 10 個單位內所需的樣本大小。90% 的信賴水準被認為是合適的。

b. 將標準差改為 100，重做 (a) 小題。

c. 使用 95% 的信賴水準，重做 (a) 小題。

d. 我們希望估計母體平均數誤差在 20 個單位以內，重做 (a) 小題。

10.28 回顧練習題 10.27。描述樣本大小有什麼變化，當：
　a. 母體標準差增加。
　b. 信賴水準增加。
　c. 估計誤差的界限增加。

10.29 a. 給定母體標準差為 250，一位統計應用者希望以 99% 的信心將母體平均數的估計誤差控制在 50 個單位以內。他應該使用的樣本大小為何？
　b. 將標準差改為 50，重做 (a) 小題。
　c. 使用 95% 的信賴水準，重做 (a) 小題。
　d. 我們希望估計母體平均數的誤差在 10 個單位以內，重做 (a) 小題。

10.30 回顧練習題 10.29 的結果。描述樣本大小有什麼變化，當：
　a. 母體標準差減小。
　b. 信賴水準降低。
　c. 估計誤差的界限減小。

10.31 a. 給定母體標準差為 10，以 90% 的信心估計母體平均數誤差在 1 個單位之內所需要的樣本大小。
　b. 假設計算的樣本平均數為 150。以 90% 的信心估計母體平均數的信賴區間。

10.32 a. 在發現母體標準差實際上是 5 後，重做練習題 10.31 的 (b) 小題。
　b. 在發現母體標準差實際上是 20 之後，重做練習題 10.31 的 (b) 小題。

10.33 回顧練習題 10.31 和 10.32。描述信賴區間估計值有何改變，當
　a. 標準差等於用來決定樣本大小的標準差值。
　b. 標準差小於用來決定樣本大小的標準差值。
　c. 標準差大於用來決定樣本大小的標準差值。

10.34 a. 一位統計應用者想要估計母體平均數誤差在 10 個單位之內。信賴水準被設為 95%，且 $\sigma=200$。決定樣本大小。
　b. 假設計算的樣本平均數為 500。以 95% 的信心估計母體平均數的信賴區間。

10.35 a 在發現母體標準差實際上是 100 後，重做練習題 10.34 的 (b) 小題。
　b. 在發現母體標準差實際上是 400 後，重做練習題 10.34 的 (b) 小題。

10.36 回顧練習題 10.34 與 10.35。說明信賴區間估計值有何改變，當
　a. 標準差等於用於決定樣本量的標準差值。
　b. 標準差小於用於決定樣本量的標準差值。
　c. 標準差大於用於決定樣本量的標準差值。

應用題

10.37 一位醫療研究人員想要調查病人在服用新的處方止痛劑之後，患者的頭痛需要多長時間才能緩解。研究人員計劃用統計方法估計舒緩時間的母體平均數。眾所周知，母體為常態分配，標準差為 20 分鐘。以 90% 的信心估計平均時間誤差在 1 分鐘之內，應該要選取多大的樣本？

10.38 1 加侖油漆罐上的標籤指出，罐中的油漆量足以油漆 400 平方呎。但是，這個數字變化很大。事實上，已知覆蓋量大致呈常態分配，標準差為 25

平方呎。應該抽取多大的樣本才能以 95% 的信心估計所有 1 加侖油漆罐的真實平均覆蓋量在 5 平方呎之誤差範圍內？

本章摘要

本章介紹估計的觀念以及當母體變異數為已知時母體平均數的估計量。也提出了估計母體平均數時，用來計算樣本大小的公式。

Chapter 11 假設檢定的介紹

本章綱要

11.1 假設檢定的概念

11.2 在母體標準差已知下檢定母體平均數

11.3 計算犯型 II 錯誤的機率

11.4 後續學習

SSA 回郵信封計畫

DATA Xm11-00

聯邦快遞 (FedEx) 寄發票給顧客要求 30 天之內付費。帳單上會列出付款地址，且期望顧客使用他們自己的信封寄回他們的付款。目前，支付帳單所需時間的平均數與標準差分別是 24 天與 6 天。財務長 (CFO) 認為附上一個回郵信封 (stamped self-addressed, SSA) 會縮短付款時間。她計算減短 2 天付款時間所改善的現金流量，將能支付信封與郵票的成本。任何更進一步地減短付費時間，將會產生利潤。為了測試她的想法，她隨機選取 220 位顧客且隨著發票附上一個回郵信封。收到付款所需的天數被記錄下來。這位財務長是否能夠下結論說這項計畫是有利可圖的？

在我們介紹了所需的工具之後，我們將回到這個問題並回答此問題（見第 329 頁）。

導論 Introduction

在第 10 章，我們介紹估計的概念並展示它是如何被應用的。現在我們將要呈現執行母體統計推論的第二個通用程序——假設檢定。此種型態推論的目的，是在決定是否存在足夠的統計證據，讓我們能夠下結論說一個母體參數的信念以及假設是被資料所支持。你將會發現假設檢定在商業、經濟學以及許多其他領域有很廣泛的應用。本章將為本書接下來的章節建立這項基礎。正因如此，本章是你發展成為一個統計應用者的關鍵知識。

在下一節中，我們將介紹假設檢定的概念，在 11-2 節我們將發展當母體標準差已知時一個母體平均數假設檢定的方法。本章剩餘的小節則處理相關的主題。

11.1 假設檢定的概念

假設檢定 (hypothesis testing) 一詞很可能對大部分的讀者而言是新的，但是在假設檢定背後的概念卻是熟悉的。有多種假設檢定並非統計應用，其中最知名的一個就是刑事審判。

當某個人成為犯罪的被告，此人將面臨審判。檢察陳述案情，陪審團必須根據所提出的證據做出決策。事實上，陪審團是在執行一個假設的檢定。實際上有兩個假設被檢定。第一個稱為**虛無假設 (null hypothesis)**，以 H_0 表示 (發音為 H *nought*：nought 在英式英語中是零的意思)。它是

H_0：被告是無罪的。

第二個稱為**對立假設 (alternative hypothesis)** 或**研究假設 (research hypothesis)**，以 H_1 表示。在一個刑事審判中，它是

H_1：被告是有罪的。

當然，陪審團並不知道哪一個假設是正確的。他們必須要依據檢察官和被告兩方提出的證據做決策。僅有兩種可能的決策。宣判被告有罪或無罪。在統計的術語，宣判被告有罪等同於**拒絕虛無假設且支持對立假設** (rejecting the null hypothesis in favor of the alternative)。也就是，陪審團認為有足夠的證據做出被告有罪的結論。宣判被告無罪就表示**不拒絕虛無假設而不支持對立假設** (not rejecting the null hypothesis in favor of the alternative)，意思是陪審團判定沒有足夠的證據可以做出被告有罪的結論。請注意，我們並不說我們接受虛無假設。在一個刑事審判中，這將被解釋為被告被證實是無罪 (innocent) 的，而我們的司法系統不允許這個判定。

有兩種可能的錯誤。**型 I 錯誤 (Type I error)** 發生於當我們拒絕一個真實的虛無假設。**型 II 錯誤 (Type II error)** 被定義為無法拒絕一個錯誤的虛無假設。在刑事審判中，犯型 I 錯誤是當一個無罪的人被錯誤地宣判為有罪。型 II 錯誤的發生是當一個有罪的被告被宣判為無罪。犯型 I 錯誤的機率被表示成 α，它也被稱為**顯著水準 (significance level)**。犯型 II 錯誤的機率被表示成 β (希臘字母 beta)。兩種錯誤的機率 α 和 β 是反向相關的，意思是試圖降低其中一個將會造成另外一個的增加。表 11.1 彙整了這些專有名詞和觀念。

表 11.1 假設檢定的專有名詞

決策	H_0 是真的 (被告是無罪的)	H_0 是錯誤的 (被告是有罪的)
拒絕 H_0 　宣判被告有罪	型 I 錯誤 $P(型 I 錯誤)=\alpha$	正確的決策
不拒絕 H_0 　宣判被告無罪	正確的決策	型 II 錯誤 $P(型 II 錯誤)=\beta$

在我們的司法制度，型 I 錯誤被視為是比較嚴重的。因此，制度的建立是將犯型 I 錯誤的機率設得很小。制度的安排是藉由將舉證的重擔放在檢察官(控方必須證明被告有罪——辯方無需證明任何事情)，並藉由法官指示陪審團只有在「證據超過合理的懷疑」時，才得以宣判被告有罪。在證據呈現不足、甚至可能有一部分證據顯示被告有罪時，陪審團必須宣判被告無罪。這個安排的結果會對一個有罪的人宣判無罪的機率相對地大。英國法律學者威廉·布萊克史東爵士(Sir William Blackstone, 1723-1780) 曾經以下列的句子描述犯型 I 與型 II 錯誤機率之間的關係：「10 個有罪的人逃脫總比 1 個無辜的人受苦更好」。以威廉爵士的觀點，犯型 I 錯誤的機率應該是犯型 II 錯誤機率的 1/10。這兩個機率之比稱為黑石比率 (Blackstone ratio)。班傑明·富蘭克林 (1706-1790) 認為 1 比 10 的比例並不是 18 世紀的主流觀點。他說：「100 個有罪的人逃脫總比 1 個無辜的人受苦要好，這是一個早已被廣泛認可的格言。」

假設檢定的重要觀念如下所述。

1. 有兩個假設。一個被稱為虛無假設，另一個被稱為對立或研究假設。
2. 檢定過程以假設虛無假設為真的假設開始。
3. 此過程的目的是要決定是否有足夠的證據去推論對立假設是真的。
4. 有兩種可能的決策：

    結論認為，有足夠的證據去支持對立假設。
    結論認為，無足夠的證據去支持對立假設。

5. 任何檢定都可能出現兩種錯誤。型 I 錯誤的發生是當我們拒絕一個真的虛無假設，而型 II 錯誤的發生是當我們無法拒絕一個錯誤的虛無假設。犯型 I 與型 II 錯誤的機率是

$$P(型 I 錯誤)=\alpha$$

$$P(\text{型 II 錯誤}) = \beta$$

讓我們將這些概念推廣至統計的假設檢定。

在統計學中我們經常檢定有關參數的假設。我們檢定的假設是藉由管理者需要回答的問題產生的。為了說明，假設在範例 10.1（於 297 頁），作業經理不想估計前置時間的平均需求量，但取而代之的是想要知道平均數是否不同於 350，它可能是目前存貨制度需要被變更的點。換句話說，我們想確定是否可以推斷出 μ 不等於 350。我們能夠重新表述問題，使得它現在讀為：是否有足夠的證據去下結論說 μ 是不等於 350？這個表述類似於刑事審判，陪審團被要求去決定證據是否足夠下結論說被告是有罪的。因此，對立（研究）假設為

$$H_1 : \mu \neq 350$$

在一個刑事審判中，過程始於假設被告是無罪的。類似地，我們一開始也假設參數是等於我們所檢定的值。所以，作業經理會假設 $\mu = 350$ 並將虛無假設表示為

$$H_0 : \mu = 350$$

當我們敘述假設時，我們會先列出虛無假設，接著列出對立假設。為了判定平均數是否不同於 350，我們檢定

$$H_0 : \mu = 350$$
$$H_1 : \mu \neq 350$$

現在假設在這個範例中，目前的存貨制度是根據一個顯示前置時間實際平均需求量為 350 的分析。在一個積極的廣告行銷之後，該經理懷疑需求量已經增加，因此於前置時間內的平均需求量也有所增加，欲檢定是否有增加的跡象，該經理將指定對立假設為

$$H_1 : \mu > 350$$

因為該經理知道原先的平均數是（也可能依舊是）350，虛無假設將表示為

$$H_0 : \mu = 350$$

進一步假設該經理並不知道前置時間實際的平均需求量，但是目前的存貨制度是根據平均數是**小於或等於** 350。假如該廣告行銷使得平均量增加為大於 350，將必須設立一個新的存貨計畫。在這個狀況之下，假設改變為

$$H_0 : \mu \leq 350$$
$$H_1 : \mu > 350$$

請注意，以上兩個範例的對立假設，皆是被設計去判定是否有足夠的證據得出平均數大於 350 的結論。雖然兩個虛無假設是不同的 (一個敘述平均數是等於 350，而另一個敘述平均數是小於或等於 350)，當進行檢定時，其程序都是由假設平均數等於 350 開始。換句話說，無論虛無假設的型態為何，等號將被包含於虛無假設中。理由如下，在假設平均數等於 350 時，我們若有足夠的證據去下結論說對立假設 (平均數大於 350) 是真的，則在假設平均數數小於 350 時，我們當然也可以推導出相同的結論。因此，虛無假設的表述將永遠包含等號，使參數等於對立假設中指定的數值。

為了強調這點，假設該經理現在想要決定在前置時間的平均需求量是否已經降低。我們陳述虛無和對立假設為

$$H_0：\mu = 350$$
$$H_1：\mu < 350$$

假設經常被設立來反映一個管理者的決策問題，其中虛無假設呈現問題的現狀 (status quo)。這些假設經常為採取某些行動的形式，如維持一個特別的庫存策略。假如有參數遞增或遞減的證據，將採取新的行動。範例包括決定去製造一個新產品、改用一種比較好的藥物治療某種疾病，或將一位被告判刑坐牢。

檢定程序中的下一個元素是自母體隨機抽取樣本，並計算樣本平均數。它被稱為**檢定統計量 (test statistic)**。檢定統計量是我們對假設做決策的準則依據。(在刑事審判類比中，這等同於個案所呈現的證據。) 檢定統計量是立基於參數的最佳估計量。在第 10 章中，我們曾提過母體平均數的最佳估計量是樣本平均數。

假如檢定統計量的值與虛無假設所述不一致，我們拒絕虛無假設並且推論對立假設是真的。例如，若我們試圖判定平均數是否大於 350，一個很大的 $\bar{x}$ 值 (譬如，600) 將提供足夠的證據。假如 $\bar{x}$ 值接近 350 (譬如，355)，我們將說它並沒有提供我們太多推論平均數是大於 350 的證據。在證據不充分時，我們不拒絕虛無假設去支持對立。(在沒有充分的犯罪證據時，陪審團將宣判被告是無罪的。)

在刑事審判中「充分的證據」被定義為「超過合理懷疑的證據」。在統計學中，我們需要使用檢定統計量的抽樣分配去定義「充分的證據」。我們將在下一節呈現此一概念。

練習題

練習題 11.1 至 11.5 的特點是假設檢定的非統計應用。對每一題練習題，辨識假設、定義型 I 與型 II 錯誤，並且討論每一種錯誤的結果。設定假設時，你必須考慮在何處放置「舉證的責任」。

11.1 判斷一種新藥的安全性和有效性是聯邦政府的職責。有兩種可能的決定：批准這種藥物，或不批准這種藥物。

11.2 你正考慮攻讀商學或經濟學的博士學位。如果你成功了，聲望、財富與快樂隨之而來。如果你失敗了，你浪費了 5 年的生命。你是否應該試試看？

11.3 你是紐約洋基隊的中外野手。現在是世界大賽第七場比賽的第九局下。洋基以兩出局並且二、三壘有人領先 2 分。已知目前打者的平均擊球率偏高，跑得很好但力量平平。擊出一壘安打將會造成平分，若是擊出全壘打將導致洋基隊輸掉球賽。此時你是否會採取近迫防守 (在一、二壘邊線防守)？

11.4 你面臨兩項投資。一是風險很大，但潛在報酬率高。另一個是安全的，但潛力非常有限。請選一個。

11.5 你是一位大型噴射客機的飛行員。你聞到駕駛艙內有煙味。距離最近的一個機場是在 5 分鐘之內，你是否應該立即飛降著陸？

11.2 在母體標準差已知下檢定母體平均數

為了說明檢定的過程，請考慮下列的範例。

範例 11.1　百貨公司的新收費系統

DATA
Xm11-01

某百貨公司的經理正在考慮為公司的信用卡顧客發展一套新的收費系統。經過全面的財務分析之後，判定只有在平均每月帳戶金額高於 \$170 時，新系統才會符合成本效益。隨機抽出 400 個每月帳戶的樣本，帳戶金額的樣本平均數為 \$178。該經理知道帳戶金額近似於常態分配，標準差為 \$65。該經理可否從上述資料做出新系統將會符合成本效益的結論？

解答

辨識方法

這個範例處理百貨公司信用卡帳戶的母體。為了下結論說新系統將會符合成本效益，經理必須證明所有顧客的平均帳戶金額是大於 \$170。因此，我們設定對立假設來表達這個狀況：

$$H_1: \mu > 170 \text{ (安裝新系統)}$$

假如平均數是小於或等於 170，系統將不符合成本效益。虛無假設可以被表達成

$$H_0: \mu \leq 170 \text{ (不安裝新系統)}$$

但是，如同我們在 11.1 節中所討論的，我們實際上將檢定 $\mu = 170$，即指定虛無假設為：

$$H_0: \mu = 170$$

正如我們先前所指出的，檢定統計量是參數的最佳估計量。在第 10 章中，我們用樣本平均數估計母體平均數。為了執行這個檢定，我們詢問並回答下列的問題：一個 178 的樣本平均數是否充分地大於 170，讓我們有信心去推論母體平均數是大於 170？

有兩種方法可回答這個問題。第一個被稱為 *拒絕域法* (rejection region method)。它可以結合電腦計算來使用，但對於用手計算統計的人而言，它則是必要的。第二種是 *p-值法* (*p*-value approach)，一般而言它結合電腦和統計軟體來使用。但是我們建議使用者最好對兩種方法都熟悉。

11.2a　拒絕域

當樣本平均數的值相對於 170 是較大時，拒絕虛無假設而支持對立假設似乎很合理。假如我們計算的樣本平均數譬如說是 500，則十分明顯地，虛無假設是錯的而且我們會拒絕它。另一方面，$\bar{x}$ 值接近 170，如 171，則不容許我們去拒絕虛無假設，因為從一個平均數為 170 的母體中觀測到一個 171 的樣本平均數是十分可能的。遺憾的是，此判定並非總是如此明顯。在這個範例中，計算出的樣本平均數為 178，一個看起來既不是離 170 很遠也不是很近的值。為了要對這個樣本平均數下結論，我們設立拒絕域 (rejection region)。

拒絕域

拒絕域 (rejection region) 是一個數值的範圍，如果檢定統計量的值落到這個範圍之內，我們會決定拒絕虛無假設且支持對立假設。

假如我們定義一個剛好夠大去拒絕虛無假設的樣本平均數值為 $\bar{x}_L$，則拒絕域是

$$\bar{x} > \bar{x}_L$$

因為型 I 錯誤被定義為拒絕一個真的虛無假設,而且犯型 I 錯誤的機率是 α,則

$$\alpha = P\,(給定 H_0 是真的情況下拒絕 H_0)$$
$$= P\,(給定 H_0 是真的情況下 \bar{x} > \bar{x}_L)$$

圖 11.1 說明抽樣分配和拒絕域。

圖 11.1 範例 11.1 的抽樣分配

從 9.1 節,我們知道 $\bar{x}$ 的抽樣分配是常態或近似於常態分配,平均數為 μ 和標準差為 $\sigma/\sqrt{n}$。因此,我們可以標準化 $\bar{x}$ 而得到下列的機率:

$$P\left(\frac{\bar{x}-\mu}{\sigma/\sqrt{n}} > \frac{\bar{x}_L-\mu}{\sigma/\sqrt{n}}\right) = P\left(Z > \frac{\bar{x}_L-\mu}{\sigma/\sqrt{n}}\right) = \alpha$$

在 8.2 節,我們定義 z_α 為如下的一個標準常態隨機變數值

$$P(Z > z_\alpha) = \alpha$$

因為兩個機率敘述皆涉及相同的分配 (標準常態) 與相同的機率 (α),所以它們的界限是相同的。因此,

$$\frac{\bar{x}_L - \mu}{\sigma/\sqrt{n}} = z_\alpha$$

我們知道 $\sigma = 65$ 且 $n = 400$。因為上述定義的機率是建立在虛無假設為真的條件之下,我們有 $\mu = 170$。為了計算拒絕域,我們需要一個 α 的值,即顯著水準。假設該經理選擇 α 為 5%。接下來可得 $z_\alpha = z_{.05} = 1.645$。我們現在能夠計算 $\bar{x}_L$ 的值:

$$\frac{\bar{x}_L - \mu}{\sigma/\sqrt{n}} = z_\alpha$$

$$\frac{\bar{x}_L - 170}{65/\sqrt{400}} = 1.645$$

$$\bar{x}_L = 175.34$$

所以，拒絕域是

$$\bar{x} > 175.34$$

計算出的樣本平均數是 178。因為檢定統計量 (樣本平均數) 是在拒絕域內 (它大於 175.34)，我們拒絕虛無假設。因此，有充分的證據去推論平均每月帳戶金額是大於 $170。

我們的計算判定，從一個平均數為 170 (和標準差為 65) 的母體抽出 ($n=400$) 任何一個 $\bar{x}$ 值高於 175.34 的樣本，其可能性是非常小的。這也告訴我們假設虛無假設為真是不對的，因此我們拒絕虛無假設並支持對立假設。

11.2b 標準化檢定統計量

於先前的檢定中，我們使用檢定統計量 $\bar{x}$；所以，拒絕域必須要以 $\bar{x}$ 的設定來呈現。一個比較簡單的方法是指定 $\bar{x}$ 的標準化值為檢定統計量。也就是，我們使用**標準化檢定統計量 (standardized test statistic)**。

$$z = \frac{\bar{x} - \mu}{\sigma / \sqrt{n}}$$

並且以所有比 z_α 大的 z 值範圍為拒絕域。以代數式呈現，拒絕域是

$$z > z_\alpha$$

我們可以使用標準化檢定統計量重做範例 11.1。拒絕域是

$$z > z_\alpha = z_{.05} = 1.645$$

檢定統計量的值計算如下：

$$z = \frac{\bar{x} - \mu}{\sigma / \sqrt{n}} = \frac{178 - 170}{65 / \sqrt{400}} = 2.46$$

因為 2.46 大於 1.645，所以拒絕虛無假設並下結論說有足夠的證據去推論平均每月帳戶金額大於 $170。

正如你所見的，使用檢定統計量 $\bar{x}$ 所得的結論與使用標準化檢定統計量 z 所得的結論是完全相同的。圖 11.2 和圖 11.3 呈現這兩個抽樣分配，並強調兩個檢定等同的地方。

圖 11.2 範例 11.1 中 $\bar{X}$ 的抽樣分配

圖 11.3 範例 11.1 中 Z 的抽樣分配

因為標準化檢定統計量的方便性，又因為統計套裝軟體的採用，本書接下來的章節也將以此方式陳述。為了陳述的簡便性，我們將簡單地以檢定統計量 (test statistic) 稱呼標準化檢定統計量 (standardized test statistic)。

附帶說明，當一個虛無假設被拒絕時，對在任何顯著水準下執行的檢定而言，該檢定被稱為是**統計顯著 (statistically significant)**。對範例 11.1，我們可以說在 5% 的顯著水準下該檢定是顯著的。

11.2c *p*-值

拒絕域法有幾個缺點。其中最首要的缺點是檢定結果所提供的資訊類型。拒絕域法對下述的問題產生是或否的回應，是否有充分的證據去推論對立假設是對的？這隱喻假設檢定的結果將會被自動轉換成兩個可能的行動方案之一：一個行動是拒絕虛無假設且支持對立假設，而另一個是不拒絕虛無假設且不支持對立假設。在範例 11.1 中，拒絕虛無假設似乎暗示著新收費系統將被裝置與啟用。

事實上，這不是統計分析結果被使用的方式。這個統計程序只是一個管理者在做決策時考慮的數個因素之一。在範例 11.1 中，該經理發現有充分的證據去下結論

說平均每月帳戶金額是高於 $170。但是，在採取任何行動之前，該管理者想要再考慮幾個因素，包括成本、重新建立收費系統的可行性，和發生錯誤的可能性，在此狀況下指的是型 I 錯誤。

想要從檢定結果取得充分有利的資訊以及做一個比較好的決策，我們所需要的是一個衡量支持對立假設統計證據強度的量測，使得它能夠被用來權衡該因素與其他因素的重要性，特別是財務方面的因素。一個檢定的 p-值 (p-value of a test) 提供了這項測量。

p-值

一個檢定的 **p-值 (p-value)** 是在給定虛無假設為真的條件下，觀測到一個檢定統計量至少像計算所得到的數值一樣極端的機率。

在範例 11.1 中，p-值是當母體平均數是 170 時，觀測到一個樣本平均數至少像 178 一樣大的機率。因此，

$$p\text{-值} = P(\overline{X} > 178) = P\left(\frac{\overline{X} - \mu}{\sigma / \sqrt{n}} > \frac{178 - 170}{65 / \sqrt{400}}\right) = P(Z > 2.46)$$

$$= 1 - P(Z < 2.46) = 1 - .9931 = .0069$$

圖 11.4 描述了這個計算。

圖 11.4　範例 11.1 的 p-值

11.2d　p-值的解析說明

為了適當解釋一個推論過程的結果，你必須記得統計推論是立基於抽樣分配。抽樣分配讓我們能夠在母體參數的某些假設下對一個樣本統計量做出機率的陳述。因此，從一個平均數是 170 的母體，觀察到一個樣本平均數至少像 178 一樣大的機率是 .0069，這是一個很小的機率。換句話說，我們觀察到一個不太可能發生的事

件,一件如此不可能的事件使得我們強烈地懷疑此一過程開始的假設:虛無假設是真的。所以,我們有理由去拒絕虛無假設和支持對立假設。

學生可能試圖簡化這個說明,而說 p-值是虛無假設為真的機率。請不要這樣描述!誠如對信賴區間估計的解說,你不能對一個母體參數做機率的陳述。它不是一個隨機變數。

一個檢定的 p-值提供了有價值的資訊,因為它是一個支持對立假設統計證據強度的測量值。為了充分了解這個解說,參閱表 11.2,其中我們列出範例 11.1 的數個 $\bar{x}$ 的值、它們的 z-統計量,以及 p-值。請注意當 $\bar{x}$ 越接近假設的平均值 170,p-值就愈大。$\bar{x}$ 比 170 大愈多,p-值就愈小。比 170 大很多的 $\bar{x}$ 顯示對立假設為真。因此,p-值愈小,支持對立假設的統計證據力就愈強。圖 11.5 說明了表 11.2 中的資訊。

表 11.2 範例 11.1 的檢定統計量和 p-值

樣本平均數 $\bar{x}$	檢定統計量 $z = \dfrac{\bar{x} - \mu}{\sigma/\sqrt{n}} = \dfrac{\bar{x} - 170}{65/\sqrt{400}}$	p-值
170	0	.5000
172	0.62	.2676
174	1.23	.1093
176	1.85	.0322
178	2.46	.0069
180	3.08	.0010

這產生了一個問題是,p-值必須要多小才能推論對立假設是真的?一般而言,答案依幾個因素而定,包括犯型 I 和型 II 錯誤所需付出的代價。在範例 11.1 中,如果經理在成本效益不高的情況下採用新的計費系統,則會發生型 I 錯誤。倘若這個錯誤的成本很高,我們會試圖去最小化它發生的機率。在拒絕域法中,我們藉由設定很小的顯著水準,如 1%,來降低這個錯誤的發生。使用 p-值法,我們會堅持 p-值必須非常小,在實施新的收費系統之前,提供充分的證據去推論平均每月帳戶金額是大於 $170。

11.2e 描述 p-值

統計應用者能夠用下列的描述性術語來解釋 p-值:

假如 p-值小於 .01,我們說有壓倒性的 (overwhelming) 證據去推論對立假設是

圖 11.5 範例 11.1 的 p-值

對的。我們也說該檢定是**非常顯著的 (highly significant)**。

假如 p-值介於 .01 和 .05 之間，有**強烈的 (strong)** 證據去推論對立假設是對的。檢定的結果被認為是**顯著的 (significant)**。

假如 p-值介於 .05 和 .10 之間，我們說有微弱的 (weak) 證據去推論對立假設是對的。當 p-值大於 5% 時，我們說檢定結果是**統計上不顯著的 (not statistically significant)**。

當 p-值超過 .10 時，我們說我們沒有充分的 (little to no) 證據去推論對立假設是對的。

圖 11.6 總結這些慣用詞句。

圖 11.6　描述 p-值

壓倒性的證據	強烈的證據	微弱的證據	無充分的證據
(非常顯著的)	(顯著的)	(不顯著的)	(不顯著的)

0　　.01　　　.05　　　　.10　　　　　1.0

11.2f　*p*-值法和拒絕域法

假如我們選擇使用 *p*-值法，我們能夠使用 *p*-值做出與拒絕域法相同類型的決策。拒絕域法要求決策者去選擇一個顯著性水準，再從顯著水準去建立拒絕域。然後我們可以決定拒絕或不拒絕虛無假設。另一個做出相同決策的方法是去比較 *p*-值與所選擇的顯著水準。假如 *p*-值小於 α，我們則判斷 *p*-值夠小而拒絕虛無假設。若 *p*-值大於 α，則不拒絕虛無假設。

11.2g　手動計算題和使用 Excel (或其他統計軟體)

如同你已經看到的，我們提出兩種解決統計問題的方法。當我們執行徒手計算時，將使用拒絕域法。我們將使用檢定統計量的抽樣分配和相關的表格 (在附錄 B) 建立拒絕域。計算將以手動計算進行並且做出一個拒絕 / 不拒絕的判定。在本章中，檢定的 *p*-值是可以手動計算的。但是，在後面的章節中，我們將會使用非常態分配的檢定統計量，使得 *p*-值不太可能用手動計算。在這些情況下，要以手動計算的方式做決策，只能使用拒絕域法。但是，當我們使用電腦進行計算時，我們將根據 Excel 的資料分析工具和我們的活頁簿輸出的 *p*-值做決策 (使用大多數統計軟體也是如此)。

EXCEL 活頁簿

	A	B	C	D
1	z-Test of a Mean			
2				
3	Sample mean	178	z Stat	2.46
4	Population standard deviation	65	P(Z<=z) one-tail	0.0069
5	Sample size	400	z Critical one-tail	1.6449
6	Hypothesized mean	170	P(Z<=z) two-tail	0.0138
7	Alpha	0.05	z Critical two-tail	1.9600

> **指令說明**
>
> 1. 鍵入或匯入資料到某一欄。(開啟 Xm11-01。) 在任何一個空的儲存格中計算樣本平均數 (= AVERAGE(A1:A401))。
> 2. 開啟 **Test Statistics 活頁簿 (Workbook)**，並點選下方 **z-Test_Mean 試算表**標籤。在 B3 儲存格輸入或複製樣本平均數的值。在 B4 到 B7 儲存格中分別輸入 σ 的值 (65)、n 的值 (400)、在虛無假設之下 μ 的值 (170) 與 α 的值 (.05)。
>
> 試算表報告的檢定統計量值是 $z=2.46$。檢定的 p-值[1] 是 .0069。Excel 報告的這個機率是
>
> $$P(Z<=z) \text{ one-tail (單尾)}$$

11.2h 詮釋一個檢定的結果

在範例 11.1，我們拒絕虛無假設。這是否證明對立假設是真的？答案是否；因為我們的結論是根據樣本的資料 (並不是整個母體)，所以我們永遠不能藉由統計推論證明 (prove) 任何事情。因此，我們以陳述「是否有足夠統計證據去推論虛無假設是錯誤的且對立假設是真的」對一個檢定做總結。

現在假設 $\bar{x}$ 是等於 174 而不是 178。則我們計算得到 $z=1.23$ (p-值 $=.1093$)，它不是落在拒絕域中。我們能否根據這個結果下結論說有足夠的統計證據去推論虛無假設是真的，而因此 $\mu=170$？答案依舊是「否」，因為說一個 174 的樣本平均數提供了足夠的證據去推論母體平均數為 170 是不合理的。(假如一定要說它證明了任何事情，也只能說它證明了母體平均數為 174。) 因為我們是在虛無假設之下檢定一個參數值，我們永遠不會有足夠的統計證據去證實虛無假設是真的 (除非我們抽樣了整個母體)。(假如你將虛無假設設立為 $H_0 : \mu \leq 170$，相同的論述也是成立的。結論說一個 174 的樣本平均數提供了足夠的證據去推論母體平均數是小於或等於 170 是不合邏輯的。)

因此，假如檢定統計量的值沒有落在拒絕域之中 (或 p-值很大)，與其說我們接受虛無假設 (它隱含著我們指稱虛無假設是真的)，我們會說我們不拒絕虛無假設，而且會下結論說存在的證據不足以顯示對立假設是對的。儘管它看起來很像是這樣

---

[1] Excel 在其列印的報告中提供了兩種機率。我們要從列印報告中決定檢定的 p-值有些複雜。建議對此感興趣的學生讀取線上附錄 Converting Excel's Probabilities to p-Values (轉換 Excel 的機率為 p-值)。

的，但是我們不能過度解讀。能夠讓你適當地設立假設檢定與正確解析結果的能力就在於你對這個觀點的了解。這個觀點的結論是建立在對立假設之上的。在分析的最後，一個假設檢定只有兩個可能的結論。

> **假設檢定的結論**
>
> 假如我們拒絕虛無假設，我們下結論說有足夠的統計證據去推論對立假設是真的。
>
> 假如我們不拒絕虛無假設，我們下結論說沒有足夠的統計證據去推論對立假設是真的。

我們看到對立假設是結論的重點。它呈現了我們正在研究的內容，這就是為什麼它也被稱為研究假設 (research hypothesis) 的原因了。任何你試圖以統計呈現的內容都必須以對立假設來呈現 (心中要明白你只有三種對立假設的選擇——參數是大於、小於，或不等於虛無假設所定的參數值)。

當我們在第 10 章介紹統計推論時，我們指出解答的第一個步驟是辨識適當的統計方法。當問題涉及到假設檢定，部分的過程就是在指定檢定的假設。因為對立假設代表了我們正在研究的情況，我們首先去辨識它。虛無假設則自動跟著產生，因為虛無假設必須涵蓋等號。然而，根據傳統，當我們列出兩個假設，虛無假設先寫，接著寫對立假設。本書所有的範例都將以這個格式呈現。

SSA 回郵信封計畫：解答

辨識方法

這項研究的目的是對平均付款時間推導出結論。因此，要被檢定的參數是母體平均數 μ。我們想知道是否存在足夠的統計證據去顯示母體平均數是少於 22 天的。因此，對立假設是

$$H_1 : \mu < 22$$

虛無假設為

$$H_0 : \mu = 22$$

檢定統計量是到目前為止我們唯一呈現的。其為

$$z = \frac{\bar{x} - \mu}{\sigma/\sqrt{n}}$$

計算

手動計算

以手動計算解答此問題，我們需要定義拒絕域，它需要我們指定一個顯著水準。10% 的顯著水準被認為是適當的。(稍候將會討論我們的選擇。)

只有當樣本平均數以及其導出的檢定統計量之數值夠小的時候，我們會拒絕虛無假設且支持對立假設。因此，我們設定的拒絕域位置會在抽樣分配的左尾。為了了解原因，請記得我們正試圖決定是否存在足夠的統計證據去推論平均數小於 22 (其為對立假設)。如果我們觀測到一個大的樣本平均數 (且因而有一個大的 z 值)，我們是否拒絕虛無假設而支持對立假設呢？答案很明顯為「否」。如果樣本平均數為 30，則認為有足夠的證據推論所有顧客的平均付款時間會少於 22 天是不合邏輯的。

因此，只有在樣本平均數 (且其導出的檢定統計量 z 值) 是小的時候，我們會想要拒絕虛無假設。要多小才算是夠小？答案依顯著水準與拒絕域而定。因此，我們設定拒絕域為

$$z < -z_\alpha = -z_{.10} = -1.28$$

注意在拒絕域中不等式的方向 $(z < -z_\alpha)$ 符合對立假設不等式的方向 $(\mu < 22)$。並且注意我們使用負號，因為拒絕域是在抽樣分配的左尾 (包含 z 小於 0 的數值)。

由資料，我們計算總和與樣本平均數。它們是

$$\sum x_i = 4{,}759$$

$$\bar{x} = \frac{\sum x_i}{220} = \frac{4{,}759}{220} = 21.63$$

我們將會假設 SSA 計畫付款時間的標準差維持其 $\sigma = 6$ 的現值不變。樣本大小為 $n = 220$，並且 μ 的數值被假設為 22。我們計算檢定統計量的值為

$$z = \frac{\bar{x} - \mu}{\sigma/\sqrt{n}} = \frac{21.63 - 22}{6/\sqrt{220}} = -.91$$

因為檢定統計量的數值，$z = -.91$，不小於 -1.28，我們不拒絕虛無假設而且不下對立假設為真的結論。也就是，沒有充分的證據去推論平均數是小於 22 天。

我們可以決定檢定的 p-值如下：

$$p\text{-值} = P(Z < -.91) = .1814$$

在此單尾 (左尾) 假設檢定的類型中，我們計算 p-值為 $P(Z<z)$，其中 z 是檢定統計量的數值。圖 11.7 描繪抽樣分配、拒絕域，以及 p-值。

EXCEL 活頁簿

	A	B	C	D
1	z-Test of a Mean			
2				
3	Sample mean	21.63	z Stat	-0.91
4	Population standard deviation	6	P(Z<=z) one-tail	0.1802
5	Sample size	220	z Critical one-tail	1.6449
6	Hypothesized mean	22	P(Z<=z) two-tail	0.3604
7	Alpha	0.05	z Critical two-tail	1.9600

詮釋

檢定統計量的值是 -.91，且其 p-值是 .1814 (Excel 的 p-值 =.1802)，不容許我們拒絕虛無假設。因為我們無法拒絕虛無假設，所以沒有充分的證據去推論平均付款時間小於 22 天。請注意，有些許證據指出整個母體付款時間的平均數少於 22 天；我們確實計算出樣本平均數是 21.63。但是，要拒絕虛無假設需要有足夠 (enough) 的統計證據，而在此案例中，我們並沒有足夠的理由去拒絕虛無假設以支持對立假設。由於缺乏證據顯示所有顧客寄出回郵信封的付款期間將會小於 22 天，我們不能推論這項計畫將會是有利益的。

型 I 錯誤發生於當我們推論此計畫可行，但實際上是不可行的。此項錯誤的成本並不高。型 II 錯誤發生於當我們不採用 SSA 信封計畫，而這個計畫將會降低成本。這個錯誤的成本可能是高的。因此，我們想要最小化造成型 II 錯誤的機率。所以，我們選擇一個比較大的型 I 錯誤機率；我們設

$$\alpha = .10$$

圖 11.7 顯示此範例的抽樣分配。

圖 11.7　SSA 信封範例的抽樣分配

p-值 = .1814

−1.28　−.91　0

拒絕域

11.2i　單尾與雙尾檢定

在範例 11.1 以及 SSA 信封範例中執行的統計檢定被稱為**單尾檢定 (one-tail test)**，因為拒絕域只位於抽樣分配的單尾。*p*-值也透過抽樣分配單尾的面積計算而得。在範例 11.1 中右尾是很重要的，因為對立假設指定平均數是**大於** 170。在 SSA 信封範例中，左尾則被強調，因為對立假設指定平均數是**小於** 22。

我們現在展示一個**雙尾檢定 (two-tail test)** 的範例。

範例 11.2　點餐機對快餐店銷售的影響

DATA
Xm11-02

美國一些州最近通過了立法以大幅提高最低工資。許多最低工資收入者在快餐店工作。為了因應不斷上漲的勞動力成本，一些公司已經使用自助點餐機 (self-serve kiosks) 取代了工人，客戶在自助機台進行點餐並使用信用卡或金融卡付款。一家小型連鎖快餐店正在考慮用點餐機取代收銀員。為了幫助制定計畫，一家加盟店對在麥當勞使用新機器的個人客戶進行隨機抽樣。已知在點餐機出現之前，麥當勞的平均個人顧客花費是 $6.03，標準差為 $0.91。這家加盟商擔心銷售可能會發生變化。資料是否在 5% 的顯著性水準上為個別客戶交易規模的改變提供了足夠的證據？

解答

辨識方法

在這個問題中，我們想要知道平均支出是否從 $6.03 的平均數發生了變化。因此，我們設定如下的對立假設來表示這個狀況：

$$H_1 : \mu \neq 6.03$$

虛無假設指定平均數是等於對立假設的設定值。即

$$H_0：\mu=6.03$$

計算

手算

在建立拒絕域時，我們需要了解當檢定統計量多大或多小時，我們可以拒絕虛無假設。因為拒絕域的總面積必須是 α，我們將這個機率除以 2。因此，拒絕域為

$$z<-z_{\alpha/2} \text{ 或 } z>z_{\alpha/2}$$

對 $\alpha=.05$，$\alpha/2=.025$ 和 $z_{\alpha/2}=z_{.025}=1.96$，拒絕域為

$$z<-1.96 \text{ 或 } z>1.96$$

從資料我們計算

$$\sum x_i = 591$$

$$\bar{x} = \frac{\sum_{i=1}^{n} x_i}{n} = \frac{591}{100} = 5.91$$

檢定統計量的值是

$$z = \frac{\bar{x}-\mu}{\sigma/\sqrt{n}} = \frac{5.91-6.03}{.91/\sqrt{100}} = -1.32$$

因為 -1.32 既不小於 -1.96，也不大於 1.96，我們不能拒絕虛無假設。

我們也能計算檢定的 p-值。因為這是一個雙尾檢定，我們找兩個尾端的面積以決定 p-值。即

$$p\text{-值} = P(Z<-1.32)+P(Z>1.32)=.0934+.0934=.1868$$

EXCEL 活頁簿

	A	B	C	D
1	z-Test of a Mean			
2				
3	Sample mean	5.91	z Stat	-1.32
4	Population standard deviation	0.91	P(Z<=z) one-tail	0.0936
5	Sample size	100	z Critical one-tail	1.6449
6	Hypothesized mean	6.03	P(Z<=z) two-tail	0.1873
7	Alpha	0.05	z Critical two-tail	1.9600

> **詮釋**
>
> 檢驗統計量的值為 $z = -1.32$ 和 p-值 $= .1868$ (Excel 的 p-值 $= .1873$)。沒有足夠的證據可以做出結論說自助點餐機會導致以往收銀員時期銷售金額的改變。

圖 11.8 範例 11.2 的抽樣分配

$\dfrac{p\text{-值}}{2} = .0934$

−1.96　−1.32　　0　　1.19　1.96　　z

拒絕域　　　　　　　　　　　拒絕域

11.2j　我們何時執行單尾和雙尾檢定？

每當對立假設指定的平均數是不等於虛無假設的設定值時，我們執行**雙尾檢定 (two-tail test)**。也就是，當假設呈現下列形式：

$$H_0 : \mu = \mu_0$$
$$H_1 : \mu \neq \mu_0$$

單尾檢定有兩種。每當我們想要知道是否有足夠的證據去推論平均數是大於虛無假設指定的數值時，我們會執行一個重點在抽樣分配右尾的單尾檢定，也就是假設為：

$$H_0 : \mu = \mu_0$$
$$H_1 : \mu > \mu_0$$

第二種單尾檢定涉及抽樣分配的左尾。它被用於當統計應用者想要決定是否有足夠的證據去推論平均數是小於虛無假設所設定的數值時。假設呈現下列形式：

$$H_0 : \mu = \mu_0$$
$$H_1 : \mu < \mu_0$$

在第 12、13、16 章和 17 章所介紹的方法需要你決定採用三種檢定的哪一種。使用與我們所描述的過程相同的方法來訂定你的決策。

11.2k　假設檢定與信賴區間估計

檢定統計量和信賴區間估計量皆是從抽樣分配導出的。那麼我們能夠使用信賴區間估計量來進行假設檢定也就不足為奇了。為了說明這點，考慮範例 11.2。母體平均數的 95% 信賴區間估計值為

$$\bar{x} \pm z_{\alpha/2}\frac{\sigma}{\sqrt{n}} = 5.91 \pm 1.96\frac{.91}{\sqrt{100}} = 5.91 \pm .18$$

$$\text{LCL} = 5.73 \text{ 和 } \text{UCL} = 6.09$$

我們估計 μ 介於 5.73 和 6.09 之間。因為這個區間包含 6.03，我們無法下結論說有充分的證據去推論平均數已經改變。

在範例 11.1 中，95% 信賴區間估計值是 LCL = 171.63 和 UCL = 184.37。這個區間估計值不包含 170，容許我們下結論說母體平均數是不等於 \$170。

如你所見，信賴區間估計量能夠被用於進行假設的檢定。這個程序等同於拒絕域法。但是，在此我們不找拒絕域的臨界值與決定檢定統計量是否落在拒絕域中，我們計算區間估計值以及判定假設的平均數值是否落在區間內。

使用區間估計量來檢定假設有其簡便的優勢。很顯然地，我們不需要檢定統計量的公式；我們只需要區間估計量。但是，它卻有兩個嚴重的缺點。

第一，當執行單尾檢定時，我們的結論可能無法回答原始的問題。在範例 11.1 中，我們想要知道是否有充足的證據去推論平均數是大於 170。區間估計結論是平均數不等於 170。你可能試圖說因為整個區間大於 170，因此有足夠的統計證據去推論母體平均數是大於 170。但是，在試圖得出此結論時，我們碰到確定顯著水準的問題。是 5% 或是 2.5% 呢？我們可能可以透過**單尾信賴區間估計量 (one-sided confidence interval estimator)** 來克服這個問題。但是，如果使用信賴區間估計量取代檢定統計量的目的是為了它的簡便性，那麼單尾信賴區間估計量就是一個矛盾。

第二，信賴區間估計量不能產生 *p*-值，我們已經討論過 *p*-值是推論母體參數的一個比較好的方法。使用信賴區間估計量來檢定假設會迫使決策者做出拒絕 / 不拒絕的決策，而不是提供存在多少統計證據的資訊，以便在決策過程中與其他因素一起判斷。再者，我們僅僅拖延必須使用假設檢定的時間點。在後面的章節裡，我們將說明僅依靠一個檢定產生的資訊去做決策的一些問題。

11.2l 發展對統計觀念的了解 1

如同信賴區間估計量,假設檢定是立基於樣本統計量的抽樣分配。假設檢定的結果是一個關於樣本統計量的機率陳述。我們假設母體平均數是虛無假設所設定的值。然後我們計算檢定統計量,並確定當虛無假設是對的時觀察到這個大(或小)數值的可能性有多大。如果這個機率很小,我們則下結論說「虛無假設為真」的假設是沒有根據的,且我們拒絕它。

11.2m 發展對統計觀念的了解 2

當我們(或電腦)計算檢定統計量的值

$$z = \frac{\bar{x} - \mu}{\sigma / \sqrt{n}}$$

我們是在測量樣本統計量 $\bar{x}$ 和參數設定值 μ 之間的差異量相當於幾個標準誤 $\sigma/\sqrt{n}$。在範例 11.2 中,我們發現檢定統計量的值是 $z=-1.32$。意指樣本平均數比假設的 μ 值低 1.32 個標準誤。標準常態機率表告訴我們,這個值並非不可能。因此,我們不拒絕虛無假設。

用相當於幾個標準誤來測量樣本統計量和參數設定值之間差異量的觀念將在本書中繼續使用。

練 習 題

發展對統計觀念的了解

練習題 11.6 到 11.8,計算檢定統計量的數值、設定拒絕域、決定 p-值、詮釋結果,以及繪製抽樣分配。

11.6 $H_0: \mu = 50$
$H_1: \mu > 50$
$\sigma = 5 , n = 9 , \bar{x} = 51 , \alpha = .03$

11.7 $H_0: \mu = 100$
$H_1: \mu \neq 100$
$\sigma = 10 , n = 100 , \bar{x} = 100 , \alpha = .05$

11.8 $H_0: \mu = 50$
$H_1: \mu < 50$
$\sigma = 15 , n = 100 , \bar{x} = 48 , \alpha = .05$

練習題 11.9 到 11.15 計算檢定的 p-值,以決定有足夠的證據推斷每項研究目標。

11.9 研究目標:母體平均數少於 250。
$\sigma = 40 , n = 70 , \bar{x} = 240$

11.10 研究目標:母體平均數不等於 1,500。
$\sigma = 220 , n = 125 , \bar{x} = 1,525$

11.11 研究目標:母體平均數大於 7.5。
$\sigma = 1.5 , n = 30 , \bar{x} = 8.5$

11.12 研究目標:母體平均數大於 0。
$\sigma = 10 , n = 100 , \bar{x} = 1.5$

11.13 研究目標:母體平均數少於 0。

$\sigma=25$，$n=400$，$\bar{x}=-2.3$

11.14 研究目標：母體平均數不等於 0。
$\sigma=50$，$n=90$，$\bar{x}=-5.5$

11.15 研究目標：母體平均數不等於 -5。
$\sigma=5$，$n=25$，$\bar{x}=-4.0$

練習題 11.16 到 11.24 是 "what-if" 分析，被設計以決定當樣本大小、標準差與樣本平均數改變時，檢定統計量與 p-值會有什麼變化。這些問題可用手算或是使用 Excel 試算表求解。

11.16 a. 計算 p-值以檢定下列的假設，給定 $\bar{x}=52$，$n=9$ 與 $\sigma=5$。
$H_0: \mu = 50$
$H_1: \mu > 50$
b. 以 $n=25$，重做 (a) 小題。
c. 以 $n=100$，重做 (a) 小題。
d. 描述當樣本大小增加時，對檢定統計量的數值以及其檢定的 p-值會發生什麼變化。

11.17 a. 一位統計應用者提出了以下的假設
$H_0: \mu = 200$
$H_1: \mu < 200$
並得知 $\bar{x}=190$，$n=9$，與 $\sigma=50$，計算檢定的 p-值。
b. 以 $\sigma=30$，重做 (a) 小題。
c. 以 $\sigma=10$，重做 (a) 小題。
d. 請討論：當標準差減少時，檢定統計量的數值以及其 p-值會發生什麼變化。

11.18 a. 透過計算 p-值來檢定這些假設，給定 $\bar{x}=99$，$n=100$ 與 $\sigma=8$。
$H_0: \mu = 100$
$H_1: \mu \neq 100$
b. 以 $n=50$，重做 (a) 小題。
c. 以 $n=20$，重做 (a) 小題。
d. 當樣本量減少時，對檢定統計量的數值與檢定的 p-值會發生什麼變化。

11.19 重做範例 11.1，當
a. $n=200$
b. $n=100$
c. 描述當 n 增加時，對檢定統計量的數值與 p-值的影響。

11.20 重做範例 11.1，當
a. $\sigma=35$
b. $\sigma=100$
c. 描述當 σ 增加時，對檢定統計量的數值與 p-值的影響。

11.21 在進行一項檢定以決定母體平均數是否小於 900 時，你發現樣本平均數為 1,050。
a. 你可以依據這個資訊下決定嗎？請解釋之。
b. 如果你計算了 p-值，它會小於或大於 .5？請解釋之。

11.22 重做範例 11.2，當
a. $n=50$
b. $n=400$
c. 簡單描述當 n 增加時，對檢定統計量的數值與 p-值的影響。

11.23 重做範例 11.2，當
a. $\sigma=2$
b. $\sigma=3$
c. 當 σ 增加時，對檢定統計量的數值與 p-值會有什麼變化？

11.24 請參閱範例 11.2，製作一個表格，顯示改變樣本平均數對檢定統計量的數值與 p-值的影響。使用 $\bar{x}=6.05, 6.10, 6.15, 6.20, 6.25, 6.30, 6.35$ 與 6.40。

應用題

下列的練習題可以手動計算或使用電腦輔助以得到答案。包含資料的檔案會被給定。

11.25 **Xr11-36** 一位商學院的學生宣稱，平均而言，一位 MBA 學生每週必須準備超過 5 件個案。為了檢驗這項宣稱，某統計學教授詢問一個 10 位 MBA 學生的隨機樣本，請他們報告每週準備個案的件數。結果顯示於此。假設個案件數服從常態分配，標準差為 1.5，這位教授是否能在 5% 的顯著水準下結論此項宣稱為真？

2 7 4 8 9 5 11 3 7 4

11.26 **Xr11-37** 抽樣 18 位年輕成年男子 (20 到 30 歲) 的隨機樣本。每一個人被詢問每天花幾分鐘觀看電視的體育節目。他們的回應被列於此。已知 $\sigma=10$，檢定以確定在 5% 的顯著水準下是否有足夠的統計證據來推論，年輕成年男子每天看電視體育節目的平均時間大於 50 分鐘。

50 48 65 74 66 37 45 68 64
65 58 55 52 63 59 57 74 65

11.27 **Xr11-38** 某高爾夫球職業選手在一個困難的公開球賽上吹噓說，球場如此困難，以至於普通水準的高爾夫球手在一輪高爾夫球比賽中會失去十幾個或更多的高爾夫球。一位持質疑態度的高爾夫球手發動表明這位職業選手在撒謊。一個含 15 名高爾夫球手的隨機樣本被要求報告他們剛完成的一輪比賽中丟失的高爾夫球數量。假設丟失的高爾夫球數量呈常態分配，標準差為 3，我們能否在 10% 的顯著性水準下推斷，平均丟失的高爾夫球數量小於 12？

1 14 8 15 17 10 12 6
14 21 15 9 11 4 8

11.28 **Xr11-39** 抽取 12 位大學二年級選修商業統計課學生的隨機樣本。課程結束時，每位學生被詢問他或她總共花多少個小時寫統計作業。資料被列於此。已知其母體標準差 $\sigma=8.0$。教師建議學生每週投入 3 小時，在一學期為期 12 週的學期，共計 36 小時。檢定以確定是否有證據顯示，學生平均所花的時間少於推薦的時數。計算檢定的 p-值。

31 40 26 30 36 38
29 40 38 30 35 38

11.29 **Xr11-41** 生產滾珠軸承的機器被設定成平均直徑為 0.50 吋。對 10 個滾珠軸承的樣本進行測定，結果列於此。假設標準差為 0.05 吋，以 5% 的顯著水準，我們是否可以得出平均直徑不是 0.50 吋的結論？

.48 .50 .49 .52 .53
.48 .49 .47 .46 .51

11.30 **Xr11-42** 垃圾郵件已成為一項嚴重且代價高昂的麻煩事。一位辦公室經理認為，辦公室員工每天閱讀和刪除垃圾郵件的平均時間超過 25 分鐘。為了檢驗這個信念，隨機選取 18 名員工的樣本，並測量每位員工閱讀和刪除垃圾郵件所花費的時間。結果在此處列出。如果時間母體是常態的，標準差為 12 分鐘，經理能否在 1% 的顯著性水準推斷他是正確的？

35 48 29 44 17 21 32 28 34
23 13 9 11 30 42 37 43 48

下列練習題需要使用電腦與軟體。若想要使用手算，請由附錄 A 取得樣本平均數的數值。

11.31 **Xr11-43** 一家製造燈泡的廠商刊登廣

告，平均而言，它的長效燈泡持續 5,000 小時以上。為了檢定這一說法，一位統計學家抽取 100 個燈泡的隨機樣本，並且測量時間，直到每個燈泡燒壞。如果我們假設這類型燈泡壽命的標準差為 400 小時，以 5% 的顯著水準，我們可以得出這項宣稱為真的結論嗎？

11.32 Xr11-45 商學院的院長宣稱，學校 MBA 課程申請人的研究生管理科學入學考試 (GMAT) 的成績有比過去 5 年進步。5 年前，MBA 申請者 GMBA 得分的平均分數和標準差分別為 560 和 50。隨機選取 20 位今年的申請人，並且記錄其 GMAT 成績。如果我們假設今年申請人 GMAT 成績的分配和五年前是相同的，平均值可能是個例外，以 5% 的顯著水準，我們可以得出該院長的宣稱為真的結論嗎？

11.33 Xr11-46 2020 年 3 月 COVID-19 大流行開始時，美國人囤積他們認為可能會出現缺貨的商品。一種似乎每個人都購買的產品是衛生紙。某數學家進行快速計算，得出的結論是，平均每個家庭存有 30 多卷衛生紙。為了檢驗這個說法，隨機抽樣調查一個家庭樣本，並要求他們報告他們的庫存。
a. 假設母體標準差為 6，在 10% 的顯著水準下，是否有足夠的證據來證實這個說法？
b. 你必須做出什麼假設來回答 (a) 部分的問題？

11.34 Xr11-47 在試圖減少因工安事故而導致的個人小時數的損失，某大型的製造工廠安裝了新的安全設備。對設備的有效性進行測試，選取 50 個部門的隨機樣本。記錄了安全設備安裝之前一個月和安裝之後一個月損失的個人小時數。計算並記錄變化的百分比。假設母體的標準差 $\sigma = 6$，以 10% 的顯著水準，我們是否可以推論新的安全設備是有效的？

11.35 Xr11-48 一位公路巡警認為，在某段公路上行駛的汽車平均速度超過了規定的 55 哩/小時的限制。記錄了 200 輛汽車隨機樣本的速度。這些資料是否在 1% 的顯著水準下提供了足夠的證據來支持該巡警的信念？檢定的 p-值是多少？（假設已知標準差為 5。）

11.36 Xr11-50 在過去幾年，紐約一家得來速銀行顧客的平均人數為每小時 20 人，標準差為每小時 3 人。今年，在 1 哩外的另外一家銀行啟用了得來速窗口，第一家銀行的經理相信這將會造成顧客人數的減少。隨機選取 36 小時觀察，到達第一家銀行窗口的顧客人數被記錄下來。我們能否以 5% 的顯著水準去推論這位經理是正確的？

11.3 計算犯型 II 錯誤的機率

想要適當地詮釋假設檢定的結果，你必須能夠指定一個適當的顯著水準或是判斷一個檢定的 p-值。然而，你也必須了解型 I 與型 II 錯誤之間的關係。在這一節中，

我們描述如何計算與詮釋一個型 II 錯誤的機率。

回顧範例 11.1，我們曾經使用樣本平均數當成檢定統計量來執行檢定，並且計算拒絕域 (以 $\sigma = .05$) 為

$$\bar{x} > 175.34$$

型 II 錯誤發生於當一個錯誤的虛無假設不能被拒絕時。在範例 11.1 中，如果 $\bar{x}$ 是小於 175.34，我們不會拒絕虛無假設。如果我們不拒絕這項虛無假設，我們將不會裝置新的收費系統。因此，在此範例中型 II 錯誤所導致的影響是，我們將不會採用一個具成本效益的新收費系統。其發生的機率是型 II 錯誤的機率。它被定義為

$$\beta = P(\overline{X} < 175.34,\text{給定虛無假設為錯誤的})$$

虛無假設為錯誤的條件只告訴我們平均數不等於 170。如果我們要計算 β，我們需要為 μ 指定一個數值。假設當平均帳戶金額至少是 \$180 時，則新收費系統所節省的金額變得十分地具吸引力，以至於經理不願意犯不裝置新系統的錯誤，因為它可以節省大量的成本。因此，經理想要確定當裝置後會節省大量成本時，卻沒有裝置新系統的機率。因為從近似的常態抽樣分配計算機率需要一個 μ 的數值 (也需要 σ 與 n)，我們將在 μ 等於 180 之下，計算不裝置新系統的機率：

$$\beta = P(\overline{X} < 175.34,\text{給定 } \mu = 180)$$

我們知道 $\bar{x}$ 為具有平均數 μ 與標準差 $\sigma/\sqrt{n}$ 的近似常態分配。為了繼續，我們標準化 $\bar{x}$ 並且使用標準常態表 (在附錄 B 的表 3)：

$$\beta = P\left(\frac{\overline{X} - \mu}{\sigma/\sqrt{n}} < \frac{175.34 - 180}{65/\sqrt{400}}\right) = P(Z < -1.43) = .0764$$

這告訴我們，當實際平均帳戶金額是 \$180 時，錯誤地不拒絕虛無假設的機率是 .0764。圖 11.9 描繪計算是如何執行的。請注意，為了計算型 II 錯誤的機率，我們必須以非標準化的檢定統計量 $\bar{x}$ 來表示拒絕域，而且我們必須指定一個 μ 的數值，而不是虛無假設中的 μ 值。在此說明中，使用的 μ 值是根據一位財務分析師所指出，當 μ 至少是 \$180 時，成本的節省將是非常具吸引力的。

> **圖 11.9** 以 $\mu=180$，$\alpha=.05$ 與 $n=400$ 計算 β

11.3a　α 改變對 β 的影響

假設在先前的說明中，我們是使用 1% 的顯著水準取代 5%。以標準化檢定統計量所表示的拒絕域將是

$$z > z_{.01} = 2.33$$

或

$$\frac{\bar{x} - 170}{65/\sqrt{400}} > 2.33$$

解 $\bar{x}$，我們得到以未標準化檢定統計量所表示的拒絕域：

$$\bar{x} > 177.57$$

當 $\mu=180$，型 II 錯誤的機率是

$$\beta = P\left(\frac{\bar{x} - \mu}{\sigma/\sqrt{n}} < \frac{177.57 - 180}{65/\sqrt{400}}\right) = P(Z < -.75) = .2266$$

圖 11.10 描繪這項計算。比較圖 11.10 與圖 11.9。如你所見，將顯著水準從 5% 降低到 1%，我們向右移動拒絕域的臨界值，並且因此加大虛無假設不被拒絕的面積。犯型 II 錯誤的機率從 .0764 增加到 .2266。

圖 11.10　以 $\mu = 180$，$\alpha = .01$ 與 $n = 400$ 計算 β

這項計算說明了 11.1 節中所提到的型 I 與型 II 錯誤之間的反向關係。了解這個關係是重要的。從實務的觀點，它告訴我們如果你想降低型 I 錯誤的機率 (藉著指定一個小的 α 數值)，會增加型 II 錯誤的機率。在型 I 錯誤成本明顯大於型 II 錯誤成本的應用上，這是合適的。事實上，1% 或更小的顯著水準可能是合理的。但是，如果型 II 錯誤的成本相對比較大時，一個 5% 或更高的顯著水準可能是合適的。

令人遺憾的是，沒有簡單的公式可以決定顯著水準應該為何。這位經理在做決策時有必要考慮兩種錯誤的成本。這些因素的判斷與知識對做決策而言是關鍵的。

11.3b　判斷檢定

本節導出另一個重要的概念。一個統計的假設檢定有效地被顯著水準與樣本大小所定義，兩者皆由統計應用者所選定。我們可以藉著計算在某一參數值的型 II 錯誤機率評斷檢定的功能有多好。為了說明，在範例 11.1 中的經理選擇樣本大小 400 以及顯著水準 5% 做為決策的基礎。以這些選擇，當實際的平均數是 180 時，我們得到的 β 是 .0764。如果我們相信型 II 錯誤的成本比較高，而此機率太大，我們有兩種方法降低這個機率。我們可以增加 α 的值；但是，這將造成犯型 I 錯誤機會的增加，其代價是非常高的。

或者，我們可以增加樣本大小。假設該位經理選擇 1,000 為樣本大小。我們現在以 $n = 1,000$ (與 $\alpha = .05$) 重新計算 β。拒絕域為

$$z > z_{.05} = 1.645$$

或

$$\frac{\bar{x} - 170}{65/\sqrt{1000}} > 1.645$$

由此得

$$\bar{x} > 173.38$$

型 II 錯誤的機率是

$$\beta = P\left(\frac{\bar{X} - \mu}{\sigma/\sqrt{n}} < \frac{173.38 - 180}{65/\sqrt{1000}}\right) = P(Z < -3.22) = 0 \text{（近似值）}$$

在此範例中，我們保留相同的 α 值 (.05)，但是當實際平均帳戶是 $180 時，我們將判斷不裝置新系統的機率幾乎降低至 0。

11.3c 發展對統計觀念的了解：較大的樣本等於較多資訊也等於較佳的決策

圖 11.11 顯示先前的計算。當圖 11.11 與圖 11.9 相比較時，我們可以看見當 n 增加時，由於平均數的標準誤 $\sigma/\sqrt{n}$ 變得比較小，平均數的抽樣分配變得比較窄。較窄的分配代表更多的資訊。增加的資訊反映在一個比較小的型 II 錯誤機率。

圖 11.11 以 $\mu = 180$，$\alpha = .05$ 與 $n = 1{,}000$ 計算 β

以 $n = 400$ 與 $n = 1{,}000$ 計算型 II 錯誤的機率說明了一個重要性不容被小覷的概念。藉著增加樣本大小，我們降低了型 II 錯誤的機率。藉著降低型 II 錯誤的機率，我們減少發生這類的錯誤。因此，就長期而言，更大的樣本量使我們能夠做出更好的決策。此一發現是應用統計分析的核心，並且印證了本書的第一句話，「統計學是從資料取得資訊的一種方法」。

在本書中，我們介紹各種在會計、金融、行銷、作業管理、人力資源與經濟學上的應用。在所有這類的應用中，統計應用者必須做決策，它涉及到如何將資料轉換為資訊。愈多的資訊，就會有愈好的決策。缺乏資訊，則決策必須基於猜測、直覺與運氣。一位有名的統計學家戴明 (W. Edwards Deming) 曾經說過：「缺乏資料，你只是另一個有意見的人。」

11.3d 檢定的檢定力

另一種表達檢定執行效能的方法是報告它的**檢定力** (power)：當虛無假設為錯誤時，檢定力導出我們拒絕虛無假設的機率。因此，一個檢定的檢定力是 $1-\beta$。

在一個特定的狀況下，當有一個以上的檢定法可以被執行時，我們自然會偏好使用一個正確頻率比較高的檢定法。如果 (給定相同的對立假設、樣本大小與顯著水準) 第一個檢定法的檢定力高於第二個檢定法，則說第一個檢定法比第二個檢定法更具檢定力。

11.3e 操作特性曲線

要計算型 II 錯誤的機率，我們必須指定顯著水準、樣本大小，與母體平均數的對立假設值。追蹤記錄所有這些要素的一種方法是繪製**操作特性曲線 [operating characteristic (OC) curve]**，它繪出各個 β 值與 μ 值的對應關係。由於其計算耗時的天性，電腦是必要的工具。為了說明，我們將繪製範例 11.1 的 OC 曲線。

我們使用 Excel 計算範例 11.1 中 $\mu = 170, 171, ..., 184$，以及 $n = 400$ 的型 II 錯誤機率。

EXCEL 函數

給予 $\sigma = 65$ 且 $n = 400$，平均數的標準誤為

$$\sigma_{\bar{x}} = \frac{\sigma}{\sqrt{n}} = \frac{65}{\sqrt{400}} = 3.25$$

為了計算範例 11.1 的型 II 錯誤之機率，我們啟用 Excel 並在任何一個空白儲存格中輸入：

　　　　=NORMSDIST (175.35, [μ], 3.25, True)

例如，當 $\mu = 180$ 要計算 β，我們輸入：

　　　　=NORMSDIST (175.35, 180, 3.25, True)

圖 11.12 描繪這條曲線。請注意，當 μ 的對立值增加時，β 的值會減少。這告訴我們，當 μ 的對立值離虛無假設的值愈遠，型 II 錯誤的機率就愈小。換句話說，當遠離 170 時，它變得更容易與 μ = 170 區別。注意當 μ = 170 (μ 的虛無假設值) 時，β = 1 − α。

圖 11.12　範例 11.1 的操作特性曲線

在選擇樣本大小時，OC 曲線也是有用的。圖 11.13 顯示範例 11.1 中當 $n = 100$、400、1,000 與 2,000 的 OC 曲線。檢視此圖讓我們了解增加樣本大小對一個檢定在不同 μ 值下表現優劣的影響。例如，我們可以看見比較小的樣本量在區分 170 與大於 180 的 μ 值時運作良好。但是，要區分 170 與更小的 μ 值就需要大一點的樣本。儘管資訊不是完全精確，但它確實容許我們選擇一個適合我們目的之樣本大小。

圖 11.13　範例 11.1 當 $n = 100$、400、1,000 與 2,000 時的操作特性曲線

11.3f 設定對立假設以定義型 I 和型 II 錯誤

我們已經討論過如何設定對立假設。它代表我們正在研究的狀況。在範例 11.1 中，我們想要知道是否有足夠的統計證據去推論新的收費系統具有成本效益，也就是說，平均每月帳戶金額是否大於 $170。在本書中，你會遇到許多使用相似語法的問題。而你的工作是執行檢定以回答問題。

然而，在真實的生活中，該位經理 (那將是 5 年後的你) 將會被詢問且回答問題。通常，你會發現問題能夠以兩種方法提出。在範例 11.1 中，我們問到是否有足夠的證據去下結論說新的付費系統將具成本效益。另一種研究此議題的方法是決定是否有充分的證據去推論新的付費系統將不具成本效益。我們以刑事審判的類比性來提醒你。在刑事審判中，舉證的責任落在檢察官，他們要證明被告是有罪的。在其他比較不重視個人權益的國家，被告被要求去證明自己是無罪的。在美國或加拿大 (以及其他國家)，我們選擇前者，原因是我們認為宣判一位無辜的被告有罪是一項較嚴重的錯誤。因此，檢定被設定為虛無與對立假設，如同在 11.1 節中所描述的。

對一個統計的檢定，我們有提問題以及回答問題的雙重責任，我們必須提出問題，使得我們能夠直接控制成本較高的錯誤。如同你已經了解的，藉由指定顯著水準，我們控制型 I 錯誤的機率。再次回顧範例 11.1。有兩種可能的錯誤：(1) 當這個付費系統不具成本效益時，卻下結論說它有；以及 (2) 這個付費系統確實具有成本效益時，卻下結論說它沒有。如果該位經理下結論說這個付費計畫具有成本效益，公司會裝置新的系統。如果，實際上這個系統是不具成本效益的，將會造成公司的損失。另一方面，如果該位經理下結論說這個付費計畫不具有成本效益，公司將不會裝置新的系統。但是，如果這個系統實際上是具有成本效益的，公司將會損失裝置新系統所帶來的潛在利益。哪一個錯誤的成本比較大？

假設我們相信安裝不具有成本效益新系統的成本高於不安裝有效率系統的潛在損失。我們試圖避免的錯誤是誤判該系統是具成本效益的結論。我們定義其為型 I 錯誤。結果，舉證的責任落在此系統，已提供充分的統計證據去證明平均帳戶金額是大於 $170。虛無與對立假設如同之前所設定的：

$$H_0 : \mu = 170$$
$$H_1 : \mu > 170$$

然而，如果我們認為不裝置具成本效益的新系統所造成潛在利益的損失是比較大的，我們將舉證的責任放在經理身上去推論平均每月帳戶金額是小於 $170。因此，

11 假設檢定的介紹

假設是

$$H_0: \mu = 170$$
$$H_1: \mu < 170$$

這個討論強調在實務上，於設立假設之前，檢查兩種型態錯誤的成本是必要的。然而，讀者必須明白，本書練習題中的問題都已經將成本考慮進去了。你們的任務是設立假設並回答問題。

練習題

發展對統計觀念的了解

11.37 給定 $\mu = 203$，對下列的假設檢定計算型 II 錯誤的機率。

$H_0: \mu = 200$
$H_1: \mu \neq 200$
$\alpha = .05$，$\sigma = 10$，$n = 100$

11.38 給定 $\mu = 1,050$，對下列的假設檢定找出型 II 錯誤的機率。

$H_0: \mu = 1,000$
$H_1: \mu > 1,000$
$\alpha = .01$，$\sigma = 50$，$n = 25$

11.39 給定 $\mu = 48$，對下列的假設檢定計算 β。

$H_0: \mu = 50$
$H_1: \mu < 50$
$\alpha = .05$，$\sigma = 10$，$n = 40$

11.40 對練習題 11.37 到 11.39，繪製類似圖 11.9 的樣本分配。

11.41 一位統計應用者想要以 $\sigma = 20$ 與 $n = 100$ 來檢定下列的假設：

$H_0: \mu = 100$
$H_1: \mu > 100$

a. 使用 $\alpha = .10$，當 $\mu = 102$ 時，找出型 II 錯誤的機率。
b. 以 $\alpha = .02$，重做 (a) 小題。
c. 描述減少 α 時對 β 的影響。

11.42 a. 當 $\mu = 37$，給定下列的假設，計算型 II 錯誤的機率。

$H_0: \mu = 40$
$H_1: \mu < 40$

顯著水準為 5%，母體標準差是 5，樣本大小是 25。

b. 以 $\alpha = 15\%$，重做 (a) 小題。
c. 描述增加 α 時對 β 的影響

11.43 對練習題 11.41 與 11.42，繪製樣本分配圖。

11.44 a. 給定 $\mu = 196$，找出下列假設檢定的型 II 錯誤之機率。

$H_0: \mu = 200$
$H_1: \mu < 200$

顯著水準為 10%，母體標準差是 30，樣本大小是 25。

b. 以 $n = 100$，重做 (a) 小題。
c. 描述增加 n 時對 β 的影響

11.45 a. 給定 $\mu = 310$，為下列的假設檢定決定 β：

$H_0: \mu = 300$
$H_1: \mu > 300$

統計應用者知道母體標準差是 50，顯著水準是 5%，且樣本大小是

81。

b. 以 $n=36$，重做 (a) 小題。

c. 描述減少 n 時對 β 的影響。

11.46 對練習題 11.44 與 11.45，繪製類似圖 11.9 的樣本分配。

11.47 對下列的假設檢定

$H_0: \mu = 1,000$

$H_1: \mu \neq 1,000$

$\alpha = .05$，$\sigma = 200$

以 $n=25$、100 和 200，繪製操作特性曲線。

11.48 對下列的假設檢定，以 $n=10$、50 和 100，繪製操作特性曲線。

$H_0: \mu = 400$

$H_1: \mu > 400$

$\alpha = .05$，$\sigma = 50$

11.49 假設在範例 11.1 中，我們要決定是否有足夠證據去推論新的系統將不具成本效益。建立虛無與對立假設，並討論型 I 和型 II 錯誤的結果。執行這項檢定。你的結論是否和範例 11.1 一樣？請解釋之。

應用題

11.50 在練習題 11.34 中，我們測試以確定安全設備的安裝是否有效地減少工安事故所造成個人小時數的損失。虛無和對立假設分別為

$H_0: \mu = 0$

$H_1: \mu < 0$

當 $\sigma = 6$，$\alpha = .10$，$n = 50$ 與 $\mu = $ 變化百分比的平均值。測試結果未能指出新的安全設備是有效的。這位經理關注的是，測試不夠敏感以至於無法偵測到微小但重要的變化。特別是，他擔心減少工安事故造成時間上的損失實際上是 2%（也就是 $\mu = -2$），那麼企業可能會錯過安裝有效設備的機會。求出以 $\sigma = 6$、$\alpha = .10$ 與 $n = 50$ 未能檢驗出這個設備實際上是有效的機率。討論降低這種機率的方法。

11.51 在 SSA 範例中假設檢定的結論是沒有足夠的證據去推論該計畫將會獲利。如果實際減少的時間可以是 3 天（也就是，$\mu = 21$），這家公司會後悔沒有實行這項計畫。計算相關的機率，並描述該公司應該如何使用這項資料。

11.52 一所學校的校董認為，每一年學生缺席的平均天數是少於 10 天。從過去的經驗，他知道母體標準差為 3 天。進行測試以確定其想法是否為真，他可以使用下列的方案之一：

 i. $n = 100$，$\alpha = .01$

 ii. $n = 75$，$\alpha = .05$

 iii. $n = 50$，$\alpha = .10$

給定真正的母體平均為 9 天，哪一個方案有最低犯型 II 錯誤的機率？

11.53 建立有利可圖風車發電的可行性，仰賴於平均風速。對於某些類型的風車，每小時平均風速必須要超過 20 哩以確保它的建造。決定地點的可行性是一個兩階段的處理過程。在第一階段，記錄風速並且計算平均風速。測試的目的是為了回答「這個地點是否可行？」的問題。換句話說，是否有足夠的證據得到平均風速每小時超過 20 哩的結論。如果有足夠的證據，再執行進一步的測試。如果沒有足夠的證據，該地點要從計畫中移除。討論犯型 I 和型 II 錯誤的結果以及潛在成本。

11.54 練習題 11.53 中，第一階段測試潛在

地點的數量是相當大的，並且讀數可能是昂貴的。因此，以 25 個觀察的樣本進行檢驗。因為第二階段的成本較高，顯著性水準設為 1%。一項潛在利潤和成本的財務分析顯示，如果平均風速高達每小時 25 哩，風車將是非常有利可圖的。當實際平均風速為每小時 25 哩 (假設 $\sigma=8$) 時，計算第一階段認為該地點是不可行的機率。討論如何改善過程。

11.4 後續學習

在第 10 章與第 11 章，我們想達成兩個主要的目的。首先，我們想要呈現估計與假設檢定的概念。第二，我們想要顯示如何產生信賴區間估計值與執行假設檢定。這兩個目的之重要性不應該被低估。接續本章，幾乎所有的內容不是估計某一參數就是檢定一組假設。因此，10.2 節與 11.2 節建立了應用統計方法的形式。如果你了解如何產生和使用信賴區間估計值以及如何執行和詮釋假設檢定，則說你正成功地邁向有能力分析、詮釋與呈現資料的終極目標並不為過。你可能會問你還需要具備什麼能力來達到此目標。簡而言之，答案還是這些相同的能力。

接下來的章節，我們計畫提出更多統計應用者經常採用的統計方法。要計算檢定統計量的值或信賴區間估計值，需具備的計算能力不外乎加、減、乘、除與平方根。如果你想使用電腦，則你只需要知道相關的指令即可。然後，應用統計的關鍵是知道計算哪一個公式或是輸入哪一組指令。因此，真正的挑戰在於能夠定義問題並辨識最適當統計方法的能力。

回想一下，我們在第 10 章（第 296 頁）中介紹了辨認—計算—詮釋(ICI)系統。在下一節中，我們將描述辨識階段的工作原理。

11.4a 資料類型

許多因素可用來決定該使用哪一種統計方法，但是其中兩個因素特別的重要：資料的類型和統計推論的目的。在第 2 章，我們曾指出有三種有效的資料類型：區間、順序和名目。名目資料代表類別，例如婚姻狀態、職業與性別。統計應用者通常以指定數字給不同回應的方式 (例如，1 = 單身；2 = 已婚；3 = 離婚；4 = 鰥寡) 記錄名目資料。因為這些數字完全是任意指定的，對它們執行任何計算是無意義的。我們對名目資料能做的只有計算每一種類別被觀測到的次數。順序資料得自答案為評比或等級系統的問題。例如，如果學生被要求去評比一位大學教授，回應可能是優良、佳、普通或不佳。為了推論這類資料，我們把回答轉換成數字。只要回

答的順序能被保留，任何數值化系統都是有效的。因此，「4＝優良；3＝佳；2＝普通；1＝不佳」與「15＝優良；8＝佳；5＝普通；2＝不佳」是一樣有效的。由於這個特性，最適合順序資料的統計程序是以排序為基礎的過程。

區間資料是真正的數字，例如那些代表收入、年齡、身高、體重，以及數量的數字。平均數和變異數的計算是許可的。

決定統計方法的第二個關鍵因素是執行統計分析的目的。每一種統計方法都有其特殊的目的。我們說明本書五個此類的目的。

11.4b 問題的目的

1. **描述一個母體 (describe a population)**。在此我們的目的是描述一個感興趣母體的特性。決定要敘述哪一項特性一般是由資料類型而定。例如，假設感興趣的母體是由所有家用電腦的購買者所組成。如果我們對購買者的收入感興趣 (這些是區間資料)，我們可能計算平均數或變異數以描述該母體這個面向的特性。但是如果我們對被購買的電腦品牌感興趣 (其為名目資料)，我們能做的是計算這個母體購買每一種品牌的比例。

2. **比較兩個母體 (compare two populations)**。對這一類的個案，我們的目的是比較第一個母體與第二個母體相對應的特性。例如，假設感興趣的母體是男性與女性的電腦購買者。我們能夠比較他們的平均所得，或者我們能夠比較每個母體購買某特定品牌的比例。再一次強調，資料的類型決定哪一種特性是我們要比較的。

3. **比較兩個或更多母體 (compare two or more populations)**。我們可能想要比較數個地點中各點的平均收入，(例如) 以決定在何處設立一個新的購物中心。我們可能想要比較幾個生產線的瑕疵品比例，以決定哪一條生產線是最好的。在每一個情況中，問題的目的涉及兩個或更多個母體的比較。

4. **分析兩個變數的關係 (analyze the relationship between two variables)**。在許多情況下我們會想要知道兩個變數是如何相關聯的。政府需要知道提高利率對失業率的影響。公司想要調查廣告預算的多寡會如何影響銷售量。在本書中的大部分問題，兩個被分析的變數將屬於相同的類型；我們將不會試圖去處理兩個不同類型的變數。

5. **分析兩個或更多變數的關係 (analyze the relationship among two or more variables)**。在此，我們的目的通常是根據數個變數 (稱為獨立變數) 來預測一個變數 (稱為依變數)。我們將只在所有變數都是區間資料的情況下處理這

類問題。

表 11.3 列出資料的類型與五種問題目的。對於每一種組合，該表指定了介紹適當統計方法所在的章節。

表 11.3　統計推論的導覽：介紹每一種方法的章節

問題目的	名目	順序	區間
描述一個母體	12.3、15.1 節	未提及	12.1、12.2 節
比較兩個母體	13.5、15.2 節	未提及	13.1、13.3、13.4 節
比較兩個或更多母體	15.2 節	未提及	第 14 章
分析兩個變數的關係	15.2 節	未提及	第 16 章
分析兩個或更多變數的關係	未提及	未提及	第 17 章

11.4c　公式推導

由於本書是有關統計的應用，我們假設讀者對統計方法的數學推導沒有太多的興趣。但是，能夠了解公式產生的過程或許是有助益的。

如先前所描述的，問題目的與資料類型等因素決定要被估計與檢定的參數。對每一個參數，統計學家已經決定要使用哪一個統計量。具有抽樣分配的統計量通常可以用公式表示。例如，在本章中，我們感興趣的參數是母體平均數 μ，其最佳估計量是樣本平均數 $\bar{x}$。假設母體標準差 σ 為已知，$\overline{X}$ 的抽樣分配為具有平均數 μ 與標準差 $\sigma/\sqrt{n}$ 的常態 (或近似常態) 分配。抽樣分配可以使用公式來描述

$$Z = \frac{\overline{X} - \mu}{\sigma/\sqrt{n}}$$

這個公式也描述當 σ 已知時 μ 的檢定統計量。使用一點代數，我們就能導出 (在 10.2 節中) μ 的信賴區間估計量。

在未來的幾章裡，我們將會重複這個過程，在幾個案例中涉及新抽樣分配的介紹。雖然其形狀與公式將不同於本章所使用的抽樣分配，但其基本形式會是相同的。通常，表示抽樣分配的公式將用以描述檢定統計量。然後透過一些代數的操作 (我們將不會顯示) 可以產生區間估計量。因此，我們將會把介紹兩種方法的順序換過來。也就是，我們將先介紹假設檢定，然後才是信賴區間估計量。

本章摘要

在本章中,我們介紹了假設檢定的概念並且將它們應用到單一母體平均數的假設檢定中。我們呈現了如何指定虛無與對立假設、設定拒絕域、計算檢定統計量的數值,以及最後的決策制定。同樣重要的,我們討論如何詮釋檢定的結果。本章也示範另一種制定決策的方法,即計算與使用檢定的 p-值。為了協助詮釋檢定的結果,我們指出如何計算型 II 錯誤的機率。最後我們提供了如何呈現統計方法的後續規劃。

Chapter 12 單一母體的推論

本章綱要

12.1 當母體標準差未知時,單一母體平均數的推論

12.2 單一母體變異數的推論

12.3 單一母體比例的推論

失業人數

DATA
GSS2018

失業率是最重要的經濟統計數據之一,很遺憾的是,這是一個非常差的衡量標準,因為它具有誤導性。美國勞工統計局 (BLS) 將失業率定義為目前在勞動力人口中的失業人口百分比。為了成為勞動力人口,一個人必須有工作或在過去 4 週內找過工作。這樣漏掉了很多人。有些人因為超過 4 個星期沒有採取任何行動去找工作而被排除在外,因此變得灰心喪氣;有些人則是因為目前無法工作而被排除在外。然而,將這一族群排除在外,就大大地低估了失業率。

我們在第 381 頁提供解答。

一般社會調查 (GSS) 產生的資料可能可以明確地解釋這個問題。工作狀態 (WRKSTAT) 變數的回應是:1. 全職工作,2. 兼職工作,3. 暫時不工作,4. 失業,解僱 5. 退休 6. 上學,7. 家管,8. 其他。

美國有 255,200,373 名 18 歲及以上的成年人。以 95% 的信心估計美國成年人暫時不工作、失業、或被解僱的人數。

導論 Introduction

在先前的兩章,我們介紹統計推論的概念,以及展示如何估計與檢定一個母體的平均數。然而,我們所選擇的範例是不實際的,因為提出的方法需要使用母體標準差 σ,而它通常是未知的。那麼,第 10 章和第 11 章的目的是為我們計劃要介紹的其他統計方法設下執行的模式。換句話說,我們首先辨識要估計或檢定的參數,接著我們將指定參數的估計量 (在第 10 章一開始討論過的特性,要為每個參數選擇一個估計量) 和它的抽樣分配。應用簡單的數學,統計學家推導出區間估計量和檢定統計量。當我們介紹新的方法時,這個執行模式將會被重複地使用。

在 11.4 節中,我們描述了本書講解的五個問題的目的,並且列出統計方法呈現的順序。在本章中,我們將呈現當問題的目的是描述一個母體時所採用的方法。當資料的型態是區間時,感興趣的參數是母體平均

數 μ 與母體變異數 σ^2。在 12.1 節中，我們描述在比較實際的情況下，當母體標準差未知時如何推論母體平均數。在 12.2 節中，我們繼續處理區間資料，但我們感興趣的參數變成母體變異數。

在第 2 章和 11.4 節中，我們指出當資料是名目尺度時，唯一有意義的計算是決定每一個數值發生次數的比例。第 12.3 節討論有關母體比例 p 的推論。

12.1 當母體標準差未知時，單一母體平均數的推論

在 10.2 節和 11.2 節中，我們示範說明當母體標準差已知時，如何估計與檢定母體平均數。信賴區間估計量和檢定統計量都是在 σ 已知下，由樣本平均數的抽樣分配所推導出來，表示為

$$z = \frac{\bar{x} - \mu}{\sigma/\sqrt{n}}$$

在本節中，我們採取比較實際的方法，認知如果母體平均數是未知，且母體標準差也是未知的情況下。因此，先前的抽樣分配不能再使用。替代方法是，我們以樣本標準差 s 取代公式中未知的母體標準差 σ。得到的結果被稱為 *t-統計量 (t-statistic)*，因為這是數學家戈斯 (William S. Gosset) 在 1908 年這樣稱呼它的，*t*-統計量定義為

$$t = \frac{\bar{x} - \mu}{s/\sqrt{n}}$$

是當抽樣母體是常態時的學生 *t* 分配。[戈斯以「學生」(Student) 為筆名發表這個發現，此為**學生 *t* 分配 (Student *t* distribution)** 名稱的由來。] 回顧在 8.4 節中，我們曾介紹過學生 *t* 分配。

使用發展 11.2 節檢定統計量以及 10.2 節信賴區間估計量完全相同的邏輯，我們推導出下列的推論方法。

當 σ 未知時，μ 的檢定統計量

當母體標準差未知且母體是常態時，有關 μ 的假設檢定之檢定統計量是

$$t = \frac{\bar{x} - \mu}{s/\sqrt{n}}$$

它是自由度為 $\nu = n - 1$ 的學生 t 分配。

當 σ 未知時，μ 的信賴區間估計量

$$\bar{x} \pm t_{\alpha/2} \frac{s}{\sqrt{n}} \qquad \nu = n - 1$$

這些公式取代了用於第 10 章和第 11 章中估計與檢定一個母體平均數的檢定統計量和區間估計量的公式。雖然在本章中，我們將繼續使用在第 10 章和第 11 章中 (以及在所有其他章中) 提出的觀念，但將不再使用 μ 的 z-統計量和 z-估計量。未來所有涉及一個母體平均數的推論問題將會使用在上述方塊內 μ 的 t-統計量和 t-估計量來解答。

範例 12.1　報紙回收計畫

DATA
Xm12-01

在不久的未來，可能很多國家都必須更努力於拯救環境。可能的行動包括減少使用能源與加強回收。目前大部分使用回收材料所製造的產品比起那些由地球原始材料所製造的產品明顯地比較昂貴。例如，使用回收的玻璃製造玻璃瓶的成本幾乎是使用矽砂、純鹼與石灰石的三倍，這些豐富的天然原料在許多國家都有開採。使用回收罐製造鋁罐的成本比起從鋁土礦製造的更昂貴。但是報紙是個例外。回收報紙可能是有利可圖的。其主要的費用是從各家庭回收報紙。最近，數家公司加入蒐集家庭過期報紙並再次利用它們的行業。一位金融分析師為這類的公司計算，如果平均每星期從每戶家庭蒐集的報紙超過 2.0 磅，則公司將可以賺取利潤。在一項決定回收場可行性的研究中，從一個大型的社區抽選 148 戶家庭為隨機樣本，每一戶家庭每星期回收丟棄的報紙重量被記錄且被列出如下。這些資料是否提供充分的證據讓這位分析師做出回收計畫是有利可圖的結論？

廢報紙的重量

2.5	0.7	3.4	1.8	1.9	2.0	1.3	1.2	2.2	0.9	2.7	2.9	1.5	1.5	2.2
3.2	0.7	2.3	3.1	1.3	4.2	3.4	1.5	2.1	1.0	2.4	1.8	0.9	1.3	2.6
3.6	0.8	3.0	2.8	3.6	3.1	2.4	3.2	4.4	4.1	1.5	1.9	3.2	1.9	1.6
3.0	3.7	1.7	3.1	2.4	3.0	1.5	3.1	2.4	2.1	2.1	2.3	0.7	0.9	2.7
1.2	2.2	1.3	3.0	3.0	2.2	1.5	2.7	0.9	2.5	3.2	3.7	1.9	2.0	3.7
2.3	0.6	0.0	1.0	1.4	0.9	2.6	2.1	3.4	0.5	4.1	2.2	3.4	3.3	0.0
2.2	4.2	1.1	2.3	3.1	1.7	2.8	2.5	1.8	1.7	0.6	3.6	1.4	2.2	2.2
1.3	1.7	3.0	0.8	1.6	1.8	1.4	3.0	1.9	2.7	0.8	3.3	2.5	1.5	2.2
2.6	3.2	1.0	3.2	1.6	3.4	1.7	2.3	2.6	1.4	3.3	1.3	2.4	2.0	
1.3	1.8	3.3	2.2	1.4	3.2	4.3	0.0	2.0	1.8	0.0	1.7	2.6	3.1	

解答

辨識方法

問題的目的是描述每一戶家庭每週丟棄報紙量的母體。資料的尺度是區間的，表示母體平均數是需要被檢定的參數。因為金融分析師需決定平均數是否大於 2.0 磅，因此對立假設是

$$H_1 : \mu > 2.0$$

依然，虛無假設的敘述為平均數等於列於對立假設中的數值：

$$H_0 : \mu = 2.0$$

檢定統計量是

$$t = \frac{\bar{x} - \mu}{s/\sqrt{n}} \quad \nu = n - 1$$

計算

手動計算

這位分析師相信型 I 錯誤的成本 (得出結論是平均數大於 2，但實際上並非如此) 是相當地高。因此，顯著水準設定在 1%。拒絕域是

$$t > t_{\alpha, n-1} = t_{.01, 147} \approx t_{.01, 150} = 2.351$$

為了計算檢定統計量的數值，我們需計算樣本平均數 $\bar{x}$ 以及樣本標準差 s。由資料我們得到

$$\sum x_i = 322.7 \text{ 與 } \sum x_i^2 = 845.1$$

因此，

$$\bar{x} = \frac{\sum x_i}{n} = \frac{322.7}{148} = 2.18$$

$$s^2 = \frac{\sum x_i^2 - \frac{(\sum x_i)^2}{n}}{n-1} = \frac{845.1 - \frac{(322.7)^2}{148}}{148 - 1} = .962$$

以及

$$s = \sqrt{s^2} = \sqrt{.962} = .981$$

μ 的設定值可在虛無假設中找到，它是 2.0。檢定統計量的值是

$$t = \frac{\bar{x} - \mu}{s/\sqrt{n}} = \frac{2.18 - 2.0}{.981/\sqrt{148}} = 2.23$$

因為 2.23 沒有大於 2.351，我們不能拒絕虛無假設而支持對立假設 [學生以手動計算可以求得近似的 p-值。線上附錄 Approximating p-Values from the Student t Table (從學生 t 表格近似 p-值) 說明「如何」執行。]

EXCEL 活頁簿

	A	B	C	D
1	t-Test of a Mean			
2				
3	Sample mean	2.1804	t Stat	2.24
4	Sample standard deviation	0.9812	P(T<=t) one-tail	0.0134
5	Sample size	148	t Critical one-tail	2.3520
6	Hypothesized mean	2	P(T<=t) two-tail	0.0268
7	Alpha	0.01	t Critical two-tail	2.6097

指令說明

1. 鍵入或匯入資料到某一欄。(開啟 Xm12-01。) 在任何一個空白的儲存格中計算樣本平均數 (= AVERAGE(A1:A149)) 與樣本標準差 (= STDEV(A1:A149))。

2. 開啟 **Test Statistics 活頁簿 (Workbook)**，並點選下方 **t-Test_Mean** 試算表標籤。輸入或複製樣本平均數與樣本標準差。輸入樣本數，以及在虛無假設之下的 μ 值和 α 值。

詮釋

檢定統計量的值是 $t = 2.24$，它的 p-值是 .0134。沒有充分的證據去推論廢報紙的平均重量是大於 2.0 的。但是請注意，是有一些證據存在的：p-值是 .0134。然而，因為我們希望型 I 錯誤的機率小一點，所以我們堅持使用 1% 的顯著水準。因此，我們不能做出回收場將會有利可圖的結論。

圖 12.1 顯示此範例的抽樣分配。

圖 12.1 範例 12.1 的抽樣分配

範例 12.2　審核報稅收取的稅款

DATA
Xm12-02

在 2019 年 (最新年份的報告)，美國提交 199,365,492 件的納稅申報。美國國稅局 (Internal Revenue Service, IRS) 審查其中的 771,095 件以確定他們是否正確地完成報稅。為了判定審計人員的執行績效如何，從這些報稅中選出一個隨機樣本，並且記錄其補稅額，資料如下所示。以 95% 的信心估計從 771,095 件審查報稅檔案的平均補稅額。

補稅額

16,760.38	10,835.33	36,970.82	7,343.70	23,885.84	30,236.64
25,604.82	17,188.78	17,029.63	27,468.59	30,362.54	9,703.89
24,390.07	12,122.10	22,793.63	12,498.51	48,890.06	22,315.04
17,583.09	28,524.40	31,146.13	8,558.74	14,560.66	21,115.88
13,799.51	0.00	25,956.35	12,106.65	37,786.05	26,182.80
4,231.08	3,563.11	22,642.30	40,690.76	39,986.04	43,459.96
14,873.61	28,878.39	53,146.24	29,083.56	28,786.00	25,258.21
22,515.00	22,755.94	2,127.62	54,505.15	20,737.66	14,584.91
27,502.97	17,138.96	33,498.19	14,870.09	30,855.96	15,124.90
36,505.89	12,552.58	34,841.31	28,452.90	23,966.82	37,363.03
20,264.52	20,252.21	28,422.81	20,015.92	56,725.28	8,728.88

24,725.09	16,544.70	8,326.08	66,500.33	26,727.87	26,332.34
9,347.79	12,876.61	18,680.49	40,003.06	11,781.62	8,842.33
13,006.29	53,241.52	24,077.18	19,153.98	20,814.31	18,844.03
20,202.24	15,495.38	45,801.31	4,912.03	12,903.28	34,057.25
8,547.02	22,759.63	34,125.33	11,942.09	26,265.52	33,598.85
23,466.93	26,116.59	13,575.06	34,453.97	17,530.18	14,965.70
29,508.35	10,311.19	30,519.55	20,286.97	36,291.20	19,324.74
18,778.24	18,839.59	23,097.87	36,774.14	28,392.81	15,438.60
25,976.51	14,342.41	29,620.68	29,175.31	26,833.03	15,170.70
28,224.20	8,516.83	20,465.73	20,828.77	62,020.29	18,254.90
5,378.81	34,817.37	23,001.91	7,440.54	12,034.72	18,317.08
10,956.68	35,542.47	20,590.87	19,053.32	13,762.37	22,976.66
22,097.48	24,873.00	7,777.21	7,267.67	8,784.20	38,473.79
12,543.06	14,059.30	19,664.16	26,153.06	19,866.36	20,360.82
0.00	26,686.54	26,340.07	36,054.80	21,220.81	24,145.62
30,631.96	27,618.82	16,133.41	26,920.19	21,885.38	8,008.45
24,501.48	12,961.52	20,070.32	16,781.76	20,478.76	18,964.26
23,687.42	49,787.37	19,087.14	3,400.60	4,923.85	19,606.61
4,566.29	22,692.44	11,716.49	27,075.35	0.00	22,142.02
19,241.25	23,929.36	22,692.44	15,561.24	20,604.62	13,747.11
22,387.21	29,354.67	14,841.03	19,001.08	18,625.60	26,888.11
30,468.14	34,200.03	27,044.73	13,525.59	26,039.65	46,020.55

解答

辨識方法

問題的目的是要描述補稅額的母體。資料的尺度是區間的，所以參數是母體平均數 μ。此問題要求我們估計這項參數。信賴區間的估計量是

$$\bar{x} \pm t_{\alpha/2} \frac{s}{\sqrt{n}}$$

計算

手動計算

由資料我們得到

$$\sum x_i = 4{,}438{,}221 \text{ 與 } \sum x_i^2 = 125{,}736{,}555{,}867$$

因此，

$$\bar{x} = \frac{\sum x_i}{n} = \frac{4{,}438{,}221}{198} = 22{,}415$$

以及

$$s^2 = \frac{\sum x_i^2 - \frac{(\sum x_i)^2}{n}}{n-1} = \frac{125{,}736{,}555{,}867 - \frac{(4{,}438{,}221)^2}{198}}{198-1} = 133{,}262{,}368$$

因此,

$$s = \sqrt{s^2} = \sqrt{133{,}262{,}368} = 11{,}544$$

因為我們想要一個 95% 的信賴區間估計值,$1-\alpha = .95$,$\alpha/2 = .05/2 = .025$ 及 $t_{\alpha/2, n-1} = t_{.025, 197} \approx t_{.025, 200} = 1.972$。因此,$\mu$ 的 95% 信賴區間估計值是:

$$\bar{x} \pm t_{\alpha/2} \frac{s}{\sqrt{n}} = 22{,}415 \pm 1.972 \frac{11{,}544}{\sqrt{198}} = 22{,}415 \pm 1{,}618$$

或

$$\text{LCL} = 20{,}797 \quad \text{UCL} = 24{,}033$$

EXCEL 活頁簿

	A	B	C	D	E
1	t-Estimate of a Mean				
2					
3	Sample mean	22,415	Confidence Interval Estimate		
4	Sample standard deviation	11,544	22,415	±	1618
5	Sample size	198	Lower confidence limit		20,797
6	Confidence level	0.95	Upper confidence limit		24,033

指令說明

1. 鍵入或匯入資料到某欄。(開啟 Xm12-02。) 在任何一個空白的儲存格中計算樣本平均數 (= AVERAGE(A1:A199)) 與樣本標準差 (= STDEV(A1:A199))。

2. 開啟 **Estimators** 活頁簿 **(Workbook)** 以及點選下方 *t*-Estimate_Mean 試算表標籤。輸入或複製樣本平均數與樣本標準差。輸入樣本數以及信賴水準。

> **詮釋**
>
> 我們估計所徵收的平均補稅額是介於 $20,797 與 $24,033 之間。我們可以使用這項估計值去決定是否 IRS 審核了應該被審核的個人。

12.1a 檢查必要的條件

當我們介紹學生 t 分配時，我們曾指出假設抽樣的母體是常態的話，t-統計量是服從學生 t 分配。然而，統計學家已經證明推導學生 t 分配的數學過程是很**穩健的 (robust)**，指的是假如母體不是常態，只要母體不是極端地 (extremely) 非常態[1]。t-檢定的信賴區間估計值仍然是合適的。為了檢查這個必要的條件，我們繪製直方圖來決定它們是否嚴重地偏離鐘形分配。圖 12.2 和圖 12.3 分別顯示了範例 12.1 和範例 12.2 的直方圖。兩個直方圖皆意味著變數不是極端地非常態，事實上，可能是常態。

圖 12.2　範例 12.1 的直方圖

圖 12.3　範例 12.2 的直方圖

---

[1] 統計應用者已經證明當樣本數很大的時候，即使當母體是極端地非常態，t-檢定的結果與平均數的估計量是有效的。所需的樣本大小則取決於非常態的程度。

12.1b 估計有限母體的總和

到目前為止，所介紹的推論方法都是透過母體無限大的假設下推導出的。然而，在實務上，大多數的母體都是有限的。(無限母體通常是一些無止盡重複過程的結果，如重複擲一枚銅板或以抽出放回的方式選取物件。) 當母體是小的，我們必須使用在第 9 章 (第 272 頁) 介紹的有限母體校正因子來調整檢定統計量與區間估計量。但是，若相對於樣本大小，母體是夠大的，我們可以忽略校正因子。大母體的定義是母體至少是樣本大小的 20 倍。

有限母體容許我們使用一個平均數的信賴區間估計量去產生母體總和的信賴區間估計量。要估計總和，我們將平均數信賴區間估計值的上下限乘以母體的大小。因此，總和的信賴區間估計量是：

$$N\left[\bar{x} \pm t_{\alpha/2}\frac{s}{\sqrt{n}}\right]$$

例如，假設我們想要估計從 771,095 件審核的報稅中，所能徵收的補稅總額。總和的 95% 信賴區間估計值是：

$$N\left[\bar{x} \pm t_{\alpha/2}\frac{s}{\sqrt{n}}\right] = 771,095(22,415 \pm 1,618)$$

它是

$$\text{LCL} = 16,036,462,715 \quad \text{與} \quad \text{UCL} = 18,531,726,135$$

12.1c 發展對統計觀念的了解 1

本節介紹了**自由度** (degrees of freedom) 這個專有名詞。我們將會陸續在本書中看到這個名詞，所以有必要對其意義進行簡要的討論。學生 t 分配立基於使用樣本變異數去估計未知的母體變異數。樣本變異數定義為

$$s^2 = \frac{\sum(x_i - \bar{x})^2}{n - 1}$$

為了計算 s^2，我們必須先決定 $\bar{x}$。回顧之前的概念，抽樣分配是透過對相同的母體進行重複抽樣而導出。為了計算 s^2 而重複抽樣，對樣本中的前 $n-1$ 個觀測值，我們可以選取任何數值。但是，對第 n 個數值我們別無選擇，因為樣本平均數必須先被計算。為了說明這個觀念，假設 $n = 3$ 並且我們求出 $\bar{x} = 10$。我們可以沒有限制

地假設 x_1 和 x_2 為任何數值。但是，x_3 的值必須能夠使 $\bar{x} = 10$。例如，假如 $x_1 = 6$ 且 $x_2 = 8$，則 x_3 就必須等於 16。所以，在我們選擇樣本時只有 2 個自由度。我們說我們損失掉 1 個自由度，因為我們必須先計算 $\bar{x}$。

注意到 s^2 計算式的分母是等於自由度。這並不是一個巧合，在本書中將不斷重複。

12.1d 發展對統計觀念的了解 2

與 z-統計量相同，t-統計量也是以標準誤的倍數來衡量樣本平均數 $\bar{x}$ 與 μ 假設值之間的差異。然而，當母體標準差 σ 是未知時，我們以 $s/\sqrt{n}$ 估計標準誤。

12.1e 發展對統計觀念的了解 3

當我們在 8.4 節中介紹學生 t 分配時，我們指出它比標準常態分配來得分散。這個狀況是合乎邏輯的。在 z-統計量的唯一變數是樣本平均數 $\bar{x}$，它會隨著樣本的不同而改變。t-統計量則有兩個變數：樣本平均數 $\bar{x}$ 和樣本標準差 s，兩者皆會隨著不同的樣本而改變。因為比較大的不確定性，t-統計量將會呈現較大的變異性。練習題 12.8-12.11 探討了這個觀念。

練 習 題

發展對統計觀念的了解

下列練習題是 "what-if" 分析，被設計來決定當統計推論的要素改變時，檢定統計量與區間估計值會有什麼變化。這些練習題可以手算或使用 Test Statistics 或 Estimators 活頁簿的試算表。

12.1 一位統計應用者隨機抽取了 56 個樣本。樣本平均數和標準差分別為 70 和 12。

a. 決定母體平均數的 95% 信賴區間估計值。

b. 將樣本平均數改為 30，重做 (a) 小題。

c. 描述當樣本平均數減小時，區間寬度會發生什麼變化。

12.2 a. 從母體中選取大小為 25 的隨機樣本。樣本平均數和標準差為 $\bar{x} = 510$ 與 $s = 125$。以 95% 信心估計 μ。

b. 以 $n = 50$，重做 (a) 小題。

c. 以 $n = 100$，重做 (a) 小題。

d. 描述當樣本大小增加時，信賴區間估計值有何變化。

12.3 a. 一位統計應用者隨機抽取了 400 個觀察值的樣本，發現 $\bar{x} = 700$，$s = 100$。以 90% 的信心估計母體平均數。

b. 以 95% 信賴水準，重做 (a) 小題。

c. 以 99% 信賴水準，重做 (a) 小題。

d. 當信賴水準增加時，信賴區間估計值會有何變化？

12.4 a. 一個大小為 100 的樣本，平均數與標準差為 $\bar{x}=10$ 與 $s=1$。以 95% 的信心估計母體平均數。

b. 以 $s=4$，重做 (a) 小題。

c. 以 $s=10$，重做 (a) 小題。

d. 討論當標準差 s 增加時，對信賴區間估計值的影響。

12.5 a. 在一個取自常態母體有 10 個觀測值的隨機樣本中，計算得到的樣本平均數與標準差為 $\bar{x}=23$ 與 $s=9$。計算此檢定的檢定統計量（對於 Excel 的使用者，p-值）以決定在 5% 的顯著水準下，是否有足夠的證據推論母體平均數大於 20。

b. 以 $n=30$，重做 (a) 小題。

c. 以 $n=50$，重做 (a) 小題。

d. 描述當樣本大小增加時，對 t-統計量（對於 Excel 的使用者，p-值）的影響。

12.6 a. 以 5% 的顯著水準，計算當 $\bar{x}=145$，$s=50$ 與 $n=100$ 的檢驗統計量（對於 Excel 使用者，p-值）。

$H_0 : \mu = 150$

$H_1 : \mu < 150$

b. 以 $\bar{x}=140$，重做 (a) 小題。

c. 以 $\bar{x}=135$，重做 (a) 小題。

d. 描述當樣本大小減少時，對 t-統計量（對於 Excel 使用者，p-值）的影響。

12.7 a. 為了檢驗下列的假設，統計應用者隨機抽取 100 個觀察值，發現 $\bar{x}=106$ 與 $s=35$。計算檢定的檢定統計量（對於 Excel 使用者，p-值）以確定在 1% 的顯著水準下，是否有足夠的證據推論對立假設是正確的。

$H_0 : \mu = 100$

$H_1 : \mu > 100$

b. 以 $s=25$，重做 (a) 小題。

c. 以 $s=15$，重做 (a) 小題。

d. 討論當標準差減少時，對 t-統計量（對於 Excel 使用者，p-值）的影響。

12.8 a. 給定以下的條件，以 90% 的信心估計母總平均數：$\bar{x}=175$，$s=30$ 和 $n=5$。

b. 假設你已知母體標準差為 $\sigma=30$，重做 (a) 小題。

c. 說明為何 (b) 小題產生的區間估計值比 (a) 小題更窄。

12.9 a. 從常態母體中抽取 500 個觀察值的隨機樣本，樣本平均數和樣本標準差計算為 $\bar{x}=350$ 和 $s=100$。以 99% 的信心估計母體平均數

b. 假設你已知母體標準差為 $\sigma=100$，重做 (a) 小題。

c. 說明為什麼區間估計值幾乎相同。

12.10 a. 在一個取自常態母體有 11 個觀測值的隨機樣本中，樣本平均數與標準差為 $\bar{x}=74.5$ 與 $s=9$。我們是否能夠以 5% 的顯著水準推論母體平均數大於 70？

b. 假設你已知母體標準差為 $\sigma=9$，重做 (a) 小題。

c. 解釋為何在 (a) 小題和 (b) 小題產生的結論有差異。

12.11 a. 一位統計應用者隨機抽樣 1,500 位觀察值並且得到 $\bar{x}=14$ 與 $s=25$。進行檢定以決定在 5% 的顯著水準

下，是否有足夠的證據推論母體平均值小於 15。

b. 假設你已知母體標準差為 $\sigma = 25$，重做 (a) 小題。

c. 解釋為何在 (a) 小題和 (b) 小題產生的結論幾乎相同。

應用題

下列的練習題可用手算或使用電腦輔助回答。所有資料被儲存於檔案中。假設隨機變數服從常態分配。

12.12 Xr12-23 快遞服務做廣告，它的本地交貨時間平均少於 6 小時。記錄送貨到整個市中心各處地址的 12 次隨機樣本。這些資料列於此處。在 5% 的顯著水準下，是否有足夠的證據支持快遞的廣告？

| 3.03 | 6.33 | 6.50 | 5.22 | 3.56 | 6.76 |
| 7.98 | 4.82 | 7.96 | 4.54 | 5.09 | 6.46 |

12.13 Xr12-25 一位飲食療養醫生聲稱，北美人的平均體重超重多於 20 磅。為了檢定他的說法，隨機選取 20 位北美人的樣本，並計算他們的實際體重和理想體重之間的差異。資料列於此處。這些資料是否能夠讓我們以 5% 的顯著水準推論醫生的宣稱為真？

| 16 | 23 | 18 | 41 | 22 | 18 | 23 | 19 | 22 | 15 |
| 18 | 35 | 16 | 15 | 17 | 19 | 23 | 15 | 16 | 26 |

12.14 Xr12-27 一位停車場管理人員正在分析停車計時器剩餘的時間。對剛剛離場的 15 輛汽車之停車計時器進行快速調查，得出下列的時間 (以分鐘為單位)。以 95% 信心估計這個城市所有停車計時器的平均剩餘時間。

| 22 | 15 | 1 | 14 | 0 | 9 | 17 | 31 |
| 18 | 26 | 23 | 15 | 33 | 28 | 20 |

12.15 Xr12-29 一家填字遊戲雜誌的出版商想要更了解他們的客戶。出版商隨機抽選 13 位客戶，並詢問他們平均需要花多長時間才能成功地完成填字遊戲。下面列出了時間。出版商想要以 95% 的信心計算平均時間的信賴區間。

55 36 22 26 31 38 43 40 24 42 51 33 61

一般社會調查練習

GSS2018 以下練習題是根據 2018 年一般社會調查。

12.16 調查要求受訪者報告家庭中與受訪者有親屬關係，並且從任何工作中或就業中賺取任何金錢的人數 (EARNRS)。

a. 計算美國每戶家庭有收入者的平均人數信賴區間估計值。

b. 你回答問題 (a) 小題的必要條件是什麼？

c. 必要的條件是否有被滿足？請解釋之。

12.17 為了幫助決定如何為特定產品做廣告，一家行銷公司假設平均而言美國人有完成高中教育 (要完成高中教育，一個人需要完成 12 年級的教育。)

a. 對教育的年資進行適當的檢定 (EDUC)？

b. 必要的條件是否有被滿足？請解釋之。

12.18 當經濟良好時，許多公司要求員工加班，這通常意味著每週工作超過 40 小時。美國人的平均每週工作時間是否超過 40 小時 (HRS1)？
a. 執行檢定以回答此問題。
b. 檢定有效的必要條件是什麼？
c. 必要的條件是否有被滿足？請解釋之。

12.19 美國家庭在 2018 年過得如何？家庭總收入 (INCOME) 是一個非常好的指標。估計美國平均家庭收入的信賴區間估計值。

消費者經濟調查練習

以下練習題根據來自中產階級的子樣本資料，該子樣本的定義是淨資產介於 $120,185 到 $450,000 之間的人民。

12.20 因為至少要 $120,185 淨值資產才能被列為中產階級，我們預期美國中產階級戶主之平均年齡 (AGE) 將大於所有美國成年人的平均年齡，其為 50.4 歲。(資料來源：美國人口普查局)
a. 執行檢定以確定是否有足夠的證據支持這個預期。
b. 必要的條件是否有被滿足？請解釋之。

12.21 大量的美國家庭投資於股票市場。許多人有各種養老金計畫，使用分配的資金購買股票，也有許多人直接持有股票市場的股票。
a. 計算直接持有股票家庭的平均股票總價值 (STOCKS) 之信賴區間估計值。
b. 對 (a) 小題，檢定的必要條件是什麼？
c. 必要的條件是否有被滿足？請解釋之。

12.22 不同的家庭有不同的負債方式。最大的可能是他們住家的抵押貸款。其他的包括學生貸款、汽車貸款與信用卡的卡債。
a. 為了確定美國中產階級家庭負擔多少債務，計算平均債務 (DEBT) 的信賴區間估計值。
b. 必要的條件是否有被滿足？若沒有，為什麼？

12.23 美國對中產階級沒有單一的定義，為了分析消費者財務調查的資料，我們根據淨資產值定義中產階級。然而，許多經濟學家以收入為基礎來定義中產階級。利用估計收入平均值 (INCOME) 的信賴區間估計值來分析中產階級的收入。

12.24 信用卡公司收取的利率非常高，因此建議消費者盡快償還信用卡債務。為了查看人們是否遵循這項建議，估計中產階級家庭所持有信用卡餘額 (CCBAL) 的信賴區間估計值。

12.2 單一母體變異數的推論

在 12.1 節，我們介紹有關一個母體平均數的推論方法，我們對獲取母體中央位置的資料感興趣。因此，我們檢定與估計母體平均數。如果我們感興趣的是對母體的變異性進行推論，則需研究的參數是母體變異數 σ^2。關於變異數的推論可用於對各種問題做出決策。在 8.2 節，一個用以說明常態分配的範例中，我們展示為什麼變異數是風險的測量。在 7.3 節，我們描述金融上的一個重要應用，其中股票多樣化被證明可以降低投資組合的變異數，如此一來可以降低與該投資組合相關的風險。在這兩節中，我們假設母體變異數為已知。在本節中，我們使用比較實際的方法，並且認知我們需要用統計方法來推論母體變異數。

變異數的另一個應用來自於作業管理。合格的工程師試圖確保他們公司的產品一致地始終符合規格。判斷生產過程一致性的一種方法是計算產品尺寸、重量或體積的變異數；也就是說，如果尺寸、重量或體積的變異性是大的，很可能會有很多產品將會超出該產品的規格。本書稍後將會再次回到這個主題。

推導檢定統計量和區間估計量的任務提供我們另一次機會來展示一般統計方法是如何發展的。我們首先辨識最佳的估計量。該估計量有一個抽樣分配，從其抽樣分配，我們從中產生檢定統計量和區間估計量。

12.2a 統計量與抽樣分配

σ^2 的估計量是在 4.2 節中曾經介紹過的樣本變異數。統計量 s^2 具有 10.1 節中介紹的理想特質；也就是說，s^2 是 σ^2 的一個不偏的、一致的估計量。

統計學家已經證明在抽樣母體為常態的情況下，平均數的離差平方和 $\sum(x_i - \bar{x})^2$ [它等於 $(n-1)s^2$] 除以母體變異數，是具有自由度為 $\nu = n-1$ 的卡方分配。統計量

$$\chi^2 = \frac{(n-1)s^2}{\sigma^2}$$

被稱為**卡方統計量 (chi-squared statistic, χ^2-statistic)**。卡方分配曾在 8.4 節中介紹過。

12.2b 檢定與估計一個母體變異數

誠如我們在 11.4 節中討論的，描述抽樣分配的公式就是檢定統計量的公式。

σ^2 的檢定統計量

用於 σ^2 檢定假設的檢定統計量是

$$\chi^2 = \frac{(n-1)s^2}{\sigma^2}$$

當母體隨機變數服從變異數等於 σ^2 的常態分配時，它會服從自由度為 $\nu = n-1$ 的卡方分配。

使用 8.4 節中曾經介紹的符號，我們可以做下列機率敘述：

$$P(\chi^2_{1-\alpha/2} < \chi^2 < \chi^2_{\alpha/2}) = 1 - \alpha$$

代入

$$\chi^2 = \frac{(n-1)s^2}{\sigma^2}$$

並且運用一些代數的操作，我們可以推導出一個母體變異數的信賴區間估計量。

σ^2 的信賴區間估計量

$$\text{信賴下限 (LCL)} = \frac{(n-1)s^2}{\chi^2_{\alpha/2}}$$

$$\text{信賴上限 (UCL)} = \frac{(n-1)s^2}{\chi^2_{1-\alpha/2}}$$

作業管理上的應用　品質

製造的一個重要面向是品質。最終產品的品質是產品組件品質的函數。如果組件不適合，產品無法如設計上的正常運作，並且可能無法達到顧客預期它應有的功能。例如，假設一個車門不是依規格所製造，它將無法配合車體。結果，這個門會滲入水和空氣。

作業管理試圖透過盡可能降低所有組件製造的變異性來維持與改善產品的品質。如你所見，統計學家以計算變異數的方式來測量變異。

Michaeljung/Shutterstock.com

範例 12.3　容器填充機的一致性，第一部分

DATA
Xm12-03

容器填充機用於填充各種的液體，包括牛奶、軟性飲料與油漆等。理想的情況是，各個瓶中液體的量應該只有些微的不同，因為較大的變異會導致有些容器裝填不足(欺騙顧客)以及有些裝填過量(導致成本上的浪費)的情況。一家開發新型機器公司的總裁誇耀他們的機器能夠始終如一地填充 1 公升 (1,000 立方公分) 的容器，使得裝填的變異數小於 1 立方公分。為了檢定這項宣稱的真實性，隨機選取 25 個填滿 1 公升容器的樣本，並且記錄結果。這些資料列出如下。這些資料是否容許該總裁在 5% 顯著水準下做此宣稱？

填充量

999.6	1000.7	999.3	1000.1	999.5
1000.5	999.7	999.6	999.1	997.8
1001.3	1000.7	999.4	1000.0	998.3
999.5	1000.1	998.3	999.2	999.2
1000.4	1000.1	1000.1	999.6	999.9

解答

辨識方法

問題的目的是描述這部機器裝填 1 公升容器容量的母體。資料是區間尺度，而我們對裝填量的變異性感興趣。因此，感興趣的參數是母體變異數。因為我們想決定是否存在充分的證據支持這項宣稱，對立假設為

$$H_1: \sigma^2 < 1$$

虛無假設為

$$H_0: \sigma^2 = 1$$

以及我們將使用的檢定統計量是

$$\chi^2 = \frac{(n-1)s^2}{\sigma^2}$$

計算

手動計算

使用計算機，我們求出

$$\sum x_i = 24{,}992.0 \quad 與 \quad \sum x_i^2 = 24{,}984{,}017.76$$

因此，

$$s^2 = \frac{\sum x_i^2 - \frac{(\sum x_i)^2}{n}}{n-1} = \frac{24,984,017.76 - \frac{(24,992.0)^2}{25}}{25-1} = .6333$$

檢定統計量的值是

$$\chi^2 = \frac{(n-1)s^2}{\sigma^2} = \frac{(25-1)(.6333)}{1} = 15.20$$

拒絕域是

$$\chi^2 < \chi^2_{1-\alpha, n-1} = \chi^2_{1-.05, 25-1} = \chi^2_{.95, 24} = 13.85$$

因為 15.20 不小於 13.85，我們不能拒絕虛無假設而支持對立假設。

EXCEL 活頁簿

	A	B	C	D
1	Chi-squared Test of a Variance			
2				
3	Sample variance	0.6333	Chi-squared Stat	15.20
4	Sample size	25	P(CHI<=chi) one-tail	0.0852
5	Hypothesized variance	1	chi-squared Critical one (left)-tail	13.85
6	Alpha	0.05	chi-squared Critical one (right)-tail	36.42
7			P(CHI<=chi) two-tail	0.1704
8			chi-squared Critical two-tail	12.40
9				39.36

指令說明

1. 鍵入或匯入資料到某一欄。(開啟 Xm12-03。) 在任何一個空的儲存格中計算樣本變異數 (= VAR(A1:A26))。

2. 開啟 **Test Statistics 活頁簿 (Workbook)**，並點選下方 **Chi-squared Test_Variance 試算表**標籤。輸入或複製樣本變異數。輸入 n 的值，在虛無假設之下 σ^2 的值，和 α 的值。

詮釋

沒有足夠的證據去推論這項宣稱為真。如同我們先前討論過的，這個結果並未說明變異數是等於 1；它只敘述我們無法證明變異數是小於 1。圖 12.4 描繪檢定統計量的抽樣分配。

圖 12.4 範例 12.3 的抽樣分配

範例 12.4　容器填充機的一致性，第二部分

以 99% 信心估計範例 12.3 中填充量的變異數。

解答

手動計算

在範例 12.3 的解答中，我們得到 $(n-1)s^2$ 是 15.20。從附錄 B 的表 5，我們得到

$$\chi^2_{\alpha/2,n-1} = \chi^2_{.005,24} = 45.6$$

$$\chi^2_{1-\alpha/2,n-1} = \chi^2_{.995,24} = 9.89$$

因此，

$$\text{LCL} = \frac{(n-1)s^2}{\chi^2_{\alpha/2}} = \frac{15.20}{45.6} = .3333$$

$$\text{UCL} = \frac{(n-1)s^2}{\chi^2_{1-\alpha/2}} = \frac{15.20}{9.89} = 1.537$$

我們估計填充量變異數的值介於 .3333 與 1.537 之間。

EXCEL 活頁簿

	A	B	C	D
1	Chi-Squared Estimate of a Variance			
2				
3	Sample variance	0.6333	Confidence Interval Estimate	
4	Sample size	25	Lower confidence limit	0.3336
5	Confidence level	0.99	Upper confidence limit	1.5374

指令說明

1. 鍵入或匯入資料到某欄。(開啟 Xm12-03。) 在任何一個空的儲存格中計算樣本變異數 (= VAR(A1:A26))。
2. 開啟 **Estimators 活頁簿 (Workbook)**，並點選下方 **Chi-squared Estimate_Variance 試算表**標籤。輸入或複製樣本變異數。輸入樣本數和信賴水準的值。

詮釋

在範例 12.3 中，我們看到沒有充分的證據去推論母體變異數是小於 1 的。在此我們看到 σ^2 被估計落在 .3336 與 1.5375 之間。此區間的一部分是在 1 之上，這告訴我們該變異數可能大於 1，確認了我們在範例 12.3 中所達成的結論。我們可能可以使用這個估計值來預測瓶子填充過量與填充不足的百分比。這可能容許我們在競爭的機器種類中做選擇。

12.2c　檢查必要的條件

就像在 12.1 節中所介紹的 t-檢定與 μ 的估計量，卡方檢定與 σ^2 的估計量在理論上要求樣本的母體是常態的。但是，在實務上，只要母體不是極端地非常態，這種方法還是有效的。我們可以藉由畫直方圖的方式來測量非常態性的程度如圖 12.5。如你所見，填充量顯示有些不對稱。但是，此變數並沒有呈現極端的非常態。我們結論說，沒有嚴重地違反常態性的要求。

圖 12.5 範例 12.3 與範例 12.4 的直方圖

練 習 題

發展對統計觀念的了解

下列練習題是 "what-if" 分析，被設計來決定當統計推論的要素改變時，檢定統計量與區間估計值會有什麼變化。這些問題可用手算或是使用 Excel 試算表求解。

12.25 a. 從常態母體隨機抽取 100 個觀測值的樣本，計算出的樣本變異數為 $s^2 = 220$。以 $\alpha = .05$ 檢定我們能否推論母體變異數是不同於 300。

b. 樣本大小改為 50，重做 (a) 小題。

c. 減少樣本大小有何影響？

12.26 a. 一個從常態母體隨機抽取 50 個觀測值的樣本，其變異數為 $s^2 = 80$。在 1% 的顯著水準下，我們是否能夠推論母體變異數 σ^2 是小於 100 的？

b. 樣本大小增加為 100，重做 (a) 小題。

c. 增加樣本大小有何影響？

12.27 a. 給定 $n = 15$ 和 $s^2 = 12$，以 90% 的信心估計 σ^2。

b. 以 $n = 30$，重做 (a) 小題。

c. 增加樣本大小有何影響？

應用題

12.28 Xr12-73 此處列出了應該 1 磅重盒裝穀類食品的隨機樣本重量。以 90% 的信心估計盒裝穀類食品重量的母體變異數。

1.05　1.03　.98　1.00　.99　.97　1.01　.96

12.29 Xr12-74 經過多年教學之後，一位統計學教授計算期末考成績的變異數，發現是 $\sigma^2 = 250$。這位教授最近對期末考的評分方式做了一些改變，想知道是否會導致變異數的減小。隨機選取期末考成績的樣本如下。該教授能否在 10% 的顯著水準下推論變異數已經減小？

57　92　99　73　62　64　75　70　88　60

12.30 Xr12-75 隨著汽油價格的上漲，駕駛人愈來愈關心其汽車耗油量的問題。過去 5 年，一位駕駛人追蹤且記錄汽車的耗油量，發現每次加滿油的行駛哩程變異數是 $\sigma^2 = 23$ mpg^2（每加侖哩程數的平方）。目前這輛車的車齡是 5 年，駕駛人想要知道耗油量的變異

性是否有所變化。他記錄了最後 8 次加滿油的每加侖哩程數，列出如下。以 10% 的顯著水準檢定且推論該變異數是否已經改變。

28　25　29　25　32　36　27　24

12.31 Xr12-76 在年度健康檢查期間，醫師依照慣例送病患到醫學實驗室進行各種檢驗。有一項檢驗可確定病患血液中膽固醇的水準。然而，並非所有的檢驗都以同樣的方式執行。為了獲得更多的資料，一名患者被送往 10 個實驗室，在每一個實驗室測量他的膽固醇水準。結果列在下方，以 95% 的信心估計這些測量的變異數。

188　193　186　184　190　195　187　190　192　196

12.3　單一母體比例的推論

在本節中，我們繼續解決描述單一母體的問題。但是，我們將注意力轉移到名目資料的母體上，這意味著母體是由名目或類別數值所組成。例如，在品牌偏好的調查中，統計應用者針對特定產品的消費者詢問他們購買的品牌。隨機變數的值是品牌。如果共有 5 種品牌，數值可以用它們的名稱、英文字母 (A、B、C、D 和 E)，或數字 (1、2、3、4 和 5) 來表示。使用數字時，應該了解數字僅代表品牌的名稱，是完全任意指定的，不能被視為實際的數字，我們不能計算其平均數與變異數。

12.3a　參數

回想在第 2 章中曾經討論的資料類型。當資料是名目時，我們描述母體或樣本時，能夠作的就是計算每一個數值發生的次數。根據這些計數，我們可以計算比例。因此，在描述一個名目資料的母體時，感興趣的參數是母體的比例 p。在 7.4 節中，這個參數被用來計算二項實驗的機率。二項實驗的特性之一是每次實驗只有兩種可能的結果。對 p 做推論的大多數實務應用涉及兩種以上的結果。但是，在大部分的情況下，我們只對其中一種結果感興趣，我們標示其為「成功」。其他的結果標示為「失敗」。例如，在品牌偏好的調查中，我們對自己公司的品牌感興趣。在政治的民調中，我們想要估計或檢定選民將會投票給某一特定候選人——很可能是付錢進行民調的那位候選人——的選民比例。

12.3b　統計量與抽樣分配

用於估計和檢定母體比例的合理統計量是樣本比例，它被定義為

$$\hat{p} = \frac{x}{n}$$

其中 x 是樣本中成功的次數，n 是樣本大小。在 9.2 節中，我們提過 $\hat{P}$ 的近似抽樣分配。(實際的分配是立基於二項分配，但不適用於統計推論。) $\hat{P}$ 的抽樣分配是具有平均數 p 與標準差 $\sqrt{p(1-p/n)}$ 的近似常態分配 [在 np 與 $n(1-p)$ 皆是大於 5 的條件下]。我們將此抽樣分配表示為

$$z = \frac{\hat{P} - p}{\sqrt{p(1-p)/n}}$$

12.3c 檢定與估計比例

正如你所見，彙整抽樣分配的公式也代表檢定統計量。

p 的檢定統計量

$$z = \frac{\hat{P} - p}{\sqrt{p(1-p)/n}}$$

當 np 與 $n(1-p)$ 大於 5 時，它近似於常態。

採用 10.2 節與 12.1 節中相同的代數運算，我們試圖從抽樣分配導出 p 的信賴區間估計量。結果是

$$\hat{p} \pm z_{\alpha/2} \sqrt{p(1-p)/n}$$

這個公式雖然技術上是正確的，卻是無用的。要了解原因，可以檢視抽樣分配的標準誤 $\sqrt{p(1-p)/n}$。為了產生區間估計值，我們必須計算標準誤，而標準誤的計算又必須知道 p 的值，而它正是我們想要估計的參數。這是幾種統計方法中的第一個，這些方法都面臨相同的問題——如何決定標準誤的值。在這個應用中，問題可以容易且合理地被解決：只要以 $\hat{p}$ 的值估計 p 即可。

因此，我們以 $\sqrt{\hat{p}(1-\hat{p})/n}$ 估計標準誤。

p 的信賴區間估計量

$$\hat{p} \pm z_{\alpha/2} \sqrt{\hat{p}(1-\hat{p})/n}$$

當 $n\hat{p}$ 與 $n(1-\hat{p})$ 皆大於 5 時，它是有效的。

範例 12.5　選舉日投票處出口民意調查

DATA
Xm12-05

當舉辦一場政治職位選舉時，各電視網會取消日常性節目，轉而報導選舉新聞。計票時，立即報導結果。但是，對於總統或參議員等重要的職位，電視網會積極競爭，看哪一家能夠搶先預測出競選的贏家。這可以透過投票處出口民意調查 (exit polls) 來執行[2]。其中，隨機選取離開投票處選民的樣本，詢問他們的票投給了誰。根據資料，計算出支持候選人的選民樣本比例。應用統計方法來決定是否有足夠的證據去推論領先的候選人將會累積足夠的票數以贏得選舉。假設在 2000 年佛羅里達州的出口民意調查中，民意測驗人員只記錄可能獲勝的兩名候選人的選票，民主黨的候選人高爾 (Albert Gore) (編碼 = 1) 與共和黨的候選人布希 (George W. Bush) (編碼 = 2)。投票於晚間 8:00 結束，電視網是否能從這些資料中得出結論說共和黨候選人將贏得該州？電視網是否應該在晚間 8:01 宣布共和黨的候選人將會勝選？

解答

辨識方法

問題的目的是描述一個州的投票母體。資料是名目的，因為這些數值是「民主黨」(編碼 = 1) 與「共和黨」(編碼 = 2)。因此，要檢定的參數是共和黨候選人在整個州的選票比例。因為我們想決定電視網是否可以在晚間 8:01 宣布共和黨獲勝，所以對立假設為

$$H_1 : p > .5$$

虛無假設

$$H_0 : p = .5$$

檢定統計量為

$$z = \frac{\hat{p} - p}{\sqrt{p(1-p)/n}}$$

---

[2] 在 1967 年，當 Warren Mitofsky 為 CBS 的新聞部工作時，他以開創選舉日的投票處出口民意調查而獲得聲譽。Mitofsky 宣稱他已經正確地預測 2,500 次選舉，並且只有 6 次是失敗的。投票處出口民意調查被認為是非常精確的，以致當民意調查與實際結果不相同時，某些報紙與電視記者竟宣稱選舉的結果是錯誤的。在 2004 年的總統選舉，投票處出口民意調查顯示 John Kerry 領先。但是，當計算選票時，George Bush 卻贏得俄亥俄州。陰謀論者現在仍然相信共和黨偷取了俄亥俄州，使用的「證據」就是投票處出口民意調查。然而，Mitofsky 自己分析發現該投票處出口民意調查沒有被適當地執行，造成許多共和黨選民拒絕參與調查。這項過失是由訓練不良的訪員所造成 (資料來源：*Amstat News*, December 2006)。

> **計算**

手動計算

這是一個「標準的」問題，它需要一個 5% 的顯著水準。因此，拒絕域為

$$z > z_\alpha = z_{.05} = 1.645$$

從檔案中，我們計算「成功」的個數，其為投給共和黨候選人的票數，並得到 $x = 407$。樣本大小為 765。因此，樣本比例為

$$\hat{p} = \frac{x}{n} = \frac{407}{765} = .532$$

檢定統計量的數值為

$$z = \frac{\hat{p} - p}{\sqrt{p(1-p)/n}} = \frac{.532 - .5}{\sqrt{.5(1-.5)/765}} = 1.77$$

由於檢定統計量是(近似地)服從常態分配，我們可以決定 p-值。它是

$$p\text{-值} = P(Z > 1.77) = 1 - p(Z < 1.77) = 1 - .9616 = .0384$$

在 5% 的顯著水準下，有充分的證據推論共和黨候選人勝選。

> **EXCEL 活頁簿**

	A	B	C	D
1	z-Test of a Proportion			
2				
3	Sample proportion	0.532	z Stat	1.77
4	Sample size	765	P(Z<=z) one-tail	0.0384
5	Hypothesized proportion	0.5	z Critical one-tail	1.6449
6	Alpha	0.05	P(Z<=z) two-tail	0.0767
7			z Critical two-tail	1.9600

指令說明

1. 鍵入或匯入資料到某一欄。(開啟 Xm12-05。) 在任何一個空的儲存格中計算「成功」的次數 (= COUNTIF(A1:A766,2))。

2. 開啟 **Test Statistics 活頁簿 (Workbook)**，並點選下方 **z-Test_Proportion 試算表**標籤。輸入或複製樣本比例。輸入樣本數、在虛無假設之下 p 的值，與 α 的值。

12 單一母體的推論

> **詮釋**
>
> 檢定統計量的值是 $z = 1.77$ 與單尾 p-值 $= .0382$。使用 5% 的顯著水準，我們拒絕虛無假設並且下結論說有充分的證據去推論布希贏得佛羅里達州的總統選舉。
>
> 在此考慮的關鍵問題是型 I 與型 II 錯誤的成本。如果我們下結論說共和黨將會贏，事實上共和黨輸了，則發生型 I 錯誤。這類錯誤的意思是電視網在晚間 8:01 宣布共和黨候選人已經贏得選舉，稍晚必須承認這是一項錯誤。如果只有一家特定的電視網犯此一錯誤，將造成觀眾對他們的誠信產生懷疑並可能影響觀眾的人數。
>
> 這確實是發生在 2000 年 11 月美國總統選舉當晚的情況。在晚間 8:00 投票結束後不久，所有的電視網皆宣布民主黨候選人高爾將會贏得佛羅里達州。幾小時後，他們再次承認錯誤，並宣布此一選舉的結果太接近而無法分出勝負。幸運地，所有的電視網犯了相同的錯誤。但是，如果有一家電視網沒有犯此一錯誤，它將發展出更好的紀錄，這未來可能被用以做為新聞節目的廣告，並且可能吸引更多的觀眾。

12.3d 遺漏值

在實際的統計應用中，我們偶爾會發現資料集是不完整的。在某些情況，統計應用者或許沒有正確地記錄某些觀測值，或是有些資料可能遺漏。在其他情況下，受訪者可能拒絕回答。例如，在一些政治的民調中，統計應用者詢問選民在下次選舉中他們將會把票投給誰，有些人會回答他們尚未決定，或是因為他們的票是保密的而拒絕回答。在受訪者被詢問其收入的調查中，民眾通常拒絕透露這些資料。這對統計應用者是一個棘手的問題。我們無法強迫民眾回答我們的問題。但是，如果不回應的次數偏高，我們分析的結果可能是無效的，因為樣本不再是真正的隨機。要了解原因，假設家庭收入在前四分之一的民眾經常拒絕回答有關他們收入的問題。這將導致母體平均家庭收入的估計值會低於實際的數值。

這個議題可能是複雜的。有幾種可以彌補無回應的方法。最簡單的方法是刪除它們。舉例說明，假設在一項政治的調查中，受訪者被詢問在兩位候選人的競選中，他們的票要投給誰。調查人員記錄結果為 1 = 候選人 A，2 = 候選人 B，3 =「不知道」，與 4 =「拒絕回答」。如果我們想要推論已經決定將票投給候選人 A 的選民比例，我們只要刪除編碼 3 與 4 即可。如果我們以手算執行此項工作，我們會計數

偏好候選人 A 的選民人數以及偏好候選人 B 的選民人數。這兩種數字的加總是總樣本量。

在統計軟體的語言中，我們想要刪除的無回應答案統稱為「遺漏值」(missing data)。套裝軟體以不同的方法處理遺漏值。本書的線上附錄 Excel Instructions for Missing Data and Recoding Data 說明在 Excel 中如何解決遺漏值以及資料重新編碼的問題。

我們已經刪除了在一般社會調查中的無回應紀錄 (消費者財務調查使用統計方法來估計遺漏的資料)。在 Excel 中，無回應顯示空白。

12.3e　在一個大的有限母體中估計總成功次數

與一個平均數的推論一樣，在本節中的方法假設母體為無限大。當母體是小的，則必須包括有限母體校正因子。依我們的定義，一個母體小於樣本大小的 20 倍，則此母體是小的。如果母體是大而且有限的，我們可以估計母體中的總成功次數。

要產生此項總數的信賴區間估計量，我們將成功比例的區間估計量的信賴下限與信賴上限乘以母體大小。在一個大而且有限的母體中，成功總數的信賴區間估計量為

$$N\left(\hat{p} \pm z_{\alpha/2}\sqrt{\frac{\hat{p}(1-\hat{p})}{n}}\right)$$

我們在本章開章範例與本節的一些練習題中會使用這項估計量。

12.3f　選擇估計比例的樣本大小

當我們在 10.3 節中介紹估計一個平均數的樣本大小選擇方法時，我們指出樣本大小依賴信賴水準及統計應用者能夠容忍的估計誤差範圍。當要估計的參數是一個比例時，此一估計誤差界限是

$$B = z_{\alpha/2}\sqrt{\frac{\hat{p}(1-\hat{p})}{n}}$$

對上式求 n 的解，我們得到下列方塊中所需的樣本大小。

失業人數：解答

辨識方法

此問題的目的是描述美國成年人工作狀態的母體。資料是名目的。問題目的與資料型態的組合使得被估計的參數是整個母體失業人口的比例。母體的信賴區間估計量是

$$\hat{p} \pm z_{\alpha/2}\sqrt{\frac{\hat{p}(1-\hat{p})}{n}}$$

計算

手動計算

為了手算解答，我們計算 WRKSTAT 欄中 3 和 4 的次數。它們分別是 53 和 84，樣本量為 2,346（有兩個空格代表遺漏值。）因此，

$$\hat{p} = \frac{53+84}{2,346} = .0584$$

信賴水準是 $1-\alpha = .95$。所以 $\alpha = .05$，$\alpha/2 = .025$，並且 $z_{\alpha/2} = z_{.025} = 1.96$。$p$ 的 95% 信賴區間估計值為

$$\hat{p} \pm z_{\alpha/2}\sqrt{\frac{\hat{p}(1-\hat{p})}{n}} = .0584 \pm 1.96\sqrt{\frac{.0584(1-.0584)}{2,346}} = .0584 \pm .0095$$

LCL = .0489   UCL = .0679

EXCEL 活頁簿

	A	B	C	D	E
1	z-Estimate of a Proportion				
2					
3	Sample proportion	0.0584	Confidence Interval Estimate		
4	Sample size	2346	0.0584	±	0.0095
5	Confidence level	0.95	Lower confidence limit		0.0489
6			Upper confidence limit		0.0679

指令說明

1. 鍵入或匯入資料到某一欄（開啟 GSS2018）。（我們將 X 欄複製到

另一個試算表中。) 在任何一個空的儲存格中計算「成功」的數量 (= COUNTIF (A1:A2349,3) 和 = COUNTIF (A1:A2349,4))。將此數字 (53 + 84) 除以樣本大小 (2,346) 以獲得樣本比例。

2. 開啟 **Estimators 活頁簿 (Workbook)**，並點選下方 **z-Estimate_Proportion 試算表**標籤。輸入或複製樣本比例。輸入樣本數和 α 的值。

詮釋

我們估計失業的美國成年人的比例介於 **4.89%** 和 **6.79%** 之間。要確定失業人數，請將下限和上限乘以母體大小 255,200,373。因此，

$$LCL = 255,200,373(.0489) = 12,479,298$$
$$UCL = 255,200,373(.0679) = 17,328,105$$

估計一個比例所需的樣本大小

$$n = \left(\frac{z_{\alpha/2}\sqrt{\hat{p}(1-\hat{p})}}{B} \right)^2$$

舉例說明此一公式的使用，假設在一項品牌偏好的調查中，我們想要以 95% 的信心估計偏好我們公司品牌的消費者比例，並使估計誤差控制在 .03 之內。這表示估計誤差界限是 $B = .03$。因為 $1 - \alpha = .95$，$\alpha = .05$，$\alpha/2 = .025$，並且 $z_{\alpha/2} = z_{.025} = 1.96$，所以，

$$n = \left(\frac{1.96\sqrt{\hat{p}(1-\hat{p})}}{.03} \right)^2$$

為了對 n 求解，我們需要知道 $\hat{p}$。遺憾的是，因為樣本還沒有被抽出，這個數值通常是未知的。這時候，我們可以使用下列兩種方法之一來求解 n 的答案。

方法一 如果我們甚至連 $\hat{p}$ 的近似值都不知道時，令 $\hat{p} = .5$。我們選擇 $\hat{p} = .5$ 是因為 $\hat{p}(1-\hat{p})$ 的乘積在 $\hat{p} = .5$ 時等於它的最大值。(圖 12.6 說明此一要點。) 這樣做的話，結果會導出一個最保守的 n 值，使得信賴區間將不會比 $\hat{p} \pm .03$ 的區間寬。如果到時樣本被選出，而 $\hat{p}$ 不等於 .5，則信賴區間估計值將會比原來計畫的更好 (也就是更窄)。因此，

$$n = \left(\frac{1.96\sqrt{(.5)(.5)}}{.03}\right)^2 = (32.67)^2 = 1,068$$

如果結果是 $\hat{p} = .5$，則區間估計值為 $\hat{p} \pm .03$。如果不是，區間估計值將會更窄。例如，如果其結果為 $\hat{p} = .2$，則區間估計值為 $\hat{p} \pm .024$，這比我們原來計畫的更好。

圖 12.6 $\hat{p}$ 對上 $\hat{p}(1 - \hat{p})$ 的圖

方法二 如果我們對 $\hat{p}$ 的數值有些概念，則可以使用這個數值來決定 n。例如，若我們相信 $\hat{p}$ 將近似於 .2，我們可以解 n 的答案如下：

$$n = \left(\frac{1.96\sqrt{(.2)(.8)}}{.03}\right)^2 = (26.13)^2 = 683$$

請注意，此時產生一個比方法一小的 n 值（因此減少抽樣成本）。但是，如果 $\hat{p}$ 實際上落在 .2 與 .8 之間，則估計值將不會與我們想要的一樣好，因為區間會比計畫的寬。

方法一通常使用於報紙、雜誌、電視與電台的公共意見調查中，以決定所使用的樣本大小。這些調查通常以 95% 的信心估計比例的誤差在 3% 之內。（媒體通常敘述信賴水準為「20 次中的 19 次」。）如果你曾經好奇為什麼民意調查總是將比例估計在 3% 以內，請考慮估計比例在 1% 之內所需的樣本大小：

$$n = \left(\frac{1.96\sqrt{(.5)(.5)}}{.01}\right)^2 = (98)^2 = 9,604$$

樣本大小 9,604 是估計比例誤差在 3% 之內所需樣本大小的 9 倍。因此，為了要將區間的寬度除以 3，必須將樣本大小乘以 9。成本也將增加很多。對大多數的應用者而言，增加了精確度（藉著縮小信賴區間估計值的寬度而產生）但無法克服成本

的增加。具有 5% 或 10% 限度 (樣本大小分別是 385 與 97) 的信賴區間估計值通常被認為是太寬而無法使用。因此，3% 的限度在成本與精確度之間提供了一個合理的折衷辦法。

練 習 題

發展對統計觀念的了解

練習題 12.32 到 12.35 是 "what-if" 分析，被設計來決定當統計推論的要素改變時，檢定統計量與區間估計值會有什麼變化。這些練習題可用手算或使用你建立的 Excel 試算表求解。

12.32 a. 在一個 200 個觀測值的隨機樣本，我們發現成功的比例是 48%。以 95% 的信心，估計成功的母體比例。
b. 以 $n = 500$，重做 (a) 小題。
c. 以 $n = 1,000$，重做 (a) 小題。
d. 描述增加樣本大小對信賴區間估計值的影響。

12.33 a. 在一個樣本大小為 400 的隨機樣本中，成功的比例被計算為 50%。以 95% 的信心估計母體的比例。
b. 以 $\hat{p} = 33\%$，重做 (a) 小題。
c. 以 $\hat{p} = 10\%$，重做 (a) 小題。
d. 討論減少樣本比例對信賴區間估計值寬度的影響。

12.34 a. 給定 $\hat{p} = .63$ 且 $n = 100$，計算下列假設檢定的 p-值：
$$H_0: p = .60$$
$$H_1: p > .60$$
b. 以 $n = 200$，重做 (a) 小題。
c. 以 $n = 400$，重做 (a) 小題。
d. 描述增加樣本大小對 p-值的影響。

12.35 a. 一位統計應用者想要檢定下列的假設：
$$H_0: p = .70$$
$$H_1: p > .70$$
一個大小為 100 的隨機樣本產生 $\hat{p} = .73$。計算檢定的 p-值。
b. 以 $\hat{p} = .72$，重做 (a) 小題。
c. 以 $\hat{p} = .71$，重做 (a) 小題。
d. 描述減少樣本比例對 z-統計量與 p-值的影響。

12.36 以 90% 的信心決定估計一個母體比例誤差在 .03 之內所需要的樣本大小，假設你不知道樣本比例的近似值。

12.37 假設你使用練習題 12.36 計算得到樣本大小，並且發現 $\hat{p} = .5$。
a. 以 90% 的信心估計母體比例。
b. 這是你預期的結果嗎？請解釋之。

12.38 假設你使用練習題 12.36 計算得到的樣本大小，並且發現 $\hat{p} = .75$。
a. 以 90% 的信心估計母體比例。
b. 這是你預期的結果嗎？請解釋之。
c. 如果你被僱用進行這項分析，僱用你的人將會滿意你所產生的區間估計值嗎？請解釋之。

12.39 假設你知道樣本比例將不會小於 .75，重做練習題 12.36。

12.40 假設你使用練習題 12.39 計算得到的

樣本大小，並且發現 $\hat{p} = .75$。
a. 以 90% 的信心估計母體比例。
b. 這是你預期的結果嗎？請解釋之。

12.41 假設你使用練習題 12.39 的計算得到樣本大小，並發現 $\hat{p} = .92$。
a. 以 90% 的信心估計母體比例。
b. 這是你預期的結果嗎？請解釋之。
c. 如果你被僱用進行此項分析，僱用你的人會滿意你所產生的區間估計值嗎？請解釋之。

12.42 假設你使用練習題 12.39 計算得到的樣本大小，並且發現 $\hat{p} = .5$。
a. 以 90% 的信心估計母體比例。
b. 這是你預期的結果嗎？請解釋之。
c. 如果你被僱用進行此項分析，僱用你的人會滿意你所產生的區間估計值嗎？請解釋之。

應用題

12.43 一位商學院的院長想知道畢業生在畢業後的第一年是否有使用統計推論方法。隨機抽取了 314 名畢業生的樣本，確定有 204 人在畢業後 1 年內使用了統計方法。以 90% 的信心估計在畢業 1 年內使用統計知識的所有商學院畢業生的比例。

12.44 最近飛機乘客的減少是否導致了更好的準點率？在最近的商務低迷之前，一家航空公司吹噓其有 92% 的航班是準點的。今年完成的 165 個航班的隨機樣本顯示，有 153 個航班是準時的。我們能否以 5% 的顯著水準得出航空公司的準點率有所改善的結論？

12.45 CEO 們有什麼樣的教育背景？在一項調查中，大型和中型企業的 344 位 CEO 被問及是否擁有 MBA 學位。共 97 位有此學位。以 95% 的信心估計中型和大型公司所有 CEO 擁有 MBA 學位的比例。

一般社會調查練習

<u>GSS2018</u> 以下練習題根據 2018 年的一般社會調查。

12.46 根據 2010 年的人口普查，未婚的美國人比例為 26.9%。這個數字有變化嗎？執行統計檢定以回答此問題。(MARITAL：5 = 從未結婚)。

12.47 在抵押貸款崩潰之前的 2008 年，房屋擁有率為 63.8%。一些分析人士聲稱，美國尚未復甦。是否有足夠的證據可以推論自 2008 年以來自有住房的比例有所下降 (DWELOWN：1 = 擁有或購買，2 = 租屋，3 = 其他)？

12.48 在 2010 人口普查中，美國白人離婚的比率是 10.4%，這個比例有增加嗎？執行統計檢定以回答此問題 (RACE：1 = 白人；MARITAL：3 = 離婚)。

12.49 女性上大學的人數正在增加中，在大多數的大學課程裡，女性的人數超過男性。在 2010 年，獲得研究所學位的女性比例是 10.2%。我們可以推論這個比例增加了嗎？進行統計檢定以回答此問題 (SEX：2 = 女性；DEGREE：4 = 研究所)。

消費者財務調查練習

SCF2019:\UC 以下練習題根據高產階級,即淨資產在 $3,129,610 至 $16,751,000 之間的家庭。

12.50 似乎是合理的,我們假設這些家庭的戶長受過良好的教育。進行檢定以確定是否有足夠的證據來推論這項淨資產類別中至少擁有學士學位(EDCL:4 = 大專學歷)的戶主比例超過 75%。

12.51 是否有足夠的證據可以推論出 80% 以上的高產家庭戶長已婚或與伴侶同居(MARRIED:1 = 已婚)?

12.52 僅計算目前有工作的人 (OCCAT1 = 1, 2),決定是否有足夠的統計證據得出這一類別中超過 60% 的戶長是自僱人士的結論 (OCCAT1:2 = 自僱人士)。

12.53 於 2018 年,大約 60% 的美國人擁有他們所住的房子。我們預期這個數字在這個淨資產類別中會更高。確定居住在自有房屋中的高產家庭比例的信賴區間估計值 (HOUSECL:1 = 自有)。

12.54 僅計算在職人員 (OCCAT2 = 1, 2, 3),決定是否有足夠的統計證據得出該類別中 80% 以上的戶長是管理/專業 (OCCAT2:1 = 管理/專業) 的結論。

本章摘要

本章中提出的推論方法描述單一母體的問題。當資料是區間資料時,感興趣的參數是母體平均數 μ 與母體變異數 σ^2。當母體標準差是未知時,學生 t 分配用來檢定與估計平均數。卡方分配則用來推論一個母體變異數。當資料是名目資料時,被檢定與估計的參數是母體比例 p。樣本比例服從近似的常態分配,由它可產生檢定統計量以及區間估計量。我們也討論如何決定估計一個母體比例所需要的樣本大小。

單一母體的推論 12

方法流程圖

```
問題目的？
    ↓
描述一個母體
    ↓
資料型態？
 ├──────────────┐
 ↓              ↓
區間            名目
 ↓              ↓
敘述量數的型態？   z-檢定與 p 的估計量
 ├────────┐
 ↓        ↓
中央位置   變異性
 ↓        ↓
t-檢定與   卡方檢定與
μ 的估計量  $\sigma^2$ 的估計量
```

Chapter 13 比較兩個母體的推論

本章綱要

13.1 兩母體平均數差異的推論：獨立樣本
13.2 觀測和實驗資料
13.3 兩母體平均數差異的推論：成對樣本
13.4 兩母體變異數比值的推論
13.5 兩母體比例差異的推論

一般社會調查

DATA
GSS2010
GSS2018

比較 2010 年與 2018 年：過去 8 年美國的創業動力是否下降？

小型企業對美國經濟的福祉極為重要。美國大約有 3,000 萬家小型企業，在此小型企業的定義是員工人數少於 500 人的企業。員工人數少於 20 人的企業約占美國所有企業的 90%。小型企業每年創造 150 萬個新工作，其中許多公司都是從為自己工作的個人開始的；因此，任何減少美國人為自己工作的計畫都會對經濟產生不利影響。一般社會調查詢問受訪者是否為自己工作 (WRKSLF：1 = 是，2 = 否)。是否有足夠的統計證據來推論美國人為自己工作的比例在 2010 年至 2018 年期間有所下降？

我們在第 444 頁提供此問題的解答。

導論 *Introduction*

我們可以將學習如何使用統計方法與學習如何開車進行比較。我們一開始描述你將在本課程中做什麼 (第 1 章)，然後介紹主要的背景知識 (第 2 至 9 章)。之後按照我們在第 10 和 11 章中的方式學習統計推論的概念並且應用它們，就像在一個空曠的停車場開車一般。你是在開車，但它不是一個真實的體驗。在第 12 章中的學習就好像在一條車輛稀少的小巷道中開車。雖然呈現實際的開車體驗，但是許多的困難都已經被移除。在本章中，你將開始真正地開車，有駕照的駕駛人會面臨許多實際的問題，並且這些經驗會讓你為下一個困難做好準備。

本章中我們提出比較兩個母體的各種方法。在 13.1 和 13.3 節中，我們處理區間變數；感興趣的參數是兩個平均數之間的差異。這兩節之間的不同，引介了另一個決定正確統計方法的因素──用以蒐集資料的實驗設計。在 13.1 節中，樣本是被獨立抽出的，然而在 13.3 節中，樣本是從配對實驗所取得。在 13.2 節中，我們討論觀測資料和實驗資料之間的不同，這個區別對我們詮釋統計結果的方式至關重要。

> 13.4 節介紹用於推論兩個母體變異數是否不同所採用的程序，參數是 σ_1^2/σ_2^2 的比率。(當比較兩個變異數，因為抽樣分配特性的關係，我們使用比率取代差異。)
>
> 13.5 節中處理比較兩個名目資料母體的問題。要被檢定和估計的參數是兩個比例之間的差異。

13.1 兩母體平均數差異的推論：獨立樣本

為了檢定與估計兩個母體平均數之間的差異，統計應用者分別從兩個母體抽出隨機樣本。在本節中，我們討論獨立樣本。在 13.3 節，我們將介紹配對實驗，屆時將會闡明獨立樣本與配對樣本之間的區別。目前，我們定義獨立樣本為彼此之間完全不相關的樣本。

圖 13.1 描繪抽樣的過程。我們從母體 1 中抽取大小為 n_1 的樣本，以及從母體 2 中抽取大小為 n_2 的樣本。從每一組樣本，我們計算樣本平均數與樣本變異數。

圖 13.1　兩個母體的獨立樣本

母體 1　　　　　母體 2
參數：μ_1 與 σ_1^2　　參數：μ_2 與 σ_2^2

樣本大小：n_1　　樣本大小：n_2

統計量：$\bar{x}_1$ 與 s_1^2　　統計量：$\bar{x}_2$ 與 s_2^2

兩個母體平均數間差異 $\mu_1 - \mu_2$ 的最佳估計量是兩組樣本平均數之差異 $\bar{x}_1 - \bar{x}_2$。在第 9.1 節中，我們介紹中心極限定理，該定理描述，從平均數為 μ 且標準差為 σ 的常態母體中重複抽樣時，樣本平均數的抽樣分配是常態的，且平均數為 μ 和標準差為 $\sigma/\sqrt{n}$。統計學家已經證實，兩個獨立常態隨機變數之間的差異也服從常態分配。因此，如果兩個母體都是常態的，則兩個樣本平均數之間的差異 $\bar{x}_1 - \bar{x}_2$ 也服從常態分配。透過使用期望值和變異數法則，我們導出 $\bar{x}_1 - \bar{x}_2$ **抽樣分配 (sampling distribution)** 的期望值、變異數和標準差 (稱為標準誤)。

> **$\bar{x}_1 - \bar{x}_2$ 的抽樣分配**
>
> 1. 如果母體為常態或近似常態，或者如果母體是非常態但是樣本很大，則 $\bar{x}_1 - \bar{x}_2$ 為常態分配。
> 2. $\bar{x}_1 - \bar{x}_2$ 的期望值是
>
> $$E(\bar{x}_1 - \bar{x}_2) = \mu_1 - \mu_2$$
>
> 3. $\bar{x}_1 - \bar{x}_2$ 的變異數是
>
> $$V(\bar{x}_1 - \bar{x}_2) = \frac{\sigma_1^2}{n_1} + \frac{\sigma_2^2}{n_2}$$
>
> $\bar{x}_1 - \bar{x}_2$ 的標準誤是
>
> $$\sqrt{\frac{\sigma_1^2}{n_1} + \frac{\sigma_2^2}{n_2}}$$

因此，

$$z = \frac{(\bar{x}_1 - \bar{x}_2) - (\mu_1 - \mu_2)}{\sqrt{\frac{\sigma_1^2}{n_1} + \frac{\sigma_2^2}{n_2}}}$$

是一標準常態(或近似常態)的隨機變數。所以檢定統計量是

$$z = \frac{(\bar{x}_1 - \bar{x}_2) - (\mu_1 - \mu_2)}{\sqrt{\frac{\sigma_1^2}{n_1} + \frac{\sigma_2^2}{n_2}}}$$

區間估計量是

$$(\bar{x}_1 - \bar{x}_2) \pm z_{\alpha/2} \sqrt{\frac{\sigma_1^2}{n_1} + \frac{\sigma_2^2}{n_2}}$$

然而，這些公式很少被使用，因為母體變異數 σ_1^2 與 σ_2^2 在實務上通常是未知的。因此，有必要估計抽樣分配的標準誤。估計這個標準誤的方法取決於兩個未知的母體變異數是否相等。當它們是相等時，檢定統計量以下面的方法定義。

當 $\sigma_1^2 = \sigma_2^2$ 時 $\mu_1 - \mu_2$ 的檢定統計量

$$t = \frac{(\bar{x}_1 - \bar{x}_2) - (\mu_1 - \mu_2)}{\sqrt{s_p^2\left(\frac{1}{n_1} + \frac{1}{n_2}\right)}} \qquad v = n_1 + n_2 - 2$$

其中

$$s_p^2 = \frac{(n_1 - 1)s_1^2 + (n_2 - 1)s_2^2}{n_1 + n_2 - 2}$$

s_p^2 被稱為**混合變異數估計量 (pooled variance estimator)**。它是兩個樣本變異數的加權平均數，以每一個樣本的自由度作為權重。母體變異數相等的要求使得這項計算可行，因為我們僅僅需要對 σ_1^2 與 σ_2^2 的共同值進行估計。我們使用混合變異數估計量的動機是有意義的，因為在合併兩個樣本之後，我們產生了一個比較好的估計值。

在兩母體是常態的前提下，檢定統計量服從自由度為 $n_1 + n_2 - 2$ 的學生 t 分配。信賴區間估計量可由現在已成慣例的數學推導得出。

當 $\sigma_1^2 = \sigma_2^2$ 時 $\mu_1 - \mu_2$ 的信賴區間估計量

$$(\bar{x}_1 - \bar{x}_2) \pm t_{\alpha/2}\sqrt{s_p^2\left(\frac{1}{n_1} + \frac{1}{n_2}\right)} \qquad v = n_1 + n_2 - 2$$

我們將這些公式分別稱為**相等變異數的檢定統計量 (equal-variances test statistic)** 和**相等變異數的信賴區間估計量 (equal-variances confidence interval estimator)**。

當母體變異數不相等時，我們不能使用混合變異數估計值；相對的，是以它們各自的樣本變異數估計每一個母體變異數。遺憾的是，所得到的統計量

$$\frac{(\bar{x}_1 - \bar{x}_2) - (\mu_1 - \mu_2)}{\sqrt{\frac{s_1^2}{n_1} + \frac{s_2^2}{n_2}}}$$

其抽樣分配既不服從常態也不服從學生 t 分配。但是，它可以用學生 t 分配來近似，自由度等於

$$v = \frac{(s_1^2/n_1 + s_2^2/n_2)^2}{\frac{(s_1^2/n_1)^2}{n_1 - 1} + \frac{(s_2^2/n_2)^2}{n_2 - 1}}$$

(通常將這個自由度四捨五入到一個最接近的整數)。檢定統計量和信賴區間估計量可以很容易地從這個抽樣分配導出。

當 $\sigma_1^2 \neq \sigma_2^2$ 時 $\mu_1 - \mu_2$ 的檢定統計量

$$t = \frac{(\bar{x}_1 - \bar{x}_2) - (\mu_1 - \mu_2)}{\sqrt{\left(\dfrac{s_1^2}{n_1} + \dfrac{s_2^2}{n_2}\right)}} \quad \nu = \frac{(s_1^2/n_1 + s_2^2/n_2)^2}{\dfrac{(s_1^2/n_1)^2}{n_1 - 1} + \dfrac{(s_2^2/n_2)^2}{n_2 - 1}}$$

當 $\sigma_1^2 \neq \sigma_2^2$ 時 $\mu_1 - \mu_2$ 的信賴區間估計量

$$(\bar{x}_1 - \bar{x}_2) \pm t_{\alpha/2}\sqrt{\left(\dfrac{s_1^2}{n_1} + \dfrac{s_2^2}{n_2}\right)} \quad \nu = \frac{(s_1^2/n_1 + s_2^2/n_2)^2}{\dfrac{(s_1^2/n_1)^2}{n_1 - 1} + \dfrac{(s_2^2/n_2)^2}{n_2 - 1}}$$

我們將這些公式分別稱為**不等變異數的檢定統計量 (unequal-variances test statistic)** 和**不等變異數的信賴區間估計量 (unequal-variances confidence interval estimator)**。

一個問題很自然地產生了，我們怎麼知道母體變異數是相等的？答案是因為 σ_1^2 與 σ_2^2 為未知，我們無法確實知道它們是否是相等。但是，我們能夠進行一項統計的檢定來決定是否有證據去推論兩母體變異數是不同的。我們執行兩母體變異數比率的 F-檢定，我們於此簡要地介紹，並且將細節保留至 13.4 節。

13.1a 決策法則：相等變異數或不等變異數的 t-檢定和估計量

回顧我們永遠不可能有足夠的統計證據去結論虛無假設是真的。這表示我們僅能決定是否存在足夠的證據去推論母體變異數不同 (differ)。因此，我們採用下列的法則：我們將使用相等變異數檢定統計量和信賴區間估計量，除非存在著證據 (基於母體變異數的 F-檢定) 去指出母體變異數是不相等的。對變異數不等的個案，我們將採用不等變異數檢定統計量和信賴區間估計量。

比較兩個母體的推論 13

檢定母體變異數

檢定的假設是

$$H_0: \sigma_1^2/\sigma_2^2 = 1$$
$$H_1: \sigma_1^2/\sigma_2^2 \neq 1$$

檢定統計量是兩個樣本變異數的比率 s_1^2/s_2^2，其抽樣分配服從自由度為 $\nu_1 = n_1 - 1$ 和 $\nu_2 = n_2 - 1$ 的 F-分配。回顧我們曾在 8.4 節中介紹 F-分配。所需要的條件與 $\mu_1 - \mu_2$ 的 t-檢定條件相同，即兩母體皆服從常態分配。

這是一個雙尾檢定，所以拒絕域為

$$F > F_{\alpha/2, \nu_1, \nu_2} \quad \text{或} \quad F < F_{1-\alpha/2, \nu_1, \nu_2}$$

簡單地說，當樣本變異數的比值是很大或很小的時候，我們將拒絕母體變異數是相等的虛無假設。附錄 B 中的表 6 列出 F-分配的臨界值，可藉以定義所謂的「很大」和「很小」。

範例 13.1[1]　直接購買與透過經紀人購買的共同基金

DATA
Xm13-01

數以百萬計的投資者購買共同基金，從數千種可能的基金中做選擇。有些基金可以直接向銀行或金融機構購買，而有些則必須透過收取服務費的經紀人購買。這產生一個問題。投資者直接購買是否能夠比透過經紀人購買做得更好。為了回答這個問題，一群研究人員從直接購買以及透過經紀人購買的共同基金中隨機抽樣年度報酬率，並且記錄了年度淨報酬率，它是扣除所有相關費用之後的投資報酬，如下所列。

直接購買					透過經紀人購買				
9.33	4.68	4.23	14.69	10.29	3.24	3.71	16.4	4.36	9.43
6.94	3.09	10.28	−2.97	4.39	−6.76	13.15	6.39	−11.07	8.31
16.17	7.26	7.1	10.37	−2.06	12.8	11.05	−1.9	9.24	−3.99
16.97	2.05	−3.09	−0.63	7.66	11.1	−3.12	9.49	−2.67	−4.44
5.94	13.07	5.6	−0.15	10.83	2.73	8.94	6.7	8.97	8.63
12.61	0.59	5.27	0.27	14.48	−0.13	2.74	0.19	1.87	7.06
3.33	13.57	8.09	4.59	4.8	18.22	4.07	12.39	−1.53	1.57
16.13	0.35	15.05	6.38	13.12	−0.8	5.6	6.54	5.23	−8.44
11.2	2.69	13.21	−0.24	−6.54	−5.75	−0.85	10.92	6.87	−5.72
1.14	18.45	1.72	10.32	−1.06	2.59	−0.28	−2.15	−1.69	6.95

---

[1] 資料來源：D. Bergstresser, J. Chalmers, and P. Tufano, "Assessing the Costs and Benefits of Brokers in the Mutual Fund Industry."

在 5% 的顯著水準下，我們是否能夠下結論：直接購買的共同基金之表現超越透過經紀人購買的共同基金？

解答

辨識方法

為了回答此問題，我們需要比較直接購買與透過經紀人購買共同基金報酬率的母體。很明顯地，資料是區間的 (我們記錄了真實的數字)。此問題的目的—資料型態的組合告訴我們，要被檢定的參數是兩個平均數之間的差異 $\mu_1 - \mu_2$。要檢定的假設是直接購買共同基金的平均淨報酬率 (μ_1) 大於透過經紀人購買共同基金的平均淨報酬率 (μ_2)。因此，對立假設為

$$H_1: (\mu_1 - \mu_2) > 0$$

依照慣例，虛無假設自動設為：

$$H_0: (\mu_1 - \mu_2) = 0$$

為了要決定應用哪一個 $\mu_1 - \mu_2$ 的 t-檢定，我們執行 σ_1^2/σ_2^2 的 F-檢定。

$$H_0: \quad \sigma_1^2/\sigma_2^2 = 1$$
$$H_1: \quad \sigma_1^2/\sigma_2^2 \neq 1$$

計算

手動計算

由資料，我們計算下列的統計量：

$$s_1^2 = 37.49 \quad \text{與} \quad s_2^2 = 43.34$$

檢定統計量：$F = s_1^2/s_2^2 = 37.49/43.34 = 0.86$

拒絕域：$F > F_{\alpha/2, \nu_1, \nu_2} = F_{.025, 49, 49} \approx F_{.025, 50, 50} = 1.75$

或

$$F < F_{1-\alpha/2, \nu_1, \nu_2} = F_{.975, 49, 49} = 1/F_{.025, 49, 49} \approx 1/F_{.025, 50, 50} = 1/1.75 = .57$$

因為 $F = .86$ 沒有大於 1.75 或小於 .57，我們不能拒絕虛無假設。

EXCEL 資料分析

	A	B	C
1	F-Test: Two-Sample for Variances		
2			
3		Direct	Broker
4	Mean	6.63	3.72
5	Variance	37.49	43.34
6	Observations	50	50
7	df	49	49
8	F	0.8650	
9	P(F<=f) one-tail	0.3068	
10	F Critical one-tail	0.6222	

檢定統計量的值是 $F = .8650$。Excel 輸出單尾 p-值。因為我們執行雙尾檢定，我們將這個值加倍。因此，這項檢定的 p-值是 $2 \times .3068 = .6136$。

指令說明

1. 鍵入或匯入資料到 2 個欄位 (開啟 Xm13-01)。
2. 點選**資料 (Data)**、**資料分析 (Data Analysis)** 與 **F-檢定：兩個常態母體變異數的檢定 (F-test Two-Sample for Variances)**。
3. 指定**變數 1 的範圍 (Variable 1 Range)** (A1:A51) 與**變數 2 的範圍 (Variable 2 Range)** (B1:B51)。鍵入一個 α 的值 (.05)。

詮釋

沒有足夠的證據去推論母體變異數不同。因此我們必須應用 $\mu_1 - \mu_2$ 的相等變異數 t-檢定。

假設為

$$H_0: (\mu_1 - \mu_2) = 0$$
$$H_1: (\mu_1 - \mu_2) > 0$$

計算

手動計算

由資料，我們計算下列統計量：

$$\bar{x}_1 = 6.63$$
$$\bar{x}_2 = 3.72$$
$$s_1^2 = 37.49$$
$$s_2^2 = 43.34$$

混合變異數估計量是

$$s_p^2 = \frac{(n_1-1)s_1^2 + (n_2-1)s_2^2}{n_1 + n_2 - 2}$$

$$= \frac{(50-1)37.49 + (50-1)43.34}{50 + 50 - 2}$$

$$= 40.42$$

檢定統計量的自由度是

$$\nu = n_1 + n_2 - 2 = 50 + 50 - 2 = 98$$

拒絕域是

$$t > t_{\alpha,\nu} = t_{.05,98} \approx t_{.05,100} = 1.660$$

我們得到的檢定統計量值是

$$t = \frac{(\bar{x}_1 - \bar{x}_2) - (\mu_1 - \mu_2)}{\sqrt{s_p^2\left(\dfrac{1}{n_1} + \dfrac{1}{n_2}\right)}}$$

$$= \frac{(6.63 - 3.72) - 0}{\sqrt{40.42\left(\dfrac{1}{50} + \dfrac{1}{50}\right)}}$$

$$= 2.29$$

EXCEL 資料分析

	A	B	C
1	t-Test: Two-Sample Assuming Equal Variances		
2			
3		Direct	Broker
4	Mean	6.63	3.72
5	Variance	37.49	43.34
6	Observations	50	50
7	Pooled Variance	40.41	
8	Hypothesized Mean Difference	0	
9	df	98	
10	t Stat	2.29	
11	P(T<=t) one-tail	0.0122	
12	t Critical one-tail	1.6606	
13	P(T<=t) two-tail	0.0243	
14	t Critical two-tail	1.9845	

指令說明

1. 鍵入或匯入資料到 2 個欄位 (開啟 Xm13-01)。

2. 點選**資料 (Data)**、**資料分析 (Data Analysis)** 與 *t*-檢定：兩個母體平均數差的檢定，假設變異數相等 (*t*-Test: Two-Sample Assuming Equal

Variances)。

3. 指定**變數 1 的範圍 (Variable 1 Range)** (A1:A51) 與**變數 2 的範圍 (Variable 2 Range)** (B1:B51)。鍵入**假設的平均數差異 (Hypothesized Mean Difference)**[2] 的值 (0),並且鍵入一個 α 的值 (.05)。

詮釋

檢定統計量的值是 2.29。單尾 p-值是 .0122。我們觀察到這項檢定的 p-值是小的 (並且檢定統計量落在拒絕域之中)。因此,我們下結論說有充分的證據去推論說平均而言直接購買共同基金的表現超越透過經紀人購買的共同基金。

估計 $\mu_1 - \mu_2$:相等變異數

除了檢定兩個母體平均數之間的差異值外,我們也可以估計這兩個母體平均數之間的差異值。接下來我們計算直接購買和透過經紀人購買共同基金之間平均報酬率差異的 95% 信賴區間估計值。

計算

手動計算

具有相同的母體變異數,平均數之間差異的信賴區間估計量是

$$(\bar{x}_1 - \bar{x}_2) \pm t_{\alpha/2} \sqrt{s_p^2 \left(\frac{1}{n_1} + \frac{1}{n_2} \right)}$$

直接購買共同基金與透過經紀人購買共同基金之間平均報酬率差異的 95% 信賴區間估計值是

$$(\bar{x}_1 - \bar{x}_2) \pm t_{\alpha/2} \sqrt{s_p^2 \left(\frac{1}{n_1} + \frac{1}{n_2} \right)} = (6.63 - 3.72) \pm 1.984 \sqrt{40.42 \left(\frac{1}{50} + \frac{1}{50} \right)}$$
$$= 2.91 \pm 2.52$$

信賴下限與信賴上限為 .39 與 5.43。

---

[2] 這個術語嚴格講是不正確的。因為我們正在檢定 $\mu_1 - \mu_2$,Excel 應該要求輸出「假設的平均數之間差異值」(Hypothesized Difference between Means)。

EXCEL 活頁簿

	A	B	C	D	E	F
1	t-Estimate of the Difference Between Two Means (Equal-Variances)					
2						
3		Sample 1	Sample 2	Confidence Interval Estimate		
4	Mean	6.63	3.72	2.91	±	2.52
5	Variance	37.49	43.34	Lower confidence limit		0.39
6	Sample size	50	50	Upper confidence limit		5.43
7	Pooled Variance	40.42				
8	Confidence level	0.95				

指令說明

鍵入或匯入資料到 2 個欄位 (開啟 Xm13-01)。計算每一個樣本的平均值和變異數。開啟 **Estimators 活頁簿 (Workbook)** 並點選下方 *t-Estimate_2 Means (Eq-Var)* **試算表**標籤。輸入平均值和變異數至試算表。輸入樣本數與信賴水準的值。

詮釋

我們估計直接購買共同基金的報酬率平均大於透過經紀人購買共同基金的報酬率在 .39 與 5.43 個百分點之間。

範例 13.2[3] 新 CEO 對家族企業的影響力

DATA
Xm13-02

當家族企業被老闆的兒子或女兒接管時會發生什麼情況？如果新老闆是公司擁有者的下一代時，企業經過改變之後是否經營得更好，或是由外聘者當執行長 (CEO) 時，企業會經營得比較好？為了求得答案，研究人員隨機選取 140 家公司，其中 30% 把所有權傳給後代，70% 則是任命外聘人士當 CEO。對於每一家公司，研究人員根據資產的比例計算新 CEO 接管前一年和後一年的營業收入占資產的比例。這個變數的改變 (之後的經營收入－之前的經營收入) 被記錄並且列出如下。這些資料是否容許我們去推論讓後代當 CEO 的影響力是不同於外聘人士當 CEO 的影響力？

---

[3] 資料來源：M. Bennedsen and K. Nielsen, Copenhagen Business School and D. Wolfenzon, New York University.

下一代子女			外聘者						
−1.95	0.91	−3.15	0.69	−1.05	1.58	−2.46	3.33	−1.32	−0.51
0	−2.16	3.27	−0.95	−4.23	−1.98	1.59	3.2	5.93	8.68
0.56	1.22	−0.67	−2.2	−0.16	4.41	−2.03	0.55	−0.45	1.43
1.44	0.67	2.61	2.65	2.77	4.62	−1.69	−1.4	−3.2	−0.37
1.5	−0.39	1.55	5.39	−0.96	4.5	0.55	2.79	5.08	−0.49
1.41	−1.43	−2.67	4.15	1.01	2.37	0.95	5.62	0.23	−0.08
−0.32	−0.48	−1.91	4.28	0.09	2.44	3.06	−2.69	−2.69	−1.16
−1.7	0.24	1.01	2.97	6.79	1.07	4.83	−2.59	3.76	1.04
−1.66	0.79	−1.62	4.11	1.72	−1.11	5.67	2.45	1.05	1.28
−1.87	−1.19	−5.25	2.66	6.64	0.44	−0.8	3.39	0.53	1.74
−1.38	1.89	0.14	6.31	4.75	1.36	1.37	5.89	3.2	−0.14
0.57	−3.7	2.12	−3.04	2.84	0.88	0.72	−0.71	−3.07	−0.82
3.05	−0.31	2.75	−0.42	−2.1	0.33	4.14	4.22	−4.34	0
2.98	−1.37	0.3	−0.89	2.07	−5.96	3.04	0.46	−1.16	2.68

解答

辨識方法

本例的目的是要比較兩個母體,而且資料是區間的。因此,感興趣的參數是兩母體平均數之間的差異 $\mu_1 - \mu_2$,其中 μ_1 是公司擁有者的兒子或女兒成為 CEO 的前後平均差異,而 μ_2 是公司指定外來人士當 CEO 的前後平均差異。

為了決定是否應用相等或不等變異數的 t-檢定,我們使用兩個變異數的 F-檢定:

$$H_0: \sigma_1^2/\sigma_2^2 = 1$$
$$H_1: \sigma_1^2/\sigma_2^2 \neq 1$$

計算

手動計算

由資料,我們計算下列的統計量:

$$s_1^2 = 3.79 \quad \text{與} \quad s_2^2 = 8.03$$

檢定統計量:$F = s_1^2/s_2^2 = 3.79/8.03 = 0.47$

自由度是 $\nu_1 = n_1 - 1 = 42 - 1 = 41$ 且 $\nu_2 = n_2 - 1 = 98 - 1 = 97$

拒絕域:$F > F_{\alpha/2, \nu_1, \nu_2} = F_{.025, 41, 97} \approx F_{.025, 40, 100} = 1.64$

或

$$F < F_{1-\alpha/2, \nu_1, \nu_2} = F_{.975, 41, 97} \approx 1/F_{.025, 97, 41} \approx 1/F_{.025, 100, 40} = 1/1.74 = .57$$

因為 $F = .47$ 小於 $.57$,我們拒絕虛無假設。

EXCEL 資料分析

	A	B	C
1	F-Test: Two-Sample for Variances		
2			
3		Offspring	Outsider
4	Mean	−0.10	1.24
5	Variance	3.79	8.03
6	Observations	42	98
7	df	41	97
8	F	0.47	
9	P(F<=f) one-tail	0.0040	
10	F Critical one-tail	0.6314	

檢定統計量的值是 $F = .47$ 以及 p-值 $= 2 \times .0040 = .0080$。

詮釋

有足夠的證據去推論母體變異數不同。適當的方法是 $\mu_1 - \mu_2$ 的不等變異數 t-檢定。

因為我們想要決定兩個平均數之間是否存在著差異 (difference)，對立假設為

$$H_1: (\mu_1 - \mu_2) \neq 0$$

以及虛無假設為

$$H_0: (\mu_1 - \mu_2) = 0$$

計算

手動計算

由資料，我們計算下列的統計量：

$$\bar{x}_1 = -.10$$
$$\bar{x}_2 = 1.24$$
$$s_1^2 = 3.79$$
$$s_2^2 = 8.03$$

這項檢定統計量的自由度是

$$\nu = \frac{(s_1^2/n_1 + s_2^2/n_2)^2}{\frac{(s_1^2/n_1)^2}{n_1 - 1} + \frac{(s_2^2/n_2)^2}{n_2 - 1}} = \frac{(3.79/42 + 8.03/98)^2}{\frac{(3.79/42)^2}{42 - 1} + \frac{(8.03/98)^2}{98 - 1}}$$

$$= 110.69 \text{ 四捨五入至 } 111$$

拒絕域是

$$t < -t_{\alpha/2,\nu} = -t_{.025,111} \approx -t_{.025,110} = -1.982 \quad \text{或} \quad t > t_{\alpha/2,\nu} = t_{.025,111} \approx 1.982$$

檢定統計量的值計算如下:

$$t = \frac{(\bar{x}_1 - \bar{x}_2) - (\mu_1 - \mu_2)}{\sqrt{\left(\dfrac{s_1^2}{n_1} + \dfrac{s_2^2}{n_2}\right)}}$$

$$= \frac{(-.10 - 1.24) - (0)}{\sqrt{\left(\dfrac{3.79}{42} + \dfrac{8.03}{98}\right)}} = -3.22$$

EXCEL 資料分析

	A	B	C
1	t-Test: Two-Sample Assuming Unequal Variances		
2			
3		Offspring	Outsider
4	Mean	−0.10	1.24
5	Variance	3.79	8.03
6	Observations	42	98
7	Hypothesized Mean Difference	0	
8	df	111	
9	t Stat	−3.22	
10	P(T<=t) one-tail	0.0008	
11	t Critical one-tail	1.6587	
12	P(T<=t) two-tail	0.0017	
13	t Critical two-tail	1.9816	

指令說明

按照範例 13.1 的所有指令,除了步驟 2 點選**資料 (Data)**、**資料分析 (Data Analysis)** 與 **t-檢定:兩個母體平均數差的檢定,假設變異數不相等 (t-Test: Two-Sample Assuming Unequal Variances)** 之外。

詮釋

t-統計量為 −3.22 並且其 p-值是 .0017。因此,我們下結論說有充分的證據去推論經營收入的平均改變量不同。

估計 $\mu_1 - \mu_2$:不等變異數

我們也可以用計算信賴區間估計量的方式產生有關兩個母體平均數間差異的推論。我們使用 $\mu_1 - \mu_2$ 的不等變異數信賴區間估計量以及 95% 的信賴水準。

計算

手動計算

$$(\bar{x}_1 - \bar{x}_2) \pm t_{\alpha/2} \sqrt{\left(\frac{s_1^2}{n_1} + \frac{s_2^2}{n_2}\right)}$$

$$= (-.10 - 1.24) \pm 1.982 \sqrt{\left(\frac{3.79}{42} + \frac{8.03}{98}\right)}$$

$$= -1.34 \pm .82$$

$$\text{LCL} = -2.16 \quad \text{和} \quad \text{UCL} = -.52$$

EXCEL 活頁簿

	A	B	C	D	E	F
1	t-Estimate of the Difference Between Two Means (Unequal-Variances)					
2						
3		Sample 1	Sample 2	Confidence Interval Estimate		
4	Mean	-0.1	1.2	-1.34	±	0.82
5	Variance	3.79	8.03	Lower confidence limit		-2.16
6	Sample size	42	98	Upper confidence limit		-0.52
7	Degrees of freedom	111				
8	Confidence level	0.95				

指令說明

按照範例 13.1 的所有指令，除了使用 **t-Estimate_2 Means (Uneq-Var) 試算表** 標籤之外。

詮釋

我們估計，外聘 CEO 經營收入的平均變化超越下一代 CEO 經營收入的平均變化在 .52 到 2.16 個百分點之間。

13.1b 檢查必要的條件

相等變異數和不等變異數兩種方法皆要求兩母體為常態分配[4]。如同以前，我們可以透過繪製資料的直方圖來檢查是否滿足這項條件。

為了說明，我們用 Excel 產生範例 13.1 的直方圖 (圖 13.2 和圖 13.3) 和範例 13.2 的直方圖 (圖 13.4 和圖 13.5)。儘管這些直方圖並非呈現完美的鐘形，但是在兩個範例中，資料似乎至少是近似常態。因為這個方法是穩健的 (robust)，我們可以對結果的有效性有信心。

---

[4] 如同我們在第 12 章所指出的，夠大的樣本大小能夠克服極端非常態所造成的影響。

圖 13.2 範例 13.1 直接購買共同基金報酬率的直方圖

圖 13.3 範例 13.1 透過經紀人購買共同基金報酬率的直方圖

圖 13.4 範例 13.2 下一代接管企業經營收入改變的直方圖

圖 13.5 範例 13.2 外聘者接管企業經營收入改變的直方圖

13.1c 必要條件的違背

當常態的條件不被滿足時，我們可以使用一個無母數方法：Wilcoxon 等級和檢定 (Wilcoxon rank sum test)[5] 來取代 $\mu_1 - \mu_2$ 的相等變異數 t-檢定。當母體是非常態時，對 $\mu_1 - \mu_2$ 的不等變異數檢定我們並沒有無母數替代方案。

13.1d 資料格式

推論兩個平均數之間的差異時，有兩種儲存資料的格式。第一種，如同在範例 13.1 和範例 13.2 的展示，稱為非堆疊式 (unstacked)，其中來自樣本 1 的觀測值被儲存於一欄，來自樣本 2 的觀測值被儲存於第二欄。我們也可以將資料以堆疊式 (stacked) 儲存。在這種格式中，所有的觀測值被儲存於同一欄。第二欄則包含編碼，通常用 1 和 2 來指明相對應的觀測值是來自於哪一個樣本。這裡是一個非堆疊式資料的範例。

欄 1(樣本 1)	欄 2(樣本 2)
12	18
19	23
13	25

這裡是同一筆資料以堆疊式呈現。

欄 1	欄 2
12	1
19	1
13	1
18	2
23	2
25	2

應該可以了解資料是不需要照樣本的順序列出的。因此，它們可以用下列的方法儲存：

---

[5] 當常態的條件不被滿足時，老師若想要教檢定兩母體平均數之間差異的無母數方法，可使用線上附錄：Introduction to Nonparametric Techniques (無母數方法簡介) 以及 Wilcoxon Rank Sum Test and Wilcoxon Signed Rank Sum Test (Wilcoxon 等級和檢定與 Wilcoxon 符號等級和檢定)。

欄 1	欄 2
18	2
25	2
13	1
12	1
23	2
19	1

如果有兩個母體要比較，而僅有一個變數，那麼以非堆疊式儲存資料是比較好的。但是，我們經常想要觀測數個變數並比較它們。例如，假設我們調查男性和女性 MBA，並詢問他們的年齡、所得和年資。這些資料通常會使用下列的格式以堆疊式儲存：

欄 1：辨別女性 (1) 和男性 (2) 的編碼

欄 2：年齡

欄 3：所得

欄 4：年資

比較年齡，我們將使用欄 1 和欄 2。欄 1 和欄 3 被用來比較所得，以及欄 1 和欄 4 則用來比較年資水準。

大部分的統計軟體都要求其中一種格式。Excel 的一些方法 (但不是全部) 要求非堆疊式的資料。幸運地是，Excel 容許統計應用者去更改格式。[請參閱線上附錄：Excel Instructions for Stacking and Unstacking Data (產生堆疊與非堆疊資料的 Excel 指令說明。)] 我們說「幸運」是因為這讓我們能夠使用其中任何一種格式儲存本書的資料。實際上，我們已經使用這兩種格式儲存資料，讓你在必要時練習對資料的操作。你將會需要這項能力去執行本章和其他章的統計方法。

13.1e 發展對統計觀念的了解 1

本節的公式相對於其他章節是比較複雜的。但是，在觀念上，兩個檢定統計量都是立基於我們在第 11 章和第 12 章介紹的方法：檢定統計量的值是統計量 $\bar{x}_1 - \bar{x}_2$ 和參數 $\mu_1 - \mu_2$ 假設值之間的差距，以標準誤為衡量單位。

13.1f 發展對統計觀念的了解 2

所有這裡所介紹的推論過程，標準誤必須從資料估計得到。我們用來計算 $\bar{x}_1 - \bar{x}_2$ 標準誤的方法取決於母體變異數是否相等。當它們相等時，我們使用混合變異數估

計量 s_p^2 來計算。我們在此應用一個重要的原則，並且我們將在 13.5 節和之後的章節中再次應用到此原則。這個原則可以概略敘述如下：在範例 13.1 中，用混合樣本資料去估計標準誤是較具優勢的。在先前的應用中，我們能夠混合是因為假設兩組樣本是從兩個具共同變異數的母體中抽取出來的。合併兩組樣本增加估計值的精確度。因此，s_p^2 是比個別用 s_1^2 和 s_2^2 更好的共同變異數估計量。當兩母體變異數不等時，我們不能混合資料去產生一個共同的估計量。我們必須計算 s_1^2 和 s_2^2 並分別使用它們去估計 σ_1^2 和 σ_2^2。

練 習 題

發展對統計觀念的了解

練習題 13.1 到 13.4 是 "what-if" 分析，被設計來決定當統計推論的要素改變時，檢定統計量與區間估計值會有什麼變化。這些練習題可以手算或使用 Excel 試算表解題。

13.1 從兩個常態母體選取隨機樣本，產生下列的結果：

$\bar{x}_1 = 63$　　$s_1 = 18$　　$n_1 = 50$
$\bar{x}_2 = 60$　　$s_2 = 7$　　$n_2 = 45$

a. 以 90% 的信心估計兩母體平均數之間的差異。
b. 改變樣本標準差至 41 和 15，重做 (a) 小題。
c. 當樣本標準差增加時，會有什麼變化？
d. 將樣本大小加倍，重做 (a) 小題。
e. 描述增加樣本大小所產生的影響。

13.2 從兩個常態母體選取隨機樣本，產生下列的結果：

$\bar{x}_1 = 412$　　$s_1 = 128$　　$n_1 = 150$
$\bar{x}_2 = 405$　　$s_2 = 54$　　$n_2 = 150$

a. 以 5% 的顯著水準，我們是否可以推論 μ_1 大於 μ_2？
b. 減少標準差至 $s_1 = 31$ 和 $s_2 = 16$，重做 (a) 小題。
c. 描述當樣本標準差減少時，會有什麼變化。
d. 以樣本大小 20，重做 (a) 小題。
e. 討論減少樣本大小所產生的影響。
f. 改變樣本 1 的平均數至 $\bar{x}_1 = 409$，重做 (a) 小題。
g. 討論減少 $\bar{x}_1$ 所產生的影響。

13.3 對於以下每一項，決定假設相等母體變異數和不相等母體變異數的自由度數值。

$n_1 = 15, n_2 = 15, s_1^2 = 25, s_2^2 = 15$
$n_1 = 10, n_2 = 16, s_1^2 = 100, s_2^2 = 15$
$n_1 = 50, n_2 = 50, s_1^2 = 8, s_2^2 = 14$
$n_1 = 60, n_2 = 45, s_1^2 = 75, s_2^2 = 10$

13.4 請參見練習題 13.3。

a. 確認在每種情況下，相等變異數檢定統計量和信賴區間估計量的自由度數值大於不等變異數檢定統計量和信賴區間估計量的自由度數值。
b. 嘗試各種樣本量和樣本變異數的組合來說明相等變異數檢定統計量和信賴區間估計量的自由度數值大於不等變異數檢定統計量和信賴區間估計量的自由度數值。

應用題

練習題 13.5 到 13.11 使用 10% 顯著水準。

13.5 一家汽車公司的人力資源經理想要知道生產線員工的缺勤天數是否比辦公室員工多。經理從每個類別中隨機抽取 8 名工人，並記錄上一年缺勤的天數。我們能否推斷出兩組員工的缺勤天數存在差異？

| 生產線工人 | 4 | 0 | 6 | 8 | 3 | 11 | 13 | 5 |
| 辦公室人員 | 9 | 2 | 7 | 1 | 4 | 7 | 9 | 8 |

13.6 電視遙控器製造商的作業經理想要確定哪些電池使用時間最長。隨機抽取遙控器樣本並使用 2 種品牌的電池進行測試。以下是每種品牌的電池在發生故障之前連續使用的分鐘數。是否有 2 種電池壽命存在差異的統計證據。

| 電池 1 | 106 | 111 | 109 | 105 |
| 電池 2 | 125 | 103 | 121 | 118 |

13.7 Xr13-11 一家服裝店每月進行一次庫存盤點，並計算因偷竊造成的損失。這家商店想減少這類的損失，正在考慮兩種方法。第一種是僱用警衛，第二種是安裝攝影機。為了幫助決定要選擇哪一種方法，經理僱用了警衛 6 個月。在接下來的 6 個月期間，該店安裝攝影機。每月的虧損被記錄下來，並列出如下。這位經理決定，因為攝影機比警衛便宜，他將安裝攝影機，除非有足夠的證據推論僱用警衛是更好的。這位經理應該怎樣做？

| 警衛 | 355 | 284 | 401 | 398 | 477 | 254 |
| 攝影機 | 486 | 303 | 270 | 386 | 411 | 435 |

13.8 Xr13-12 男子壘球聯盟正在實驗使用黃色棒球在夜間比賽會比較容易看得見。判斷有效性的一種方法是計算失誤的次數。在初步的實驗中，黃色棒球被使用於 10 場球賽中，而傳統的白色棒球則被用在另外的 10 場球賽中。每一場球賽的失誤被記錄下來且列出如下。我們能否推論當使用黃色棒球時，平均失誤會比較少？

| 黃球 | 5 | 2 | 6 | 7 | 2 | 5 | 3 | 8 | 4 | 9 |
| 白球 | 7 | 6 | 8 | 5 | 9 | 11| 8 | 3 | 6 | 10 |

13.9 Xr13-13 多家餐廳都配置一種設備，允許信用卡用戶在餐桌上刷卡。它允許用戶指定一個百分比或金額做為小費。進行一項實驗看它運行的效果如何，對信用卡的用戶做隨機抽樣。有些人以一般的方式付款，有些人使用新設備付款。記錄做為小費的百分比，並且列出如下。我們能否推論設備的使用者會留下較多的小費？

一般付款 10.3 15.2 13.0 9.9 12.1 13.4 12.2 14.9 13.2 12.0
設備付款 13.6 15.7 12.9 13.2 12.9 13.4 12.1 13.9 15.7 15.4 17.4

13.10 Xr13-15 日益受到球迷和業主關注的是完成一場大聯盟棒球比賽的時間。為了評估時間長度的問題，一位統計學家記錄了隨機抽樣 5 年前和今年完成球賽的時間（以分鐘計）。我們是否可以得出結論，今年的球賽比 5 年前的球賽需要更長的時間才能完成。

5 年前
169 160 174 161 187 172 177 187 153 169 161 194

今年
153 182 162 190 163 189 171 197 159 180 197 178

13.11 Xr13-16 駕駛人對突然大幅上漲的汽油價格有何反應？為了幫助回答這個問題，統計學家記錄汽車經過一個大型加油站時的速度。當加油站標示油價漲了 15 分（以美元計）後，統計學家記錄了在同一個地點的汽車速度

(哩／每小時)。我們能否結論兩者速度是不同的？

漲價之前的速度
43　36　31　30　28　36　27　36　35　30　32　36

漲價之後的速度
32　33　36　31　32　29　28　39　26　30　32　30

一般社會調查練習

GSS2018 以下練習題根據 2018 年的調查。

13.12 數次的研究皆指出男性比女性獲得更高的收入 (SEX：1 = 男性，2 = 女性)。為了確定 2018 年差異的程度，請決定男性和女性年收入 (RINCOME) 之間差異的信賴區間估計值。

13.13 一些經濟學家推測，男性收入高於女性 (SEX：1 = 男性，2 = 女性) 的原因之一是男性的工作時間更長 (HRS1)。執行統計檢定以確定這一論點是否屬實。

13.14 移民已成為美國政治的一個重要議題。有些移民到美國從事美國人不想做的工作，這些移民很少有接受正規教育。另外一些到美國的移民擁有工作許可證，這些大多是受過高等的教育。

　　a. 執行統計檢定以確定在美國出生的居民 (BORN：1 = 美國，2 = 其他國家) 是否比在美國境外出生的美國人受教育的程度更高 (EDUC)。

　　b. 是否有滿足統計檢定的必要條件？請解釋之。

13.15 由於許多移民來到美國時幾乎沒有錢，他們經常願意承擔風險以換取高收入。然而，這足以克服語言和文化的困難嗎？是否有足夠證據推論在美國出生的居民 (BORN：1 = 美國，2 = 其他國家) 比出生於美國境外的美國人有更高的收入 (RINCOME)？

13.16 共和黨人傾向於喜歡規模較小、干預較少的政府和較低的稅收。這是因為共和黨人的收入較高 (PARTYID2：1 = 民主黨人，3 = 共和黨人)？

　　a. 這些資料是否讓我們得出結論，共和黨人的收入 (RINCOME) 高於民主黨人的？

　　b. 決定共和黨人的收入比民主黨人的高多少的信賴區間估計值。

13.17 參考練習題 13.16。如果共和黨人 (PARTYID2：1 = 民主黨人，3 = 共和黨人) 的收入確實比民主黨人的高，是因為他們工作更努力嗎？執行統計檢定以確定共和黨人的工作時間 (HRS1) 是否比民主黨人的長。

13.18 教育是否在解釋練習題 13.16 的結果中發揮作用？檢定以確定是否有足夠的證據來推論共和黨人 (PARTYID2：1 = 民主黨人，3 = 共和黨人) 比民主黨人受更高的教育 (EDUC)。

13.19 或許解釋練習題 13.16 中測試結果的另一種方式是共和黨人等待更長的時間才生孩子。檢定以確定他們的第一個孩子出生時共和黨人 (PARTYID2：1 = 民主黨，3 = 共和黨) 的年齡是

否大於民主黨人的 (AGEKDBRN)。

13.20 自營工作的好處是收入幾乎沒有上限。若是如此，我們期望自營業者 (WRKSLF：1＝自營業者，2＝其他人) 會有更高的收入 (RINCOME)。執行統計檢定以確定是否這個期望是正確的？

13.21 大多數工作要求員工每週工作 35 到 45 小時。自營業者的工作時間沒有上限或下限。自營業者 (WRKSLF：1＝自營業者，2＝其他工作者) 和其他工作者之間的每週工作小時數 (HRS1) 是否不同？執行統計檢定以回答此問題。

消費者財務調查練習

SCF2019:\UMC 以下練習題涉及上層中產階級家庭，這些家庭的淨資產在 $450,000 到 $3,123,440 之間。

13.22 自營業者的收入可能比受僱於他人者有更大的變異性。那是因為自營業者的收入是從 $0 到幾乎是無限的範圍。是否有足夠的證據表明，那些受僱於他人者 (OCCAT1：1＝受僱於他人者，2＝自營業者/合夥) 的上層中產階級家庭戶主的收入高於自營業者家庭戶主的 (INCOME)？

13.23 許多需要很少教育的工作已經消失了。為了衡量這種現象的影響，計算完成高中教育和沒有完成高中教育的戶主之間收入差異 (INCOME) 的信賴區間估計值 (EDCL：1＝沒有高中文憑，2＝高中文憑)。

13.24 已婚戶主的生活與未婚戶主相比要好多少？進行統計檢定以確定是否有足夠的證據得出結論，已婚 (MARRIED：1＝已婚或與伴侶同居，2＝既未結婚也未與伴侶同居) 戶主擁有比未婚戶主更多的資產 (ASSET)。

13.25 參考練習題 13.22。檢定以確定是否有足夠的證據顯示自營業者比受僱於他人者擁有更多的資產 (ASSET) (OCCAT1：1＝受僱於他人者，2＝自營業者/合夥)。

13.26 相對受過教育的上層中產階級戶主是否發現自己負債累累？是否有足夠的證據可以推論高中畢業者 (EDCL：1＝沒有高中文憑，2＝高中文憑) 比沒有完成高中者有更多的債務 (DEBT)？

13.27 已婚戶主 (MARRIED：1＝已婚或與伴侶同居，2＝既未結婚也未與伴侶同居) 是否比未婚戶主有更高的債務 (DEBT)？

13.2 觀測和實驗資料

誠如我們已經多次指出，適當詮釋統計分析結果的能力是學生需要發展的一項關鍵技能。這項能力是依據你對型 I 錯誤和型 II 錯誤與基本概念的了解，它們是統

計推論的一部分。但是，有另外一個元素必須了解：**觀測資料** (observational data) 和 **實驗資料** (experimental data) 之間的差別。這項差異是源於資料產生的方法。下列的範例將展示兩種類型之間的差別。

範例 13.3　高纖早餐穀物食品的膳食效果

雖然有些爭論，科學家大致同意高纖穀物可以降低罹患各種癌症的可能性。但是，有一位科學家宣稱早餐吃高纖穀物的人，與早餐不吃高纖穀物的人相較，平均而言在午餐時會攝取少一點的卡路里。如果這個宣稱為真，高纖穀物製造商將可以宣稱另一個食用他們產品的好處——對節食者有潛在的減重效果。在對此宣稱的一項初步檢定中，隨機抽出 150 人，並且詢問他們日常早餐與午餐的食物為何。每一個人被分類為高纖穀物的消費者或非消費者，並且測量與記錄他們在午餐所吃下的卡路里。這些資料如下所列。該科學家是否能夠在 5% 的顯著水準下做出他的認知是正確的結論？

高纖穀物消費者在午餐吃下的卡路里

568	646	607	555	530	714	593	647	650
498	636	529	565	566	639	551	580	629
589	739	637	568	687	693	683	532	651
681	539	617	584	694	556	667	467	
540	596	633	607	566	473	649	622	

非高纖穀物消費者在午餐吃下的卡路里

705	754	740	569	593	637	563	421	514	536
819	741	688	547	723	553	733	812	580	833
706	628	539	710	730	620	664	547	624	644
509	537	725	679	701	679	625	643	566	594
613	748	711	674	672	599	655	693	709	596
582	663	607	505	685	566	466	624	518	750
601	526	816	527	800	484	462	549	554	582
608	541	426	679	663	739	603	726	623	788
787	462	773	830	369	717	646	645	747	
573	719	480	602	596	642	588	794	583	
428	754	632	765	758	663	476	490	573	

解答

適當的方法是 $\mu_1 - \mu_2$ 的不等變異數 t-檢定，其中 μ_1 是以高纖穀物為早餐的消費者其午餐的平均卡路里數，以及 μ_2 是非高纖穀物為早餐的消費者其午餐的

平均卡路里數。[兩個變異數比值的 F-檢定 (未顯示於此) 產生 $F = .3845$ 以及 p-值 $= .0008$。]

檢定的假設為

$$H_0: (\mu_1 - \mu_2) = 0$$
$$H_1: (\mu_1 - \mu_2) < 0$$

EXCEL 資料分析

	A	B	C
1	t-Test: Two-Sample Assuming Unequal Variances		
2			
3		Consumers	Nonconsumers
4	Mean	604.02	633.23
5	Variance	4103	10670
6	Observations	43	107
7	Hypothesized Mean Difference	0	
8	df	123	
9	t Stat	−2.09	
10	P(T<=t) one-tail	0.0193	
11	t Critical one-tail	1.6573	
12	P(T<=t) two-tail	0.0386	
13	t Critical two-tail	1.9794	

詮釋

檢定統計量的值是 -2.09。單尾的 p-值是 .0193。我們觀察到檢定的 p-值是小的 (並且檢定統計量的值落在拒絕域內)。根據此結果，我們下結論說，有充分的證據去推論高纖穀物消費者的午餐攝取的熱量確實比非高纖穀物消費者較少。從這個結果，我們傾向於相信在早餐食用高纖穀物可能是一種減重的方法。但是，還有其他可能的詮釋。例如，攝取較少熱量的人很可能是比較重視健康的一群人，而這些人比較可能會以高纖穀物做為健康早餐的一部分。在這個詮釋中，高纖穀物並不一定導致午餐熱量攝取的減少。相反地，另一個因素是，較高的健康意識，會同時導致午餐熱量攝取的減少和以高纖穀物為早餐。請注意，這個統計程序的結論是不變的。平均而言，食用高纖穀物的人在午餐攝取較低的熱量。但是，因為資料蒐集的方法，我們要詮釋這個結果是比較困難的。

假設我們使用實驗方法重做範例 13.3。我們隨機抽選 150 人參與這個實驗，並隨機指派 75 人於早餐食用高纖穀物，另外 75 人吃其他食品。然後我們再記錄他們每一個人在午餐所攝取的卡路里數量。在理想的情況下，在這個實驗中，兩群人對所有其他的面向都比較相似，包括健康意識。(愈大的樣本愈能增加兩群體相似的可能性。) 假如統計的結果與範例 13.3 的結果大致相同，我們就有一些正當的理由去相信早餐食用高纖穀物會導致午餐熱量攝取的減少。

由於設置實驗所需的規劃，實驗資料的獲取通常是比較昂貴的；觀測資料的取得通常比較容易。再者，在許多狀況下，執行一個控制的實驗是不可能的。例如，假設我們想要確定大學是工科的學位是否比文科的學位更能幫助學生準備好修習 MBA 學程的基礎。對一個控制的實驗，我們將隨機指派一些學生去攻讀工科學位，另一些學生去攻讀文科學位，再指派他們去註冊一個 MBA 學程，然後記錄他們的學習成績。遺憾地，對統計獨裁者而言，我們生活在一個民主的社會，使得這項必須強制威逼的控制實驗是不可能被執行。

為了回答有關工科與文科背景學生相對表現的問題，我們別無選擇，只能以觀測的方式獲得資料。我們隨機分別抽取已經註冊 MBA 學程的工科和文科學生之隨機樣本，並記錄他們的成績。假如我們發現工科學生表現得比較好，我們可能傾向於做出工程背景比較能夠替學生準備修習 MBA 學程基礎的結論。但是，也有可能比較好的學生傾向於選擇工程做為他們大學的主修，必且比較好的學生在所有的學程皆會獲得較高的成績，包括 MBA 學程。

雖然我們已經在檢定兩平均數差異的課題下討論過觀測的資料和實驗的資料，但是你應該意識到，如何取得資料的問題會與隨後所有統計方法的詮釋有關。

練 習 題

13.28 假設你想要以檢定來決定是否一種統計教學方法比另外一種好。
  a. 描述一種產生觀測資料的資料蒐集過程。
  b. 描述一種產生實驗資料的資料蒐集過程。

13.29 假設自己是處於一家製藥公司研發主管的位置。當開發一種新的藥物，它須經歷一連串的測試。有一項測試的目的是確定該藥物是否安全且有效。你的公司剛剛開發出一種藥物，目的是減輕退化性疾病的症狀，如多發性硬化症。設計一個實驗以測試這種新藥。

13.30 你想要決定主修金融的 MBA 畢業生是否比主修行銷的 MBA 畢業生獲得較高的起薪。
  a. 描述一種產生觀測資料的資料蒐集過程。
  b. 描述一種產生實驗資料的資料蒐集過程。
  c. 如果觀測資料指出主修金融者比主修行銷者取得較高的起薪，對這個結果提出兩種說明。

13.31 假設你正在分析數百個吸菸與肺癌的關聯性統計研究中的其中一項。該研究分析了數以千計隨機選取的人，其中有些人患了肺癌。統計顯示，平均而言肺癌患者抽菸的人數明顯地多於非肺癌患者。

a. 解釋你如何知道這些資料是觀測的。
b. 除了明顯的吸菸會導致肺癌之解釋，是否有另一種統計上的解釋？若真如此，那是什麼呢？(能產生最好答案的學生將有資格申請菸草公司公共關係部的工作。)
c. 是否有可能進行一項控制實驗以產生資料，它可以解說吸菸與肺癌兩者間關係的問題？如果是，描述這項實驗。

13.3 兩母體平均數差異的推論：成對樣本

我們將繼續介紹解決比較兩區間資料母體問題的統計方法。在 13.1 節中，感興趣的參數是兩母體平均數之間的差異，其中資料是從獨立樣本產生。在本節中，資料是從配對實驗中取得。為了說明我們為何會需要配對實驗以及如何處理這種方法所產生的資料，考慮下列範例。

範例 13.4　比較主修金融與行銷 MBA 專業的薪資，第一部分

過去幾年，許多以網路為基礎提供就業服務的公司逐漸成立。一家這類的公司想要調查最近 MBA 獲得的工作機會。特別是，他們想知道金融專業的薪資是否高於行銷專業。在初步的研究中，他們隨機抽樣 50 位剛畢業的 MBA 學生，其中半數主修金融，半數主修行銷。對每一個人，他們獲得其最高的薪資 (包括紅利)。資料列出如下。我們是否能夠推論在這些 MBA 之中，金融專業比行銷專業獲得更高的薪資待遇？

提供給主修金融者的最高薪資

61,228	51,836	20,620	73,356	84,186	79,782	29,523	80,645	76,125
62,531	77,073	86,705	70,286	63,196	64,358	47,915	86,792	75,155
65,948	29,392	96,382	80,644	51,389	61,955	63,573		

提供給主修行銷者的最高薪資

73,361	36,956	63,627	71,069	40,203	97,097	49,442	75,188	59,854
79,816	51,943	35,272	60,631	63,567	69,423	68,421	56,276	47,510
58,925	78,704	62,553	81,931	30,867	49,091	48,843		

解答

辨識方法

本題的目的在比較區間資料的兩個母體。參數是兩平均數的差異 $\mu_1 - \mu_2$ (其

中 μ_1 = 提供給金融專業的平均最高薪資,以及 μ_2 = 提供給行銷專業的平均最高薪資)。因為我們想要決定金融專業的薪水是否更高,將指定對立假設為 μ_1 大於 μ_2。對變異數執行 F-檢定,結果顯示沒有足夠的證據去推論母體變異數的不同。因此我們使用相等變異數檢定統計量:

$$H_0: (\mu_1 - \mu_2) = 0$$
$$H_1: (\mu_1 - \mu_2) > 0$$

檢定統計量:$t = \dfrac{(\bar{x}_1 - \bar{x}_2) - (\mu_1 - \mu_2)}{\sqrt{s_p^2\left(\dfrac{1}{n_1} + \dfrac{1}{n_2}\right)}}$

計算

手動計算

由資料,我們計算下列的統計量:

$$\bar{x}_1 = 65,624$$
$$\bar{x}_2 = 60,423$$
$$s_1^2 = 360,433,294$$
$$s_2^2 = 262,228,559$$
$$\begin{aligned}s_p^2 &= \frac{(n_1 - 1)s_1^2 + (n_2 - 1)s_2^2}{n_1 + n_2 - 2}\\ &= \frac{(25 - 1)(360,433,294) + (25 - 1)(262,228,559)}{25 + 25 - 2}\\ &= 311,330,926\end{aligned}$$

計算檢定統計量的值如下:

$$\begin{aligned}t &= \frac{(\bar{x}_1 - \bar{x}_2) - (\mu_1 - \mu_2)}{\sqrt{s_p^2\left(\dfrac{1}{n_1} + \dfrac{1}{n_2}\right)}}\\ &= \frac{(65,624 - 60,423) - (0)}{\sqrt{311,330,926\left(\dfrac{1}{25} + \dfrac{1}{25}\right)}}\\ &= 1.04\end{aligned}$$

檢定統計量的自由度為

$$\nu = n_1 + n_2 - 2 = 25 + 25 - 2 = 48$$

拒絕域為

$$t > t_{\alpha,\nu} = t_{.05,48} \approx 1.676$$

EXCEL 資料分析

	A	B	C
1	t-Test: Two-Sample Assuming Equal Variances		
2			
3		Finance	Marketing
4	Mean	65,624	60,423
5	Variance	360,433,294	262,228,559
6	Observations	25	25
7	Pooled Variance	311,330,926	
8	Hypothesized Mean Difference	0	
9	df	48	
10	t Stat	1.04	
11	P(T<=t) one-tail	0.1513	
12	t Critical one-tail	1.6772	
13	P(T<=t) two-tail	0.3026	
14	t Critical two-tail	2.0106	

詮釋

檢定統計量的值 ($t = 1.04$) 與其 p-值 (.1513) 指出只有很少的證據可以支持金融專業比行銷專業獲得較高薪資的假設。

注意我們有一些證據支持對立假設。樣本平均數的差異為

$$(\bar{x}_1 - \bar{x}_2) = (65,624 - 60,423) = 5,201$$

但是，我們以相對於 $\bar{x}_1 - \bar{x}_2$ 標準誤的大小來評斷樣本平均數之間的差異。如同我們已經計算的

$$s_p^2 = 311,330,926$$

和

$$\sqrt{s_p^2\left(\frac{1}{n_1} + \frac{1}{n_2}\right)} = 4,991$$

因此，檢定統計量的值為 $t = 5,201/4,991 = 1.04$，這個數值不容許我們推論主修金融者獲得較高的薪水。我們可以看見雖然樣本平均數之間的差異相當大，但是由 s_p^2 測量的資料變異性也相當大，因此造成一個小的檢定統計量的值。

範例 13.5　比較主修金融與行銷 MBA 專業的薪資，第二部分

DATA
Xm13-05

假設現在以下列的方式重做這項實驗。我們檢視主修金融與主修行銷 MBA 的成績單。隨機選取平均成績 (grade point average, GPA) 介於 3.92 與 4 之間 (最大為 4) 的一位主修金融者與一位主修行銷者。然後隨機選取平均成績介於 3.84 與 3.92 之間的一位主修金融者與一位主修行銷者。我們持續這個程序直到第 25 對的樣本點被抽出，其 GPA 是落在 2.0 與 2.08 之間。(畢業要求的最低 GPA 是 2.0。) 如同在範例 13.4 中所執行的，我們記錄最高的薪資。這些資料與 GPA 群組列出如下。根據這些資料我們能否下結論說主修金融者比主修行銷者賺取較高的薪資？

組別	金融	行銷
1	95,171	89,329
2	88,009	92,705
3	98,089	99,205
4	106,322	99,003
5	74,566	74,825
6	87,089	77,038
7	88,664	78,272
8	71,200	59,462
9	69,367	51,555
10	82,618	81,591
11	69,131	68,110
12	58,187	54,970
13	64,718	68,675
14	67,716	54,110
15	49,296	46,467
16	56,625	53,559
17	63,728	46,793
18	55,425	39,984
19	37,898	30,137
20	56,244	61,965
21	51,071	47,438
22	31,235	29,662
23	32,477	33,710
24	35,274	31,989
25	45,835	38,788

比較兩個母體的推論 13

> **解答**

在範例 13.4 中描述的實驗是一個獨立樣本的設計。也就是說，第一個樣本中的觀測值與第二個樣本中的觀測值之間沒有關係存在。但是，在這個範例中的實驗被設計為，在一個樣本中的每個觀測值與另一個樣本中的觀測值配對，即透過選擇具有相似 GPA 的金融與行銷專業進行匹配。因此，比較每一組中金融與行銷專業的薪水是合乎邏輯的。這類的實驗稱為**配對實驗 (matched pairs experiment)**。現在我們描述如何進行檢定。

對每一個 GPA 組，我們計算金融和行銷專業的薪水之間的配對差異。

組別	金融	行銷	差異
1	95,171	89,329	5,842
2	88,009	92,705	−4,696
3	98,089	99,205	−1,116
4	106,322	99,003	7,319
5	74,566	74,825	−259
6	87,089	77,038	10,051
7	88,664	78,272	10,392
8	71,200	59,462	11,738
9	69,367	51,555	17,812
10	82,618	81,591	1,027
11	69,131	68,110	1,021
12	58,187	54,970	3,217
13	64,718	68,675	−3,957
14	67,716	54,110	13,606
15	49,296	46,467	2,829
16	56,625	53,559	3,066
17	63,728	46,793	16,935
18	55,425	39,984	15,441
19	37,898	30,137	7,761
20	56,244	61,965	−5,721
21	51,071	47,438	3,633
22	31,235	29,662	1,573
23	32,477	33,710	−1,233
24	35,274	31,989	3,285
25	45,835	38,788	7,047

在這項實驗設計中,感興趣的參數為**差異的母體平均數 (mean of the population of differences)**,我們標示為 μ_D。注意,μ_D 實際上等於 $\mu_1 - \mu_2$,我們檢定 μ_D 是因為實驗被設計的方式。因此,要檢定的假設為

$$H_0: \mu_D = 0$$
$$H_1: \mu_D > 0$$

我們已經介紹關於一個母體平均數的推論方法。回想在第 12 章中我們曾經介紹 μ 的 t-檢定。因此,為了檢定 μ_D 的假設,我們使用下列的統計量。

μ_D 的檢定統計量

$$t = \frac{\bar{x}_D - \mu_D}{s_D/\sqrt{n_D}}$$

在差異是常態分配的前提下,其為具有自由度 $v = n_D - 1$ 的學生 t 檢定。

除了下標文字 D 之外,這個檢定統計量與第 12 章中介紹的一樣。我們以一般的方式進行檢定。

計算

手動計算

使用上述計算所得到的差異,我們得到下列統計量:

$$\bar{x}_D = 5,065$$
$$s_D = 6,647$$

由此,我們計算檢定統計量的值:

$$t = \frac{\bar{x}_D - \mu_D}{s_D/\sqrt{n_D}} = \frac{5,065 - 0}{6,647/\sqrt{25}} = 3.81$$

拒絕域為

$$t > t_{\alpha, v} = t_{.05, 24} = 1.711$$

EXCEL 資料分析

	A	B	C
1	t-Test: Paired Two Sample for Means		
2			
3		Finance	Marketing
4	Mean	65,438	60,374
5	Variance	444,981,810	469,441,785
6	Observations	25	25
7	Pearson Correlation	0.9520	
8	Hypothesized Mean Difference	0	
9	df	24	
10	t Stat	3.81	
11	P(T<=t) one-tail	0.0004	
12	t Critical one-tail	1.7109	
13	P(T<=t) two-tail	0.0009	
14	t Critical two-tail	2.0639	

Excel 對每一個樣本列印樣本平均數、變異數與樣本大小 (以及相關係數)，似乎意味著這項推論程序使用這些統計量。但並不是如此。這個方法立基於計算成對的差異，並由此決定差異的平均數、變異數與樣本大小。Excel 應該要列印這些統計量。

指令說明

1. 鍵入或匯入資料到 2 個欄位。(開啟 Xm13-05)。
2. 點選 **資料 (Data)**、**資料分析 (Data Analysis)** 與 **t-檢定：成對母體平均數差異檢定 (t-Test: Paired Two-Sample for Means)**。
3. 指定 **變數 1 的範圍 (Variable 1 Range)** (B1:B26) 與 **變數 2 的範圍 (Variable 2 Range)** (C1:C26)。鍵入 **假設的平均數差 (the Hypothesized Mean Difference)** 的值 (0) 並且鍵入一個 α 的值 (.05)。

詮釋

檢定統計量的值是 $t = 3.81$，具有 .0004 的 p-值。現在有壓倒性的證據去推論金融專業比行銷專業獲得更高的薪水。藉著重做此項配對實驗，我們能夠從資料中萃取這些資訊。

13.3a　估計平均數差異

應用信賴區間的一般公式，我們可以推導出 μ_D 的信賴區間估計量。

μ_D 的信賴區間估計量

$$\bar{x}_D \pm t_{\alpha/2} \frac{s_D}{\sqrt{n_D}}$$

範例 13.6　比較主修金融與行銷 MBA 專業的薪資，第三部分

DATA Xm13-06

計算範例 13.5 中主修金融與主修行銷者之間薪資平均差異的 95% 信賴區間估計值。

解答

計算

手動計算

平均數差異的 95% 信賴區間估計值為

$$\bar{x}_D \pm t_{\alpha/2}\frac{s_D}{\sqrt{n_D}} = 5{,}065 \pm 2.064\frac{6{,}647}{\sqrt{25}} = 5{,}065 \pm 2{,}744$$

$$\text{LCL} = 2{,}321 \quad \text{and} \quad \text{UCL} = 7{,}809$$

EXCEL 活頁簿

	A	B	C	D	E
1	t-Estimate of a Mean				
2					
3	Sample mean	5065	Confidence Interval Estimate		
4	Sample standard deviation	6647	5065	±	2744
5	Sample size	25	Lower confidence limit		2321
6	Confidence level	0.95	Upper confidence limit		7808

指令說明

1. 鍵入或複製資料到 2 個欄位 (開啟 Xm13-05)。計算每一欄的配對差異。計算配對差異的平均數和標準差。
2. 開啟 Estimators 活頁簿 (Workbook) 並且點選下方 *t-Estimate_Mean* 試算表標籤。鍵入或複製樣本平均數或樣本標準差。鍵入樣本數以及信賴水準。

詮釋

我們估計提供給金融專業的平均薪資比提供給行銷專業的平均薪資高出 $2,321 到 $7,808 之間 (使用 Excel 輸出的結果)。

13 比較兩個母體的推論

13.3b 獨立樣本或成對樣本：哪一種實驗設計比較好？

範例 13.4 和範例 13.5 展示實驗設計在統計推論上是一項重要的因素。但是，這兩個範例引起了數個有關實驗設計的問題。

1. 為何配對實驗可導出金融專業比行銷專業獲得更高的薪水的結論，然而獨立樣本實驗卻不能？
2. 我們是否應該總是使用配對樣本的實驗？特別地，它是否有使用上的缺點？
3. 我們該如何辨識何時執行了配對實驗？

這裡是我們的答案。

1. 在範例 13.5 中執行的配對實驗可以降低資料的變異性。要了解這一點，檢查兩種樣本的統計量。在範例 13.4，我們發現 $\bar{x}_1 - \bar{x}_2 = 5,201$。在範例 13.5，我們計算 $\bar{x}_D = 5,065$。因此，兩個檢定統計量的分子是非常相似的。但是，因為標準誤的關係，範例 13.5 的檢定統計量比範例 13.4 的檢定統計量大很多。在範例 13.4 中，我們計算

$$s_p^2 = 311{,}330{,}926 \quad \text{和} \quad \sqrt{s_p^2\left(\frac{1}{n_1} + \frac{1}{n_2}\right)} = 4{,}991$$

範例 13.5 產生

$$s_D = 6{,}647 \quad \text{和} \quad \frac{s_D}{\sqrt{n_D}} = 1{,}329$$

如你所見，兩個檢定統計量的差異並不是由分子所造成，而是由分母所造成。這又引發了另一個問題：為何範例 13.4 資料的變異性會比範例 13.5 資料的變異性大這麼多？如果你檢視範例 13.4 的資料和統計量，將會發現對每一組樣本內薪資給付之間的變異性是非常大的。換句話說，有些 MBA 畢業生獲得較高的薪資而其他的則相對地得到比較少。這個高度的變異性，如 s_p^2 所顯示的，使得樣本平均數之間的差異顯得比較小。因此，我們不能夠得到主修金融者獲得較高薪資的結論。

觀察範例 13.5 的資料，我們看見成對差異觀測值之間有非常小的變異性。因不同 GPA 所造成的變異性已經被明顯降低。較小的變異性導致較大的檢定統計量值。因而，我們能夠得到主修金融者獲得較高薪資的結論。

2. 配對實驗是否總是產生比獨立樣本實驗大的檢定統計量？答案是，不一定。

假設對我們的範例，我們發現公司在決定該支付 MBA 畢業生多少薪資時，並不考慮 GPA。在這種情況下，當與獨立樣本做比較時，配對實驗並不會顯著地減少變異性。也有可能配對實驗會比獨立樣本實驗更不容易拒絕虛無假設。理由能夠從自由度的計算看出。在範例 13.4 中，自由度是 48，而在範例 13.5 中，自由度是 24。雖然我們有相同數量的觀測值 (每個樣本 25 個)，配對實驗的自由度只有獨立實驗的一半。對完全相同的檢定統計量值，較小的自由度對一個服從學生 t 分配的檢定統計量而言，將導致一個較大的 p-值。這表示假如配對實驗只能達成一點點的變異性減縮，統計應用者應該選擇以獨立樣本實驗取代之。

3. 正如你所見，在本書中我們處理的是已經執行的實驗所產生的問題。因此，你的任務之一是決定適合的檢定統計量。在比較兩個區間資料母體的個案中，你必須決定是否樣本是獨立的 (在這樣的個案中參數是 $\mu_1 - \mu_2$) 或配對的 (在這樣的個案中參數是 μ_D) 才能選擇正確的檢定統計量。為了幫助你做這個判斷，我們建議你詢問並回答下列問題：每對觀測值之間是否存在某種自然關係，從而提供合邏輯的理由去比較樣本 1 的第一個觀測值與樣本 2 的第一個觀測值、樣本 1 的第二個觀測值與樣本 2 的第二個觀測值，以此類推？如果是，實驗以配對的方式執行。如果否，實驗用獨立樣本進行。

13.3c 觀測資料和實驗資料

我們在 13.2 節中所建立的觀念在本節中也適用。也就是，我們能夠使用控制實驗或觀測法所蒐集的資料來設計一個配對實驗。在範例 13.4 和範例 13.5 中的資料是觀測的。因此，當統計結果提供金融專業者獲得較高薪資的證據，它並不一定表示受金融教育的學生是比較受潛在雇主歡迎的。它可能是，例如，比較好的學生選擇主修金融，並且比較好的學生獲得較高的起薪。

13.3d 檢查必要的條件

μ_D 的 t-檢定結果和區間估計量的妥當性取決於差異的常態性 (或夠大的樣本大小)。差異的直方圖 (圖 13.6) 是正偏的，但不夠大到足以宣稱它已違反常態的要求。

圖 13.6　範例 13.5 中差異的直方圖

13.3e　必要條件的違背

假如差異是極為非常態的,我們不能採用 μ_D 的 t-檢定。但是我們能夠採用一個無母數方法——配對樣本的 Wilcoxon 符號等級和檢定。[6]

13.3f　發展對統計觀念的了解 1

本節應用了兩個在統計上最重要的原則。第一個觀念是分析變異性的來源。在範例 13.4 和範例 13.5 中,我們顯示藉由降低每一個樣本薪資之間的變異性,能夠偵測出介於兩個主修之間的實際差異。這是一個一般化分析資料程序的應用,將部分的變異性歸因於幾個來源。在範例 13.5 中,兩個變異性的來源是 GPA 和 MBA 的專業。但是,我們對介於不同 GPA 畢業生之間的變異性並不感興趣。取而代之,我們僅想要移除該變異的來源,以便更容易判斷金融專業是否可以獲得較高的薪水。

在第 14 章,我們將介紹一個稱為變異數分析 (analysis of variance) 的方法,如其名稱所隱喻的那樣:它分析變異性的來源,試圖偵測出真正的差異。在這個程序大部分的應用中,我們將對每一個變異性來源感興趣,而不是僅僅降低其中一個來源。我們將這種過程稱為變異性的解釋 (explaining the variation)。解釋變異性的觀念也應用於第 16 章,我們將介紹迴歸分析。

13.3g　發展對統計觀念的了解 2

在本節中展示的第二個原則是統計應用者可以設計資料蒐集的程序,以便他們

---

[6] 當常態的條件不被滿足時,老師若想教檢定平均差異的無母數方法,請見線上附錄 Introduction to Nonparametric Techniques (無母數方法簡介) 與 Wilcoxon Rank Sum Test and Wilcoxon Signed Rank Sum Test (Wilcoxon 等級和檢定及 Wilcoxon 符號等級和檢定)。

可以分析變異性的來源。在執行範例 13.5 中的實驗之前，統計應用者懷疑不同 GPA 的畢業生之間有大的差異。因此，實驗被安排去盡可能地消除那些差異所造成的影響。我們也可能設計實驗讓我們更容易偵測出實際的差異，以及最小化資料蒐集的成本。遺憾地，我們將不介紹這個主題。但是，你應該了解整個實驗設計是一個重要的課題，因為統計應用者經常需要能夠分析資料去偵測差異，而且成本幾乎永遠是一個因素。

練習題

應用題

13.32 Xr13-108 許多人使用掃描器讀取文件並以 Word 檔案（或其他軟體）儲存。為了決定買哪一種牌子的掃描器，一位學生執行一項實驗，其中對他所感興趣的 2 種掃描器分別掃描 8 份文件。他記錄每一種掃描器所犯的錯誤次數。資料列出如下。他是否能夠推論品牌 A（較昂貴的掃描器）比品牌 B 更好？

文件	1	2	3	4	5	6	7	8
品牌 A	17	29	18	14	21	25	22	29
品牌 B	21	38	15	19	22	30	31	37

13.33 Xr13-109 汽車的防鎖死剎車系統 (ABS) 是如何地有效，以極快的速度反覆進行「剎車—放開」的操作而不會鎖死，因此可避免打滑？為了測試，一位買主安排了一項試驗。他踩剎車並且使用碼錶分別記錄一部有 ABS 配備的汽車，以及另一部沒有 ABS 配備的同款車，停住所需的秒數。在乾燥路面上，每一次踩剎車的速度和停車所需的秒數都被記錄於此。我們能否推斷有 ABS 更好？

車速	20	25	30	35	40	45	50	55
ABS	3.6	4.1	4.8	5.3	5.9	6.3	6.7	7.0
無 ABS	3.4	4.0	5.1	5.5	6.4	6.5	6.9	7.3

13.34 Xr13-110 安裝用來取締闖紅燈的攝影機是否會影響違規的次數？在一項初步研究中，於攝影機安裝的前一週與後一週，記錄每天闖紅燈的數量。這些資料如下。我們是否可以推論攝影機會減少闖紅燈的次數？

日期	星期日	星期一	星期二	星期三
前一週	7	21	27	18
後一週	8	18	24	19

日期	星期四	星期五	星期六
前一週	20	24	16
後一週	16	19	16

13.35 Xr13-111 為了確定一種新品的肥料比目前使用的肥料更有效，研究人員用 12 塊 2 畝的田地，其分散在縣市各地。每一塊地被區分為兩個大小相等的次區塊，其中之一施加目前使用的肥料，另外一塊地則施加新品肥料。在這些地上種植小麥，並且對農作產量進行測量。

田地	1	2	3	4	5	6	7	8	9	10	11	12
目前肥料	56	45	68	72	61	69	57	55	60	72	75	66
新品肥料	60	49	66	73	59	67	61	60	58	75	72	68

a. 以 5% 的顯著水準，我們能否結論說新品肥料的效果比目前使用的肥料更好？
b. 以 95% 的信心，估計兩種肥料之間農作物產量的差異。
c. 需要具備什麼必要條件使得 (a) 小題和 (b) 小題的結果有效？
d. 必要條件被滿足了嗎？
e. 這些資料是實驗的或是觀測的？請解釋之。
f. 如果這些研究人員相信全縣市的土地都是相同的，則該如何進行這項實驗？

13.36 Xr13-112 一家大型公司的總裁正在決定是否採用午餐時間運動的計畫。這項計畫之目的是為了改善員工的健康，並且如此一來可以減少醫療費用。為了獲得更多的資訊，他為一間辦公室的員工制定一項運動計畫。這位總裁知道在冬天期間，由於爆發感冒與流感事件，醫療的費用相對地高。因此，他決定採用配對設計，記錄施行計畫前 12 個月的醫療費用與施行計畫後 12 個月的醫療費用。「之前」與「之後」的費用 (以 $ 千為單位) 以月對月的方式做比較，資料如下。

月份	1月	2月	3月	4月	5月	6月
計畫前	68	44	30	58	35	33
計畫後	59	42	20	62	25	30

月份	7月	8月	9月	10月	11月	12月
計畫前	52	69	23	69	48	30
計畫後	56	62	25	75	40	26

a. 這些資料是否指出運動計畫可降低醫療費用？(以 $\alpha = .05$ 檢定。)
b. 以 95% 的信心估計因運動計畫而節省的平均醫療費用。
c. 此問題是否適合使用配對實驗？請解釋之。

一般社會調查練習

GSS2018 練習題 13.37 至 13.39 是根據 2018 年的調查。

13.37 在上個世紀的一般趨勢是每一代的教育比他的前一代更好。這個趨勢是否依然存在？要回答這個問題，判斷是否有足夠的證據顯示美國人接受的教育比他們的父輩更多 (EDUC 和 PAEDUC)？

13.38 是否有足夠的證據來推論美國人比他們的母親受的教育程度更高 (EDUC 和 MAEDUC)？

13.39 大多數雙薪家庭是否試圖讓配偶雙方工作相同的小時數？要回答這個問題，請進行檢定以確定是否有足夠的證據來推論受訪者及其配偶的每週工作小時數有所不同 (HRS1 和 SPHRS1)？

消費者財務調查練習

SCF2019:MC 以下練習題涉及定義淨資產在 $120,185 到 $450,000 美元之間的中產階級家庭。

13.40 就收入而言，中產家庭的戶主是否認為今年是比往年更好的一年？進行檢定以回答問題 (INCOME = 2019 年家庭收入；NORMINC = 家庭常態收入)。

13.41 資本收益可以透過多種方式產生，大多數屋主擁有家 (房子) 的未實現資本收益。確定除了家 (房子) 以外的所有資本收益平均總額的信賴區間估計值 (KGHOUSE = 主要住所的未實現資本收益；KGTOTAL = 總家庭未實現資本收益)。

13.4　兩母體變異數比值的推論

在 13.1 節和 13.3 節中，我們處理兩母體平均數間差異的統計推論。在每一個個案中，問題之目的是比較兩個區間資料的母體，而我們的興趣是比較中央位置量數。本節討論的統計方法其問題目的和資料型態與 13.1 節和 13.3 節相同，但是我們的興趣是比較變異性。在此我們將探討兩母體變異數的比值。因為抽樣分配是立基於比值而非差異，我們進行的是有關比值的推論。

當我們用兩個變異數的 F-檢定去決定該用哪一個平均數間差異的 t-檢定和估計量時，我們已經見過這個方法。在本節中，我們將這個方法應用到其他的問題，而感興趣的是比較兩個母體的變異性。

在前一章，我們呈現用以推論單一母體變異數的程序。我們曾經指出變異數能夠被應用於判斷生產製程的一致性問題。我們也用變異數去測量一個投資組合的相關風險。在本節，我們比較兩個變異數，讓我們能夠比較兩個製程的一致性。我們也能夠比較兩組投資的相對風險。

我們將以一個現在已相當熟悉的方法來進行。

13.4a　參數

如同你很快就會看到的，我們藉著決定比值來比較兩個母體變異數。因此，參數是 σ_1^2/σ_2^2。

13.4b 統計量和抽樣分配

我們之前曾經指出樣本變異數(定義於第 4 章)是母體變異數的一個不偏且一致的估計量。因此，參數 σ_1^2/σ_2^2 的估計量是分別從兩個母體取得的兩個樣本變異數的比值 s_1^2/s_2^2。

在兩個獨立樣本是來自於兩個常態母體的前提下，s_1^2/s_2^2 的抽樣分配是服從 F-分配。(F-分配介紹於 8.4 節。)

統計學家已經證明兩個獨立卡方變數除以它們的自由度之後的比值會服從 F-分配。F-分配的自由度會與兩個卡方分配的自由度相同。在 12.2 節，我們曾指出在抽樣母體是常態的前提下，$(n-1)s^2/\sigma^2$ 會服從卡方分配。如果我們有從兩個常態母體抽出的兩個獨立樣本，則 $(n_1-1)s_1^2/\sigma_1^2$ 和 $(n_2-1)s_2^2/\sigma_2^2$ 皆服從卡方分配。如果將它們分別除以它們的自由度，然後再取比值，我們產生

$$\frac{\dfrac{(n_1-1)s_1^2/\sigma_1^2}{(n_1-1)}}{\dfrac{(n_2-1)s_2^2/\sigma_2^2}{(n_2-1)}}$$

它可以被化簡成

$$\frac{s_1^2/\sigma_1^2}{s_2^2/\sigma_2^2}$$

這個統計量服從自由度為 $\nu_1 = n_1 - 1$ 和 $\nu_2 = n_2 - 1$ 的 F-分配。回顧 ν_1 被稱為**分子自由度 (numerator degrees of freedom)**，ν_2 被稱為**分母自由度 (denominator degrees of freedom)**。

13.4c 檢定和估計兩個變異數的比值

在本書中，我們的虛無假設將始終指定兩個變異數是相等的。因此，比值將會等於 1。因此，虛無假設將始終表達為

$$H_0: \quad \sigma_1^2/\sigma_2^2 = 1$$

對立假設可以敘述為 σ_1^2/σ_2^2 不等於 1、大於 1，或小於 1。理論上，檢定統計量是

$$F = \frac{s_1^2/\sigma_1^2}{s_2^2/\sigma_2^2}$$

但是，在 $\sigma_1^2/\sigma_2^2 = 1$ 的虛無假設下，檢定統計量變成下列的式子。

σ_1^2/σ_2^2 的檢定統計量

用來檢定 σ_1^2/σ_2^2 是否等於 1 的檢定統計量是

$$F = \frac{s_1^2}{s_2^2}$$

在母體是常態的前提下，它服從自由度為 $\nu_1 = n_1 - 1$ 和 $\nu_2 = n_2 - 1$ 的 F-分配。

透過一般的代數運算，我們能夠導出兩個母體變異數比值的信賴區間估計量。

σ_1^2/σ_2^2 的信賴區間估計量

$$\text{LCL} = \left(\frac{s_1^2}{s_2^2}\right)\frac{1}{F_{\alpha/2, \nu_1, \nu_2}}$$

$$\text{UCL} = \left(\frac{s_1^2}{s_2^2}\right)F_{\alpha/2, \nu_2, \nu_1}$$

其中 $\nu_1 = n_1 - 1$ 和 $\nu_2 = n_2 - 1$

範例 13.7　檢定兩個容器填充機的品質

在範例 12.3 中，我們應用一個變異數的卡方檢定去決定是否有足夠的證據得出母體變異數小於 1.0 的結論。假設統計應用者也從另一個容器填充機蒐集資料，並且記錄了一個隨機樣本的填充量。在 5% 的顯著水準下，我們能否推論第二部機器的一致性是比較好的？

解答

辨識方法

問題之目的是要比較兩個母體，資料是區間的。由於我們想要有關兩部機器一致性的資訊，想要檢定的參數是 σ_1^2/σ_2^2，其中 σ_1^2 是機器 1 的變異數，而 σ_2^2 是機器 2 的變異數。我們需要執行 σ_1^2/σ_2^2 的 F-檢定以決定是否母體 2 的變異數是小於母體 1 的變異數。換言之，我們想要決定是否有足夠的證據去推論 σ_1^2 是大於 σ_2^2。因此，我們檢定的假設為

$$H_0:\ \sigma_1^2/\sigma_2^2 = 1$$
$$H_1:\ \sigma_1^2/\sigma_2^2 > 1$$

比較兩個母體的推論 13

計算

手動計算

樣本變異數是 $s_1^2 = .6333$ 與 $s_2^2 = .4528$。

檢定統計量的值為

$$F = \frac{s_1^2}{s_2^2} = \frac{.6333}{.4528} = 1.40$$

拒絕域為

$$F > F_{\alpha, \nu_1, \nu_2} = F_{.05, 24, 24} = 1.98$$

因為檢定統計量的值並不大於 1.98，我們不能拒絕虛無假設。

EXCEL 資料分析

	A	B	C
1	F-Test Two-Sample for Variances		
2			
3		Machine 1	Machine 2
4	Mean	999.7	999.8
5	Variance	0.6333	0.4528
6	Observations	25	25
7	df	24	24
8	F	1.3988	
9	P(F<=f) one-tail	0.2085	
10	F Critical one-tail	1.9838	

檢定統計量的值是 $F = 1.3988$。Excel 輸出單尾 p-值的結果，其為 .2085。

指令說明

1. 鍵入或匯入資料到 2 個欄位 (開啟 Xm13-07)。
2. 點選**資料 (Data)**、**資料分析 (Data Analysis)** 與 **F-檢定：兩個常態母體變異數的檢定 (F-test Two-Sample for Variances)**。
3. 指定**變數 1 的範圍 (Variable 1 Range)** (A1:A26) 與**變數 2 的範圍 (Variable 2 Range)** (B1:B26)。鍵入一個 α 的值 (.05)。

詮釋

沒有足夠的證據去推論機器 2 的變異數小於機器 1 的變異數。

直方圖 (未顯示) 呈現足夠的鐘形可滿足常態的要求。

範例 13.8　估計範例 13.7 的變異數比值

DATA Xm13-07

決定在範例 13.7 中兩母體變異數比值的 95% 信賴區間估計值。

解答

計算

手動計算

我們求出

$$F_{\alpha/2, \nu_1, \nu_2} = F_{.025, 24, 24} = 2.27$$

因此，

$$\text{LCL} = \left(\frac{s_1^2}{s_2^2}\right)\frac{1}{F_{\alpha/2, \nu_1, \nu_2}} = \left(\frac{.6333}{.4528}\right)\frac{1}{2.27} = .616$$

$$\text{UCL} = \left(\frac{s_1^2}{s_2^2}\right)F_{\alpha/2, \nu_2, \nu_1} = \left(\frac{.6333}{.4528}\right)2.27 = 3.17$$

我們估計 σ_1^2/σ_2^2 落在 .616 和 3.17 之間。

EXCEL 活頁簿

	A	B	C	D	E
1	F-Estimate of the Ratio of Two Variances				
2					
3		Sample 1	Sample 2	Confidence Interval Estimate	
4	Sample variance	0.63	0.45	Lower confidence limit	0.6163
5	Sample size	25	25	Upper confidence limit	3.1739
6	Confidence level	0.95			

指令說明

1. 鍵入或匯入資料到 2 個欄位 (開啟 Xm13-07)。計算每一個樣本的樣本變異數。
2. 開啟 **Estimators** 活頁簿 **(Workbook)** 與點選下方 **F-Estimate_2 Variances** 試算表標籤。複製或輸入樣本變異數、樣本數、與信賴水準。

如同我們在第 11 章曾指出的，我們經常可以使用信賴區間估計量來檢定假設。在本範例中，區間估計值包含 1 的值。因此，我們可以產生與範例 13.7 中相同的結論。

練習題

發展對統計觀念的了解

練習題 13.42 到 13.43 是 "what-if" 分析，設計來決定當統計推論的要素改變時，檢定統計量與區間估計值會有什麼變化。這些練習題可以手算求解。

13.42 從兩個常態母體的隨機樣本產生下列統計量：

$s_1^2 = 350 \quad n_1 = 30 \quad s_2^2 = 700 \quad n_2 = 30$

a. 我們是否能在 10% 的顯著水準下推論兩母體變異數不同？
b. 將樣本大小改為 $n_1 = 15$ 與 $n_2 = 15$，重做 (a) 小題。
c. 敘述當樣本大小減少時，檢定統計量會有什麼變化。

13.43 從兩個常態母體的隨機樣本產生下列統計量：

$s_1^2 = 28 \quad n_1 = 10 \quad s_2^2 = 19 \quad n_2 = 10$

a. 以 95% 的信心估計兩個母體變異數的比率。
b. 將樣本大小改為 $n_1 = 25$ 與 $n_2 = 25$，重做 (a) 小題。
c. 敘述當樣本大小增加時，信賴區間估計值的寬度會有什麼變化。

應用題

使用 5% 的顯著水準，除非另有指定。

13.44 Xr13-136 一家乳製品工廠的經理正在決定要使用兩種紙盒填充器的哪一種。最重要的特性是填充的一致性。在初步的研究中，測量一公升紙盒的填充量並且記錄下來。這位經理能否推論兩部機器填充的一致性是有差異的？

機器 1	.998	.997	1.003	1.000	.999
	1.000	.998	1.003	1.004	1.000
機器 2	1.003	1.004	.997	.996	.999	1.003
	1.000	1.005	1.002	1.004	.996

13.45 Xr13-137 一位監督組裝線的作業經理遇到工作順序的問題。問題是，由於操作順序不一致而產生瓶頸。進行一項實驗，以兩種不同的方法來完成相同的任務。時間 (秒) 被記錄並列出於此。我們是否能夠推斷，第二種方法比第一種方法更具一致性？

方法 1　8.8 9.6 8.4 9.0 8.3 9.2 9.0 8.7 8.5 9.4
方法 2　9.2 9.4 8.9 9.6 9.7 8.4 8.8 8.9 9.0 9.7

13.46 Xr13-138 一位統計學教授假設，如果商業統計學課程以兩種不同的方法教學但使用相同的期末考，則不僅平均數不同，變異數也會不同。他進行了一項實驗，其中一部分課程使用詳細的 PowerPoint 投影片教學，另外一班則要求學生在課堂中討論、閱讀且回答問題。學生成績的樣本被記錄並列出如下。我們能否推論這兩班學生成績的變異數有差異？

班級 1　64 85 80 64 48 62 75 77 50 81 90
班級 2　73 78 66 69 79 81 74 59 83 79 84

一般社會調查練習

GSS2018 練習題 13.47 和 13.48 是根據 2018 年的一般社會調查。

13.47 自營業者有優點和缺點，優點是報酬可以很可觀；然而，也可能做很多工作卻沒有呈現什麼收穫。理論上，自營業者的收入變異性大於受僱於他人者的收入變化 (WRKSLF：1 = 自營業者，2 = 受僱於他人)。執行一項檢定以判斷是否有足夠的證據支持這個理論 (RINCOME)。

13.48 大多數受僱於他人者可能會有一定數量的工作時數，這些時數很少改變。在大多數情況下，每週約 40 小時。自營業者則沒有工作時數限制這種奢侈。因此，我們預期自營業者工作的時間比受僱者的工作時間變異性更大 (WRKSLF：1 = 自營業者，2 = 受僱於他人)。是否有足夠的證據支持這個理論 (HRS1)。

消費者財務調查練習

SCF2019:MC 以下練習題涉及定義淨資產在 $120,185 和 $450,000 之間的中產階級家庭。

13.49 自營業者的經濟報酬可能相當可觀。缺點可能是工時冗長但經濟回報很少或沒有收入進而累積債務。因此，我們推測自營業者的薪酬變異會更大 (OCCAT1：1 = 受僱於他人，2 = 自營業者 / 合夥)。執行一項檢定以判斷自營業者收入的變異性是否大於受僱者的 (INCOME)。

13.50 參考練習題 13.49。是否有足夠的證據顯示自營業者淨資產的變異性大於受僱者的 (NETWORTH)？

13.51 參考練習題 13.49。自營業者的債務總額的變異性是否比受僱者的更大 (DEBT)？

13.52 參考練習題 13.49。資料是否允許我們得出結論，自營業者的總資本收益 (KGTOTAL) 存在更大的變異？

13.5 兩母體比例差異的推論

在本節中，我們將介紹有關名目資料母體之間差異的推論程序。這些方法的應用非常廣泛。例如，製藥公司檢定新藥的方式是透過比較新藥與舊藥，或比較新藥與安慰劑；行銷經理比較廣告前後的市場占有率；作業經理比較兩台機器之間的瑕疵率；政治民調者測量選前與選後某政治人物聲望的差異。

13.5a 參數

當資料是名目的，唯一有意義的計算是計數每一種類型發生的次數，以及計算比例。因此，在本節中要被檢定和估計的參數是兩母體比例之間的差異 $p_1 - p_2$。

13.5b 統計量和抽樣分配

要推論 $p_1 - p_2$，我們從母體 1 抽取大小為 n_1 的樣本，且從母體 2 抽取大小為 n_2 的樣本 (圖 13.7 說明抽樣的過程)。

圖 13.7　從兩個名目資料母體抽樣

母體 1　　母體 2
參數：p_1　　參數：p_2
樣本大小：n_1　　樣本大小：n_2
統計量：$\hat{p}_1$　　統計量：$\hat{p}_2$

對每一個樣本，我們計算成功的次數 (記得我們稱任何要尋找的目標為成功)，分別標示為 x_1 和 x_2。樣本比例則被計算為：

$$\hat{p}_1 = \frac{x_1}{n_1} \quad 和 \quad \hat{p}_2 = \frac{x_2}{n_2}$$

統計學家已經證明 $\hat{p}_1 - \hat{p}_2$ 是 $p_1 - p_2$ 的一個不偏且一致的估計量。使用我們在第 9 章中推導樣本比例 $\hat{p}$ 抽樣分配的相同過程，我們可以決定兩個樣本比例間差異的抽樣分配。

$\hat{p}_1 - \hat{p}_2$ 的抽樣分配

1. 如果樣本量夠大，使得 n_1p_1、$n_1(1-p_1)$、n_2p_2 和 $n_2(1-p_2)$ 皆大於或等於 5 的前提下，則統計量 $\hat{p}_1 - \hat{p}_2$ 會近似於常態分配。[因為 p_1 和 p_2 是未知的，我們將樣本需求量的條件表達為 $n_1\hat{p}_1$、$n_1(1-\hat{p}_1)$、$n_2\hat{p}_2$ 以及 $n_2(1-\hat{p}_2)$ 皆大於或等於 5。]
2. $\hat{p}_1 - \hat{p}_2$ 的平均數是

$$E(\hat{p}_1 - \hat{p}_2) = p_1 - p_2$$

3. $\hat{p}_1 - \hat{p}_2$ 的變異數是

$$V(\hat{p}_1 - \hat{p}_2) = \frac{p_1(1-p_1)}{n_1} + \frac{p_2(1-p_2)}{n_2}$$

標準誤

$$\sigma_{\hat{p}_1 - \hat{p}_2} = \sqrt{\frac{p_1(1-p_1)}{n_1} + \frac{p_2(1-p_2)}{n_2}}$$

因此，隨機變數

$$z = \frac{(\hat{p}_1 - \hat{p}_2) - (p_1 - p_2)}{\sqrt{\frac{p_1(1-p_1)}{n_1} + \frac{p_2(1-p_2)}{n_2}}}$$

是近似標準常態分配。

13.5c 檢定和估計兩個比例之間的差異

我們想要使用 z-統計量來表示我們的檢定統計量；但是，$\hat{p}_1 - \hat{p}_2$ 的標準誤，其為

$$\sigma_{\hat{p}_1 - \hat{p}_2} = \sqrt{\frac{p_1(1-p_1)}{n_1} + \frac{p_2(1-p_2)}{n_2}}$$

是未知的，因為 p_1 和 p_2 皆是未知的。因此，$\hat{p}_1 - \hat{p}_2$ 的標準誤必須從樣本資料估計。參數 p_1、p_2 有兩種不同的估計量，要用哪一個取決於虛無假設。假如虛無假設表示為 $p_1 - p_2 = 0$，則兩個母體比例相等的假設容許我們將兩個樣本的資料混合，以產生兩個比例 p_1 和 p_2 的共同估計值。這個**混合比例估計值 (pooled proportion** estimate) 被定義為

$$\hat{p} = \frac{x_1 + x_2}{n_1 + n_2}$$

因此，$\hat{p}_1 - \hat{p}_2$ 的標準誤估計量是

$$\sqrt{\frac{\hat{p}(1-\hat{p})}{n_1} + \frac{\hat{p}(1-\hat{p})}{n_2}} = \sqrt{\hat{p}(1-\hat{p})\left(\frac{1}{n_1} + \frac{1}{n_2}\right)}$$

用以估計 $\hat{p}_1 - \hat{p}_2$ 標準誤的法則類似於 13.1 節中產生混合變異數估計值 s_p^2 的法則，它是在 σ_1^2 和 σ_2^2 未知、但相等時檢定 $\mu_1 - \mu_2$ 用的。這個法則概略地說就是，在可能的情況下，混合兩個樣本的資料可以產生更好的標準誤估計值。在此，混合的可能是在虛無假設 (即 $p_1 = p_2$) 之下達成。(在 13.1 節，我們用混合變異數估計值，因為我們假設 $\sigma_1^2 = \sigma_2^2$。) 我們將這個應用稱為狀況 1。

$p_1 - p_2$ 的檢定統計量：狀況 1

假如虛無檢定設定為

$$H_0: \ (p_1 - p_2) = 0$$

檢定統計量是

$$z = \frac{(\hat{p}_1 - \hat{p}_2) - (p_1 - p_2)}{\sqrt{\hat{p}(1-\hat{p})\left(\frac{1}{n_1} + \frac{1}{n_2}\right)}}$$

因為我們假設 $p_1 - p_2 = 0$，檢定統計量可被簡化為

$$z = \frac{(\hat{p}_1 - \hat{p}_2)}{\sqrt{\hat{p}(1-\hat{p})\left(\frac{1}{n_1} + \frac{1}{n_2}\right)}}$$

第二個狀況是在虛無假設的敘述為 $p_1 - p_2 = D$ 時應用，其中 D 是不為 0 的任意數值。在此情況下，我們不能混合樣本資料來估計 $\hat{p}_1 - \hat{p}_2$ 的標準誤。適當的檢定統計量被描述如下，稱為狀況 2。

$p_1 - p_2$ 的檢定統計量：狀況 2

假如虛無假設設定為

$$H_0: (p_1 - p_2) = D \quad (D \neq 0)$$

檢定統計量是

$$z = \frac{(\hat{p}_1 - \hat{p}_2) - (p_1 - p_2)}{\sqrt{\dfrac{\hat{p}_1(1 - \hat{p}_1)}{n_1} + \dfrac{\hat{p}_2(1 - \hat{p}_2)}{n_2}}}$$

它可以被表示為

$$z = \frac{(\hat{p}_1 - \hat{p}_2) - D}{\sqrt{\dfrac{\hat{p}_1(1 - \hat{p}_1)}{n_1} + \dfrac{\hat{p}_2(1 - \hat{p}_2)}{n_2}}}$$

注意這個檢定統計量只要代入樣本統計量 $\hat{p}_1$ 和 $\hat{p}_2$ 到 $\hat{p}_1 - \hat{p}_2$ 的標準誤中就可以被決定。

你將發現，在大部分的實務應用中(包括本書的練習題)，狀況 1 應用於大多數的問題中——我們想知道兩個母體的比例是否有差異，也就是，

$$H_1: (p_1 - p_2) \neq 0$$

或是，一個比例是否超過另一個，也就是，

$$H_1: (p_1 - p_2) > 0 \quad 或 \quad H_1: (p_1 - p_2) < 0$$

然而，在其他的問題中，目的是要決定一個比例是否以一個非 0 的特定數值大於另一個比例。在這些情況下，應用狀況 2。

我們以從第 10 章起就使用的相同方式推導 $p_1 - p_2$ 的區間估計量。

$p_1 - p_2$ 的信賴區間估計量

$$(\hat{p}_1 - \hat{p}_2) \pm z_{\alpha/2} \sqrt{\dfrac{\hat{p}_1(1 - \hat{p}_1)}{n_1} + \dfrac{\hat{p}_2(1 - \hat{p}_2)}{n_2}}$$

當 $n_1\hat{p}_1$、$n_1(1 - \hat{p}_1)$、$n_2\hat{p}_2$ 以及 $n_2(1 - \hat{p}_2)$ 是大於或等於 5 時，這項公式是有效的。

請注意標準誤是使用個別的樣本比例，而不是以混合的比例來估計。在這個程序中，我們不能像狀況 1 的檢定統計量一樣假設母體比例是相等的。

13 比較兩個母體的推論

行銷上的應用　測試行銷

　　行銷經理通常利用試銷以評估消費者對現有商品特質改變 (如價格或包裝) 的反應，或是評估消費者對計畫中的新產品的偏好。測試行銷 (test marketing) 涉及在一個小型的、有限的測試市場中對行銷組合改變的實驗，並且在對生產上做昂貴改變與普及化之前，先評估消費者在這個測試市場中的反應。

Monkey Business Images/Shutterstock.com

範例 13.9　包裝設計的測試行銷，第一部分

DATA
Xm13-09

　　通用產品公司 (General Products Company) 製造與銷售各種家庭用品。由於激烈的競爭，其中一種產品——沐浴皂——的銷售情形不佳。為了改善銷售量，通用產品公司決定推出更具吸引力的包裝。這家公司的廣告代理商開發兩種新的設計。第一種設計具有幾種亮麗的顏色，與其他品牌做區別。第二種設計是淡綠色底，並僅僅印上該公司的商標。為了檢定哪一種設計比較好，行銷經理選擇兩家超市，其中一家超市，香皂被包裝在使用第一種設計的盒中，第二家超市則使用第二種設計。每一家超市的產品掃描機追蹤一週之內的每一位香皂購買者。兩家超市記錄了五種在超市中銷售的香皂商品之條碼後四位。通用產品公司品牌香皂的條碼是 9077 (其他品牌的條碼是 4255、3745、7118 與 8855)。在測試期間過後，掃描機的資料被轉換成電腦檔案。由於第一種設計較昂貴，管理階層決定只有在有充分證據可以做出其為一種較佳設計的結論時才採用這種設計。管理階層應該改用鮮艷顏色的設計或是簡單的綠色設計？

解答

辨識方法

　　問題之目的是比較兩個母體。第一個是在超市 1 香皂銷售的母體，以及第二個是在超市 2 香皂銷售的母體。因為數值為「購買通用產品公司香皂」與「購買其他公司的香皂」，所以資料為名目的。這兩個因素告訴我們要檢定的參數是兩母體比例之間的差異 $p_1 - p_2$ (其中 p_1 與 p_2 分別代表通用產品香皂在新包裝與舊包裝的銷售比例)。因為我們想要知道是否有足夠的證據去採用亮麗顏色的設計，對立假設為

$$H_1: (p_1 - p_2) > 0$$

虛無假設一定是

$$H_0: (p_1 - p_2) = 0$$

這告訴我們這是一個狀況 1 的應用。因此，檢定統計量為

$$z = \frac{(\hat{p}_1 - \hat{p}_2)}{\sqrt{\hat{p}(1-\hat{p})\left(\frac{1}{n_1} + \frac{1}{n_2}\right)}}$$

計算

手動計算

以手算這個檢定統計量，統計應用者必須計數每一個樣本中成功的次數。其中成功是以編碼 9077 表示。檢閱所有的銷售顯示

$$x_1 = 180 \quad n_1 = 904 \quad x_2 = 155 \quad n_2 = 1{,}038$$

樣本比例為

$$\hat{p}_1 = \frac{180}{904} = .1991$$

以及

$$\hat{p}_2 = \frac{155}{1{,}038} = .1493$$

混合的比例為

$$\hat{p} = \frac{180 + 155}{904 + 1{,}038} = \frac{335}{1{,}942} = .1725$$

檢定統計量的值為

$$z = \frac{(\hat{p}_1 - \hat{p}_2)}{\sqrt{\hat{p}(1-\hat{p})\left(\frac{1}{n_1} + \frac{1}{n_2}\right)}} = \frac{(.1991 - .1493)}{\sqrt{(.1725)(1-.1725)\left(\frac{1}{904} + \frac{1}{1{,}038}\right)}} = 2.90$$

使用 5% 的顯著水準似乎是適當的。因此，拒絕域為

$$z > z_\alpha = z_{.05} = 1.645$$

EXCEL 活頁簿

	A	B	C	D	E
1	z-Test of the Difference Between Two Proportions (Case 1)				
2					
3		Sample 1	Sample 2	z Stat	2.90
4	Sample proportion	0.1991	0.1493	P(Z<=z) one-tail	0.0019
5	Sample size	904	1038	z Critical one-tail	1.6449
6	Alpha	0.05		P(Z<=z) two-tail	0.0038
7				z Critical two-tail	1.9600

指令說明

1. 鍵入或匯入資料到 2 個欄位。(開啟 Xm13-07。) 計算每一個樣本的比例。
2. 開啟 **Test Statistics 活頁簿 (Workbook)**，並點選下方 **z-Test_2 Proportions (Case 1) 試算表**標籤。複製或輸入樣本比例、樣本數與 α 的值。

詮釋

檢定統計量的值是 $z = 2.90$；其 p-值是 .0019。有充分的證據去推論亮麗顏色的設計比簡單的設計更受歡迎。因此，建議管理階層可以轉換到第一種設計。

範例 13.10　包裝設計的測試行銷，第二部分

DATA
Xm13-09

假設在範例 13.9 中，由於亮麗顏色設計需要額外的成本，要求其銷售率必須比簡單設計的銷售率多 3%，才會被採用。管理階層是否應該轉換到亮麗顏色的設計？

解答

辨識方法

對立假設為

$$H_1: (p_1 - p_2) > .03$$

且虛無假設是

$$H_0: (p_1 - p_2) = .03$$

由於虛無假設指定一個不為 0 的差異，我們將應用狀況 2 的檢定統計量。

計算

手動計算

檢定統計量的值為

$$z = \frac{(\hat{p}_1 - \hat{p}_2) - (p_1 - p_2)}{\sqrt{\dfrac{\hat{p}_1(1-\hat{p}_1)}{n_1} + \dfrac{\hat{p}_2(1-\hat{p}_2)}{n_2}}} = \frac{(.1991 - .1493) - (.03)}{\sqrt{\dfrac{.1991(1-.1991)}{904} + \dfrac{.1493(1-.1493)}{1{,}038}}} = 1.15$$

EXCEL 活頁簿

	A	B	C	D	E
1	z-Test of the Difference Between Two Proportions (Case 2)				
2					
3		Sample 1	Sample 2	z Stat	1.15
4	Sample proportion	0.1991	0.1493	P(Z<=z) one-tail	0.1260
5	Sample size	904	1038	z Critical one-tail	1.6449
6	Hypothesized difference	0.03		P(Z<=z) two-tail	0.2520
7	Alpha	0.05		z Critical two-tail	1.9600

指令說明

1. 鍵入或匯入資料到兩個欄位 (開啟 Xm13-07)。計算每一個樣本的比例。
2. 開啟 **Test Statistics** 活頁簿 **(Workbook)**，並點選下方 **z-Test_2 Proportions (Case 2)** 試算表標籤。複製或輸入樣本比例、樣本數、假設之差異值 (.03) 與 α 的值。

詮釋

並沒有充分的證據去推論購買亮麗顏色設計的香皂顧客比例比購買簡單設計的香皂顧客比例高 3%。在證據不足之下，此分析建議香皂應該用簡單設計包裝。

範例 13.11　包裝設計的測試行銷，第三部分

DATA Xm13-09

為了協助估計利潤的差異，在範例 13.9 與範例 13.10 中的行銷經理想要估計兩個比例之間的差異。建議使用 95% 的信賴水準。

解答

辨識方法

參數為 $p_1 - p_2$，以下列的信賴區間估計量來估計：

$$(\hat{p}_1 - \hat{p}_2) \pm z_{\alpha/2} \sqrt{\frac{\hat{p}_1(1-\hat{p}_1)}{n_1} + \frac{\hat{p}_2(1-\hat{p}_2)}{n_2}}$$

計算

手算

樣本比例已經被計算出來。它們是

$$\hat{p}_1 = \frac{180}{904} = .1991$$

和

$$\hat{p}_2 = \frac{155}{1,038} = .1493$$

$p_1 - p_2$ 的 95% 信賴區間估計值為

$$(\hat{p}_1 - \hat{p}_2) \pm z_{\alpha/2} \sqrt{\frac{\hat{p}_1(1-\hat{p}_1)}{n_1} + \frac{\hat{p}_2(1-\hat{p}_2)}{n_2}}$$

$$= (.1991 - .1493) \pm 1.96 \sqrt{\frac{.1991(1-.1991)}{904} + \frac{.1493(1-.1493)}{1,038}}$$

$$= .0498 \pm .0339$$

$$\text{LCL} = .0159 \quad 和 \quad \text{UCL} = .0837$$

EXCEL 活頁簿

	A	B	C	D	E	F
1	z-Estimate of the Difference Between Two Proportions					
2						
3		Sample 1	Sample 2	Confidence Interval Estimate		
4	Sample proportion	0.1991	0.1493	0.0498	±	0.0339
5	Sample size	904	1038	Lower confidence limit		0.0159
6	Confidence level	0.95		Upper confidence limit		0.0837

指令說明

1. 鍵入或匯入資料到 2 個欄位 (開啟 Xm13-07)。計算每一個樣本的樣本比例。
2. 開啟 **Estimators** 活頁簿 (Workbook) 並選點下方 **z-Estimate_2 proportions** 試算表標籤。複製或輸入樣本比例、樣本數與 α 的值。

一般社會調查：解答

比較 2010 年和 2018 年：自營業者的比例是否有所下降？

解答

問題目的是比較兩個母體（自營業者和非自營業者）。即 2010 年和 2018 年回應有關是否為自己工作的問題 (WRKSLF：1 = 是，2 = 否)。檢定的假設為：

$$H_0: (p_1 - p_2) = 0$$
$$H_1: (p_1 - p_2) > 0$$

其中 p_1 = 2010 年自營業者的比例，p_2 = 2018 年自營業者的比例。虛無假設告訴我們這是狀況 1 的應用。因此，檢定統計量是

$$z = \frac{(\hat{p}_1 - \hat{p}_2)}{\sqrt{\hat{p}(1-\hat{p})\left(\frac{1}{n_1} + \frac{1}{n_2}\right)}}$$

計算

手動計算

為了計算檢定統計量，我們首先計算每個樣本中的成功次數和樣本大小，其中成功由 WRKSLF = 1 表示。

$$x_1 = 234 \quad n_1 = 1{,}940 \quad x_2 = 232 \quad n_2 = 2{,}261$$

樣本比例為

$$\hat{p}_1 = \frac{234}{1{,}940} = .1206$$

以及

$$\hat{p}_2 = \frac{232}{2{,}261} = .1026$$

混合比例為

$$\hat{p} = \frac{234 + 232}{1{,}940 + 2{,}261} = \frac{446}{4{,}201} = .1109$$

檢定統計量的值為

$$z = \frac{(\hat{p}_1 - \hat{p}_2)}{\sqrt{\hat{p}(1-\hat{p})\left(\frac{1}{n_1} + \frac{1}{n_2}\right)}} = \frac{(.1206 - .1026)}{\sqrt{(.1109)(1 - .1109)\left(\frac{1}{1940} + \frac{1}{2261}\right)}} = 1.85$$

5% 的顯著水準似乎是適合的。因此，拒絕域為

$$z > z_\alpha = z_{.05} = 1.645$$
$$p\text{-value} = P(Z > 1.85) = 1 - P(Z < 1.85) = 1 - .9678 = .0322$$

EXCEL 活頁簿

	A	B	C	D	E
1	z-Test of the Difference Between Two Proportions (Case 1)				
2					
3		Sample 1	Sample 2	z Stat	1.85
4	Sample proportion	0.1206	0.1026	P(Z<=z) one-tail	0.0319
5	Sample size	1940	2261	z Critical one-tail	1.6449
6	Alpha	0.05		P(Z<=z) two-tail	0.0639
7				z Critical two-tail	1.9600

指令說明

1. 鍵入或匯入資料到 2 個欄位 (開啟 GSS2010 與 GSS2018)。使用 COUNTIF 函數確定每個樣本的數量。
2. 開啟 **Test Statistics** 活頁簿 **(Workbook)** 並點選下方 **z_Estimate_2 proportions (Case1)** 試算表標籤。複製或輸入樣本比例、樣本數與 α 值。

詮釋

檢定統計量的值為 1.85，使用 Excel 圖，p-值為 .0319。有足夠的證據可以得出結論，2018 年美國自營業者的比例低於 2010 年自營業者的比例。

練習題

發展對統計觀念的了解

練習題 13.53 到 13.55 是 "what-if" 分析，被設計來決定當統計推論的要素改變時，檢定統計量與區間估計值會有什麼變化。這些練習題可以手算或使用 Excel 試算表解題。

13.53 從二項母體隨機樣本產生下列的統計量：

$\hat{p}_1 = .45 \quad n_1 = 100 \quad \hat{p}_2 = .40 \quad n_2 = 100$

a. 計算檢定的 p-值以決定我們能否推論兩母體比例有差異。
b. 增加樣本大小為 400，重做 (a) 小題。
c. 描述當樣本大小增加時，p-值會有什麼變化。

13.54 以下統計量由兩個隨機樣本計算而得：

$\hat{p}_1 = .60 \quad n_1 = 225 \quad \hat{p}_2 = .55 \quad n_2 = 225$

a. 計算檢定的 p-值以決定是否有充分的證據去推論母體比例不等。
b. 以 $\hat{p}_1 = .95$ 與 $\hat{p}_2 = .90$ 重做 (a) 小題。
c. 描述增加樣本比例對 p-值的影響。
d. 以 $\hat{p}_1 = .10$ 與 $\hat{p}_2 = .05$ 重做 (a) 小題。
e. 描述減少樣本比例對 p-值的影響。

13.55 從二項母體隨機抽樣之後產生下列的統計量：

$\hat{p}_1 = .18 \quad n_1 = 100 \quad \hat{p}_2 = .22 \quad n_2 = 100$

a. 以 90% 的信心，估計母體比例的差異。
b. 增加樣本比例到 .48 和 .52，重做 (a) 小題。
c. 描述增加樣本比例的影響。

應用題

對練習題 13.56 到 13.58，以 5% 顯著水準進行所有檢定，並以 95% 的信賴水準進行所有的區間估計。

13.56 許多商店為它們賣出的商品銷售延長保固期。這些對於店主來說是非常有利可圖的。為了深入了解誰會購買這些保固期，從商店裡最近購買具有延長保固期商品的顧客中選取隨機樣本。除了其他變數之外，每一位受訪者報告他們是否付一般價格或是特賣價格，以及他們是否購買一份延長保固期。

	一般價格	特賣價格
樣本大小	229	178
購買延長保固期的人數	47	25

我們能否推論以一般價格付款的人似乎更願意購買一份延長保固？

13.57 一家公司以兩種方式將它的客戶進行分類：(1) 根據帳戶是否逾期未付，以及 (2) 是否為新帳戶（少於 12 個月）或舊帳戶。為了獲得有關哪些顧客是準時付款以及哪些是逾期的資料，選取 292 位顧客的隨機樣本。每一位顧客被分為是新帳戶（少於 12 個月）和舊帳戶，以及該客戶是否已經支付或逾期未付。結果彙整如下。

	新帳戶	舊帳戶
樣本大小	83	209
逾期未付帳戶	12	49

是否有足夠的證據去推論：就逾期未付帳戶而言，新帳戶和舊帳戶之間是有差異的？

13.58 用來製作醫療儀器複雜組件的程序，

通常會導致 40% 左右的不良率。最近，開發了兩種創新的處理程序，以取代現有的程序。程序 1 似乎更有希望，但是在購買和經營上都比程序 2 更昂貴。經過全面的成本分析，管理階層決定，只有當它產生瑕疵組件比例小於程序 2 產生的瑕疵比例超過 8% 時，才會採取程序 1。以一項檢定來幫助決定，兩種程序皆被用來製造 300 個組件。程序 1 所製造的 300 個組件中，發現有 33 個是不良的，而流程 2 生產的 300 個組件中有 84 個是不良的。進行檢定以幫助管理階層做決策。

作業管理上的應用　藥劑與醫療實驗

當研發新產品時，會以各種方法測試它們。首先，這項新產品是否有用？第二，它是否比現有的產品好？第三，顧客購買的價格對公司而言是否有利潤可賺？執行顧客調查或其他實驗所產生的必要資訊大部分是用來檢測最後一個問題。這項實驗通常是行銷經理的專業領域。

至於其他兩個問題則由新產品的開發人員做處理，通常指的是研究部門或作業經理。當產品是一種新藥物時，以特殊的方法蒐集資料。樣本被分為兩個群組。一個群組給予新藥，而另一群組給予安慰劑（一種沒有藥劑成分的藥丸）。這種實驗因為不論是服用藥丸的個人或者是提供藥丸的醫師/科學家都不知道個人服用的是真藥丸或是安慰劑，所以通常稱為「雙盲」實驗。在實驗結束後，會產生足以讓統計應用者執行他們工作的資料。練習題 13.59 到 13.63 是這類統計應用的範例。練習題 13.64 敘述一個與健康相關的問題，但是其中安慰劑的使用是不可行的。

13.59 感冒和過敏的藥物已經被使用好幾年了。一個嚴重的副作用是這些藥物會使人昏昏欲睡，這種副作用會對產業工人造成危險。最近幾年，研發了無昏睡作用的感冒和過敏藥物。Hismanal 是一種這類的產品，其製造商宣稱此藥是首創一天僅需服用一次的無昏睡作用過敏藥物。宣稱無昏睡作用這部分是根據一個臨床的實驗，給予 1,604 位病人服用 Hismanal，並且給予 1,109 位病人服用安慰劑。第一族群中，7.1% 的人報告會昏睡，在第二族群中有 6.4% 的人報告會昏睡。這些結果是否允許我們推論 Hismanal 的宣稱是錯誤的？

13.60 保栓通錠 (Plavix) 是一種藥物，給予有冠狀動脈疾病的病患以預防血栓。在麥克馬斯特大學 (McMaster University) 的研究人員執行一項研究，其涉及 28 個國家中 482 家醫院的 12,562 位病患。所有的病患有急性冠狀動脈症候群，會有輕微的心臟病發作或不定期的心絞痛與胸痛，這些可能是心臟病發作的先兆。病患被分成兩個相等的群組。群組 1 每日服用保栓通錠，而群組 2 則服用安慰劑。1 年之後，服用保栓通錠的病患中 9.3% 發生中

風、心臟病發作，或死於心血管疾病；而服用安慰劑患者的死亡比例為 11.5%。我們能否推論保栓通錠是有效的？

13.61 在一項備受矚目的研究中，醫生發現阿斯匹靈似乎有助於預防心臟病。一項長達 5 年的研究計畫，涉及 22,000 位美國內科醫師 (全為男性)。其中半數每週服用三次阿斯匹靈，而另外半數以相同時間表服用安慰劑。研究人員定期追蹤自願者並且更新紀錄。服用阿斯匹靈的內科醫師當中有 104 人罹患心臟病；而有 189 位服用安慰劑的內科醫師罹患心臟病。確定這些結果是否能證明阿斯匹靈可以有效地降低心臟病的發生。

13.62 練習題 13.61 所描述的實驗確定每日服用阿斯匹靈可以降低罹患心臟病發作的機率。這項研究是在 1982 年間執行的，當時這些醫師的平均年齡為 50 歲。在這項實驗後的幾年裡，這些內科醫師也接受其他的醫療狀況的監測。這些狀況之一是白內障的發生率。在阿斯匹靈群組中有 1,084 位白內障患者，以及在安慰劑的群組中有 997 位。這些統計量是否允許研究人員推論阿斯匹靈導致更多的白內障？

13.63 根據加拿大癌症協會統計，每年有超過 21,000 位婦女將會被診斷出得乳癌，超過 5,000 位婦女會因此死亡。(在美國的數字是加拿大的 10 倍。) 一般會考慮手術為第一優先治療。然而，許多婦女遭遇癌症再復發的情況。基於這個理由，許多婦女以他莫昔芬 (Tamoxifen) 來治療。但是 5 年之後，腫瘤會對他莫昔芬產生耐藥性。諾華製藥研發一種新藥物稱為來曲唑片 (Latrozole) 取代他莫昔芬。為了確定其有效性，進行了一項研究，涉及來自加拿大、美國和歐洲的 5,187 位乳腺癌倖存者。一半的樣本接受來曲唑片的治療，另一半服用安慰劑。這計畫要進行 5 年。但是，僅在 2.5 年之後，75 位服用藥物的女性和 132 位服用安慰劑的女性癌症復發。這項研究被發布於《新英格蘭醫學雜誌》上。這些結果是否提供充分的證據去推論來曲唑片是有效的？

13.64 在《英國醫學雜誌》(2004 年 1 月) 中描述一項研究，試圖確定運動是否有助於延長心臟衰竭病患的生命。招募 801 位心臟衰竭病患的樣本；395 人接受運動的訓練，406 人則沒有。在運動群組當中有 88 人死亡，而在無運動群組中死亡 105 人。研究人員是否可以推論運動訓練能夠減少死亡？

一般社會調查練習

GSS2018 以下練習題是根據 2018 年的調查。

13.65 上一個世代，男性比女性更有可能上大學，並獲得碩士學位。然而，現在上大學的女性人數似乎比男性更多。為了評估差異的程度，進行檢定以確定男性和女性 (SEX：1＝男性，2＝女性) 在完成研究所學位 (DEGREE：4＝研究所學位) 是否有所不同。

13.66 在 2008-2010 年間的大蕭條可能改變了就業模式。由於大量裁員，越來越多的人選擇自營工作。這是否同樣適用於男性和女性 (SEX：1＝男性，2＝女性)？進行檢定以確定是否有足夠的證據做出男性和女性在選擇自營的決定上存在著差異的結論 (WRKSLF：1＝自營業者)。

13.67 是否有足夠的證據做出國外出生的人 (BORN：1＝在美國境內，2＝其他地方) 比美國境內出生的人更有可能擁有研究所學位的結論 (DEGREE：4＝研究所學位)。

13.68 在偏愛政府機構工作方面，男性和女性是否存在差異？進行統計檢定以確定是否有足夠的證據推論女性比男性 (SEX：1＝男性，2＝女性) 更有可能為政府工作 (WRKGOVT：1＝政府機構)？

13.69 大多數移民到美國的人都是為了找工作。我們假設在美國以外出生的居民 (BORN：1＝在美國境內，2＝其他地方) 全職工作 (WRKSTAT：1＝全職) 的比例不低於本地出生美國人全職工作的比例。對假設進行檢定。

13.70 是否有足夠的證據下結論說出生 (BORN：1＝在美國境內，2＝其他地方) 於美國境內的人比出生於美國境外的人更有可能為政府機構工作 (WRKGVT：1＝政府機構，2＝其他)？

13.71 與在美國出生的美國人相比，在外國出生的人 (BORN：1＝在美國境內，2＝其他地方) 是否更有可能是自營業者 (WRKSLF：1＝為自己工作，2＝為別人工作)？進行檢定以回答問題。

消費者財務調查練習

SCF2019:\All 以下練習題根據 2019 年調查的所有觀測值。

13.72 許多研究發現，女性比男性更有可能獲得大專學位。但是，這是否適用於家庭的女性和男性戶長 (HHSEX：1＝男性，2＝女性)？是否有足夠的證據下結論說男性戶長比女性戶長更有可能獲得大專學位 (EDCL：4＝大專學位)？

13.73 如果男性戶長 (HHSEX：1＝男性，2＝女性) 更有可能獲得大專學位，之後他們是否有更高的就業率 (LF：1＝以某種方式工作)？進行檢定以回答此問題。

13.74 是否有足夠的證據推論男性戶長 (HHSEX：1＝男性，2＝女性) 更

有可能擁有他們所居住的房屋 (HOUSECL：1＝擁有)？

13.75 是否有足夠的證據推論男性戶長 (HHSEX：1＝男性，2＝女性) 比女性戶長 (MARRIED：1＝已婚或與伴侶居住) 更有可能結婚？

13.76 你可以從前面 4 個練習題的結果中得出什麼結論？

本章摘要

本章中，我們提出各種方法讓統計應用者比較兩個母體。當資料是區間的而且我們感興趣於中央位置的測量，在選擇適當的方法時，我們面對兩種以上必須考慮的狀況。當樣本是獨立的，我們可以使用相等變異數或不等變異數的公式。當樣本是配對的，我們只有一組公式可以使用。我們介紹用來推論兩母體變異數的 F-統計量。當資料是名目的，感興趣的參數是兩個母體比例間的差異。對此參數而言，我們有兩個檢定統計量，以及一個區間估計量。此外，我們討論觀測的與實驗的資料，這是試圖詮釋統計結果時的重要觀念。

Chapter 14 變異數分析

本章綱要

14.1　單因子變異數分析
14.2　多重比較
14.3　變異數分析的實驗設計
14.4　隨機區集 (二因子) 變異數分析
14.5　二因子變異數分析

一般社會調查

DATA GSS2018 自由－保守的程度與收入

美國人的政治觀點是否受到他們收入的影響，或者相反？如果是這樣，我們預期收入在不同族群之間是有差異的，而各族群的人是依據下列的量表定義自己的政治觀點類別 (POLVIEWS)。執行檢驗以確定是否有足夠的證據來推論基於政治觀點所定義的七個母體之間的收入 (RINCOME) 有差異。

我們將會在第 465 頁提供答案。

1 = 極端自由
2 = 自由
3 = 稍微自由
4 = 中立
5 = 稍微保守
6 = 保守
7 = 極端保守

導論 Introduction

在本章中介紹的方法允許統計應用者去比較兩個或更多個區間資料的母體。這個方法稱為**變異數分析 (analysis of variance)**，它是一種功能強大且常用的程序。變異數分析方法決定母體平均數之間是否存在著差異。諷刺地，這個程序的運作是藉由分析樣本的變異數，此為其名稱的由來。我們將檢視這個方法的幾種不同用法。

變異數分析的首次應用是在 1920 年代，用來決定不同肥料的處理 (treatment) 是否產生不同的農作物產量。原始實驗的專有名詞至今仍然被沿用。無論什麼實驗，此程序都是設計來決定**處理平均數 (treatment means)** 之間是否有顯著的差異存在。

14.1 單因子變異數分析

變異數分析是檢定兩個或多個母體平均數之間是否存在著差異的程序。該方法的名稱起源於它執行計算的方法。也就是說，此方法分析資料的變異數，以決定我們是否能推論出母體平均數的不同。如同在第 13 章，實驗設計是確定使用正確分析方法的決定因素。在本節中，我們描述當樣本被獨立抽出時，此程序的應用。這個方法稱為**單因子變異數分析 (one-way analysis of variance)**。圖 14.1 說明獨立樣本的抽樣過程。第 $j(j = 1, 2, ..., k)$ 個母體的平均數和變異數分別被標示為 μ_j 和 σ_j^2。兩個參數皆為未知。對每一個母體，我們抽出獨立的隨機樣本。對每一個樣本，我們能夠計算樣本的平均數 $\bar{x}_j$ 和變異數 s_j^2。

圖 14.1 獨立樣本的抽樣設計

母體 1	母體 2	...	母體 k
平均數 = μ_1 變異數 = σ_1^2	平均數 = μ_2 變異數 = σ_2^2	...	平均數 = μ_k 變異數 = σ_k^2
樣本大小：n_1	樣本大小：n_2	...	樣本大小：n_k
平均數 = $\bar{x}_1$ 變異數 = s_1^2	平均數 = $\bar{x}_2$ 變異數 = s_2^2	...	平均數 = $\bar{x}_k$ 變異數 = s_k^2

範例 14.1　老年人投資股票和共同基金股份的金額

DATA Xm14-01

在過去 10 年間，證券經紀商做生意的方法已經有了極大的改變。網路交易已經變得非常普遍，線上交易的成本可以低至 $5。然而，由於年齡的因素，老年人的交易量可能不如年輕人。一位金融分析師想看看是否值得邀請老年人加大投資於股市。但首先，分析師需要知道是否存在某些年齡類別，其不同於其他年齡類別。為了幫助回答此問題，要求 384 名美國老年人的隨機樣本報告他們的年齡類別和投資於股票市場的總金額 (單位：$1000)。年齡類別為 65-69、70-74、75 歲及以上。一些資料如下列出。這些資料是否允許分析師確定三個年齡群之間的股票所有權存在差異？(來源：美國人口普查局。)

年齡: 65–69	年齡: 70–74	年齡: 75+
76.8	86.1	77.7
87.4	105.9	81.5
109.1	58.4	98
51.8	73.5	81.8
⋮	⋮	⋮

解答

你應該確認資料是區間的 (投資於股票市場的金額) 以及問題的目的在於比較三個母體 (年齡類別)。參數為三個母體的平均數 μ_1、μ_2 與 μ_3。虛無假設將敘述這些母體平均數之間沒有差異。因此，

$$H_0: \mu_1 = \mu_2 = \mu_3$$

變異數分析可決定是否有充分的統計證據去顯示虛無假設是錯誤的。因此，對立假設將永遠指定為

$$H_1: \text{至少兩個平均數不等}$$

下一個步驟是決定檢定統計量，它比我們曾經介紹過的檢定統計量更複雜一些。執行這項變異數分析的過程可以藉由表 14.1 的符號來輔助說明。

表 14.1　單因子變異數分析的符號

	\multicolumn{4}{c}{處理}			
	1	**2**	⋯	***j***	⋯	***k***
	x_{11}	x_{12}	⋯	x_{1j}	⋯	x_{1k}
	x_{21}	x_{22}	⋯	x_{2j}	⋯	x_{2k}
	⋮	⋮		⋮		⋮
	$x_{n_1 1}$	$x_{n_2 2}$		$x_{n_j j}$		$x_{n_k k}$
樣本大小	n_1	n_2		n_j		n_k
樣本平均數	$\bar{x}_1$	$\bar{x}_2$		$\bar{x}_j$		$\bar{x}_k$

x_{ij} = 第 j 個樣本的第 i 個觀測值

n_j = 從第 j 個母體抽出的樣本觀測值個數

$\bar{x}_j$ = 第 j 個樣本的平均數 = $\dfrac{\sum_{i=1}^{n_j} x_{ij}}{n_j}$

$\bar{\bar{x}}$ = 所有觀測值的總平均數 = $\dfrac{\sum_{j=1}^{k} \sum_{i=1}^{n_j} x_{ij}}{n}$，其中 $n = n_1 + n_2 + \cdots + n_k$ 且 k 為母體的個數

變數 X 稱為**反應變數 (response variable)**，其數值稱為**反應值 (responses)**。我們要測量的單位稱為**實驗單位 (experimental unit)**。在本範例中，反應變數為投資於股票的金額，且實驗單位為抽樣的戶主。我們用來區分母體的準則稱為**因子 (factor)**。每一個母體皆稱為一個因子**水準 (level)**。在範例 14.1 中的因子是戶主的年齡類別，有三個水準。本章稍後我們將會討論一項實驗，其中使用兩個因子將母體分類。在本節中，我們僅僅處理單一因子的實驗。

檢定統計量

檢定統計量的計算是依據下列原理。如果虛無假設為真，則母體平均數將全部相等，那麼我們會期望樣本平均數彼此相近。如果對立假設為真，則一些樣本平均數之間會有大的差異。測量樣本平均數之間彼此近似程度的統計量稱為**處理間變異 (between-treatments variation)**，以 **SST** 表示，代表**處理平方和 (sum of squares for treatments)**。

處理平方和

$$\text{SST} = \sum_{j=1}^{k} n_j(\bar{x}_j - \bar{\bar{x}})^2$$

誠如你可以由此公式推論出，如果樣本平均數彼此相近，則所有的樣本平均數會接近總平均數，因此，SST 將是一個小的數值。事實上，當所有樣本平均數是相等的，SST 將會達到它的最小數值 (0)。也就是，如果

$$\bar{x}_1 = \bar{x}_2 = \cdots = \bar{x}_k$$

則

$$\text{SST} = 0$$

因此一個小的 SST 值支持虛無假設。在本範例中，我們計算樣本平均數與總平均數為

$$\bar{x}_1 = 76.21$$
$$\bar{x}_2 = 75.14$$
$$\bar{x}_3 = 82.69$$
$$\bar{\bar{x}} = 78.49$$

樣本大小為

$$n_1 = 123$$
$$n_2 = 108$$
$$n_3 = 153$$
$$n = n_1 + n_2 + n_3 = 123 + 108 + 153 = 384$$

則

$$\text{SST} = \sum_{j=1}^{k} n_j(\bar{x}_j - \bar{\bar{x}})^2$$
$$= 123(76.21 - 78.49)^2 + 108(75.14 - 78.49)^2 + 153(82.69 - 78.49)^2 = 4,550$$

　　如果樣本平均數之間存在著大的差異，則至少有一些樣本平均數與總平均數非常地不同，而產生一個大的 SST 數值，那麼拒絕虛無假設而傾向對立假設是合理的。在這個檢定中（如同在其他所有的統計檢定中）要回答的關鍵問題是，檢定統計量必須多大，我們才能夠判定拒絕虛無假設？在本範例中，SST = 4,550。這個值是否夠大去指出母體平均數不同？為了回答這個問題，我們需要知道投資金額存在多少的變異性，它是以**處理內變異 (within-treatments variation)** 來測量，記為 **SSE**，代表**誤差平方和 (sum of squares for error)**。處理內變異是用以測量反應變數之變異量中不是由處理造成的變異量。在本範例中，我們試著決定投資於股票的金額是否因戶主的年齡而有所不同。但是，還有其他變數會影響反應變數。我們預期如家庭收入、職業和家庭規模等變數也可能影響家庭投資多少錢在股票上的決定。所有這些（以及其他我們可能甚至無法辨識）的變數都是變異性的來源，我們將其組合在一起稱為誤差。這個變異性的來源是以誤差平方和來測量。

誤差平方和

$$\text{SSE} = \sum_{j=1}^{k}\sum_{i=1}^{n_j}(x_{ij} - \bar{x}_j)^2$$

當 SSE 部分展開時，我們得到

$$\text{SSE} = \sum_{i=1}^{n_1}(x_{i1} - \bar{x}_1)^2 + \sum_{i=1}^{n_2}(x_{i2} - \bar{x}_2)^2 + \cdots + \sum_{i=1}^{n_k}(x_{ik} - \bar{x}_k)^2$$

假如你檢查 SSE 的 k 個組成成分，你將看到每一個成分都是一個樣本變異性的測量。假如我們把每一個成分除以 $n_j - 1$ 得到樣本變異數。我們可以將 SSE 重新寫成下列的表示

$$SSE = (n_1 - 1)s_1^2 + (n_2 - 1)s_2^2 + \cdots + (n_k - 1)s_k^2$$

其中 s_j^2 是樣本 j 的樣本變異數。因此，SSE 是 k 個樣本的合併或混合變異數。這是我們在 13.1 節中一個計算的推廣，其中我們使用兩個母體共同變異數的混合估計量 (表示為 s_p^2) 以檢定和估計介於兩個平均數之間的差異。該統計方法的必要條件之一是母體變異數是相等的。相同的條件對我們現在使用 SSE 也是必需的。也就是，我們需要下列的條件

$$\sigma_1^2 = \sigma_2^2 = \cdots = \sigma_k^2$$

回到我們的範例，我們計算樣本變異數如下：

$$s_1^2 = 787.35$$
$$s_2^2 = 712.47$$
$$s_3^2 = 718.19$$

因此，

$$\begin{aligned}SSE &= (n_1 - 1)s_1^2 + (n_2 - 1)s_2^2 + (n_3 - 1)s_3^2 \\ &= (123 - 1)(787.35) + (108 - 1)(712.47) + (153 - 1)(718.19) \\ &= 281{,}446\end{aligned}$$

下一步是計算**均方 (mean squares)** 的數值。**處理的均方 (mean square for treatments)** 的計算是將 SST 除以處理數減 1 而得。

處理的均方

$$MST = \frac{SST}{k - 1}$$

誤差的均方 (mean square for error) 以 SSE 除以總樣本大小 (標示為 n) 減去處理數而決定。

誤差的均方

$$\text{MSE} = \frac{\text{SSE}}{n-k}$$

最後,檢定統計量被定義為兩個均方的比值。

檢定統計量

$$F = \frac{\text{MST}}{\text{MSE}}$$

檢定統計量的抽樣分配

在反應變數是常態分配的條件下,檢定統計量服從自由度為 $k-1$ 和 $n-k$ 的 F-分配。在 8.4 節中,我們介紹 F-分配,並在 13.4 節中使用它去檢定和估計兩個母體變異數的比值。在該應用中,檢定統計量是兩個樣本變異數 s_1^2 和 s_2^2 的比值。假如你檢查 SST 和 SSE 的定義,你將看到兩個變異的量測皆很類似於用於計算樣本變異數公式的分子部分。當我們分別以 $k-1$ 除 SST 和以 $n-k$ 除 SSE 去計算 MST 和 MSE,實際上是在虛無假設為真的假設下,計算共同母體變異數的不偏估計量。因此,$F = \text{MST/MSE}$ 是兩個樣本變異數的比值。這個應用的自由度是兩個均方的分母,也就是,$\nu_1 = k-1$ 和 $\nu_2 = n-k$。對範例 14.1,自由度是

$$\nu_1 = k - 1 = 3 - 1 = 2$$
$$\nu_2 = n - k = 384 - 3 = 381$$

在我們的範例中,可求出

$$\text{MST} = \frac{\text{SST}}{k-1} = \frac{4{,}550}{2} = 2{,}275$$
$$\text{MSE} = \frac{\text{SSE}}{n-k} = \frac{281{,}446}{381} = 738.7$$
$$F = \frac{\text{MST}}{\text{MSE}} = \frac{2{,}275}{738.7} = 3.08$$

拒絕域和 p-值

計算 **F-統計量 (F-statistic)** 的目的是決定 SST 的值是否夠大去拒絕虛無假設。如你所見，假如 SST 是大的，F 將會很大。因此，唯有當

$$F > F_{\alpha, k-1, n-k}$$

時，我們拒絕虛無假設。假如令 $\alpha = .05$，範例 14.1 的拒絕域是

$$F > F_{\alpha, k-1, n-k} = F_{.05, 2, 381} \approx F_{.05, 2, \infty} = 3.00$$

我們發現檢定統計量的值是 $F = 3.08$。因此，有充分的證據去推論總資產投資於股票市場的平均百分比在三個年齡群之間是不同的。

這個檢定的 p-值是

$$P(F > 3.08)$$

電腦計算出這個值為 .0471。

圖 14.2 說明範例 14.1 的抽樣分配。

圖 14.2　範例 14.1 的抽樣分配

變異數分析的結果通常被彙整於**變異數分析 (ANOVA) 表 [analysis of variance (ANOVA) table]** 中。表 14.2 顯示 ANOVA 表的一般組織架構，而表 14.3 顯示範例 14.1 的 ANOVA 表。

表 14.2　單因子變異數分析的 ANOVA 表

變異來源	自由度	平方和	均方	F-統計量
處理	$k-1$	SST	MST = SST/(k-1)	F = MST/MSE
誤差	$n-k$	SSE	MSE = SSE/(n-k)	
總和	$n-1$	SS(Total)		

表 14.3　範例 14.1 的 ANOVA 表

變異來源	自由度	平方和	均方	F-統計量
處理	2	4,550	2,275	3.08
誤差	381	281,446	738.7	
總和	383	285,996		

在 ANOVA 表中使用的專有名詞是基於平方和的分解。這個分解可從下列的方程式推導出來 (推導的合理性可用加法法則展示出來)：

$$\sum_{j=1}^{k}\sum_{i=1}^{n_j}(x_{ij}-\bar{\bar{x}})^2 = \sum_{j=1}^{k}n_j(\bar{x}_j-\bar{\bar{x}})^2 + \sum_{j=1}^{k}\sum_{i=1}^{n_j}(x_{ij}-\bar{x}_j)^2$$

等號左邊的項代表所有資料的**總變異 (total variation)**。以 **SS(Total)** 表示之。如果我們將 SS(Total) 除以總樣本量減 1(即，$n-1$)，我們將得到樣本變異數 (假設虛無假設為真)。等號右方的第一項是 SST，第二項是 SSE。如你所見，總變異 SS(Total) 被分解成兩個變異來源。處理平方和 (SST) 是處理平均數間差異所造成的變異，而誤差平方和 (SSE) 測量各樣本內的變異。先前的方程式可以被重新表示為

$$SS(Total) = SST + SSE$$

檢定則是基於 SST 和 SSE 的均方比較。

回顧在 13.3 節中針對配對實驗優點和缺點的討論，我們指出統計應用者經常尋求減少或解釋隨機變數變異的方法。在本節介紹的變異數分析中，處理平方和解釋了由處理 (年齡類別) 所造成的變異。誤差平方和測量無法被不同處理解釋的變異量。假如 SST 能夠解釋總變異中顯著的一部分，我們結論母體平均數是不同的。在 14.4 節和 14.5 節中，我們將介紹其他變異數分析的實驗設計──試圖去減少或解釋更多變異的設計。

如果你對電腦和統計軟體有所了解，則無需手動執行前面章節中的統計方法，那麼你現在應該更加了解，因為電腦將讓你免於極為耗時且無聊的以手算執行變異數分析的任務。

變異數分析 14

> 計算

EXCEL 資料分析

	A	B	C	D	E	F	G
1	Anova: Single Factor						
2							
3	SUMMARY						
4	Groups	Count	Sum	Average	Variance		
5	Age:65-69	123	9374	76.21	787.3		
6	Age: 70-74	108	8115	75.14	712.5		
7	Age: 75+	153	12,652	82.69	718.2		
8							
9	ANOVA						
10	Source of Variation	SS	df	MS	F	P-value	F crit
11	Between Groups	4552	2	2276	3.08	0.0471	3.02
12	Within Groups	281,455	381	738.7			
13							
14	Total	286,007	383				

指令說明

對於本章中的大多數資料集，我們提供了兩種格式，未堆疊和堆疊。透過點擊標籤選擇格式。

1. 鍵入或匯入資料到相鄰的欄位。(開啟 Xm14-01，並點選下方 **Unstacked 試算表**標籤。)
2. 點選**資料 (Data)**、**資料分析 (Data Analysis)** 與**單因子變異數分析 (Anova: Single Factor)**。
3. 指定**輸入範圍 (Input Range)** (A1:C154) 以及 α 的值 (.05)。
(註：輸入範圍時，須勾選「類別軸標記在第一列上」)

> 詮釋

檢定統計量的值為 $F = 3.08$，並且其 p-值為 .0471，這意味著存在足夠證據可以推論出投資於股票的金額至少在兩個年齡類別是不同的。

請注意，此範例的資料是觀測資料。我們不能執行控制實驗。要進行控制，金融分析師需要將家庭隨機分配到三個年齡組中的每一個組，這是不可能的。

附帶地，當資料是由單因子變異數分析的控制實驗獲得，我們稱此實驗設計為變異數分析的**完全隨機化設計 (completely randomized design)**。

14.1a 檢查必要的條件

變異數分析的 F-檢定要求隨機變數是具有相等變異數的常態分配。只要對每一個樣本繪製直方圖，常態性的條件就可以容易地用圖形檢查。從圖 14.3 中 Excel 的直方圖，我們可以看出沒有理由相信此條件沒有得到滿足。

變異數的同質性可透過列印樣本標準差或變異數檢視之。Excel 的輸出結果包括變異數。樣本變異數的相似性讓我們能夠假設母體變異數是相等的。線上附錄 Bartlett's Test (巴特雷檢定) 是設計來檢定變異數同質性的統計程序。

圖 14.3 範例 14.1 的直方圖

14.1b 必要條件的違背

假如資料不是呈常態分配，我們能夠以類似於單因子變異數分析的無母數方法取代，它是 Kruskal-Wallis 檢定[1]。如果母體變異數不相等，我們可以使用幾種方法去校正這個問題。但是，這些校正的測量方法超出本書的程度範圍。

---

[1] 當常態的條件不被滿足時，老師若想要教檢定兩個或多個母體平均數之間差異的無母數方法，請見線上附錄 Kruskal-Wallis Test and Friedman Test (Kruskal-Wallis 檢定和 Friedman 檢定)。

14 變異數分析

14.1c 我們能否用兩平均數之間差異的 *t-*檢定取代變異數分析？

變異數分析是用以確定是否有證據推論兩個或兩個以上母體平均數之間存在著差異的檢定。$\mu_1 - \mu_2$ 的 *t-*檢定則是確定是否有證據推論兩個母體平均數之間有差異。產生的問題是，我們能否用 *t-*檢定取代變異數分析？換句話說，為何不以檢定每一對平均數取代在一個變異數分析中檢定所有的平均數？在範例 14.1 中，我們將檢定 $(\mu_1 - \mu_2)$、$(\mu_1 - \mu_3)$ 和 $(\mu_2 - \mu_3)$。如果我們發現沒有證據顯示任何一個檢定指出差異性，我們將可以結論沒有平均數是不同的。假如有證據顯示至少有一個檢定具差異性，我們將可以結論有一些平均數是不同的。

有兩個理由解釋為何我們不用多重 *t-*檢定來取代 *F-*檢定。第一，我們必須執行更多的計算。就算使用電腦，這些額外的計算也是很繁瑣的。第二，更重要的是，執行多重檢定會增加犯型 I 錯誤的機率。為了了解這個理由，考慮一個比較 6 個母體的問題，6 個母體皆相同。假如我們執行一個顯著水準為 5% 的變異數分析，則有 5% 的機會我們會拒絕虛無假設。也就是，當事實上它們沒有差異時，有 5% 的機會我們會結論存在差異。

要取代 *F-*檢定，我們將執行 15 個 *t-*檢定。[這個數字是從要檢定的成對平均數組合數推導而得，它是 $C_2^6 = (6 \times 5) / 2 = 15$。] 每一個檢定都有 5% 的機率會錯誤地拒絕虛無假設。犯一個或多個型 I 錯誤的機率大約是 54%。[2]

解決這個問題的一個辦法是降低顯著水準。在本範例中，我們將執行 $\alpha = .05/15$（其為 .0033）的 *t-*檢定。（我們將在 14.2 節，當討論多重比較時，使用這個程序。）遺憾地，這個程序將增加犯型 II 錯誤的機率。姑且不論顯著水準，執行多重 *t-*檢定增加犯錯誤的可能性。因此，當我們想要比較超過兩個區間資料的母體時，我們使用變異數分析。

現在我們已經論述過 *t-*檢定並不能替代變異數分析，我們反過來要論述變異數分析能否替代 *t-*檢定。

14.1d 我們能否用變異數分析取代 $\mu_1 - \mu_2$ 的 *t-*檢定？

變異數分析是數個讓我們比較兩個或多個母體方法中的第一個。大部分的範例和練習題處理超過兩個母體的問題。但是，應該注意的是，像所有其他目的是比較兩個或多個母體的方法一樣，變異數分析能夠被用於比較兩個母體。假如是這樣的

---

[2] 至少犯一個型 I 錯誤的機率是從具 $n = 15$ 和 $p = .05$ 的二項分配計算而得。因此，$P(X \geq 1) = 1 - P(X = 0) = 1 - .463 = .537$。

話，為什麼我們還需要比較恰恰兩個母體的方法？說得明確一點，當變異數分析能夠用來檢定兩個母體平均數，為何我們還需要 $\mu_1 - \mu_2$ 的 t-檢定？

要了解為何我們仍然需要 t-檢定去做有關 $\mu_1 - \mu_2$ 的推論，假設我們計劃使用變異數分析去檢定兩個母體平均數。虛無假設和對立假設是

$$H_0: \mu_1 = \mu_2$$

$$H_1: \text{至少兩個平均數不同}$$

當然，對立假設指定 $\mu_1 \neq \mu_2$。但是，假如我們想要決定 μ_1 是否大於 μ_2（或反之），我們不能使用變異數分析，因為這個方法僅僅讓我們檢定是否有差異。因此，假如我們想要檢定一個母體平均數是否超越另一個，必須使 $\mu_1 = \mu_2$ 的 t-檢定（在 $\sigma_1^2 = \sigma_2^2$ 下）。再者，變異數分析要求母體變異數要相等。假若它們不等，我們必須使用不等變異數檢定統計量。

14.1e　F-統計量和 t-統計量之間的關係

了解 t-統計量和 F-統計量之間的關係，對你很可能是有用的。在變異數相等的情況下檢定有關 $\mu_1 - \mu_2$ 的檢定統計量是

$$t = \frac{(\bar{x}_1 - \bar{x}_2) - (\mu_1 - \mu_2)}{\sqrt{s_p^2\left(\frac{1}{n_1} + \frac{1}{n_2}\right)}}$$

假如我們將這個數量平方，其結果就是 F-統計量，也就是 $F = t^2$。為了說明這一點，我們將使用變異數分析重新計算範例 13.1 的檢定統計量。回顧因為我們可以假設母體變異數是相等的，檢定統計量的值是：

$$t = \frac{(6.63 - 3.72) - 0}{\sqrt{40.42\left(\frac{1}{50} + \frac{1}{50}\right)}} = 2.29$$

使用變異數分析 (Excel 的輸出顯示於此)，我們發現檢定統計量的值是 $F = 5.23$，它是 $(2.29)^2$。透過這個數字，注意的是變異數分析的 p-值 .0243 是 t-檢定 p-值 .0122 的兩倍。理由是：變異數分析執行一個決定母體平均數是否不同 (differ) 的檢定。假如範例 13.1 也被要求決定是否平均數不同，我們當時就會執行一個雙尾檢定，而 p-值就會是 .0243，等同於變異數分析的 p-值。

> **Excel 資料分析：範例 13.1 的 Excel 變異數分析輸出**

	A	B	C	D	E	F	G
1	Anova: Single Factor						
2							
3	SUMMARY						
4	Groups	Count	Sum	Average	Variance		
5	Direct	50	331.56	6.63	37.49		
6	Broker	50	186.16	3.72	43.34		
7							
8							
9	ANOVA						
10	Source of Variation	SS	df	MS	F	P-value	F crit
11	Between Groups	211.4	1	211.41	5.23	0.0243	3.94
12	Within Groups	3960.5	98	40.41			
13							
14	Total	4172.0	99				

14.1f 發展對統計觀念的了解

在觀念上和數學上，獨立樣本單因子變異數分析的 F-檢定是 $\mu_1 - \mu_2$ 的 t-檢定的一個延伸。再者，假如我們簡單地想要確定兩個平均數之間是否存在著差異，我們可以使用變異數分析。應用變異數分析的優點是我們能夠分解總平方和，它讓我們得以測量有多少變異是由介於母體間的差異所造成，以及有多少變異是由各母體內的差異所造成。如同在 13.3 節中所指出的，解釋變異性是一個極為重要的課題，我們將會在其他變異數分析的實驗設計和迴歸分析中再次看到這個主題 (第 16、17 章)。

一般社會調查：解答

自由—保守的程度與收入

辨識方法

變數是美國成年人的收入 (RINCOME)，其為區間資料。問題目的是去比較七個母體 (政治觀點)，且實驗設計是獨立樣本。因此，我們採用單因子變異數分析。

EXCEL 資料分析

	A	B	C	D	E	F	G
1	Anova: Single Factor						
2	Groups	Count	Sum	Average	Variance		
3	E. Liberal	67	3,493,750	52,146	2,260,466,192		
4	Liberal	174	9,336,250	53,657	2,271,123,814		
5	S. Liberal	153	7,968,000	52,078	1,944,091,670		
6	Moderate	512	23,135,250	45,186	1,443,884,232		
7	S. Conservative	169	8,400,750	49,709	1,758,947,679		
8	Conservative	192	11,309,750	58,905	2,459,998,444		
9	E. Conservative	58	2,914,750	50,254	1,717,338,797		
10	ANOVA						
11	Source of Variation	SS	df	MS	F	P-value	F crit
12	Between Groups	30,332,607,575	6	5,055,434,596	2.73	0.0121	2.11
13	Within Groups	2,438,673,189,312	1318	1,850,283,148			
14	Total	2,469,005,796,887	1324				

詮釋

p-值為 .0121。有足夠的證據去推論這七種不同政治觀點族群之間的收入是有差異的。

練習題

發展對統計觀念的了解

練習題 14.1 到 14.3 是 "what-if" 分析，用來決定當平均數、變異數與樣本大小改變時，檢定統計量會有什麼變化。這些練習題可以手動計算或建立 Excel 試算表解題。

14.1 一位統計應用者計算下列的統計量：

	處理		
統計量	1	2	3
n	5	5	5
$\bar{x}$	10	15	20
s^2	50	50	50

a. 完成 ANOVA 表。
b. 改變每一個樣本大小為 10，重做 (a) 小題。
c. 描述增加樣本大小時，F-統計量會有什麼變化。

14.2 已知下列的統計量：

	處理		
統計量	1	2	3
n	4	4	4
$\bar{x}$	20	22	25
s^2	10	10	10

a. 完成 ANOVA 表。
b. 改變每一個變異數為 25，重做 (a) 小題。
c. 描述樣本變異數增加時，對 F-統計量的影響。

14.3 計算並得出下列的統計量：

統計量	處理 1	2	3	4
n	10	14	11	18
$\bar{x}$	30	35	33	40
s^2	10	10	10	10

a. 完成 ANOVA 表。
b. 改變樣本平均數為 130、135、133 和 140，重做 (a) 小題。
c. 描述樣本平均數各增加 100 時，對 F-統計量的影響。

應用題

14.4 Xr14-04 MBA 主修會如何影響得到的工作機會數？一位 MBA 學生在金融、行銷與管理三個主修領域各隨機抽樣 4 位最近的畢業生，並要求每一位報告得到的工作機會數量。在 5% 的顯著水準下，我們是否可以下結論說，在三個 MBA 主修之間，所得到的工作機會數存在著差異？

金融	行銷	管理
3	1	8
1	5	5
4	3	4
1	4	6

14.5 Xr14-05 一個消費者組織關注各種產品廣告的容器大小和實際產品容量之間的差異。在初步研究中，分別測量六包三種不同品牌的人造奶油，其原本應該有 500 毫升。這裡列出與 500 毫升之間的差異。這些資料是否提供充分的證據去下結論說，三種品牌之間有差異？使用 $\alpha = .10$。

品牌 1	品牌 2	品牌 3
1	2	1
3	2	2
3	4	4
0	3	2
1	0	3
0	4	4

14.6 Xr14-06 許多大專院校的學生獲得暑期的工作機會。一位統計學教授想要判斷不同學位學程的學生是否賺取不同的收入。從人文、理工與商管三個學程分別隨機抽取 5 位學生為樣本，並詢問他們在上一個暑期的工作收入。調查結果 (以 $1,000 計) 如下。在 5% 的顯著水準下，該教授是否可以推論不同學位學程的學生在暑假賺取的收入有所不同？

人文	理工	商管
3.3	3.9	4.0
2.5	5.1	6.2
4.6	3.9	6.3
5.4	6.2	5.9
3.9	4.8	6.4

14.7 Xr14-07 為了能夠方便地透過電子郵件通信，垃圾郵件是我們付出的代價。垃圾郵件是否同等地影響到每一個人？在初步研究中，隨機抽樣大學教授、行政人員和學生。每個人被要求清點當天收到垃圾郵件的數量。結果如下。以 5% 的顯著水準，我們是否可以推論不同的大學社群，他們在電子郵件中收到垃圾郵件的數量是有差異的？

教授	行政人員	學生
7	5	12
4	9	4
0	12	5
3	16	18
18	10	15

14.8 Xr14-08 一位管理科學家相信，判斷一部電腦是否具備足夠記憶體的一種方法是判斷該電腦的機齡。在一項初步的研究中，電腦使用者的隨機樣本被要求去辨識其電腦的品牌與機齡 (以月計)。經過歸類的回答如下所列。這

些資料是否提供充分的證據去下結論說不同品牌的電腦之間具有不同的機齡？（使用 $\alpha = .05$。）

IBM	Dell	HP	其他
17	8	6	24
10	4	15	12
13	21	8	15

一般社會調查練習

GSS2018 以 5% 的顯著水準進行所有統計檢定。一般社會調查資料採用堆疊格式。要應用 Excel 的變異數分析技術，必須對資料進行分解。請參閱線上附錄的 Excel Instructions for Stacking and Unstacking Data（Excel 堆疊和拆堆疊資料的說明）。因為樣本太大，這些程序將非常耗時。

14.9 受教育程度越高的美國人看更多電視嗎？還是更少？一般社會調查可能有助於回答這些問題。該調查確定了五種類別的學位（DEGREE）。他們是 0＝高中肄業，1＝高中畢業，2＝專科畢業，3＝學士學位，4＝研究所學位。進行檢定以確定五種子群組之間的看電視時間（TVHOURS）是否存在差異。

接下來的練習題比較 8 類政黨（PARTYID：0＝極端的民主黨，1＝非極端的民主黨，2＝獨立偏民主黨，3＝獨立，4＝獨立偏共和黨，5＝非極端的共和黨，6＝極端共和黨，7＝其他黨）。

14.10 哪個政黨教育程度比較高？進行檢定以確定 8 類政黨中的某些類別是否確實存在教育差異（EDUC）。

14.11 收入會影響美國人選擇支持哪一個政黨嗎？執行統計程序以確定 8 類政黨中的部分或全部之間是否存在收入（RINCOME）差異。

練習題 14.12-14.13 檢查 8 類政黨之間在對政府角色方面的觀點是否存在差異。

14.12 一項調查提出了這個問題：「政府是否應該減少貧富之間的收入差異（EQWLTH：1＝政府應該減少差異；2、3、4、5、6、7＝政府無需行動）？」是否有足夠的證據推論 8 類政黨中的部分或全部存在差異？

14.13 有了政府資助的健康保險，下一個問題可能特別相關。「政府有責任幫助支付醫生和醫院的費用嗎（HELPSICK：1＝政府應該幫助；2、3、4、5＝人們應該自助）？」是否有足夠的證據去下結論說 8 類政黨之間存在差異？

練習題 14.14-14.15 比較 7 種政治觀點（POLVIEWS：1＝極端自由，2＝自由，3＝稍微自由，4＝中立，5＝稍微保守，6＝保守，7＝極端保守）。

14.14 自由派、中立派和保守派人士的教育水準是均等的嗎？進行檢定以確定這 7 種政治觀點人士的教育水準（EDUC）是否存有差異？

14.15 當美國人變得更富有，他們的政治哲學有什麼變化？如果他們發生變化，我們預期 7 個群組之間的收入（RINCOME）會有差異。是否有足夠的證據來下結論說這項差異是存在的？

練習題 14.16 到 14.17 檢驗關於政府角色在 7 種政治觀點 (POLVIEWS) 之間是否存在差異。

14.16 是否有足夠的證據推論這 7 種政治觀點存有差異,當他們回答此問題「政府應該減少貧富差距 (EQWLTH:1＝政府應該減少差異;2, 3, 4, 5, 6, 7＝政府無需行動)?」

14.17 調查詢問「政府是否有責任幫助支付醫生或醫院的費用 (HELPSICK:1＝政府應該幫助;2, 3, 4, 5＝人民應該自助)?」是否有足夠的證據下結論說部分或全部 7 種政治觀點之間存在差異?

14.18 取得更高學位如何有助於提高收入?進行檢定以確定學位持有人 (DEGREE:0＝高中肄業,1＝高中畢業,2＝專科畢業,3＝學士學位,4＝研究所學位) 在收入 (RINCOME) 上的差異。

練習題 14.19 到 14.20 檢定 4 個階層 (CLASS:1＝低階,2＝勞工階級,3＝中產階級,4＝上流階級) 之間對政府角色方面的觀點差異。受訪者對於家庭階層自我認同的方式是否會影響其在此列出的每個問題?

14.19 是否政府應該減少貧富差距 (EQWLTH:1＝政府應該減少差異;2, 3, 4, 5, 6, 7＝政府無需行動)?

14.20 <u>GSS2008</u> <u>GSS2010</u> <u>GSS2012</u> <u>GSS2014</u> <u>GSS2016</u> <u>GSS2018</u> 2006、2008、2010、2012、2014、2016 和 2018 的教育水準是否保持一致?進行檢定以確定教育年數 (EDUC) 在 10 年期間是否不同。

消費者財務調查練習

<u>SCF2019:\AII</u> 以 5% 的顯著水準進行所有檢定。練習題 14.21-14.22 比較戶長教育程度的 4 個類別 (EDCL:1＝無高中學位,2＝高中畢業,3＝大專肄業,4＝大專畢業)

14.21 有多少證據顯示,接受更多的教育會帶來更高的收入和更多的財務成功?檢定以確定四種教育程度之間是否存在收入 (INCOME) 差異。

14.22 教育是家庭戶長負債的一個因素嗎?執行統計檢定以確定 4 種教育程度的負債金額 (DEBT) 是否存有差異。

練習題 14.23-14.24 比較產業分類的 3 個類別 (INDCAT:1＝礦業＋營建業＋製造業,2＝運輸業＋通訊業＋公用事業和衛生服務業＋批發貿易業＋金融、保險和房地產業,3＝農業＋零售業＋服務業＋公共交通業)。請注意,只有 3 個類別。

14.23 某些產業在財務報酬方面是否比其他產業好?執行檢定以確定三種產業之間的收入 (INCOME) 是否存在差異。

14.24 從資料中我們是否可以推論這三種產業類別的負債 (DEBT) 金額存在差異?

14.2 多重比較

當我們從一因子變異數分析得到結論：至少有兩個處理平均數是不同的，我們經常需要知道是哪幾個處理平均數造成這些差異性。例如，假如一個實驗被用來決定一家商店內不同的擺放位置是否會產生不同的平均銷售量，商店經理將會熱衷地感興趣於決定哪些位置會顯著地導致比較高的銷售量，以及哪些位置會顯著地導致比較低的銷售量。相似地，一個股票經紀人想要知道數檔共同基金中哪一檔的表現會優於其他的基金，以及一個電視台經理想要知道哪些電視廣告可以抓住觀眾的注意力，而哪些會被忽略。

儘管看起來我們需要做的是檢查樣本平均數，並辨識最大或最小的幾個，以決定哪幾個母體平均數是最大或最小的，其實不只是這樣。為了說明，假設在有五個處理的變異數分析中，我們發現有差異存在，而且樣本平均數如下所列：

$$\bar{x}_1 = 20 \quad \bar{x}_2 = 19 \quad \bar{x}_3 = 25 \quad \bar{x}_4 = 22 \quad \bar{x}_5 = 17$$

統計應用者想要知道下列哪些結論是有效的：

1. μ_3 比其他的平均數大。
2. μ_3 和 μ_4 比其他的平均數大。
3. μ_5 比其他的平均數小。
4. μ_5 和 μ_2 比其他的平均數小。
5. μ_3 比其他的平均數大，且 μ_5 比其他的平均數小。

從我們擁有的資訊，要決定哪些陳述是真實的，是不可能的。我們需要一個統計方法幫助我們去做這個決定。這個方法被稱為**多重比較 (multiple comparisons)**。

範例 14.2　比較修理汽車保險桿的成本

DATA
Xm14-02

因為外國的競爭，北美汽車製造商變得更加關心品質。品質的一個面向是因意外所造成損毀的修復成本。一家製造商考慮數種新型的保險桿。為了測試它們對低速撞擊的反應如何，四種不同類型、每種各 10 個保險桿分別被安裝在中型汽車上，然後以每小時 5 哩的速度撞擊牆壁。每一個個案的修復成本被估價。資料顯示如下。

a. 在 5% 的顯著水準下，是否有足夠的證據去推論這些保險桿對低速撞擊

的反應是有差異的?

b. 如果差異存在,哪些保險桿是不同的?

保險桿 1	保險桿 2	保險桿 3	保險桿 4
610	404	599	272
354	663	426	405
234	521	429	197
399	518	621	363
278	499	426	297
358	374	414	538
379	562	332	181
548	505	460	318
196	375	494	412
444	438	637	499

解答

辨識方法

問題的目的是比較四個母體,資料是區間的,並且樣本是獨立的。正確的統計方法是單因子變異數分析,我們使用 Excel 執行分析。

計算

EXCEL 資料分析

	A	B	C	D	E	F	G
1	Anova: Single Factor						
2							
3	SUMMARY						
4	Groups	Count	Sum	Average	Variance		
5	Bumper 1	10	3800	380.0	16,924		
6	Bumper 2	10	4859	485.9	8,197		
7	Bumper 3	10	4838	483.8	10,426		
8	Bumper 4	10	3482	348.2	14,049		
9							
10							
11	ANOVA						
12	Source of Variation	SS	df	MS	F	P-value	F crit
13	Between Groups	150,884	3	50,295	4.06	0.0139	2.87
14	Within Groups	446,368	36	12,399			
15							
16	Total	597,252	39				

詮釋

檢定統計量為 $F = 4.06$ 以及 p-值 $= .0139$。有足夠的統計證據推論有些保險桿之間存在著差異。現在的問題是,哪些保險桿是不同的?

有幾種統計推論程序可以處理這個問題。我們將會提出三種方法來決定哪些母體平均數是不同的。三種方法都只應用到單因子實驗。

14.2a　Fisher 的最小顯著差異方法

要決定哪些母體平均數不同，我們將對所有成對的母體平均數進行一系列兩平均數間差異的 t-檢定，以決定哪些是顯著不同的。在第 13 章，我們介紹兩平均數之間差異的相等變異數 t-檢定。該檢定統計量和信賴區間估計量分別是

$$t = \frac{(\bar{x}_1 - \bar{x}_2) - (\mu_1 - \mu_2)}{\sqrt{s_p^2 \left(\dfrac{1}{n_1} + \dfrac{1}{n_2}\right)}}$$

$$(\bar{x}_1 - \bar{x}_2) \pm t_{\alpha/2} \sqrt{s_p^2 \left(\dfrac{1}{n_1} + \dfrac{1}{n_2}\right)}$$

自由度是 $\nu = n_1 + n_2 - 2$。

回顧 s_p^2 是混合變異數估計值，它是兩母體共同變異數的一個不偏估計量。(回顧這些方法的使用需要母體變異數相等的條件。)在本節中，我們對檢定統計量和區間估計量做修改。

稍早在本章中，我們指出 MSE 是所有被檢定母體共同變異數的一個不偏估計量。因為 MSE 是立基於所有 k 個樣本的觀測值，它將會是一個比 s_p^2 更佳的估計量 (s_p^2 是只根據兩個樣本)。因此，以 MSE 取代前述檢定統計量和信賴區間估計量公式中的 s_p^2，我們能夠對每一對平均數做推論。自由度也會改變為 $\nu = n - k$ (其中 n 是總樣本大小)。用以決定 μ_i 和 μ_j 是否不同的檢定統計量是

$$t = \frac{(\bar{x}_i - \bar{x}_j) - (\mu_i - \mu_j)}{\sqrt{\text{MSE}\left(\dfrac{1}{n_i} + \dfrac{1}{n_j}\right)}}$$

信賴區間估計量是

$$(\bar{x}_i - \bar{x}_j) \pm t_{\alpha/2} \sqrt{\text{MSE}\left(\dfrac{1}{n_i} + \dfrac{1}{n_j}\right)}$$

自由度是 $\nu = n - k$。

我們定義**最小顯著差異 (lease significant difference, LSD)** 為

$$\text{LSD} = t_{\alpha/2} \sqrt{\text{MSE}\left(\frac{1}{n_i} + \frac{1}{n_j}\right)}$$

一個決定每一對母體平均數間是否存在著差異的簡單辦法,是將兩樣本平均數間差異的絕對值與 LSD 做比較。也就是說,我們將結論 μ_i 和 μ_j 是不同的,如果

$$|\bar{x}_i - \bar{x}_j| > \text{LSD}$$

如果所有 k 個樣本大小皆相等,則 LSD 對所有成對的平均數都是相同的。如果有一些樣本大小不同,則對每一個組合都必須計算 LSD。

在 14.1 節中,我們論述過這個方法是有瑕疵的,因為它將會增加犯型 I 錯誤的機率。也就是,當實際上沒有差異存在時,它比變異數分析更有可能去結論有些母體平均數存在著差異。在第 463 頁,我們計算假如 $k = 6$ 且所有母體平均數皆相等,在 5% 顯著水準下,錯誤推論至少有 2 個平均數不同的機率大約是 54%。5% 的數字在此被稱為單一比較型 I 錯誤率 (comparisonwise Type I error rate)。至少犯一個型 I 錯誤的真正機率被稱為整體實驗型 I 錯誤率 (experimentwise Type I error rate),以 α_E 表示。整體實驗型 I 錯誤率能夠被計算如下:

$$\alpha_E = 1 - (1 - \alpha)^C$$

其中 C 是成對比較的個數,可用 $C = k(k-1)/2$ 計算出來。數學上已經證明出

$$\alpha_E < C\alpha$$

意思是說如果我們想要使至少犯一個型 I 錯誤的機率不超過 α_E,我們可以簡單地指定 $\alpha = \alpha_E/C$。這樣做所導出的程序被稱為 **Bonferroni 校正 (Bonferroni adjustment)**。

14.2b　LSD 方法的 Bonferroni 校正

調整的方法是將指定的整體實驗型 I 錯誤率除以成對母體平均數的組合數。例如,假如 $k = 6$,則

$$C = \frac{k(k-1)}{2} = \frac{6(5)}{2} = 15$$

假如我們想要使型 I 錯誤的真正機率不超過 5%,我們將這個機率除以 C。因此,對每一個檢定我們將使用的 α 值等於

$$\alpha = \frac{\alpha_E}{C} = \frac{.05}{15} = .0033$$

我們用範例 14.2 來示範說明 Fisher 的 LSD 方法和 Bonferroni 校正。四個樣本平均數是

$$\bar{x}_1 = 380.0$$
$$\bar{x}_2 = 485.9$$
$$\bar{x}_3 = 483.8$$
$$\bar{x}_4 = 348.2$$

成對的差異絕對值是

$$|\bar{x}_1 - \bar{x}_2| = |380.0 - 485.9| = |-105.9| = 105.9$$
$$|\bar{x}_1 - \bar{x}_3| = |380.0 - 483.8| = |-103.8| = 103.8$$
$$|\bar{x}_1 - \bar{x}_4| = |380.0 - 348.2| = |31.8| = 31.8$$
$$|\bar{x}_2 - \bar{x}_3| = |485.9 - 483.8| = |2.1| = 2.1$$
$$|\bar{x}_2 - \bar{x}_4| = |485.9 - 348.2| = |137.7| = 137.7$$
$$|\bar{x}_3 - \bar{x}_4| = |483.8 - 348.2| = |135.6| = 135.6$$

從電腦輸出，我們知道 MSE = 12,399 和 $\nu = n - k = 40 - 4 = 36$。假如我們在 $\alpha = .05$ 下執行 LSD 程序，我們求出 $t_{\alpha/2, n-k} = t_{.025, 36} \approx t_{.025, 35} = 2.030$。因此，

$$t_{\alpha/2}\sqrt{\text{MSE}\left(\frac{1}{n_i} + \frac{1}{n_j}\right)} = 2.030\sqrt{12,399\left(\frac{1}{10} + \frac{1}{10}\right)} = 101.09$$

我們可以看到有四對樣本平均數相差超過 101.09。也就是說，$|\bar{x}_1 - \bar{x}_2| = 105.9$、$|\bar{x}_1 - \bar{x}_3| = 103.8$、$|\bar{x}_2 - \bar{x}_4| = 137.7$，以及 $|\bar{x}_3 - \bar{x}_4| = 135.6$。因此，$\mu_1$ 和 μ_2、μ_1 和 μ_3、μ_2 和 μ_4，以及 μ_3 和 μ_4 有差異。其他兩對 μ_1 和 μ_4 以及 μ_2 和 μ_3 則沒有差異。

如果我們執行 LSD 程序再加上 Bonferroni 校正，成對比較的組數是 6 [以 $C = k(k-1)/2 = 4(3)/2$ 計算得到]。我們設 $\alpha = .05/6 = .0083$。因此，$t_{\alpha/2, 36} = t_{.0042, 36} = 2.794$ (可由 Excel 得到，用手算近似則較困難) 且

$$\text{LSD} = t_{\alpha/2}\sqrt{\text{MSE}\left(\frac{1}{n_i} + \frac{1}{n_j}\right)} = 2.794\sqrt{12,399\left(\frac{1}{10} + \frac{1}{10}\right)} = 139.13$$

現在沒有任何一對平均數有差異，因為所有樣本平均數間差異的絕對值皆小於 139.13。

LSD 程序的缺點是我們增大了至少犯一個型 I 錯誤的機率。Bonferroni 校正修

正了這個問題。然而，回顧犯型 I 和型 II 錯誤的機率是反向相關的。Bonferroni 校正使用一個較小的 α 值，它導致犯型 II 錯誤機率的增加。型 II 錯誤的發生是當母體平均數間存在著差異，但我們卻無法偵測到它。這個範例的結果可能就是如此的狀況。下一個多重比較方法會談到這個問題。

14.2c　Tukey 的多重比較方法

一個檢定力比較強的檢定是 **Tukey 的多重比較方法 (Tukey's multiple comparison method)**。這個方法決定一個類似 Fisher 檢定 LSD 的一個臨界數值，以 ω (希臘字母 omega) 表示，假如任何一對樣本平均數的差異大於 ω，我們結論該對樣本平均數相對應的母體平均數是不同的。

這個檢定是立基於學生化全距 (Studentized range)，它被定義成下列的變數

$$q = \frac{\bar{x}_{\max} - \bar{x}_{\min}}{s/\sqrt{n}}$$

其中 $\bar{x}_{\max}$ 和 $\bar{x}_{\min}$ 分別是最大和最小的樣本平均數，假設母體平均數間沒有差異。我們定義 ω 如下。

臨界數值 ω

$$\omega = q_\alpha(k, \nu) \sqrt{\frac{\text{MSE}}{n_g}}$$

其中

$k =$ 處理的個數

$n =$ 觀測值的個數 ($n = n_1 + n_2 + \cdots + n_k$)

$\nu =$ 與 MSE 相關的自由度 ($\nu = n - k$)

$n_g =$ 在 k 個樣本中每一個樣本的觀測值個數

$\alpha =$ 顯著水準

$q_\alpha(k, \nu) =$ 學生化全距的臨界值

理論上，這個程序要求所有的樣本大小均相等。然而，如果樣本大小是不同的，我們仍然可以使用這種方法，只要提供的樣本大小至少是相似的。而以往使用的 n_g 數值是樣本大小的調和平均數 (harmonic mean)。也就是，

$$n_g = \frac{k}{\dfrac{1}{n_1} + \dfrac{1}{n_2} + \cdots + \dfrac{1}{n_k}}$$

附錄 B 的表 7 對各種 k 和 ν 的數值提供 $q_\alpha(k, \nu)$ 的值，而 $\alpha = .01$ 和 .05。將 Tukey 的方法應用到範例 14.2 中，我們求出

$$k = 4$$
$$n_1 = n_2 = n_3 = n_4 = n_g = 10$$
$$\nu = n - k = 40 - 4 = 36$$
$$\text{MSE} = 12{,}399$$
$$q_{.05}(4, 36) \approx q_{.05}(4, 40) = 3.79$$

因此，

$$\omega = q_\alpha(k, \nu) \sqrt{\frac{\text{MSE}}{n_g}} = (3.79)\sqrt{\frac{12{,}399}{10}} = 133.45$$

有兩個絕對值大於 133.45。因此，我們結論 μ_2 和 μ_4，以及 μ_3 和 μ_4 有差異。其他的四對沒有差異。

EXCEL 活頁簿

LSD 方法

	A	B	C	D	E	F	G	H	I
1	LSD Method		Samples	Sample i	Sample j	Sample i	Sample j		
2	Number of treatments	4	(i,j)	Mean	Mean	Size	Size	|Difference|	LSD
3	Degrees of freedom	36	1,2	380.0	485.9	10	10	105.90	100.99
4	MSE	12,399	1,3	380.0	483.8	10	10	103.80	
5	Alpha	0.05	1,4	380.0	348.2	10	10	31.80	
6			2,3	485.9	483.8	10	10	2.10	
7			2,4	485.9	348.2	10	10	137.70	
8			3,4	483.8	348.2	10	10	135.60	

LSD 方法的 Bonferroni 校正

	A	B	C	D	E	F	G	H	I
1	LSD Method		Samples	Sample i	Sample j	Sample i	Sample j		
2	Number of treatments	4	(i,j)	Mean	Mean	Size	Size	|Difference|	LSD
3	Degrees of freedom	36	1,2	380.0	485.9	10	10	105.90	139.03
4	MSE	12,399	1,3	380.0	483.8	10	10	103.80	
5	Alpha	0.0083	1,4	380.0	348.2	10	10	31.80	
6			2,3	485.9	483.8	10	10	2.10	
7			2,4	485.9	348.2	10	10	137.70	
8			3,4	483.8	348.2	10	10	135.60	

Tukey 方法

	A	B	C	D	E	F	G
1	Tukey's Method α = 5%		Samples	Sample i	Sample j		
2	Sample size (Harmonic mean)	10	(i,j)	Mean	Mean	|Difference|	ω
3	Number of treatments	4	1,2	380.0	485.9	105.9	134.12
4	Degrees of freedom	36	1,3	380.0	483.8	103.8	
5	MSE	12,399	1,4	380.0	348.2	31.8	
6			2,3	485.9	483.8	2.1	
7			2,4	485.9	348.2	137.7	
8			3,4	483.8	348.2	135.6	

指令說明

1. 執行變異數分析。
2. 開啟 **Multiple comparisons** 活頁簿 (Workbook) 運算表，並點選下方 **LSD 試算表**標籤。
3. 輸入你想要比較的處理之樣本平均數 (Sample means) 與樣本數 (Sample sizes)。輸入處理的次數到儲存格 B2(4)，自由度的數值到儲存格 B3(36)，MSE 的值到儲存格 B4(12,399)，以及 α 的值到儲存格 B5(.05)。
4. 對於 Bonferroni 校正，將 α 除以比較次數，在此範例，$C = 4 \times 3/2 = 6$。輸入該數值到儲存格 B5 (= .05/6)，即 .0083。
5. 對於 Tukey 方法，點選下方 Tukey 試算表標籤 $\alpha = 1\%$、5%，或 10%。輸入樣本大小到儲存格 B2(10) 中。如果樣本大小不同，則計算調和平均數 (= **HARMEAN**([輸入範圍])) 並且將計算結果輸入至儲存格 B2 中。輸入處理個數到儲存格 B3(4)，自由度到儲存格 B4(36)，以及 MSE 的值到儲存格 B5(12,399)。

詮釋

使用 Bonferroni 校正的 Fisher 之 LSD 方法，我們發現沒有任何保險桿是不同的。[這個結果並不令人驚訝；由於我們使用了一個非常小的型 I 錯誤機率 (.0083)，所以造成型 II 錯誤的機率變大。] Tukey 方法告訴我們保險桿 4 不同於保險桿 2 與 3。根據這個樣本，保險桿 4 顯示有最低的修復費用。因為沒有充分的證據去下結論說保險桿 1 與 4 不同，如果保險桿 1 的優點超越保險桿 4，我們將考慮使用保險桿 1。

14.2d 該使用哪一種多重比較方法

遺憾地，沒有哪一種程序對所有類型的問題都能表現得最好。大部分統計學家同意下列的準則：

> 如果你在執行變異數分析之前已經確認你想要進行的兩個或三個成對比較，請使用 Bonferroni 方法。意思是說假如一個問題有 10 個母體，但是你特別感興趣於比較——例如母體 3 和 7 以及母體 5 和 9，請使用 $C = 2$ 的 Bonferroni 方法。

假如你計劃比較所有可能的組合,使用 Tukey 方法。

我們何時使用 Fisher 的 LSD 方法呢?假如分析的目的是指出哪些範圍應該被進一步探討,Fisher 的 LSD 方法可以幫我們指出。

再者,要採用 Fisher 的 LSD 方法或 Bonferroni 校正,你必須先執行變異數分析。而 Tukey 方法則能夠取代變異數分析來使用。

練 習 題

發展對統計觀念的了解

14.25 a. 以 $\alpha = .05$,使用 Fisher 的 LSD 方法決定下列問題中哪些母體平均數不同。

$k = 3$　　$n_1 = 10$　　$n_2 = 10$　　$n_3 = 10$
MSE = 700　$\bar{x}_1 = 128.7$　$\bar{x}_2 = 101.4$　$\bar{x}_3 = 133.7$

b. 使用 Bonferroni 校正,重做 (a) 小題。

c. 使用 Tukey 的多重比較方法,重做 (a) 小題。

14.26 a. 給定下列的統計量,以 $\alpha = .05$,使用 Fisher 的 LSD 程序決定哪些母體平均數不同:

$k = 5$　　$n_1 = 5$　　$n_2 = 5$　　$n_3 = 5$
MSE = 125　$\bar{x}_1 = 227$　$\bar{x}_2 = 205$　$\bar{x}_3 = 219$
$n_4 = 5$　　$n_5 = 5$
$\bar{x}_4 = 248$　$\bar{x}_5 = 202$

b. 使用 Bonferroni 校正,重做 (a) 小題。

c. 使用 Tukey 的多重比較方法,重做 (a) 小題。

一般社會調查練習

GSS2018 使用 5% 的顯著水準於所有的檢定程序。

14.27 練習題 14.9 檢查了看電視的時間 (TVHOURS) 是否因教育程度 (DEGREE) 而異。使用 Fisher 的 LSD 方法和 Bonferroni 校正來確定那些高中畢業的人與其他四組中的每一組之間是否存在差異。

14.28 請參閱練習題 14.10,其中使用變異數分析來確定 8 類政黨之間在受教育年限 (EDUC) 方面是否存在差異。使用 Fisher 的 LSD 方法和 Bonferroni 調整以確定下列每一對之間是否存在差異。

極端的民主黨和極端的共和黨 (PARTYID 0 和 6)

非極端民主黨和非極端共和黨 (PARTYID 1 和 5)

獨立偏民主黨和獨立偏共和黨 (PARTYID 2 和 4)

14.29 參考練習題 14.11。使用 Fisher 的 LSD 方法和 Bonferroni 校正以確定下列每一對之間是否存在收入差異 (RINCOME)。

獨立偏民主黨和獨立黨 (PARTYID 2 和 3)

獨立黨和獨立偏共和黨 (PARTYID 3 和 4)

14.30 練習題 14.14 應用變異數分析來檢驗 7 類政治觀點 (POLVIEWS) 之間的教育 (EDUC) 差異。使用 Fisher 的 LSD 方法和 Bonferroni 校正以確定下列每一對之間是否存在差異。

極端自由和極端保守 (POLVIEWS 1 和 7)

自由和保守 (POLVIEWS 2 和 6)

稍微自由和稍微保守 (POLVIEWS 3 和 5)

14.31 參考練習題 14.15。使用 Fisher 的 LSD 方法和 Bonferroni 校正以測試下列每一對之間的收入 (RINCOME) 差異。

極端自由和中立 (POLVIEWS 1 和 4)

中立和極端保守 (POLVIEWS 4 和 7)

14.3 變異數分析的實驗設計

自從我們在 13.3 節中介紹配對實驗開始，實驗設計成為我們決定使用哪一種分析方法的因素之一。統計應用者經常設計實驗來協助他們蒐集做決策所需的資訊。在 14.1 節中介紹的單因子變異數分析僅僅是變異數分析許多不同實驗設計中的一種。對每一種實驗類型，我們能夠使用一個數學式子或模型來描述反應變數的行為。雖然我們將不會在本章展示數學模式 (我們在第 16 章介紹各種模式)，我們認為讓你了解區別一個實驗設計或模型與另外一個實驗設計或模型是很有用的元素。在本節中，我們將呈現其中的某些要素，且同時介紹兩種本章稍後將要呈現的實驗設計。

14.3a 單因子設計和多因子實驗設計

如同我們在 14.1 節中指出，我們辨識母體所依據的準則被稱為因子 (factor)。在 14.1 節描述的實驗是單因子變異數分析，因為它解決兩個或多個母體的比較問題，而這些母體是以一個因子為基礎而定義的。**多因子實驗 (multifactor experiment)** 是以兩個或多個因子定義處理 (treatments)。在範例 14.1 描述的實驗是單因子設計，因為我們只有一個處理——家庭戶長的年齡。換句話說，因子是年齡，且四個年齡類別是該因子的水準。

假設我們也可以在另一個研究中觀察戶主的性別。我們則將發展一個二因子變異數分析，其中第一個因子——年齡，有三個水準；而第二個因子——性別，有兩個水準。我們將在 14.5 節中討論二因子實驗。

14.3b 獨立樣本和區集

在 13.3 節，我們介紹了從配對實驗中蒐集資料的統計方法。這類的實驗設計可減低樣本內的變異性，使得偵測兩母體之間的差異更加地容易。當問題的目的是比較兩個以上的母體，與配對實驗等同的實驗設計被稱為**隨機化區集設計 (randomized block design)**。名詞區集 (block) 指的是一個來自每一個母體觀測值的配對群組。假設在範例 13.4 和範例 13.5 中，我們想要比較金融、行銷、會計和作業管理主修者的薪資支付。重做範例 13.5，我們將執行隨機區集實驗，其中區集是 25 個 GPA 群組，而處理是 4 個 MBA 專業。

再一次地提及，實驗設計將會減低每一個處理內的變異性，以便更加地容易偵測處理之間的差異。

我們也能夠對每一個處理使用相同的物件 (人、工廠和商店) 來執行區集實驗。例如，我們能夠藉由給一群相同的人三種牌子的安眠藥來測量效能，以決定安眠藥是否有效。如此的實驗被稱為**重複量測 (repeated measures)** 設計。技術上，這是一個不同於隨機化區集的設計。但是，兩種設計的資料分析方法是相同的。因此，我們將把重複量測設計視為隨機化區集設計。

隨機化區集實驗也被稱為**二因子變異數分析 (two-way analysis of variance)**。在 14.4 節，我們將介紹計算這類型實驗檢定統計量的方法。

14.3c 固定效果和隨機效果

假若我們的分析包括一個因子所有可能的水準，這個方法稱為**固定效果變異數分析 (fixed-effects analysis of variance)**。如果研究中包含的水準是所有存在水準的隨機樣本，則這個方法稱為**隨機效果變異數分析 (random-effects analysis of variance)**。在範例 14.2 中，只有 4 種可能的保險桿。因此，該研究是一個固定效果實驗。但是，假如除了樣本中描述的 4 種保險桿之外，另有其他的保險桿，而且我們想要知道所有保險桿之間的修復費用是否有差異，則這個應用將是一個隨機效果實驗。這裡是另一個範例。

想要確定一家大型工廠不同機器生產的產品數量是否有所差異，從工廠的 50 台機器中隨機抽出 4 台機器以進行研究。將記錄每一台機器在 10 天內每一天生產的數量。這個實驗是一個隨機效果實驗，因為我們選擇了 4 台機器的隨機樣本，而它的統計結果可以讓我們決定 50 台機器之間是否存有差異。

對一些實驗設計，固定效應和隨機效應之間檢定統計量的計算並沒有差異。但

是，對其他某些實驗，包括 14.5 節要介紹的二因子實驗，計算方式是不同的。

14.4 隨機區集（二因子）變異數分析

設計一個隨機化區集實驗的目的是為了減低處理內的變異，以便更容易地偵測出處理平均數之間的差異。在單因子變異數分析，我們將總變異分解成處理間變異和處理內變異。也就是

$$SS(Total) = SST + SSE$$

在變異數分析的隨機化區集設計中，我們把總變異分解成三個變異的來源。

$$SS(Total) = SST + SSB + SSE$$

其中 **SSB**，即**區集的平方和 (sum of squares for blocks)**，測量區集之間的變異。當與區集有關聯的變異被移除後，SSE 減小了，使得決定處理平均數之間是否存在著差異更加地容易。

在介紹統計推論的的這一點上，我們將暫時偏離我們用兩種方法解題的一般程序：手動計算和使用 Excel。對這個實驗設計，和下一節要介紹的實驗，計算相當耗時，以致於用手動運算來解答並不會增加你對這些方法的了解。因此，雖然我們將繼續以討論統計量是如何被計算的方式呈現觀念，我們將只用電腦解答問題。

為了幫助你了解公式，我們將使用下列符號表示：

$$\bar{x}[T]_j = \text{第 } j \text{ 個處理中觀測值的平均數 } (j = 1, 2, \cdots, k)$$
$$\bar{x}[B]_i = \text{第 } i \text{ 個區集中觀測值的平均數 } (i = 1, 2, \cdots, b)$$
$$b = \text{區集的個數}$$

表 14.4 彙整我們使用於這項實驗設計的符號。

表 14.4 隨機化區集變異數分析的符號

區集	處理 1	2	...	k	區集平均數
1	x_{11}	x_{12}	...	x_{1k}	$\bar{x}[B]_1$
2	x_{21}	x_{22}	...	x_{2k}	$\bar{x}[B]_2$
⋮	⋮	⋮	⋮	⋮	⋮
b	x_{b1}	x_{b2}	...	x_{bk}	$\bar{x}[B]_b$
處理平均數	$\bar{x}[T]_1$	$\bar{x}[T]_2$	...	$\bar{x}[T]_k$	

在隨機化區集設計中，SS(Total) 與 SST 的定義與在獨立樣本設計中的定義是相同的。在獨立樣本設計中，SSE 等於在隨機化區集設計中 SSB 與 SSE 的總和。

隨機化區集實驗的平方和

$$SS(Total) = \sum_{j=1}^{k} \sum_{i=1}^{b} (x_{ij} - \bar{\bar{x}})^2$$

$$SST = \sum_{j=1}^{k} b(\overline{x[T]}_j - \bar{\bar{x}})^2$$

$$SSB = \sum_{i=1}^{b} k(\overline{x[B]}_i - \bar{\bar{x}})^2$$

$$SSE = \sum_{j=1}^{k} \sum_{i=1}^{b} (x_{ij} - \overline{x[T]}_j - \overline{x[B]}_i + \bar{\bar{x}})^2$$

檢定是透過決定各個均方來執行，均方的計算是將平方和除以它們所對應的自由度而得。

隨機化區集實驗的均方

$$MST = \frac{SST}{k-1}$$

$$MSB = \frac{SSB}{b-1}$$

$$MSE = \frac{SSE}{n-k-b+1}$$

最後，檢定統計量是均方的比值，表示於下列方格中。

隨機化區集實驗的檢定統計量

$$F = \frac{MST}{MSE}$$

其服從自由度 $\nu_1 = k-1$ 以及 $\nu_2 = n-k-b+1$ 的 F-分配。

檢定處理平均數的一個有趣且有時也很有用的副產品，是我們也能夠檢定區集平均數是否不同。這將讓我們判斷實驗是否應該被執行成一個隨機化區集設計。(假如區

集間沒有差異,則隨機化區集設計比較不可能偵測到處理平均數間的真正差異。) 這樣的發現對未來類似的實驗會是有用的。檢定區集平均數幾乎與檢定處理平均數相同,除了檢定統計量是

$$F = \frac{\text{MSB}}{\text{MSE}}$$

它服從自由度 $\nu_1 = b - 1$ 以及 $\nu_2 = n - k - b + 1$ 的 F-分配。

如同單因子實驗,由隨機化區集實驗產生的統計量可以被彙整於一個 ANOVA 表,它的一般式展示於表 14.5 中。

表 14.5 隨機化區集變異數分析的 ANOVA 表

變異的來源	自由度	平方和	均方	F-統計量
處理	$k - 1$	SST	MST = SST/(k − 1)	F = MST/MSE
區集	$b - 1$	SSB	MSB = SSB/(b − 1)	F = MSB/MSE
誤差	$n - k - b + 1$	SSE	MSE = SSE/(n − k − b + 1)	
總和	$n - 1$	SS(Total)		

範例 14.3　比較降低膽固醇的藥

DATA
Xm14-03

許多北美洲的民眾有高的膽固醇,它可能導致心臟病。對於那些膽固醇水準非常高的人 (超過 280),醫生開藥物以降低他們的膽固醇水準。一家製藥公司最近研發了 4 種這類的新藥。為了判斷它們的效果是否存有任何差異,於是籌組一項實驗。這家公司選取 25 組的人,每組 4 位男性,每一個人的膽固醇水準皆超過 280。在每組中,男性的年齡與體重相近。新藥物在兩個月內被施用,並且記錄降低的膽固醇水準。這些結果是否允許該公司去結論,說這四種新藥之間存在差異?

群組	藥物 1	藥物 2	藥物 3	藥物 4
1	6.6	12.6	2.7	8.7
2	7.1	3.5	2.4	9.3
3	7.5	4.4	6.5	10
4	9.9	7.5	16.2	12.6
5	13.8	6.4	8.3	10.6
6	13.9	13.5	5.4	15.4
7	15.9	16.9	15.4	16.3
8	14.3	11.4	17.1	18.9
9	16	16.9	7.7	13.7
10	16.3	14.8	16.1	19.4

(續)

群組	藥物 1	藥物 2	藥物 3	藥物 4
11	14.6	18.6	9	18.5
12	18.7	21.2	24.3	21.1
13	17.3	10	9.3	19.3
14	19.6	17	19.2	21.9
15	20.7	21	18.7	22.1
16	18.4	27.2	18.9	19.4
17	21.5	26.8	7.9	25.4
18	20.4	28	23.8	26.5
19	21.9	31.7	8.8	22.2
20	22.5	11.9	26.7	23.5
21	21.5	28.7	25.2	19.6
22	25.2	29.5	27.3	30.1
23	23	22.2	17.6	26.6
24	23.7	19.5	25.6	24.5
25	28.4	31.2	26.1	27.4

解答

辨識方法

問題的目的是比較 4 個母體，並且資料是區間的。因為研究人員記錄了相似男性群組中每一位成員服用每一種新藥所降低的膽固醇資料。我們確定這項實驗設計為隨機化區集設計。反應變數是降低膽固醇，處理是這 4 種新藥，而區集為這 25 個類似的男性群組。要檢定的假設如下：

H_0: $\mu_1 = \mu_2 = \mu_3 = \mu_4$

H_1: 至少兩個平均數不等

計算

EXCEL 資料分析

	A	B	C	D	E	F	G
36	ANOVA						
37	Source of Variation	SS	df	MS	F	P-value	F crit
38	Rows	3848.66	24	160.36	10.11	9.7E-15	1.67
39	Columns	195.95	3	65.32	4.12	0.0094	2.73
40	Error	1142.56	72	15.87			
41							
42	Total	5187.17	99				

輸出結果包括區集和處理的統計量 (總和、平均數與變異數，並未在此列出)，以及 ANOVA 表。用以決定四種新藥 (**Columns**) 之間是否存在差異的 F-統計量為 4.12。它的 p-值為 .0094。另一項 F-統計量 10.11 (p-值 $= 9.70 \times 10^{-15} =$ 幾乎是 0) 指出男性群組 (**Rows**) 之間有差異。

14 變異數分析

> **指令說明**
> 1. 鍵入或匯入資料到相鄰的欄[3]。(開啟Xm14-03。並點選下方 **Unstacked 試算表**標籤。)
> 2. 點選**資料 (Data)**、**資料分析 (Data Analysis**⋯) 與**二因子變異數分析：無重複試驗 (Anova: Two-Factor Without Replicaton)**。
> 3. 指定**輸入範圍 (Input Range)** (A1:E26)。如果有標示的話，勾選**標記 (Labels)**。如果你勾選了，處理與區集兩者皆須被標示 (如同在 Xm14-03)。指定 α 的值 (.05)。

> **詮釋**
> 當你下結論說差異存在，而事實上它們並沒有差異時，是犯了型 I 錯誤。當檢定顯示沒有差異，而它們至少有 2 個平均數不同時，是犯了型 II 錯誤。兩種錯誤的成本是同樣昂貴的。我們以 5% 的標準來判斷 p-值。因為 p-值 = .0094，我們下結論說有充分的證據去推論至少有 2 種藥物是不同的。一項檢驗顯示使用新藥2與新藥4降低的膽固醇最多。建議進一步地檢驗以決定哪一種新藥是最好。

14.4a 檢查必要的條件

變異數分析隨機化區集設計的 F-檢定與獨立樣本設計有相同的條件。也就是，隨機變數必須服從常態分配，且母體變異數必須相等。直方圖 (沒有在此展示) 顯示支持我們的結果的有效性；降低的膽固醇呈現常態分配。變異數相等的需求也呈現出符合的狀態。

14.4b 必要條件的違背

當反應變量不服從常態分配時，我們可以用 Friedman 檢定取代隨機化區集變異數分析。

14.4c 區集化的準則

在 13.3 節中，我們列出執行配對實驗的優點和缺點。當我們討論執行區集實驗

---

[3] 如果一個或兩個欄位包含空白儲存格 (代表遺漏值)，則此列必須刪除。請參考線上附錄 Excel Instructions for Deleting Rows with Blanks (移除 Excel 中的空白儲存格)。

時，同樣的論述也是有效的。區集的目的是減少因實驗單位之間的差異所造成的變異。藉由將實驗單位分組成反應變數同質性高的區集，統計應用者增加了偵測到處理平均數間真正差異的機會。因此，我們需要找到可以顯著地影響反應變數的區集準則。例如，假設一個統計學教授想要決定 4 種統計教學方法中哪一種最好。在單因子實驗中，他可能抽取 4 個 10 位學生的樣本，每一個樣本採用一種不同的教學方法，在課程結束後給學生評分，並且執行 F-檢定以決定是否有差異存在。但是，每個教學類組內的學生之間可能有非常大的差異，而這種差異可能會掩蓋教學方法之間真正的差異。為了減少這種變異，該統計學教授必須辨識與學生統計學成績有關的變數。例如，學生的整體能力、數學課程的完成，以及其他統計學課程的接觸等，全都與統計學課程的表現有關。

此實驗能夠以下列方式進行。該統計學教授隨機選取 4 位學生，修統計學課之前的平均成績為 95-100。然後將學生隨機分配到 4 種統計教學方法的班級之一。對平均成績在 90-95、85-90，……，以及 50-55 的學生重複這個過程。期末的統計學成績將被用來檢定班級間的差異。

任何與實驗單位有關的特性都是潛在的區集準則。例如，如果實驗單位是人，我們根據年齡、性別、收入、工作經驗、智商、居住地 (國家、鄉鎮或城市)、體重或身高來區集化。假如實驗單位是工廠，而我們將測量每小時的生產數量，區集準則包括勞工經驗、工廠的年齡和供應商的品質。

14.4d 發展對統計觀念的了解

如同我們先前解釋的，隨機化區集實驗是 13.3 節配對實驗的擴展。在配對實驗中，我們簡單地移除由實驗單位間差異所造成的變異影響。此移除的影響可以由減小的標準誤數值 (與獨立樣本檢定統計量產生的標準誤數值做比較) 和增大的 t-統計量看出。在變異數分析的隨機化區集實驗，我們以計算 SSB 實際測量了區集之間的變異性。誤差平方和 (SSE) 因為 SSB 而減小，使得檢定處理之間的差異更加地容易。此外，我們能夠檢定區集間是否有所不同——這是我們無法在配對實驗執行的程序。

為了示範說明，讓我們回到範例 13.4 和範例 13.5，它們是用以決定主修金融和主修行銷 MBA 之間的起薪是否有差異的實驗。(事實上，我們是檢定主修金融是否比主修行銷取得較高的薪資。但是，變異數分析只能檢定差異性。) 在範例 13.4 (獨立樣本) 中，沒有充分的證據去推論兩類主修間的起薪有差異。在範例 13.5 (配對實驗) 中，有充分的證據去推論差異的存在。如同我們在 13.3 節中指出，以 GPA 配對讓統計應用者更容易分辨兩類主修間起薪的差異。假如我們用變異數分析重做範

例 13.4 和範例 13.5，我們會得到相同的結論。下面呈現 Excel 的輸出。

Excel 資料分析：範例 13.4 的 Excel 變異數分析輸出結果

	A	B	C	D	E	F	G
1	Anova: Single Factor						
2							
3	SUMMARY						
4	Groups	Count	Sum	Average	Variance		
5	Finance	25	1,640,595	65,624	360,433,294		
6	Marketing	25	1,510,570	60,423	262,228,559		
7							
8							
9	ANOVA						
10	Source of Variation	SS	df	MS	F	P-value	F crit
11	Between Groups	338,130,013	1	338,130,013	1.09	0.3026	4.04
12	Within Groups	14,943,884,470	48	311,330,926			
13							
14	Total	15,282,014,483	49				

Excel 資料分析：範例 13.5 的 Excel 變異數分析輸出結果

	A	B	C	D	E	F	G
34	ANOVA						
35	Source of Variation	SS	df	MS	F	P-value	F crit
36	Rows	21,415,991,654	24	892,332,986	40.39	4.17E-14	1.98
37	Columns	320,617,035	1	320,617,035	14.51	0.0009	4.26
38	Error	530,174,605	24	22,090,609			
39							
40	Total	22,266,783,295	49				

　　在範例 13.4 中，我們將總平方和 [SS(Total) = 15,282,014,483] 分解成兩個變異來源：SST = 338,130,013 與 SSE = 14,943,884,470。在範例 13.5 中，總平方和為 SS(Total) = 22,266,783,295、SST（主修平方和）= 320,617,035、SSB (GPA 平方和) = 21,415,991,654，以及 SSE = 530,174,605。如你所見，兩範例的處理平方和幾乎相等 (338,130,013 與 320,617,035)。但是，兩範例計算的不同是在誤差平方和上。在範例 13.5 中的 SSE 比範例 13.4 中的 SSE 小很多，因為隨機化區集實驗讓我們可以測量並移除有相同主修 MBA 學生之間變異的影響。區集的平方和 (GPA 群組的平方和) 是 21,415,991,654，是一個測量在相同主修內 MBA 學生之間的薪資支付存在多少變異的統計量。移除此一變異來源，使得 SSE 變小。因此，在範例 13.5 中，我們下結論說不同主修之間的薪資是有差異的，然而在範例 13.4 中，沒有足夠的證據可以下相同的結論。

　　請注意在這兩個範例中，t-統計量的平方等於 F-統計量。也就是，在範例 13.4 中，$t = 1.04$，其值加以平方後等於 1.09，即為 F-統計量的值（四捨五入）。在範例 13.5 中，$t = 3.81$，其值加以平方後等於 14.51，就是處理平均數檢定的 F-統計量。此外，p-值也是相同的。

練習題

發展對統計觀念的了解

14.32 當 $k = 3$ 且 $b = 7$，一個隨機化區集實驗產生下列的統計量：

SST = 100　SSB = 50　SSE = 25

a. 檢定以決定處理平均數是否不同。（使用 $\alpha = .05$。）

b. 檢定以決定區集平均數是否不同。（使用 $\alpha = .05$。）

14.33 一個隨機化區集實驗產生下列的統計量：

$k = 5$　$b = 12$　SST = 1,500　SSB = 1,000　SS(Total) = 3,500

a. 檢定以確定處理平均數是否不同。（使用 $\alpha = .01$。）

b. 檢定以確定區集平均數是否不同。（使用 $\alpha = .01$。）

14.34 從一個 $k = 4$ 且 $b = 10$ 的隨機化區集實驗，計算得到下列的資料：

SS(Total) = 1,210　SST = 275　SSB = 625

a. 從這些統計量，我們是否可以下結論說處理平均數是有差異的？（使用 $\alpha = .01$。）

b. 從這些統計量，我們是否可以下結論說區集平均數是有差異的？（使用 $\alpha = .01$。）

14.35 一個隨機化區集實驗產生下列統計量：

$k = 3$　$b = 8$　SST = 1,500　SS(Total) = 3,500

a. 給定 SSB = 500，以 5% 的顯著水準，檢定以決定處理平均數是否不同。

b. 以 SSB = 1,000，重做 (a) 小題。

c. 以 SSB = 1,500，重做 (a) 小題。

d. 描述當 SSB 增加時，檢定統計量會有什麼變化。

14.36 Xr14-97 a. 假設顯示於此的資料是蒐集自一個隨機化區集實驗，計算 SS(Total)、SST、SSB 和 SSE。

b. 假設顯示於此的資料是蒐集自一個單因子（獨立樣本）實驗，計算 SS(Total)、SST 和 SSE。

c. 為何 SS(Total) 在兩種實驗設計中保持不變？

d. 為何 SST 在兩種實驗設計中保持不變？

e. 為何 (a) 小題中的 SSB + SSE 等於 (b) 小題中的 SSE？

處理		
1	**2**	**3**
7	12	8
10	8	9
12	16	13
9	13	6
12	10	11

14.37 Xr14-98 a. 假設下頁附上的資料是由一個隨機化區集實驗所產生，計算 SS(Total)、SST、SSB 和 SSE。

b. 假設下頁資料是由一個單因子（獨立樣本）實驗所產生，計算 SS(Total)、SST 和 SSE。

c. 解釋為何對兩種實驗設計，SS(Total) 皆維持相同。

d. 解釋為何對兩種實驗設計，SST 皆維持相同。

e. 解釋為何 (a) 小題中的 SSB + SSE 等於 (b) 小題中的 SSE。

	處理		
1	2	3	4
6	5	4	4
8	5	5	6
7	6	5	6

應用題

14.38 Xr14-99 執行一個實驗以了解測量誤差，統計學教授要求 4 名學生測量該教授，一位男學生，和一位女學生的身高。正確尺寸和每位學生測量值之間的差異（以公分為單位）都在此列出。我們是否可以推論被測量人物之間的誤差存有差異？（使用 $\alpha = .05$。）

	身高的測量誤差		
學生	教授	男學生	女學生
1	1.4	1.5	1.3
2	3.1	2.6	2.4
3	2.8	2.1	1.5
4	3.4	3.6	2.9

14.39 Xr14-100 節食的效果有多好。在一項初步的實驗中，招募 20 位超重 50 磅的民眾來比較四種飲食。這些人以年齡分組。最年長的四位形成區集 1，次年長的四位形成區集 2，並且以此類推。每一個人減重的磅數列出如下表。以 1% 的顯著水準，我們是否可以推論這四種飲食存有差異？

		飲食		
區集	1	2	3	4
1	5	2	6	8
2	4	7	8	10
3	6	12	9	2
4	7	11	16	7
5	9	8	15	14

14.5 二因子變異數分析

在 14.1 節中，我們探討資料來自於一因子實驗的問題。在範例 14.1 中，處理為 4 個不同的年齡類別。因此，有一個 4 個水準的單因子。在本節中，我們著重於具有 2 個因子的實驗問題。這類資料蒐集程序的一般名稱是**因子實驗 (factorial experiment)**。在因子實驗中，我們可以檢視兩個或更多個因子對反應變數的影響，然而在本書中我們僅討論兩因子的問題。我們可以使用變異數分析來決定每一個因子的水準是否彼此不同。

我們將只提出固定效果的方法。意即我們將著重於所有因子水準皆被包含在實驗中的問題。如同隨機化區集設計的情況，在這類實驗中檢定統計量的計算是相當耗時的。因此，我們將使用 Excel 來產生所要的統計量。

範例 14.4　依教育水準比較終身工作的數量

評估一個國家經濟健康狀況的一個指標是其創造就業機會的速度。此議題的一個層面是個人所擁有的工作數量。在一項工作任期的研究中，對年齡介於 37 到 45 歲之間的美國人進行訪談，詢問他們一生中曾經從事的工作數量，也記錄了性別與教育水準。教育水準的類別是

高中以下 (E1)

高中 (E2)

專科 / 大學肄業 (E3)

至少一個大學學位 (E4)

資料列出八種性別和教育類別中的每一類。我們是否可以推論性別與教育水準之間的工作數量存在差異？

男性 E1	男性 E2	男性 E3	男性 E4	女性 E1	女性 E2	女性 E3	女性 E4
10	12	15	8	7	7	5	7
9	11	8	9	13	12	13	9
12	9	7	5	14	6	12	3
16	14	7	11	6	15	3	7
14	12	7	13	11	10	13	9
17	16	9	8	14	13	11	6
13	10	14	7	13	9	15	10
9	10	15	11	11	15	5	15
11	5	11	10	14	12	9	4
15	11	13	8	12	13	8	11

解答

辨識方法

我們開始先將這個範例視為一個單因子變異數分析。請注意，此處有 8 個處理。但是，這些處理是被兩個不同的因子所定義。一個因子是性別，它有兩個水準。第二個因子是教育水準，它有 4 個水準。

我們可以使用 14.1 節中相同的方法來解決此一問題，也就是，我們檢定下列的假設：

$$H_0: \mu_1 = \mu_2 = \mu_3 = \mu_4 = \mu_5 = \mu_6 = \mu_7 = \mu_8$$

$H_1:$ 至少 2 個平均數不等

計算

EXCEL 資料分析

	A	B	C	D	E	F	G
1	Anova: Single Factor						
15	ANOVA						
16	Source of Variation	SS	df	MS	F	P-value	F crit
17	Between Groups	153.35	7	21.91	2.17	0.0467	2.14
18	Within Groups	726.2	72	10.09			
19							
20	Total	879.55	79				

詮釋

檢定統計量的值是 $F = 2.17$，p-值為 .0467。我們下結論說八種處理之間的工作數存有差異。

這項統計的結果產生更多的問題。也就是，我們是否可以結論平均工作數量的差異是由男性與女性之間的差異所造成？或者它們是由教育水準之間的差異所造成？或者，也許，是否存在性別和教育水準的組合稱為**交互作用 (interactions)** 會導致特別高或低的工作數量？為了說明我們如何檢定每一種類型的差異，我們必須發展一些專業術語。

一個**完全因子實驗 (complete factorial experiment)** 是一種蒐集各因子水準所有可能組合的實驗。意即在範例 14.4 中我們測量所有八種組合的工作數量。這項實驗被稱為一個完整的 2 × 4 因子實驗。

通常，我們將其中一個因子視為因子 A (任意選取)。這個因子的水準數以 a 表示。另外一個因子則被稱為因子 B，而它的水準數以 b 表示。當我們將範例 14.4 的資料以另一種格式呈現，這些專業術語變得更清楚。表 14.6 描述一個二因子分類 (two-way classification) 的編排，它是完全因子實驗的另一個名稱。每一種組合的觀測值個數被稱為一個**複製 (replicate)**。複製次數以 r 表示。在本書中，我們只討論每一種處理皆有相同複製次數的問題。這類的設計被稱為**平衡 (balanced)** 設計。

因此，我們使用一個完全因子實驗，其中處理數是 ab 而每一種處理具有 r 個複製次數。在範例 14.4 中，$a = 2$、$b = 4$ 和 $r = 10$。結果八種處理中的每一個都有 10 個觀測值。

如果你檢驗 ANOVA 表，你可以看到總變異數是 SS(Total) = 879.55，處理的平方和是 SST = 153.35，以及誤差的平方和是 SSE = 726.20。由處理所造成的變異是以 SST 來測量。為了決定是否差異是由於因子 A、因子 B、或一些兩因子間的交互作用，我們需要將 SST 分解成三個來源──SS(A)、SS(B) 和

SS(AB)。

那些對數學運算信心很高的讀者,我們提供了符號的解釋以及各平方和的定義。學習如何計算這些平方和是有用的,但是對於你進行檢定的能力卻不見得是必備的。至於對數學運算不感興趣的讀者應該跳到第 495 頁的方塊中,我們描述個別的 F-檢定。

表 14.6　範例 14.4 的二因子分類

	男性	女性
高中以下	10	7
	9	13
	12	14
	16	6
	14	11
	17	14
	13	13
	9	11
	11	14
	15	12
高中	12	7
	11	12
	9	6
	14	15
	12	10
	16	13
	10	9
	10	15
	5	12
	11	13
大學肄業	15	5
	8	13
	7	12
	7	3
	7	13
	9	11
	14	15
	15	5
	11	9
	13	8
至少一個大學學位	8	7
	9	9
	5	3
	11	7
	13	9
	8	6
	7	10
	11	15
	10	4
	8	11

14.5a 如何計算因子 A 與因子 B 以及交互作用的平方和

為了幫助你了解這些公式，我們將使用下列符號：

x_{ijk} = 第 ij 個處理的第 k 個觀測值

$\bar{x}[AB]_{ij}$ = 在第 ij 個處理反應變數的平均數 (當因子 A 水準是 i 與因子 B 水準是 j 的處理平均數)

$\bar{x}[A]_i$ = 當因子 A 的水準是 i 的觀測值平均數

$\bar{x}[B]_j$ = 當因子 B 的水準是 j 的觀測值平均數

$\bar{\bar{x}}$ = 所有觀測值的平均數

a = 因子 A 的水準數

b = 因子 B 的水準數

r = 複製數

在這個符號中，$\bar{x}[AB]_{11}$ 是因子 A 水準 1 與因子 B 水準 1 的反應平均數。因子 A 水準 1 的反應平均數為 $\bar{x}[A]_1$。因子 B 水準 1 的反應平均數為 $\bar{x}[B]_1$。

表 14.7 描述二因子變異數分析的符號。

二因子變異數分析的平方和被定義如下。

二因子變異數分析的平方和

$$SS(Total) = \sum_{i=1}^{a}\sum_{j=1}^{b}\sum_{k=1}^{r}(x_{ijk} - \bar{\bar{x}})^2$$

$$SS(A) = rb\sum_{i=1}^{a}(\bar{x}[A]_i - \bar{\bar{x}})^2$$

$$SS(B) = ra\sum_{j=1}^{b}(\bar{x}[B]_j - \bar{\bar{x}})^2$$

$$SS(AB) = r\sum_{i=1}^{a}\sum_{j=1}^{b}(\bar{x}[AB]_{ij} - \bar{x}[A]_i - \bar{x}[B]_j + \bar{\bar{x}})^2$$

$$SSE = \sum_{i=1}^{a}\sum_{j=1}^{b}\sum_{k=1}^{r}(x_{ijk} - \bar{x}[AB]_{ij})^2$$

為了計算 SS(A)，我們計算因子 A 水準平均數之間差異的平方和，並標示為 $\bar{x}[A]_i$，以及總平均數 $\bar{\bar{x}}$。因子 B 的平方和 SS(B) 以相似的方式定義。交互作用平方和 SS(AB) 的計算，藉由將每一個處理的平均數 (一個處理包含因子 A 水準與因子 B

表 14.7　二因子變異數分析的符號

因子 B	因子 A 1	2	...	a	
1	x_{111} x_{112} . . x_{11r} $\bar{x}[AB]_{11}$	x_{211} x_{212} . . x_{21r} $\bar{x}[AB]_{21}$	...	x_{a11} x_{a12} . . x_{a1r} $\bar{x}[AB]_{a1}$	$\bar{x}[B]_1$
2	x_{121} x_{122} . . x_{12r} $\bar{x}[AB]_{12}$	x_{221} x_{222} . . x_{22r} $\bar{x}[AB]_{22}$		x_{a21} x_{a22} . . x_{a2r} $\bar{x}[AB]_{a2}$	$\bar{x}[B]_2$
.					
b	x_{1b1} x_{1b2} . . x_{1br} $\bar{x}[AB]_{1b}$	x_{2b1} x_{2b2} . . x_{2br} $\bar{x}[AB]_{2b}$		x_{ab1} x_{ab2} . . x_{abr} $\bar{x}[AB]_{ab}$	$\bar{x}[B]_b$
	$\bar{x}[A]_1$	$\bar{x}[A]_2$		$\bar{x}[A]_a$	$\bar{\bar{x}}$

水準的組合），減去因子 A 水準平均數，減去因子 B 水準平均數，加上總平均數，再將這個數加以平方，最後再加總。誤差平方和 SSE 的計算，則從觀測值減去處理平均數，再取平方和。

　　要檢定每一種可能性，我們執行數個類似於在 14.1 節中所執行的 F-檢定。圖 14.4 說明總平方和如何被分解以進行 F-檢定。在這個圖中，我們包含了單因子研究中所使用的分解內容。當單因子變異數分析容許我們推論處理平均數存在著差異，我們繼續以分解處理平方和成為三個變異來源來進行我們的分析。第一個是因子 A 的平方和，我們標示為 SS(A)，它測量因子 A 水準間的變異。自由度為 $a-1$。第二個是因子 B 的平方和，其自由度為 $b-1$。SS(B) 是因子 B 水準間的變異。交互作用平方和被標示為 SS(AB)，它是因子 A 與 B 各種組合之間變異量的一個測量值；它的自由度為 $(a-1) \times (b-1)$。誤差的平均和為 SSE，其自由度為 $n-ab$。（回顧 n 為總樣本大小，在此實驗中為 $n = abr$）。注意 SSE 以及它的自由度數值在兩種分解中是相同的。如同在先前的實驗，SSE 是處理內的變異。

圖 14.4　單因子與二因子變異數分析中 SS(Total) 的分解

```
                        單因子變異數分析          二因子變異數分析
                                              ┌─ SS(A)
                                              │  自由度 = a − 1
        SS(Total)  ──  SST  ─────────────────┼─ SS(B)
        自由度 = n − 1   自由度 = k − 1         │  自由度 = b − 1
                                              └─ SS(AB)
                                                 自由度 = (a − 1)(b − 1)

                       SSE  ──────────────────  SSE
                       自由度 = n − k            自由度 = n − ab
```

在二因子變異數分析中進行的 F-檢定

檢定因子 A 各水準間的差異

H_0：因子 A 的 a 個水準平均數是相等的

H_1：至少兩個平均數不同

檢定統計量：$F = \dfrac{\text{MS(A)}}{\text{MSE}}$

檢定因子 B 各水準間的差異

H_0：因子 B 的 b 個水準平均數是相等的

H_1：至少兩個平均數不同

檢定統計量：$F = \dfrac{\text{MS(B)}}{\text{MSE}}$

檢定因子 A 與 B 之間的交互作用

H_0：因子 A 與 B 並不交互影響平均反應

H_1：因子 A 與 B 交互影響平均反應

檢定統計量：$F = \dfrac{\text{MS(AB)}}{\text{MSE}}$

必要條件

1. 反應的分配呈常態分配。
2. 每一個處理的變異數是相同的。
3. 樣本是獨立的。

如同在先前兩個變異數分析的實驗設計，我們將彙整檢定的結果於一個 ANOVA 表中。表 14.8 描繪完全因子實驗的一般表格形式。

表 14.8　二因子實驗的 ANOVA 表

變異來源	自由度	平方和	均方	F-統計量
因子 A	$a - 1$	SS(A)	$MS(A) = SS(A)/(a - 1)$	$F = MS(A)/MSE$
因子 B	$b - 1$	SS(B)	$MS(B) = SS(B)/(b - 1)$	$F = MS(B)/MSE$
交互作用	$(a - 1)(b - 1)$	SS(AB)	$MS(AB) = SS(AB)/[(a - 1)(b - 1)]$	$F = MS(AB)/MSE$
誤差	$n - ab$	SSE	$MSE = SSE/(n - ab)$	
總和	$n - 1$	SS(Total)		

我們將會使用範例 14.4 中的資料來示範說明。所有的計算將以 Excel 來執行。

EXCEL 資料分析

	A	B	C	D	E	F	G
1	ANOVA						
2	Source of Variation	SS	df	MS	F	P-value	F crit
3	Sample	135.85	3	45.28	4.49	0.0060	2.7318
4	Columns	11.25	1	11.25	1.12	0.2944	3.9739
5	Interaction	6.25	3	2.08	0.21	0.8915	2.7318
6	Within	726.2	72	10.09			
7							
8	Total	879.55	79				

在 ANOVA 表中，**Sample** 是指因子 B（教育水準）且 **Columns** 是指因子 A（性別）。因此，MS(B) = 45.28，MS(A) = 11.25，MS(AB) = 2.08 以及 MSE = 10.09。F-統計量為 4.49（教育水準）、1.12（性別）與 .21（交互作用）。

指令說明

1. 使用與 Xm14-04 相同的格式（試算表標籤 Stacked A）鍵入或匯入資料（注意：你必須像我們一樣標明列與欄）。
2. 點選**資料 (Data)**、**資料分析 (Data Analysis)** 與**二因子變異數分析：重複試驗 (Anova: Two-Factor with Replication)**。
3. 指定**輸入範圍 (Input Range)** (A1:C41)。鍵入複製次數到每一樣本的列數 **(Rows per sample)** 方塊中 (10)。
4. 指定 α 的值 (.05)。

14.5b　檢定男性與女性之間工作數的差異

H_0：因子 A 的 2 個水準平均數是相等的

H_1：至少兩個平均數不同

檢定統計量：$F = \dfrac{\text{MS(A)}}{\text{MSE}}$

檢定統計量的值：由電腦的輸出結果，我們得到
MS(A) = 11.25，MSE = 10.09 與 F = 11.25/10.09 = 1.12（p-值 = .2944）

在 5% 的顯著水準下，沒有足夠的證據去推論男性與女性之間工作數量存有差異。

14.5c 檢定不同教育水準之間工作數量的差異

H_0：因子 B 的 4 個水準平均數是相等的
H_1：至少兩個平均數不同

檢定統計量：$F = \dfrac{\text{MS(B)}}{\text{MSE}}$

檢定統計量的值：由電腦的輸出結果，我們得到
MS(B) = 45.28 與 MSE = 10.09。因此 F = 45.28/10.09 = 4.49（p-值 = .0060）

在 5% 的顯著水準下，有充分的證據去推論在不同的教育水準之間工作數量存有差異。

14.5d 檢定因子 A 與 B 之間的交互作用

H_0：因子 A 與 B 不交互影響平均工作數量
H_1：因子 A 與 B 交互影響平均工作數量

檢定統計量：$F = \dfrac{\text{MS(AB)}}{\text{MSE}}$

檢定統計量的值：由電腦的輸出結果，我們得到
MS(AB) = 2.08，MSE = 10.09 與 F = 2.08/10.09 = .21（p-值 = .8915）

沒有足夠的證據推論在性別與教育水準之間有交互作用。

詮釋

圖 14.5 是 8 個處理中每一個的平均反應圖。如你所見，在男性和女性之間的差異是小的（並不顯著）。而具不同教育背景的男性和女性之間有顯著的差異。最後，沒有交互作用。

圖 14.5 範例 14.4 的平均反應值

因子 A：性別
男性
女性
因子 B：教育水準

14.5e 何謂交互作用？

範例 14.5　依不同教育水準，比較受訪者終生從事之工作數量

DATA
Xm14-05

為了進一步了解交互作用，我們改變沒有完成高中教育的男性樣本 (處理 1)。我們從原始的數值中減去 6，使得在處理 1 中的樣本為

4,　3,　6,　10,　8,　11,　7,　3,　5,　9

(平均數是 6.6)

解答

EXCEL 資料分析

	A	B	C	D	E	F	G
34	ANOVA						
35	Source of Variation	SS	df	MS	F	P-value	F crit
36	Sample	75.85	3	25.28	2.51	0.0657	2.73
37	Columns	11.25	1	11.25	1.12	0.2944	3.97
38	Interaction	120.25	3	40.08	3.97	0.0112	2.73
39	Within	726.20	72	10.09			
40							
41	Total	933.55	79				

詮釋

在本範例中沒有充分的證據 (在 5% 的顯著水準) 去推論男性和女性之間以及教育水準之間是有差異的。但是，有足夠的證據去結論性別與教育水準之間存有交互作用。

	男性	女性
高中以下	6.6	11.5
高中	11.0	11.2
大學肄業	10.6	9.4
大學或更高	9.0	8.1

比較圖 14.5 與圖 14.6。在圖 14.5 中，連接男性和女性反應平均數的線條是非常相似的。特別是，我們可以看到這些線條幾乎平行。但是，在圖 14.6 中的線條幾乎不再平行。結果顯示，處理 1 的平均數是比較小的；趨勢是不同的。無論什麼理由，在此案例中具有高中以下學位的男性其工作數量是比較少的。

圖 14.6 範例 14.4a 的平均反應值

14.5f 執行完全因子實驗的變異數分析

在範例 14.4 中說明問題概要時，我們首先執行單因子變異數分析，以決定八個處理平均數之間是否存在著差異。如此做主要是為了教學的理由，讓你們可以看到當處理平均數不同時，我們必須分析差異的原因。然而，在實務上，我們通常不使用完全因子實驗執行檢定 (雖然應該註明有些統計應用者偏愛這種「兩階段」策略)。我們建議你直接從二因子變異數分析著手。

在範例 14.4 的兩個版本中，我們對每一個因子進行檢定，然後檢定交互作用。

但是，如果有交互作用存在的證據，則個別因子的檢定是不適用的。因子 A 水準與因子 B 水準之間可能有或可能沒有存在差異，因此我們改變執行 F-檢定的順序。

> **在二因子變異數分析中檢定的順序**
>
> 首先檢定交互作用。如果有充分的證據去推論有交互作用的存在，則不必進行其他的檢定。
>
> 如果沒有足夠的證據去結論交互作用的存在，則對因子 A 與因子 B 進行 F-檢定。

14.5g 發展對統計觀念的了解

你或許已經注意到二因子實驗與隨機區集實驗之間具有相似性。事實上，當重複次數為 1 時，兩者的計算是一樣的。這產生一個問題，在多因子研究中的因子與隨機區集實驗中的區集之間有何不同？一般而言，這兩種實驗之間的差異在於，在隨機區集實驗中進行區集化主要是減少變異，而在二因子模式中，因子對反應變數的影響才是統計應用者所感興趣的。定義區集的準則通常都是實驗單位的特性。因此，與實驗單位特性有關的因素，在多因子研究中將不被視為因子，而被視為在隨機區集實驗中的區集。

練習題

14.40 以 $a=3$，$b=4$ 和 $r=20$ 執行一個二因子變異數分析實驗。經計算得到下列的平方和：

SS(Total) = 42,450　　SS(A) = 1,560
SS(B) = 2,880　　SS(AB) = 7,605

在 1% 的顯著水準下，執行任何一種你認為是必要的檢定，以決定是否因子 A 水準間存在差異、因子 B 水準間存在差異，或因子 A 和 B 間有交互作用？

14.41 一位統計應用者以 $a=4$，$b=3$ 和 $r=8$ 執行一個二因子變異數分析實驗。平方和被列於此：

SS(Total) = 9,420　　SS(A) = 203
SS(B) = 859　　SS(AB) = 513

a. 在 5% 的顯著水準下，檢定以決定是否因子 A 和 B 間有交互作用？
b. 在 5% 的顯著水準下，檢定以決定是否因子 A 水準間存在著差異？
c. 在 5% 的顯著水準下，檢定以決定是否因子 B 水準間存在著差異？

14.42 **Xr14-110** 下列資料取自一個具有 3 個複製次數的 2×2 因子實驗。對下列之假設檢定，計算 p-值。

因子 A	因子 B 1	2
1	6	12
	9	10
	7	11
2	9	15
	10	14
	5	10

a. 檢定以決定是否因子 A 與因子 B 之間存在著交互作用？
b. 檢定以決定是否因子 A 水準間存在著差異？
c. 檢定以決定是否因子 B 水準間存在著差異？

14.43 Xr14-111 顯示於此的資料取自一個具有 4 個複製次數的 3×2 因子實驗。對下列之假設檢定，計算 p-值。

因子 A	因子 B 1	因子 B 2
1	23	20
	18	17
	17	16
	20	19
2	27	29
	23	23
	20	27
	28	25
3	23	27
	21	19
	24	20
	16	22

a. 檢定以決定是否因子 A 和因子 B 間有交互作用？
b. 檢定以決定是否因子 A 水準間存在著差異？
c. 檢定以決定是否因子 B 水準間存在著差異？

14.44 Xr14-112 參考範例 14.4。我們把每一個男性的數值加 2 以修改資料。這些資料告訴你什麼訊息？

14.45 Xr14-113 參考範例 14.4，我們透過從處理 8 的數值中減去 4 以修改資料。這些資料告訴你什麼訊息？

本章摘要

當資料是區間的時候，變異數分析讓我們檢定母體間的差異。本章中呈現三種不同實驗設計結果的分析。單因子變異數分析定義母體為一個因子的水準。第二種實驗設計也是以單因子為基礎來定義處理。但是，隨機化區集設計使用觀察配對或區集實驗(二因子變異數分析)的結果所蒐集來的資料。第三種設計是二因子實驗，其中處理被定義成兩個因子水準的組合。所有變異數分析都是基於將總平方和分解成不同的變異來源，從中得以計算均方以及 F-統計量。

另外，我們也介紹三種多重比較方法，讓我們可以在一因子變異數分析中決定哪些平均數之間是不同的。

Chapter 15 卡方檢定

本章綱要

15.1 卡方的適合度檢定

15.2 卡方的列聯表檢定

15.3 名目資料檢定的彙整

一般社會調查

DATA GSS2018 男性和女性的政治觀點是否不同？

男性和女性的政治觀點是否不同？一般社會調查中提出的問題之一是：「我將向你展示一個七分量表，人們可能持有的政治觀點，從極端自由到極端保守的排列。在這個量表上，你會把自己放在哪裡？」

1. 極端自由
2. 自由派
3. 有點自由
4. 中立派
5. 略顯保守
6. 保守派
7. 極端保守

解答在 519 頁。

受訪者也以性別 (SEX) 來辨別：1 = 男性，和 2 = 女性。是否有足夠的證據來推斷美國男性和女性的政治觀點不同 (POLVIEWS)？

導論 Introduction

我們已經看過許多用於名目資料的統計方法。在第 2 章，我們介紹長條圖和圓形圖，兩者都是描述一組名目資料的圖示法。在第 2 章的後面，我們也展示如何藉著製作次數分配表與長條圖來描述 2 組名目資料之間的關係。但是，這些方法僅能簡單地描述樣本或母體的資料。在本章中，我們處理類似的問題，但是目標是使用統計方法以從樣本資料推論出母體的資訊。

本章發展兩種與名目資料有關的統計方法。第一個是應用於多項實驗 (multinomial experiment) 所產生資料的適合度檢定 (goodness-of-fit test)；其中，多項實驗是二項實驗的推廣。第二個方法使用整理成表格的資料，稱為列聯表 (contingency table)，來決定 2 個名目資料母體的分類是否為統計獨立；這個檢定也可以解釋為 2 個或多個母體的比較。兩個檢定中，檢定統計量的抽樣分配皆服從卡方分配，在第 8 章已經介紹過此分配。

15.1 卡方的適合度檢定

本節介紹另一個為名目資料母體設計的檢定。第一個此類的檢定是在 12.3 節中介紹，其中我們討論用於一個母體比例假設檢定的統計程序。在該情況下，名目變數能夠被假設為兩個可能值 (成功或失敗) 其中的一個。我們處理有關整個母體成功比例的假設檢定。回顧當時產生資料的實驗被稱為是二項實驗。在本節中，我們介紹**多項實驗 (multinomial experiment)**，它是二項實驗的推廣，其中每一次試驗會有 2 個或多個可能的實驗結果。

多項實驗

一個多項實驗具下列的特質：
1. 實驗包括 n 次固定的試驗。
2. 每一次試驗的結果可以被歸類到 k 個類別中的一個，稱為**儲存格 (cells)**。
3. 每一次試驗的結果將會落在儲存格 i 的機率 p_i 保持固定不變。而且 $p_1 + p_2 + \cdots + p_k = 1$。
4. 實驗的每次試驗與其他試驗是獨立的。

當 $k = 2$，多項實驗等同於二項實驗。正如同我們在二項實驗中計算成功和失敗的次數 (回顧我們標示成功的次數為 x)，在多項實驗我們計算試驗結果落入各個 k 儲存格中的次數。以這種方法，我們得到一組觀測次數 $f_1, f_2, ..., f_k$，其中 f_i 是落入儲存格 i ($i = 1, 2, ..., k$) 中的觀測次數。因為該實驗包含 n 個試驗，而且每一個結果都必須落入其中一個儲存格，所以

$$f_1 + f_2 + \cdots + f_k = n$$

正如同我們使用成功的次數 x (藉著計算樣本比例，它等於 x/n) 去對 p 做推論，我們也可使用儲存格的觀測次數去對儲存格的機率做推論。我們將執行標準程序。我們將建立假設以及發展檢定統計量與其抽樣分配。我們將用下面的範例展示這個程序。

範例 15.1　檢定市場占有率

公司 A 最近積極執行廣告活動以維持並且盡可能地增加其衣物柔軟精的市場占有率 (目前為 45%)。它們主要的競爭者——公司 B，市場占有率為 40%，其他競爭者則占據剩餘的 15%。為了決定廣告活動之後市場占有率是否有所改變，公司 A 的行銷經理蒐集了 200 位衣物柔軟精顧客的隨機樣本，以及他們對產品的偏好資料。200 位顧客當中，102 位表明偏好公司 A 的產品，82 位偏好公司 B 的衣物柔軟精，以及其餘 16 位偏好其他競爭者之一的產品。在 5% 的顯著水準下，分析人員是否能夠推論在廣告活動之後顧客的偏好程度已經改變？

解答

此問題中的母體是衣物柔軟精顧客的品牌偏好。資料是名目的，因為每位受訪者將會選三種可能的答案之一：產品 A、產品 B，或其他。如果只有 2 個類別，或如果我們只對一家公司的顧客比例感興趣 (我們將之標示為成功並且將其他的標示為失敗)，我們會將辨識分析的方法視為 p 的 z-檢定。然而，在這個問題中，我們感興趣的是所有三種類組的比例。我們辨認這項實驗為一個多項實驗，而且辨識分析的方法為**卡方的適合度檢定 (chi-squared goodness-of-fit test)**。

由於我們想要知道市場占有率是否已經改變，我們指定那些活動前的市場占有率為虛無假設。

$$H_0: p_1 = .45, \quad p_2 = .40, \quad p_3 = .15$$

對立假設試圖回答我們的問題：比例已經改變了嗎？因此，

$$H_1: 至少一個 p_i 不等於其指定的值$$

15.1a　檢定統計量

如果虛無假設為真，我們將期望選擇品牌 A、品牌 B，與其他的顧客人數是 200 乘以在虛無假設中指定的比例。也就是，

$$e_1 = 200(.45) = 90$$
$$e_2 = 200(.40) = 80$$
$$e_3 = 200(.15) = 30$$

一般而言，每一個儲存格的**期望次數 (expected frequency)** 可以計算如下

$$e_i = np_i$$

此一說法源自於二項隨機變數的期望值公式，在 7.4 節中曾經介紹過。

圖 15.1 是一個長條圖 (由 Excel 產生) 顯示實際次數與期望次數的比較。

圖 15.1　範例 15.1 的長條圖

假如期望次數 e_i 與**觀測次數 (observed frequencies)** f_i 是相當不同的，我們將結論虛無假設是錯誤的，且我們將拒絕它。但是，如果期望和觀測次數是相似的，我們將不拒絕虛無假設。在下面方格中定義的檢定統計量可用以測量期望次數和觀測次數的相似性。

卡方適合度檢定統計量

$$\chi^2 = \sum_{i=1}^{k} \frac{(f_i - e_i)^2}{e_i}$$

在大樣本的條件下，此檢定統計量的抽樣分配近似地服從自由度為 $\nu = k - 1$ 的卡方分配。我們稍後將討論這個必要條件。(卡方分配曾在 8.4 節中介紹過。)

下列的表格示範檢定統計量的計算。其值為 $\chi^2 = 8.18$。如同以往，我們透過指定拒絕域或決定 p-值來判斷檢定統計量的大小。

公司	觀測次數 f_i	期望次數 e_i	$(f_i - e_i)$	$\frac{(f_i - e_i)^2}{e_i}$
A	102	90	12	1.60
B	82	80	2	0.05
其他	16	30	−14	6.53
總和	200	200		$\chi^2 = 8.18$

當虛無假設為真，觀測次數和期望次數應該會很相似，在這種情況下，檢定統計量將會很小。因此，一個小的檢定統計量是支持虛無假設的。假如虛無假設不是真的，某些觀測和期望次數將會非常的不同，而檢定統計量將會很大。因此，當 χ^2 大於 $\chi^2_{\alpha,k-1}$ 時，我們會拒絕虛無假設。也就是說，拒絕域是

$$\chi^2 > \chi^2_{\alpha,k-1}$$

在範例 15.1，$k = 3$；拒絕域是

$$\chi^2 > \chi^2_{\alpha,k-1} = \chi^2_{.05,2} = 5.99$$

因為檢定統計量 $\chi^2 = 8.18$，我們拒絕虛無假設。其 p-值是

$$p\text{-值} = P(\chi^2 > 8.18)$$

遺憾地，附錄 B 的表 5 不允許我們去執行這項計算 (除非用插值法近似)。p-值必須藉由電腦產生。圖 15.2 說明本例的抽樣分配、拒絕域和 p-值。

圖 15.2　範例 15.1 的抽樣分配

EXCEL 函數

	A	B
1	Observed	Expected
2	102	90
3	82	80
4	16	30
5		0.0167

指令說明

1. 輸入觀測值到某一欄以及期望值到另一欄。(如果你願意，你可以輸入虛無假設指定的儲存格機率，並且讓 Excel 透過乘以樣本大小的方式將其轉換為期望值。)

2. 啟用一空白儲存格並鍵入

= **CHITEST**([實際範圍], [期望範圍])

其中的範圍是包含實際觀測次數與期望次數的儲存格。不要包括含有欄位名稱的儲存格。也就是，輸入 = CHITEST(A2:A4, B2:B4) 如果我們有代表名目反應的原始資料，我們必須使用第 24 頁所描述的 **COUNTIF** 函數先決定每一個類別的次數 (觀測次數)。

詮釋

在 5% 的顯著水準之下，有充分的證據推論當廣告活動完成後各比例已經改變。如果抽樣有被適當地執行，我們對結論是相當有信心的。這個方法只有一個必要條件，在本例它是被滿足的。(見下一節。)

15.1b 必要的條件

先前定義的檢定統計量之實際的抽樣分配是間斷的，但是只要樣本量夠大，它可以使用卡方分配來近似。這個要件與我們用常態近似比例之二項抽樣分配的要件類似。在該近似當中，我們需要滿足 np 和 $n(1-p)$ 皆大於或等於 5 的條件。卡方檢定統計量被要求一個類似的規定，它被稱為**五法則** (rule of five)，說明樣本大小必須夠大，使得每一個儲存格的期望值必須大於或等於 5。任何有需要的時候，應該合併儲存格以滿足這個條件。在線上附錄 Rule of Five (五法則)，我們討論更多有關這項應用的細節。

練 習 題

發展對統計觀念的了解

練習題 15.1 到 15.4 是 "what-if" 分析，用來決定當統計推論的要素改變時，適合度檢定的檢定統計量會有什麼變化。這些練習題可以手動計算或使用 Excel 的 **CHITEST**。

15.1 考慮一個具有 $n = 300$ 次試驗和 $k = 5$ 個儲存格的多項實驗。由該實驗所得的觀測次數被列在下列表格中，並且要檢定的虛無假設如下：

$H_0: p_1 = .1, \ p_2 = .2, \ p_3 = .3, \ p_4 = .2, \ p_5 = .2$

以 1% 的顯著水準檢定此一假設。

儲存格	1	2	3	4	5
次數	24	64	84	72	56

15.2 以下列的次數，重做練習題 15.1。

儲存格	1	2	3	4	5
次數	12	32	42	36	28

15.3 以下列的次數，重做練習題 15.1。

儲存格	1	2	3	4	5
次數	6	16	21	18	14

15.4 回顧練習題 15.1 到 15.3 的結果。樣本大小減少會有什麼影響？

練習題 15.5 到 15.12 需要使用電腦與軟體。答案能夠手算。見附錄 A 以取得樣本統計量的值。**使用 5% 顯著水準。**

15.5 **Xr15-07** 一個 $k=5$ 多項實驗的結果被記錄下來。每一個實驗結果以 1 到 5 辨識之。檢定以決定是否有足夠的證據去推論每一種結果的比例不相等。

15.6 **Xr15-08** 有一多項式以 $k=4$ 進行實驗，每一次的結果被儲存為從 1 到 4 的整數，並且記錄了調查的結果。檢定下列的假設。
$H_0: p_1 = .15, p_2 = .40, p_3 = .35, p_4 = .10$
$H_1:$ 至少一個 p_i 不等於其指定的數值

應用題

15.7 **Xr15-11** 派特・史達德即將寫一份選擇題考試，但像往常一樣一無所知。派特計劃從五個選擇當中猜一個答案。派特得到教授前一次附有解答的試卷。並標記了正確的答案，其中 $1=(a)$，$2=(b)$，$3=(c)$，$4=(d)$，和 $5=(e)$。幫助派特確定是否教授的答案沒有隨機地分配在五個選擇當中？如果真的如此，它會如何影響派特的策略？

15.8 **Xr15-12** 金融經理對使用信用卡購物顧客的付帳速度感興趣。除了計算未付帳（稱為應收帳款）仍然未償清的平均天數之外，他們通常亦準備一份帳齡分析表。帳齡分析表是根據開出帳單之後經過的時間將應收帳款分類，並且記錄屬於每一類應收帳款的比例。一家大型的公司已經確定其過去 5 年的帳齡分析表。這些結果顯示在下表中。然而，在過去的幾個月間，經濟出現了下滑的趨勢。這家公司想要知道經濟衰退是否對帳齡分析表有影響。一個 250 份應收帳款的隨機樣本被抽出，並且將每一個帳戶分類如下：

$1 = 0\text{-}14$ 天未償清

$2 = 15\text{-}29$ 天未償清

$3 = 30\text{-}59$ 天未償清

$4 = 60$ 或更多天未償清

未償清的天數	過去 5 年應收帳款的比例
0–14	.72
15–29	.15
30–59	.10
60 及以上	.03

確定帳齡分析是否已經改變了。

15.9 **Xr15-13** 一個郡的汽駕照紀錄顯示有 15% 的汽車是超小型汽車 (1)，25% 是小型汽車 (2)，40% 是中型汽車 (3)，其餘的都是各種其他款式和型號的汽車 (4)。隨機抽選縣內車禍事件的汽車駕照樣本。用括號中的代碼記錄汽車的類型。我們是否可以推論，某些尺寸的汽車所涉及的事故比例高於預期？

15.10 **Xr15-14** 去年舉行的一場選舉中，有三個政黨競爭，政黨 A 獲得 31% 的選票，政黨 B 獲得 51% 的選票，而政黨 C 獲得其餘的選票。對 1,200 位選民進行民調，要求每位選民指出在下次選舉他們將支持的政黨。這些結果被記錄下來，其中 1 = 政黨 A，2 = 政黨 B，與 3 = 政黨 C。我們是否可以推論選民的支持度從上次選舉後已經改變？

15.11 **Xr15-17** 一名老齡投手記錄了 2005 年

至 2018 年他的漫長職業生涯投球的分布。

1. 快速球　　　　52%
2. 曲球　　　　　19%
3. 滑球　　　　　15%
4. 變速球　　　　14%

然而，在 2019 年進行手術修復肌腱，2020 年使用代碼記錄前 5 場比賽的投球分布。是否有證據下結論說他的投球分布發生了變化？

15.12 <u>Xr15-18</u> 2011 年 1 月至 12 月 31 日，美國共發生了 5,086 起銀行劫案。下面列出該週每天加總的百分比。記錄了 2016 年前兩個月每天的搶劫次數。我們是否可以推論，每天銀行搶劫的分配有變化？(資料來源：FBI)

1. 星期一　　　　　　17%
2. 星期二　　　　　　18%
3. 星期三　　　　　　17%
4. 星期四　　　　　　18%
5. 星期五　　　　　　21%
6. 星期六和星期日　　9%

一般社會調查練習

<u>GSS2018</u> 以下練習題根據 2018 年的調查。以 5% 的顯著水準進行所有檢定。

15.13 以下是美國 2018 年的種族比例。檢定以確定是否有足夠的證據顯示 2018 年的一般社會調查中至少有一個種族的比例被高估了。

	種族代碼	2018 比例
白人	1	76.6%
黑人	2	13.4%
其他	3	10.0%

15.14 下表列出了 2018 年美國婚姻狀況類別的百分比。我們是否可以推斷該調查至少一項婚姻狀況類別的比例被放大了？(結合本練習的已婚和分居類別。)

	婚姻代碼	2018 比例
已婚	1	50.1%
喪偶	2	5.9%
離婚	3	11.0%
分居	4	
未婚	5	33.0%

15.15 下表列出了 2018 年美國的教育程度。我們是否可以推斷該調查至少在一個教育類別中被高估了？(結合本練習題的學士學位和研究所學位。)

	學位代碼	2018 比例
高中肄業	0	10.8%
高中畢業	1	28.4%
大學肄業，沒有學位	2	27.6%
學士學位	3	21.2%
研究所學位	4	12.0%

15.16 2018 年在美國，63% 的家庭住在自己的房子裡(完全擁有或支付抵押貸款)，37% 的家庭租屋。是否有足夠的證據推論調查中的其中一個類別的比例被高估了 (DWELOWN：1 = 擁有或正在購買，2 = 租的，3 = 其他)？在本練習題中忽略其他類別。

15.17 在 2018 年的美國，14.5% 的人口年齡在 65 歲及以上。是否有足夠的證據得出調查包含太多老年人 (AGE) 的結論？

15.2 卡方的列聯表檢定

在第 2 章，我們介紹了**交叉分類表 (cross-classification table)**，作為繪製兩個名目變數關係的第一步。我們的目標是決定兩個變數是否有關聯。在本節中，我們將該方法延伸到統計推論。我們介紹另一種卡方檢定，這個檢定被設計來滿足不同目的之問題。**卡方列聯表檢定 (chi-squared test of a contingency table)** 用來決定是否有足夠的證據去推論兩個名目變數之間是相關的，並且去推論兩個或多個名目變數母體間是否存在著差異。要達成這兩個目標需要根據兩個不同的分類法則。請深思下列的範例。

範例 15.2　大學本科學位與 MBA 主修之間的關係

DATA
Xm15-02

MBA 課程在安排課表時遇到一些問題。該課程對選修課與主修的需求在前後兩年之間有相當大的變動。在某一年，學生似乎想修與行銷相關的課，而在其他年度，則熱衷於會計或金融等科目。在不知所措的情況下，商學院院長向一位統計學教授求助。這位統計學教授相信問題可能是由於學生不同的教育背景，以及大學本科學位影響對主修科目的選擇。首先，他選取去年 MBA 學生的隨機樣本，並記錄其大學本科學位與在研究所課程中所選的主修領域。大學本科學位包括文藝 (BA)、工程 (BEng)、商管 (BBA) 以及其他。MBA 學生可以選擇三種主修：會計、金融與行銷。這位統計學家是否可以推論大學學位影響對 MBA 主修的選擇？

大學學位	會計	金融	行銷	總和
文藝	31	13	16	60
工程	8	16	7	31
商管	12	10	17	39
其他	10	5	7	22
總和	61	44	47	152

表頭：專業

解答

解答此問題的一個方法是考慮兩個變數：大學學位與 MBA 主修。兩者都是名目的。大學學位的數值為文藝、工程、商管以及其他。MBA 主修的數值為會計、金融與行銷。問題的目的是分析兩個變數之間的關係。具體來說，我們想要知道一個變數是否與另一個變數相關。

另一種處理這個問題的方法是確定在文藝、工程、商管、與其他之間是否存在差異。換句話說，我們視每一位本科學位的擁有者為一個單獨的母體。每一個母體有三種可能數值，代表三種 MBA 主修。問題的目的是比較四個母體。(我們也可以視 MBA 主修為母體以及大學學位為隨機變數數值的方式來回答此問題。)

不久你將發現，這兩個目的都會導致一個相同的檢定。因此，我們同時強調兩個目的。

虛無假設將指明兩個變數間沒有關聯性。我們以下列的方式說明：

H_0: 兩個變數是獨立的

對立假設指明一個變數會影響另一個變數，表示為

H_1: 兩個變數是相依的

15.2a 圖示法

圖 15.3 描繪在第 2 章中介紹過的圖示法以顯示兩個名目變數之間的關係(如果有任何關係的話)。

長條圖展示樣本的資料。它的確顯示在樣本中兩個名目變數之間有關係。但是，要對 MBA 學生的母體做推論，我們需要應用一個推論方法。

圖 15.3　範例 15.2 的長條圖

15.2b 檢定統計量

這個檢定統計量與用於檢定比例適合度檢定的檢定統計量是同一個。也就是，該檢定統計量是

$$\chi^2 = \sum_{i=1}^{k} \frac{(f_i - e_i)^2}{e_i}$$

其中 k 是交叉分類表中的儲存格數。假如你檢視適合度檢定中描述的虛無假設與上述的虛無假設，你將會發現一個主要的差異。在適合度檢定中，虛無假設列出機率 p_i 的值。而在列聯表卡方檢定中，虛無假設則敘述兩個變數是獨立的。但是，我們需要機率去計算期望數值 e_i，它要用來計算檢定統計量的值。（表格中的輸入是觀測值 f_i。）問題立刻就產生了，我們要從哪裡去得到這些機率呢？答案是它們必須在虛無假設為真的設定下由資料計算而得。

在第 6 章中我們介紹過獨立事件，並且顯示如果兩個事件 A 與 B 是獨立的，則它們的聯合機率 P(A 且 B) 會等於 P(A) 和 P(B) 的乘積。也就是，

$$P(A \text{ 且 } B) = P(A) \times P(B)$$

在此範例中的事件為兩個名目變數的可能數值。遺憾的是，我們沒有 A 和 B 的機率。但是，這些機率可以從資料獲得估計值。使用相對次數，我們計算 MBA 主修的估計機率。

$$P(\text{會計}) = \frac{61}{152} = .401$$

$$P(\text{金融}) = \frac{44}{152} = .289$$

$$P(\text{行銷}) = \frac{47}{152} = .309$$

我們也對大學學位計算估計的機率。

$$P(\text{文藝}) = \frac{60}{152} = .395$$

$$P(\text{工程}) = \frac{31}{152} = .204$$

$$P(\text{商管}) = \frac{39}{152} = .257$$

$$P(\text{其他}) = \frac{22}{152} = .145$$

假設虛無假設為真，我們可以計算估計的聯合機率。要產生期望數值，我們將估計的聯合機率乘以樣本大小 ($n = 152$)。這些結果列在**列聯表 (contingency table)** 中，列聯 (contingency) 這個字的意思是指在虛無假設為真 (即兩變數是獨立) 的條件上計算期望數值。

大學學位	會計	MBA 主修 金融	行銷	總和
文藝	$152 \times \frac{60}{152} \times \frac{61}{152} = 24.08$	$152 \times \frac{60}{152} \times \frac{44}{152} = 17.37$	$152 \times \frac{60}{152} \times \frac{47}{152} = 18.55$	60
工程	$152 \times \frac{31}{152} \times \frac{61}{152} = 12.44$	$152 \times \frac{31}{152} \times \frac{44}{152} = 8.97$	$152 \times \frac{31}{152} \times \frac{47}{152} = 9.59$	31
商管	$152 \times \frac{39}{152} \times \frac{61}{152} = 15.65$	$152 \times \frac{39}{152} \times \frac{44}{152} = 11.29$	$152 \times \frac{39}{152} \times \frac{47}{152} = 12.06$	39
其他	$152 \times \frac{22}{152} \times \frac{61}{152} = 8.83$	$152 \times \frac{22}{152} \times \frac{44}{152} = 6.37$	$152 \times \frac{22}{152} \times \frac{47}{152} = 6.80$	22
總和	61	44	47	152

如你所見，每一個儲存格中的期望值是將列的總和乘以行的總和並且除以樣本大小而得。例如，文藝 (BA) 與會計的儲存格期望值是

$$152 \times \frac{60}{152} \times \frac{61}{152} = \frac{60 \times 61}{152} = 24.08$$

所有其他的期望值都是以類似的方式決定。

列聯表的期望次數

在第 i 列 (row) 與第 j 欄 (column) 儲存格的期望次數是

$$e_{ij} = \frac{i\,列總和\ \times j\,行總和}{樣本大小}$$

儲存格的期望次數顯示在下列表格的括號中。如同在適合度檢定的情況下，儲存格的期望次數必須滿足五法則。

大學學位	會計	MBA 主修 金融	行銷
文藝	31 (24.08)	13 (17.37)	16 (18.55)
工程	8 (12.44)	16 (8.97)	7 (9.59)
商管	12 (15.65)	10 (11.29)	17 (12.06)
其他	10 (8.83)	5 (6.37)	7 (6.80)

現在我們可以計算檢定統計量的值：

$$\chi^2 = \sum_{i=1}^{k} \frac{(f_i - e_i)^2}{e_i} = \frac{(31 - 24.08)^2}{24.08} + \frac{(13 - 17.37)^2}{17.37} + \frac{(16 - 18.55)^2}{18.55}$$
$$+ \frac{(8 - 12.44)^2}{12.44} + \frac{(16 - 8.97)^2}{8.97} + \frac{(7 - 9.59)^2}{9.59} + \frac{(12 - 15.65)^2}{15.65}$$
$$+ \frac{(10 - 11.29)^2}{11.29} + \frac{(17 - 12.06)^2}{12.06} + \frac{(10 - 8.83)^2}{8.83}$$
$$+ \frac{(5 - 6.37)^2}{6.37} + \frac{(7 - 6.80)^2}{6.80}$$
$$= 14.70$$

請注意，當我們應該使用兩個下標符號時(一個表示列，一個表示欄)，我們繼續在檢定統計量的公式中使用單一下標符號。我們很清楚地相信，必須對每一個儲存格計算觀測次數與期望次數之間的差異平方再除以期望次數。我們不相信，滿足使用數學上正確符號的條件就可以克服不必要的複雜性。

15.2c 拒絕域和 *p*-值

要決定拒絕域，我們必須知道與卡方統計量有關的自由度。對一個有 *r* 列 *c* 欄的列聯表，其自由度是 $\nu = (r-1)(c-1)$。對這個範例，自由度是 $\nu = (r-1)(c-1)$。對這個範例，自由度是 $\nu = (r-1)(c-1) = (4-1)(3-1) = 6$。

假如我們採用 5% 的顯著水準，拒絕域是

$$\chi^2 > \chi^2_{\alpha,\nu} = \chi^2_{.05,6} = 12.6$$

因為 $\chi^2 = 14.70$，我們拒絕虛無假設並下結論說有證據顯示大學學位和 MBA 主修之間有關係。

檢定統計量的 *p*-值是

$$P(\chi^2 > 14.70)$$

遺憾的是，我們無法以手算的方式取得 *p*-值。

自己動手做 Excel

	A	B	C	D	E	F
1	Degree	MBA Major >	1	2	3	
2	1		31	13	16	60
3	2		8	16	7	31
4	3		12	10	17	39
5	4		10	5	7	22
6			61	44	47	152
7						
8			24.08	17.37	18.55	
9			12.44	8.97	9.59	
10			15.65	11.29	12.06	
11			8.83	6.37	6.80	
12						
13			1.99	1.10	0.35	
14			1.59	5.50	0.70	
15			0.85	0.15	2.02	
16			0.16	0.29	0.01	
17						14.70
18						0.0227

指令說明

關於這種統計方法，你必須自己建立試算表。我們稱之為**自己動手做 Excel**。我們將會示範如何建立試算表以提供範例 15.2 的解答。

1. 使用樞紐分析表 (PivotTable) 以建立交叉分類表。
2. 計算列與欄的總和，以及所有儲存格的總和。例如，決定欄位 1 的總和，在 C6 儲存格中輸入下列指令。

   = SUM(C2:C5)

3. 計算期望值。例如，要計算期望值，在第一個儲存格中輸入。

   = C$6*$F2/F6

   依著欄位向下拖曳，然後跨越列以計算所有的期望值。

4. 計算卡方統計量。從 C13 開始並輸入。

   = ((C2-C8)^2)/C8

   依著欄位向下拖曳，然後跨越列。

5. 計算卡方統計量。

   = SUM(C13:E16)

6. 使用 CHIDIST 函數計算 p-值，我們可以指定卡方統計量 (14.70) 以及自由度 (6)。

   = CHIDIST(F17,6)

檔案 Xm15-02 中包含原始資料，使用下列的編碼：

欄位 1 (大學學位)	欄位 2 (MBA 主修)
1 = 文藝	1 = 會計
2 = 工程	2 = 金融
3 = 商管	3 = 行銷
4 = 其他	

詮釋

有強烈的證據推論大學學位與 MBA 主修是相關的。這個結果建議該院長可以藉由計數每一類大學學位的 MBA 學生人數來預測選修課的數字。我們可以發現文藝 (BA) 學位的學生偏好會計課程，工程 (BEng) 的學生偏好金融課程，商管 (BBA) 的學生偏好行銷，而其他學位的學生則沒有特殊的偏好。

如果虛無假設為真，則大學學位與 MBA 主修是彼此獨立的。意即一位 MBA 學生是否為文藝、工程、商管或其他學位，並不影響他或她在 MBA 主修課程的選擇。亦即，在大學畢業領域之間，沒有選擇 MBA 主修的差異。假如對立假設為真，大學學位確實會影響 MBA 主修的選擇。因此，在這 4 類大學學位類別之間是有差異的。

15.2d 五法則

在前一節中，我們曾指出期望次數應該至少在 5 以上，以確保卡方分配可以提供一個合適的近似抽樣分配。在列聯表中，其中若有一個或多個儲存格的期望數數值是小於 5 的，我們需要合併某些欄與列以滿足五法則。這個主題在線上附錄 Rule of Five (五法則) 中有討論。

15.2e 資料格式化

在範例 15.2 中，資料被儲存在 2 個欄位中，一個欄位包含一個名目變數的值，第二個欄位儲存第二個名目變數的值。資料也可以用另外一種方式儲存。在範例 15.2 中，我們可以將資料記錄在 3 個欄位中，每一欄表示一種 MBA 主修。各欄將包含代表大學學位的代碼。另外一種方法，我們可以將資料儲存在 4 個欄位中，每一欄表示一個大學學位。各欄包含 MBA 主修的代碼。在這兩種情況下，我們必須要計算每個值的個數，並且使用這些計算出來的個數構建交叉列聯表。Excel 可以計算卡方統計量，並且從交叉列聯表得到它的 p-值。我們將以本章的開章範例來說明這種方法與解答。

卡方檢定 15

一般社會調查：解答

男性和女性的政治觀點是否不同？

辨識方法

問題目的是比較男性和女性的政治觀點。變數是名目的，因為它的值是從極端自由到極端保守的 7 個觀點，對問題目的的另一種解釋是分析兩個名目變數性別 (SEX) 和 政治觀點 (POLVIEWS) 之間的關係，無論哪種方式，適合的方法是列聯表的卡方檢定。檢定的假設是

H_0: 兩個變數是獨立的

H_1: 兩個變數是相依的

計算

自己動手做 Excel

	A	B	C	D	E	F	G	H	I
1		E. Liberal	Liberal	S. Liberal	Moderate	S. Conservative	Conservative	E. Conservative	Total
2	Male	57	115	126	365	131	172	47	1013
3	Female	65	163	130	490	152	182	52	1234
4	Total	122	278	256	855	283	354	99	2247
5									
6	Expected	55.00	125.33	115.41	385.45	127.58	159.59	44.63	
7	Values	67.00	152.67	140.59	469.55	155.42	194.41	54.37	
8									
9		0.073	0.851	0.972	1.085	0.092	0.965	0.126	
10		0.060	0.699	0.798	0.891	0.075	0.792	0.103	
11									7.58
12									0.2705

詮釋

p-值是 .2705。沒有足夠的證據去推論說這兩個變數是相依的。因此，沒有足夠的證據去下結論說男性和女性在政治觀點上存在差異。

519

練習題

發展對統計觀念的了解

15.18 使用附在交叉分類表中的資料，進行一項檢定以決定 L 與 M 兩個類別是否獨立。(使用 $\alpha = .05$。)

	M_1	M_2
L_1	28	68
L_2	56	36

15.19 使用下列表格重做練習題 15.18。

	M_1	M_2
L_1	14	34
L_2	28	18

15.20 使用下列表格重做練習題 15.18。

	M_1	M_2
L_1	7	17
L_2	14	9

15.21 回顧練習題 15.18 到 15.20 的結果，減少樣本大小會有什麼影響？

應用題
使用 5% 的顯著水準。

15.22 一家公司退休計畫的信託人已經取得公司員工對這項計畫修正意見的樣本。回應的分類顯示於列表中。是否有足夠的證據去推論三族群員工之間的回應有所不同？

回應	藍領員工	白領員工	經理
支持	67	32	11
反對	63	18	9

15.23 一家襯衫製造公司的作業經理，想要確定每天的三個工作班次在工作品質上是否有差異。經理隨機抽選 600 件最近製造的襯衫，並且仔細地檢查它們。每件襯衫被歸於完善或有瑕疵兩類，並記錄了製造襯衫的工作班次。附表彙整落在每個儲存格中的襯衫數量。這些資料是否提供充分的證據去推論三個工作班次之間的工作品質是有差異的？

	工作班次		
襯衫狀況	1	2	3
完善	240	191	139
有瑕疵	10	9	11

15.24 在最近選舉中出現的其中一個議題 (很可能也會出現在未來的選舉中) 是如何應對低迷的經濟。特別是，政府是否應該削減經費、增稅、使通貨膨脹 (藉由印製更多的鈔票)，或是不執行前述的任何一項而讓赤字升高。如同其他多數的議題一樣，政治家需要知道選民支持這些選項中的哪些部分。假設隨機抽樣 1,000 人，詢問他們支持哪一個選項，以及他們的政黨傾向。有關政黨傾向問題可能的回應是民主黨、共和黨與獨立派 (包括各種政治信念)。這些回應被彙整在下列表中。這些結果是否能夠讓我們推論政黨傾向會影響所支持的經濟選項？

	政黨		
經濟選項	民主黨	共和黨	獨立派
削減經費	101	282	61
增稅	38	67	25
使通貨膨脹	131	88	31
增加赤字	61	90	25

15.25 Econetics 研究公司是一家位於蒙特利爾 (Montreal) 著名的諮詢公司，它想測試哪些事項能夠對問卷調查的回收比例產生影響。由於認為在問卷裡

包含誘使回應的因素可能是重要的，該公司發出 1,000 份問卷：200 份承諾會寄調查結果的摘要給受訪者，300 份表示其中的 20 人（抽籤選定）會獲得贈品，以及 500 份沒有附上任何誘因。在這些當中，回收了 80 份承諾會寄摘要的、100 份會抽取贈品的、以及 120 份沒有提供誘因的。從這些結果你得到什麼結論？

練習題 15.26 到 15.28 需要使用電腦與軟體。答案也能夠以手動計算。見附錄 A 以取得樣本統計量的值。**使用 5% 顯著水準。**

15.26 Xr15-36 為了確定實際的副作用，製藥公司通常會進行研究，將藥物的副作用與安慰劑的副作用進行比較。一項此類研究檢驗一種新的感冒藥的副作用。隨機抽選 250 位患者服用感冒藥，另外 250 名患者給予一種看起來像感冒藥的安慰劑。這些回應被記錄為 1＝頭痛，2＝嗜睡，3＝胃部不舒服，4＝無副作用。這些數據是否提供足夠的證據來推論所報告的副作用在感冒藥和安慰劑之間有所不同？

15.27 Xr15-38 過去 10 年有許多吸菸者試圖戒菸。很遺憾的是，尼古丁很容易上癮。吸菸者使用了許多不同的方法幫助他們戒菸。這些方法包括尼古丁的貼布、催眠、以及各種形式的治療。成癮研究委員會的一位研究員想要確定為什麼有些人可以戒菸，而其他人試圖戒菸但失敗了。他調查了 1,000 個計劃戒菸的人。他確定其教育水準，以及他們是否一年後繼續抽菸。

教育水準以下列方式記錄：
1 ＝ 高中肄業
2 ＝ 高中畢業
3 ＝ 大學或專科畢業
4 ＝ 完成研究所學位

一位持續抽菸的人被標記為 1；戒菸成功者被記錄為 2。我們是否可以推斷，要確定一位吸菸者是否能成功戒菸，教育是一個因素？

15.28 Xr15-39 由於電視新聞的觀眾傾向於年齡較大（並且因為年齡較大的人為各種醫療藥品的使用者），製藥公司的廣告經常出現在美國國內三家電視網（ABC、CBS 與 NBC）的新聞中。為了決定這些廣告的效果如何，對此進行了一項調查。超過 50 歲以上的成年人被問及有關他們主要的新聞來源。這些回答是

1. ABC 新聞　　2. CBS 新聞
3. NBC 新聞　　4. 報紙
5. 收音機　　　6. 以上皆非

每個人還被問到他們是否患有胃灼熱，如果是，他們服用什麼藥物。回答記錄如下：

1. 沒有胃灼熱
2. 有胃灼熱，但沒有服用任何藥品
3. 有胃灼熱，並且服用不需要處方箋的藥品（例如，Tums、Gavoscol）
4. 有胃灼熱，並且服用需要處方箋的藥品（例如，Nexium）

一位成年人的新聞來源與灼熱的狀況之間是否存在關係？

一般社會調查練習

進行統計檢定以回答每個問題。**使用 5% 顯著水準。**

GSS2018 以下練習涉及下列九個變數：

SEX：
1 = 男性，2 = 女性

RACE：
1 = 白種人，2 = 黑人，3 = 其他

WRKSLF：
1 = 自營業，2 = 為他人工作

PARTYID3：
1 = 民主黨，2 = 獨立派，3 = 共和黨

POLVIEWS3：
1 = 自由派，2 = 中立派，3 = 保守派

CAPPUN：
1 = 支持對謀殺判處死刑，2 = 反對

GUNLAW：
1 = 支持要求警察許可才能購買槍枝的法律，2 = 反對

DEGREE：
受訪者完成的最高學位：0 = 高中肄業，1 = 高中畢業，2 = 大專，3 = 學士學位，4 = 研究所

CLASS：
你認為自己屬於以下四個社會階層中的哪一個？1 = 下層階級，2 = 工人階級，3 = 中產階級，4 = 上層階級

15.29 政治事業的一個要素是必須知道誰支持你，誰不支持你。是否有足夠的證據可以推論出男性和女性對政黨的支持度存在差異？

15.30 所有三類種族都同樣有可能選擇為自營業者嗎？或者這三個種族選擇為自營業者的頻率是否有所不同？進行檢定以幫助做出決定。

15.31 是否有足夠的統計證據可以推論這三個種族在支持要求警察許可才能購買槍枝的法律方面存在差異？

15.32 是否有足夠的證據可以推論出美國女性和男性在教育程度方面具有同等的成就？

消費者財務調查練習

SCF2019:MC 以 5% 顯著水準執行所有的檢定。

以下練習題根據 2019 年調查的中產階級子樣本。練習題 15.33 – 15.34 檢查中產階級家庭的種族問題 (種族：1 = 白種人、非西班牙裔、2 = 黑人/非裔美國人、3 = 西班牙裔、5 = 其他)。對於每個變數，檢定以確定是否有足夠的證據得出 4 個種族之間存在差異的結論。

15.33 房屋所有權 (HOUSECL：1 = 擁有，2 = 未擁有)。

15.34 家庭已有債務 (HDEBT：家庭有任何債務：0 = 否，1 = 是)。

15.3 名目資料檢定的彙整

本書到目前為止，已經敘述了 4 種用來處理名目資料的檢定方法：

p 的 z-檢定 (12.3 節)

$p_1 - p_2$ 的 z-檢定 (13.5 節)

卡方適合度檢定 (15.1 節)

卡方的列聯表檢定 (15.2 節)

在說明這些方法的過程中，每次必須專注於一種方法，並且強調每一種方法所能處理的問題類型。然而，這種方法似乎與我們強調要訓練學生決定「何時」該用什麼統計推論方法的承諾目標有些矛盾。在本節中，我們彙整名目資料的統計檢定方法以確認你有能力選擇正確的方法。

當面對名目資料時，有兩種辨認使用方法的重要因素。第一，當然是問題目的。第二是名目變數的類別數。表 15.1 提供一個協助選擇正確方法的指標。

表 15.1 名目資料的統計方法

問題目的	類別數	統計方法
敘述一個母體	2	p 的 z-檢定或卡方適合度檢定
敘述一個母體	多於 2	卡方適合度檢定
比較兩個母體	2	$p_1 - p_2$ 的 z-檢定或卡方的列聯表檢定
比較兩個母體	多於 2	卡方的列聯表檢定
比較兩個或更多個母體	多於或等於 2	卡方的列聯表檢定
分析兩個變數間的關係	多於或等於 2	卡方的列聯表檢定

請注意，當我們敘述一個恰有 2 個類別的名目資料母體時，我們可以使用兩種方法中的任何一種。我們可以使用 p 的 z-檢定或是卡方適合度檢定。這兩種檢定是相等的，因為如果只有兩個類別，多項實驗實際上就是一個二項實驗 (其中一個分類結果被標示為**成功**，而另一個結果被標示為**失敗**)。數理統計學家已經證明如果我們對 z 值 (也就是對檢定 p 的統計量) 取平方，將產生 χ^2-統計量。也就是，$z^2 = \chi^2$。因此，如果我們想要執行一個母體比例的雙尾檢定，我們可以應用其中任何一種方法。但是，卡方適合度檢定只能用以決定 p_1 (我們可以標示為 p) 與 p_2 (我們稱為 $1 - p$) 的值是否不等於其特定的假設值。因此，要執行一項母體比例的單尾檢定，我們

必須使用 p 的 z-檢定。(這個議題在第 14 章中曾經討論過,當時我們指出可以使用 $\mu_1 - \mu_2$ 的 t-檢定或是變異數分析來進行兩個母體平均數是否不等的檢定。)

當我們檢定兩個類別名目資料母體之間的差異時,我們也可以使用兩種方法中的一種:$p_1 - p_2$ 的 z-檢定(狀況 1)或卡方的列聯表檢定。再一次,我們可以使用其中任何一種方法來執行 $p_1 - p_2$ 的雙尾檢定。(將 z-統計量的值平方就是 χ^2-統計量的值。)但是,單尾檢定必須用 $p_1 - p_2$ 的 z-檢定來進行。表格的其餘部分就不難理解了。請注意,當我們想要比較兩個具兩個以上類別的母體,我們使用卡方的列聯表檢定。

圖 15.4 提供另一個本書名目資料檢定的總結。有兩組檢定方法:有關單一母體的假設檢定以及有關差異或獨立的檢定。在第一組中,我們有 p 的 z-檢定,可以使用多項實驗的卡方檢定取代。當有多於兩個類別時,我們採用多項實驗的卡方檢定。

為了檢定兩個比例之間的差異,我們應用 $p_1 - p_2$ 的 z-檢定。另外,我們也可以使用卡方的列聯表檢定,它能夠被應用於更多其他的問題。

圖 15.4　名目資料的檢定

15.3a　發展對統計觀念的了解

表 15.1 與圖 15.4 彙整我們如何處理名目資料的各種方法。我們先決定每一種類別的次數,並使用這些次數計算檢定統計量。然後我們可以計算比例以計算 z-統計量,或用次數計算 χ^2-統計量。因為對一個標準常態隨機變數進行平方可以產生一個卡方變數,我們可以使用兩個統計量的其中一個來檢定差異。因此,當你遇到在本書(以及其他導論性的應用統計書籍)問題中所描述的名目資料時,z-統計量或是 χ^2-統計量將會是選擇適當統計方法的最合理起步。然而,你應該知道還有其他的統計程序可以用來處理名目資料,不過這些方法不在本書的討論範圍之內。

卡方檢定 15

本章摘要

本章介紹了兩種統計方法。第一種是卡方的適合度檢定，應用於當問題目的在描述一個具有兩個或更多類別的單一名目資料母體。第二種是卡方的列聯表檢定，這種檢定有兩個目的：分析兩個名目變數之間的關係，以及比較兩個或更多個名目資料的母體。

Chapter 16 簡單線性迴歸和相關分析

本章綱要

16.1 模式

16.2 估計迴歸係數

16.3 誤差變數：必要條件

16.4 評估模式

16.5 使用迴歸方程式

16.6 迴歸診斷──I

教育程度與收入：它們是如何的相關？

DATA
GSS2018

你可能是一位商業或經濟學程的大學生或研究生。你的計畫是畢業，找到一份好的工作，並且賺取高薪。你可能假設接受更多的教育等於更好的工作、等於更高的收入。這是真的嗎？幸運的是，一般社會調查記錄這兩個變數，這將協助判斷教育和收入是否相關。如果是，增加一年教育的價值可能是多少？

我們將會在第 557 頁提供解答。

導論 Introduction

迴歸分析 (regression analysis) 是以其他變數為基礎預測另一個變數的值。這個方法可能是最被廣泛應用的統計程序，因為你可以很容易地理解，幾乎所有的公司和政府機構皆需預測變數，例如，產品需求、利率、通貨膨脹率、原物料價格，和人工成本等變數。

此方法涉及推導一個數學方程式或模式，以描述想要預測的變數，稱為**依變數 (dependent variable)**，以及統計應用者認為和依變數有關的變數之間的關係。依變數以 Y 表達，而有關的變數，稱為**獨立變數 (independent variables)**，以 $X_1, X_2, ..., X_k$ 表示 (其中 k 是獨立變數的個數)。

如果我們只對確定關係是否存在感興趣，我們會採用相關分析，一個已經介紹過的方法。在第 3 章，我們曾經介紹過描述兩個區間變數之間關聯性的圖示法──散布圖。我們也在第 4 章介紹過相關係數和共變異數。

因為迴歸分析涉及許多新方法和觀念，我們將分 2 章來呈現。在本章中，我們介紹了允許我們確定兩個變數間關係式的方法。在第 17 章，我們將延伸討論到 2 個以上的變數。

在此有 3 個使用迴歸分析的範例。

案例 1　一個負責某特定品牌兒童早餐麥片食品的產品經理想要預測下一個年度的需求量。應用迴歸分析，她和她的員工列出以下可能會影響銷售量的變數：

　　產品的價格
　　5 到 12 歲兒童的人數（目標市場）
　　競爭對手的產品價格
　　廣告的效用（以廣告的曝光度來衡量）
　　今年的年銷售量
　　前一年的年銷售量

案例 2　一個黃金投資者正考慮大量的金條交易。他想使用迴歸分析預測兩年後（他的計畫範圍）的黃金價格。在準備的過程中，他製作下列的獨立變數：

　　利率
　　通貨膨脹率
　　石油價格
　　黃金珠寶的需求量
　　工業用黃金和商業用黃金的需求量
　　道瓊工業平均指數

案例 3　一個房地產經紀人希望更準確地預測房屋的售價。她認為下列的變數會影響房屋的價格：

　　房屋的大小（平方呎）
　　臥房的數量
　　前院空地的大小
　　屋況
　　地點

在這些案例中，使用迴歸分析的主要動機是預測。然而，分析變數間的關係在訂定管理決策上也很有用。例如，在第一個應用範例中，產品經理可能想要知道價格與產品需求量之間是如何相關的，以便對未來的價格改變做決策。

　　無論執行迴歸分析的原因為何，下一個步驟是發展一個數學方程式

或模式，用以精確地描述存在於依變數和獨立變數之間的關係。這個步驟只是整個過程中的一小部分，將在下一節中描述。在本章接下來的小節(以及在第 17 章)，我們將會花很多時間來評估和檢測模式與實際資料的配適程度。只有當我們對模式滿意的時候，我們才會使用它來做估計和預測。

16.1　模式

推導出一個數學方程式的工作可能是很複雜的，因為我們需要對每一個獨立變數(自變數)與依變數(因變數)之間的關係有所了解。可以提出的不同數學模型的個數實際上是無限多的。這裡是第 4 章中的一個範例。

利潤 = (每單位價格 − 每單位變動成本) × 賣出的單位個數 − 固定成本

你可能在財務課程中遇到下一個範例：

$$F = P(1 + i)^n$$

其中

$F = $ 一項投資的未來價值

$P = $ 本金或現值

$i = $ 每期的利率

$n = $ 期數

這些範例都是**確定性模式 (deterministic models)**，名稱來自於此類模式容許我們從獨立變數的數值去決定依變數(在等號的左邊)的數值。在許多我們感興趣的應用中，確定性模式是不實際的。例如，我們是否能夠單單依據房屋的大小去決定房屋的售價，這樣做合理嗎？無庸置疑地，房屋的大小確實影響它的價格，但是許多其他的變數 (有些可能無法量測) 也影響價格。在現實生活中最實際的模式是把隨機性呈現出來。這樣的模式稱為**隨機性模式 (probabilistic model)**。

為了建立一個隨機模式，我們從一個確定性模式開始，用以近似我們想要的關係模式。接著我們再加一個項，用以衡量確定性元素的隨機誤差。

假設在案例 3 中，該房地產經紀人知道蓋一棟新房子的成本大約是每平方呎 $100 而且大部分的土地售價大約是 $100,000。近似的銷售價格將是

$$y = 100{,}000 + 100x$$

其中 y = 銷售價格，x = 房屋的大小 (以平方呎計)。因此一個 2,000 平方呎的房屋估計將可賣

$$y = 100{,}000 + 100(2{,}000) = 300{,}000$$

然而我們知道銷售價格不會剛剛好是 \$300,000。價格的範圍可能實際上介於 \$200,000 到 \$400,000 之間。也就是說，確定性模式在實際上是不適用的。要適當地表示這個狀況，我們將使用隨機性模式

$$y = 100{,}000 + 100x + \varepsilon$$

其中 ε (希臘字母 epsilon) 表示**誤差變數 (error variable)**——實際銷售價格和依據房屋大小來估計的價格之間的差異。因此，誤差包含所有不在模式中的變數 (可測量的或不可測量的)。甚至當 x 維持不變時，ε 的值也將會隨著一筆筆不同的銷售而改變。亦即，一樣大小的房屋仍將因為房屋的地點、臥房和浴室的數目，以及其他未考慮到的變數，而賣出不同的價格。

在探討迴歸分析的兩章中，我們僅將呈現隨機性模式。在本章，我們僅描述含一個獨立變數的直線模式。這個模式稱為**一階線性模式 (first-order linear model)**——有時也稱為**簡單線性迴歸模式**[1] **(simple linear regression model)**。

一階線性模式

$$y = \beta_0 + \beta_1 x + \varepsilon$$

其中

y = 依變數

x = 獨立變數

β_0 = y-截距

β_1 = 直線斜率 (定義為高 / 底)

ε = 誤差變數

此模式解決的問題目的是分析兩變數 x 和 y 之間的關係，這兩個變數都必須是區間

---

[1] **線性** (linear) 一詞在使用上有兩種解釋。在線性迴歸中的「線性」是指任何以係數 β_0 和 β_1 的線性組合所形成的模式。因此，例如，模式 $y = \beta_0 + \beta_1 x^2 + \varepsilon$ 是一個線性組合，但 $y = \beta_0 + \beta_1^2 x + \varepsilon$ 則不是。簡單線性迴歸模式 $y = \beta_0 + \beta_1 x + \varepsilon$ 是描述一個依變數和一個獨立變數之間的直線或線性關係。在本書中，我們僅探討變數間的線性迴歸分析。因此，當我們使用**線性**一詞時，我們將指變數間的直線關係。

的。要定義 x 和 y 之間的關係，我們必須知道係數 β_0 和 β_1 的值。但是，這些係數是母體參數，它們幾乎都是未知的。在下一節，我們將討論如何估計這些參數。

16.2 估計迴歸係數

我們估計參數 β_0 和 β_1 的方法與本書用以估計其他參數的方法很類似。我們從感興趣的母體中抽出一個隨機樣本並計算我們需要的樣本統計量。然而，因為 β_0 和 β_1 表示一直線的係數，所以它們的估計量是基於繪製一條穿過樣本資料的直線。我們希望用以估計 β_0 和 β_1 的直線是一條「最好的」直線，「最好」是指它是最接近樣本資料點的一條線。這條最佳直線，稱為**最小平方線** (least squares line)，是由微積分推導而出並以下列的方程式表示：

$$\hat{y} = b_0 + b_1 x$$

在此 b_0 是 y-截距，b_1 是斜率，且 $\hat{y}$ 是 y 的預測或配適值。在第 4 章，我們介紹**最小平方法 (least squares method)**，它產生一條線，使點與線之間的差異平方之和最小。計算 b_0 和 b_1 以得到最小化離差平方和。

$$\sum_{i=1}^{n}(y_i - \hat{y}_i)^2$$

計算而得。換句話說，平均而言 $\hat{y}$ 的值是最接近於 y 的值。想看微積分推導的同學可參閱線上附錄 Deriving the Normal Equations (推導常態方程式)，它展示下列的公式 (最先呈現於第 4 章) 是如何得到的。

最小平方線係數

$$b_1 = \frac{s_{xy}}{s_x^2}$$

$$b_0 = \bar{y} - b_1 \bar{x}$$

其中

$$s_{xy} = \frac{\sum_{i=1}^{n}(x_i - \bar{x})(y_i - \bar{y})}{n-1}$$

$$s_x^2 = \frac{\sum_{i=1}^{n}(x_i - \bar{x})^2}{n-1}$$

$$\bar{x} = \frac{\sum_{i=1}^{n} x_i}{n}$$

$$\bar{y} = \frac{\sum_{i=1}^{n} y_i}{n}$$

在第 4 章，我們提供計算樣本變異數 (第 90 頁) 和樣本共變異數 (第 101 頁) 的簡易公式。將它們合併起來可提供一個手算斜率係數的簡易計算公式。

b_1 的簡易計算公式

$$b_1 = \frac{s_{xy}}{s_x^2}$$

$$s_{xy} = \frac{1}{n-1}\left[\sum_{i=1}^{n} x_i y_i - \frac{\sum_{i=1}^{n} x_i \sum_{i=1}^{n} y_i}{n}\right]$$

$$s_x^2 = \frac{1}{n-1}\left[\sum_{i=1}^{n} x_i^2 - \frac{\left(\sum_{i=1}^{n} x_i\right)^2}{n}\right]$$

統計學家已經證明 b_0 和 b_1 分別是 β_0 和 β_1 的不偏估計量。

雖然計算是很容易懂的，但我們很少徒手計算迴歸線，因為計算的工作非常耗時。然而，我們對一個很小的樣本示範手算的過程，以助於對觀念的了解。

範例 16.1　年度獎金與服務年數

DATA
Xm16-01

6 位不同年資員工的年度獎金 (以 $1,000 計) 與其服務年數被記錄並列出如下。我們想要決定年度獎金與服務年數之間的直線關係。

服務年數 x	1	2	3	4	5	6
年度紅利 y	6	1	9	5	17	12

解答

為了使用簡易計算公式，我們必須先計算 4 個加總值。使用計算機，我們得到

$$\sum_{i=1}^{n} x_i = 21$$

$$\sum_{i=1}^{n} y_i = 50$$

$$\sum_{i=1}^{n} x_i y_i = 212$$

$$\sum_{i=1}^{n} x_i^2 = 91$$

現在可以計算共變異數與 x 的變異數：

$$s_{xy} = \frac{1}{n-1}\left[\sum_{i=1}^{n} x_i y_i - \frac{\sum_{i=1}^{n} x_i \sum_{i=1}^{n} y_i}{n}\right] = \frac{1}{6-1}\left[212 - \frac{(21)(50)}{6}\right] = 7.4$$

$$s_x^2 = \frac{1}{n-1}\left[\sum_{i=1}^{n} x_i^2 - \frac{\left(\sum_{i=1}^{n} x_i\right)^2}{n}\right] = \frac{1}{6-1}\left[91 - \frac{(21)^2}{6}\right] = 3.5$$

接下來計算樣本斜率係數：

$$b_1 = \frac{s_{xy}}{s_x^2} = \frac{7.4}{3.5} = 2.114$$

y-截距計算如下：

$$\bar{x} = \frac{\sum x_i}{n} = \frac{21}{6} = 3.5$$

$$\bar{y} = \frac{\sum y_i}{n} = \frac{50}{6} = 8.333$$

$$b_0 = \bar{y} - b_1 \bar{x} = 8.333 - (2.114)(3.5) = .934$$

因此，最小平方線為

$$\hat{y} = .934 + 2.114x$$

圖 16.1 描繪最小平方 (或迴歸) 線。如你所見，這條直線與資料配適得相當好。我們可以藉由計算離差平方和的最小值來衡量配適良好的程度。實際資料點與直線之間的離差稱為**殘差 (residuals)**，記作 e_i；也就是，

$$e_i = y_i - \hat{y}_i$$

圖 16.1 範例 16.1 的散布圖與迴歸線

$\hat{y} = .934 + 2.114x$

殘差是誤差變數的觀測值。因此，最小離差平方和被稱為**誤差平方和 (sum of squares for error)**，標示為 SSE。

在本範例中殘差的計算顯示於圖 16.2 中。注意，我們把 x_i 代入迴歸線的公式以計算 $\hat{y}_i$。殘差是觀測值 y_i 與配適或預測值 $\hat{y}_i$ 之間的差異。表 16.1 描述這些計算內容。

因此，SSE = 81.104。沒有其他的直線可產生與 81.104 一樣小的離差平方和。意思是，這條迴歸線最能配適資料。誤差平方和是一個重要的統計量，因為它是其他統計量的基礎，用以評估線性模型與資料的配適程度。我們將會在 16.4 節中介紹這些統計量。

圖 16.2 範例 16.1 中殘差的計算

表 16.1　範例 16.1 中殘差的計算

x_i	y_i	$\hat{y}_i = .934 + 2.114 x_i$	$y_i - \hat{y}_i$	$(y_i - \hat{y}_i)^2$
1	6	3.048	2.952	8.714
2	1	5.162	−4.162	17.322
3	9	7.276	1.724	2.972
4	5	9.390	−4.390	19.272
5	17	11.504	5.496	30.206
6	12	13.618	−1.618	2.618

$$\sum (y_i - \hat{y}_i)^2 = 81.104$$

範例 16.2　二手 Toyota Camry 的里程表讀數與價格，第一部分

DATA Xm16-02

北美的汽車經銷商使用所謂的「藍皮書」幫助他們確定顧客在購買新車時所換購的二手車價值。這本每月出版的藍皮書列出所有基本車款的換購價值。藍皮書根據不同的汽車狀況與選用配備，提供每一種車款各種不同的價值。而汽車價值的決定是根據最近二手車拍賣會中的平均成交價，以及許多二手車經銷商所提供的資訊。但是，藍皮書並沒有指出依據里程表數所決定的價值，儘管事實上對二手車買主而言，一部車已經被開過多少哩是一個關鍵的因素。為了檢視這項議題，一位二手車經銷商隨機選取 100 輛在上個月拍賣會中售出 3 年車齡的 Toyota Camry。每一輛車的狀況極佳並附有原廠標準的所有配備。這位經銷商記錄價格 (以 $1,000 計) 與里程表上的里程數 (以千計)。部分資料如下所列。這位經銷商想找出迴歸線。

汽車	價格 ($1,000)	里程表 (1,000 哩)
1	14.6	37.4
2	14.1	44.8
3	14.0	45.8
⋮	⋮	⋮
98	14.5	33.2
99	14.7	39.2
100	14.3	36.4

解答

辨識方法

請注意，問題的目的是分析兩個區間變數之間的關係。因為我們相信里程表

讀數會影響售價,我們認定前者為獨立變數,我們標示為 x,且後者為依變數,標示為 y。

計算

手動計算

由資料集,我們求出

$$\sum_{i=1}^{n} x_i = 3{,}601.1$$

$$\sum_{i=1}^{n} y_i = 1{,}484.1$$

$$\sum_{i=1}^{n} x_i y_i = 53{,}155.93$$

$$\sum_{i=1}^{n} x_i^2 = 133{,}986.59$$

接著我們計算共變異數以及獨立變數 x 的變異數:

$$s_{xy} = \frac{1}{n-1}\left[\sum_{i=1}^{n} x_i y_i - \frac{\sum_{i=1}^{n} x_i \sum_{i=1}^{n} y_i}{n}\right]$$

$$= \frac{1}{100-1}\left[53{,}155.93 - \frac{(3{,}601.1)(1{,}484.1)}{100}\right] = -2.909$$

$$s_x^2 = \frac{1}{n-1}\left[\sum_{i=1}^{n} x_i^2 - \frac{\left(\sum_{i=1}^{n} x_i\right)^2}{n}\right]$$

$$= \frac{1}{100-1}\left[133{,}986.59 - \frac{(3{,}601.1)^2}{100}\right] = 43.509$$

然後計算樣本斜率係數:

$$b_1 = \frac{s_{xy}}{s_x^2} = \frac{-2.909}{43.509} = -.0669$$

y-截距計算如下:

$$\bar{x} = \frac{\sum x_i}{n} = \frac{3{,}601.1}{100} = 36.011$$

$$\bar{y} = \frac{\sum y_i}{n} = \frac{1,484.1}{100} = 14.841$$
$$b_0 = \bar{y} - b_1\bar{x} = 14.841 - (-.0669)(36.011) = 17.250$$

樣本迴歸線是

$$\hat{y} = 17.250 - .0669x$$

EXCEL 資料分析

	A	B	C	D	E	F	G
1	SUMMARY OUTPUT						
2							
3	Regression Statistics						
4	Multiple R	0.8052					
5	R Square	0.6483					
6	Adjusted R Square	0.6447					
7	Standard Error	0.3265					
8	Observations	100					
9							
10	ANOVA						
11		df	SS	MS	F	Significance F	
12	Regression	1	19.26	19.26	180.64	5.75E-24	
13	Residual	98	10.45	0.11			
14	Total	99	29.70				
15							
16		Coefficients	Standard Error	t Stat	P-value	Lower 95%	Upper 95%
17	Intercept	17.25	0.182	94.73	3.57E-98	16.89	17.61
18	Odometer	-0.0669	0.0050	-13.44	5.75E-24	-0.0767	-0.0570

指令說明

1. 鍵入或匯入資料到兩個欄位[2]，一欄儲存依變數，另一欄儲存獨立變數。(開啟 Xm16-02。)
2. 點選**資料 (Data)**、**資料分析 (Data Analysis)** 與**迴歸 (Regression)**。
3. 指定**輸入 Y 範圍 (Input Y Range)**(A1:A101)，以及**輸入 X 範圍 (Input X Range)**(B1:B101)。

要繪製散布圖，則依循第 3 章第 62 頁中所提供的指示。

電腦列印的結果會包括比我們現在所需還更多的統計量。我們將在稍後討論那些多出來的列印結果。

詮釋

斜率係數 b_1 是 -.0669，其意義是里程表上每增加 1,000 哩，車價平均減少 .0669 千元。更簡單地說，斜率告訴我們里程表上每增加 1 哩，價格平均會降

---

[2] 如果一個或兩個欄位含有空白儲存格 (代表遺漏值)，則該列必須被刪除。

16 簡單線性迴歸和相關分析

低 $.0669 或 6.69 美分。

截距是 $b_0 = 17.250$。理論上，截距是迴歸線與 y-軸的交點。意思是當 $x = 0$（亦即，車完全沒有被開過），汽車售價為 17.250 千元或 $17,250。我們可能試圖將這個數字解釋為車子沒有被開過的售價。但是，在此範例中，截距可能是無意義的。因為我們的樣本並沒有包括任何里程表讀數為 0 哩的汽車，所以我們沒有詮釋 b_0 的依據。作為一個通則，對於一個遠超出 x 樣本值範圍之外任何一個 x 值，我們不能決定 $\hat{y}$ 的值。在此範例中，最小與最大的 x 值分別是 19.1 與 49.2，因為 $x = 0$ 不在此區間內，所以當 $x = 0$ 時，我們無法安全地詮釋 $\hat{y}$ 的值。

此外，很重要需切記在心的是對於係數的解說僅適用於樣本，它由 100 個觀測值所組成。為了推論有關母體的資訊，我們需要統計推論方法，它們將在稍後討論。

在接下來的各小節中，我們將再回到此問題與電腦輸出的結果，以介紹與迴歸分析相關的其他統計量。

練習題

16.1 迴歸一詞最初是在 1885 年高爾頓 (F. Galton) 爵士用來分析兒童和家長身高之間的關係。他制定了「普遍迴歸法則」，他指出，「每個人的特徵會與他的親屬共有，但以平均較少的程度共有。」（顯然地，在 1885 年人們是這樣說的。）在 1903 年，兩位統計學家，K. Pearson 和 A. Lee，隨機抽樣選取了 1,078 對父子以檢驗高爾頓的定律，（「人類遺傳定律 I，身體特徵的遺傳」，*Biometrika*, 2: 457–462)。他們的樣本迴歸線是：

兒子的身高 = 33.73 + .516 × 父親的身高

　a. 詮釋這些係數。
　b. 迴歸線告訴你什麼有關高大父親的兒子身高？
　c. 迴歸線告訴你什麼有關矮小父親的兒子身高？

16.2 Xr16-02 一位家具店老闆試圖分析廣告與銷售之間的關係，他記錄了每個月的廣告預算（$ 千計）與銷售量（$ 百萬計）。資料如下。

廣告	23	46	60	54	28	33
銷售量	9.6	11.3	12.8	9.8	8.9	12.5

廣告	25	31	36	88	90	99
銷售量	12.0	11.4	12.6	13.7	14.4	15.9

　a. 繪製一個散布圖，它是否顯示廣告與銷售量之間是線性相關的？
　b. 計算最小平方線並詮釋它的係數。

16.3 Xr16-03 為了決定新屋開工的數量是如何受到抵押貸款利率的影響，一位經濟學家記錄了過去 10 年一個大郡的平

均抵押貸款利率和新屋開工的數量。這些資料如下所列。

利率	8.5	7.8	7.6	7.5	8.0
銷售量	115	111	185	201	206
利率	8.4	8.8	8.9	8.5	8.0
銷售量	167	155	117	133	150

a. 決定這條迴歸線。

b. 迴歸線的係數告訴你什麼有關抵押貸款利率和房屋開工數量之間的關係？

16.4 **Xr16-04** 電視評論家經常指出，所有顯示在電視上的暴力行為對兒童會造成有害的影響。然而，或許還存有其他的問題。看電視也可能減少運動量，造成體重上升。選取 15 位 10 歲兒童的樣本。記錄每位兒童超重的磅數（負值表示小孩體重過輕）。此外，也記錄了每週觀看電視的時數。這些資料如下所列。

看電視	42	34	25	35	37	38	31	33
過重	18	6	0	-1	13	14	7	7
看電視	19	29	38	28	29	36	18	
過重	-9	8	8	5	3	14	-7	

a. 繪製一個散布圖。

b. 計算樣本迴歸線並且敘述係數告訴你什麼有關兩個變數之間的關係。

下列練習題設計來讓你了解如何使用迴歸分析來解決實際的問題。因此，大部分題目都具有大量的觀測值。我們預期多數的學生將使用電腦與統計軟體來解答這些問題。然而，對沒有這些資源的學生，我們計算了平均數、變異數與共變異數的值，這些統計量將可以讓學生以手動計算完成練習。（見附錄 A。）

16.5 **Xr16-06+** 在電視的早期，大部分的商業廣告時間是 60 秒。然而，現在的商業廣告時間可以是任何長度。而商業廣告的目的仍然相同──盡可能讓越多的觀眾以喜愛的方式記住產品，並且最終購買其產品。一項實驗用以決定商業廣告的長度與民眾對其記憶之間的關係，隨機選取的 60 位民眾被要求看 1 小時的電視節目。在播放節目的中間，出現某種品牌牙膏的商業廣告。有些收視者觀看長達 20 秒的廣告，其他的人則觀看長達 24 秒、28 秒、……、60 秒的廣告。這些商業廣告的主要內容是相同的。節目結束後，每個人接受一項測驗以衡量他們對產品記憶的程度。記錄商業廣告的時間與測驗分數（總分 30 分的測試）。

a. 繪製資料的散布圖以決定一個線性模式是否適當。

b. 決定最小平方線。

c. 詮釋其係數。

16.6 **Xr16-07** 一位經濟學家不滿足於開章範例的結論，他想確定教育與稅後收入之間是否存在線性關係。隨機抽取家庭為樣本，記錄家庭中受教育程度最高的人之受教育年限和稅後收入。決定最小平方線並解釋係數。（資料來源：勞工統計局。）

16.7 **Xr16-08** 一般而言，小城鎮的土地成本低於大城市。因此，財產價值和財產稅也較低。為進行調查，一名房地產經紀人進行了一項調查，要求隨機抽樣的財產擁有者報告他們最近的財產稅帳單和他們居住城市的規模。確定最小平方線並說明係數提供的資訊。（資料來源：美國人口普查局。）

16.8 Xr16-09+ 佛羅里達州的公寓是許多北美人的熱門冬季度假勝地。近幾年，價格一直在穩定成長。一個房地產經紀人想知道為什麼同一棟樓內相似大小的公寓價格不盡相同。一個可能的答案就是樓層。可能越高的樓層，公寓售價就越高。記錄了在同一位置近期出售的 1,200 平方呎公寓的價格和公寓的樓層數。

a. 決定迴歸線。

b. 係數告訴你什麼關於兩個變數之間的關係？

16.9 Xr16-10 在 2020 年，美國進行了一項全國性的人口普查。他們是透過郵件完成這項人口普查的。為了確保問卷的問題是可以被理解的，在問卷發送出去之前，隨機抽選了一個美國人的樣本試答問卷。作為分析的一部分，他們記錄了樣本的填答時間和年齡。使用最小平方法來分析完成調查問卷所花費的時間和答卷者年齡之間的關係。這些係數告訴你什麼有關這兩個變數之間的關係？

16.10 Xr16-11 一位經濟學家想要分析一個家庭中的居民人數（稱為消費者單位）與收入之間的關係。隨機抽選家庭為樣本，每個家庭報告了消費單位的數量和年收入。計算最小平方線並簡要地描述 y-截距和斜率係數的值告訴你什麼有關這兩個變數的資訊。

16.11 Xr16-13 在美國火災所造成的損失達數十億美元，其中大部分是有投保的。消防隊到達火災現場所需的時間是至關重要的。就此提出一個問題，如果投保的房子靠近消防隊，保險公司是否應該降低保費？為了幫助做出決定，一項研究對幾處火災進行調查。記錄火災現場到最近消防隊的距離（以哩計）和火災損失的百分比。確定最小平方線並詮釋其係數。

16.12 Xr16-14+ 一位專門從事商業房產的房地產經紀人要推導一個能夠更精確判斷公寓大樓可能售價（以 \$1,000 計）的方法。做為第一步，她記錄了一些最近出售的公寓大樓價格和平方呎（以 1,000 計）。

a. 計算迴歸線。

b. 係數告訴你什麼關於價格和平方呎之間的關係？

16.3 誤差變數：必要條件

在前一節中，我們使用最小平方法估計線性迴歸模式的係數。這個模式的一個關鍵部分是誤差變數 ε。在下一節，我們將呈現一個決定依變數與獨立變數間是否存在關係的推論方法。稍後我們將展示如何使用迴歸方程式去估計和預測。然而，為了使這些方法有效，4 個與誤差變數之機率分配有關的條件必須被滿足。

誤差變數的必要條件

1. ε 的機率分配為常態。
2. 機率分配的平均數為 0；也就是，$E(\varepsilon) = 0$。
3. ε 的標準差為 σ_ε，無論 x 的值為何，它是一個常數。
4. 與任何特定 y 值相關的 ε 值與任何其他 y 值相關的 ε 值是獨立的。

條件 1、2 與 3 可以用另一種方式解釋：對每一個 x 值，y 是一個服從常態分配的隨機變數，其平均數為

$$E(y) = \beta_0 + \beta_1 x$$

且其標準差為 σ_ε。請注意，其平均數會隨著 x 的改變而改變 (是 x 的一個函數)。但是，標準差不會受 x 的影響，因為它對所有的 x 值都是一個常數。圖 16.3 描繪這個詮釋。請注意，對每一個 x 值，$E(y)$ 會隨之改變，但是 y 的分配型態是保持不變的。換句話說，對每一個 x，y 是服從相同標準差的常態分配。

圖 16.3　在給定 x 值下的 y 分配

在 16.6 節中，我們將會討論違反這些必要條件會如何影響迴歸分析，以及如何辨識這些違反的情況。

16.3a　觀測的和實驗的資料

在第 5 章以及在第 13 章中，我們描述觀測和實驗資料的不同。我們指出統計應用者經常設計控制實驗讓他們能夠比觀測研究更清楚地詮釋他們的分析結果。範例 16.2 是一個觀測資料的範例。在該範例中，我們僅僅觀察 100 輛隨機選取汽車的里程表讀數和銷售價格。

如果你檢視練習題 16.5，你將會看到透過一個控制實驗所蒐集的實驗資料。為了決定電視廣告長度對觀眾記憶廣告產品的影響，該統計應用者安排 60 位電視觀眾觀看不同的時間長度的廣告，並且測試他們對那個廣告的記憶。每一個觀眾被隨機指派一個廣告長度。x 值的範圍從 20 到 60 秒不等，由統計應用者設定為實驗的一部分。對每一個 x 值，記憶測試分數的分配被假設是服從於一個具常數變異數的常態分配。

我們能夠彙整範例 16.2 和練習題 16.5 兩個實驗不同的地方。在範例 16.2 中，里程表讀數和拍賣價格皆是隨機變數。我們假設對每一個可能的里程表讀數，都有一個拍賣售價的理論母體，它服從常態分配，其平均數是里程表讀數的線性函數，變異數是一個常數。在練習題 16.5 中，廣告的長度不是一個隨機變數，它們是一系列由統計應用者所選出的值。對每一個廣告長度，要求記憶的測試分數須服從一個變異數為常數的常態分配。

迴歸分析能夠被應用於觀測或控制實驗所產生的資料。對這兩種情況，我們的目的都是要決定獨立變數是如何相關於依變數的。然而，觀測資料可以用另外一個方法進行分析。當資料是觀測的，兩個變數皆是隨機變數。我們不需要指定一個變數是獨立變數，另一個變數是依變數。我們可以簡單地決定是否兩個變數是相關的。前面方格中所描述的必要條件等同於要求兩個變數是服從雙變量常態分配。(回顧在 7.2 節中，我們介紹描述兩個變數聯合機率的雙變量分配。) 一個雙變量常態分配被描繪於圖 16.4 中。如你所見，它是一個三維的鐘形曲線。三維分別是變數 x、y 和聯合機率函數 $f(x, y)$。

在 16.4 節中，我們將會討論當 x 與 y 為隨機變數並且它們服從雙變量常態分配時所使用的統計方法。

圖 16.4　雙變量常態分配

練習題

16.13 描述練習題 16.5 中必要條件的意義。如果條件是被滿足的，關於記憶測試分數的分配，你能提供什麼訊息？

16.14 練習題 16.9 的必要條件為何？這些條件是否合理？

16.4 評估模式

最小平方法產生一條最佳的直線。但是，事實上有可能兩個變數之間沒有關係，或者有非線性關係。如果是如此的話，一個線性方程式很可能是不切實際的。因此，對我們而言，評估線性模式對資料的配適程度是很重要的。假如配適得很差，我們將捨棄線性模式而尋找另一個模式。

有幾種方法可以被用來評估模式。在本節中，我們提出兩個統計量和一個檢定程序，以決定線性模式是否應該被採用。它們是**估計值的標準誤 (standard error of estimate)**、斜率的 t-檢定和判定係數 (coefficient of determination)。這些方法都是立基於誤差的平方和。

16.4a 誤差平方和

最小平方法以最小化點與線間離差平方和的方式來估計係數。回顧在 16.2 節中最小離差平方和被稱為誤差平方和，以 SSE 表示。在該節中，我們展示直接計算 SSE 的方法。對每一個 x 值，我們計算 $\hat{y}$ 的值。也就是說，對 $i = 1$ 到 n，我們計算

$$\hat{y}_i = b_0 + b_1 x_i$$

對每一個點，我們接著計算實際的 y 值和線上的預測值之間的差異，是為殘差。我們對每一個殘差值平方並加總。在表 16.1 顯示範例 16.1 的這些計算。要以手動計算 SSE 需要大量的算術。幸好，有簡易方法可用來計算樣本變異數和共變異數。

SSE 的簡易計算公式

$$\text{SSE} = \sum_{i=1}^{n}(y_i - \hat{y}_i)^2 = (n-1)\left(s_y^2 - \frac{s_{xy}^2}{s_x^2}\right)$$

其中 s_y^2 是依變數的樣本變異數。

16.4b 估計標準誤

在 16.3 節中,我們指出誤差變數 ε 是服從平均數 0 和標準差 σ_ε 的常態分配。假如 σ_ε 很大,一些誤差將會很大,這隱喻著模式的配適很差。假如 σ_ε 很小,誤差傾向於接近平均數(其為 0),模式的配適佳。因此,我們能夠用 σ_ε 來衡量一個線性模式的適合度。遺憾的是,σ_ε 是一個母體參數,如同大多數其他參數,是未知的。但是,我們能夠透過資料估計 σ_ε。這個估計是根據 SSE。誤差變異數 σ_ε^2 的不偏估計量是

$$s_\varepsilon^2 = \frac{\text{SSE}}{n-2}$$

s_ε^2 的平方根被稱為估計標準誤 (standard error of estimate)。

估計標準誤

$$s_\varepsilon = \sqrt{\frac{\text{SSE}}{n-2}}$$

範例 16.3　二手 Toyota Camry 的里程表讀數與價格,第二部分

對範例 16.2 求出估計標準誤並且敘述它告訴你什麼有關模式配適度的訊息。

解答

計算

手動計算

為了計算估計的標準誤,我們必須計算 SSE,它是由樣本變異數與共變異數計算而得。我們已經算出共變異數與 x 的變異數。它們分別是 -2.909 與 43.509。y 的樣本變異數(應用簡易計算方法)是

$$s_y^2 = \frac{1}{n-1}\left[\sum_{i=1}^n y_i^2 - \frac{\left(\sum_{i=1}^n y_i\right)^2}{n}\right]$$

$$= \frac{1}{100-1}\left[22{,}055.23 - \frac{(1{,}484.1)^2}{100}\right]$$

$$= .300$$

$$SSE = (n-1)\left(s_y^2 - \frac{s_{xy}^2}{s_x^2}\right)$$

$$= (100-1)\left[.300 - \frac{(-2.909)^2}{43.509}\right]$$

$$= 10.445$$

估計的標準誤如下：

$$s_\varepsilon = \sqrt{\frac{SSE}{n-2}} = \sqrt{\frac{10.445}{98}} = .3265$$

EXCEL 資料分析

Standard Error　　　0.3265

此處的 Excel 輸出結果是從第 538 頁完整的列印結果中複製而得。

詮釋

s_ε 可以被假設的最小值為 0，它發生於 SSE = 0，也就是，當全部的點都落在迴歸線上時。因此，當 s_ε 很小時，配適是優良的，並且線性模型似乎是一項有效的分析與預測工具。如果 s_ε 很大時，模型是不良的，統計應用者應該改善它或是放棄它。

我們藉由比較 s_ε 與依變數 y 的值，或是更明確地與樣本平均數 $\bar{y}$ 相比較，以判斷 s_ε 數值的大小。在此範例中，由於 $s_\varepsilon = .3265$ 且 $\bar{y} = 14.841$，它確實顯示估計標準誤的數值是小的。然而，因為並沒有預先定義 s_ε 的上限，通常很難使用這種方法評估模式。一般而言，估計的標準誤不能被用作模式實用性的絕對測量。

無論如何，s_ε 在比較模式時是有用的。如果統計應用者要從幾個模式中做選擇，具有最小 s_ε 值的模式通常被選用。你將會看到 s_ε 在其他與迴歸分析相關的程序中也是一個重要的統計量。

16.4c 檢定斜率

要了解評估線性模式的方法，考慮將迴歸方法應用於兩個完全無線性關係的變數之後果。假如我們能夠觀察到整個母體並畫其迴歸線，我們將觀察到如圖 16.5 所顯示的散布圖。該線是一條水平線，意思是無論使用哪一個 x 值，我們將估計一個相同的 $\hat{y}$ 值；因此，y 與 x 非線性相關。回顧一條水平線的斜率為 0，即 $\beta_1 = 0$。

圖 16.5 $\beta_1 = 0$ 的整個母體散布圖

因為我們極少檢視完整的母體，參數通常是未知的。但是，我們可以由樣本斜率 b_1 來推論母體斜率 β_1。

檢定 β_1 的假設過程與檢定任何其他參數的過程是一致的。我們以建立假設開始著手。虛無假設說明沒有線性關係，它的意思是斜率為 0。因此，我們指定

$$H_0: \beta_1 = 0$$

必須注意的是，如果虛無假設為真，並不代表沒有關係存在。例如，它們可能存在著如圖 16.6 所描繪的二次關係，此時也會有 $\beta_1 = 0$。

圖 16.6 二次關係

我們可以執行 β_1 的單尾或雙尾檢定。通常我們會執行一個雙尾檢定以決定是否有充分的證據去推論一個線性關係的存在[3]。我們檢定的對立假設為

---
[3] 如果對立假設為真，可能有線性關係或非線性關係存在，但是其關係可以被一條直線近似。

$$H_1: \beta_1 \neq 0$$

16.4d 估計量與抽樣分配

在 16.2 節中,我們指出 b_1 是 β_1 的一個不偏估計量。也就是,

$$E(b_1) = \beta_1$$

b_1 的估計標準誤是

$$s_{b_1} = \frac{s_\varepsilon}{\sqrt{(n-1)s_x^2}}$$

其中 s_ε 是估計的標準誤且 s_x^2 是獨立變數的樣本變異數。如果在 16.3 節中列出的必要條件被滿足,則 t-統計量的抽樣分配

$$t = \frac{b_1 - \beta_1}{s_{b_1}}$$

是服從自由度為 $\nu = n - 2$ 的學生 t 分配。注意,當樣本大小增加 (它使得 b_1 成為 β_1 的一個一致性估計量) 或獨立變數的變異數增加時,b_1 的標準誤降低。

因此,檢定統計量與信賴區間估計量如下。

β_1 的檢定統計量

$$t = \frac{b_1 - \beta_1}{s_{b_1}} \quad \nu = n - 2$$

β_1 的信賴區間估計量

$$b_1 \pm t_{\alpha/2} s_{b_1} \quad \nu = n - 2$$

範例 16.4 里程表讀數與二手 Toyota Camry 的價格是否相關?

檢定以決定在範例 16.2 中是否有充分證據去推論對所有 3 年車齡的 Toyota Camry 而言,拍賣價格與里程表讀數之間存有線性關係。使用 5% 的顯著水準。

解答

我們檢定這些假設

簡單線性迴歸和相關分析 16

$$H_0: \beta_1 = 0$$
$$H_1: \beta_1 \neq 0$$

如果虛無假設為真,表示沒有線性關係存在。如果對立假設為真,表示有一些線性關係存在。

計算

手動計算

要計算檢定統計量的值,我們需要 b_1 與 s_{b_1} 的值。在範例 16.2 中,我們得到

$$b_1 = -.0669$$

和

$$s_x^2 = 43.509$$

因此,

$$s_{b_1} = \frac{s_\varepsilon}{\sqrt{(n-1)s_x^2}} = \frac{.3265}{\sqrt{(99)(43.509)}} = .00497$$

檢定統計量的值是

$$t = \frac{b_1 - \beta_1}{s_{b_1}} = \frac{-.0669 - 0}{.00497} = -13.46$$

拒絕域為

$$t < -t_{\alpha/2,\nu} = -t_{.025,98} \approx -1.984 \quad \text{或} \quad t > t_{\alpha/2,\nu} = t_{.025,98} \approx 1.984$$

EXCEL 資料分析

	Coefficients	Standard Error	t Stat	P-value	Lower 95%	Upper 95%
Intercept	17.25	0.182	94.73	3.57E-98	16.89	17.61
Odometer	−0.0669	0.0050	−13.44	5.75E-24	−0.0767	−0.0570

詮釋

檢定統計量的值是 $t = -13.44$,p-值是 0。有強烈的證據去推論一個線性關係的存在。意思是里程表讀數可能影響汽車拍賣的售價。(見第 554 頁的「因果關係」小節)。

誠如之前我們詮釋 y-截距的情況一樣,在此我們推導的結論只有在獨立變數值的範圍內才有效。也就是,對於里程表讀數介於 19.1 (千) 哩與 49.2 (千) 哩(為

樣本中 x 的最小值與最大值) 之間具 3 年車齡的 Toyota Camry 而言，我們可以推論里程表讀數與拍賣價格之間存在著關係。因為我們沒有落在此範圍之外的觀測值，無法知道落在此範圍之外的這兩個變數如何，或甚至是否相關。

注意列印結果包括對 β_0 的檢定。然而，我們之前曾經指出，詮釋 y-截距的值可能導致錯誤的結論，即使看起來並不荒謬。因此，我們通常忽略 β_0 的檢定。

我們也可以藉著估計斜率係數獲得兩變數關係的資訊。在此例中，95% 的信賴區間估計值 (以自由度 100 的 $t_{.025}$ 似自由度 98 的 $t_{.025}$) 為

$$b_1 \pm t_{\alpha/2}s_{b_1} = -.0669 \pm 1.984(.00497) = -.0669 \pm .0099$$

我們估計的斜率係數會落在 $-.0768$ 與 $-.0570$ 之間。Excel 印出斜率的區間估計值以及截距的區間估計值。

16.4e 單尾檢定

如果我們想要檢定正的或負的線性關係，我們執行單尾檢定。為了示範說明，假設在範例 16.2 中我們想要知道在里程表讀數與拍賣價格之間是否有負的線性關係。我們會指定假設為

$$H_0: \beta_1 = 0$$
$$H_1: \beta_1 < 0$$

檢定統計量的值會與先前計算的完全相同 (範例 16.4)。但是，在此範例中，p-值會是雙尾檢定的 p-值除以 2，使用 Excel 的 p-值，將是 $(5.75 \times 10^{-24})/2 = 2.875 \times 10^{-24}$，它依然近似於 0。

16.4f 判定係數

β_1 檢定僅強調是否有足夠的證據去推論線性關係存在的問題。然而，在許多情況下，它對於測量線性關係的強度也很有用，尤其是當我們想要比較數個不同的模式時。執行這項功能的統計量是**判定係數 (coefficient of determination)**，標示為 R^2。統計應用者通常稱這個統計量為「R 平方」。回顧我們在第 4 章介紹過判定係數，其中我們指出這個統計量是測量依變數的變異量能夠被獨立變數的變異量所解釋的比例。但是我們並未敘述為何我們以這種方式詮釋 R 平方。

判定係數

$$R^2 = \frac{s_{xy}^2}{s_x^2 s_y^2}$$

使用一點代數，統計學家可以證明

$$R^2 = 1 - \frac{\text{SSE}}{\sum(y_i - \bar{y})^2}$$

我們將回到範例 16.1 學習更多有關如何詮釋判定係數。在第 14 章中，我們分割總平方和為兩個變異來源。我們在此也如此做。我們以 y_i 與平均數 $\bar{y}$ 之間的離差加一個 $\hat{y}_i$ 和減一個 $\hat{y}_i$ 開始著手，也就是

$$(y_i - \bar{y}) = (y_i - \bar{y}) + \hat{y}_i - \hat{y}_i$$

將上式移項可知，y_i 與 $\bar{y}$ 之間的離差可以被分解為兩個部分，也就是

$$(y_i - \bar{y}) = (y_i - \hat{y}_i) + (\hat{y}_i - \bar{y})$$

這個方程式以圖呈現 (對 $i = 5$) 於圖 16.7。

圖 16.7 對 $i = 5$ 分割離差

現在我們問為何 y 的值彼此不同。從圖 16.7，我們發現介於 y_i 與 $\bar{y}$ 的差異有一部分是來自於 $\hat{y}_i$ 與 $\bar{y}$ 之間的差異，它可以被 x_i 與 $\bar{x}$ 之間的差異所解釋。也就是說，y 的某些變異可以被 x 的改變所解釋。然而，y_i 與 $\bar{y}$ 之間差異的另一部分，則是由 y_i 與 $\hat{y}_i$ 之間的差異所解釋。此一差異是殘差，就某種程度而言，它代表另外不被模式

所表示的變數。因此，我們說此一部分的差異是無法被 x 的變異所解釋的。

如果我們現在將等式的兩邊平方，加總所有樣本點的數值，並執行一些代數運算，我們產生

$$\sum(y_i - \bar{y})^2 = \sum(y_i - \hat{y}_i)^2 + \sum(\hat{y}_i - \bar{y})^2$$

在這項方程式等號左邊的數量是依變數 y 變異的測量。方程式右邊的第一個數量是 SSE，第二項以 SSR 表示，是為迴歸的平方和 (sum of squares for regression)。我們可以重寫此一方程式為

$$y \text{ 的變異} = \text{SSE} + \text{SSR}$$

如我們在變異數分析中所做的，我們將 y 的變異分割為兩個部分：SSE（它測量 y 的變異未被解釋的量），以及 SSR（它測量 y 的變異能夠被獨立變數 x 的變異所解釋的量）。我們可以結合這項分析來解釋 R^2 的定義。

判定係數

$$R^2 = 1 - \frac{\text{SSE}}{\sum(y_i - \bar{y})^2} = \frac{\sum(y_i - \bar{y})^2 - \text{SSE}}{\sum(y_i - \bar{y})^2} = \frac{\text{可解釋的變異}}{y \text{ 中的變異}}$$

因此 R^2 測量 y 的變異中能夠被 x 的變異所解釋的比例。

範例 16.5　測量里程表讀數與 Toyota Camry 二手車價格之間線性關係的強度

求出範例 16.2 的判定係數並描述這項統計量告訴你什麼有關迴歸模式的資訊。

解答

計算

手動計算

我們已經計算過這項統計量所有必要的元素。在範例 16.2 我們得到

$$s_{xy} = -2.909$$
$$s_x^2 = 43.509$$

並且從範例 16.3

$$s_y^2 = .300$$

因此，

$$R^2 = \frac{s_{xy}^2}{s_x^2 s_y^2} = \frac{(-2.909)^2}{(43.509)(.300)} = .6483$$

EXCEL 資料分析

| R Square | 0.6483 |

Excel 也列印出第二個 R^2 統計量，稱為自由度調整後的判定係數 (coefficient of determination adjusted for degrees of freedom)。在第 17 章中我們將定義與描述這項統計量。

詮釋

我們得到 R^2 等於 .6483。這項統計量告訴我們拍賣價格變異的 64.83% 是被里程表讀數的變異所解釋。剩餘的 35.17% 是未被解釋的。不像一個檢定統計量的值，判定係數並沒有一個臨界值讓我們去做結論。一般而言，R^2 的值越高，模式配適資料的情況則越好。從 β_1 的 t-檢定，我們已經知道有線性關係存在的證據。判定係數僅提供我們該關係的一個強度測量值。在下一章你將會發現，當我們改善模式時，R^2 的值會增加。

16.4g 電腦輸出結果的其他部分

顯示在第 538 頁中電腦輸出結果的最後部分與我們對 R^2 值詮釋的討論有關，其意義來自於對 y 變異的分割。SSR 與 SSE 的值顯示在一個類似於第 14 章介紹的變異數分析表中。表 16.2 顯示這個表的一般格式。在 ANOVA 表中所執行的 F-檢定將在第 17 章中解釋。

表 16.2　簡單線性迴歸模式 ANOVA 表的一般格式

來源	自由度	平方和	均方	F- 統計量
迴歸	1	SSR	MSR = SSR/1	F = MSR/MSE
誤差	$n-2$	SSE	MSE = SSE/$(n-2)$	
總和	$n-1$	y 的變異		

注意：Excel 使用「殘差」(Residual) 表示第二個變異的來源，我們稱它為「誤差」(Error)。

16.4h　發展對統計觀念的了解

再次地，我們面臨解釋變異的概念。當我們在第 13 章介紹配對實驗時首次討論這個概念，當時該項實驗被設計用來降低實驗單位間的變異。這項概念被延伸使用於變異數分析，其中我們將總變異分割為 2 個或更多個來源 (依實驗設計而定)。現在於迴歸分析中，我們使用這個概念來測量依變數是如何與獨立變數相關的。我們分割依變數的變異為兩個來源：被獨立變數的變異所解釋的變異，以及未解釋的變異。被解釋的變異越大，模式就越好。我們通常以判定係數做為模式解釋能力的一個測量值。

16.4i　因果關係

當有線性關係的證據存在而試圖解釋一個迴歸分析的結果時，許多學生都會犯一個共同錯誤。他們暗示獨立變數的改變造成依變數的改變。必須強調的是，我們不能只根據統計就去推論一個因果關係。任何有關依變數改變原因的推論都必須被一個合理的理論關係所驗證。例如，統計檢定顯示一個人菸抽得越多，就有越高的機率罹患肺癌。但是，此一分析並未證明抽菸會導致肺癌，它僅說明抽菸和肺癌有某種程度的相關。只有當醫學調查呈現兩者間的關聯性，科學家才能夠有信心地宣稱抽菸會導致肺癌。

另一示範說明，思考範例 16.2 中，我們顯示里程表讀數與拍賣價格是線性相關的。雖然結論減少里程表讀數會導致拍賣價格的提升好像很合理，但這個結論可能並不完全為真。在理論上有可能是因為價格是由汽車的整體狀況所決定，而當汽車開得越久時車況通常會變差。我們將需要另一個分析以建立結論的真實性。

要小心使用有關解釋的變異 (explained variation) 以及模式的解釋能力 (explanatory power of the model) 這些名詞。不要將「解釋」(explained) 這個字詮釋為「導致」(caused)。我們說判定係數測量 y 的變異能夠被 x 的變異所解釋 (不是導致)

的量。因此，迴歸分析僅能夠顯示統計關係的存在。我們不可以推論一個變數導致另一個變數。

回顧在第 3 章中我們首先指出下列的句子：

相關不是因果關係。

16.4j 相關係數的檢定

當我們在第 4 章中介紹相關係數 [也稱為**皮爾森相關係數 (Pearson coefficient of correlation)**]，我們觀察到它是用來測量兩個變數之間關係的強度。然而，相關係數還可以被用在另一個地方。我們可以用它來檢定兩個變數之間的線性關係。

當我們對決定獨立變數是*如何* (how) 與依變數相關，我們估計並檢定線性迴歸模式。之前所呈現的斜率 t-檢定讓我們可以決定線性關係是否真正存在。如同我們在 16.3 節中所指出的，這項統計檢定的條件是要求對每一個 x 值，皆存在一個服從常態分配且變異數為常數的 y 值母體。無論是實驗資料或觀測資料，這個條件都必須成立。

在許多情況下，我們只感興趣於決定*是否*有一個線性關係存在，而不是對關係的形式感興趣。當資料是觀測資料而且兩變數服從雙變量常態分配 (見 16.3 節)，我們可以計算相關係數，並且用它來檢定線性關係。

如我們在第 4 章所提到的，母體相關係數被標示為 ρ (希臘字母 rho)。因為 ρ 是一個母體參數 (它幾乎總是未知的)，我們必須從樣本資料去估計它的值。回顧樣本相關係數的定義如下。

樣本相關係數

$$r = \frac{s_{xy}}{s_x s_y}$$

當兩個變數之間沒有線性關係，$\rho = 0$。為了決定我們是否可以推論 ρ 是 0，我們檢定下列的假設

$$H_0: \rho = 0$$
$$H_1: \rho \neq 0$$

檢定統計量以下列的方式定義。

檢定 $\rho = 0$ 的檢定統計量

$$t = r\sqrt{\frac{n-2}{1-r^2}}$$

在兩變數為雙變量常態分配的情況下,它服從自由度為 $\nu = n-2$ 的學生 t 分配。

■ 範例 16.6　里程表讀數與二手 Toyota Camry 的價格是否線性相關?檢定相關係數

執行相關係數的 t-檢定以決定在範例 16.2 中里程表讀數與拍賣價格是否為線性相關。假設這兩個變數服從雙變量常態分配。

解答

計算

手動計算

要檢定的假設為

$$H_0: \rho = 0$$
$$H_1: \rho \neq 0$$

在範例 16.2 中,我們得到 $s_{xy} = -2.909$ 以及 $s_x^2 = 43.509$。在範例 16.5 中,我們算得 $s_y^2 = .300$。因此,

$$s_x = \sqrt{43.509} = 6.596$$
$$s_y = \sqrt{.300} = .5477$$

相關係數是

$$r = \frac{s_{xy}}{s_x s_y} = \frac{-2.909}{(6.596)(.5477)} = -.8052$$

檢定統計量的值是

$$t = r\sqrt{\frac{n-2}{1-r^2}} = -.8052\sqrt{\frac{100-2}{1-(-.8052)^2}} = -13.44$$

注意,這個值與我們在範例 16.4 中斜率的 t-檢定所產生的數值是相同的。由於

兩個抽樣分配皆是具有自由度為 98 的學生 t 分配，其 p-值與結論也一致。

EXCEL 活頁簿

	A	B	C	D
1	t-Test of Correlation Coefficient			
2				
3	Sample correlation	0.8052	t Stat	13.44
4	Sample size	100	P(T<=t) one-tail	2.85E-24
5	Alpha	0.05	t Critical one-tail	1.6604
6			P(T<=t) two-tail	5.71E-24
7			t Critical two-tail	1.9842

指令說明

1. 計算相關係數(見第 110-111 頁的指令說明)
2. 開啟 **Test Statistics 活頁簿 (Workbook)** 並點選下方 **t-Test_Correlation 試算表**標籤。
3. 輸入相關係數 (Coefficient)、樣本數 (Sample size) 及 α 數值。

注意，ρ 的 t-檢定與範例 16.4 中 β_1 的 t-檢定產生相同的結果。對這個現象應該不會意外，因為兩種檢定都是用來決定是否有線性關係存在的證據。至於要使用哪一種檢定，則是依據實驗類型以及我們想從統計分析所尋找的資訊類型而定。如果我們感興趣於發現兩個變數之間的關係，或是我們執行一項控制獨立變數數值的實驗 (如在練習題 16.5 中所做)，則應使用 β_1 的 t-檢定。如果我們只感興趣於決定兩個雙變量常態分配的隨機變數之間是否為線性相關，則應使用 ρ 的 t-檢定。

如同斜率的 t-檢定，我們也可以執行單尾檢定。我們可以檢定一個正或是負的線性關係。

一般社會調查：解答

教育程度與收入：它們是如何的相關？

辨識方法

問題目的是去分析兩個區間變數之間的關係。因為我們想要知道教育是如何影響收入，獨立變數是教育 (EDUC) 以及依變數是收入 (RINCOME)。

計算

EXCEL 資料分析

	A	B	C	D	E	F	G
1	SUMMARY OUTPUT						
2	*Regression Statistics*						
3	Multiple R	0.3616					
4	R Square	0.1308					
5	Adjusted R Square	0.1301					
6	Standard Error	40,137					
7	Observations	1362					
8	ANOVA						
9		df	SS	MS	F	Significance F	
10	Regression	1	329,638,067,644	329,638,067,644	204.62	2.42E-43	
11	Residual	1360	2,190,944,055,383	1,610,988,276			
12	Total	1361	2,520,582,123,027				
13		Coefficients	Standard Error	t Stat	P-value	Lower 95%	Upper 95%
14	Intercept	-27,442	5,501	-4.99	6.88E-07	-38,233	-16,650
15	EDUC	5458	381.58	14.30	2.42E-43	4,710	6,207

詮釋

迴歸方程式為 $\hat{y} = -27{,}442 + 5{,}458x$。斜率係數告訴我們，平均而言，每增加一年的教育年資，收入增加 $5,458。截距很明顯地沒有意義。我們檢定以決定是否有線性關係的證據。

$$H_0: \beta_1 = 0$$
$$H_1: \beta_1 \neq 0$$

檢定統計量是 $t = 14.30$ 且 p-值是 2.42×10^{-43}，這幾乎是 0。

判定係數是 $R^2 = .1308$，這意味著收入中 13.08% 的變異可以被教育的變異所解釋，其餘 86.92% 是無法被教育所解釋的。

16.4k 必要條件的違反

當常態的要求無法被滿足時，我們可以使用無母數方法——Spearman 等級相關係數[4] 以取代 ρ 的 t-檢定。

---

[4] 老師們若想要教 Spearman 等級相關係數的用法，請見線上附錄 Spearman Rank Correlation Coefficient and Test (Spearman 等級相關係數和檢定)。

練 習 題

所有假設檢定使用 5% 的顯著水準，對所有估計值使用 95% 的信心水準。

16.15 已知下列的資料：

x	1	3	4	6	9	8	10
y	1	8	15	33	75	70	95

a. 繪製散布圖。該圖是否顯示 x 和 y 是相關的？如果是，如何相關？
b. 檢定以決定是否有線性關係的證據。

16.16 假設你有下列的資料：

x	3	5	2	6	1	4
y	25	110	9	250	3	71

a. 繪製散布圖。該圖是否顯示 x 和 y 是相關的？如果是，如何相關？
b. 檢定以決定是否有線性關係的證據。

16.17 根據練習題 16.2。

a. 決定估計的標準誤。
b. 廣告與銷售之間是否有線性關係的證據？
c. 決定 β_1 的信賴區間估計值。
d. 計算判定係數，並且詮釋這個值的意義。
e. 簡要地彙整你在 (a)、(b)、(c) 與 (d) 小題中所得到的資訊。

16.18 根據練習題 16.3，計算判定係數和進行一項檢定以決定新屋開工數量和抵押貸款的利率之間是否存在線性關係？

16.19 在練習題 16.4 中，兒童觀看電視的時數與超重的情況之間是否有線性關係存在的證據？

練習題 16.20 到 16.26 需要使用電腦與軟體。答案也能夠以手動計算。見附錄 A 以取得樣本統計量的值。

16.20 根據練習題 16.5。

a. 決定 y-截距 b_0 的值。它告訴你什麼有關記憶測試分數與電視廣告長度之間的線性關係？
b. 斜率係數 b_1 的值是多少？詮釋它的值。
c. 確定相關係數和判定係數，詮釋各個係數。
d. 進行檢定以決定是否有足夠的證據作出記憶測試分數與廣告長度是線性相關的結論。

16.21 參考練習題 16.6。

a. 是否有足夠的統計證據來推論教育與稅後收入之間存在線性關係？
b. 決定每增加一年的教育，稅後收入邊際增長的信賴區間估計值。
c. 計算判定係數並說明它告訴你什麼有關教育和稅後收入之間關係的資訊。

16.22 參考練習題 16.7。

a. 是否有足夠的證據推論財產稅帳單與居住城市規模之間存在線性關係？
b. 確定判定係數，說明它告訴你什麼有關兩個變量之間關係的資訊。

16.23 參考練習題 16.8。

a. 資料是否提供了足夠的證據來推論公寓價格與公寓樓層之間存在正線性關係？
b. 確定其判定係數，並詮釋它的值。

16.24 在練習題 16.9 中，是否有足夠的證據可以推斷出年齡和完成問卷所需時

間是線性相關的？

16.25 根據練習題 16.10。
a. 係數 b_0 和 b_1 告訴你什麼關於兩個變量之間的關係？。
b. 是否有足夠的證據推論家庭居民人數與年收入之間存在線性關係？
c. 確定其判定係數，並說明它告訴你什麼訊息。

16.26 參考練習題 16.11。
a. 檢定以決定是否有證據推論火災現場到最近消防隊的距離與火災損失百分比之間存在線性關係。
b. 計算每增加一哩與消防站的距離，損失百分比邊際增加的信賴區間估計值。

一般社會調查練習

GSS2018 Excel 使用者：你必須刪除包含空白儲存格的列。相關說明，請參閱線上附錄 Excel Instructions for Deleting Rows with Blanks（移除 Excel 中的空白儲存格）的說明。**對所有檢定使用 5% 的顯著水準，對所有估計使用 95% 的信心水準。**

16.27 是否一個人的收入 (RINCOME) 會影響他或她在以下問題的立場，政府是否應該縮小貧富之間收入的差異 (EQWLTH：1 = 政府應該縮小收入的差異；2, 3, 4, 5, 6, 7 = 無需政府行動)？檢定這兩個變數之間的關係來回答此問題。

16.28 進行收入 (RINCOME) 和年齡 (AGE) 之間關係的分析。對每增加 1 歲，所平均增加的收入進行信賴區間估計。

16.29 電視節目的製作會試圖吸引最底層廣大的觀眾群嗎？如果是，我們將預期受過越多教育的人，看電視的時間越少。是否有足夠的證據得出結論說，受過越多教育的人 (EDUC)，看電視的時間越少 (TVHOURS)？

16.30 看起來似乎很明顯，工時越長將會賺越多的錢。問題是每增加 1 個小時的工時，每年能多賺多少錢。對年收入 (RINCOME) 與每週工作小時數 (HRS1) 之間的關係進行分析。
a. 檢定以決定兩者是否存在著一個正向的線性關係。
b. 決定每週每增加 1 小時工時，年收入增加的信賴區間估計值。

消費者財務調查練習

SCF2019:WC 以下練習題是根據中產階級的子樣本。**對所有檢定使用 5% 的顯著水準，對所有估計使用 95% 的信心水準。**

16.31 養育孩子很昂貴。衡量此成本的一種方法是調查家庭債務 (DEBT) 和孩子數量 (KIDS) 之間的關係。

a. 是否有足夠的證據推論更多的孩子會導致更多的債務？
b. 計算每個孩子的債務邊際變化之信賴區間估計值。

16.32 與年長者相比，年輕的中產階級是否更有可能外出用餐，進行檢定以確定

是否有足夠的證據來推論年齡 (AGE) 和在外用餐消費金額 (FOODAWAY) 呈負相關？

16.33 生育更多孩子是賺取更多收入的動力，還是收入增加會促使家庭生育更多孩子？資料是否提供足夠的證據來推論這兩個變數 (KIDS、INCOME) 呈線性正相關？

16.34 當家中有小孩時，家庭會花多少錢在食物上？
a. 進行檢定以確定是否有證據推論每年家庭年度食物總支出 (FOODHOME) 與家庭兒童人數 (KIDS) 之間存在線性正相關。
b. 計算家中每增加一個孩子，食物消耗平均增加量的信賴區間估計值。

16.5 使用迴歸方程式

使用 16.4 節中的方法，我們可以評估線性模式配適資料的程度有多好。如果模式的配適度是令人滿意的，我們可以使用它去預測和估計依變數的數值。為了說明，假設在範例 16.2 中，二手車的交易商想要預測一輛里程表讀數是 40 (千) 哩車齡 3 年的 Toyota Camry 之售價。使用迴歸方程式，用 $x = 40$，我們得到

$$\hat{y} = 17.250 - .0669x = 17.250 - .0669(40) = 14.574$$

我們稱此數值為**點預測 (point prediction)** 並稱 $\hat{y}$ 為當 $x = 40$ 時，y 的預測值 (predicted value) 或點估計 (point estimate)。因此，這位交易商將預測這部汽車應該能夠以 \$14,574 賣出。

但是，點預測並不能提供任何有關此金額有多接近實際售價的資訊。為了得到這個資訊，我們必須使用一個區間。事實上，我們可以使用兩種區間估計的其中一種：對一個特定 y 值的預測區間，或是 y 期望值的信賴區間估計量。

16.5a 對一個給定的 x 值預測特定的 y 值

我們提出的第一個信賴區間，是在獨立變數為一個給定的 x_g 值之下，每當我們想要對一個依變數的特定值發生一次的狀況做預測。此區間通常被稱為**預測區間 (prediction interval)**，可使用一般的方法計算 (點估計量 ± 估計誤差的界限)。此處 y 的點估計值是 $\hat{y}$，以及估計誤差的界限如下所示。

預測區間

$$\hat{y} \pm t_{\alpha/2, n-2} s_\varepsilon \sqrt{1 + \frac{1}{n} + \frac{(x_g - \bar{x})^2}{(n-1)s_x^2}}$$

其中 x_g 是給定的 x 值,且 $\hat{y} = b_0 + b_1 x_g$。

16.5b 對一個給定的 x 值估計 y 的期望值

在 16.3 節中敘述的必要條件是指對一個給定的 x 值,存在一個 y 值的母體,其平均數為

$$E(y) = \beta_0 + \beta_1 x$$

要估計 y 的平均數或是 y 的長期平均值,我們將使用下列的區間,簡單地稱為信賴區間。點估計量依然是 $\hat{y}$,但是估計的誤差界限不同於預測區間的界限,如下所示。

y 期望值的信賴區間估計量

$$\hat{y} \pm t_{\alpha/2, n-2} s_\varepsilon \sqrt{\frac{1}{n} + \frac{(x_g - \bar{x})^2}{(n-1)s_x^2}}$$

不像預測區間的公式,這個公式在平方根的符號下並不包含 1。因此,**y 期望值的信賴區間估計值 (confidence interval estimate of the expected value of y)** 將會比在相同的 x 給定值與信賴水準下的預測區間更窄。這是因為估計一個平均數的數值,相對於預測一個個別的數值,會有較小的誤差。

範例 16.7　預測價格並估計二手 Toyota Camry 的平均價格

a. 一位二手車的交易商將要投標一輛 3 年車齡的 Toyota Camry,該車具有全部的標準配備,並且里程表讀數為 40,000 ($x_g = 40$) 哩。為了幫助他決定投標金額,他需要預測銷售價格。

b. 在 (a) 小題中提到的二手車交易商有機會投標許多輛由一家租車公司所提供的汽車。租車公司有 250 部具有標準配備的 Toyota Camry。這一批汽車的里程表讀數大約是 40,000 ($x_g = 40$) 哩。這位交易商想要估計這一批汽車的銷售價格。

解答

辨識方法

a. 這位交易商想要估計單一汽車的銷售價格。因此，他必須應用預測區間

$$\hat{y} \pm t_{\alpha/2,n-2} s_\varepsilon \sqrt{1 + \frac{1}{n} + \frac{(x_g - \bar{x})^2}{(n-1)s_x^2}}$$

b. 這位交易商想要估計一大批汽車的平均價格，所以他需要計算期望值的信賴區間估計量：

$$\hat{y} \pm t_{\alpha/2,n-2} s_\varepsilon \sqrt{\frac{1}{n} + \frac{(x_g - \bar{x})^2}{(n-1)s_x^2}}$$

技術上，這項公式被應用在無限大的母體。然而，我們可以詮釋我們的問題為試圖決定所有具有前述配備，且里程表讀數是 40,000 哩 Toyota Camry 的平均銷售價格。在 (b) 小題中的關鍵因素是需要估計許多輛汽車的平均價格。我們任意選定一個 95% 的信賴水準。

計算

手動計算

由先前的計算，我們得到下列數據：

$$\hat{y} = 17.249 - .0669(40) = 14.573$$
$$s_\varepsilon = .3265$$
$$s_x^2 = 43.509$$
$$\bar{x} = 36.011$$

從附錄 B 的表 4 中，我們得到

$$t_{\alpha/2} = t_{.025,98} \approx t_{.025,100} = 1.984$$

a. 95% 的預測區間為

$$\hat{y} \pm t_{\alpha/2,n-2} s_\varepsilon \sqrt{1 + \frac{1}{n} + \frac{(x_g - \bar{x})^2}{(n-1)s_x^2}}$$

$$= 14.573 \pm 1.984 \times .3265 \sqrt{1 + \frac{1}{100} + \frac{(40 - 36.011)^2}{(100-1)(43.509)}}$$

$$= 14.573 \pm .652$$

預測區間的下限和上限分別是 $13,921 和 $15,225。

b. 平均價格的 95% 信賴區間估計量為

$$\hat{y} \pm t_{\alpha/2, n-2} s_\varepsilon \sqrt{\frac{1}{n} + \frac{(x_g - \bar{x})^2}{(n-1)s_x^2}}$$

$$= 14.573 \pm 1.984 \times .3265 \sqrt{\frac{1}{100} + \frac{(40 - 36.011)^2}{(100 - 1)(43.509)}}$$

$$= 14.573 \pm .076$$

期望值信賴區間估計值的下限與上限分別為 $14,497 以及 $14,649。

EXCEL 活頁簿

	A	B	C	D	E
1	Predict & Estimate of y				
2					
3	Sample mean of x	36.011	Confidence Interval Estimate		
4	Sample variance of x	43.509	14.573	±	0.076
5	Sample size	100	Lower confidence limit		14.497
6	Regression coefficients		Upper confidence limit		14.649
7	Intercept	17.249			
8	Slope	-0.0669	Prediction Interval		
9	SSE	10.45	14.573	±	0.652
10	Confidence level	0.95	Lower prediction limit		13.921
11	Given value of x	40	Upper prediction limit		15.225

指令說明

1. 計算獨立變數 x 的平均數與變異數。
2. 執行迴歸分析。
3. 開啟 **Estimators 活頁簿 (Workbook)**，並點選下方 **Prediction Interval** 試算表標籤。
4. 輸入 X 的樣本平均數 (sample mean of X) 和變異數 (sample variance of X)、樣本數 (sample size)、b_0 和 b_1 的迴歸係數 (regression coefficients)、SSE、信賴水準 (confidence level) 以及給定的 X 值 (given value of X)。

詮釋

我們預測一部汽車將會以 $13,921 與 $15,225 之間的售價賣出。3 年車齡的 Toyota Camry 母體的平均售價被估計為介於 $14,497 與 $14,649 之間。因為預估一部汽車的售價比估計所有相似汽車的平均售價要困難得多，所以預測區間比期望值的區間估計值更寬。

16.5c　x 的給定值對區間的影響

對各個不同 x 值所計算的兩個區間結果呈現於圖 16.8 中。注意，兩種區間都以「曲線表示」。這是因為 x 的給定值離 $\bar{x}$ 越遠，則估計的誤差就越大。估計誤差的一部分是以下列公式測量

$$\frac{(x_g - \bar{x})^2}{(n-1)s_x^2}$$

它同時出現在預測區間以及期望值的區間估計值中。

圖 16.8　區間估計值與預測區間

練　習　題

16.35 簡要地描述預測一個 y 值和估計 y 的期望值之間的差異。

16.36 對於相同數值的獨立變數，預測區間總是比估計的區間更寬嗎？簡單描述之。

16.37 使用練習題 16.2 中的迴歸方程式，當廣告預算為 $80,000 時，以 90% 的信心預測銷售量。

16.38 對練習題 16.3，以 90% 的信心估計，當抵押貸款利率是 7% 時，平均每月新屋開工的數量。

16.39 根據練習題 16.4。

a. 對一位每星期觀看 35 小時電視的兒童，以 90% 的信心預測其體重超重的磅數。

b. 對每星期觀看 35 小時電視的兒童，以 90% 的信心估計其體重超重的平均磅數。

練習題 16.40 到 16.46 需要使用電腦與軟體。答案也能夠手算。見附錄 A 以取得樣本統計量的值。**對所有預測區間和區間估計使用 95% 的信心水準。**

16.40 參考練習題 16.5。

a. 預測一位觀看 30 秒商業廣告觀眾的記憶測試分數。

b. 估計觀看 30 秒商業廣告觀眾的平

均記憶測試分數。

16.41 參考練習題 16.6，計算一位受過 16 年教育者的稅後收入預測區間。

16.42 參考練習題 16.7，計算一個位居 50 萬規模城市的房產稅預測區間。

16.43 參考練習題 16.8，決定一間在 15 樓層，1,200 平方呎的公寓售價預測區間。

16.44 參考練習題 16.9，計算 40 歲美國人完成人口普查的平均時間估計區間。討論為什麼這個區間如此之寬。

16.45 參考練習題 16.10，決定有 4 位居民家庭的平均年收入估計區間。

16.46 參考練習題 16.11，計算距離最近消防站 8 哩的房屋因火災造成損失的百分比之預測區間。

一般社會調查練習

<u>GSS2018</u> 對於練習題 16.47 到 16.49，針對給定的獨立變數值，建立一個依變數的預測區間，以及一個依變數期望值的信賴區間估計值。**使用 95% 的信心水準。**

16.47 根據練習題 16.28，一位 45 歲人的年收入。

16.48 根據練習題 16.29，受過 12 年教育者的每天看電視小時數。

16.49 根據練習題 16.30，每週工作 40 個小時者的年收入。

16.6 迴歸診斷——I

在 16.3 節中，我們曾敘述讓迴歸分析有效的必要條件。簡單地說，誤差變數必須服從有常數變異數的常態分配，而且誤差間必須彼此獨立。在本節中，我們說明如何診斷是否違反上述條件的方法。此外，我們討論如何處理大小不尋常的觀測值。必須調查這些觀測值以判斷是否在記錄它們時產生了錯誤。

16.6a 殘差分析

大部分偏離必要條件的狀況都可以藉由檢視我們在 16.4 節所討論的殘差來診斷。大部分的電腦套裝軟體讓你能夠輸出殘差的值，並且對這個變數應用各種圖示與統計方法。

我們也可以計算標準化殘差。我們以標準化所有變數的相同方法，減去平均數後再除以標準差，來標準化殘差。殘差的平均數為 0，並且因為標準差 σ_ε 是未知的，我們必須估計它的值。最簡單的估計值是估計的標準誤 s_ε。因此，

$$\text{第 } i \text{ 個點的標準化殘差} = \frac{e_i}{s_\varepsilon}$$

EXCEL 資料分析

Excel 藉由將殘差除以殘差的標準差來計算標準化殘差。(估計的標準誤和殘差的標準差之間不同之處是：在前者的公式中，分母是 $n-2$，然而在後者的公式中，分母是 $n-1$。)

範例 16.2 的一部分輸出 (我們僅僅顯示前五個和最後五個數值) 如下。

	A	B	C	D
1	RESIDUAL OUTPUT			
2				
3	Observation	Predicted Price	Residuals	Standard Residuals
4	1	14.748	−0.148	−0.456
5	2	14.253	−0.153	−0.472
6	3	14.186	−0.186	−0.574
7	4	15.183	0.417	1.285
8	5	15.129	0.471	1.449
9				
10				
11				
12				
13	96	14.828	−0.028	−0.087
14	97	14.962	−0.362	−1.115
15	98	15.029	−0.529	−1.628
16	99	14.628	0.072	0.222
17	100	14.815	−0.515	−1.585

指令說明

依循第 538 頁所敘述迴歸分析的三個步驟。在點選**確定 (OK)** 之前，選擇**殘差 (Residuals)** 與**標準化殘差 (Standardized Residuals)**，就會列印出預測值、殘差與標準化殘差。

殘差分析可以讓我們決定誤差變數是否為非常態、誤差變異數是否為常數，以及誤差是否獨立。我們從非常態性開始討論。

16.6b 非常態性

如同我們在本書中所做的，我們以繪製殘差的直方圖來檢查常態性。圖 16.9 是 Excel 的版本。你將會發現，直方圖呈現鐘形，使我們相信誤差服從常態分配。

圖 16.9　範例 16.2 的殘差直方圖

16.6c 異質性

誤差變數的變異數 σ_ε^2 必須是常數。當這項條件被違反時，則稱此情況為**異質性 (heteroscedasticity)**。你可以使用此一名詞讓你的親友對你印象深刻，如果你無法唸出它，試著唸**同質性 (homoscedasticity)** 看看，它指的是此條件被滿足的情況。診斷異質性的一種方法是繪製殘差相對於 y 預測值的圖。然後我們在繪有各點的圖中尋找散布狀況的改變[5]。圖 16.10 描述這類情況。注意，在此示範說明中，顯示當 $\hat{y}$ 的值比較小時其 σ_ε^2 值也相對是比較小的，當 $\hat{y}$ 的值比較大時其 σ_ε^2 值相對也是比較大的。當然，還有許多其他的散布型態也可以用來說明此一問題。

圖 16.10　說明異質性的殘差圖

圖 16.11 示範說明 σ_ε^2 為常數的案例。此結果呈現，殘差的變異性並無明顯的改變。

圖 16.11　說明同質性的殘差圖

---

[5] 在線上附錄的 Szroeters Test for Heteroscedasticity (Szroeters 對於異質性的檢定) 說明異質性。

圖 16.12 顯示範例 16.2 中殘差相對於 y 預測值的 Excel 圖。沒有異質性的現象。

圖 16.12　範例 16.2 殘差相對於預測值的圖

16.6d　誤差變數的非獨立性

在第 3 章中，我們簡要地敘述橫斷面與時間序列資料之間的差異。橫斷面的資料是幾乎在同一時間所觀測到的資料，而時間序列則是在一序列的時間點所觀察到的一組資料。在範例 16.2 中的資料是橫斷面的，因為價格與里程表讀數都在大約相同的時間取得。如果我們每星期觀察汽車的拍賣價格長達一年的時間，則將構成一個時間序列。

條件 4 表示誤差變數的值必須是獨立的。當資料為時間序列，誤差經常是相關的。跨時間相關的誤差項目稱為**自我相關 (autocorrelated)** 或是**序列相關 (serially correlated)**。例如，假設在一個對年度總利潤與某個獨立變數之間關係的分析中，我們觀察 2001 到 2020 年期間的總利潤。y 的觀測值被標示為 $y_1, y_2, ..., y_{20}$，其中 y_1 是 2001 年的總利潤，y_2 是 2002 年的總利潤，以此類推。如果我們標示殘差為 $e_1, e_2, ..., e_{20}$，則——如果獨立性的條件被滿足——殘差之間應該沒有關係。但是，如果殘差之間是相關的，自我相關就很可能存在。

我們通常可以藉由繪製殘差相對於時間點的圖來偵測自我相關。如果出現某種型態，很可能獨立性的條件是被違反的。圖 16.13 (正負殘差交替出現) 與圖 16.14 (殘差漸增) 呈現自我相關的型態。(注意，我們連接各點以便更容易看出型態)。圖 16.15 沒有顯示任何型態 (各殘差看起來像是跟著時間隨機分布)，因此可能表示誤差間是獨立的。

圖 16.13　呈現自我相關（交替）的殘差對時間圖

圖 16.14　呈現自我相關（漸增）的殘差對時間圖

圖 16.15　呈現獨立性的殘差對時間圖

在第 17 章中，我們將會介紹杜賓－華森 (Durbin-Watson) 檢定，其為另一種決定是否呈現自我相關的統計檢定。

16.6e 離群值

一個**離群值 (outlier)** 是一個不尋常地小或非常大的觀測值。為了說明，思考範例 16.2，其中里程表讀數的值域是從 19.1 到 49.2（千）哩。如果我們觀察到一個 5,000 哩的數值，我們將會認定該點為一個離群值。我們需要調查幾種可能性：

1. 記錄該數值時發生了錯誤。為了偵測錯誤，我們會檢查有問題的點。對範例 16.2，我們可以檢查汽車的里程表以決定是否有犯錯。如果是，我們必須在使用迴歸分析之前將錯誤更正。
2. 該點不應該被包含在樣本中。有時候，取自實驗單位的測量值並不屬於該樣本。我們可以檢查以確定具有 5,000 哩讀數的汽車實際上的車齡真的是 3 年。我們也應該檢查里程表是否有被倒轉的可能性。無論是其中哪一種情況，該離群值皆該被捨棄不用。

3. 觀測值單純的是一個不尋常地大或小的數值，它是屬於該樣本而且被適當地記錄。在此情況下，我們將不會對該離群值執行任何動作。它會被判定為一個有效的觀測值。

離群值可以從散布圖被辨識出來。圖 16.16 描繪含有一個離群值的散布圖。統計應用者應該檢查以決定該測量值是否被精確地記錄，以及該實驗單位是否應該被包括在樣本中。

圖 16.16　含有一個離群值的散布圖

標準化殘差也可以用來辨識離群值。大的標準化殘差絕對值應該被徹底的檢查。

16.6f　影響點

有時候，在迴歸分析中，一個或多個觀測值對統計量有很大的影響。圖 16.17 描述一個這類型的觀測值，以及得到的最小平方線。如果該點不被包括在內，則會產生圖 16.18 中的最小平方線。很明顯地，一個點對結果有極大的影響力。影響點可以用散布圖來辨識。該點也可能是一個離群值，因此必須被徹底地檢查。

圖 16.17　含有一個影響點的散布圖

圖 16.18　不含該影響點的散布圖

16.6g 迴歸診斷的程序

本章中所呈現課程內容的順序是依據教學的需要所安排。教學的順序是,我們提出評估模式配適度的最小平方法、使用迴歸方程式預測與估計、相關係數,以及最後的迴歸診斷。在實務應用中,迴歸診斷應該在程序中較早的階段執行。是在一個模式被評估,以及在使用迴歸方程式做預測和估計之前。下列的步驟敘述建立模式的整個過程。

1. 發展一個具有理論基礎的模式,也就是說,對研究問題中的依變數,找出一個你認為與它有線性關係的獨立變數。
2. 蒐集兩個變數的資料。理想上,執行一個控制的實驗。如果不可能進行控制實驗,則蒐集觀測資料。
3. 繪製散布圖以決定線性模式是否適當。辨識可能的離群值。
4. 決定迴歸方程式。
5. 計算殘差並且檢查必要的條件:
   誤差變數是否服從常態?
   變異數是否為常數?
   誤差間是否獨立?
   檢查離群值以及影響點。
6. 評估模式的配適度。
   計算估計的標準誤。
   檢定以決定是否存在線性關係。(檢定 β_1 或 ρ。)
   計算判定係數。
7. 如果模式擬合資料良好,則使用迴歸方程式預測依變數的一個特別的值和/或估計它的平均數。

練 習 題

16.50 提供你下列的資料:

x	-5	-2	0	3	4	7
y	15	9	7	6	4	1

a. 決定迴歸方程式。
b. 使用迴歸方程式決定 y 的預測值。
c. 使用 y 的預測值和實際的觀測值計算殘差。
d. 計算標準化殘差。
e. 辨識可能的離群值。

16.51 根據練習題 16.2。計算 y 的預測值和

殘差。

16.52 計算練習題 16.3 中 y 的預測值和殘差。

16.53 參考練習題 16.4。
a. 計算 y 的預測值。
b. 計算殘差。
c. 繪製殘差（縱軸）相對於 y 預測值的圖，它顯示了什麼訊息？
d. 繪製殘差的直方圖。它告訴你什麼關於誤差項的訊息？

以下練習題需要使用計算機和軟體。

16.54 參考練習題 16.5。
a. 確定殘差和標準化殘差。
b. 繪製殘差的直方圖。誤差看起來是常態分布嗎？請解釋之。
c. 辨識可能的離群值。
d. 繪製殘差相對於 y 預測值的圖。它看起來有異質性的問題嗎？請解釋之。

16.55 參考練習題 16.6。
a. 誤差看起來是常態分布嗎？請解釋之。
b. 看起來有異質性的問題嗎？請解釋之。

16.56 對練習題 16.7，誤差是否滿足服從常態分布的要求？

16.57 參考練習題 16.8。
a. 決定殘差和標準化殘差。
b. 繪製殘差的直方圖。誤差看起來是常態分布嗎？請解釋之。
c. 辨識可能的離群值。
d. 繪製殘差相對於 y 預測值的圖。它看起來有異質性的問題嗎？請解釋之。

16.58 參考練習題 16.9。迴歸分析的必要條件是否被滿足？

16.59 參考練習題 16.10。
a. 決定殘差和標準化殘差。
b. 繪製殘差的直方圖。誤差看起來是常態分布嗎？請解釋之。
c. 辨識可能的離群值。
d. 繪製殘差相對於 y 預測值的圖。它看起來有異質性的問題嗎？請解釋之。

16.60 參考練習題 16.12。迴歸分析的必要條件是否被滿足？

本章摘要

簡單線性迴歸與相關是用以分析兩個區間變數之間關係的方法。迴歸分析假設兩個變數是線性相關。最小平方方法產生迴歸線的截距與斜率估計值。許多的努力被耗費在評估線性模式配適資料的好壞程度。我們計算估計的標準誤，其為誤差變數標準差的估計值。我們檢定斜率以決定是否有線性關係存在的充分證據。線性關係的強度則由判定係數測量之。當模式提供良好的配適，我們可以用它來預測依變數的一個特別的值，以及估計依變數的期望值。我們也可以使用皮爾森 (Pearson) 相關係數來測量和檢定兩個服從雙變量常態分配變數之間的線性關係。最後，我們以討論如何診斷必要條件的違反來完成本章。

Chapter 17 複迴歸分析

本章綱要

17.1 模式與必要條件

17.2 估計係數與評估模式

17.3 迴歸診斷 —— II

17.4 迴歸診斷 —— III (時間序列)

一般社會調查

影響收入的變數

DATA GSS2018

在第 16 章的開章範例中，我們使用一般社會調查展示收入與教育是線性相關的。由此衍生出一個問題，還有哪些其他的變數會影響收入？要回答這個問題，我們需要擴展前一章所使用的簡單線性迴歸方法，使得模式可以允許一個以上的獨立變數。

我們的答案顯示在第 579 頁。

在此列出所有一般社會調查建立的區間變數。

1. 年齡 (AGE)
2. 受訪者、配偶、父親，和母親的教育年數 (EDUC、SPEDUC、PAEDUC、MAEDUC)
3. 受訪者以及其配偶的每週工作時數 (HRS1 和 SPHRS1)
4. 家庭成員中有收入的人數 (EARNRS)
5. 小孩人數 (CHILDS)
6. 當第一個孩子出生時，受訪者的年齡 (AGEKDBRN)
7. 每天看電視的小時數 (TVHOURS)
8. 得分問題，「政府應該縮小貧富之間所得的差異嗎？」(EQWLTH)
9. 得分問題，「政府應該改善窮人的生活水準嗎？」(HELPPOOR)
10. 得分問題，「政府應該或多或少地解決國家的問題嗎？」(HELPNOT)
11. 得分問題，「政府有責任幫助窮人支付醫療帳單嗎？」(HELPSICK)

目標是要建立一項迴歸分析，其中包括你認為會影響收入 (RINCOME) 的所有變數。

導論 Introduction

在前一章中，我們使用簡單線性迴歸模式去分析一個區間變數 (依變數 y) 是如何相關於另一個區間變數 (獨立變數 x)。僅使用一個獨立變數的限制，是為了簡化迴歸分析的介紹。雖然在許多應用中，我們都特意開發了只有一個獨立變數的模式，但通常我們偏好包含許多

被認為會影響依變數的獨立變數。斷然地限制獨立變數的個數也同時限制了模式的有用性。

在本章中,我們容許使用任何數量的獨立變數。如此一來,我們期望發展出比簡單線性迴歸模式更能配適資料的模式。我們首先描述複迴歸模式,並列出其必要條件。我們讓電腦產生所需的統計量,並使用它們去評估模式的配適程度以及診斷是否違反了必要條件。我們透過詮釋模式的係數、預測特定依變數的數值,並且估計它的期望值來使用該模式。

17.1　模式與必要條件

我們現在假設有 k 個可能與依變數相關的潛在獨立變數。因此,模式以下列方程式表示:

$$y = \beta_0 + \beta_1 x_1 + \beta_2 x_2 + \cdots + \beta_k x_k + \varepsilon$$

其中 y 是依變數,$x_1, x_2, ..., x_k$ 是獨立變數,$\beta_0, \beta_1, ..., \beta_k$ 是係數,而 ε 是誤差變數。獨立變數實際上可能是其他變數的函數。例如,我們可能定義某些獨立變數如下:

$$x_2 = x_1^2$$
$$x_5 = x_3 x_4$$
$$x_7 = \log(x_6)$$

在模式中保留誤差變數是因為,即使我們放入額外的獨立變數,y 的預測值與實際 y 值之間的離差仍然會發生。附帶一提,當迴歸模式中存有一個以上的獨立變數時,我們稱其方程式的圖示為一**反應曲面 (response surface)** 而不是一條直線。圖 17.1 描繪一個 $k = 2$ 的反應曲面散布圖。(當 $k = 2$ 時,迴歸方程式建立了一個平面。)當然,在 k 大於 2 的情況,我們只能想像其反應曲面;我們無法繪製出它的圖形。

迴歸分析很重要的一部分是評估模式與資料配適程度的優劣,它包含了數種方法。這些方法需要滿足下列的條件,這些條件曾經在前一章介紹過。

圖 17.1　散布圖與 k = 2 的反應曲面

誤差變數的必要條件

1. 誤差變數 ε 的機率分配為常態。
2. 誤差變數的平均數為 0。
3. ε 的標準差 σ_ε 為一個常數。
4. 誤差之間是獨立的。

在 16.6 節中,我們討論如何辨識必要條件不被滿足的情況。這些相同的處理程序可以用來偵測複迴歸模式是否違反必要條件。

現在我們繼續第 16 章中所做的分析。我們討論如何估計模式的係數,以及如何評估模式的配適度。然而,第 16 章與第 17 章之間存有一個主要的區別。在第 16 章中,我們有可能讓學生以手算的方式執行運算。但是複迴歸模式涉及許多的計算,幾乎不可能不用電腦來進行分析。在本章中將會使用 Excel 完成所有的分析。你的工作則是詮釋輸出的結果。

17.2　估計係數與評估模式

複迴歸方程式與簡單迴歸方程式的表達方式類似。其一般式為

$$\hat{y} = b_0 + b_1 x_1 + b_2 x_2 + \cdots + b_k x_k$$

其中 k 是獨立變數的個數。

在第 16 章中所介紹的處理程序被延伸到複迴歸模式中。但是,在第 16 章中,我們首先討論如何詮釋係數,然後討論如何評估模式的配適程度。然而,在實務上,

這兩個程序是反過來執行的。也就是，第一步是決定模式的配適程度有多好。如果模式的配適不良，則進一步對此模式的係數執行分析是無意義的。因此一個更加優先的任務是改善模式。在本章中，我們呈現一個迴歸分析是如何被執行的。

我們將以本章的開章範例來示範執行步驟。

17.2a 步驟 1：選擇你認為可能與依變數相關的獨立變數

這裡是 2018 年一般社會調查的可用變數以及我們選擇它們的原因：

年齡 (AGE)：對大多數的人而言收入會隨著年齡而增加。

教育年數 (EDUC)：我們已經顯示教育與收入有線性關係。

每週工作時數 (HRS1)：顯然，工作時數越多應該產生更多的收入。

配偶的工作時數 (SPHRS1)：有可能，配偶工時越長，賺得越多，他的配偶有可能會選擇工時短一點，因而賺得少一點。

在迴歸模式中包含 SPHRS1 的問題是該變數有很多遺漏值，這會減少模式的樣本量。事實上，減少比例約為 67%。因此，我們決定從模式中排除此變數。

有收入的家庭成員的人數 (EARNRS)：假設越多家庭成員有收入，受訪者的工作壓力可能較小。

小孩人數 (CHILDS)：扶養小孩是昂貴的，小孩越多可能會鼓勵父母越努力工作，因此賺得越多。

你可能會懷疑為何我們不簡單地包括所有可用的區間變數。理由有三。第一，我們的目標是決定我們假設的模式是否有效，且模式中的獨立變數是否與依變數線性相關。換句話說，我們應該篩選獨立變數，並僅僅包含那些在理論上會影響依變數的變數。

第二，包含太多的獨立變數，會增加我們犯型 I 錯誤的機率。假如我們包括 100 個獨立變數，其中沒有任何一個與依變數相關，我們很可能會做出其中 5 個與依變數線性相關的結論。這是一個我們曾經在第 14 章討論過的問題。

第三，因為一個稱為多元共線性 (multicollinearity) 的問題 (描述於 17.3 節)，我們可能會做出所有獨立變數都與依變數無線性關係的結論，當實際上有一個或多個變數是與依變數線性相關的。

17.2b 步驟 2：使用電腦計算所有的係數和統計量

EXCEL 資料分析

	A	B	C	D	E	F	G
1	SUMMARY OUTPUT						
2	*Regression Statistics*						
3	Multiple R	0.5269					
4	R Square	0.2776					
5	Adjusted R Square	0.2745					
6	Standard Error	36,608					
7	Observations	1171					
8	ANOVA						
9		df	SS	MS	F	Significance F	
10	Regression	5	599,889,787,700	119,977,957,540	89.53	8.66E-80	
11	Residual	1165	1,561,230,558,586	1,340,112,067			
12	Total	1170	2,161,120,346,285				
13							
14		Coefficients	Standard Error	t Stat	P-value	Lower 95%	Upper 95%
15	Intercept	-100,340	7633.4911	-13.14	6.70E-37	-115,317	-85,363
16	AGE	671.1	84.5	7.94	4.79E-15	505.2	836.9
17	EDUC	5604	386.7	14.49	7.00E-44	4845.1	6362.4
18	HRS1	948.7	75.1	12.64	2.13E-34	801.4	1096.0
19	EARNRS	1289	1330.3	0.969	0.3327	-1320.8	3899.2
20	CHILDS	718.8	760.7	0.945	0.3449	-773.7	2211.4

指令說明

1. 鍵入或匯入資料 (開啟 GSS2018)。安排欄位，使得獨立變數在相鄰的欄位。含有空白儲存格的列都必須被刪除 (見 Xm17-00)。
2. 點選**資料 (Data)**、**資料分析 (Data Analysis)** 與**迴歸 (Regression)**。
3. 指定**輸入 Y 的範圍 (Input Y Range)**(B1:B1172)、**輸入 X 的範圍 (Input X Range)**(C1:G1172)，以及 α 的值 (.05)，並勾選**標記 (Labels)**。

詮釋

估計的迴歸模式如下：

$$\hat{y} \text{ (INCOME)} = -100{,}340 + 671.1 \text{ AGE} + 5{,}604 \text{ EDUC} + 948.7 \text{ HRS1} \\ + 1{,}289 \text{ EARNRS} + 718.8 \text{ CHILDS}$$

17.2c 步驟 3：評估模式

我們以三種方法評估模式：估計的標準誤、判定係數 (兩者皆在第 16 章介紹過)，以及變異數分析的 F-檢定 (隨後將逐一介紹)。

17.2d 估計標準誤

回顧先前曾經提過的，σ_ε 是誤差變數 ε 的標準差，且因為 σ_ε 是一個母體的參數，我們需要使用 s_ε 估計它的數值。在複迴歸中，估計標準誤的定義如下：

估計標準誤

$$s_\varepsilon = \sqrt{\frac{\text{SSE}}{n-k-1}}$$

其中 n 是樣本大小，而 k 是模式中獨立變數的個數。

EXCEL 資料分析

| 7 | Standard Error | 36,608 |

詮釋

回顧之前我們判斷估計標準誤的大小是根據它相對於依變數的值，特別是相對於 y 的平均數。在此範例中，$\bar{y} = 51{,}913$（並未呈現於輸出結果中）。顯示估計標準誤相當地大。

17.2e 判定係數

回顧第 16 章中判定係數的定義為

$$R^2 = 1 - \frac{\text{SSE}}{\sum(y_i - \bar{y})^2}$$

EXCEL 資料分析

| 5 | R Square | 0.2776 |

詮釋

這表示收入總變異的 27.76% 可以被 5 個獨立變數所解釋，而其餘的

72.74% 並未被解釋。

請注意，Excel 列印第二個 R^2 統計量，稱為**自由度調整後的判定係數 (coefficient of determination adjusted for degrees of freedom)**，其所做的調整是考慮樣本大小與獨立變數的個數。這個統計量的原理是，如果獨立變數的個數 k 相對於樣本大小 n 比較大，則未調整的 R^2 值可能會不合理地高。要了解此一論點，請考慮在一個簡單線性迴歸模式中，如果樣本大小為 2 將會發生什麼情況。這條直線將會完美地配適資料，導致 $R^2 = 1$，。但實際上可能沒有線性關係。為了避免製造錯誤的印象，我們經常計算調整後的 R^2。其公式如下。

自由度調整的判定係數

$$R^2 = 1 - \frac{\text{SSE}/(n-k-1)}{\sum(y_i - \bar{y})^2/(n-1)}$$

EXCEL 資料分析

| 6 | Adjusted R Square | 0.2745 |

如果 n 是遠大過於 k，則未調整或調整過的 R^2 將會很類似。但是如果 SSE 很明顯地異於 0，且 k 相對於 n 是一個很大的值，則未調整與調整過的 R^2 將會非常地不同。如果這樣的差異存在，分析人員在詮釋判定係數時，應該注意到這個潛在的問題。在此範例中，調整過的判定係數是 .2745，表示無論我們如何測量判定係數，模式配適得都不是很好。

17.2f 檢定模式的有效性

在簡單線性迴歸模式中，我們檢定斜率係數，以決定是否存在充分的證據讓我們推論獨立變數與依變數之間有線性關係。但是，因為該模式中只有一個獨立變數，t-檢定也可以決定該模式是否有效。當存有一個以上的獨立變數時，我們需要使用另一種方法來檢定模式整體的有效性。此一方法我們曾經在第 14 章中介紹過，它是變異數分析的一種。

要檢定迴歸模式的有效性，我們指定下列的假設：

$$H_0: \beta_1 = \beta_2 = \cdots = \beta_k = 0$$

$$H_1: \text{至少一個 } \beta_i \text{ 不等於 } 0$$

如果虛無假設為真，沒有任何獨立變數 $x_1, x_2, ..., x_k$ 與 y 有線性相關，因此該模式無效。如果至少有一個 β_i 不等於 0，該模式具有一定的有效性。

當我們在第 16 章討論判定係數時，我們說明依變數的總變異 [以 $\sum (y_i - \bar{y})^2$ 測量] 可以被分解成兩個部分：可以被解釋的變異 (以 SSR 測量) 和不能被解釋的變異 (以 SSE 測量)，也就是

$$y \text{ 的總變異} = \text{SSR} + \text{SSE}$$

此外，我們確定，如果 SSR 相對於 SSE 較大，則判定係數將會較高——代表一個良好的模式。另一方面，如果 SSE 比較大，大多數的變異性將無法被解釋，表示該模式配適不佳，因此有效性較小。

檢定統計量與我們在 14.1 節中所見過的相同，當時我們檢定兩個或兩個以上母體平均數的等值性。為了判斷 SSR 是否大到足以讓我們推論至少有一個係數不等於 0，我們計算兩個均方的比值。(回顧一下，均方是平方和除以其自由度；同時，只要潛在的母體分配是常態——此為這個應用的必要條件，兩個均方的比值會服從 F 分配。) 檢定統計量的計算彙整於一個變異數分析 (ANOVA) 表中，它的一般式呈現在表 17.1 中。Excel 的 ANOVA 表如下所列。

表 17.1 迴歸分析的變異數分析表

變異來源	自由度	平方和	均方	F-統計量
迴歸	k	SSR	MSR = SSR/k	F = MSR/MSE
殘差	$n - k - 1$	SSE	MSE = SSE/$(n - k - 1)$	
總和	$n - 1$	$\sum (y_i - \bar{y})^2$		

EXCEL 資料分析

	df	SS	MS	F	Significance F
Regression	5	599,889,787,700	119,977,957,540	89.53	8.66E-80
Residual	1165	1,561,230,558,586	1,340,112,067		
Total	1170	2,161,120,346,285			

一個大的 F 值是指 y 中大部分的變異可以被迴歸方程式解釋，並且該模式是有效的。一個小的 F 值是指 y 中大多數的變異是不能被解釋的。拒絕域讓我們得以決定 F 是

否大到足以拒絕虛無假設。對此一檢定，其拒絕域為

$$F > F_{\alpha, k, n-k-1}$$

在範例 17.1 中，拒絕域 (假設 $\alpha = .05$) 為

$$F > F_{\alpha, k, n-k-1} = F_{.05, 5, 1165} \approx 2.21$$

如你看到的列印結果，$F = 89.53$。列印的結果也包括檢定的 p-值，其為 0。很明顯地，有很充分的證據可以推論這個模式是有效的。

雖然每一種評估測量提供不同的觀點，但是共同的目的都是在評估模式配適資料的好壞，因為它們的計算都是以誤差平方和 (SSE) 為根據。估計標準誤為

$$s_\varepsilon = \sqrt{\frac{\text{SSE}}{n-k-1}}$$

以及判定係數為

$$R^2 = 1 - \frac{\text{SSE}}{\sum(y_i - \bar{y})^2}$$

當反應曲面通過所有的點，SSE = 0。因此，$s_\varepsilon = 0$ 並且 $R^2 = 1$。

如果模式提供不良的配適，我們知道 SSE 會較大 [其最大的值是 $\sum(y_i - \bar{y})^2$]，s_ε 也將會較大，並且 [因為 SSE 接近於 $\sum(y_i - \bar{y})^2$] R^2 將會接近於 0。

F-統計量也會依 SSE 而定。特別是，

$$F = \frac{\text{MSR}}{\text{MSE}} = \frac{\left(\sum(y_i - \bar{y})^2 - \text{SSE}\right)/k}{\text{SSE}/(n-k-1)}$$

當 SSE = 0：

$$F = \frac{\sum(y_i - \bar{y})^2/k}{0/(n-k-1)}$$

它是無窮大的。當 SSE 的數值很大，SSE 接近於 $\sum(y_i - \bar{y})^2$，則 F 會很小。

SSE、s_ε、R^2，以及 F 之間的關係彙整於表 17.2 中。

表 17.2 　SSE、s_ε、R^2 與 F 之間的關係

SSE	s_ε	R^2	F	模式評估
0	0	1	∞	完美
小	小	接近 1	大	良好
大	大	接近 0	小	不佳
$\sum(y_i-\bar{y})^2$	$\sqrt{\dfrac{\sum(y_i-\bar{y})^2}{n-k-1}}$*	0	0	無用

*當 n 很大且 k 很小時，此數量大約等於 y 的標準差。

17.2g　詮釋係數

係數 $b_0, b_1, ..., b_k$ 敘述樣本中每一個獨立變數與依變數之間的關係。我們需要使用推論方法 (敘述於下) 來導出有關母體的結論。在我們的範例中，樣本共有 1,171 個觀測值。母體是由所有的美國成年人所組成。

截距　截距為 $b_0 = -100,340$。這是當所有的獨立變數為 0 時，收入的平均數值。如同我們在第 16 章中所敘述的，試圖詮釋這個數值的時候經常會產生誤導，尤其是當 0 落在獨立變數的數值範圍之外 (就像本例一樣)。

年齡　收入與年齡之間的關係是以 $b_1 = 671.1$ 描述。從這個數字，我們得知每增加 1 歲，收入平均增加 $671.10，假設此模式其他的獨立變數皆保持不變。

教育　係數 $b_2 = 5,604$ 表示在此樣本數中，每增加 1 年的教育，收入平均增加 $5,604，假設其他的獨立變數皆維持常數。

工作時數　每週工作時數與收入的關係以 $b_3 = 948.7$ 描述。我們詮釋這個數字為，每週增加 1 小時的工作時數，平均增加的年收入，假設這個樣本中其他獨立變數為固定。

家庭中有收入的成員數　在此資料集中，年收入與有收入的家庭成員數之間的關係是以 $b_4 = 1,289$ 表示，它告訴我們，每多 1 個有收入的家庭成員，年收入平均增加 $1,289，假設其他獨立變數皆為常數。

家庭小孩人數　年收入和小孩人數的關係是以 $b_5 = 718.8$ 表示，它告訴我們，假設這個模式中的其他獨立變數保持不變，在這個樣本中，每增加 1 個小孩，年收入平均會增加 $718.80。

17.2h 檢定係數

在第 16 章中，我們描述如何在簡單的線性迴歸模式中做檢定，以決定是否有充分的證據推論 x 與 y 是線性相關的。虛無與對立假設是

$$H_0: \beta_1 = 0$$
$$H_1: \beta_1 \neq 0$$

檢定統計量為

$$t = \frac{b_1 - \beta_1}{s_{b_1}}$$

它服從自由度為 $\nu = n - 2$ 的學生 t 分配。

在複迴歸模式中，我們有超過一個以上的獨立變數。對於每一個這樣的變數，我們皆可以檢定對整個母體而言，當模式包括其他的獨立變數時，是否有充分的證據推論該變數與依變數之間存在著線性關係。

檢定係數

$$H_0: \beta_i = 0$$
$$H_1: \beta_i \neq 0$$

($i = 1, 2, ..., k$)；檢定統計量為

$$t = \frac{b_i - \beta_i}{s_{b_i}}$$

它服從自由度為 $\nu = n - k - 1$ 的學生 t 分配。

為了示範說明，我們檢定在本章開章範例中，在複迴歸模式中的每一個係數。這項檢定的執行方法與本書中所有其他的檢定相同。我們設立虛無與對立假設、辨識檢定統計量，並且使用電腦計算檢定統計量的值以及它的 p-值。對於每一個獨立變數，我們檢定 ($i = 1, 2, 3, 4, 5, 6$)：

$$H_0: \beta_i = 0$$
$$H_1: \beta_i \neq 0$$

參考第 580 頁並檢視電腦輸出的結果。該輸出結果包括 β_i 的 t-檢定。這些檢定的結果與 2018 年美國的整個母體相關。一項必須強調的重要概念是這些檢定結果皆

是在其他獨立變數被包含在模式中時產生的。我們加入這個說明是因為若執行個別的簡單線性迴歸，很可能會導致不同的檢定統計量數值與不同的結論。

β_1 的檢定（年齡的係數）
檢定統計量的值：$t = 7.94$；p-值 $= 0$

β_2 的檢定（教育年數的係數）
檢定統計量的值：$t = 14.49$；p-值 $= 0$

β_3 的檢定（每週工作時數的時數）
檢定統計量的值：$t = 12.64$；p-值 $= 0$

β_4 的檢定（家庭中有收入成員數的係數）
檢定統計量的值：$t = .969$；p-值 $= .3327$

β_5 的檢定（家庭小孩人數的係數）
檢定統計量的值：$t = .945$；p-值 $= .3449$

在 5% 的顯著水準下，有充分的證據去推論下列每一個變數皆與收入有顯著的線性關係：

年齡
教育年數
每週工作時數

在這個模式中，沒有足夠的證據去下結論說下列每一個變數與收入有線性關係：

家庭中有收入的成員數
小孩人數

請注意，這可能表示沒有證據顯示收入與這兩個獨立變數之間的線性關係。然而，它也可能表示收入與一個或更多個這些變數之間有線性關係，但是礙於所謂的**多元共線性** (multicollinearity) 狀況，使得 t-檢定呈現無線性關係的結果。我們將在 17.3 節討論多元共線性問題。

17.2i 關於詮釋結果的注意事項

當詮釋迴歸分析的結果時,我們可能發現在一個模式中有充分的證據去下結論說一個特定的獨立變數與依變數之間有線性關係,但是這樣的證據卻不存在於在另一個模式中。因此,每當一個特殊的 t-檢定是不 (not) 顯著時,我們說在此模式中 (in this model) 沒有充分的證據推論獨立變數與依變數是線性相關的。意思是另一個模式可能產生不同的結論。

此外,如果違反一個或多個必要條件,結果可能是無效的。我們將在 17.3 節中介紹檢查這些必要條件的程序。我們也再次提醒你,對於遠落在獨立變數觀測值範圍之外的數值做推論是危險的。

17.2j t-檢定與變異數分析

個別係數的 t-檢定容許我們決定是否 $\beta_i \neq 0$ ($i = 1, 2, ..., k$),它告訴我們在 x_i 與 y 之間是否存在著線性關係。每一個獨立變數都有一個 t-檢定。因此,電腦自動執行 k 次 t-檢定。(實際上執行 $k + 1$ 次 t-檢定,包括我們通常忽略的截距 β_0 之檢定。) 在變異數分析中的 F-檢定結合這些 t-檢定成為一個單一的總檢定。也就是,我們一次檢定所有的 β_i 以決定它們之中是否至少有一個是不等於 0 的。一個很自然產生的問題是,如果它只不過是之前所執行 t-檢定的一個結合,我們為何需要 F-檢定呢?回想一下,我們之前曾經討論過這個議題。在第 14 章中,我們曾指出可以以一系列兩個平均數間差異的 t-檢定取代變異數分析。但是,這麼做會增加犯型 I 錯誤的機率。意思是,即使每一個獨立變數與依變數之間都沒有線性關係,多重 t-檢定可能仍會有部分顯示為顯著。因此,因為觀察到至少有一個 β_i 不等於 0,你將錯誤地推論該模式是有效的。另一方面,F-檢定只需進行一次。因為在單一實驗中發生型 I 錯誤的機率等於 α,F-檢定會錯誤地推論該模式為有效的機率明顯地比多重 t-檢定低。

另外還有一個 F-檢定優於多重 t-檢定的理由。因為一個經常發生的問題稱為多元共線性,t-檢定可能指出某些獨立變數與依變數之間沒有線性關係,而事實上它們存在著線性關係。但是多元共線性的問題不會影響 F-檢定,也不會阻止我們發展一個良好配適資料的模式。多元共線性將在 17.3 節中討論。

17.2k 在簡單線性迴歸模式中的 F-檢定與 t-檢定

了解我們可以使用 F-檢定來檢定簡單線性迴歸模式的有效性對你是非常有用

的。但是，這個檢定與 β_1 的 t-檢定是相同的。在簡單線性迴歸模式中對 β_1 的 t-檢定告訴我們獨立變數與依變數之間是否線性相關。但是，因為只有一個獨立變數，β_1 的 t-檢定也告訴我們該模式是否有效，它即是 F-檢定的目的。

β_1 的 t-檢定與 F-檢定之間的關係可以用數學解釋之。統計學家可以證明我們對具有自由度的 1 與 ν 的 F-統計量。(我們在第 14 章中曾經簡要地討論此一關係。) 為了示範說明，思考第 536 頁的範例 16.2。我們得知 β_1 的 t-檢定是 -13.44，自由度等於 98。p-值是 5.75×10^{-24}。輸出結果包括變異數分析表，其中 $F = 180.64$ 且 p-值 $= 5.75 \times 10^{-24}$。t-統計量的平方是 $t^2 = (-13.44)^2 = 180.63$。(差異是來自於進位的誤差。) 注意，$F$-統計量的自由度是 1 與 98。因此，我們可以使用兩個檢定中的任一個來檢測簡單線性迴歸模式的有效性。

練 習 題

以下的練習題需要使用電腦與統計軟體，**所有檢定使用 5% 的顯著水準。**

17.1 Xr17-01 一位專門從事夏季別墅的地產開發商正在考慮購買一大片與湖相鄰的土地。該土地的現任擁有者已經移除一些樹木，將一大片土地細分為幾塊單獨的建築用地。開發商想要預測每一塊建築用地的價值。根據之前的經驗，可影響土地價值的主要因素是土地大小、成熟的樹木數量，和到達湖邊的距離。從附近地區，蒐集了最近售出空地的 60 筆資料。
　a. 求出迴歸方程式。
　b. 估計的標準誤為何？請詮釋它的值。
　c. 判定係數為何？這個統計量告訴你什麼訊息？
　d. 自由度調整後的判定係數為何？它的值為何與判定係數的值不同？這告訴你什麼關於模式的訊息？
　e. 檢定模式的有效性，檢定統計量的 p-值告訴你什麼訊息？
　f. 請詮釋每一個係數。
　g. 檢定以決定此模式中各項獨立變數是否與建築用地的價格線性相關。

17.2 Xr17-02 佛羅里達州棕櫚灘郡的圖書館系統有十幾個不同的分支機構。管理階層正在決定在何處設置新圖書館。選擇靠近幾個「55 歲以上」社區 (居民超過 55 歲) 或有孩子的年輕家庭所在的地方。為了更了解他們的客戶，隨機抽取了在過去 12 個月內至少借過一本書的客戶樣本。記錄了借書數量、他們的年齡以及到最近圖書館的距離 (以哩為單位)。執行複迴歸分析。
　a. 是否有足夠的證據顯示年長的佛羅里達人比年輕人借書的次數更多。
　b. 我們是否可以推論到圖書館的距離是決定借書數量的一個因素？

17.3 Xr17-04 巴爾的摩金鶯棒球隊的總經理正在決定選拔哪些小聯盟球員進入大聯盟。他知道他的球隊需要一些全壘

打的打擊者,並且想要找出方法預測球員將會擊出全壘打的球數。做為一位精明的統計學家,他蒐集了球員的隨機樣本,且記錄下每位球員在大聯盟最初兩年的全壘打數,以及他在小聯盟最後一整年擊出的全壘打數、年齡,和加入職業棒球的年數。

a. 發展一個迴歸模式,並使用軟體產生統計量。
b. 詮釋每一個係數。
c. 此模式的資料配適度有多好?
d. 檢定此模式的有效性。
e. 每一個獨立變數皆屬於這個模式嗎?

17.4 Xr17-06 一所大學的入學資格審查員試圖發展一套正規系統以決定錄取哪些學生進入該所大學。她相信成功的決定因素包括幾項標準變數——高中成績與 SAT 分數。然而,她也相信曾經參與課外活動的學生比沒有參加者更可能成功。為了調查這個議題,她隨機抽樣 100 位四年級的學生,並且記錄下列的變數:
在大學前三年的 GPA(範圍:0 到 12)
高中的 GPA(範圍:0 到 12)
SAT 分數(範圍:400 到 1600)
在高中最後一年每星期參與課外活動的平均時數

a. 發展一個模式以幫助入學資格審查員決定錄取哪些學生,並且使用電腦產生慣用的統計量。
b. 判定係數為何?詮釋它的值。
c. 檢定這個模式的整體有效性。
d. 檢定以確定在此模式中,每一個獨立變數是否與依變數線性相關。

17.5 Xr17-07 一家五金連鎖店的行銷經理想要知道更多有關連鎖店目前使用的三種廣告之有效性資訊。三種類型是當地直接郵寄(傳單中描述銷售產品的特色,配送到商店附近的住家)、報紙廣告,以及當地電視台的廣告。要確定哪種類型的廣告最有效,這位經理隨機抽選 100 家商店的樣本,蒐集了一週的銷售資料。對每一家商店記錄了下列的變數:
每週的銷售總額
每週直接郵寄的支出
每週報紙廣告的支出
每週電視廣告的支出
所有的變數皆以千元做記錄。

a. 求出迴歸方程式。
b. 判定係數為何?自由度調整後的判定係數為何?這些統計量告訴你關於迴歸模式的什麼訊息?
c. 估計標準誤告訴你關於迴歸模式的什麼訊息?
d. 檢定模式的有效性。
e. 在此模式中,哪幾個獨立變數和每週的總銷售額是線性相關的?請解釋之。

17.6 Xr17-10+ 人壽保險公司對預測客戶的壽命非常感興趣,因為公司的保費與盈利能力取決於這些數字。一家保險公司的精算師蒐集了 100 位最近過世的男性顧客資料。他記錄顧客死亡的年齡、其父母死亡時的年齡、其祖母死亡的平均年齡,以及其祖父死亡的平均年齡。

a. 對這些資料進行複迴歸分析。
b. 是否有足夠的統計證據得出模式是有效的結論?
c. 詮釋並且檢定係數。

17.7 **Xr17-11** 大學的學生經常抱怨大學獎勵教授的研究而不是教學。他們認為，教授對這種情形的反應是投入較多的時間和精力在發表研究成果，並且用較少的時間和精力在課堂的活動。教授們反駁說研究和教學是相輔相成的：做更多的研究可以教得更好。一所大學的學生組織決定調查這個問題。隨機抽選50位受聘於多校區大學的經濟學教授。學生記錄教授的薪資(以$1,000計)、他們的平均教學評價(10分)，和他們職涯中期刊發表的總數。進行一項完整的分析(產生迴歸方程式、對其進行評估，並報告你的發現)。

17.8 **Xr17-12+** 決定型錄連鎖店成功的一個關鍵因素是消費者想購買商品的供貨能力。如果商店的某貨品賣完，則未來要再賣貨給該顧客的可能性就會降低。因此，從中央倉儲作業的送貨卡車定期為各商店補貨。在一項調查連鎖商店經營狀況的分析中，總經理想要決定與送貨卡車卸貨時間有關的因素。因此觀察50次送貨到一家商店的隨機樣本。記錄這輛卡車的卸貨時間(以分鐘計)、箱子的總數量，與這些箱子的總重量(以百磅計)。

　a. 決定複迴歸方程式。
　b. 模式與資料的配適程度有多好？請解釋之。
　c. 詮釋並且檢定係數。

17.9 **Xr17-13** 彩券已成為政府的重要收入來源。然而，很多人批評彩券，稱其是對窮人和未受教育者徵稅。在對該問題的研究中，隨機抽樣100名成年人，詢問他們花多少錢於彩券上，以及採訪各種關於社會經濟的變數。本研究的目的是檢定下列的信念：

1. 相對於教育程度高的人，受教育程度較低的人花更多錢在彩券上。
2. 相對於年輕人，年長者購買更多的彩券。
3. 相對於孩子較少的人，孩子較多的人在彩券上花費更多。
4. 相對於比較富裕的人，比較貧困的人花費更大比例的收入在彩券上。

下列為記錄的資料：
花在彩券的金額占家庭總收入的百分比
受教育的年數
年齡
孩子人數
個人收入(以千元為單位)

　a. 建立複迴歸方程式。
　b. 檢定以決定模式的有效性。
　c. 檢定每一個信念，你可以得出什麼結論？

17.10 **Xr17-14+** 一所大型大學的MBA課程正面臨一個愉快的問題——太多的申請人。目前的招生政策要求學生至少有3年的工作經驗，大學平均成績為B或更好。直到三年前，學校都錄取任何一位符合這些條件的申請人。然而，由於該計畫最近從2年制(四學期)轉為1年制(三個學期)，申請人數大幅增加。教授統計學課程的院長想要透過建立一種方法來提高錄取標準，該方法可以更準確地預測申請人未來在MBA課程中的表現。院長認為成功的主要因素有以下幾點：
大學平均成績(GPA)
研究所管理學類入學考試(GMAT)成績

工作經驗的年數

隨機選取完成 MBA 學位的學生，並記錄他們 MBA 課程的 GPA，以及此處所列的 3 個變數。

a. 建立複迴歸方程式模式。

b. 是否有足夠的證據推論該模式有效。

c. 檢定以確定哪一個獨立變數和 MBA 的 GPA 有線性關係。

一般社會調查練習

GSS2018 Excel 資料分析使用者：我們提醒你，必須刪除包含至少一個空白儲存格 (包括在依變數和獨立變數欄中) 的任何列。**在 5% 的顯著水準上進行所有檢定。**

17.11 父母的教育程度 (PAEDUC、MAEDUC) 如何影響一個人的教育程度 (EDUC)？

a. 發展一個迴歸模式。

b. 檢定此模式的有效性。

c. 檢定兩個斜率的係數。

d. 詮釋係數。

17.12 什麼因素決定人們對下列問題的看法？政府是否應該縮減富人和窮人之間的差異 (EQWLTH：1 = 政府應該縮減差異；2, 3, 4, 5, 6, 7 = 政府無需採取行動)？

a. 建立一個迴歸分析，使用人口統計變數：年齡 (AGE)、教育程度 (EDUC)、收入 (RINCOME) 和每週工作時數 (HRS1)。

b. 檢定模式的有效性。

c. 檢定每一個斜率的係數。

d. 詮釋判定係數。

17.13 什麼因素決定人們對下列問題的看法？政府是否應該改善窮人的生活水準 (HELPPOOR：1 = 政府行動；2, 3, 4, 5 = 人們應該自助)？

a. 建立一個迴歸分析，使用人口統計變數：年齡 (AGE)、教育程度 (EDUC)、收入 (RINCOME) 和每週工作時數 (HRS1)。

b. 檢定模式的有效性。

c. 檢定每一個斜率的係數。

d. 詮釋判定係數。

17.3 迴歸診斷——II

在 16.6 節中，我們討論如何判斷必要條件是否被違反 (不被滿足)。可以用相同的處理程序來診斷複迴歸模式的問題。這裡是第 16 章中診斷程序的簡短摘要。

計算殘差並檢查下列的問題：

1. 誤差變數是否為非常態？繪製殘差的直方圖。
2. 誤差變異數是否為常數？繪製殘差相對於 y 預測值的圖。
3. 誤差是否獨立 (或是時間序列資料)？繪製殘差相對於時間點的圖。

4. 觀測值是否不正確或是不屬於目標母體。仔細檢查離群值和影響點的正確性。

如果誤差是非常態和/或變異數是非常數，可以嘗試幾種修正辦法，但是這些辦法超出本書的程度。

離群值和影響點則藉由檢視問題的資料以確定其正確性。

一個時間序列的非獨立性有時可以藉由繪製殘差相對於時間點的圖來偵測並尋找自我相關的證據。在 17.4 節中，我們會介紹杜賓－華森檢定 (Durbin-Watson test)，它是檢定自我相關的一種方法。我們將提供一個非獨立性的校正量測。

有另一項僅在複迴歸模式中發生的問題。多元共線性 (multicollinearity) 是指獨立變數高度相關的情況。多元共線性會曲解係數的 t-檢定，使其難以決定是否任何一個獨立變數與依變數是否線性相關。它也使得在詮釋係數時產生問題。接下來我們將會討論這種情況以及它的修正方法。

17.3a 多元共線性

多元共線性 [multicollinearity，也稱為共線性 (collinearity) 和共相關 (intercorrelation)] 是指獨立變數間彼此相關的狀況。多元共線性的不良影響是相關的獨立變數之估計迴歸係數傾向於有較大的抽樣誤差。多元共線性的影響有兩個。第一，因為估計係數的變異太大，樣本係數與實際母體參數可能相差很多，甚至兩者還可能會有異號的現象。第二，當檢定係數時，t-統計量會因過大的估計變異而變得很小，導致有影響力的獨立變數和依變數之間呈現沒有線性關係的推論。在某些案例中，這樣的推論將會是錯誤的。幸運地，多元共線性對變異數分析的 F-檢定沒有影響。

為了說明，我們將使用 2012 年的「一般社會調查」。當我們執行迴歸分析，其類似於本章的開章範例，這是我們產生的輸出。

	A	B	C	D	E
1		Coefficients	Standard Error	t Stat	P-value
2	Intercept	−79,060	15,407	−5.13	4.89E-07
3	AGE	484	159	3.04	0.0025
4	EDUC	5,296	579	9.15	5.76E-18
5	HRS1	888	129	6.90	2.60E-11
6	SPHRS1	−226	137	−1.65	0.0997
7	EARNRS	3,054	2,509	1.22	0.2244
8	CHILDS	−1,736	1,425	−1.22	0.2241

我們發現在 5% 顯著水準下 (p-值 = .2241)，家庭中子女的人數並非統計顯著。然而，當我們檢定收入和子女人數之間的相關係數，我們發現它是統計顯著的。這裡呈現相關係數 t 檢定的 Excel 輸出。

	A	B	C	D
1	t-Test of Correlation Coefficient			
2				
3	Sample correlation	−0.1425	t Stat	−2.65
4	Sample size	341	P(T<=t) one-tail	0.0042
5	Alpha	0.05	t Critical one-tail	1.6493
6			P(T<=t) two-tail	0.0084
7			t Critical two-tail	1.9670

我們要如何解釋這個介於收入和子女人數係數的複迴歸係數 t-檢定與相關係數 t-檢定結果之間明顯的矛盾？答案是多元共線性。

家庭成員中有收入的成員數和子女人數之間有高度的相關性。有收入的成員數和子女人數之間的相關係數 t-檢定結果如下。此結果應該不奇怪，當一個家庭中有更多賺取收入的人，很可能有更多的孩子。

	A	B	C	D
1	t-Test of Correlation Coefficient			
2				
3	Sample correlation	0.1539	t Stat	2.87
4	Sample size	341	P(T<=t) one-tail	0.0022
5	Alpha	0.05	t Critical one-tail	1.6493
6			P(T<=t) two-tail	0.0044
7			t Critical two-tail	1.9670

多元共線性影響了複迴歸係數 t-檢定的結果，使得子女人數和收入呈現不顯著的相關性，而實際上兩者有顯著的線性關係。

另外一個由多元共線性所造成的問題是對係數的詮釋。我們詮釋各迴歸係數的方式是，當對應的獨立變數增加一個單位，且所有其他獨立變數保持不變時，依變數對應的變動量。但當獨立變數間高度相關時，這項詮釋可能無法成立，因為當獨立變數增加 1 個單位時，某些或所有其他的獨立變數將隨之變動。

因此，統計應用者要面對兩個重要的問題。第一，當多元共線性的問題發生時，我們要如何辨認；第二，我們要如何避免或修正它？

其實多元共線性幾乎存在於所有的複迴歸模式中。事實上，要找到兩個完全不相關的變數是很少見的。但是，當兩個或更多個獨立變數之間是高度相關時，問題就變得嚴重了。遺憾的是，我們沒有一個臨界值可以指出何時 2 個獨立變數之間的相關會大到足以產生問題。更麻煩的是，多元共線性也發生於當數個獨立變數的組合與另一個獨立變數或與其他獨立變數的組合相關時。因此，即使可以取得所有的相關係數，要決定何時多元共線性問題已經達到嚴重的階段，可能非常的困難。此問題發生與否的一個良好的指標是 F-統計量很大，但 t-統計量很小。

最小化多元共線性的影響通常比修正它更容易。統計應用者必須試著選取彼此獨立的獨立變數到模式中。

練習題

以下的練習題需要使用電腦與軟體。

17.14 對練習題 17.1 的迴歸分析，計算殘差和預測值。
  a. 常態的必要條件有被違反嗎？請解釋之。
  b. 誤差變數的變異數是否為常數？請解釋之。

17.15 對練習題 17.1 的每一對獨立變數，計算變數間的相關係數。這些統計量告訴你什麼關於獨立變數以及其係數 t-檢定的訊息？

17.16 參考練習題 17.2。
  a. 計算殘差和預測值。
  b. 它是否顯示常態的必要條件被違反？請解釋之。
  c. 誤差變數的變異數是否為常數？請解釋之。

17.17 參考練習題 17.3，找出獨立變數的相關係數。
  a. 這些相關係數告訴你什麼關於獨立變數的訊息？
  b. 它們告訴你什麼關於係數 t-檢定的訊息？

17.18 在練習題 17.4 中的必要條件是否被滿足？

17.19 參考練習題 17.5。
  a. 進行殘差分析以決定是否有任何必要條件被違反。
  b. 是否顯示有多元共線性的問題？
  c. 辨識是否有任何觀測值的正確性應該特別被檢查。

17.20 參考練習題 17.6。計算殘差和預測值。
  a. 常態的必要條件是否被滿足？
  b. 誤差變數的變異數是否為常數？
  c. 是否有多元共線性的問題？

17.21 決定在練習題 17.7 中迴歸模式的必要條件是否有被違反。

17.22 決定在練習題 17.8 中迴歸模式的必要條件是否被滿足？

17.23 參考練習題 17.9。
  a. 必要的條件是否被滿足？
  b. 是否有多元共線性的問題？如果有，請解釋它造成的結果。

17.24 參考練習題 17.10。必要的條件是否被滿足？

一般社會調查練習

17.25 GSS2018 參考練習題 17.13。
  a. 計算相關係數矩陣。
  b. 是否存在多元共線性問題的跡象？請解釋之。
  c. 檢定每個獨立變數和依變數之間的相關性。哪些獨立變數與依變數之間線性相關？

17.26 參考練習題 17.11。計算父親和母親教育年數之間的相關性。是否有多元共線性的跡象？請解釋之。

17.27 參考練習題 17.12。
  a. 計算獨立變數之間的相關性。是否顯示存在多元共線性問題？請解釋之。

b. 檢定每一個獨立變數和依變數之間的相關性。哪些獨立變數和依變數之間線性相關？比較本題的結論和練習題 17.12 所產生的結論。

17.4 迴歸診斷 —— III（時間序列）

我們在第 16 章曾經指出，一般而言，當資料構成一個時間序列 (time series) ——資料是經過一序列的時段連續蒐集而來時，我們需要檢查誤差是否是獨立的。在 16.6 節中，我們描述一個圖示過程，以確定是否違背誤差獨立的必要條件。我們繪製殘差相對於時間點的圖，並檢視是否有任何趨勢存在。在本節中，我們再將**杜賓—華森檢定 (Durbin-Watson test)** 加入我們檢查的程序之中。

17.4a 杜賓—華森檢定

杜賓—華森檢定讓統計應用者可以決定是否有**一階自我相關 (first-order autocorrelation)** 存在的證據——當連續的殘差 e_i 與 e_{i-1} 之間存在著相關的情況，其中 i 為第 i 期。杜賓—華森統計量被定義為

$$d = \frac{\sum_{i=2}^{n}(e_i - e_{i-1})^2}{\sum_{i=1}^{n}e_i^2}$$

d 值的範圍是

$$0 \leq d \leq 4$$

其中小的 d 值 ($d < 2$) 意指存在著一個正一階自我相關，而大的 d 值 ($d > 2$) 意旨一個負的一階自我相關。正的一階自我相關通常發生在商業與經濟的時間序列中。它發生在接續殘差項大小相似的時候。在此情況下，$(e_i - e_{i-1})^2$ 的值將會很小，以至於產生一個很小的值。負的一階自我相關則發生在接續殘差項差異很大的時候。例如，如果正的與負的殘差交替發生，$(e_i - e_{i-1})^2$ 的值將會很大，因此，d 將會大於 2。圖 17.2 與圖 17.3 描繪正的一階自我相關，而圖 17.4 則說明負的一階自我相關。請注意，在圖 17.2 中，第一個殘差是個小的數字；雖然第二個殘差也是個小的數字，但稍微大一點；並且傾向於持續地增加。在圖 17.3 中，第一個殘差的數字是大的，通常其後接續的殘差是遞減的。在這兩個圖中，連續的殘差之間有相似性。在圖 17.4 中，第一個殘差是個正的數值，其後接著一個負的殘差。其餘的殘差也遵循著這個型態

(僅有一些是例外的)。接續殘差之間相當地不同。

圖 17.2 正的一階自我相關

圖 17.3 正的一階自我相關

圖 17.4 負的一階自我相關

附錄 B 中的表 8 是被設計對許多不同的 n 與 k 值以及對 $\alpha = .01$ 與 .05，提供檢定正的一階自我相關的 d_L 與 d_U 值。

檢定決策是根據下列的規則。如果 $d < d_L$，我們推論有足夠的證據顯示正的一

階自我相關存在。如果 $d > d_U$，我們結論沒有足夠的證據可以顯示正的一階自我相關存在。並且如果 $d_L \leq d \leq d_U$，則該檢定無法做結論。建議的行動是以更多的資料做檢定直到可以產生決策結論為止。

例如，要在 $n = 20$，$k = 3$ 和 $\alpha = .05$ 時檢定正的一階自我相關，我們檢定下列的假設：

H_0: 沒有一階自我相關

H_1: 有正的一階自我相關

決策的訂定如下：

如果 $d < d_L = 1.00$，拒絕虛無假設並支持對立假設。

如果 $d > d_U = 1.68$，不拒絕虛無假設。

如果 $1.00 \leq d \leq 1.68$，檢定沒有結論。

為了檢定負的一階自我相關，我們變更臨界值。如果 $d > 4 - d_L$，我們推論存在負的一階自我相關。如果 $d < 4 - d_U$，我們推論沒有足夠的證據顯示存在負的一階自我相關。如果 $4 - d_U \leq d \leq 4 - d_L$，則該檢定沒有結論。

我們也可以藉由合併兩個單尾檢定，簡單地對一階自我相關做檢定。如果 $d < d_L$ 或 $d > 4 - d_L$，我們結論自我相關存在。如果 $d_U \leq d \leq 4 - d_U$，我們推論沒有足夠的證據顯示自我相關存在。如果 $d_L \leq d \leq d_U$ 或 $4 - d_U \leq d \leq 4 - d_L$，檢定沒有結論。顯著水準將會是 2α (α 是單尾檢定的顯著水準)。圖 17.5 描述 d 值的範圍，以及對每一個區間的結論。

圖 17.5　杜賓─華森檢定

正的一階自我相關檢定

| 正的自我相關 | 檢定沒有結論 | 沒有正的自我相關的證據 |

0　　d_L　　d_U　　2　　　　　　　　　　4

負的一階自我相關檢定

| 沒有負的自我相關的證據 | 檢定沒有結論 | 負的自我相關 |

0　　　　　　2　　$4 - d_U$　$4 - d_L$　　4

自我相關的檢定

| 自我相關 | 檢定沒有結論 | 沒有自我相關的證據 | 檢定沒有結論 | 自我相關 |

0　　d_L　　d_U　　2　　$4 - d_U$　$4 - d_L$　　4

17 複迴歸分析

對於時間序列的資料,我們增加杜賓—華森檢定到迴歸診斷的程序中。換句話說,我們判斷誤差變數是否服從具有常數變異數的常態分配(如同我們在 17.3 節中所做的),我們辨識離群值和(如果我們的軟體許可)影響點,並且我們執行杜賓—華森檢定。

範例 17.1　聖誕週滑雪纜車票的銷售

DATA
Xm17-01

聖誕節假期的那一個星期對大多數的滑雪場而言是個非常重要的期間。因為許多學生與成年人都不必上課上班,他們可以利用好幾天的時間放任自己於最喜愛的娛樂——滑雪。滑雪場總收益的大部分比例都是在這段假期期間賺得的。在 Vermont 的一家滑雪場想要探討氣候對其纜車票銷售的影響。這家滑雪場的經理蒐集過去 20 年在耶誕節假期當週銷售滑雪纜車的票數 (y)、以吋計的總降雪量 (x_1),以及以華氏計的平均溫度 (x_2) 等的各項變數資料。發展複迴歸模式,並且診斷有任何必要條件被違反。

解答

模式是

$$y = \beta_0 + \beta_1 x_1 + \beta_2 x_2 + \varepsilon$$

EXCEL 資料分析

	A	B	C	D	E	F
1	SUMMARY OUTPUT					
3	*Regression Statistics*					
4	Multiple R	0.3465				
5	R Square	0.1200				
6	Adjusted R Square	0.0165				
7	Standard Error	1712				
8	Observations	20				
10	ANOVA					
11		df	SS	MS	F	Significance F
12	Regression	2	6,793,798	3,396,899	1.16	0.3373
13	Residual	17	49,807,214	2,929,836		
14	Total	19	56,601,012			
16		Coefficients	Standard Error	t Stat	P-value	
17	Intercept	8308	903.7	9.19	5.24E-08	
18	Snowfall	74.59	51.57	1.45	0.1663	
19	Temperature	-8.75	19.70	-0.44	0.6625	

詮釋

如你所見,判定係數相當的小 ($R^2 = 12\%$) 並且 F-檢定的 p-值為 .3373,兩者皆指出這項模式是不佳的。我們使用 Excel 繪製殘差的直方圖(圖 17.6),並且

在圖 17.7 中畫出 y 的預測值相對於殘差的圖。因為觀測值構成一個時間序列，我們也使用 Excel 畫出時段 (年) 相對於殘差的圖 (圖 17.8)。

圖 17.6 範例 17.1 的殘差直方圖

直方圖顯示誤差可能服從常態分配。

圖 17.7 範例 17.1 預測值對殘差的圖

並沒有顯示任何異質性的證據。

圖 17.8 範例 17.1 之時段對殘差的圖

這個圖揭示了一個嚴重的問題。殘差的各個連續數值之間存在著強烈的關係，它指出誤差是獨立的必要條件已經被違反。為了確認此一診斷結果，我們計算了杜賓－華森統計量，它是 .5931。

自己動手做 Excel

指令說明

1. 執行迴歸時，透過勾選「**殘差**」(Residuals) 來計算殘差。這裡列出前三個和最後三個殘差 (數字減少到小數點後一位)。請注意，殘差位於 C 欄 (column) 和第 26 至 45 列 (row) 中。

	A	B	C
23	RESIDUAL OUTPUT		
24			
25	Observation	Predicted Tickets	Residuals
26	1	9629.0	-2794.0
27	2	9593.2	-1723.2
28	3	8515.0	-2342.0
43	18	8672.6	1368.4
44	19	9594.4	334.6
45	20	9259.8	1831.2

2. 杜賓－華森統計量中的元素使用 **SUMXMY2** 函數計算如下：

$$= \text{SUMXMY2(Range1, Range2)}$$

其中 Range 1 是 [第 2 期殘差：最後一期殘差]，Range 2 是 [第 1 期殘差：倒數第二期殘差]。在此範例中，殘差儲存在 C26:C45 中。因此，分子由下函數計算：

$$= \textbf{SUMXMY2(C27:C45,C26:C44)}$$

3. 使用 **SUMSQ** 函數計算分母，如下所示：

$$= \text{SUMSQ (殘差範圍)}$$

在此範例中，於任何空的儲存格我們輸入：

$$= \textbf{SUMSQ(C26:C45)}$$

杜賓－華森統計量是兩者的比率。於任何空格輸入

$$= \textbf{SUMXMY2(C27:C45,C26:C44) / SUMSQ(C26:C45)}$$

臨界值可由查詢 $n = 20$ 和 $k = 2$ (模式中有 2 個獨立變數) 而決定。如果我們想要以 $\alpha = .05$ 檢定正的一階自我相關，我們在附錄 B 中的表 8(a) 可以找到

$$d_L = 1.10 \text{ 和 } d_U = 1.54$$

虛無與對立假設為

H_0: 無一階自我相關

H_1: 有正一階自我相關

拒絕域是 $d < d_L = 1.10$。因為 $d = .5931$，我們拒絕虛無假設並結論有充分的證據去推論正的一階自我相關存在。

自我相關通常是指該模式必須包括一個對依變數有時間順序影響的獨立變數。最簡單的此類獨立變數為表示時段的期數。為了示範說明，我們包括了第三個獨立變數，它記錄從資料被蒐集的那一年起的年數。因此，$x_3 = 1, 2, ..., 20$。新的模式為

$$y = \beta_0 + \beta_1 x_1 + \beta_2 x_2 + \beta_3 x_3 + \varepsilon$$

EXCEL 資料分析

	A	B	C	D	E	F
1	SUMMARY OUTPUT					
3	Regression Statistics					
4	Multiple R	0.8608				
5	R Square	0.7410				
6	Adjusted R Square	0.6924				
7	Standard Error	957.2				
8	Observations	20				
10	ANOVA					
11		df	SS	MS	F	Significance F
12	Regression	3	41,940,217	13,980,072	15.26	5.93E-05
13	Residual	16	14,660,795	916,300		
14	Total	19	56,601,012			
16		Coefficients	Standard Error	t Stat	P-value	
17	Intercept	5966	631.3	9.45	6.00E-08	
18	Snowfall	70.18	28.85	2.43	0.0271	
19	Temperature	-9.23	11.02	-0.84	0.4145	
20	Time	229.97	37.13	6.19	1.29E-05	

如同我們之前所做的，我們使用 Excel 計算殘差並執行迴歸診斷。結果呈現於圖 17.9 至圖 17.11。

圖 17.9 範例 17.1 的殘差直方圖 (包括時間變數)

這個直方圖顯示誤差可能服從常態分配。

> **圖 17.10** 範例 17.1 之預測值對殘差的圖（包括時間變數）
>
> 預測值對殘差

此誤差變數的變異數是常數。

> **圖 17.11** 範例 17.1 之時段對殘差的圖（包括時間變數）
>
> 時段對殘差

沒有自我相關的跡象。為了驗證我們的診斷，我們計算了杜賓—華森 (Durbin-Watson) 統計量，並發現它等於 1.885。

從附錄 B 的表 8(a) 中，我們得到杜賓—華森檢定的臨界值。用 $k = 3$ 與 $n = 20$，我們得到

$$d_L = 1.00 \text{ 和 } d_U = 1.68$$

因為 $d > 1.68$，我們結論沒有足夠的證據去推論正的一階自我相關存在。

請注意，這個模式有著戲劇性的進步。F-檢定告訴我們該模式是有效的。t-檢定告訴我們降雪量和時間點兩者皆與纜車銷售票數有著顯著的線性關係。這個資訊可能對滑雪場的行銷很有用。例如，滑雪場可以在它的廣告中強調任何最近的降雪量。如果沒有降雪，這個滑雪場可以強調它的造雪設備。

17.4b 發展對統計觀念的了解

請注意，時間變數的加入可以解釋很大一部分纜車票銷售張數的變異。也就是，滑雪場在過去20年間，經歷了相當穩定的銷售成長。一旦這項變數被包括在模式中，降雪量的影響變成顯著，因為它能夠解釋纜車票數銷售量一些剩餘的變異。少了時間變數，降雪量與溫度無法顯著地解釋票數銷售的變異。殘差相對於時間點的圖以及杜賓—華森檢定讓我們能夠找出問題所在並且修正它。在克服自相關的問題後，我們改善了模式，讓我們可以辨識降雪量是決定票數銷售量的一個重要變數。這種結果非常地普遍。修正對一個必要條件的違反通常可以改善模式。

練習題

17.28 以 5% 顯著水準，執行杜賓—華森檢定，決定是否存在正的一階自我相關，當 $d = 1.10$，$n = 25$ 且 $k = 3$。

17.29 決定當 $d = 2.85$、$n = 50$ 及 $k = 5$ 時，決定是否存在負的一階自我相關。（使用 1% 的顯著水準。）

17.30 給定下列的資訊，執行杜賓—華森檢定，決定是否存在一階自我相關。
$n = 25$，$k = 5$，$\alpha = .10$，$d = .90$

17.31 以 $\alpha = .05$ 檢定下列的假設。
H_0: 無一階自我相關
H_1: 有正的一階自我相關
$n = 50$，$k = 2$，$d = 1.38$

17.32 以 $\alpha = .02$ 檢定下列的假設。
H_0: 不存在一階自我相關
H_1: 存在一階自我相關
$n = 90$，$k = 5$，$d = 1.60$

17.33 以 $\alpha = .05$ 檢定下列的假設。
H_0: 無一階自我相關
H_1: 有負的一階自我相關
$n = 33$，$k = 4$，$d = 2.25$

以下練習題需要使用電腦和軟體

17.34 Xr17-53 在 100 個連續時間點對變數 y、x_1 和 x_2 進行觀察。
a. 對這些資料執行迴歸分析。
b. 繪製殘差相對於時間點的關係圖，並描述圖表。
c. 執行杜賓—華森檢定，有自我相關的證據嗎？使用 $\alpha = .10$。
d. 如果在 (c) 小題檢測到自我相關，提出一個替代迴歸模式來解決這個問題，使用電腦產生與此模式相關的統計量。
e. 重做 (b) 和 (c) 小題。比較兩個模式。

17.35 Xr17-54 公司產品 (y) 及其主要競爭對手產品 (x) 的每週銷售額被記錄了一年。
a. 對這些資料執行迴歸分析。
b. 繪製殘差相對於時間點的關係圖，並描述圖表。
c. 執行杜賓—華森檢定，有自我相關的證據嗎？使用 $\alpha = .10$。
d. 如果在 (c) 小題檢測到自我相關，提出一個替代迴歸模式來解決這個問題。使用電腦產生與此模式相關

的統計量。

e. 重做 (b) 和 (c) 小題。比較兩個模式。

本章摘要

　　複迴歸模式延伸第 16 章中所介紹的模式。統計概念與方法類似於在簡單線性迴歸中所提出的內容。我們以三種方法評估模式：估計的標準誤、判定係數 (以及自由度調整後的判定係數)，以及變異數分析的 F-檢定。我們可以使用係數的 t-檢定來判斷每一個獨立變數與依變數是否線性相關。如同我們在第 16 章中所做，我們示範如何診斷必要條件是否被違反，以及如何辨識其他的問題。此外，我們介紹了多元共線性問題，並且展示它的影響以及補救的方法。最後，我們提出杜賓—華森檢定來偵測一階自我相關。

附錄 A

資料檔的樣本統計量

第 11 章

11.31 $\bar{x} = 5,065$

11.32 $\bar{x} = 569$

11.33 $\bar{x} = 32.02$, $n = 50$

11.34 $\bar{x} = -1.20$

11.35 $\bar{x} = 55.8$

11.36 $\bar{x} = 19.39$

第 15 章

15.5
儲存格	1	2	3	4	5
次數	28	17	19	17	19

15.6
儲存格	1	2	3	4
次數	41	107	66	19

15.7
儲存格	1	2	3	4	5
次數	8	4	3	8	2

15.8
儲存格	1	2	3	4
次數	159	28	47	16

15.9
儲存格	1	2	3	4
次數	36	58	74	29

15.10
儲存格	1	2	3
次數	408	571	221

15.11
儲存格	1	2	3	4
次數	248	108	47	109

15.12
儲存格	1	2	3	4	5	6
次數	137	133	143	136	171	99

15.26
副作用 / 藥物	1	2
1	19	17
2	23	18
3	14	16
4	194	199

15.27
吸菸者 / 教育水準	1	2	3	4
1	34	251	159	16
2	23	212	248	57

15.28
胃灼熱 / 新聞來源	1	2	3	4	5	6
1	60	65	73	67	57	47
2	23	19	26	11	16	21
3	13	14	9	10	9	10
4	25	28	24	7	14	10

第 16 章

16.5 時間長度：$\bar{x} = 38.00$, $s_x^2 = 193.90$,
檢定：$\bar{y} = 13.80$, $s_y^2 = 47.96$;
$s_{xy} = 51.86$, $n = 60$

16.6 教育年限：$\bar{x} = 13.52$, $s_x^2 = 15.13$,
稅後收入：$\bar{y} = 64,293$, $s_y^2 = 406,827,073$,
$s_{xy} = 40,245$, $n = 511$

16.7 人口：$\bar{x} = 2,339,626$, $s_x^2 = 5,994,336,071,650$,
財產稅：$\bar{y} = 3,058$, $s_y^2 = 1,186,973$,
$s_{xy} = 880,267,351$, $n = 582$

16.8 樓層：$\bar{x} = 15.54$, $s_x^2 = 60.50$,
價格：$\bar{y} = 255,308$, $s_y^2 = 920,281,250$,
$s_{xy} = 98,842$, $n = 50$

16.9 年齡：$\bar{x} = 45.49$, $s_x^2 = 107.51$,
時間：$\bar{y} = 11.55$, $s_y^2 = 42.54$,
$s_{xy} = 9.67$, $n = 229$

16.10 消費者單位：$\bar{x} = 2.54$, $s_x^2 = 2.22$,
收入：$\bar{y} = 82,976$, $s_y^2 = 961,444,307$,
$s_{xy} = 29,282$, $n = 204$

16.11 距離：$\bar{x} = 4.88$, $s_x^2 = 4.27$,
百分比：$\bar{y} = 49.22$, $s_y^2 = 243.94$,
$s_{xy} = 22.83$, $n = 85$

16.12 公寓面積：$\bar{x} = 53.93$, $s_x^2 = 688.2$,
價格：$\bar{y} = 6,465$, $s_y^2 = 11,918,489$,
$s_{xy} = 30,945$, $n = 40$

附錄 B

表格

表 1　二項機率

表值是 $P(X \leq k) = \sum_{x=0}^{k} p(x_i)$。（數值被四捨五入到小數點後四位。）

n = 5

k	0.01	0.05	0.10	0.20	0.25	0.30	0.40	0.50	0.60	0.70	0.75	0.80	0.90	0.95	0.99
0	0.9510	0.7738	0.5905	0.3277	0.2373	0.1681	0.0778	0.0313	0.0102	0.0024	0.0010	0.0003	0.0000	0.0000	0.0000
1	0.9990	0.9774	0.9185	0.7373	0.6328	0.5282	0.3370	0.1875	0.0870	0.0308	0.0156	0.0067	0.0005	0.0000	0.0000
2	1.0000	0.9988	0.9914	0.9421	0.8965	0.8369	0.6826	0.5000	0.3174	0.1631	0.1035	0.0579	0.0086	0.0012	0.0000
3	1.0000	1.0000	0.9995	0.9933	0.9844	0.9692	0.9130	0.8125	0.6630	0.4718	0.3672	0.2627	0.0815	0.0226	0.0010
4	1.0000	1.0000	1.0000	0.9997	0.9990	0.9976	0.9898	0.9688	0.9222	0.8319	0.7627	0.6723	0.4095	0.2262	0.0490

n = 6

k	0.01	0.05	0.10	0.20	0.25	0.30	0.40	0.50	0.60	0.70	0.75	0.80	0.90	0.95	0.99
0	0.9415	0.7351	0.5314	0.2621	0.1780	0.1176	0.0467	0.0156	0.0041	0.0007	0.0002	0.0001	0.0000	0.0000	0.0000
1	0.9985	0.9672	0.8857	0.6554	0.5339	0.4202	0.2333	0.1094	0.0410	0.0109	0.0046	0.0016	0.0001	0.0000	0.0000
2	1.0000	0.9978	0.9842	0.9011	0.8306	0.7443	0.5443	0.3438	0.1792	0.0705	0.0376	0.0170	0.0013	0.0001	0.0000
3	1.0000	0.9999	0.9987	0.9830	0.9624	0.9295	0.8208	0.6563	0.4557	0.2557	0.1694	0.0989	0.0159	0.0022	0.0000
4	1.0000	1.0000	0.9999	0.9984	0.9954	0.9891	0.9590	0.8906	0.7667	0.5798	0.4661	0.3446	0.1143	0.0328	0.0015
5	1.0000	1.0000	1.0000	0.9999	0.9998	0.9993	0.9959	0.9844	0.9533	0.8824	0.8220	0.7379	0.4686	0.2649	0.0585

n = 7

k	0.01	0.05	0.10	0.20	0.25	0.30	0.40	0.50	0.60	0.70	0.75	0.80	0.90	0.95	0.99
0	0.9321	0.6983	0.4783	0.2097	0.1335	0.0824	0.0280	0.0078	0.0016	0.0002	0.0001	0.0000	0.0000	0.0000	0.0000
1	0.9980	0.9556	0.8503	0.5767	0.4449	0.3294	0.1586	0.0625	0.0188	0.0038	0.0013	0.0004	0.0000	0.0000	0.0000
2	1.0000	0.9962	0.9743	0.8520	0.7564	0.6471	0.4199	0.2266	0.0963	0.0288	0.0129	0.0047	0.0002	0.0000	0.0000
3	1.0000	0.9998	0.9973	0.9667	0.9294	0.8740	0.7102	0.5000	0.2898	0.1260	0.0706	0.0333	0.0027	0.0002	0.0000
4	1.0000	1.0000	0.9998	0.9953	0.9871	0.9712	0.9037	0.7734	0.5801	0.3529	0.2436	0.1480	0.0257	0.0038	0.0000
5	1.0000	1.0000	1.0000	0.9996	0.9987	0.9962	0.9812	0.9375	0.8414	0.6706	0.5551	0.4233	0.1497	0.0444	0.0020
6	1.0000	1.0000	1.0000	1.0000	0.9999	0.9998	0.9984	0.9922	0.9720	0.9176	0.8665	0.7903	0.5217	0.3017	0.0679

表 1 （續）

n = 8

k	\\ p	0.01	0.05	0.10	0.20	0.25	0.30	0.40	0.50	0.60	0.70	0.75	0.80	0.90	0.95	0.99
0		0.9227	0.6634	0.4305	0.1678	0.1001	0.0576	0.0168	0.0039	0.0007	0.0001	0.0000	0.0000	0.0000	0.0000	0.0000
1		0.9973	0.9428	0.8131	0.5033	0.3671	0.2553	0.1064	0.0352	0.0085	0.0013	0.0004	0.0001	0.0000	0.0000	0.0000
2		0.9999	0.9942	0.9619	0.7969	0.6785	0.5518	0.3154	0.1445	0.0498	0.0113	0.0042	0.0012	0.0000	0.0000	0.0000
3		1.0000	0.9996	0.9950	0.9437	0.8862	0.8059	0.5941	0.3633	0.1737	0.0580	0.0273	0.0104	0.0004	0.0000	0.0000
4		1.0000	1.0000	0.9996	0.9896	0.9727	0.9420	0.8263	0.6367	0.4059	0.1941	0.1138	0.0563	0.0050	0.0004	0.0000
5		1.0000	1.0000	1.0000	0.9988	0.9958	0.9887	0.9502	0.8555	0.6846	0.4482	0.3215	0.2031	0.0381	0.0058	0.0001
6		1.0000	1.0000	1.0000	0.9999	0.9996	0.9987	0.9915	0.9648	0.8936	0.7447	0.6329	0.4967	0.1869	0.0572	0.0027
7		1.0000	1.0000	1.0000	1.0000	1.0000	0.9999	0.9993	0.9961	0.9832	0.9424	0.8999	0.8322	0.5695	0.3366	0.0773

n = 9

k	\\ p	0.01	0.05	0.10	0.20	0.25	0.30	0.40	0.50	0.60	0.70	0.75	0.80	0.90	0.95	0.99
0		0.9135	0.6302	0.3874	0.1342	0.0751	0.0404	0.0101	0.0020	0.0003	0.0000	0.0000	0.0000	0.0000	0.0000	0.0000
1		0.9966	0.9288	0.7748	0.4362	0.3003	0.1960	0.0705	0.0195	0.0038	0.0004	0.0001	0.0000	0.0000	0.0000	0.0000
2		0.9999	0.9916	0.9470	0.7382	0.6007	0.4628	0.2318	0.0898	0.0250	0.0043	0.0013	0.0003	0.0000	0.0000	0.0000
3		1.0000	0.9994	0.9917	0.9144	0.8343	0.7297	0.4826	0.2539	0.0994	0.0253	0.0100	0.0031	0.0001	0.0000	0.0000
4		1.0000	1.0000	0.9991	0.9804	0.9511	0.9012	0.7334	0.5000	0.2666	0.0988	0.0489	0.0196	0.0009	0.0000	0.0000
5		1.0000	1.0000	0.9999	0.9969	0.9900	0.9747	0.9006	0.7461	0.5174	0.2703	0.1657	0.0856	0.0083	0.0006	0.0000
6		1.0000	1.0000	1.0000	0.9997	0.9987	0.9957	0.9750	0.9102	0.7682	0.5372	0.3993	0.2618	0.0530	0.0084	0.0001
7		1.0000	1.0000	1.0000	1.0000	0.9999	0.9996	0.9962	0.9805	0.9295	0.8040	0.6997	0.5638	0.2252	0.0712	0.0034
8		1.0000	1.0000	1.0000	1.0000	1.0000	1.0000	0.9997	0.9980	0.9899	0.9596	0.9249	0.8658	0.6126	0.3698	0.0865

表 1 （續）

n = 10

k	0.01	0.05	0.10	0.20	0.25	0.30	0.40	p 0.50	0.60	0.70	0.75	0.80	0.90	0.95	0.99
0	0.9044	0.5987	0.3487	0.1074	0.0563	0.0282	0.0060	0.0010	0.0001	0.0000	0.0000	0.0000	0.0000	0.0000	0.0000
1	0.9957	0.9139	0.7361	0.3758	0.2440	0.1493	0.0464	0.0107	0.0017	0.0001	0.0000	0.0000	0.0000	0.0000	0.0000
2	0.9999	0.9885	0.9298	0.6778	0.5256	0.3828	0.1673	0.0547	0.0123	0.0016	0.0004	0.0001	0.0000	0.0000	0.0000
3	1.0000	0.9990	0.9872	0.8791	0.7759	0.6496	0.3823	0.1719	0.0548	0.0106	0.0035	0.0009	0.0000	0.0000	0.0000
4	1.0000	0.9999	0.9984	0.9672	0.9219	0.8497	0.6331	0.3770	0.1662	0.0473	0.0197	0.0064	0.0001	0.0000	0.0000
5	1.0000	1.0000	0.9999	0.9936	0.9803	0.9527	0.8338	0.6230	0.3669	0.1503	0.0781	0.0328	0.0016	0.0001	0.0000
6	1.0000	1.0000	1.0000	0.9991	0.9965	0.9894	0.9452	0.8281	0.6177	0.3504	0.2241	0.1209	0.0128	0.0010	0.0000
7	1.0000	1.0000	1.0000	0.9999	0.9996	0.9984	0.9877	0.9453	0.8327	0.6172	0.4744	0.3222	0.0702	0.0115	0.0001
8	1.0000	1.0000	1.0000	1.0000	1.0000	0.9999	0.9983	0.9893	0.9536	0.8507	0.7560	0.6242	0.2639	0.0861	0.0043
9	1.0000	1.0000	1.0000	1.0000	1.0000	1.0000	0.9999	0.9990	0.9940	0.9718	0.9437	0.8926	0.6513	0.4013	0.0956

n = 15

k	0.01	0.05	0.10	0.20	0.25	0.30	0.40	p 0.50	0.60	0.70	0.75	0.80	0.90	0.95	0.99
0	0.8601	0.4633	0.2059	0.0352	0.0134	0.0047	0.0005	0.0000	0.0000	0.0000	0.0000	0.0000	0.0000	0.0000	0.0000
1	0.9904	0.8290	0.5490	0.1671	0.0802	0.0353	0.0052	0.0005	0.0000	0.0000	0.0000	0.0000	0.0000	0.0000	0.0000
2	0.9996	0.9638	0.8159	0.3980	0.2361	0.1268	0.0271	0.0037	0.0003	0.0000	0.0000	0.0000	0.0000	0.0000	0.0000
3	1.0000	0.9945	0.9444	0.6482	0.4613	0.2969	0.0905	0.0176	0.0019	0.0001	0.0000	0.0000	0.0000	0.0000	0.0000
4	1.0000	0.9994	0.9873	0.8358	0.6865	0.5155	0.2173	0.0592	0.0093	0.0007	0.0001	0.0000	0.0000	0.0000	0.0000
5	1.0000	0.9999	0.9978	0.9389	0.8516	0.7216	0.4032	0.1509	0.0338	0.0037	0.0008	0.0001	0.0000	0.0000	0.0000
6	1.0000	1.0000	0.9997	0.9819	0.9434	0.8689	0.6098	0.3036	0.0950	0.0152	0.0042	0.0008	0.0000	0.0000	0.0000
7	1.0000	1.0000	1.0000	0.9958	0.9827	0.9500	0.7869	0.5000	0.2131	0.0500	0.0173	0.0042	0.0000	0.0000	0.0000
8	1.0000	1.0000	1.0000	0.9992	0.9958	0.9848	0.9050	0.6964	0.3902	0.1311	0.0566	0.0181	0.0003	0.0000	0.0000
9	1.0000	1.0000	1.0000	0.9999	0.9992	0.9963	0.9662	0.8491	0.5968	0.2784	0.1484	0.0611	0.0022	0.0001	0.0000
10	1.0000	1.0000	1.0000	1.0000	0.9999	0.9993	0.9907	0.9408	0.7827	0.4845	0.3135	0.1642	0.0127	0.0006	0.0000
11	1.0000	1.0000	1.0000	1.0000	1.0000	0.9999	0.9981	0.9824	0.9095	0.7031	0.5387	0.3518	0.0556	0.0055	0.0000
12	1.0000	1.0000	1.0000	1.0000	1.0000	1.0000	0.9997	0.9963	0.9729	0.8732	0.7639	0.6020	0.1841	0.0362	0.0004
13	1.0000	1.0000	1.0000	1.0000	1.0000	1.0000	1.0000	0.9995	0.9948	0.9647	0.9198	0.8329	0.4510	0.1710	0.0096
14	1.0000	1.0000	1.0000	1.0000	1.0000	1.0000	1.0000	1.0000	0.9995	0.9953	0.9866	0.9648	0.7941	0.5367	0.1399

表1（續）

n = 20

k	0.01	0.05	0.10	0.20	0.25	0.30	0.40	0.50	0.60	0.70	0.75	0.80	0.90	0.95	0.99
0	0.8179	0.3585	0.1216	0.0115	0.0032	0.0008	0.0000	0.0000	0.0000	0.0000	0.0000	0.0000	0.0000	0.0000	0.0000
1	0.9831	0.7358	0.3917	0.0692	0.0243	0.0076	0.0005	0.0000	0.0000	0.0000	0.0000	0.0000	0.0000	0.0000	0.0000
2	0.9990	0.9245	0.6769	0.2061	0.0913	0.0355	0.0036	0.0002	0.0000	0.0000	0.0000	0.0000	0.0000	0.0000	0.0000
3	1.0000	0.9841	0.8670	0.4114	0.2252	0.1071	0.0160	0.0013	0.0000	0.0000	0.0000	0.0000	0.0000	0.0000	0.0000
4	1.0000	0.9974	0.9568	0.6296	0.4148	0.2375	0.0510	0.0059	0.0003	0.0000	0.0000	0.0000	0.0000	0.0000	0.0000
5	1.0000	0.9997	0.9887	0.8042	0.6172	0.4164	0.1256	0.0207	0.0016	0.0000	0.0000	0.0000	0.0000	0.0000	0.0000
6	1.0000	1.0000	0.9976	0.9133	0.7858	0.6080	0.2500	0.0577	0.0065	0.0003	0.0000	0.0000	0.0000	0.0000	0.0000
7	1.0000	1.0000	0.9996	0.9679	0.8982	0.7723	0.4159	0.1316	0.0210	0.0013	0.0002	0.0000	0.0000	0.0000	0.0000
8	1.0000	1.0000	0.9999	0.9900	0.9591	0.8867	0.5956	0.2517	0.0565	0.0051	0.0009	0.0001	0.0000	0.0000	0.0000
9	1.0000	1.0000	1.0000	0.9974	0.9861	0.9520	0.7553	0.4119	0.1275	0.0171	0.0039	0.0006	0.0000	0.0000	0.0000
10	1.0000	1.0000	1.0000	0.9994	0.9961	0.9829	0.8725	0.5881	0.2447	0.0480	0.0139	0.0026	0.0000	0.0000	0.0000
11	1.0000	1.0000	1.0000	0.9999	0.9991	0.9949	0.9435	0.7483	0.4044	0.1133	0.0409	0.0100	0.0001	0.0000	0.0000
12	1.0000	1.0000	1.0000	1.0000	0.9998	0.9987	0.9790	0.8684	0.5841	0.2277	0.1018	0.0321	0.0004	0.0000	0.0000
13	1.0000	1.0000	1.0000	1.0000	1.0000	0.9997	0.9935	0.9423	0.7500	0.3920	0.2142	0.0867	0.0024	0.0000	0.0000
14	1.0000	1.0000	1.0000	1.0000	1.0000	1.0000	0.9984	0.9793	0.8744	0.5836	0.3828	0.1958	0.0113	0.0003	0.0000
15	1.0000	1.0000	1.0000	1.0000	1.0000	1.0000	0.9997	0.9941	0.9490	0.7625	0.5852	0.3704	0.0432	0.0026	0.0000
16	1.0000	1.0000	1.0000	1.0000	1.0000	1.0000	1.0000	0.9987	0.9840	0.8929	0.7748	0.5886	0.1330	0.0159	0.0000
17	1.0000	1.0000	1.0000	1.0000	1.0000	1.0000	1.0000	0.9998	0.9964	0.9645	0.9087	0.7939	0.3231	0.0755	0.0010
18	1.0000	1.0000	1.0000	1.0000	1.0000	1.0000	1.0000	1.0000	0.9995	0.9924	0.9757	0.9308	0.6083	0.2642	0.0169
19	1.0000	1.0000	1.0000	1.0000	1.0000	1.0000	1.0000	1.0000	1.0000	0.9992	0.9968	0.9885	0.8784	0.6415	0.1821

表 1（續）

$n = 25$

k	0.01	0.05	0.10	0.20	0.25	0.30	0.40	0.50	0.60	0.70	0.75	0.80	0.90	0.95	0.99
0	0.7778	0.2774	0.0718	0.0038	0.0008	0.0001	0.0000	0.0000	0.0000	0.0000	0.0000	0.0000	0.0000	0.0000	0.0000
1	0.9742	0.6424	0.2712	0.0274	0.0070	0.0016	0.0001	0.0000	0.0000	0.0000	0.0000	0.0000	0.0000	0.0000	0.0000
2	0.9980	0.8729	0.5371	0.0982	0.0321	0.0090	0.0004	0.0000	0.0000	0.0000	0.0000	0.0000	0.0000	0.0000	0.0000
3	0.9999	0.9659	0.7636	0.2340	0.0962	0.0332	0.0024	0.0001	0.0000	0.0000	0.0000	0.0000	0.0000	0.0000	0.0000
4	1.0000	0.9928	0.9020	0.4207	0.2137	0.0905	0.0095	0.0005	0.0000	0.0000	0.0000	0.0000	0.0000	0.0000	0.0000
5	1.0000	0.9988	0.9666	0.6167	0.3783	0.1935	0.0294	0.0020	0.0001	0.0000	0.0000	0.0000	0.0000	0.0000	0.0000
6	1.0000	0.9998	0.9905	0.7800	0.5611	0.3407	0.0736	0.0073	0.0003	0.0000	0.0000	0.0000	0.0000	0.0000	0.0000
7	1.0000	1.0000	0.9977	0.8909	0.7265	0.5118	0.1536	0.0216	0.0012	0.0000	0.0000	0.0000	0.0000	0.0000	0.0000
8	1.0000	1.0000	0.9995	0.9532	0.8506	0.6769	0.2735	0.0539	0.0043	0.0001	0.0000	0.0000	0.0000	0.0000	0.0000
9	1.0000	1.0000	0.9999	0.9827	0.9287	0.8106	0.4246	0.1148	0.0132	0.0005	0.0000	0.0000	0.0000	0.0000	0.0000
10	1.0000	1.0000	1.0000	0.9944	0.9703	0.9022	0.5858	0.2122	0.0344	0.0018	0.0002	0.0000	0.0000	0.0000	0.0000
11	1.0000	1.0000	1.0000	0.9985	0.9893	0.9558	0.7323	0.3450	0.0778	0.0060	0.0009	0.0001	0.0000	0.0000	0.0000
12	1.0000	1.0000	1.0000	0.9996	0.9966	0.9825	0.8462	0.5000	0.1538	0.0175	0.0034	0.0004	0.0000	0.0000	0.0000
13	1.0000	1.0000	1.0000	0.9999	0.9991	0.9940	0.9222	0.6550	0.2677	0.0442	0.0107	0.0015	0.0000	0.0000	0.0000
14	1.0000	1.0000	1.0000	1.0000	0.9998	0.9982	0.9656	0.7878	0.4142	0.0978	0.0297	0.0056	0.0000	0.0000	0.0000
15	1.0000	1.0000	1.0000	1.0000	1.0000	0.9995	0.9868	0.8852	0.5754	0.1894	0.0713	0.0173	0.0001	0.0000	0.0000
16	1.0000	1.0000	1.0000	1.0000	1.0000	0.9999	0.9957	0.9461	0.7265	0.3231	0.1494	0.0468	0.0005	0.0000	0.0000
17	1.0000	1.0000	1.0000	1.0000	1.0000	1.0000	0.9988	0.9784	0.8464	0.4882	0.2735	0.1091	0.0023	0.0000	0.0000
18	1.0000	1.0000	1.0000	1.0000	1.0000	1.0000	0.9997	0.9927	0.9264	0.6593	0.4389	0.2200	0.0095	0.0002	0.0000
19	1.0000	1.0000	1.0000	1.0000	1.0000	1.0000	0.9999	0.9980	0.9706	0.8065	0.6217	0.3833	0.0334	0.0012	0.0000
20	1.0000	1.0000	1.0000	1.0000	1.0000	1.0000	1.0000	0.9995	0.9905	0.9095	0.7863	0.5793	0.0980	0.0072	0.0000
21	1.0000	1.0000	1.0000	1.0000	1.0000	1.0000	1.0000	0.9999	0.9976	0.9668	0.9038	0.7660	0.2364	0.0341	0.0001
22	1.0000	1.0000	1.0000	1.0000	1.0000	1.0000	1.0000	1.0000	0.9996	0.9910	0.9679	0.9018	0.4629	0.1271	0.0020
23	1.0000	1.0000	1.0000	1.0000	1.0000	1.0000	1.0000	1.0000	0.9999	0.9984	0.9930	0.9726	0.7288	0.3576	0.0258
24	1.0000	1.0000	1.0000	1.0000	1.0000	1.0000	1.0000	1.0000	1.0000	0.9999	0.9992	0.9962	0.9282	0.7226	0.2222

表2 卜瓦松 (Poisson) 機率

表值是 $P(X \leq k) = \sum_{x=0}^{k} p(x_i)$。（數值被四捨五入到小數點後四位。）

k	\multicolumn{16}{c}{μ}
	0.10	0.20	0.30	0.40	0.50	1.0	1.5	2.0	2.5	3.0	3.5	4.0	4.5	5.0	5.5	6.0
0	0.9048	0.8187	0.7408	0.6703	0.6065	0.3679	0.2231	0.1353	0.0821	0.0498	0.0302	0.0183	0.0111	0.0067	0.0041	0.0025
1	0.9953	0.9825	0.9631	0.9384	0.9098	0.7358	0.5578	0.4060	0.2873	0.1991	0.1359	0.0916	0.0611	0.0404	0.0266	0.0174
2	0.9998	0.9989	0.9964	0.9921	0.9856	0.9197	0.8088	0.6767	0.5438	0.4232	0.3208	0.2381	0.1736	0.1247	0.0884	0.0620
3	1.0000	0.9999	0.9997	0.9992	0.9982	0.9810	0.9344	0.8571	0.7576	0.6472	0.5366	0.4335	0.3423	0.2650	0.2017	0.1512
4		1.0000	1.0000	0.9999	0.9998	0.9963	0.9814	0.9473	0.8912	0.8153	0.7254	0.6288	0.5321	0.4405	0.3575	0.2851
5				1.0000	1.0000	0.9994	0.9955	0.9834	0.9580	0.9161	0.8576	0.7851	0.7029	0.6160	0.5289	0.4457
6						0.9999	0.9991	0.9955	0.9858	0.9665	0.9347	0.8893	0.8311	0.7622	0.6860	0.6063
7						1.0000	0.9998	0.9989	0.9958	0.9881	0.9733	0.9489	0.9134	0.8666	0.8095	0.7440
8							1.0000	0.9998	0.9989	0.9962	0.9901	0.9786	0.9597	0.9319	0.8944	0.8472
9								1.0000	0.9997	0.9989	0.9967	0.9919	0.9829	0.9682	0.9462	0.9161
10									0.9999	0.9997	0.9990	0.9972	0.9933	0.9863	0.9747	0.9574
11									1.0000	0.9999	0.9997	0.9991	0.9976	0.9945	0.9890	0.9799
12										1.0000	0.9999	0.9997	0.9992	0.9980	0.9955	0.9912
13											1.0000	0.9999	0.9997	0.9993	0.9983	0.9964
14												1.0000	0.9999	0.9998	0.9994	0.9986
15													1.0000	0.9999	0.9998	0.9995
16														1.0000	0.9999	0.9998
17															1.0000	0.9999
18																1.0000
19																
20																

表 2（續）

k	μ 6.50	7.00	7.50	8.00	8.50	9.00	9.50	10	11	12	13	14	15
0	0.0015	0.0009	0.0006	0.0003	0.0002	0.0001	0.0001	0.0000	0.0000	0.0000	0.0000	0.0000	0.0000
1	0.0113	0.0073	0.0047	0.0030	0.0019	0.0012	0.0008	0.0005	0.0002	0.0001	0.0000	0.0000	0.0000
2	0.0430	0.0296	0.0203	0.0138	0.0093	0.0062	0.0042	0.0028	0.0012	0.0005	0.0002	0.0001	0.0000
3	0.1118	0.0818	0.0591	0.0424	0.0301	0.0212	0.0149	0.0103	0.0049	0.0023	0.0011	0.0005	0.0002
4	0.2237	0.1730	0.1321	0.0996	0.0744	0.0550	0.0403	0.0293	0.0151	0.0076	0.0037	0.0018	0.0009
5	0.3690	0.3007	0.2414	0.1912	0.1496	0.1157	0.0885	0.0671	0.0375	0.0203	0.0107	0.0055	0.0028
6	0.5265	0.4497	0.3782	0.3134	0.2562	0.2068	0.1649	0.1301	0.0786	0.0458	0.0259	0.0142	0.0076
7	0.6728	0.5987	0.5246	0.4530	0.3856	0.3239	0.2687	0.2202	0.1432	0.0895	0.0540	0.0316	0.0180
8	0.7916	0.7291	0.6620	0.5925	0.5231	0.4557	0.3918	0.3328	0.2320	0.1550	0.0998	0.0621	0.0374
9	0.8774	0.8305	0.7764	0.7166	0.6530	0.5874	0.5218	0.4579	0.3405	0.2424	0.1658	0.1094	0.0699
10	0.9332	0.9015	0.8622	0.8159	0.7634	0.7060	0.6453	0.5830	0.4599	0.3472	0.2517	0.1757	0.1185
11	0.9661	0.9467	0.9208	0.8881	0.8487	0.8030	0.7520	0.6968	0.5793	0.4616	0.3532	0.2600	0.1848
12	0.9840	0.9730	0.9573	0.9362	0.9091	0.8758	0.8364	0.7916	0.6887	0.5760	0.4631	0.3585	0.2676
13	0.9929	0.9872	0.9784	0.9658	0.9486	0.9261	0.8981	0.8645	0.7813	0.6815	0.5730	0.4644	0.3632
14	0.9970	0.9943	0.9897	0.9827	0.9726	0.9585	0.9400	0.9165	0.8540	0.7720	0.6751	0.5704	0.4657
15	0.9988	0.9976	0.9954	0.9918	0.9862	0.9780	0.9665	0.9513	0.9074	0.8444	0.7636	0.6694	0.5681
16	0.9996	0.9990	0.9980	0.9963	0.9934	0.9889	0.9823	0.9730	0.9441	0.8987	0.8355	0.7559	0.6641
17	0.9998	0.9996	0.9992	0.9984	0.9970	0.9947	0.9911	0.9857	0.9678	0.9370	0.8905	0.8272	0.7489
18	0.9999	0.9999	0.9997	0.9993	0.9987	0.9976	0.9957	0.9928	0.9823	0.9626	0.9302	0.8826	0.8195
19	1.0000	1.0000	0.9999	0.9997	0.9995	0.9989	0.9980	0.9965	0.9907	0.9787	0.9573	0.9235	0.8752
20			1.0000	0.9999	0.9998	0.9996	0.9991	0.9984	0.9953	0.9884	0.9750	0.9521	0.9170
21				1.0000	0.9999	0.9998	0.9996	0.9993	0.9977	0.9939	0.9859	0.9712	0.9469
22					1.0000	0.9999	0.9999	0.9997	0.9990	0.9970	0.9924	0.9833	0.9673
23						1.0000	0.9999	0.9999	0.9995	0.9985	0.9960	0.9907	0.9805
24							1.0000	1.0000	0.9998	0.9993	0.9980	0.9950	0.9888
25									0.9999	0.9997	0.9990	0.9974	0.9938
26									1.0000	0.9999	0.9995	0.9987	0.9967
27										0.9999	0.9998	0.9994	0.9983
28										1.0000	0.9999	0.9997	0.9991
29											1.0000	0.9999	0.9996
30												0.9999	0.9998
31												1.0000	0.9999
32													1.0000

表3　累積標準化常態機率

$P(-\infty < Z < z)$

Z	0.00	0.01	0.02	0.03	0.04	0.05	0.06	0.07	0.08	0.09
−3.0	0.0013	0.0013	0.0013	0.0012	0.0012	0.0011	0.0011	0.0011	0.0010	0.0010
−2.9	0.0019	0.0018	0.0018	0.0017	0.0016	0.0016	0.0015	0.0015	0.0014	0.0014
−2.8	0.0026	0.0025	0.0024	0.0023	0.0023	0.0022	0.0021	0.0021	0.0020	0.0019
−2.7	0.0035	0.0034	0.0033	0.0032	0.0031	0.0030	0.0029	0.0028	0.0027	0.0026
−2.6	0.0047	0.0045	0.0044	0.0043	0.0041	0.0040	0.0039	0.0038	0.0037	0.0036
−2.5	0.0062	0.0060	0.0059	0.0057	0.0055	0.0054	0.0052	0.0051	0.0049	0.0048
−2.4	0.0082	0.0080	0.0078	0.0075	0.0073	0.0071	0.0069	0.0068	0.0066	0.0064
−2.3	0.0107	0.0104	0.0102	0.0099	0.0096	0.0094	0.0091	0.0089	0.0087	0.0084
−2.2	0.0139	0.0136	0.0132	0.0129	0.0125	0.0122	0.0119	0.0116	0.0113	0.0110
−2.1	0.0179	0.0174	0.0170	0.0166	0.0162	0.0158	0.0154	0.0150	0.0146	0.0143
−2.0	0.0228	0.0222	0.0217	0.0212	0.0207	0.0202	0.0197	0.0192	0.0188	0.0183
−1.9	0.0287	0.0281	0.0274	0.0268	0.0262	0.0256	0.0250	0.0244	0.0239	0.0233
−1.8	0.0359	0.0351	0.0344	0.0336	0.0329	0.0322	0.0314	0.0307	0.0301	0.0294
−1.7	0.0446	0.0436	0.0427	0.0418	0.0409	0.0401	0.0392	0.0384	0.0375	0.0367
−1.6	0.0548	0.0537	0.0526	0.0516	0.0505	0.0495	0.0485	0.0475	0.0465	0.0455
−1.5	0.0668	0.0655	0.0643	0.0630	0.0618	0.0606	0.0594	0.0582	0.0571	0.0559
−1.4	0.0808	0.0793	0.0778	0.0764	0.0749	0.0735	0.0721	0.0708	0.0694	0.0681
−1.3	0.0968	0.0951	0.0934	0.0918	0.0901	0.0885	0.0869	0.0853	0.0838	0.0823
−1.2	0.1151	0.1131	0.1112	0.1093	0.1075	0.1056	0.1038	0.1020	0.1003	0.0985
−1.1	0.1357	0.1335	0.1314	0.1292	0.1271	0.1251	0.1230	0.1210	0.1190	0.1170
−1.0	0.1587	0.1562	0.1539	0.1515	0.1492	0.1469	0.1446	0.1423	0.1401	0.1379
−0.9	0.1841	0.1814	0.1788	0.1762	0.1736	0.1711	0.1685	0.1660	0.1635	0.1611
−0.8	0.2119	0.2090	0.2061	0.2033	0.2005	0.1977	0.1949	0.1922	0.1894	0.1867
−0.7	0.2420	0.2389	0.2358	0.2327	0.2296	0.2266	0.2236	0.2206	0.2177	0.2148
−0.6	0.2743	0.2709	0.2676	0.2643	0.2611	0.2578	0.2546	0.2514	0.2483	0.2451
−0.5	0.3085	0.3050	0.3015	0.2981	0.2946	0.2912	0.2877	0.2843	0.2810	0.2776
−0.4	0.3446	0.3409	0.3372	0.3336	0.3300	0.3264	0.3228	0.3192	0.3156	0.3121
−0.3	0.3821	0.3783	0.3745	0.3707	0.3669	0.3632	0.3594	0.3557	0.3520	0.3483
−0.2	0.4207	0.4168	0.4129	0.4090	0.4052	0.4013	0.3974	0.3936	0.3897	0.3859
−0.1	0.4602	0.4562	0.4522	0.4483	0.4443	0.4404	0.4364	0.4325	0.4286	0.4247
−0.0	0.5000	0.4960	0.4920	0.4880	0.4840	0.4801	0.4761	0.4721	0.4681	0.4641

表 3（續）

$P(-\infty < Z < z)$

Z	0.00	0.01	0.02	0.03	0.04	0.05	0.06	0.07	0.08	0.09
0.0	0.5000	0.5040	0.5080	0.5120	0.5160	0.5199	0.5239	0.5279	0.5319	0.5359
0.1	0.5398	0.5438	0.5478	0.5517	0.5557	0.5596	0.5636	0.5675	0.5714	0.5753
0.2	0.5793	0.5832	0.5871	0.5910	0.5948	0.5987	0.6026	0.6064	0.6103	0.6141
0.3	0.6179	0.6217	0.6255	0.6293	0.6331	0.6368	0.6406	0.6443	0.6480	0.6517
0.4	0.6554	0.6591	0.6628	0.6664	0.6700	0.6736	0.6772	0.6808	0.6844	0.6879
0.5	0.6915	0.6950	0.6985	0.7019	0.7054	0.7088	0.7123	0.7157	0.7190	0.7224
0.6	0.7257	0.7291	0.7324	0.7357	0.7389	0.7422	0.7454	0.7486	0.7517	0.7549
0.7	0.7580	0.7611	0.7642	0.7673	0.7704	0.7734	0.7764	0.7794	0.7823	0.7852
0.8	0.7881	0.7910	0.7939	0.7967	0.7995	0.8023	0.8051	0.8078	0.8106	0.8133
0.9	0.8159	0.8186	0.8212	0.8238	0.8264	0.8289	0.8315	0.8340	0.8365	0.8389
1.0	0.8413	0.8438	0.8461	0.8485	0.8508	0.8531	0.8554	0.8577	0.8599	0.8621
1.1	0.8643	0.8665	0.8686	0.8708	0.8729	0.8749	0.8770	0.8790	0.8810	0.8830
1.2	0.8849	0.8869	0.8888	0.8907	0.8925	0.8944	0.8962	0.8980	0.8997	0.9015
1.3	0.9032	0.9049	0.9066	0.9082	0.9099	0.9115	0.9131	0.9147	0.9162	0.9177
1.4	0.9192	0.9207	0.9222	0.9236	0.9251	0.9265	0.9279	0.9292	0.9306	0.9319
1.5	0.9332	0.9345	0.9357	0.9370	0.9382	0.9394	0.9406	0.9418	0.9429	0.9441
1.6	0.9452	0.9463	0.9474	0.9484	0.9495	0.9505	0.9515	0.9525	0.9535	0.9545
1.7	0.9554	0.9564	0.9573	0.9582	0.9591	0.9599	0.9608	0.9616	0.9625	0.9633
1.8	0.9641	0.9649	0.9656	0.9664	0.9671	0.9678	0.9686	0.9693	0.9699	0.9706
1.9	0.9713	0.9719	0.9726	0.9732	0.9738	0.9744	0.9750	0.9756	0.9761	0.9767
2.0	0.9772	0.9778	0.9783	0.9788	0.9793	0.9798	0.9803	0.9808	0.9812	0.9817
2.1	0.9821	0.9826	0.9830	0.9834	0.9838	0.9842	0.9846	0.9850	0.9854	0.9857
2.2	0.9861	0.9864	0.9868	0.9871	0.9875	0.9878	0.9881	0.9884	0.9887	0.9890
2.3	0.9893	0.9896	0.9898	0.9901	0.9904	0.9906	0.9909	0.9911	0.9913	0.9916
2.4	0.9918	0.9920	0.9922	0.9925	0.9927	0.9929	0.9931	0.9932	0.9934	0.9936
2.5	0.9938	0.9940	0.9941	0.9943	0.9945	0.9946	0.9948	0.9949	0.9951	0.9952
2.6	0.9953	0.9955	0.9956	0.9957	0.9959	0.9960	0.9961	0.9962	0.9963	0.9964
2.7	0.9965	0.9966	0.9967	0.9968	0.9969	0.9970	0.9971	0.9972	0.9973	0.9974
2.8	0.9974	0.9975	0.9976	0.9977	0.9977	0.9978	0.9979	0.9979	0.9980	0.9981
2.9	0.9981	0.9982	0.9982	0.9983	0.9984	0.9984	0.9985	0.9985	0.9986	0.9986
3.0	0.9987	0.9987	0.9987	0.9988	0.9988	0.9989	0.9989	0.9989	0.9990	0.9990

表 4　學生 t 分配的臨界值

自由度	$t_{.100}$	$t_{.050}$	$t_{.025}$	$t_{.010}$	$t_{.005}$
1	3.078	6.314	12.706	31.821	63.657
2	1.886	2.920	4.303	6.965	9.925
3	1.638	2.353	3.182	4.541	5.841
4	1.533	2.132	2.776	3.747	4.604
5	1.476	2.015	2.571	3.365	4.032
6	1.440	1.943	2.447	3.143	3.707
7	1.415	1.895	2.365	2.998	3.499
8	1.397	1.860	2.306	2.896	3.355
9	1.383	1.833	2.262	2.821	3.250
10	1.372	1.812	2.228	2.764	3.169
11	1.363	1.796	2.201	2.718	3.106
12	1.356	1.782	2.179	2.681	3.055
13	1.350	1.771	2.160	2.650	3.012
14	1.345	1.761	2.145	2.624	2.977
15	1.341	1.753	2.131	2.602	2.947
16	1.337	1.746	2.120	2.583	2.921
17	1.333	1.740	2.110	2.567	2.898
18	1.330	1.734	2.101	2.552	2.878
19	1.328	1.729	2.093	2.539	2.861
20	1.325	1.725	2.086	2.528	2.845
21	1.323	1.721	2.080	2.518	2.831
22	1.321	1.717	2.074	2.508	2.819
23	1.319	1.714	2.069	2.500	2.807
24	1.318	1.711	2.064	2.492	2.797
25	1.316	1.708	2.060	2.485	2.787
26	1.315	1.706	2.056	2.479	2.779
27	1.314	1.703	2.052	2.473	2.771
28	1.313	1.701	2.048	2.467	2.763
29	1.311	1.699	2.045	2.462	2.756
30	1.310	1.697	2.042	2.457	2.750
35	1.306	1.690	2.030	2.438	2.724
40	1.303	1.684	2.021	2.423	2.704
45	1.301	1.679	2.014	2.412	2.690
50	1.299	1.676	2.009	2.403	2.678
55	1.297	1.673	2.004	2.396	2.668
60	1.296	1.671	2.000	2.390	2.660
65	1.295	1.669	1.997	2.385	2.654
70	1.294	1.667	1.994	2.381	2.648
75	1.293	1.665	1.992	2.377	2.643
80	1.292	1.664	1.990	2.374	2.639
85	1.292	1.663	1.988	2.371	2.635
90	1.291	1.662	1.987	2.368	2.632
95	1.291	1.661	1.985	2.366	2.629
100	1.290	1.660	1.984	2.364	2.626
110	1.289	1.659	1.982	2.361	2.621
120	1.289	1.658	1.980	2.358	2.617
130	1.288	1.657	1.978	2.355	2.614
140	1.288	1.656	1.977	2.353	2.611
150	1.287	1.655	1.976	2.351	2.609
160	1.287	1.654	1.975	2.350	2.607
170	1.287	1.654	1.974	2.348	2.605
180	1.286	1.653	1.973	2.347	2.603
190	1.286	1.653	1.973	2.346	2.602
200	1.286	1.653	1.972	2.345	2.601
∞	1.282	1.645	1.960	2.326	2.576

表 5 χ^2 分配的臨界值

自由度	$\chi^2_{.995}$	$\chi^2_{.990}$	$\chi^2_{.975}$	$\chi^2_{.950}$	$\chi^2_{.900}$	$\chi^2_{.100}$	$\chi^2_{.050}$	$\chi^2_{.025}$	$\chi^2_{.010}$	$\chi^2_{.005}$
1	0.000039	0.000157	0.000982	0.00393	0.0158	2.71	3.84	5.02	6.63	7.88
2	0.0100	0.0201	0.0506	0.103	0.211	4.61	5.99	7.38	9.21	10.6
3	0.072	0.115	0.216	0.352	0.584	6.25	7.81	9.35	11.3	12.8
4	0.207	0.297	0.484	0.711	1.06	7.78	9.49	11.1	13.3	14.9
5	0.412	0.554	0.831	1.15	1.61	9.24	11.1	12.8	15.1	16.7
6	0.676	0.872	1.24	1.64	2.20	10.6	12.6	14.4	16.8	18.5
7	0.989	1.24	1.69	2.17	2.83	12.0	14.1	16.0	18.5	20.3
8	1.34	1.65	2.18	2.73	3.49	13.4	15.5	17.5	20.1	22.0
9	1.73	2.09	2.70	3.33	4.17	14.7	16.9	19.0	21.7	23.6
10	2.16	2.56	3.25	3.94	4.87	16.0	18.3	20.5	23.2	25.2
11	2.60	3.05	3.82	4.57	5.58	17.3	19.7	21.9	24.7	26.8
12	3.07	3.57	4.40	5.23	6.30	18.5	21.0	23.3	26.2	28.3
13	3.57	4.11	5.01	5.89	7.04	19.8	22.4	24.7	27.7	29.8
14	4.07	4.66	5.63	6.57	7.79	21.1	23.7	26.1	29.1	31.3
15	4.60	5.23	6.26	7.26	8.55	22.3	25.0	27.5	30.6	32.8
16	5.14	5.81	6.91	7.96	9.31	23.5	26.3	28.8	32.0	34.3
17	5.70	6.41	7.56	8.67	10.1	24.8	27.6	30.2	33.4	35.7
18	6.26	7.01	8.23	9.39	10.9	26.0	28.9	31.5	34.8	37.2
19	6.84	7.63	8.91	10.1	11.7	27.2	30.1	32.9	36.2	38.6
20	7.43	8.26	9.59	10.9	12.4	28.4	31.4	34.2	37.6	40.0
21	8.03	8.90	10.3	11.6	13.2	29.6	32.7	35.5	38.9	41.4
22	8.64	9.54	11.0	12.3	14.0	30.8	33.9	36.8	40.3	42.8
23	9.26	10.2	11.7	13.1	14.8	32.0	35.2	38.1	41.6	44.2
24	9.89	10.9	12.4	13.8	15.7	33.2	36.4	39.4	43.0	45.6
25	10.5	11.5	13.1	14.6	16.5	34.4	37.7	40.6	44.3	46.9
26	11.2	12.2	13.8	15.4	17.3	35.6	38.9	41.9	45.6	48.3
27	11.8	12.9	14.6	16.2	18.1	36.7	40.1	43.2	47.0	49.6
28	12.5	13.6	15.3	16.9	18.9	37.9	41.3	44.5	48.3	51.0
29	13.1	14.3	16.0	17.7	19.8	39.1	42.6	45.7	49.6	52.3
30	13.8	15.0	16.8	18.5	20.6	40.3	43.8	47.0	50.9	53.7
40	20.7	22.2	24.4	26.5	29.1	51.8	55.8	59.3	63.7	66.8
50	28.0	29.7	32.4	34.8	37.7	63.2	67.5	71.4	76.2	79.5
60	35.5	37.5	40.5	43.2	46.5	74.4	79.1	83.3	88.4	92.0
70	43.3	45.4	48.8	51.7	55.3	85.5	90.5	95.0	100	104
80	51.2	53.5	57.2	60.4	64.3	96.6	102	107	112	116
90	59.2	61.8	65.6	69.1	73.3	108	113	118	124	128
100	67.3	70.1	74.2	77.9	82.4	118	124	130	136	140

表 6(a) F-分配的臨界值：A = .05

v_2 \ v_1	1	2	3	4	5	6	7	8	9	10	11	12	13	14	15	16	17	18	19	20
1	161	199	216	225	230	234	237	239	241	242	243	244	245	245	246	246	247	247	248	248
2	18.5	19.0	19.2	19.2	19.3	19.3	19.4	19.4	19.4	19.4	19.4	19.4	19.4	19.4	19.4	19.4	19.4	19.4	19.4	19.4
3	10.1	9.55	9.28	9.12	9.01	8.94	8.89	8.85	8.81	8.79	8.76	8.74	8.73	8.71	8.70	8.69	8.68	8.67	8.67	8.66
4	7.71	6.94	6.59	6.39	6.26	6.16	6.09	6.04	6.00	5.96	5.94	5.91	5.89	5.87	5.86	5.84	5.83	5.82	5.81	5.80
5	6.61	5.79	5.41	5.19	5.05	4.95	4.88	4.82	4.77	4.74	4.70	4.68	4.66	4.64	4.62	4.60	4.59	4.58	4.57	4.56
6	5.99	5.14	4.76	4.53	4.39	4.28	4.21	4.15	4.10	4.06	4.03	4.00	3.98	3.96	3.94	3.92	3.91	3.90	3.88	3.87
7	5.59	4.74	4.35	4.12	3.97	3.87	3.79	3.73	3.68	3.64	3.60	3.57	3.55	3.53	3.51	3.49	3.48	3.47	3.46	3.44
8	5.32	4.46	4.07	3.84	3.69	3.58	3.50	3.44	3.39	3.35	3.31	3.28	3.26	3.24	3.22	3.20	3.19	3.17	3.16	3.15
9	5.12	4.26	3.86	3.63	3.48	3.37	3.29	3.23	3.18	3.14	3.10	3.07	3.05	3.03	3.01	2.99	2.97	2.96	2.95	2.94
10	4.96	4.10	3.71	3.48	3.33	3.22	3.14	3.07	3.02	2.98	2.94	2.91	2.89	2.86	2.85	2.83	2.81	2.80	2.79	2.77
11	4.84	3.98	3.59	3.36	3.20	3.09	3.01	2.95	2.90	2.85	2.82	2.79	2.76	2.74	2.72	2.70	2.69	2.67	2.66	2.65
12	4.75	3.89	3.49	3.26	3.11	3.00	2.91	2.85	2.80	2.75	2.72	2.69	2.66	2.64	2.62	2.60	2.58	2.57	2.56	2.54
13	4.67	3.81	3.41	3.18	3.03	2.92	2.83	2.77	2.71	2.67	2.63	2.60	2.58	2.55	2.53	2.51	2.50	2.48	2.47	2.46
14	4.60	3.74	3.34	3.11	2.96	2.85	2.76	2.70	2.65	2.60	2.57	2.53	2.51	2.48	2.46	2.44	2.43	2.41	2.40	2.39
15	4.54	3.68	3.29	3.06	2.90	2.79	2.71	2.64	2.59	2.54	2.51	2.48	2.45	2.42	2.40	2.38	2.37	2.35	2.34	2.33
16	4.49	3.63	3.24	3.01	2.85	2.74	2.66	2.59	2.54	2.49	2.46	2.42	2.40	2.37	2.35	2.33	2.32	2.30	2.29	2.28
17	4.45	3.59	3.20	2.96	2.81	2.70	2.61	2.55	2.49	2.45	2.41	2.38	2.35	2.33	2.31	2.29	2.27	2.26	2.24	2.23
18	4.41	3.55	3.16	2.93	2.77	2.66	2.58	2.51	2.46	2.41	2.37	2.34	2.31	2.29	2.27	2.25	2.23	2.22	2.20	2.19
19	4.38	3.52	3.13	2.90	2.74	2.63	2.54	2.48	2.42	2.38	2.34	2.31	2.28	2.26	2.23	2.21	2.20	2.18	2.17	2.16
20	4.35	3.49	3.10	2.87	2.71	2.60	2.51	2.45	2.39	2.35	2.31	2.28	2.25	2.22	2.20	2.18	2.17	2.15	2.14	2.12
22	4.30	3.44	3.05	2.82	2.66	2.55	2.46	2.40	2.34	2.30	2.26	2.23	2.20	2.17	2.15	2.13	2.11	2.10	2.08	2.07
24	4.26	3.40	3.01	2.78	2.62	2.51	2.42	2.36	2.30	2.25	2.22	2.18	2.15	2.13	2.11	2.09	2.07	2.05	2.04	2.03
26	4.23	3.37	2.98	2.74	2.59	2.47	2.39	2.32	2.27	2.22	2.18	2.15	2.12	2.09	2.07	2.05	2.03	2.02	2.00	1.99
28	4.20	3.34	2.95	2.71	2.56	2.45	2.36	2.29	2.24	2.19	2.15	2.12	2.09	2.06	2.04	2.02	2.00	1.99	1.97	1.96
30	4.17	3.32	2.92	2.69	2.53	2.42	2.33	2.27	2.21	2.16	2.13	2.09	2.06	2.04	2.01	1.99	1.98	1.96	1.95	1.93
35	4.12	3.27	2.87	2.64	2.49	2.37	2.29	2.22	2.16	2.11	2.07	2.04	2.01	1.99	1.96	1.94	1.92	1.91	1.89	1.88
40	4.08	3.23	2.84	2.61	2.45	2.34	2.25	2.18	2.12	2.08	2.04	2.00	1.97	1.95	1.92	1.90	1.89	1.87	1.85	1.84
45	4.06	3.20	2.81	2.58	2.42	2.31	2.22	2.15	2.10	2.05	2.01	1.97	1.94	1.92	1.89	1.87	1.86	1.84	1.82	1.81
50	4.03	3.18	2.79	2.56	2.40	2.29	2.20	2.13	2.07	2.03	1.99	1.95	1.92	1.89	1.87	1.85	1.83	1.81	1.80	1.78
60	4.00	3.15	2.76	2.53	2.37	2.25	2.17	2.10	2.04	1.99	1.95	1.92	1.89	1.86	1.84	1.82	1.80	1.78	1.76	1.75
70	3.98	3.13	2.74	2.50	2.35	2.23	2.14	2.07	2.02	1.97	1.93	1.89	1.86	1.84	1.81	1.79	1.77	1.75	1.74	1.72
80	3.96	3.11	2.72	2.49	2.33	2.21	2.13	2.06	2.00	1.95	1.91	1.88	1.84	1.82	1.79	1.77	1.75	1.73	1.72	1.70
90	3.95	3.10	2.71	2.47	2.32	2.20	2.11	2.04	1.99	1.94	1.90	1.86	1.83	1.80	1.78	1.76	1.74	1.72	1.70	1.69
100	3.94	3.09	2.70	2.46	2.31	2.19	2.10	2.03	1.97	1.93	1.89	1.85	1.82	1.79	1.77	1.75	1.73	1.71	1.69	1.68
120	3.92	3.07	2.68	2.45	2.29	2.18	2.09	2.02	1.96	1.91	1.87	1.83	1.80	1.78	1.75	1.73	1.71	1.69	1.67	1.66
140	3.91	3.06	2.67	2.44	2.28	2.16	2.08	2.01	1.95	1.90	1.86	1.82	1.79	1.76	1.74	1.72	1.70	1.68	1.66	1.65
160	3.90	3.05	2.66	2.43	2.27	2.16	2.07	2.00	1.94	1.89	1.85	1.81	1.78	1.75	1.73	1.71	1.69	1.67	1.65	1.64
180	3.89	3.05	2.65	2.42	2.26	2.15	2.06	1.99	1.93	1.88	1.84	1.81	1.77	1.75	1.72	1.70	1.68	1.66	1.64	1.63
200	3.89	3.04	2.65	2.42	2.26	2.14	2.06	1.98	1.93	1.88	1.84	1.80	1.77	1.74	1.72	1.69	1.67	1.66	1.64	1.62
∞	3.84	3.00	2.61	2.37	2.21	2.10	2.01	1.94	1.88	1.83	1.79	1.75	1.72	1.69	1.67	1.64	1.62	1.60	1.59	1.57

附　錄

ν_2 \ ν_1	22	24	26	28	30	35	40	45	50	60	70	80	90	100	120	140	160	180	200	∞
1	249	249	249	250	250	251	251	251	252	252	252	253	253	253	253	253	254	254	254	254
2	19.5	19.5	19.5	19.5	19.5	19.5	19.5	19.5	19.5	19.5	19.5	19.5	19.5	19.5	19.5	19.5	19.5	19.5	19.5	19.5
3	8.65	8.64	8.63	8.62	8.62	8.60	8.59	8.59	8.58	8.57	8.57	8.56	8.56	8.55	8.55	8.55	8.54	8.54	8.54	8.53
4	5.79	5.77	5.76	5.75	5.75	5.73	5.72	5.71	5.70	5.69	5.68	5.67	5.67	5.66	5.66	5.65	5.65	5.65	5.65	5.63
5	4.54	4.53	4.52	4.50	4.50	4.48	4.46	4.45	4.44	4.43	4.42	4.41	4.41	4.41	4.40	4.39	4.39	4.39	4.39	4.37
6	3.86	3.84	3.83	3.82	3.81	3.79	3.77	3.76	3.75	3.74	3.73	3.72	3.72	3.71	3.70	3.70	3.70	3.69	3.69	3.67
7	3.43	3.41	3.40	3.39	3.38	3.36	3.34	3.33	3.32	3.30	3.29	3.29	3.28	3.27	3.27	3.26	3.26	3.25	3.25	3.23
8	3.13	3.12	3.10	3.09	3.08	3.06	3.04	3.03	3.02	3.01	2.99	2.99	2.98	2.97	2.97	2.96	2.96	2.95	2.95	2.93
9	2.92	2.90	2.89	2.87	2.86	2.84	2.83	2.81	2.80	2.79	2.78	2.77	2.76	2.76	2.75	2.74	2.74	2.73	2.73	2.71
10	2.75	2.74	2.72	2.71	2.70	2.68	2.66	2.65	2.64	2.62	2.61	2.60	2.59	2.59	2.58	2.57	2.57	2.57	2.56	2.54
11	2.63	2.61	2.59	2.58	2.57	2.55	2.53	2.52	2.51	2.49	2.48	2.47	2.46	2.46	2.45	2.44	2.44	2.43	2.43	2.41
12	2.52	2.51	2.49	2.48	2.47	2.44	2.43	2.41	2.40	2.38	2.37	2.36	2.36	2.35	2.34	2.33	2.33	2.33	2.32	2.30
13	2.44	2.42	2.41	2.39	2.38	2.36	2.34	2.33	2.31	2.30	2.28	2.27	2.27	2.26	2.25	2.25	2.24	2.24	2.23	2.21
14	2.37	2.35	2.33	2.32	2.31	2.28	2.27	2.25	2.24	2.22	2.21	2.20	2.19	2.19	2.18	2.17	2.17	2.16	2.16	2.13
15	2.31	2.29	2.27	2.26	2.25	2.22	2.20	2.19	2.18	2.16	2.15	2.14	2.13	2.12	2.11	2.11	2.11	2.10	2.10	2.07
16	2.25	2.24	2.22	2.21	2.19	2.17	2.15	2.14	2.12	2.11	2.09	2.08	2.07	2.07	2.06	2.05	2.05	2.04	2.04	2.01
17	2.21	2.19	2.17	2.16	2.15	2.12	2.10	2.09	2.08	2.06	2.05	2.03	2.03	2.02	2.01	2.00	2.00	1.99	1.99	1.96
18	2.17	2.15	2.13	2.12	2.11	2.08	2.06	2.05	2.04	2.02	2.00	1.99	1.98	1.98	1.97	1.96	1.96	1.95	1.95	1.92
19	2.13	2.11	2.10	2.08	2.07	2.04	2.03	2.01	2.00	1.98	1.97	1.96	1.95	1.94	1.93	1.92	1.92	1.91	1.91	1.88
20	2.10	2.08	2.07	2.05	2.04	2.01	1.99	1.98	1.97	1.95	1.93	1.92	1.91	1.91	1.90	1.89	1.88	1.88	1.88	1.84
22	2.05	2.03	2.01	2.00	1.98	1.96	1.94	1.92	1.91	1.89	1.88	1.86	1.86	1.85	1.84	1.83	1.83	1.82	1.82	1.78
24	2.00	1.98	1.97	1.95	1.94	1.91	1.89	1.88	1.86	1.84	1.83	1.82	1.81	1.80	1.79	1.78	1.78	1.77	1.77	1.73
26	1.97	1.95	1.93	1.91	1.90	1.87	1.85	1.84	1.82	1.80	1.79	1.78	1.77	1.76	1.75	1.74	1.74	1.73	1.73	1.69
28	1.93	1.91	1.90	1.88	1.87	1.84	1.82	1.80	1.79	1.77	1.75	1.74	1.73	1.73	1.71	1.71	1.70	1.69	1.69	1.65
30	1.91	1.89	1.87	1.85	1.84	1.81	1.79	1.77	1.76	1.74	1.72	1.71	1.70	1.70	1.68	1.68	1.67	1.66	1.66	1.62
35	1.85	1.83	1.82	1.80	1.79	1.76	1.74	1.72	1.70	1.68	1.66	1.65	1.64	1.63	1.62	1.61	1.61	1.60	1.60	1.56
40	1.81	1.79	1.77	1.76	1.74	1.72	1.69	1.67	1.66	1.64	1.62	1.61	1.60	1.59	1.58	1.57	1.56	1.55	1.55	1.51
45	1.78	1.76	1.74	1.73	1.71	1.68	1.66	1.64	1.63	1.60	1.59	1.57	1.56	1.55	1.54	1.53	1.52	1.52	1.51	1.47
50	1.76	1.74	1.72	1.70	1.69	1.66	1.63	1.61	1.60	1.58	1.56	1.54	1.53	1.52	1.51	1.50	1.49	1.49	1.48	1.44
60	1.72	1.70	1.68	1.66	1.65	1.62	1.59	1.57	1.56	1.53	1.52	1.50	1.49	1.48	1.47	1.46	1.45	1.44	1.44	1.39
70	1.70	1.67	1.65	1.64	1.62	1.59	1.57	1.55	1.53	1.50	1.49	1.47	1.46	1.45	1.44	1.42	1.42	1.41	1.40	1.35
80	1.68	1.65	1.63	1.62	1.60	1.57	1.54	1.52	1.51	1.48	1.46	1.45	1.44	1.43	1.41	1.40	1.39	1.38	1.38	1.33
90	1.66	1.64	1.62	1.60	1.59	1.55	1.53	1.51	1.49	1.46	1.44	1.43	1.41	1.40	1.39	1.37	1.37	1.36	1.36	1.30
100	1.65	1.63	1.61	1.59	1.57	1.54	1.52	1.49	1.48	1.45	1.43	1.41	1.40	1.39	1.38	1.36	1.35	1.35	1.34	1.28
120	1.63	1.61	1.59	1.57	1.55	1.52	1.50	1.47	1.46	1.43	1.41	1.39	1.38	1.37	1.35	1.34	1.33	1.32	1.32	1.26
140	1.62	1.60	1.57	1.56	1.54	1.51	1.48	1.46	1.44	1.41	1.39	1.38	1.36	1.35	1.33	1.32	1.31	1.30	1.30	1.23
160	1.61	1.59	1.57	1.55	1.53	1.50	1.47	1.45	1.43	1.40	1.38	1.36	1.35	1.34	1.32	1.31	1.30	1.29	1.28	1.22
180	1.60	1.58	1.56	1.54	1.52	1.49	1.46	1.44	1.42	1.39	1.37	1.35	1.34	1.33	1.31	1.30	1.29	1.28	1.27	1.20
200	1.60	1.57	1.55	1.53	1.52	1.48	1.46	1.43	1.41	1.39	1.36	1.35	1.33	1.32	1.30	1.29	1.28	1.27	1.26	1.19
∞	1.54	1.52	1.50	1.48	1.46	1.42	1.40	1.37	1.35	1.32	1.29	1.28	1.26	1.25	1.22	1.21	1.19	1.18	1.17	1.00

分子自由度

分母自由度

A-15

表 6(b) F-分配的臨界值：A = .025

分子自由度

v_2 \ v_1	1	2	3	4	5	6	7	8	9	10	11	12	13	14	15	16	17	18	19	20
1	648	799	864	900	922	937	948	957	963	969	973	977	980	983	985	987	989	990	992	993
2	38.5	39.0	39.2	39.2	39.3	39.3	39.4	39.4	39.4	39.4	39.4	39.4	39.4	39.4	39.4	39.4	39.4	39.4	39.4	39.4
3	17.4	16.0	15.4	15.1	14.9	14.7	14.6	14.5	14.5	14.4	14.4	14.3	14.3	14.3	14.3	14.2	14.2	14.2	14.2	14.2
4	12.2	10.6	10.0	9.60	9.36	9.20	9.07	8.98	8.90	8.84	8.79	8.75	8.71	8.68	8.66	8.63	8.61	8.59	8.58	8.56
5	10.0	8.43	7.76	7.39	7.15	6.98	6.85	6.76	6.68	6.62	6.57	6.52	6.49	6.46	6.43	6.40	6.38	6.36	6.34	6.33
6	8.81	7.26	6.60	6.23	5.99	5.82	5.70	5.60	5.52	5.46	5.41	5.37	5.33	5.30	5.27	5.24	5.22	5.20	5.18	5.17
7	8.07	6.54	5.89	5.52	5.29	5.12	4.99	4.90	4.82	4.76	4.71	4.67	4.63	4.60	4.57	4.54	4.52	4.50	4.48	4.47
8	7.57	6.06	5.42	5.05	4.82	4.65	4.53	4.43	4.36	4.30	4.24	4.20	4.16	4.13	4.10	4.08	4.05	4.03	4.02	4.00
9	7.21	5.71	5.08	4.72	4.48	4.32	4.20	4.10	4.03	3.96	3.91	3.87	3.83	3.80	3.77	3.74	3.72	3.70	3.68	3.67
10	6.94	5.46	4.83	4.47	4.24	4.07	3.95	3.85	3.78	3.72	3.66	3.62	3.58	3.55	3.52	3.50	3.47	3.45	3.44	3.42
11	6.72	5.26	4.63	4.28	4.04	3.88	3.76	3.66	3.59	3.53	3.47	3.43	3.39	3.36	3.33	3.30	3.28	3.26	3.24	3.23
12	6.55	5.10	4.47	4.12	3.89	3.73	3.61	3.51	3.44	3.37	3.32	3.28	3.24	3.21	3.18	3.15	3.13	3.11	3.09	3.07
13	6.41	4.97	4.35	4.00	3.77	3.60	3.48	3.39	3.31	3.25	3.20	3.15	3.12	3.08	3.05	3.03	3.00	2.98	2.96	2.95
14	6.30	4.86	4.24	3.89	3.66	3.50	3.38	3.29	3.21	3.15	3.09	3.05	3.01	2.98	2.95	2.92	2.90	2.88	2.86	2.84
15	6.20	4.77	4.15	3.80	3.58	3.41	3.29	3.20	3.12	3.06	3.01	2.96	2.92	2.89	2.86	2.84	2.81	2.79	2.77	2.76
16	6.12	4.69	4.08	3.73	3.50	3.34	3.22	3.12	3.05	2.99	2.93	2.89	2.85	2.82	2.79	2.76	2.74	2.72	2.70	2.68
17	6.04	4.62	4.01	3.66	3.44	3.28	3.16	3.06	2.98	2.92	2.87	2.82	2.79	2.75	2.72	2.70	2.67	2.65	2.63	2.62
18	5.98	4.56	3.95	3.61	3.38	3.22	3.10	3.01	2.93	2.87	2.81	2.77	2.73	2.70	2.67	2.64	2.62	2.60	2.58	2.56
19	5.92	4.51	3.90	3.56	3.33	3.17	3.05	2.96	2.88	2.82	2.76	2.72	2.68	2.65	2.62	2.59	2.57	2.55	2.53	2.51
20	5.87	4.46	3.86	3.51	3.29	3.13	3.01	2.91	2.84	2.77	2.72	2.68	2.64	2.60	2.57	2.55	2.52	2.50	2.48	2.46
22	5.79	4.38	3.78	3.44	3.22	3.05	2.93	2.84	2.76	2.70	2.65	2.60	2.56	2.53	2.50	2.47	2.45	2.43	2.41	2.39
24	5.72	4.32	3.72	3.38	3.15	2.99	2.87	2.78	2.70	2.64	2.59	2.54	2.50	2.47	2.44	2.41	2.39	2.36	2.35	2.33
26	5.66	4.27	3.67	3.33	3.10	2.94	2.82	2.73	2.65	2.59	2.54	2.49	2.45	2.42	2.39	2.36	2.34	2.31	2.29	2.28
28	5.61	4.22	3.63	3.29	3.06	2.90	2.78	2.69	2.61	2.55	2.49	2.45	2.41	2.37	2.34	2.32	2.29	2.27	2.25	2.23
30	5.57	4.18	3.59	3.25	3.03	2.87	2.75	2.65	2.57	2.51	2.46	2.41	2.37	2.34	2.31	2.28	2.26	2.23	2.21	2.20
35	5.48	4.11	3.52	3.18	2.96	2.80	2.68	2.58	2.50	2.44	2.39	2.34	2.30	2.27	2.23	2.21	2.18	2.16	2.14	2.12
40	5.42	4.05	3.46	3.13	2.90	2.74	2.62	2.53	2.45	2.39	2.33	2.29	2.25	2.21	2.18	2.15	2.13	2.11	2.09	2.07
45	5.38	4.01	3.42	3.09	2.86	2.70	2.58	2.49	2.41	2.35	2.29	2.25	2.21	2.17	2.14	2.11	2.09	2.07	2.04	2.03
50	5.34	3.97	3.39	3.05	2.83	2.67	2.55	2.46	2.38	2.32	2.26	2.22	2.18	2.14	2.11	2.08	2.06	2.03	2.01	1.99
60	5.29	3.93	3.34	3.01	2.79	2.63	2.51	2.41	2.33	2.27	2.22	2.17	2.13	2.09	2.06	2.03	2.01	1.98	1.96	1.94
70	5.25	3.89	3.31	2.97	2.75	2.59	2.47	2.38	2.30	2.24	2.18	2.14	2.10	2.06	2.03	2.00	1.97	1.95	1.93	1.91
80	5.22	3.86	3.28	2.95	2.73	2.57	2.45	2.35	2.28	2.21	2.16	2.11	2.07	2.03	2.00	1.97	1.95	1.92	1.90	1.88
90	5.20	3.84	3.26	2.93	2.71	2.55	2.43	2.34	2.26	2.19	2.14	2.09	2.05	2.02	1.98	1.95	1.93	1.91	1.88	1.86
100	5.18	3.83	3.25	2.92	2.70	2.54	2.42	2.32	2.24	2.18	2.12	2.08	2.04	2.00	1.97	1.94	1.91	1.89	1.87	1.85
120	5.15	3.80	3.23	2.89	2.67	2.52	2.39	2.30	2.22	2.16	2.10	2.05	2.01	1.98	1.94	1.92	1.89	1.87	1.84	1.82
140	5.13	3.79	3.21	2.88	2.66	2.50	2.38	2.28	2.21	2.14	2.09	2.04	2.00	1.96	1.93	1.90	1.87	1.85	1.83	1.81
160	5.12	3.78	3.20	2.87	2.65	2.49	2.37	2.27	2.19	2.13	2.07	2.03	1.99	1.95	1.92	1.89	1.86	1.84	1.82	1.80
180	5.11	3.77	3.19	2.86	2.64	2.48	2.36	2.26	2.19	2.12	2.07	2.02	1.98	1.94	1.91	1.88	1.85	1.83	1.81	1.79
200	5.10	3.76	3.18	2.85	2.63	2.47	2.35	2.26	2.18	2.11	2.06	2.01	1.97	1.93	1.90	1.87	1.84	1.82	1.80	1.78
∞	5.03	3.69	3.12	2.79	2.57	2.41	2.29	2.19	2.11	2.05	1.99	1.95	1.90	1.87	1.83	1.80	1.78	1.75	1.73	1.71

分母自由度

v_2 \ v_1	22	24	26	28	30	35	40	45	50	60	70	80	90	100	120	140	160	180	200	∞
1	995	997	999	1000	1001	1004	1006	1007	1008	1010	1011	1012	1013	1013	1014	1015	1015	1015	1016	1018
2	39.5	39.5	39.5	39.5	39.5	39.5	39.5	39.5	39.5	39.5	39.5	39.5	39.5	39.5	39.5	39.5	39.5	39.5	39.5	39.5
3	14.1	14.1	14.1	14.1	14.1	14.1	14.0	14.0	14.0	14.0	14.0	14.0	14.0	14.0	13.9	13.9	13.9	13.9	13.9	13.9
4	8.53	8.51	8.49	8.48	8.46	8.43	8.41	8.39	8.38	8.36	8.35	8.33	8.33	8.32	8.31	8.30	8.30	8.29	8.29	8.26
5	6.30	6.28	6.26	6.24	6.23	6.20	6.18	6.16	6.14	6.12	6.11	6.10	6.09	6.08	6.07	6.06	6.06	6.05	6.05	6.02
6	5.14	5.12	5.10	5.08	5.07	5.04	5.01	4.99	4.98	4.96	4.94	4.93	4.92	4.92	4.90	4.90	4.89	4.89	4.88	4.85
7	4.44	4.41	4.39	4.38	4.36	4.33	4.31	4.29	4.28	4.25	4.24	4.23	4.22	4.21	4.20	4.19	4.18	4.18	4.18	4.14
8	3.97	3.95	3.93	3.91	3.89	3.86	3.84	3.82	3.81	3.78	3.77	3.76	3.75	3.74	3.73	3.72	3.71	3.71	3.70	3.67
9	3.64	3.61	3.59	3.58	3.56	3.53	3.51	3.49	3.47	3.45	3.43	3.42	3.41	3.40	3.39	3.38	3.38	3.37	3.37	3.33
10	3.39	3.37	3.34	3.33	3.31	3.28	3.26	3.24	3.22	3.20	3.18	3.17	3.16	3.15	3.14	3.13	3.13	3.12	3.12	3.08
11	3.20	3.17	3.15	3.13	3.12	3.09	3.06	3.04	3.03	3.00	2.99	2.97	2.96	2.96	2.94	2.94	2.93	2.92	2.92	2.88
12	3.04	3.02	3.00	2.98	2.96	2.93	2.91	2.89	2.87	2.85	2.83	2.82	2.81	2.80	2.79	2.78	2.77	2.77	2.76	2.73
13	2.92	2.89	2.87	2.85	2.84	2.80	2.78	2.76	2.74	2.72	2.70	2.69	2.68	2.67	2.66	2.65	2.64	2.64	2.63	2.60
14	2.81	2.79	2.77	2.75	2.73	2.70	2.67	2.65	2.64	2.61	2.60	2.58	2.57	2.56	2.55	2.54	2.54	2.53	2.53	2.49
15	2.73	2.70	2.68	2.66	2.64	2.61	2.59	2.56	2.55	2.52	2.51	2.49	2.48	2.47	2.46	2.45	2.44	2.44	2.44	2.40
16	2.65	2.63	2.60	2.58	2.57	2.53	2.51	2.49	2.47	2.45	2.43	2.42	2.40	2.40	2.38	2.37	2.37	2.36	2.36	2.32
17	2.59	2.56	2.54	2.52	2.50	2.47	2.44	2.42	2.41	2.38	2.36	2.35	2.34	2.33	2.32	2.31	2.30	2.29	2.29	2.25
18	2.53	2.50	2.48	2.46	2.44	2.41	2.38	2.36	2.35	2.32	2.30	2.29	2.28	2.27	2.26	2.25	2.24	2.23	2.23	2.19
19	2.48	2.45	2.43	2.41	2.39	2.36	2.33	2.31	2.30	2.27	2.25	2.24	2.23	2.22	2.20	2.19	2.19	2.18	2.18	2.13
20	2.43	2.41	2.39	2.37	2.35	2.31	2.29	2.27	2.25	2.22	2.20	2.19	2.18	2.17	2.16	2.15	2.14	2.13	2.13	2.09
22	2.36	2.33	2.31	2.29	2.27	2.24	2.21	2.19	2.17	2.14	2.13	2.11	2.10	2.09	2.08	2.07	2.06	2.05	2.05	2.00
24	2.30	2.27	2.25	2.23	2.21	2.17	2.15	2.12	2.11	2.08	2.06	2.05	2.03	2.02	2.01	2.00	1.99	1.99	1.98	1.94
26	2.24	2.22	2.19	2.17	2.16	2.12	2.09	2.07	2.05	2.03	2.01	1.99	1.98	1.97	1.95	1.94	1.94	1.93	1.92	1.88
28	2.20	2.17	2.15	2.13	2.11	2.08	2.05	2.03	2.01	1.98	1.96	1.94	1.93	1.92	1.91	1.90	1.89	1.88	1.88	1.83
30	2.16	2.14	2.11	2.09	2.07	2.04	2.01	1.99	1.97	1.94	1.92	1.90	1.89	1.88	1.87	1.86	1.85	1.84	1.84	1.79
35	2.09	2.06	2.04	2.02	2.00	1.96	1.93	1.91	1.89	1.86	1.84	1.82	1.81	1.80	1.79	1.77	1.77	1.76	1.75	1.70
40	2.03	2.01	1.98	1.96	1.94	1.90	1.88	1.85	1.83	1.80	1.78	1.76	1.75	1.74	1.72	1.71	1.70	1.70	1.69	1.64
45	1.99	1.96	1.94	1.92	1.90	1.86	1.83	1.81	1.79	1.76	1.74	1.72	1.70	1.69	1.68	1.66	1.66	1.65	1.64	1.59
50	1.96	1.93	1.91	1.89	1.87	1.83	1.80	1.77	1.75	1.72	1.70	1.68	1.67	1.66	1.64	1.63	1.62	1.61	1.60	1.55
60	1.91	1.88	1.86	1.83	1.82	1.78	1.74	1.72	1.70	1.67	1.64	1.63	1.61	1.60	1.58	1.57	1.56	1.55	1.54	1.48
70	1.88	1.85	1.82	1.80	1.78	1.74	1.71	1.68	1.66	1.63	1.60	1.59	1.57	1.56	1.54	1.53	1.52	1.51	1.50	1.44
80	1.85	1.82	1.79	1.77	1.75	1.71	1.68	1.65	1.63	1.60	1.57	1.55	1.54	1.53	1.51	1.49	1.48	1.47	1.47	1.40
90	1.83	1.80	1.77	1.75	1.73	1.69	1.66	1.63	1.61	1.58	1.55	1.53	1.52	1.50	1.48	1.47	1.46	1.45	1.44	1.37
100	1.81	1.78	1.76	1.74	1.71	1.67	1.64	1.61	1.59	1.56	1.53	1.51	1.50	1.48	1.46	1.45	1.44	1.43	1.42	1.35
120	1.79	1.76	1.73	1.71	1.69	1.65	1.61	1.59	1.56	1.53	1.50	1.48	1.47	1.45	1.43	1.42	1.41	1.40	1.39	1.31
140	1.77	1.74	1.72	1.69	1.67	1.63	1.60	1.57	1.55	1.51	1.48	1.46	1.45	1.43	1.41	1.39	1.38	1.37	1.36	1.28
160	1.76	1.73	1.70	1.68	1.66	1.62	1.58	1.55	1.53	1.50	1.47	1.45	1.43	1.42	1.39	1.38	1.36	1.35	1.35	1.26
180	1.75	1.72	1.69	1.67	1.65	1.61	1.57	1.54	1.52	1.48	1.46	1.43	1.42	1.40	1.38	1.36	1.35	1.34	1.33	1.25
200	1.74	1.71	1.68	1.66	1.64	1.60	1.56	1.53	1.51	1.47	1.45	1.42	1.41	1.39	1.37	1.35	1.34	1.33	1.32	1.23
∞	1.67	1.64	1.61	1.59	1.57	1.52	1.49	1.46	1.43	1.39	1.36	1.33	1.31	1.30	1.27	1.25	1.23	1.22	1.21	1.00

分子自由度

分母自由度

A-17

表 6(c) F-分配的臨界值：$A = .01$

分子自由度 ν_1

ν_2	1	2	3	4	5	6	7	8	9	10	11	12	13	14	15	16	17	18	19	20
1	4052	4999	5403	5625	5764	5859	5928	5981	6022	6056	6083	6106	6126	6143	6157	6170	6181	6192	6201	6209
2	98.5	99.0	99.2	99.2	99.3	99.3	99.4	99.4	99.4	99.4	99.4	99.4	99.4	99.4	99.4	99.4	99.4	99.4	99.4	99.4
3	34.1	30.8	29.5	28.7	28.2	27.9	27.7	27.5	27.3	27.2	27.1	27.1	27.0	26.9	26.9	26.8	26.8	26.8	26.7	26.7
4	21.2	18.0	16.7	16.0	15.5	15.2	15.0	14.8	14.7	14.5	14.5	14.4	14.3	14.2	14.2	14.2	14.1	14.1	14.0	14.0
5	16.3	13.3	12.1	11.4	11.0	10.7	10.5	10.3	10.2	10.1	9.96	9.89	9.82	9.77	9.72	9.68	9.64	9.61	9.58	9.55
6	13.7	10.9	9.78	9.15	8.75	8.47	8.26	8.10	7.98	7.87	7.79	7.72	7.66	7.60	7.56	7.52	7.48	7.45	7.42	7.40
7	12.2	9.55	8.45	7.85	7.46	7.19	6.99	6.84	6.72	6.62	6.54	6.47	6.41	6.36	6.31	6.28	6.24	6.21	6.18	6.16
8	11.3	8.65	7.59	7.01	6.63	6.37	6.18	6.03	5.91	5.81	5.73	5.67	5.61	5.56	5.52	5.48	5.44	5.41	5.38	5.36
9	10.6	8.02	6.99	6.42	6.06	5.80	5.61	5.47	5.35	5.26	5.18	5.11	5.05	5.01	4.96	4.92	4.89	4.86	4.83	4.81
10	10.0	7.56	6.55	5.99	5.64	5.39	5.20	5.06	4.94	4.85	4.77	4.71	4.65	4.60	4.56	4.52	4.49	4.46	4.43	4.41
11	9.65	7.21	6.22	5.67	5.32	5.07	4.89	4.74	4.63	4.54	4.46	4.40	4.34	4.29	4.25	4.21	4.18	4.15	4.12	4.10
12	9.33	6.93	5.95	5.41	5.06	4.82	4.64	4.50	4.39	4.30	4.22	4.16	4.10	4.05	4.01	3.97	3.94	3.91	3.88	3.86
13	9.07	6.70	5.74	5.21	4.86	4.62	4.44	4.30	4.19	4.10	4.02	3.96	3.91	3.86	3.82	3.78	3.75	3.72	3.69	3.66
14	8.86	6.51	5.56	5.04	4.69	4.46	4.28	4.14	4.03	3.94	3.86	3.80	3.75	3.70	3.66	3.62	3.59	3.56	3.53	3.51
15	8.68	6.36	5.42	4.89	4.56	4.32	4.14	4.00	3.89	3.80	3.73	3.67	3.61	3.56	3.52	3.49	3.45	3.42	3.40	3.37
16	8.53	6.23	5.29	4.77	4.44	4.20	4.03	3.89	3.78	3.69	3.62	3.55	3.50	3.45	3.41	3.37	3.34	3.31	3.28	3.26
17	8.40	6.11	5.18	4.67	4.34	4.10	3.93	3.79	3.68	3.59	3.52	3.46	3.40	3.35	3.31	3.27	3.24	3.21	3.19	3.16
18	8.29	6.01	5.09	4.58	4.25	4.01	3.84	3.71	3.60	3.51	3.43	3.37	3.32	3.27	3.23	3.19	3.16	3.13	3.10	3.08
19	8.18	5.93	5.01	4.50	4.17	3.94	3.77	3.63	3.52	3.43	3.36	3.30	3.24	3.19	3.15	3.12	3.08	3.05	3.03	3.00
20	8.10	5.85	4.94	4.43	4.10	3.87	3.70	3.56	3.46	3.37	3.29	3.23	3.18	3.13	3.09	3.05	3.02	2.99	2.96	2.94
22	7.95	5.72	4.82	4.31	3.99	3.76	3.59	3.45	3.35	3.26	3.18	3.12	3.07	3.02	2.98	2.94	2.91	2.88	2.85	2.83
24	7.82	5.61	4.72	4.22	3.90	3.67	3.50	3.36	3.26	3.17	3.09	3.03	2.98	2.93	2.89	2.85	2.82	2.79	2.76	2.74
26	7.72	5.53	4.64	4.14	3.82	3.59	3.42	3.29	3.18	3.09	3.02	2.96	2.90	2.86	2.81	2.78	2.75	2.72	2.69	2.66
28	7.64	5.45	4.57	4.07	3.75	3.53	3.36	3.23	3.12	3.03	2.96	2.90	2.84	2.79	2.75	2.72	2.68	2.65	2.63	2.60
30	7.56	5.39	4.51	4.02	3.70	3.47	3.30	3.17	3.07	2.98	2.91	2.84	2.79	2.74	2.70	2.66	2.63	2.60	2.57	2.55
35	7.42	5.27	4.40	3.91	3.59	3.37	3.20	3.07	2.96	2.88	2.80	2.74	2.69	2.64	2.60	2.56	2.53	2.50	2.47	2.44
40	7.31	5.18	4.31	3.83	3.51	3.29	3.12	2.99	2.89	2.80	2.73	2.66	2.61	2.56	2.52	2.48	2.45	2.42	2.39	2.37
45	7.23	5.11	4.25	3.77	3.45	3.23	3.07	2.94	2.83	2.74	2.67	2.61	2.55	2.51	2.46	2.43	2.39	2.36	2.34	2.31
50	7.17	5.06	4.20	3.72	3.41	3.19	3.02	2.89	2.78	2.70	2.63	2.56	2.51	2.46	2.42	2.38	2.35	2.32	2.29	2.27
60	7.08	4.98	4.13	3.65	3.34	3.12	2.95	2.82	2.72	2.63	2.56	2.50	2.44	2.39	2.35	2.31	2.28	2.25	2.22	2.20
70	7.01	4.92	4.07	3.60	3.29	3.07	2.91	2.78	2.67	2.59	2.51	2.45	2.40	2.35	2.31	2.27	2.23	2.20	2.18	2.15
80	6.96	4.88	4.04	3.56	3.26	3.04	2.87	2.74	2.64	2.55	2.48	2.42	2.36	2.31	2.27	2.23	2.20	2.17	2.14	2.12
90	6.93	4.85	4.01	3.53	3.23	3.01	2.84	2.72	2.61	2.52	2.45	2.39	2.33	2.29	2.24	2.21	2.17	2.14	2.11	2.09
100	6.90	4.82	3.98	3.51	3.21	2.99	2.82	2.69	2.59	2.50	2.43	2.37	2.31	2.27	2.22	2.19	2.15	2.12	2.09	2.07
120	6.85	4.79	3.95	3.48	3.17	2.96	2.79	2.66	2.56	2.47	2.40	2.34	2.28	2.23	2.19	2.15	2.12	2.09	2.06	2.03
140	6.82	4.76	3.92	3.46	3.15	2.93	2.77	2.64	2.54	2.45	2.38	2.31	2.26	2.21	2.17	2.13	2.10	2.07	2.04	2.01
160	6.80	4.74	3.91	3.44	3.13	2.92	2.75	2.62	2.52	2.43	2.36	2.30	2.24	2.20	2.15	2.11	2.08	2.05	2.02	1.99
180	6.78	4.73	3.89	3.43	3.13	2.92	2.74	2.61	2.51	2.42	2.35	2.28	2.23	2.18	2.14	2.10	2.07	2.04	2.01	1.98
200	6.76	4.71	3.88	3.41	3.11	2.89	2.73	2.60	2.50	2.41	2.34	2.27	2.22	2.17	2.13	2.09	2.06	2.03	2.00	1.97
∞	6.64	4.61	3.78	3.32	3.02	2.80	2.64	2.51	2.41	2.32	2.25	2.19	2.13	2.08	2.04	2.00	1.97	1.94	1.91	1.88

分母自由度

ν_2 \ ν_1	22	24	26	28	30	35	40	45	50	60	70	80	90	100	120	140	160	180	200	∞
1	6223	6235	6245	6253	6261	6276	6287	6296	6303	6313	6321	6326	6331	6334	6339	6343	6346	6348	6350	6366
2	99.5	99.5	99.5	99.5	99.5	99.5	99.5	99.5	99.5	99.5	99.5	99.5	99.5	99.5	99.5	99.5	99.5	99.5	99.5	99.5
3	26.6	26.6	26.6	26.5	26.5	26.5	26.4	26.4	26.4	26.3	26.3	26.3	26.3	26.2	26.2	26.2	26.2	26.2	26.2	26.1
4	14.0	13.9	13.9	13.9	13.8	13.8	13.7	13.7	13.7	13.7	13.6	13.6	13.6	13.6	13.6	13.5	13.5	13.5	13.5	13.5
5	9.51	9.47	9.43	9.40	9.38	9.33	9.29	9.26	9.24	9.20	9.18	9.16	9.14	9.13	9.11	9.10	9.09	9.08	9.08	9.02
6	7.35	7.31	7.28	7.25	7.23	7.18	7.14	7.11	7.09	7.06	7.03	7.01	7.00	6.99	6.97	6.96	6.96	6.94	6.93	6.88
7	6.11	6.07	6.04	6.02	5.99	5.94	5.91	5.88	5.86	5.82	5.80	5.78	5.77	5.75	5.74	5.72	5.72	5.71	5.70	5.65
8	5.32	5.28	5.25	5.22	5.20	5.15	5.12	5.09	5.07	5.03	5.01	4.99	4.97	4.96	4.95	4.93	4.92	4.92	4.91	4.86
9	4.77	4.73	4.70	4.67	4.65	4.60	4.57	4.54	4.52	4.48	4.46	4.44	4.43	4.41	4.40	4.39	4.38	4.37	4.36	4.31
10	4.36	4.33	4.30	4.27	4.25	4.20	4.17	4.14	4.12	4.08	4.06	4.04	4.03	4.01	4.00	3.98	3.97	3.97	3.96	3.91
11	4.06	4.02	3.99	3.96	3.94	3.89	3.86	3.83	3.81	3.78	3.75	3.73	3.72	3.71	3.69	3.68	3.67	3.66	3.66	3.60
12	3.82	3.78	3.75	3.72	3.70	3.65	3.62	3.59	3.57	3.54	3.51	3.49	3.48	3.47	3.45	3.44	3.43	3.42	3.41	3.36
13	3.62	3.59	3.56	3.53	3.51	3.46	3.43	3.40	3.38	3.34	3.32	3.30	3.28	3.27	3.25	3.24	3.23	3.23	3.22	3.17
14	3.46	3.43	3.40	3.37	3.35	3.30	3.27	3.24	3.22	3.18	3.16	3.14	3.12	3.11	3.09	3.08	3.07	3.06	3.06	3.01
15	3.33	3.29	3.26	3.24	3.21	3.17	3.13	3.10	3.08	3.05	3.02	3.00	2.99	2.98	2.96	2.95	2.94	2.93	2.92	2.87
16	3.22	3.18	3.15	3.12	3.10	3.05	3.02	2.99	2.97	2.93	2.91	2.89	2.87	2.86	2.84	2.83	2.82	2.81	2.81	2.75
17	3.12	3.08	3.05	3.03	3.00	2.96	2.92	2.89	2.87	2.83	2.81	2.79	2.78	2.76	2.75	2.73	2.72	2.72	2.71	2.65
18	3.03	3.00	2.97	2.94	2.92	2.87	2.84	2.81	2.78	2.75	2.72	2.70	2.69	2.68	2.66	2.65	2.64	2.63	2.62	2.57
19	2.96	2.92	2.89	2.87	2.84	2.80	2.76	2.73	2.71	2.67	2.65	2.63	2.61	2.60	2.58	2.57	2.56	2.55	2.55	2.49
20	2.90	2.86	2.83	2.80	2.78	2.73	2.69	2.67	2.64	2.61	2.58	2.56	2.55	2.54	2.52	2.50	2.49	2.49	2.48	2.42
22	2.78	2.75	2.72	2.69	2.67	2.62	2.58	2.55	2.53	2.50	2.47	2.45	2.43	2.42	2.40	2.39	2.38	2.37	2.36	2.31
24	2.70	2.66	2.63	2.60	2.58	2.53	2.49	2.46	2.44	2.40	2.38	2.36	2.34	2.33	2.31	2.30	2.29	2.28	2.27	2.21
26	2.62	2.58	2.55	2.53	2.50	2.45	2.42	2.39	2.36	2.33	2.30	2.28	2.26	2.25	2.23	2.22	2.21	2.20	2.19	2.13
28	2.56	2.52	2.49	2.46	2.44	2.39	2.35	2.32	2.30	2.26	2.24	2.22	2.20	2.19	2.17	2.15	2.14	2.13	2.13	2.07
30	2.51	2.47	2.44	2.41	2.39	2.34	2.30	2.27	2.25	2.21	2.18	2.16	2.14	2.13	2.11	2.10	2.09	2.08	2.07	2.01
35	2.40	2.36	2.33	2.30	2.28	2.23	2.19	2.16	2.14	2.10	2.07	2.05	2.03	2.02	2.00	1.98	1.97	1.96	1.96	1.89
40	2.33	2.29	2.26	2.23	2.20	2.15	2.11	2.08	2.06	2.02	1.99	1.97	1.95	1.94	1.92	1.90	1.89	1.88	1.87	1.81
45	2.27	2.23	2.20	2.17	2.14	2.09	2.05	2.02	2.00	1.96	1.93	1.91	1.89	1.88	1.85	1.84	1.83	1.82	1.81	1.74
50	2.22	2.18	2.15	2.12	2.10	2.05	2.01	1.97	1.95	1.91	1.88	1.86	1.84	1.82	1.80	1.79	1.77	1.76	1.76	1.68
60	2.15	2.12	2.08	2.05	2.03	1.98	1.94	1.90	1.88	1.84	1.81	1.78	1.76	1.75	1.73	1.71	1.70	1.69	1.68	1.60
70	2.11	2.07	2.03	2.01	1.98	1.93	1.89	1.85	1.83	1.78	1.75	1.73	1.71	1.70	1.67	1.65	1.64	1.63	1.62	1.54
80	2.07	2.03	2.00	1.97	1.94	1.89	1.85	1.82	1.79	1.75	1.71	1.69	1.67	1.65	1.63	1.61	1.60	1.59	1.58	1.50
90	2.04	2.00	1.97	1.94	1.92	1.86	1.82	1.79	1.76	1.72	1.68	1.66	1.64	1.62	1.60	1.58	1.57	1.55	1.55	1.46
100	2.02	1.98	1.95	1.92	1.89	1.84	1.80	1.76	1.74	1.69	1.66	1.63	1.61	1.60	1.57	1.55	1.54	1.53	1.52	1.43
120	1.99	1.95	1.92	1.89	1.86	1.81	1.76	1.73	1.70	1.66	1.62	1.60	1.58	1.56	1.53	1.51	1.50	1.49	1.48	1.38
140	1.97	1.93	1.89	1.86	1.84	1.78	1.74	1.70	1.67	1.63	1.60	1.57	1.55	1.53	1.50	1.48	1.47	1.46	1.45	1.35
160	1.95	1.91	1.88	1.85	1.82	1.76	1.72	1.68	1.66	1.61	1.58	1.55	1.53	1.51	1.48	1.46	1.45	1.43	1.42	1.32
180	1.94	1.90	1.86	1.83	1.81	1.75	1.71	1.67	1.64	1.60	1.56	1.53	1.51	1.49	1.47	1.45	1.43	1.42	1.41	1.30
200	1.93	1.89	1.85	1.82	1.79	1.74	1.69	1.66	1.63	1.58	1.55	1.52	1.50	1.48	1.45	1.43	1.42	1.40	1.39	1.28
∞	1.83	1.79	1.76	1.73	1.70	1.64	1.59	1.56	1.53	1.48	1.44	1.41	1.38	1.36	1.33	1.30	1.28	1.26	1.25	1.00

分子自由度

分母自由度

A-19

表 6(d) F-分配的臨界值：A = .005

ν_2 \ ν_1	1	2	3	4	5	6	7	8	9	10	11	12	13	14	15	16	17	18	19	20
1	16211	19999	21615	22500	23056	23437	23715	23925	24091	24224	24334	24426	24505	24572	24630	24681	24727	24767	24803	24836
2	199	199	199	199	199	199	199	199	199	199	199	199	199	199	199	199	199	199	199	199
3	55.6	49.8	47.5	46.2	45.4	44.8	44.4	44.1	43.9	43.7	43.5	43.4	43.3	43.2	43.1	43.0	42.9	42.9	42.8	42.8
4	31.3	26.3	24.3	23.2	22.5	22.0	21.6	21.4	21.1	21.0	20.8	20.7	20.6	20.5	20.4	20.4	20.3	20.3	20.2	20.2
5	22.8	18.3	16.5	15.6	14.9	14.5	14.2	14.0	13.8	13.6	13.5	13.4	13.3	13.2	13.1	13.1	13.0	13.0	12.9	12.9
6	18.6	14.5	12.9	12.0	11.5	11.1	10.8	10.6	10.4	10.3	10.1	10.0	9.95	9.88	9.81	9.76	9.71	9.66	9.62	9.59
7	16.2	12.4	10.9	10.1	9.52	9.16	8.89	8.68	8.51	8.38	8.27	8.18	8.10	8.03	7.97	7.91	7.87	7.83	7.79	7.75
8	14.7	11.0	9.60	8.81	8.30	7.95	7.69	7.50	7.34	7.21	7.10	7.01	6.94	6.87	6.81	6.76	6.72	6.68	6.64	6.61
9	13.6	10.1	8.72	7.96	7.47	7.13	6.88	6.69	6.54	6.42	6.31	6.23	6.15	6.09	6.03	5.98	5.94	5.90	5.86	5.83
10	12.8	9.43	8.08	7.34	6.87	6.54	6.30	6.12	5.97	5.85	5.75	5.66	5.59	5.53	5.47	5.42	5.38	5.34	5.31	5.27
11	12.2	8.91	7.60	6.88	6.42	6.10	5.86	5.68	5.54	5.42	5.32	5.24	5.16	5.10	5.05	5.00	4.96	4.92	4.89	4.86
12	11.8	8.51	7.23	6.52	6.07	5.76	5.52	5.35	5.20	5.09	4.99	4.91	4.84	4.77	4.72	4.67	4.63	4.59	4.56	4.53
13	11.4	8.19	6.93	6.23	5.79	5.48	5.25	5.08	4.94	4.82	4.72	4.64	4.57	4.51	4.46	4.41	4.37	4.33	4.30	4.27
14	11.1	7.92	6.68	6.00	5.56	5.26	5.03	4.86	4.72	4.60	4.51	4.43	4.36	4.30	4.25	4.20	4.16	4.12	4.09	4.06
15	10.8	7.70	6.48	5.80	5.37	5.07	4.85	4.67	4.54	4.42	4.33	4.25	4.18	4.12	4.07	4.02	3.98	3.95	3.91	3.88
16	10.6	7.51	6.30	5.64	5.21	4.91	4.69	4.52	4.38	4.27	4.18	4.10	4.03	3.97	3.92	3.87	3.83	3.80	3.76	3.73
17	10.4	7.35	6.16	5.50	5.07	4.78	4.56	4.39	4.25	4.14	4.05	3.97	3.90	3.84	3.79	3.75	3.71	3.67	3.64	3.61
18	10.2	7.21	6.03	5.37	4.96	4.66	4.44	4.28	4.14	4.03	3.94	3.86	3.79	3.73	3.68	3.64	3.60	3.56	3.53	3.50
19	10.1	7.09	5.92	5.27	4.85	4.56	4.34	4.18	4.04	3.93	3.84	3.76	3.70	3.64	3.59	3.54	3.50	3.46	3.43	3.40
20	9.94	6.99	5.82	5.17	4.76	4.47	4.26	4.09	3.96	3.85	3.76	3.68	3.61	3.55	3.50	3.46	3.42	3.38	3.35	3.32
22	9.73	6.81	5.65	5.02	4.61	4.32	4.11	3.94	3.81	3.70	3.61	3.54	3.47	3.41	3.36	3.31	3.27	3.24	3.21	3.18
24	9.55	6.66	5.52	4.89	4.49	4.20	3.99	3.83	3.69	3.59	3.50	3.42	3.35	3.30	3.25	3.20	3.16	3.12	3.09	3.06
26	9.41	6.54	5.41	4.79	4.38	4.10	3.89	3.73	3.60	3.49	3.40	3.33	3.26	3.20	3.15	3.11	3.07	3.03	3.00	2.97
28	9.28	6.44	5.32	4.70	4.30	4.02	3.81	3.65	3.52	3.41	3.32	3.25	3.18	3.12	3.07	3.03	2.99	2.95	2.92	2.89
30	9.18	6.35	5.24	4.62	4.23	3.95	3.74	3.58	3.45	3.34	3.25	3.18	3.11	3.06	3.01	2.96	2.92	2.89	2.85	2.82
35	8.98	6.19	5.09	4.48	4.09	3.81	3.61	3.45	3.32	3.21	3.12	3.05	2.98	2.93	2.88	2.83	2.79	2.76	2.72	2.69
40	8.83	6.07	4.98	4.37	3.99	3.71	3.51	3.35	3.22	3.12	3.03	2.95	2.89	2.83	2.78	2.74	2.70	2.66	2.63	2.60
45	8.71	5.97	4.89	4.29	3.91	3.64	3.43	3.28	3.15	3.04	2.96	2.88	2.82	2.76	2.71	2.66	2.62	2.59	2.56	2.53
50	8.63	5.90	4.83	4.23	3.85	3.58	3.38	3.22	3.09	2.99	2.90	2.82	2.76	2.70	2.65	2.61	2.57	2.53	2.50	2.47
60	8.49	5.79	4.73	4.14	3.76	3.49	3.29	3.13	3.01	2.90	2.82	2.74	2.68	2.62	2.57	2.53	2.49	2.45	2.42	2.39
70	8.40	5.72	4.66	4.08	3.70	3.43	3.23	3.08	2.95	2.85	2.76	2.68	2.62	2.56	2.51	2.47	2.43	2.39	2.36	2.33
80	8.33	5.67	4.61	4.03	3.65	3.39	3.19	3.03	2.91	2.80	2.72	2.64	2.58	2.52	2.47	2.43	2.39	2.35	2.32	2.29
90	8.28	5.62	4.57	3.99	3.62	3.35	3.15	3.00	2.87	2.77	2.68	2.61	2.54	2.49	2.44	2.39	2.35	2.32	2.28	2.25
100	8.24	5.59	4.54	3.96	3.59	3.33	3.13	2.97	2.85	2.74	2.66	2.58	2.52	2.46	2.41	2.37	2.33	2.29	2.26	2.23
120	8.18	5.54	4.50	3.92	3.55	3.28	3.09	2.93	2.81	2.71	2.62	2.54	2.48	2.42	2.37	2.33	2.29	2.25	2.22	2.19
140	8.14	5.50	4.47	3.89	3.52	3.26	3.06	2.91	2.78	2.68	2.59	2.52	2.45	2.40	2.35	2.30	2.26	2.22	2.19	2.16
160	8.10	5.48	4.44	3.87	3.50	3.24	3.04	2.88	2.76	2.66	2.57	2.50	2.43	2.38	2.33	2.28	2.24	2.20	2.17	2.14
180	8.08	5.46	4.42	3.85	3.48	3.22	3.02	2.87	2.74	2.64	2.56	2.48	2.40	2.36	2.31	2.26	2.22	2.19	2.15	2.12
200	8.06	5.44	4.41	3.84	3.47	3.21	3.01	2.86	2.73	2.63	2.54	2.47	2.40	2.35	2.30	2.25	2.21	2.18	2.14	2.11
∞	7.88	5.30	4.28	3.72	3.35	3.09	2.90	2.75	2.62	2.52	2.43	2.36	2.30	2.24	2.19	2.14	2.10	2.07	2.03	2.00

$\nu_2 \backslash \nu_1$	22	24	26	28	30	35	40	45	50	60	70	80	90	100	120	140	160	180	200	∞
1	24892	24940	24980	25014	25044	25103	25148	25183	25211	25253	25283	25306	25323	25337	25359	25374	25385	25394	25401	25464
2	199	199	199	199	199	199	199	199	199	199	199	199	199	199	199	199	199	199	199	199
3	42.7	42.6	42.6	42.5	42.5	42.4	42.3	42.3	42.2	42.1	42.1	42.1	42.0	42.0	42.0	42.0	41.9	41.9	41.9	41.8
4	20.1	20.0	20.0	19.9	19.9	19.8	19.8	19.7	19.7	19.6	19.6	19.5	19.5	19.5	19.5	19.4	19.4	19.4	19.4	19.3
5	12.8	12.8	12.7	12.7	12.7	12.6	12.5	12.5	12.5	12.4	12.4	12.3	12.3	12.3	12.3	12.3	12.2	12.2	12.2	12.1
6	9.53	9.47	9.43	9.39	9.36	9.29	9.24	9.20	9.17	9.12	9.09	9.06	9.04	9.03	9.00	8.98	8.97	8.96	8.96	8.88
7	7.69	7.64	7.60	7.57	7.53	7.47	7.42	7.38	7.35	7.31	7.28	7.25	7.23	7.22	7.19	7.18	7.16	7.15	7.15	7.08
8	6.55	6.50	6.46	6.43	6.40	6.33	6.29	6.25	6.22	6.18	6.15	6.12	6.10	6.09	6.06	6.05	6.04	6.03	6.02	5.95
9	5.78	5.73	5.69	5.65	5.62	5.56	5.52	5.48	5.45	5.41	5.38	5.36	5.34	5.32	5.30	5.28	5.27	5.26	5.26	5.19
10	5.22	5.17	5.13	5.10	5.07	5.01	4.97	4.93	4.90	4.86	4.83	4.80	4.79	4.77	4.75	4.73	4.72	4.71	4.71	4.64
11	4.80	4.76	4.72	4.68	4.65	4.60	4.55	4.52	4.49	4.45	4.41	4.41	4.37	4.37	4.34	4.32	4.31	4.30	4.29	4.23
12	4.48	4.43	4.39	4.36	4.33	4.27	4.23	4.19	4.17	4.12	4.09	4.07	4.05	4.04	4.01	4.00	3.99	3.98	3.97	3.91
13	4.22	4.17	4.13	4.10	4.07	4.01	3.97	3.94	3.91	3.87	3.84	3.81	3.79	3.78	3.76	3.74	3.73	3.72	3.71	3.65
14	4.01	3.96	3.92	3.89	3.86	3.80	3.76	3.73	3.70	3.66	3.62	3.60	3.58	3.57	3.55	3.53	3.52	3.51	3.50	3.44
15	3.83	3.79	3.75	3.72	3.69	3.63	3.58	3.55	3.52	3.48	3.45	3.43	3.41	3.39	3.37	3.36	3.34	3.34	3.33	3.26
16	3.68	3.64	3.60	3.57	3.54	3.48	3.44	3.40	3.37	3.33	3.30	3.28	3.26	3.25	3.22	3.21	3.20	3.19	3.18	3.11
17	3.56	3.51	3.47	3.44	3.41	3.35	3.31	3.28	3.25	3.21	3.18	3.15	3.13	3.12	3.10	3.08	3.07	3.06	3.05	2.99
18	3.45	3.40	3.36	3.33	3.30	3.25	3.20	3.17	3.14	3.10	3.07	3.04	3.02	3.01	2.99	2.97	2.96	2.95	2.94	2.87
19	3.35	3.31	3.27	3.24	3.21	3.15	3.11	3.07	3.04	3.00	2.97	2.95	2.93	2.91	2.89	2.87	2.86	2.85	2.85	2.78
20	3.27	3.22	3.18	3.15	3.12	3.07	3.02	2.99	2.96	2.92	2.88	2.86	2.84	2.83	2.81	2.79	2.78	2.77	2.76	2.69
22	3.12	3.08	3.04	3.01	2.98	2.92	2.88	2.84	2.82	2.77	2.74	2.72	2.70	2.69	2.66	2.65	2.63	2.62	2.62	2.55
24	3.01	2.97	2.93	2.90	2.87	2.81	2.77	2.73	2.70	2.66	2.63	2.60	2.58	2.57	2.55	2.53	2.52	2.51	2.50	2.43
26	2.92	2.87	2.84	2.80	2.77	2.72	2.67	2.64	2.61	2.56	2.53	2.51	2.49	2.47	2.45	2.43	2.42	2.41	2.40	2.33
28	2.84	2.79	2.76	2.72	2.69	2.64	2.59	2.56	2.53	2.48	2.45	2.43	2.41	2.39	2.37	2.35	2.34	2.33	2.32	2.25
30	2.77	2.73	2.69	2.66	2.63	2.57	2.52	2.49	2.46	2.42	2.38	2.36	2.34	2.32	2.30	2.28	2.27	2.26	2.25	2.18
35	2.64	2.60	2.56	2.53	2.50	2.44	2.39	2.36	2.33	2.28	2.25	2.22	2.20	2.19	2.16	2.15	2.13	2.12	2.11	2.04
40	2.55	2.50	2.46	2.43	2.40	2.34	2.30	2.26	2.23	2.18	2.15	2.12	2.10	2.09	2.06	2.05	2.03	2.02	2.01	1.93
45	2.47	2.43	2.39	2.36	2.33	2.27	2.22	2.19	2.16	2.11	2.08	2.05	2.03	2.01	1.99	1.97	1.95	1.94	1.93	1.85
50	2.42	2.37	2.33	2.30	2.27	2.21	2.16	2.13	2.10	2.05	2.02	1.99	1.97	1.95	1.93	1.91	1.89	1.88	1.87	1.79
60	2.33	2.29	2.25	2.22	2.19	2.13	2.08	2.04	2.01	1.96	1.93	1.90	1.88	1.86	1.83	1.81	1.80	1.79	1.78	1.69
70	2.28	2.23	2.19	2.16	2.13	2.07	2.02	1.98	1.95	1.90	1.86	1.84	1.81	1.80	1.77	1.75	1.73	1.72	1.71	1.62
80	2.23	2.19	2.15	2.11	2.08	2.02	1.97	1.94	1.90	1.85	1.82	1.79	1.77	1.75	1.72	1.70	1.68	1.67	1.66	1.57
90	2.20	2.15	2.12	2.08	2.05	1.99	1.94	1.90	1.87	1.82	1.78	1.75	1.73	1.71	1.68	1.66	1.64	1.63	1.62	1.52
100	2.17	2.13	2.09	2.05	2.02	1.96	1.91	1.87	1.84	1.79	1.75	1.72	1.70	1.68	1.65	1.63	1.61	1.60	1.59	1.49
120	2.13	2.09	2.05	2.01	1.98	1.92	1.87	1.83	1.80	1.75	1.71	1.68	1.66	1.64	1.61	1.58	1.57	1.55	1.54	1.43
140	2.11	2.06	2.02	1.99	1.96	1.89	1.84	1.80	1.77	1.72	1.68	1.65	1.62	1.60	1.57	1.55	1.53	1.52	1.51	1.39
160	2.09	2.04	2.00	1.97	1.93	1.87	1.82	1.78	1.75	1.69	1.65	1.62	1.60	1.58	1.55	1.52	1.51	1.49	1.48	1.36
180	2.07	2.02	1.98	1.95	1.92	1.85	1.80	1.76	1.73	1.68	1.64	1.61	1.58	1.56	1.53	1.50	1.49	1.47	1.46	1.34
200	2.06	2.01	1.97	1.94	1.91	1.84	1.79	1.75	1.71	1.66	1.62	1.59	1.56	1.54	1.51	1.49	1.47	1.45	1.44	1.32
∞	1.95	1.90	1.86	1.82	1.79	1.72	1.67	1.63	1.59	1.54	1.49	1.46	1.43	1.40	1.37	1.34	1.31	1.30	1.28	1.00

表 7(a) 學生化全距的臨界值：$\alpha = .05$

ν \ k	2	3	4	5	6	7	8	9	10	11	12	13	14	15	16	17	18	19	20
1	18.0	27.0	32.8	37.1	40.4	43.1	45.4	47.4	49.1	50.6	52.0	53.2	54.3	55.4	56.3	57.2	58.0	58.8	59.6
2	6.08	8.33	9.80	10.9	11.7	12.4	13.0	13.5	14.0	14.4	14.7	15.1	15.4	15.7	15.9	16.1	16.4	16.6	16.8
3	4.50	5.91	6.82	7.50	8.04	8.48	8.85	9.18	9.46	9.72	9.95	10.2	10.3	10.5	10.7	10.8	11.0	11.1	11.2
4	3.93	5.04	5.76	6.29	6.71	7.05	7.35	7.60	7.83	8.03	8.21	8.37	8.52	8.66	8.79	8.91	9.03	9.13	9.23
5	3.64	4.60	5.22	5.67	6.03	6.33	6.58	6.80	6.99	7.17	7.32	7.47	7.60	7.72	7.83	7.93	8.03	8.12	8.21
6	3.46	4.34	4.90	5.30	5.63	5.90	6.12	6.32	6.49	6.65	6.79	6.92	7.03	7.14	7.24	7.34	7.43	7.51	7.59
7	3.34	4.16	4.68	5.06	5.36	5.61	5.82	6.00	6.16	6.30	6.43	6.55	6.66	6.76	6.85	6.94	7.02	7.10	7.17
8	3.26	4.04	4.53	4.89	5.17	5.40	5.60	5.77	5.92	6.05	6.18	6.29	6.39	6.48	6.57	6.65	6.73	6.80	6.87
9	3.20	3.95	4.41	4.76	5.02	5.24	5.43	5.59	5.74	5.87	5.98	6.09	6.19	6.28	6.36	6.44	6.51	6.58	6.64
10	3.15	3.88	4.33	4.65	4.91	5.12	5.30	5.46	5.60	5.72	5.83	5.93	6.03	6.11	6.19	6.27	6.34	6.40	6.47
11	3.11	3.82	4.26	4.57	4.82	5.03	5.20	5.35	5.49	5.61	5.71	5.81	5.90	5.98	6.06	6.13	6.20	6.27	6.33
12	3.08	3.77	4.20	4.51	4.75	4.95	5.12	5.27	5.39	5.51	5.61	5.71	5.80	5.88	5.95	6.02	6.09	6.15	6.21
13	3.06	3.73	4.15	4.45	4.69	4.88	5.05	5.19	5.32	5.43	5.53	5.63	5.71	5.79	5.86	5.93	5.99	6.05	6.11
14	3.03	3.70	4.11	4.41	4.64	4.83	4.99	5.13	5.25	5.36	5.46	5.55	5.64	5.71	5.79	5.85	5.91	5.97	6.03
15	3.01	3.67	4.08	4.37	4.59	4.78	4.94	5.08	5.20	5.31	5.40	5.49	5.57	5.65	5.72	5.78	5.85	5.90	5.96
16	3.00	3.65	4.05	4.33	4.56	4.74	4.90	5.03	5.15	5.26	5.35	5.44	5.52	5.59	5.66	5.73	5.79	5.84	5.90
17	2.98	3.63	4.02	4.30	4.52	4.70	4.86	4.99	5.11	5.21	5.31	5.39	5.47	5.54	5.61	5.67	5.73	5.79	5.84
18	2.97	3.61	4.00	4.28	4.49	4.67	4.82	4.96	5.07	5.17	5.27	5.35	5.43	5.50	5.57	5.63	5.69	5.74	5.79
19	2.96	3.59	3.98	4.25	4.47	4.65	4.79	4.92	5.04	5.14	5.23	5.31	5.39	5.46	5.53	5.59	5.65	5.70	5.75
20	2.95	3.58	3.96	4.23	4.45	4.62	4.77	4.90	5.01	5.11	5.20	5.28	5.36	5.43	5.49	5.55	5.61	5.66	5.71
24	2.92	3.53	3.90	4.17	4.37	4.54	4.68	4.81	4.92	5.01	5.10	5.18	5.25	5.32	5.38	5.44	5.49	5.55	5.59
30	2.89	3.49	3.85	4.10	4.30	4.46	4.60	4.72	4.82	4.92	5.00	5.08	5.15	5.21	5.27	5.33	5.38	5.43	5.47
40	2.86	3.44	3.79	4.04	4.23	4.39	4.52	4.63	4.73	4.82	4.90	4.98	5.04	5.11	5.16	5.22	5.27	5.31	5.36
60	2.83	3.40	3.74	3.98	4.16	4.31	4.44	4.55	4.65	4.73	4.81	4.88	4.94	5.00	5.06	5.11	5.15	5.20	5.24
120	2.80	3.36	3.68	3.92	4.10	4.24	4.36	4.47	4.56	4.64	4.71	4.78	4.84	4.90	4.95	5.00	5.04	5.09	5.13
∞	2.77	3.31	3.63	3.86	4.03	4.17	4.29	4.39	4.47	4.55	4.62	4.68	4.74	4.80	4.85	4.89	4.93	4.97	5.01

表 7(b)　學生化全距的臨界值：$\alpha = .01$

ν	2	3	4	5	6	7	8	9	10	11	12	13	14	15	16	17	18	19	20
1	90.0	135	164	186	202	216	227	237	246	253	260	266	272	277	282	286	290	294	298
2	14.0	19.0	22.3	24.7	26.6	28.2	29.5	30.7	31.7	32.6	33.4	34.1	34.8	35.4	36.0	36.5	37.0	37.5	37.9
3	8.26	10.6	12.2	13.3	14.2	15.0	15.6	16.2	16.7	17.1	17.5	17.9	18.2	18.5	18.8	19.1	19.3	19.5	19.8
4	6.51	8.12	9.17	9.96	10.6	11.1	11.5	11.9	12.3	12.6	12.8	13.1	13.3	13.5	13.7	13.9	14.1	14.2	14.4
5	5.70	6.97	7.80	8.42	8.91	9.32	9.67	9.97	10.2	10.5	10.7	10.9	11.1	11.2	11.4	11.6	11.7	11.8	11.9
6	5.24	6.33	7.03	7.56	7.97	8.32	8.61	8.87	9.10	9.30	9.49	9.65	9.81	9.95	10.1	10.2	10.3	10.4	10.5
7	4.95	5.92	6.54	7.01	7.37	7.68	7.94	8.17	8.37	8.55	8.71	8.86	9.00	9.12	9.24	9.35	9.46	9.55	9.65
8	4.74	5.63	6.20	6.63	6.96	7.24	7.47	7.68	7.87	8.03	8.18	8.31	8.44	8.55	8.66	8.76	8.85	8.94	9.03
9	4.60	5.43	5.96	6.35	6.66	6.91	7.13	7.32	7.49	7.65	7.78	7.91	8.03	8.13	8.23	8.32	8.41	8.49	8.57
10	4.48	5.27	5.77	6.14	6.43	6.67	6.87	7.05	7.21	7.36	7.48	7.60	7.71	7.81	7.91	7.99	8.07	8.15	8.22
11	4.39	5.14	5.62	5.97	6.25	6.48	6.67	6.84	6.99	7.13	7.25	7.36	7.46	7.56	7.65	7.73	7.81	7.88	7.95
12	4.32	5.04	5.50	5.84	6.10	6.32	6.51	6.67	6.81	6.94	7.06	7.17	7.26	7.36	7.44	7.52	7.59	7.66	7.73
13	4.26	4.96	5.40	5.73	5.98	6.19	6.37	6.53	6.67	6.79	6.90	7.01	7.10	7.19	7.27	7.34	7.42	7.48	7.55
14	4.21	4.89	5.32	5.63	5.88	6.08	6.26	6.41	6.54	6.66	6.77	6.87	6.96	7.05	7.12	7.20	7.27	7.33	7.39
15	4.17	4.83	5.25	5.56	5.80	5.99	6.16	6.31	6.44	6.55	6.66	6.76	6.84	6.93	7.00	7.07	7.14	7.20	7.26
16	4.13	4.78	5.19	5.49	5.72	5.92	6.08	6.22	6.35	6.46	6.56	6.66	6.74	6.82	6.90	6.97	7.03	7.09	7.15
17	4.10	4.74	5.14	5.43	5.66	5.85	6.01	6.15	6.27	6.38	6.48	6.57	6.66	6.73	6.80	6.87	6.94	7.00	7.05
18	4.07	4.70	5.09	5.38	5.60	5.79	5.94	6.08	6.20	6.31	6.41	6.50	6.58	6.65	6.72	6.79	6.85	6.91	6.96
19	4.05	4.67	5.05	5.33	5.55	5.73	5.89	6.02	6.14	6.25	6.34	6.43	6.51	6.58	6.65	6.72	6.78	6.84	6.89
20	4.02	4.64	5.02	5.29	5.51	5.69	5.84	5.97	6.09	6.19	6.29	6.37	6.45	6.52	6.59	6.65	6.71	6.76	6.82
24	3.96	4.54	4.91	5.17	5.37	5.54	5.69	5.81	5.92	6.02	6.11	6.19	6.26	6.33	6.39	6.45	6.51	6.56	6.61
30	3.89	4.45	4.80	5.05	5.24	5.40	5.54	5.65	5.76	5.85	5.93	6.01	6.08	6.14	6.20	6.26	6.31	6.36	6.41
40	3.82	4.37	4.70	4.93	5.11	5.27	5.39	5.50	5.60	5.69	5.77	5.84	5.90	5.96	6.02	6.07	6.12	6.17	6.21
60	3.76	4.28	4.60	4.82	4.99	5.13	5.25	5.36	5.45	5.53	5.60	5.67	5.73	5.79	5.84	5.89	5.93	5.98	6.02
120	3.70	4.20	4.50	4.71	4.87	5.01	5.12	5.21	5.30	5.38	5.44	5.51	5.56	5.61	5.66	5.71	5.75	5.79	5.83
∞	3.64	4.12	4.40	4.60	4.76	4.88	4.99	5.08	5.16	5.23	5.29	5.35	5.40	5.45	5.49	5.54	5.57	5.61	5.65

資料來源：E. S. Pearson and H. O. Hartley, *Biometrika Tables for Statisticians*, 1: 176–77. Reproduced by permission of the Biometrika Trustees.

表 8(a)　杜賓—華森 (Durbin-Watson) 統計量的臨界值：$\alpha = .05$

	k = 1		k = 2		k = 3		k = 4		k = 5	
n	d_L	d_U	d_L	d_U	d_L	d_U	d_L	d_U	d_L	d_U
15	1.08	1.36	.95	1.54	.82	1.75	.69	1.97	.56	2.21
16	1.10	1.37	.98	1.54	.86	1.73	.74	1.93	.62	2.15
17	1.13	1.38	1.02	1.54	.90	1.71	.78	1.90	.67	2.10
18	1.16	1.39	1.05	1.53	.93	1.69	.82	1.87	.71	2.06
19	1.18	1.40	1.08	1.53	.97	1.68	.86	1.85	.75	2.02
20	1.20	1.41	1.10	1.54	1.00	1.68	.90	1.83	.79	1.99
21	1.22	1.42	1.13	1.54	1.03	1.67	.93	1.81	.83	1.96
22	1.24	1.43	1.15	1.54	1.05	1.66	.96	1.80	.86	1.94
23	1.26	1.44	1.17	1.54	1.08	1.66	.99	1.79	.90	1.92
24	1.27	1.45	1.19	1.55	1.10	1.66	1.01	1.78	.93	1.90
25	1.29	1.45	1.21	1.55	1.12	1.66	1.04	1.77	.95	1.89
26	1.30	1.46	1.22	1.55	1.14	1.65	1.06	1.76	.98	1.88
27	1.32	1.47	1.24	1.56	1.16	1.65	1.08	1.76	1.01	1.86
28	1.33	1.48	1.26	1.56	1.18	1.65	1.10	1.75	1.03	1.85
29	1.34	1.48	1.27	1.56	1.20	1.65	1.12	1.74	1.05	1.84
30	1.35	1.49	1.28	1.57	1.21	1.65	1.14	1.74	1.07	1.83
31	1.36	1.50	1.30	1.57	1.23	1.65	1.16	1.74	1.09	1.83
32	1.37	1.50	1.31	1.57	1.24	1.65	1.18	1.73	1.11	1.82
33	1.38	1.51	1.32	1.58	1.26	1.65	1.19	1.73	1.13	1.81
34	1.39	1.51	1.33	1.58	1.27	1.65	1.21	1.73	1.15	1.81
35	1.40	1.52	1.34	1.58	1.28	1.65	1.22	1.73	1.16	1.80
36	1.41	1.52	1.35	1.59	1.29	1.65	1.24	1.73	1.18	1.80
37	1.42	1.53	1.36	1.59	1.31	1.66	1.25	1.72	1.19	1.80
38	1.43	1.54	1.37	1.59	1.32	1.66	1.26	1.72	1.21	1.79
39	1.43	1.54	1.38	1.60	1.33	1.66	1.27	1.72	1.22	1.79
40	1.44	1.54	1.39	1.60	1.34	1.66	1.29	1.72	1.23	1.79
45	1.48	1.57	1.43	1.62	1.38	1.67	1.34	1.72	1.29	1.78
50	1.50	1.59	1.46	1.63	1.42	1.67	1.38	1.72	1.34	1.77
55	1.53	1.60	1.49	1.64	1.45	1.68	1.41	1.72	1.38	1.77
60	1.55	1.62	1.51	1.65	1.48	1.69	1.44	1.73	1.41	1.77
65	1.57	1.63	1.54	1.66	1.50	1.70	1.47	1.73	1.44	1.77
70	1.58	1.64	1.55	1.67	1.52	1.70	1.49	1.74	1.46	1.77
75	1.60	1.65	1.57	1.68	1.54	1.71	1.51	1.74	1.49	1.77
80	1.61	1.66	1.59	1.69	1.56	1.72	1.53	1.74	1.51	1.77
85	1.62	1.67	1.60	1.70	1.57	1.72	1.55	1.75	1.52	1.77
90	1.63	1.68	1.61	1.70	1.59	1.73	1.57	1.75	1.54	1.78
95	1.64	1.69	1.62	1.71	1.60	1.73	1.58	1.75	1.56	1.78
100	1.65	1.69	1.63	1.72	1.61	1.74	1.59	1.76	1.57	1.78

資料來源：J. Durbin and G. S. Watson, "Testing for Serial Correlation in Least Squares Regression, II," *Biometrika* 30 (1951): 159–78. Reproduced by permission of the Biometrika Trustees.

表 8(b)　杜賓—華森 (Durbin-Watson) 統計量的臨界值：$\alpha = .01$

	k = 1		k = 2		k = 3		k = 4		k = 5	
n	d_L	d_U	d_L	d_U	d_L	d_U	d_L	d_U	d_L	d_U
15	.81	1.07	.70	1.25	.59	1.46	.49	1.70	.39	1.96
16	.84	1.09	.74	1.25	.63	1.44	.53	1.66	.44	1.90
17	.87	1.10	.77	1.25	.67	1.43	.57	1.63	.48	1.85
18	.90	1.12	.80	1.26	.71	1.42	.61	1.60	.52	1.80
19	.93	1.13	.83	1.26	.74	1.41	.65	1.58	.56	1.77
20	.95	1.15	.86	1.27	.77	1.41	.68	1.57	.60	1.74
21	.97	1.16	.89	1.27	.80	1.41	.72	1.55	.63	1.71
22	1.00	1.17	.91	1.28	.83	1.40	.75	1.54	.66	1.69
23	1.02	1.19	.94	1.29	.86	1.40	.77	1.53	.70	1.67
24	1.04	1.20	.96	1.30	.88	1.41	.80	1.53	.72	1.66
25	1.05	1.21	.98	1.30	.90	1.41	.83	1.52	.75	1.65
26	1.07	1.22	1.00	1.31	.93	1.41	.85	1.52	.78	1.64
27	1.09	1.23	1.02	1.32	.95	1.41	.88	1.51	.81	1.63
28	1.10	1.24	1.04	1.32	.97	1.41	.90	1.51	.83	1.62
29	1.12	1.25	1.05	1.33	.99	1.42	.92	1.51	.85	1.61
30	1.13	1.26	1.07	1.34	1.01	1.42	.94	1.51	.88	1.61
31	1.15	1.27	1.08	1.34	1.02	1.42	.96	1.51	.90	1.60
32	1.16	1.28	1.10	1.35	1.04	1.43	.98	1.51	.92	1.60
33	1.17	1.29	1.11	1.36	1.05	1.43	1.00	1.51	.94	1.59
34	1.18	1.30	1.13	1.36	1.07	1.43	1.01	1.51	.95	1.59
35	1.19	1.31	1.14	1.37	1.08	1.44	1.03	1.51	.97	1.59
36	1.21	1.32	1.15	1.38	1.10	1.44	1.04	1.51	.99	1.59
37	1.22	1.32	1.16	1.38	1.11	1.45	1.06	1.51	1.00	1.59
38	1.23	1.33	1.18	1.39	1.12	1.45	1.07	1.52	1.02	1.58
39	1.24	1.34	1.19	1.39	1.14	1.45	1.09	1.52	1.03	1.58
40	1.25	1.34	1.20	1.40	1.15	1.46	1.10	1.52	1.05	1.58
45	1.29	1.38	1.24	1.42	1.20	1.48	1.16	1.53	1.11	1.58
50	1.32	1.40	1.28	1.45	1.24	1.49	1.20	1.54	1.16	1.59
55	1.36	1.43	1.32	1.47	1.28	1.51	1.25	1.55	1.21	1.59
60	1.38	1.45	1.35	1.48	1.32	1.52	1.28	1.56	1.25	1.60
65	1.41	1.47	1.38	1.50	1.35	1.53	1.31	1.57	1.28	1.61
70	1.43	1.49	1.40	1.52	1.37	1.55	1.34	1.58	1.31	1.61
75	1.45	1.50	1.42	1.53	1.39	1.56	1.37	1.59	1.34	1.62
80	1.47	1.52	1.44	1.54	1.42	1.57	1.39	1.60	1.36	1.62
85	1.48	1.53	1.46	1.55	1.43	1.58	1.41	1.60	1.39	1.63
90	1.50	1.54	1.47	1.56	1.45	1.59	1.43	1.61	1.41	1.64
95	1.51	1.55	1.49	1.57	1.47	1.60	1.45	1.62	1.42	1.64
100	1.52	1.56	1.50	1.58	1.48	1.60	1.46	1.63	1.44	1.65

資料來源：J. Durbin and G. S. Watson, "Testing for Serial Correlation in Least Squares Regression, II," *Biometrika* 30 (1951): 159–78. Reproduced by permission of the Biometrika Trustees.

表 9　威爾克森 (Wilcoxon) 等級和檢定的臨界值

(a) $\alpha = .025$ 單尾；$\alpha = .05$ 雙尾

n_1 \ n_2	3 T_L	3 T_U	4 T_L	4 T_U	5 T_L	5 T_U	6 T_L	6 T_U	7 T_L	7 T_U	8 T_L	8 T_U	9 T_L	9 T_U	10 T_L	10 T_U
4	6	18	11	25	17	33	23	43	31	53	40	64	50	76	61	89
5	6	11	12	28	18	37	25	47	33	58	42	70	52	83	64	96
6	7	23	12	32	19	41	26	52	35	63	44	76	55	89	66	104
7	7	26	13	35	20	45	28	56	37	68	47	81	58	95	70	110
8	8	28	14	38	21	49	29	61	39	63	49	87	60	102	73	117
9	8	31	15	41	22	53	31	65	41	78	51	93	63	108	76	124
10	9	33	16	44	24	56	32	70	43	83	54	98	66	114	79	131

(b) $\alpha = .05$ 單尾；$\alpha = .10$ 雙尾

n_1 \ n_2	3 T_L	3 T_U	4 T_L	4 T_U	5 T_L	5 T_U	6 T_L	6 T_U	7 T_L	7 T_U	8 T_L	8 T_U	9 T_L	9 T_U	10 T_L	10 T_U
3	6	15	11	21	16	29	23	37	31	46	39	57	49	68	60	80
4	7	17	12	24	18	32	25	41	33	51	42	62	52	74	63	87
5	7	20	13	27	19	37	26	46	35	56	45	67	55	80	66	94
6	8	22	14	30	20	40	28	50	37	61	47	73	57	87	69	101
7	9	24	15	33	22	43	30	54	39	66	49	79	60	93	73	107
8	9	27	16	36	24	46	32	58	41	71	52	84	63	99	76	114
9	10	29	17	39	25	50	33	63	43	76	54	90	66	105	79	121
10	11	31	18	42	26	54	35	67	46	80	57	95	69	111	83	127

資料來源：F. Wilcoxon and R. A. Wilcox, "Some Rapid Approximate Statistical Procedures" (1964), p. 28. Reproduced with the permission of American Cyanamid Company.

表 10　威爾克森 (Wilcoxon) 符號等級和檢定的臨界值

(a) $\alpha = .025$ 單尾；$\alpha = .05$ 雙尾　　(b) $\alpha = .05$ 單尾；$\alpha = .10$ 雙尾

n	T_L	T_U	T_L	T_U
6	1	20	2	19
7	2	26	4	24
8	4	32	6	30
9	6	39	8	37
10	8	47	11	44
11	11	55	14	52
12	14	64	17	61
13	17	74	21	70
14	21	84	26	79
15	25	95	30	90
16	30	106	36	100
17	35	118	41	112
18	40	131	47	124
19	46	144	54	136
20	52	158	60	150
21	59	172	68	163
22	66	187	75	178
23	73	203	83	193
24	81	219	92	208
25	90	235	101	224
26	98	253	110	241
27	107	271	120	258
28	117	289	130	276
29	127	308	141	294
30	137	328	152	313

資料來源：F. Wilcoxon and R. A. Wilcox, "Some Rapid Approximate Statistical Procedures" (1964), p. 28. Reproduced with the permission of American Cyanamid Company.

表 11　斯皮爾曼 (Spearman) 等級相關係數的臨界值

α 值對應於 $H_0: \rho_s = 0$ 的單尾檢定。

對於雙尾檢定，α 值應該乘以 2。

n	$\alpha = .05$	$\alpha = .025$	$\alpha = .01$
5	.900	—	—
6	.829	.886	.943
7	.714	.786	.893
8	.643	.738	.833
9	.600	.683	.783
10	.564	.648	.745
11	.523	.623	.736
12	.497	.591	.703
13	.475	.566	.673
14	.457	.545	.646
15	.441	.525	.623
16	.425	.507	.601
17	.412	.490	.582
18	.399	.476	.564
19	.388	.462	.549
20	.377	.450	.534
21	.368	.438	.521
22	.359	.428	.508
23	.351	.418	.496
24	.343	.409	.485
25	.336	.400	.475
26	.329	.392	.465
27	.323	.385	.456
28	.317	.377	.448
29	.311	.370	.440
30	.305	.364	.432

資料來源：E. G. Olds, "Distribution of Sums of Squares of Rank Differences for Small Samples," *Annals of Mathematical Statistics* 9 (1938). Reproduced with the permission of the Institute of Mathematical Statistics.

表 12　控制圖常數

樣本大小為 n	A_2	d_2	D_3	D_4	B_3	B_4
2	1.880	1.128	0	3.267	0	3.267
3	1.023	1.693	0	2.574	0	2.568
4	0.729	2.059	0	2.282	0	2.266
5	0.577	2.326	0	2.114	0	2.089
6	0.483	2.534	0	2.004	0.030	1.970
7	0.419	2.704	0.076	1.924	0.118	1.882
8	0.373	2.847	0.136	1.864	0.185	1.815
9	0.337	2.970	0.184	1.816	0.239	1.761
10	0.308	3.078	0.223	1.777	0.284	1.716
11	0.285	3.173	0.256	1.744	0.321	1.679
12	0.266	3.258	0.283	1.717	0.354	1.646
13	0.249	3.336	0.307	1.693	0.382	1.618
14	0.235	3.407	0.328	1.672	0.406	1.594
15	0.223	3.472	0.347	1.653	0.428	1.572
16	0.212	3.532	0.363	1.637	0.448	1.552
17	0.203	3.588	0.378	1.622	0.466	1.534
18	0.194	3.640	0.391	1.608	0.482	1.518
19	0.187	3.689	0.403	1.597	0.497	1.503
20	0.180	3.735	0.415	1.585	0.510	1.490
21	0.173	3.778	0.425	1.575	0.523	1.477
22	0.167	3.819	0.434	1.566	0.534	1.466
23	0.162	3.858	0.443	1.557	0.545	1.455
24	0.157	3.895	0.451	1.548	0.555	1.445
25	0.153	3.931	0.459	1.541	0.565	1.435

資料來源：E. S. Pearson, "The Percentage Limits for the Distribution of Range in Samples from a Normal Population," *Biometrika* 24 (1932): 416. Reproduced by permission of the Biometrika Trustees.

附錄 C

統計方法指南

問題目標

		描述一個母體	比較兩個母體	比較兩個或多個母體	分析兩個變數之間的關係	分析兩個或多個變數之間的關係
資料類型	區間尺度	直方圖 **3.1節** 線圖 **3.2節** 平均數，中位數，和眾數 **4.1節** 全距，變異數，和標準差 **4.2節** 百分位數和四分位數 **4.3節** t-檢定和一個平均數的估計量 **12.1節** 卡方檢定和一個變異數的估計量 **12.2節**	相等變異數的 t-檢定和兩個平均數間差異的估計量：獨立樣本 **13.1節** 不等變異數的 t-檢定和兩個平均數間差異的估計量：獨立樣本 **13.1節** 差異平均數的 t-檢定和估計量 **13.3節** 兩個變異數比值的 F-檢定和估計量 **13.4節**	一因子變異數分析 **14.1節** 最小顯著差異之多重比較方法 **14.2節** Tukey 的多重比較方法 **14.2節** 隨機區集(二因子)變異數分析 **14.4節** 二因子變異數分析 **14.5節**	散布圖 **3.3節** 共變異數 **4.4節** 相關係數 **4.4節** 判定係數 **4.4節** 最小平方線 **4.4節** 簡單線性迴歸和相關分析 **16章**	複迴歸 **17章**
	名目尺度	次數分配 **2.2節** 長條圖 **2.2節** 圓形圖 **2.2節** Z-檢定和一個比例的估計量 **12.3節** 卡方適合度檢定 **15.1節**	兩母體比例差異的 Z-檢定和估計量 **13.5節** 卡方的列聯表檢定 **15.2節**	卡方的列聯表檢定 **15.2節**	卡方的列聯表檢定 **15.2節**	不包括
	順序尺度	中位數 **4.1節** 百分位數和四分位數 **4.3節**	不包括	不包括	不包括	不包括

附錄 D

Excel 輸出索引和說明

方法
圖表法
    次數分配　23
    長條圖　25
    圓形圖　25
    樞紐表　35
    交叉分類表　35
    直方圖　45
    線圖　58
    散布圖　62

數值敘述法
    平均數　80
    中位數　81
    眾數　82
    敘述性統計量　83
    幾何平均數　84
    變異數　90
    四分位數　98
    百分位數　99
    最小平方法　108
    相關係數　111
    共變異數　111
    判定係數　112

機率／隨機變數
    二項分配　208
    卜瓦松分配　216
    常態分配　240
    指數分配　247
    學生 t 分配　253
    卡方分配　258
    F 分配　262

μ 的推論（σ 已知）
    區間估計量　299
    檢定統計量　328
    型 II 誤差的機率　344

μ 的推論（σ 未知）
    檢定統計量　358
    區間估計量　361

σ^2 的推論
    檢定統計量　371
    區間估計量　373

P 的推論
    檢定統計量　378
    區間估計量　382

$\mu_1 - \mu_2$ 的推論
    相等變異數的檢定統計量　398
    相等變異數的區間估計量　399
    不等變異數的檢定統計量　403
    不等變異數的區間估計量　404

μ_D 的推論
    檢定統計量　421
    區間估計量　421

σ_1^2/σ_2^2 的推論
    檢定統計量　430
    區間估計量　432

$P_1 - P_2$ 的推論
    檢定統計量　441
    區間估計量　443

變異數分析
    一因子　461
    多重比較方法　477
    隨機區集（二因子）　484
    二因子　495

卡方檢定
    適合度檢定　509
    列聯表檢定　516

線性迴歸

- 係數和檢定　538
- 相關係數（皮爾森）　556
- 預測區間　561
- 迴歸診斷　567

複迴歸

- 係數和檢定　580
- 杜賓－華森檢定　601